Peter Schunck
Geschichte Frankreichs

Peter Schunck

GESCHICHTE FRANKREICHS

Von Heinrich IV. bis zur Gegenwart

Piper
München Zürich

ISBN 3-492-03743-7
© R. Piper GmbH & Co. KG., München 1994
Gesetzt aus der Stempel Garamond
Gesamtherstellung: Offizin Andersen Nexö Leipzig GmbH
Karten: Jörg Mair
Printed in Germany

Inhalt

Direktorium. Die Verfassung von 1795 – Die Verschwörung der »Gleichen« – Die militärischen Ereignisse bis zum Ende der ersten Koalition 1797 – Der Italienfeldzug Bonapartes und der Frieden von Campoformio – Der Rastatter Kongreß und die Neuordnung in Deutschland – Napoleons Expedition nach Ägypten – Der Staatsstreich des *18 brumaire An VIII*

Das Konsulat – Die zweite Koalition. Der Frieden von Lunéville und Amiens – Neuordnung Deutschlands – Die Konsolidierung der Macht Bonapartes im Inneren. Die Verfassung des Jahres VIII – Die Verfassung des Jahres X – Die Befriedung im Inneren des Landes – Die Wiederherstellung des religiösen Friedens und das Konkordat von 1801 – Die Reform des Unterrichtswesens – Die Neuordnung und Zentralisierung der Verwaltung – Die Sanierung der Finanzen – Die Vereinheitlichung des Rechts: Der Code civil – Die Amnestie – Eine neue Monarchie – Die Verfassung des Jahres XII. Die Kaiserkrönung – Der neue Adel und der kaiserliche Hof – Das Ende des Friedens – Der erneute Ausbruch des Krieges – Die dritte Koalition. Austerlitz 1805 – Die vierte Koalition. Preußens Zusammenbruch – Die Kontinentalsperre – Der Aufstand in Spanien – Der Fürstentag von Erfurt – Die fünfte Koalition – Der Konflikt mit der Kirche – Das Scheitern der Kontinentalsperre – Der Feldzug in Rußland 1812. Die sechste Koalition – Der Feldzug in Deutschland 1813 – Der Feldzug in Frankreich 1814. Die Abdankung Napoleons – Die Wiederherstellung der Monarchie – Napoleons Rückkehr. Die hundert Tage. Waterloo

Das Eingreifen Frankreichs in Spanien – Karl X. – Auflösung der Kammer und Landung in Algier – Die Julirevolution – Das Bürgertum 1830–1848 – Die Opposition

gegen das Regime – Thiers und die Orientkrise 1840 –
Guizots Außenpolitik. Der Krieg gegen Abd El Kader –
Das Ende der Julimonarchie

Die Entscheidungen der Provisorischen Regierung – Die
Verfassunggebende Versammlung – Der Juni-Aufstand –
Die Verfassung der Zweiten Republik – Die Präsidentenwahl – Die Wahlen zur Nationalversammlung – Das
Falloux-Gesetz – Der Konflikt zwischen dem Präsidenten
und der Versammlung – Der Staatsstreich vom 2. Dezember 1851 – Auf dem Weg zum Kaiserreich. Die Verfassung
von 1852

Der wirtschaftliche Aufschwung – Der Krimkrieg –
Frankreichs Politik und die Einigung Italiens – Die kolo-
niale Expansion Frankreichs. Pazifik und Ostasien –
Afrika und Algerien – Die Expedition nach Mexiko – Die
innenpolitische Entwicklung vom autoritären zum liberalen
Kaiserreich – Die Wahlen 1869 – Auf dem Weg zum par-
lamentarischen System – Das liberale Kaiserreich. Die
Volksabstimmung 1870 – Der deutsch-französische Krieg
bis zum Ende des Kaiserreichs – Sedan und das Ende des
Kaiserreichs

Der deutsch-französische Krieg und seine Folgen – Die
Kommune – Die »Blutwoche« – Die Präsidentschaft von
Thiers – Die Präsidentschaft Mac-Mahons – Der geschei-
terte Versuch, die Monarchie wieder einzuführen – Die
Verfassungsgesetze – Die Wahlen von 1876 und die Krise
des 16. Mai 1877 – Der Konflikt zwischen dem Präsidenten
und der Volksvertretung bis zum Rücktritt Mac-Mahons –
Die Festigung der Republik unter Jules Ferry – Die Schul-

gesetze Jules Ferrys – Die koloniale Expansion – Die Wahlen zur Versammlung und die Boulanger-Krise – Die Republik der Gemäßigten – Der Panama-Skandal – Die Parlamentswahlen von 1893 – Die Anarchisten-Attentate – Das russisch-französische Bündnis – Die Dreyfusaffäre – Koloniale Expansion. Faschoda – Die Verteidigung der Republik: Waldeck–Rousseau – Die Organisation der Linksparteien und die Parlamentswahlen 1902 – Der Linksblock – Abbruch der Beziehungen zum Vatikan und Trennung von Staat und Kirche – Französische Außenpolitik bis zur *Entente cordiale* und der ersten Marokkokrise – Die Wahlen 1906. Ende des Linksblocks. Die Radikalen gegen Sozialisten und Gewerkschaftsbewegung – Die Wahlen 1910 – Die letzten Jahre vor dem Krieg. Die zweite Marokkokrise – Die Wahlen 1914

Der Kriegsausbruch – Der »Heilige Bund« – Die militärischen Operationen – 1917: Das entscheidende Jahr – Die Wende durch Clemenceau – Das letzte Kriegsjahr – Die deutsche Offensive 1918 – Der Waffenstillstand – Ein Sieg Frankreichs? – Die Friedensverträge – Kriegsschuldthese und Reparationen – Die Neuordnung Europas

Das Ende der Regierung Clemenceau – Der Nationale Block – Die Währungskrisen – Die innenpolitische Entwicklung – Spaltung der sozialistischen Partei und der Gewerkschaftsbewegung. Der Kongreß von Tours – Die Außenpolitik. Das Problem der Schulden und Reparationen. Vorgehen gegenüber Deutschland bis zur Ruhrbesetzung – Rapallo – Die Ruhrbesetzung – Stresemann und das Ende des Ruhrkampfes – Der Dawes-Plan – Das Kar-

tell der Linken 1924–1926 – Locarno – Das Ende des
Kartells der Linken – Poincaré und die wirtschaftliche Stabilisierung – Die Wahlen 1928 – Die Jahre bis zur Wirtschaftskrise – Der Young-Plan und die Räumung des
Rheinlands – Tardieus Sozialpolitik – Die Wahlen 1932.
Die Wirtschaftskrise – Innenpolitische Auswirkungen der
Wirtschaftskrise – Die Stavisky-Affäre und der 6. Februar
1934 – Die Übergangszeit bis zur Volksfront – Die Volksfront 1936–1938 – Die Legislativwahlen am 26. April und
3. Mai 1936 – Juni 1936: Die Regierung Blum – Zeit der Reformen: Die Matignon-Abkommen – Innen- und Außenpolitik unter der Regierung Blum – Politik der Volksfront
in Übersee – Das Ende der Regierung Blum – Die Agonie
der Volksfront – Die Regierung Daladier – Die Krise im
Herbst 1938. Das Münchener Abkommen – Die Republik
auf dem Weg in den Krieg – Der Ausbruch des Krieges –
La drôle de guerre – Der Feldzug in Frankreich – Der Waffenstillstand – Das Ende der Dritten Republik

Der Aufstand der Résistance in Frankreich – Die Befreiung von Paris – Der 26. August 1944 – Von der Befreiung Frankreichs bis zum Ende des Krieges in Europa – Reformmaßnahmen nach der Befreiung – Die französische Armee im Kampf gegen Deutschland – Die Deutschlandpolitik de Gaulles 1944–1946 – Frankreichs »Rang« in der Welt – Die Säuberungsmaßnahmen. Das Wiedererstarken der Parteien und der Rücktritt de Gaulles

Der erste Verfassungsvorschlag – Die Rede von Bayeux – Die Verfassung der Vierten Republik – Die Wahlen zur Nationalversammlung und die Regierungsbildung – Die Wahlen zum *Conseil de la République*. Die Wahl des Staatspräsidenten und die Bildung der ersten legalen Regierung – Spannungen im Kolonialreich – Der vermeidbare Konflikt in Indochina – Die französische Deutschlandpolitik nach dem Rücktritt de Gaulles – Die Republik übersteht das Jahr 1947. Das Ende der »Dreiparteienherrschaft« – Die Rückkehr de Gaulles auf die politische Bühne – Die »Dritte Kraft« – Eine neue Außen- und Deutschlandpolitik. – Auswirkungen des Kalten Krieges auf die französische Politik. Die Montanunion – Ein Irrweg: die Europäische Verteidigungsgemeinschaft – Die Wahlen 1951 – Das Ende der »Dritten Kraft« – Antoine Pinay 1952 – Probleme der Innenpolitik. Die Neuwahl des Staatspräsidenten – Die Konflikte in Tunesien, Marokko und Indochina. Dien Bien Phu – Pierre Mendès France oder die Möglichkeiten einer entschlossenen Politik – Die Beendigung des Indochinakrieges – Die Rede von Karthago – Das Ende der Debatte um die Europäische Verteidigungsgemeinschaft – Der Aufstand in Algerien und der Sturz von Mendès France – Das Ende der Legislaturperiode – Der Poujadismus – Die Parlamentswahlen 1956 – Die Regierung Guy Mollet – Der 6. Februar 1956 – Der Kampf um Algier – Das Sues-Abenteuer – Erfolge der Regierung Mollet – Der Sturz der Regierung Mollet – Das Ende der Vierten Republik – Der 13. Mai 1958. Die Staatskrise

1977 – Der Bruch des Linksbündnisses und die Parlamentswahlen 1978 – Die Wahlen zum Europäischen Parlament 1979 – Die Europapolitik Giscard d'Estaings – Die französische Afrikapolitik unter Giscard – Das Ende der Präsidentschaft Giscards. Die Präsidentschaftswahlen 1981 – Die erste Präsidentschaft Mitterrands – Das Reformprogramm der Sozialisten – Die Dezentralisierung – Grenzen der Reformen – Europawahlen und Regierungswechsel 1984 – Beginn des Konflikts in Neukaledonien. »Rainbow Warrior« – Die Außen- und Deutschlandpolitik 1981–1986 – Die Parlamentswahlen 1986 – Die Kohabitation – Die Reformpolitik der Regierung Chirac – Der Konflikt in Neukaledonien – Die Präsidentschaftswahlen 1988 – Die zweite Präsidentschaft Mitterrands. Die Regierung Rocard – Eine vorläufige Lösung für das Neukaledonienproblem – Die Politik der Regierung Rocard – Vor der großen Umwälzung in Osteuropa – Frankreichs Haltung gegenüber dem Prozeß der deutschen Einigung – Die Sozialisten verlieren an Ansehen – Frankreichs Rolle im Golfkrieg – Das Ende der Regierung Rocard und die Regierung Cresson – Die Konferenz von Maastricht – Kantonal- und Regionalwahlen 1992. Die Regierung Bérégovoy – Die Volksabstimmung über den Vertrag von Maastricht 1992 – Die Parlamentswahlen 1993. Eine neue Zeit der Kohabitation – Das Ergebnis der Wahlen

Vorwort

Seitdem Robert Schuman und Konrad Adenauer die deutsch-französische Annäherung zu einem Leitmotiv ihrer Politik gemacht und 1963 dann der Bundeskanzler und Charles de Gaulle im Elysée-Vertrag die besonders engen Beziehungen beider Länder festgelegt haben, wurden diese von keinem der folgenden Regierungen beider Länder mehr ernsthaft in Frage gestellt. Aber es hat nicht den Anschein, als wäre man damit dem erklärten Ziel des Vertrags, vor allem bei der Jugend »das Verständnis füreinander zu vertiefen«, sehr viel näher gekommen. Immer noch scheint Frankreich, wie es die Evangelische Akademie Tutzing einmal formuliert hat, »der fremde Freund« zu bleiben.

Zu einem großen Teil beruhen die früheren ebenso wie die noch heute bestehenden gegenseitigen Mißverständnisse zwischen beiden Ländern auf der geringen Kenntnis der andersartigen Denk- und Verhaltensweisen des Partners und seiner Politik. Die hier vorgelegte Darstellung der französischen Geschichte von Heinrich IV. bis François Mitterrand soll dem deutschen Leser Verständnis für die französische Politik vermitteln und versuchen, Vorbehalte abzubauen. Der Akzent liegt daher auf der politischen Geschichte; die sozialen, wirtschaftlichen und kulturellen Entwicklungen in Frankreich werden nur dort herangezogen, wo sie zur Erklärung der politischen Veränderungen beitragen. Das gleiche gilt für die Wandlungen in den Lebens- und Verhaltensweisen, denen sich die Geschichtsschreibung in unserem Jahrhundert mit besonderem Interesse zugewandt hat und die hier nur beiläufig berücksichtigt werden können. Die Darstellung soll und kann nicht mehr als einen Überblick vermitteln.

Dennoch stehen einige Aspekte im Vordergrund: Hugo von Hofmannsthal sprach einmal von dem »konsequent entwickelten Volksgeist der Franzosen«, und wir sehen noch heute, daß selbst durch die schweren Zusammenbrüche von 1870/71 und 1940 das Selbstbewußtsein der Nation nicht im Kern getroffen wurde. Daß Frankreich zu einem Ausnahmeschicksal bestimmt sei, formuliert Charles de Gaulle im Vorwort seiner »Kriegsmemoiren«, wenn er in den Vorbemerkungen schreibt: »Ich habe instinktiv den Eindruck, daß die Vorsehung Frankreich geschaffen hat für vollendete Erfolge oder gewaltiges Unglück«, und noch im Jahr 1993 waren seine Anhänger, die Gaullisten, so von der Idee der Besonderheit Frankreichs erfüllt, daß sie in ihr Programm den Satz einfließen ließen, der diese Idee wieder aufnimmt: »Frankreich hat im Konzert der Nationen immer einen besonderen Platz eingenommen.« Derartige Äußerungen können bei demjenigen, dem die Kontinuität der französischen Nationalgeschichte fremd ist, auf Unverständnis stoßen und sogar Affekte auslösen, wie sie leicht denen entgegengebracht werden, die sich für auserwählt halten. In unserer Darstellung soll versucht werden, das dem französischen Selbstbewußtsein zugrunde liegende Geschichtsdenken, das allerdings weit ins Mittelalter zurückreicht, für die Neuzeit verständlich zu machen.

Da die Verteidigung der französischen Sprache Teil der nationalen Selbstbehauptung ist und heute, je schwieriger dies wird, zu den wichtigen politischen Aufgaben aller französischen Regierungen und auch der Öffentlichkeit in Frankreich gehört, wird der Frankophonie ein besonderes Augenmerk geschenkt. Entstehung, Aufstieg und Verfall der beiden großen französischen Kolonialreiche werden nicht nur unter dem Blickwinkel der imperialistischen Expansion, sondern auch unter dem Aspekt der französischen Sprachpolitik betrachtet.

Besondere Aufmerksamkeit erfährt die Wechselbeziehung der französischen Geschichte mit der Deutschlands. Aus diesem Grund setzt die Darstellung dort ein, wo sich die Geschichte beider Völker politisch zu verflechten beginnt, im 17. Jahrhundert. Seit dieser Zeit ist die politische Aktivität Frankreichs in wachsendem Maße in das deutsche Bewußtsein gerückt, und es läßt sich sagen, daß das Empfinden der Deutschen, ein gemeinsames nationales Schicksal zu erfahren, wesentlich durch die jahrhundertelange Auseinandersetzung mit Frankreich entstanden ist. Paul Valéry soll die Tragik in den Beziehungen zwischen Deutschland und Frankreich einmal in das Bild ständig verfehlter Begegnungen gefaßt und gesagt haben:

»Die Geschichte hat den beiden Völkern oft die Möglichkeit eines Rendezvous gegeben; aber immer ist nur das eine zur Stelle gewesen, das andere ist zu früh oder zu spät gekommen.« Es ist zu wünschen, daß sie sich beide endlich zur rechten Zeit treffen. Diese Darstellung der französischen Geschichte soll einen Beitrag dazu leisten.

Peter Schunck

1. Der Zustand Frankreichs 1589, zu Beginn der Herrschaft Heinrichs IV.

Als 1589 mit Heinrich IV. (1589–1610) der erste Herrscher aus dem Haus Bourbon den letzten Valois, Heinrich III., ablöste, mußte er sich sein Königreich buchstäblich erobern. Es war ein Königreich, das in vergleichbarer Weise verwüstet und zerrissen war wie Deutschland nach dem Dreißigjährigen Krieg. Von 1562 an hatten nicht weniger als acht Glaubenskriege das Land fast ohne Unterbrechung erschüttert, und durch das Eingreifen des spanischen Königs Philipps II. drohte 1595 die Gefahr der Internationalisierung des bis dahin rein französischen Konflikts. Aber auch wenn das durch die Religionskriege hervorgerufene Elend in Frankreich wie später in Deutschland über das Maß des Vorstellbaren hinausging, läßt sich der innere Zustand beider Länder am Ende dieser Kriege nicht vergleichen. Im Gegensatz zu dem äußerst labilen Gleichgewicht zwischen den Territorialfürsten und dem Kaiser im Reich nach dem Westfälischen Frieden von 1648 war in Frankreich die Entwicklung hin auf eine Stärkung des Königtums trotz der Religionskriege nicht gänzlich unterbrochen worden, denn die Gegner Heinrichs IV. kämpften gegen den protestantischen König, nicht gegen die französische Monarchie als solche. Die Stärkung der Königsmacht hatte in Frankreich schon viel früher, bald nach dem Ende der hundertjährigen Auseinandersetzung mit England (1339–1453) eingesetzt und mit Ludwig XI. (1461–1483) einen ersten Höhepunkt erreicht.

Es war dem König schon damals gelungen, dem auch in Frankreich erkennbaren Streben der Territorialfürsten nach Selbständigkeit Schranken zu setzen. Dies gilt insbesondere für die Herzöge von Burgund, die zwischen Frankreich und Deutschland ein nahezu unabhängiges Zwischenreich gebildet hatten. Mit Hilfe der Schweizer Kantone, der rheinischen Städte und des Herzogs von Lothringen, die von dem letzten Herzog von Burgund, Karl dem Kühnen, direkt bedroht waren, hatte Ludwig XI. durch seine geschickte Diplomatie zum

Untergang des Reichs von Burgund beigetragen. Karl der Kühne starb 1477 vor Nancy, und Ludwig fiel bei der Teilung von Burgund mit dem späteren Kaiser Maximilian vor allem das Kernland um Dijon zu. Von dem letzten Anjou, dem in Aix residierenden König René, erbte er 1480 die an sich außerhalb seines Lehensgebiets gelegene Provence, und seine Nachfolger, Karl VIII. (1483–1498) und Ludwig XII. (1498–1515), sicherten jeweils durch eine Ehe mit der Erbin des Landes die Bretagne. Außer einigen Gebieten im Süden und dem größeren Territorium des Hauses Bourbon in der Mitte Frankreichs war die Krondomäne schon zu Beginn des 16. Jahrhunderts geeint, und da es, wie man sagte, nur einen König in Frankreich gab, bildete das Königreich, bei allen weiterhin bestehenden regionalen Verschiedenheiten, praktisch eine Einheit. Der König verfügte über die höchsten steuerlichen Einnahmen in Europa, das Parlament von Paris – das nicht mit einem modernen Parlament verglichen werden darf – nahm die Stelle eines obersten Gerichtshofs im Land ein, dem die anderen Parlamente der Provinzen faktisch untergeordnet waren. Der Staatsapparat war für die damaligen Verhältnisse so gut organisiert, daß ihm wenig entgehen konnte, nicht einmal die Städte, deren Verwaltung überwacht wurde. Der König von Frankreich verfügte, verglichen mit Deutschland, über einen für die damaligen Verhältnisse modernen Staat mit einer hohen Bevölkerungszahl – in der Mitte des 16. Jahrhunderts wird sie auf etwa 16 Millionen, davon über 90 Prozent Landbewohner geschätzt. Hinzu kam noch, daß Frankreich seit Karl VII. (1422–1461) und Ludwig XI. ein stehendes Heer besaß.

Mit diesen Mitteln konnten Karl VIII. und Ludwig XII. wieder eine expansive Außenpolitik betreiben, zumal die Beziehungen zu den mächtigen Nachbarn England, Spanien und dem Deutschen Reich keine ernsthaften Probleme bereiteten. Das Italien der Renaissance mit dem Glanz seines kulturellen Reichtums und mit seiner politischen Schwäche veranlaßte beide Könige, bis nach Neapel zu ziehen und das Erbe des Hauses Anjou zu beanspruchen. Ludwig XII. suchte zudem das reiche Mailand zu gewinnen. Aber die Koalitionen der Mächte gegen Frankreich waren zu stark, und als Ludwig kurz vor seinem

Tod den Ausgleich mit den Gegnern suchte, war trotz der vielen Kriege und der enormen Ausgaben nichts gewonnen. Daß Frankreich diese abenteuerliche Politik ohne schweren Schaden durchstand, zeigt, wie in sich gefestigt das Land in dieser Zeit bereits war.

Die Stärke Frankreichs kam besonders deutlich in der Auseinandersetzung mit dem Universalreich Karls V. (Kaiser 1519–1556) zum Ausdruck. Nicht weniger als vier Kriege stand Franz I. (1515–1547) gegen den Kaiser durch, der mit den Edelmetallen aus Amerika über weit größere Mittel verfügte. Weder der Abfall des Connétable Karl von Bourbon noch die Gefangennahme des Königs selbst nach der Niederlage von Pavia (1525) führten in Frankreich zu ernsthaften Erschütterungen des politischen Systems; die Regentin und Mutter des Königs, Louise von Savoyen, brachte das Land durch die schwierige Zeit bis zur Entlassung des Königs aus der Gefangenschaft im folgenden Jahr. Die Auseinandersetzung lief auch noch unter den Nachfolgern, Philipp II. von Spanien (1556–1598) und Heinrich II. (1547–1559), weiter, und als man endlich im Frieden von Cateau-Cambrésis (1559) die Auseinandersetzung beendete, mußte Frankreich zwar seine Ansprüche in Italien aufgeben, aber es hatte durch die Rückgewinnung von Calais (1558), des letzten englischen Stützpunkts auf dem Festland, den gefährlichen Gegner jenseits des Meeres vertrieben und mit dem Gewinn der Bistümer Metz, Toul und Verdun die zukunftsträchtige Richtung zum Rhein eingeschlagen.

Dem lagen freilich noch keine festen Pläne zugrunde; ein Stück Italien wäre dem König vermutlich viel lieber gewesen als diese östlichen Gebiete. Doch das in der Folgezeit so bedeutsame Bündnis mit den protestantischen deutschen Fürsten gegen den Kaiser und damit die Einmischung in die deutsche Politik waren nun vorgezeichnet. Frankreich hatte nicht nur territorialen Nutzen aus der deutschen Glaubensspaltung gezogen, Heinrich II. trat auch als Beschützer der »deutschen Freiheit« auf, einer Freiheit, die nichts anderes bedeutete als die Unabhängigkeit vom Kaiser. Das Bündnis des katholischen Königs mit den Protestanten gegen den katholischen Kaiser setzte die »Realpolitik« Franz' I. fort, der bereits ein Bündnis mit den Türken geschlossen hatte, die 1529 zum ersten Mal bis an die Mauern von Wien gelangt waren. Alle diese Bündnisse wurden in der nationalen deutschen Geschichtsschreibung als Verrat der Protestanten an der Einheit der deutschen Nation und der Franzosen an der Einheit der Christenheit angesehen. Doch die Einheit der deutschen Nation gab es noch nicht, jedenfalls war das Bewußtsein von ihr erst sehr schwach entwickelt, und die Einheit der Christen gegenüber den »Ungläubigen« war, wie das Bündnis mit den Türken zeigt, aus dem Denken der Mächtigen weitgehend verschwunden.

Gewiß versuchte Karl V., wenigstens Metz (1552) mit aller Gewalt wiederzugewinnen, aber gerade die energische und geglückte Verteidigung auf französischer Seite durch den Herzog von Guise machte die Stadt erst zum Prestigeobjekt und weckte die Emotionen, die letztlich die Grundlage nationalen Denkens bildeten. Als das Habsburgerreich nach Karls V. Abdankung aufgeteilt wurde, blieb Spanien zunächst der gefährlichere Gegner, da es sich durch den Besitz der sogenannten spanischen Niederlande, des heutigen Belgiens, Mailands und Neapels wie ein Ring um Frankreich legte; hinzu kamen das zu Spanien gehörende Roussillon und die spanische Freigrafschaft Burgund um die Freie Stadt Besançon; Frankreich stand dadurch allen Invasionen offen. Zu Ende des Jahrhunderts und der Religionskriege war Frankreich nahezu ein von Spanien besetztes Land. Es lag also in der Natur der Sache, daß die französische Politik gezwungen war, sichere, das heißt »natürliche« Grenzen zu gewinnen. Dies gelang unter Ludwig XIV. durch die Gewinnung des Roussillon und der Freigrafschaft Burgund im Süden und Osten, und nach dem Pyrenäenfrieden von 1659 spielte die Auseinandersetzung mit Spanien im Süden kaum noch eine bedeutsame Rolle. Nur im Osten und Norden gab es keine »natürliche« Grenze; als solche wurde der Rhein angesehen, und so ging das Bestreben Frankreichs dahin, diese Grenze zu erreichen – übrigens bis zu Charles de Gaulle, der noch nach 1945 nachdrücklich die Abtrennung der gesamten linksrheinischen deutschen Gebiete forderte. Im nachhinein wird die Zwangsläufigkeit einer Politik deutlich, die den Handelnden zunächst noch nicht bewußt war.

Der Zwangsläufigkeit in der Politik nach außen entspricht eine seit Ludwig XI. und über das ganze 16. Jahrhundert zu beobachtende Entwicklung zur Zentralisierung, zur Machtkonzentration bei König und Hof, die selbst während der Religionskriege nicht gänzlich aufhörte. Zwar gab es für den Hof noch keine feste Residenz, sondern mehrere zwischen Paris und der Loire gelegene, aber der Adel wurde an diesen Hof gezogen, wo er sich mehr oder weniger dem Willen des Königs unterzuordnen hatte; im Machtkampf der einzelnen Familien des Hochadels, aber auch in der Auseinandersetzung zwischen Adel und aufstrebendem Bürgertum gewann der König die Rolle des Schiedsrichters.

Ein Gegengewicht zur königlichen Macht bildeten im Ancien Régime bis zur Revolution von 1789 die Versammlungen der drei Stände: Geistlichkeit, Adel und Dritter Stand. An der Häufigkeit des Zusammentretens dieser »Generalstände« *(Etats généraux)* läßt sich die Stellung des Königtums ablesen: Je seltener die Generalstände einberufen wurden, um so weniger wurde die Macht des Königs eingeschränkt. Sie traten beispielsweise von 1484 bis 1560, also von Karl VIII. bis Heinrich II. nicht zusammen. In der etwa ebenso langen Epoche von 1560 bis 1614 wurden sie dagegen sechsmal einberufen (1560, 1561, 1576/7, 1588/9, 1593, 1614), dafür aber bis zur Revolution 1789 nie wieder! Im königlichen Rat *(Conseil du roi)* läßt sich nach Heinrich II. eine vergleichbare Entwicklung beobachten: Die beiden ersten Könige aus dem Haus Valois, Franz I. und Heinrich II., hielten die Zahl der von ihnen ernannten Mitglieder niedrig, die Nachfolger, Franz II. (1559–1560) und Karl IX. (1560–1574), mußten eine immer größere Zahl von Entscheidungsträgern zulassen – Zeichen ihrer im Vergleich zu den Vorgängern schwächeren Stellung.

Schließlich war es dem König auch gelungen, im Jahr 1516 durch ein Konkordat mit dem Papst die bis dahin weitgehend unabhängige französische Kirche in das System einzugliedern. An Stelle der freien Wahl der Bischöfe durch die Kapitel und der meisten Äbte in den Klöstern traten die Benennung durch den König und die Investitur durch den Papst. Der Prälat mußte dem König Treue geloben und erhielt dann von ihm den weltlichen Besitz. So geriet der Klerus in ein Abhängigkeitsverhältnis zum Königtum, das über den Besitz der Kirche verfügen konnte. Als reichster der drei Stände erbrachte der Klerus mit Beginn der schwierigen Zeit um 1560 regelmäßig Leistungen an die Staatskasse. Es wird gelegentlich behauptet, daß die Interessengemeinschaft zwischen Königtum und Kirche dazu beitrug, den Erfolg der Reformation in Frankreich zu verhindern.

Versuche, die Kirche zu erneuern, ohne mit den Institutionen zu brechen, hatte es in Frankreich schon vor Luther in dem Kreis um Bischof Briçonnet gegeben, aber ab etwa 1520 überlagerte der Einfluß Luthers diese Bestrebungen. Entscheidend geprägt wurde der französische Protestantismus von dem Nordfranzosen Jean Calvin (1509–1564), der von Genf aus, wo 1536 seine »Christianae religionis Institutio« erschien, die reformierte Kirche Frankreichs aufbaute. Franz I. war ein aufgeschlossener, von Renaissance und Humanismus beeinflußter Fürst, und seine Schwester Marguerite von Navarra förderte die neue Lehre an ihrem Hof. So stand der König der Reform zunächst nicht ablehnend gegenüber, und die protestantischen Gemeinden verbreiteten sich ziemlich schnell im Land. Aber als 1534 Kampfschriften sogar am Zimmer des Königs im Schloß Amboise angebracht wurden, muß er sich der politischen Gefahr der Glaubensspaltung bewußt geworden sein. Es kam zu Verfolgungen, die erst durch ein Edikt im folgenden Jahr für einige Zeit beendet wurden. Der Calvinismus fand bei dem französischen Adel, im Süden und Südwesten des Landes und in den Städten viele Anhänger. Im Jahr 1561 gab es etwa 670 protestantische Kirchen in Frankreich und 1559 wurde in Paris die erste protestantische Synode abgehalten. Auf dem Höhepunkt seiner Ausbreitung um 1565 hatte der Protestantismus schätzungsweise zehn Prozent der Bevölkerung erfaßt, also etwa zwei Millionen Gläubige. Im Vergleich dazu bekennen sich bei fast verdreifachter Bevölkerung heute nur ungefähr 800 000 Franzosen zu den protestantischen Kirchen, davon die Hälfte zur eigentlichen reformierten Kirche von Frankreich.

Wenn sich bis auf den letzten König, Heinrich IV., der selbst Protestant war, alle französischen Herrscher des Jahrhunderts gegen die neue Kirche wandten, so wurden sie nicht von theologischen, sondern von machtpolitischen Überlegungen bestimmt – wie es ja auch bei der Mehrzahl der deutschen Fürsten der Fall war. Die Gründe, warum sich die Auseinandersetzung nach dem Tod Heinrichs II. (1559) verschärfte, sind wohl darin zu finden, daß durch den gleichzeitigen Frieden von Cateau-Cambrésis der Krieg mit dem äußeren Feind beendet wurde, daß die Protestanten in der Lage waren, sich zur Wehr zu setzen und daß das Königtum durch die Regentschaft Katharinas von Medici, der Mutter der letzten Könige aus dem Haus Valois, Franz' II. (1559–1560), Karls IX. (1560–1574) und Heinrichs III. (1574–1589), zunächst geschwächt war.

Bis es Heinrich IV. durch das Edikt von Nantes (1598) endlich gelang, die schwer erschütterte Machtstellung des Königtums zu konsolidieren und den inneren Frieden wiederherzustellen, machte Frankreich eine Epoche der inneren Kriege durch, die das Land bis zur Staatskrise führten. Die endlose Reihe der Auseinandersetzungen, in denen beide Seiten höchst unchristlich miteinander umgingen, verdient keine ausführliche Darstellung: Das Blutbad der Bartholomäusnacht (23./24. 8. 1572) war nur eines unter vielen. Unter Heinrich III. wurde das Königtum sowohl von den Hugenotten als auch von den extremistischen Katholiken der Liga bedrängt. Spanien, das zu gleicher Zeit den Aufstand der protestantischen Niederlande bekämpfte, unterstützte die Liga, und so drohte eine ähnliche Internationalisierung des Krieges, wie sie im Dreißigjährigen Krieg Deutschland erfaßte. Heinrich III. konnte sich der Herzöge von Guise, die die Liga anführten, 1588 nur durch Mord entledigen, ein Jahr später fiel er selbst dem Anschlag eines Mönches zum Opfer. Mit seinem Schwager Heinrich von Navarra aus dem Haus Bourbon aber kam ein Protestant auf den Thron, die Stadt Paris wurde von der Liga und spanischen Truppen gehalten, Frankreich schien am Rande der Unregierbarkeit zu stehen. Neben der faszinierenden Persönlichkeit des ersten Bourbonen gibt es eine Reihe von Gründen, warum Frankreich in verhältnismäßig kurzer Zeit seine Machtstellung in Europa wiedergewann.

Dies wurde zunächst durch das Scheitern des Protestantismus begünstigt; die Zahl der Hugenotten ging nach 1572 zurück und betrug zum Ende des Jahrhunderts nur noch etwa eine Million Gläubige, die zudem in Paris eine extreme Minderheit darstellten und im ganzen Land auf gewisse Schwerpunkte zerstreut blieben. Da es den deutschen vergleichbare Territorialfürsten nicht gab und der Grundsatz »cuius regio, eius religio« infolgedessen keine Bedeutung hatte, konnte es auch nicht zu einem flächen- und massenhaften Glaubenswechsel kommen. Andererseits hatten sich in Frankreich früher und stärker als in Deutschland Ansätze nationalen Bewußtseins entwickelt und mit der Treue zum König verbunden. Dessen Haltung kam eine entscheidende Bedeutung zu, und alle Valois hielten am hergebrachten Glauben fest. Zu den nicht schriftlich fixierten, aber unantastbaren »Grundgesetzen des Königreichs« gehörte neben der legitimen männlichen Erbfolge die Unveräußerlichkeit der Rechte des Königs: Er kann über die Krondomäne nicht verfügen, er kann nicht abdanken und sein Nachfolger kann die Königswürde nicht ausschlagen. Die Regentschaft unterbricht die Königsfolge nicht. Zudem muß der König am katholischen Glauben festhalten.

Trotz der protestantischen Minoritäten, trotz noch bestehender ausländischer Enklaven und trotz des Bürgerkriegs wurde das französische Königtum als solches in der zweiten Hälfte des Jahrhunderts nicht in Frage gestellt. Die von Seiten einzelner Protestanten und auch Ligisten vorgebrachte Theorie, ein Vertrag binde König und Volk und bei Vertragsbruch durch den König habe das Volk das Recht, den Vertrag aufzukündigen und sich gegen den Monarchen zu wenden, fand kein breites Echo. Dagegen hatten Jean Bodins »Bücher vom Staat« (1576) einen großen Erfolg, in denen der Begriff der staatlichen Souveränität herausgearbeitet und die Grundlagen des Absolutismus formuliert wurden. Dieser war in seinen politischen Ansätzen seit Franz I. immer deutlicher als System der Zukunft zu erkennen. In seinen Dienst wurde auch die französische Sprache gestellt, seitdem durch das Edikt von Villers-Cotterets (1539) nur noch das Französische in offiziellen Rechtstexten gebraucht werden durfte, nicht mehr die *langue d'oc* des Südens oder das Latein. Diese einschneidende Maßnahme, die in hohem Maße zum Niedergang des Provenzalischen beitrug, traf auf keinen Widerstand! Die Reformation und die Religionskriege unterbrachen also nur zeitweise eine Entwicklung, die sich in der ersten Hälfte des Jahrhunderts ankündigte und zu Beginn des folgenden fortsetzte. Nicht ohne Grund bezeichnet einer der besten Kenner des Ancien Régime, Méthivier, das 16. Jahrhundert als die »Pubertätszeit« dieser Epoche.

2. Das Ende der Religionskriege und die Festigung des Landes unter Heinrich IV. (1589–1610)

Heinrich III. war am 1. August 1589 von dem Dolch des Mönches Jacques Clément getroffen worden. Er konnte noch Heinrich von Navarra, den Führer der Protestanten in Frankreich, seinen entfernten Vetter, als rechtmäßigen Nachfolger benennen. Von den drei Parteien, die in Frankreich um die Macht kämpften: den Anhängern des Königs, den Protestanten und der katholischen Liga, waren dadurch die beiden ersten vereint. Der neue König aus dem Haus Bourbon versprach sofort, die katholische Religion zu schützen und zu bewahren, aber die katholische Partei blieb bei ihrer Ablehnung. Die Liga, der sich die meisten Städte des Landes, vor allem auch Paris, anschlossen und die Philipp II. von Spanien unterstützte, war dem König zunächst weit überlegen. Heinrich von Navarra hatte nur eine kleine, aber motivierte Armee auf seiner Seite, ansonsten unterstützten ihn lediglich die Umstände, daß er rechtmäßiger König von Frankreich und ein außergewöhnlich energievoller Mensch war.

Die Machtfrage wird in Frankreich seit dieser Zeit – ganz im Gegensatz zu den Verhältnissen in Deutschland – fast immer in der Hauptstadt entschieden, und so ging der Kampf zunächst um Paris. Ein erster Versuch, schon 1589, die Stadt zu nehmen, scheiterte, und der König mußte sich in das Loire-Tal zurückziehen. 1590 konnte seine Armee allerdings eine regelrechte Belagerung beginnen. In Paris aber wurde der Widerstand von einem sechzehnköpfigen Ausschuß der Liga mit großer Härte organisiert; sie fand Unterstützung bei dem päpstlichen Legaten und bei dem spanischen Gesandten. Der Krieg weitete sich aus, als Spanien eine Armee nach Paris legte und damit das militärische Gleichgewicht wiederherstellte. Aber die an Terror grenzende Herrschaft von Repräsentanten des niederen Volkes in Paris und das Eingreifen des spanischen Königs riefen Gegenkräfte in den bürgerlichen Schichten wach, die königstreu

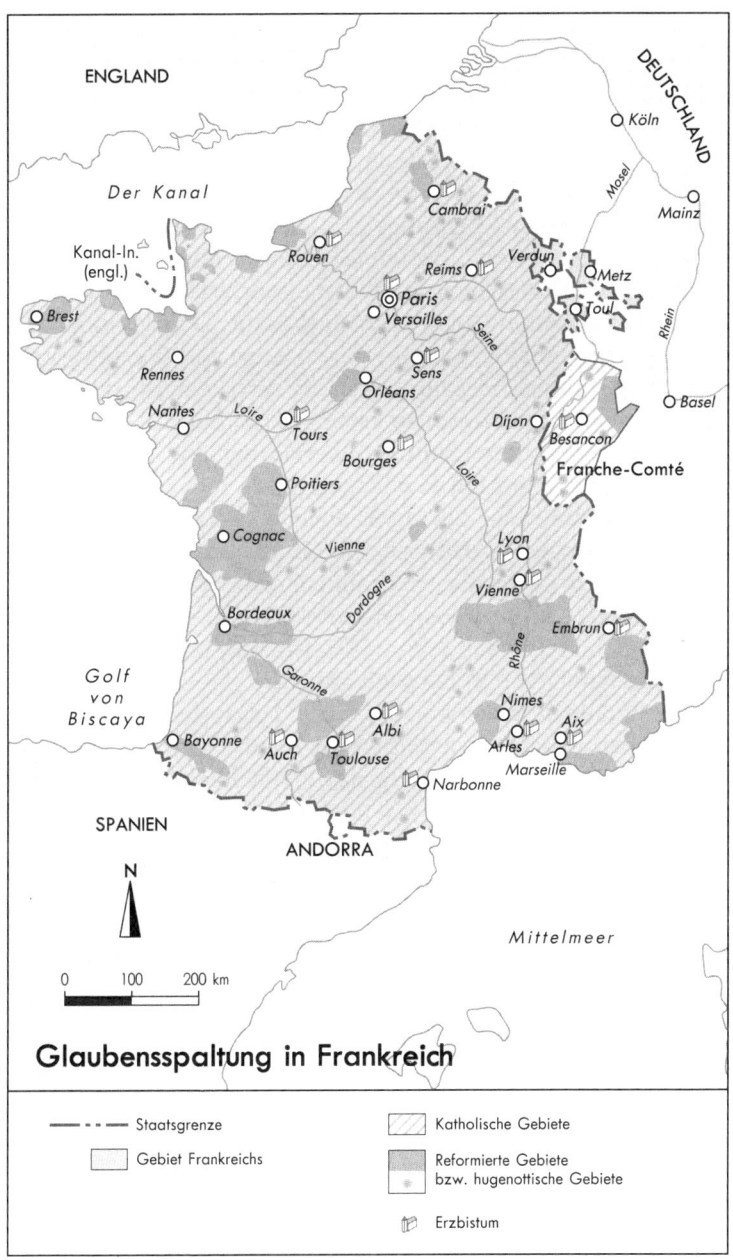

ENGLAND

DEUTSCHLAND

○ Köln

Der Kanal

Mosel

○ Mainz

Kanal-In.
(engl.)

Cambrai

Rouen

Verdun

Reims ○ ☖

○ Metz

○ Brest

☖ Paris
Versailles

○ Toul

Rhein

Seine

Rennes

Sens

Orléans

○ Basel

Nantes

Loire

Tours

Dijon ○ ☖

Bourges

Besançon

Poitiers

Loire

Franche-Comté

Cognac

Vienne

Lyon

Bordeaux

Dordogne

Vienne

Golf
von
Biscaya

Garonne

Embrun ○ ☖

Rhône

Nîmes

○ Bayonne

Albi

Aix

Auch

Arles

Toulouse

Marseille

Narbonne

SPANIEN

ANDORRA

N

Mittelmeer

0   100   200 km

Glaubensspaltung in Frankreich

29

und national gesinnt waren. Sie wollten es nicht hinnehmen, daß Philipp II. die Kandidatur seiner Tochter für den französischen Thronbetrieb und damit gegen das Prinzip der männlichen Thronfolge in Frankreich verstieß. Den Ausschlag für den Sieg des Königs gab schließlich sein im Mai 1593 angekündigter und im Juli vollzogener Übertritt zum katholischen Glauben. Auch wenn als Begründung angegeben wurde: »Paris ist wohl eine Messe wert«, dürfen Glaubensmotive nicht gänzlich ausgeschlossen werden. Letztlich überwog vermutlich doch die in dem berühmten Ausspruch enthaltene realpolitische Erkenntnis, daß eine Beendigung des so lange und so erbittert geführten Religionskriegs nur durch die Anerkennung der bestehenden Machtverhältnisse zu erreichen sei. Und diese lagen so, daß die katholische Seite die große Mehrheit des Landes hinter sich hatte, während die Protestanten nur eine militante Minderheit bildeten. Das Ziel, die Einheit des Königreichs wiederherzustellen und ihm dadurch seine alte Machtstellung zurückzugeben, war gegen die Katholiken nicht zu erreichen. Der König mußte seine treuen alten Anhänger enttäuschen. Da Reims noch in der Hand seiner Gegner war, wurde er in Chartres zum König von Frankreich gesalbt.

Das Parlament von Paris, das schon zuvor seine Königstreue gezeigt hatte, erklärte sich offen für Heinrich IV. und forderte den Abzug der spanischen Garnison. Nach fünf Jahren wurde die Hauptstadt schließlich fast kampflos im März 1594 genommen. Der König sah dem Abzug der spanischen Truppen zu. Seine Staatskunst und Menschlichkeit bewies er dadurch, daß er die Verfolgung seiner Gegner, Prozesse und Rache vermied und seine Politik nach dem übergeordneten Ziel der Versöhnung ausrichtete. Im Land wurde diese Politik verstanden und dankbar aufgenommen; innerhalb kurzer Zeit folgten die anderen Städte dem Beispiel von Paris, und die letzten Anhänger der Liga schlossen Frieden, nachdem auch der Papst seine Absolution erteilt hatte (1595). Es dauerte noch einige Zeit, bis auch die Auseinandersetzung mit Spanien beendet werden konnte. Die langen und harten Kämpfe im Norden und in Burgund machten dabei deutlich, wo Frankreichs Sicherheit am meisten gefährdet war. Die finanzielle Notlage auf beiden Seiten und die

Einsicht, daß ein entscheidender Vorteil nicht zu erringen sei, führten zum Friedensschluß (1598). Nach außen hatte Frankreich die Zeit der Religionskriege überwunden und wieder den Besitzstand des Friedens von Cateau-Cambrésis (1559) erreicht. Es galt nun, auch den inneren Frieden wiederherzustellen.

Diese Aufgabe war ungleich schwieriger als der Friedensschluß mit Spanien. Die Vorstellung von Toleranz in Glaubensdingen war noch kaum entwickelt und ebensowenig war es die Idee, zwei Religionen könnten in einem Land gleichberechtigt und friedlich zusammenleben. Das Problem wurde noch dadurch verschärft, daß die beiden Parteien einander nicht ebenbürtig waren und der Gedanke lebendig blieb, unter einem König dürfe auch nur ein Glaube herrschen. Die Protestanten aber waren als Minorität naturgemäß besonders militant und wurden obendrein durch den Glaubenswechsel des Königs geschwächt. Sie bildeten eine Generalversammlung, die der Anfang zu politischer Selbständigkeit hätte sein können. Wiederum zeigte sich das Geschick des Königs: Er war bereit, mit Vertretern der Versammlung zu verhandeln, und aus diesen Verhandlungen ergab sich das Edikt von Nantes (13.4.1598). In ihm waren frühere Vereinbarungen überarbeitet und erweitert worden.

Den Protestanten wurde freie Religionsausübung überall dort garantiert, wo dies im August 1597 der Fall war. Allerdings blieb eine Reihe größerer Städte davon ausgeschlossen. Die Protestanten wurden den Katholiken rechtlich gleichgestellt, worüber paritätisch besetzte Kammern der Parlamente, das heißt der obersten Gerichtshöfe, wachten. Nicht im eigentlichen Edikt, sondern in Zusätzen, die nicht diesen Gerichtshöfen vorgelegt werden mußten, räumte ihnen der König weitere, vor allem militärische Vergünstigungen ein: Es wurden ihnen 150 Zufluchtsorte gewährt, von denen wiederum etwa 50 als »Sicherheitsplätze« protestantische Garnisonen und Gouverneure hatten, die der König besoldete.

Wie zu erwarten, leisteten der Papst und die Katholiken Widerstand gegen das Edikt, und über zwei Jahre mußte der König den Parlamenten zureden, bis auch das letzte seine Zustimmung gab. Trotz der Regelung blieben Mißtrauen und

Feindschaft auf beiden Seiten bestehen; da Toleranz als Voraussetzung des Zusammenlebens noch nicht verbreitet war, brachte das Edikt keine endgültige Lösung der Problematik einer religiösen Minderheit im Staat. Für den französischen Protestantismus bedeutete es nur einen Aufschub, da allein die Person dieses Königs die Einhaltung der Bestimmungen garantierte. Die Festschreibung der bestehenden Verhältnisse hielt die Protestanten aber auch in dem Ghetto der Minorität, die von einer stets feindlichen Umgebung nur Verfolgungen zu erwarten hatte. Die oft gebrauchte Bezeichnung »Toleranzedikt« stellt insofern einen Widerspruch dar, als Toleranz nicht auf dem Verordnungsweg, sondern nur durch einen Gesinnungswandel zu erreichen ist. Die große Leistung des Königs bestand darin, die verfeindeten Lager aus Gründen der Staatsräson und zum Nutzen des Landes zum Zusammenleben zu zwingen. Er hatte erreicht, daß die Probleme des Glaubens den Interessen der Nation wieder untergeordnet wurden. Die Erfolge dieser Politik zeigten sich bald beim Wiederaufbau des Landes.

Die Verwüstungen und der wirtschaftliche Niedergang durch die Religionskriege lassen sich, wenn nicht im Ausmaß, so doch in der Art, annähernd mit den Zuständen nach dem Dreißigjährigen Krieg im Deutschen Reich vergleichen. Hinzu kamen die Unsicherheit durch umherziehende Banden und die in einigen Provinzen wieder auftretende Pest. Besonders die Landbevölkerung war schwer getroffen, und ihr Los blieb auch unter Heinrich IV. nicht leicht. In allen Provinzen hatte sich der Anteil der Bauern am Landbesitz verringert. Die Kopfsteuer *(la taille)* wurde zwar herabgesetzt, dafür jedoch die Salzsteuer *(la gabelle)* erhöht. Aber nicht nur in dem geringeren Grad der Zerstörungen unterschied sich die Situation in Frankreich von der, die ein halbes Jahrhundert später in Deutschland herrschen sollte, sondern auch in den Verlusten an Menschenleben: Frankreich war immer noch eines der am dichtesten besiedelten Länder Europas. Es bedurfte nur einer kohärenten und sinnvollen Wirtschaftspolitik, um vorhandene Kräfte zu mobilisieren. Eine solche Politik wurde dem Land durch den gesunden Menschenverstand des Königs und von seinen Ratgebern geboten.

Der bedeutendste dieser Ratgeber war der Herzog von Sully (1560–1641), ein Mitstreiter des Königs, der Protestant blieb und Finanzminister *(surintendant des finances)* wurde, der aber auf vielen Gebieten der Wirtschaft eingriff. Er setzte die Zinsen für die Staatsschuld herab, reduzierte Rückzahlungen, überprüfte Forderungen. Durch Ordnung, Sparsamkeit und Hartnäckigkeit gelang es Sully, den Haushalt des Königreichs auszugleichen und sogar Rückstellungen zu erzielen. Der Ausspruch, Ackerbau und Viehzucht seien die beiden nährenden Brüste Frankreichs *(»labourage et pâturage sont les deux mamelles de la France«)*, wird in Frankreich bis heute mit seinem Namen verbunden.

Ein anderer Protestant, Olivier de Serres, hatte ein umfangreiches Werk über die verschiedenen Gebiete der Landwirtschaft (*Théâtre d'agriculture et ménage des champs* 1600) verfaßt, für dessen Verbreitung der König selbst sorgte. Der Erfolg des Werkes läßt sich daran ablesen, daß es bis 1675 19mal aufgelegt wurde. Es enthält wichtige Beobachtungen über die Notwendigkeit, dem Boden durch die Brache Ruhe zu gewähren, ihn periodisch tief umzupflügen und zwischen Pflanzen zu unterscheiden, die ihm die Kraft nehmen, und solchen, die dies nicht tun. Das Werk richtete sich in erster Linie an den Adel, den es in die Stadt und an den Hof zog, und forderte ihn auf, aufs Land zurückzukehren.

Ein dritter Protestant, Barthélemy de Laffemas, unterstützte als Leiter der Handelskommission die Bestrebungen Sullys, durch Verbesserungen im Zunftwesen die Qualität der Produkte zu steigern und durch die Einrichtung von Glas- und Stoffmanufakturen die Abhängigkeit von Importen zu verringern; unter anderem entstanden auf diese Weise in Paris die Gobelin-Manufakturen, die ihren großen Aufschwung unter Ludwig XIV. nahmen. Überhaupt läßt sich sagen, daß Sully und seine Mitarbeiter bereits die Prinzipien des Merkantilismus erkannten und zu befolgen suchten, der unter Ludwigs XIV. Minister Colbert als *colbertisme* das Wirtschaftssystem Frankreichs wurde. Es ist – sehr vereinfachend gesagt – nichts anderes als ein Staatsprotektionismus, der die eigenen Produkte gegen Importe schützt und den Export fördert, mit dem Ziel, einen

Handelsüberschuß zu erzielen und damit den Wertmaßstab des Reichtums, die Edelmetalle, ins Land zu ziehen. Auch wenn nicht alle Projekte Erfolg hatten, wurden schon hier die wirtschaftlichen Grundlagen für die Expansionspolitik Richelieus und Ludwigs XIV. gelegt. Wenige Jahre nach dem Tod Heinrichs IV. hat der Schriftsteller Montchrétien in einer wirtschaftspolitischen Abhandlung (*Traité de l'économie*, 1615) den Merkantilismus dann systematisch behandelt.

Bei der Behandlung wirtschaftlicher Fragen war der Anteil der Protestanten auffallend groß; auf dem Gebiet der Wirtschaft entwickelten sie im allgemeinen offensichtlich eine größere Aktivität als die Katholiken. Sie bildeten beispielsweise auch die Mehrheit in einer Gruppe von Finanziers, die eine wichtige Steuer, die sogenannte *Paulette* (nach dem ersten Pächter Paulet), pachtete. Diese Steuerpacht, das heißt, das Recht, Steuern gegen eine vorgestreckte Pauschalsumme einzuziehen, gehörte zum Ancien Régime bis zu seinem Ende. Die *Paulette* brachte dem König den Ertrag von mehr als einer Million livres; ihre gesellschaftliche Bedeutung liegt darin, daß der schon bestehende Ämterkauf zur Vererblichkeit ausgeweitet wurde. Durch den Kauf eines hohen Staatsamtes *(office)* konnte nämlich ein Bürgerlicher in den Amtsadel *(noblesse de robe)* aufsteigen. Zum Verdruß des älteren Schwertadels *(noblesse d'épée)* entstand auf diese Weise eine neue gesellschaftliche Schicht, die aus eigenem Interesse dem König treu bleiben und das System stützen mußte. Als ein Nachteil stellte sich dagegen heraus, daß das im Handel gewonnene bürgerliche Kapital auf diesem Weg der Wirtschaft entzogen wurde und dem Staat zufloß. In verhältnismäßig kurzer Zeit gewann dieser die Mittel, um auch wieder eine aktive Politik nach außen zu führen. Dies ist um so erstaunlicher, als Heinrich IV. noch bis 1606 Komplotte des Hochadels zu bekämpfen hatte. Daß ihm dies ohne allzu große Mühe gelang, beweist, wie schnell sich die Lage im Land wieder stabilisiert hatte.

Zu einer expansiven Außenpolitik, die Heinrich IV. wieder betreiben konnte, gehörte es neben der Einflußnahme in Europa auch, sich von der Aufteilung der neu entdeckten Kontinente in Übersee nicht ausschließen zu lassen. Hier entschied sich bereits die zukünftige Geltung der europäischen Sprachen. Wenn das Französische, an der Zahl seiner Sprecher gemessen, heute hinter dem Englischen, Spanischen, ja sogar hinter dem Portugiesischen liegt, so ist dies ein Ergebnis der französischen Kolonialpolitik vom 16. bis ins 19. Jahrhundert. Sie wurde immer nur von starken Herrschern oder Politikern betrieben, ohne daß das Volk sich besonders dafür interessiert hätte. So verlief die überseeische Expansion Frankreichs in Wellenlinien:

Die Anfänge machte Franz I., der 1534 Jacques Cartier nach Westen schickte, die »Passage« nach Indien zu entdecken und Gewürze und möglichst auch Gold mitzubringen, so wie es den Spaniern gelungen war. Im Laufe von mehreren Fahrten zum heutigen Kanada gelangte Cartier auf dem Sankt-Lorenzstrom bis in die Höhe des heutigen Montréal. Eine Besiedlung erfolgte noch nicht, aber die Richtung für die spätere Kolonisation war gewiesen. Der nächste Vorstoß wurde von Admiral Coligny, dem Führer der Protestanten, in den sechziger Jahren des 16. Jahrhunderts unternommen. Colignys Versuche, in Brasilien und Florida Zufluchtsorte für seine Glaubensbrüder zu finden, scheiterten aber am spanischen und portugiesischen Widerstand. Während der Glaubenskriege waren die Kräfte des Landes von den inneren Kämpfen in Anspruch genommen. Erst unter Heinrich IV. begann die systematische Kolonisation durch Samuel de Champlain, der von 1603 bis 1635 Expeditionen nach Kanada unternahm und am 3. Juli 1608 das heutige Québec gründete. Diese einzige größere französische Flächensiedlung auf einem außereuropäischen Kontinent traf auf entschiedenen Widerstand bei Sully, der die Ansicht vertrat, derartige Unternehmungen entsprächen nicht dem Denken und der Art der Franzosen. Die Vorstellung, Franzosen eigneten sich nicht für überseeische Kolonisation, hielt sich hartnäckig über Jahrhunderte. Wie langsam sich obendrein das französische Kanada entwickelte, zeigt die Tatsache, daß das Fort Québec 1632 gerade aus 60 französischen Einwohnern bestand, von denen nur ein einziger eine Familie gegründet hatte und eine Landwirtschaft betrieb, während die anderen vom Pelzhandel lebten. Von Anbeginn war die französische Kolonisation mühselig und zwischen den Erwartungen der Herrscher und den Ergebnissen klaffte immer ein Widerspruch. Wegen der Verstrickungen Frankreichs in Europa zählten für Heinrich IV. wie für seine Nachfolger aus dem Haus Bourbon in erster Linie die heimatlichen Kräfteverhältnisse.

Aufgrund der Erfahrungen in der letzten Epoche der Religionskriege und wegen der geographischen Situation war immer noch Spanien der Gegner im Kampf um die Vorherrschaft in Europa. Mit den spanischen Niederlanden, die über das heutige Belgien hinaus noch Luxemburg und Gebiete Nordfrankreichs umfaßten, und der Freigrafschaft Burgund um das reichsfreie Besançon, letztlich auch noch durch das spanische Mailand, hielt Spanien Frankreich umzingelt. Allerdings stand es gegen die Holländer in einem aussichtslosen Volkskrieg. Heinrich IV. unterstützte die Holländer, ohne Spanien offen zu brüskieren. Gleichzeitig gewann er durch Ländertausch mit dem Herzog von Savoyen Bresse, Bugey und angrenzende Territorien, also etwa das Gebiet zwischen Lyon und Genf; Frankreich wurde dadurch zum ersten Mal direkter Nachbar der Eidgenossenschaft, und die spanischen Verbindungen von Italien über die Freigrafschaft zu den Niederlanden wurden behindert.

Es waren Streitigkeiten im Deutschen Reich und die Furcht vor einem Übergewicht der Habsburger, die Heinrich IV. veranlaßten, eine militärische Intervention vorzubereiten. Die vereinigten Herzogtümer Kleve-Jülich-Berg – also ein für die deutschen Verhältnisse großes und ziemlich kompaktes Territorium, das sich mit weiteren zugehörigen Herrschaften von der niederländischen Grenze bis südlich von Bonn erstreckte und rechtsrheinisch das Gebiet zwischen Wesel, Soest und Düsseldorf umfaßte – waren beim Tod des letzten Herzogs, 1609, von dem damals lutherischen Kurfürsten von Brandenburg und dem ebenfalls noch lutherischen Grafen von Pfalz-Neuburg besetzt worden. Dabei nahm sich der Kurfürst Kleve, Mark und Ravensburg, der Pfalzgraf Jülich und Berg mit Düsseldorf. Der Kaiser aber erhob seinerseits als Lehnsherr Ansprüche. Die konfessionelle Bündnisbildung in Deutschland zu einer »Union« der Protestanten und einer »Liga« der Katholiken erleichterte dem Ausland das Eingreifen. England, die Niederlande und Frankreich unterstützten die Union, Spanien und der Kaiser standen auf der Seite der Liga. Nachdem der Brandenburger zum Calvinismus und der Pfalzgraf zum Katholizismus übergetreten waren, schien der Krieg vor der Tür zu stehen, doch wurde das Gebiet 1614 nach dem Besitzstand der beiden Fürsten aufgeteilt.

Der Streit um die Herzogtümer am Niederrhein ist aus mehreren Gründen für die zukünftige Entwicklung der deutsch-französischen Beziehungen von Bedeutung: Er nimmt modellhaft die Kräftekonstellation des Dreißigjährigen Krieges vorweg, in dem Frankreich die protestantische Partei gegen den Kaiser, die katholischen Fürsten und Spanien unterstützte. Zudem wurde deutlich, wie schnell die europäischen Mächte in innerdeutsche Konflikte eingreifen mußten, wenn durch Zurückhaltung die Waagschalen der Macht zu ihren Ungunsten auszuschlagen drohten. Und da in sehr vielen Fällen die politischen Kräfte in Reaktion auf zuvor gemachte Erfahrungen tätig werden, sahen Frankreich und seine Könige in den Habsburgern, den spanischen wie den österreichischen, ihre Hauptgegner. Diese Gegnerschaft wurde für eineinhalb Jahrhunderte zum Grundsatz der französischen Politik, ebenso wie die entsprechende Zusammenarbeit mit den norddeutschen Protestanten. Der hier in seinen Anfängen zu erkennende Gegensatz zum Deutschen Reich, der sich unter Richelieu und Ludwig XIV. noch steigerte, enthält keine Züge der Deutschfeindlichkeit; der Begriff selbst wäre kaum verstanden worden. Nicht vorherzusehen war allerdings, daß durch die Erbfolgeregelung am Niederrhein der Grundstein zur Einigung des norddeutschen Protestantismus unter Brandenburg-Preußen gelegt wurde und daß damit ein Gegner auf der Bühne erschien, der einmal ungleich gefährlicher werden sollte als Österreich.

Immerhin erschien das Bündnis mit den deutschen Protestanten katholischen Kreisen verdächtig. Zehnmal war der König das Ziel von Anschlägen gewesen; der elfte hatte Erfolg: Am 14. Mai 1610 wurde Heinrich IV. auf offener Straße von Ravaillac, einem ehemaligen Anhänger der Liga, niedergestochen.

Er wurde »der gute König Heinrich« genannt; seine Volkstümlichkeit hat sich bis in unser Jahrhundert in dem sprichwörtlichen »Jeder Bauer soll sonntags ein Huhn im Topf haben« erhalten. Voltaire hat seinen Ruhm in einem Epos (*La Henriade*) besungen und ihn zu einem Vorläufer der Toleranzidee gemacht. Noch während der Revolution galt er – im Gegensatz zu seinen Nachfolgern – als der vorbildliche Herrscher schlechthin. Daß es an seinem Hof rauh zuging und daß er bis zu seinem Ende ein gefürchteter Schürzenjäger blieb, schadete seinem Ansehen nicht. Im Gegenteil: Sein Beiname *Le Vert-Galant*, das heißt eigentlich »der Räuber im Wald«, galt dem Frauenfreund und drückt eine gewisse Hochachtung aus. Die Historiker allerdings weisen auf seine durchaus autoritären Züge hin, auf das stark entwickelte Selbstbewußtsein eines Königs, der Gehorsam verlangt, der mit dem obersten Parlament in Paris umsprang wie mit Untergebenen und der Jakob I. von England erklärte: »Ein König ist nur Gott und seinem Gewissen verpflichtet!« In der Auffassung seiner Stellung als König war er kein Vorläufer späterer Ideen, sondern ein Kind seiner Zeit, des wachsenden Absolutismus. Aber wenn Mythen wie die des »guten Königs Heinrich« für den Historiker auf irreführenden Wunschträumen einer späteren Zeit beruhen, sind sie für die Historie selbst oft bedeutsamer und wirken stärker als die reinen Fakten. Aus seinem Kampfesmut und seiner Lebensfreude, aus seiner Freundlichkeit und boshaften Fröhlichkeit – Eigenschaften, die ihn in den Augen des Volkes von seinen Vorgängern und Nachfolgern unterschieden – entstand das Bild eines menschlichen Herrschers, der nach den Religionskriegen die allgemeine Sehnsucht nach Frieden erkannte und erfüllte. Ganz ohne historische Wahrheit wird der Mythos vom »guten König« auch nicht entstanden sein.

3. Ludwig XIII. und Richelieu: Kampf um die innere Konsolidierung der Königsmacht und um den Rang in Europa (1610–1643)

Der plötzliche Tod Heinrichs IV. hatte nicht nur eine erneute Gefährdung der gerade erstarkten Königsmacht zur Folge, er brachte auch eine Umorientierung der Außenpolitik des Landes mit sich. Sowohl Ludwig XIII. als auch seine Nachfolger Ludwig XIV. und Ludwig XV. waren zu Beginn ihrer Herrschaft noch minderjährig, nicht einmal zehn Jahre alt, und mußten durch eine Regentschaft vertreten werden. Regentschaften aber bedeuten für ein System, das auf der Stärke eines Monarchen beruht, Zeiten der Schwäche und der Unsicherheit. Wohl erklärte das Parlament von Paris sofort die Mutter des Königs, Maria von Medici *(Marie de Médicis)*, zur Regentin, aber diese besaß die für ein solches Amt notwendigen Fähigkeiten nur in geringem Maß. Sie stützte sich im wesentlichen auf ihren Günstling Concini. Ihr Hof stand auf künstlerischem wie religiösem Gebiet unter starkem italienischen und spanischen Einfluß, der sich auch auf die französische Kultur übertrug. Auf dem Gebiet der Politik schwand die Bedeutung der Männer um Heinrich IV.: Sully beispielsweise mußte sich 1611 zurückziehen.

Es kam zu einer Annäherung an Spanien, die man, dem damaligen Brauch entsprechend, mit dynastischen Verbindungen besiegelte: Ludwig XIII. wurde mit der Infantin Anna von Österreich *(Anne d'Autriche)* verheiratet, seine Schwester mit dem zukünftigen König von Spanien, Philipp IV. Die Zeit von 1610 bis etwa 1635 stellte in der französischen Außenpolitik insofern einen Einschnitt dar, als die Habsburger in Spanien wie in Deutschland durch das französische Stillhalten Handlungsspielraum gewannen. Erst als ihre Macht in der ersten Periode des Dreißigjährigen Krieges allzu sehr wuchs, verließ Richelieu das katholische Bündnis und kehrte zu der Zusammenarbeit mit den deutschen protestantischen Fürsten und gegen den Kaiser zurück. Die Schwäche der Regentschaft kam auch darin zum Ausdruck, daß Maria von Medici 1614 die Generalstände einberufen mußte. Der Hochadel sah eine günstige Gelegenheit, seine Stellung gegenüber der Krone zu festigen, indem er gegen die Geldgier Concinis protestierte. Die Tagung (von Oktober 1614 bis Februar 1615) stand unter dem Zeichen der unterschiedlichen Interessenlage der Stände, vornehmlich des Adels und des Dritten Standes. Adel und zum Teil auch der Klerus wandten sich gegen die durch die *Paulette* unter Heinrich IV. noch erleichterte Möglichkeit des Ämterkaufs, weil damit der Zugang zu ihren Ständen offenstand; wogegen der Dritte Stand, also vor allem die Amtsinhaber und Juristen des Parlaments, einen solchen Weg des sozialen Aufstiegs erhalten wissen wollte. So neutralisierten sich die Stände selbst in der Versammlung und die Königsmacht konnte die Situation ausnutzen und die Deputierten ohne besondere Konzessionen wieder nach Hause schicken. Der Interessenwiderspruch zwischen den beiden oberen und dem Dritten Stand sollte in kritischen Augenblicken des Ancien Régimes immer wieder auftauchen. Aber das Königtum konnte von nun an eine Einberufung der Generalstände bis zur Revolution von 1789 vermeiden, ein Zeichen seiner gefestigten Macht. Im französischen Geschichtsbewußtsein spielt das Jahr 1614 als das der letzten Versammlung der Generalstände vor 1789 eine Rolle. Aber es wäre ein großer Irrtum zu meinen, daß bei dieser Gelegenheit die Interessen des Volkes selbst auch nur im geringsten angesprochen worden wären.

Die Schwäche der Regentin führte immer wieder zu Rebellionen des Hochadels, der sich vor allem gegen Concini *(marquis d'Ancre)* wandte. Concini hat in der Geschichtsschreibung zwar bis heute einen schlechten Ruf behalten, aber er muß doch das Geschick besessen haben, sich mit fähigen Ratgebern zu umgeben, darunter auch dem Bischof von Luçon, Richelieu, der bei der Versammlung der Generalstände eine viel beachtete Rede gehalten hatte. Er wurde mit 31 Jahren Staatssekretär und verantwortlich für Krieg und Außenpolitik. Daß Richelieu wirklich ein fähiger Politiker war, beweist auch die Tatsache, daß er als Anhänger der Regentin und Concinis begann und nach deren Sturz nur eine kurze Zeit der Ungnade durchmachte, bevor er dem König als Ratgeber unentbehrlich wurde.

Ludwig XIII. setzte am 24. April 1617, gerade 16 Jahre alt, der Regentschaft selbst ein Ende: Er deckte die Ermordung Concinis durch einen Gardeoffizier und verbannte seine Mutter und auch Richelieu nach Blois. Der Sohn des lebensfrohen Königs Heinrich hatte, wie man heute sagen würde, ›eine schwere Jugend‹ durchgemacht und manche Züge seines schüchternen, mißtrauischen, melancholichen Wesens lassen sich dadurch erklären. Er war chronisch krank, konnte nicht ohne ständiges Aderlassen und Klistiere leben und starb mit 42 Jahren an Tuberkulose. 1615 verheiratet, vollzog er erst 1619 die Ehe; nach einigen Fehlgeburten gebar ihm Anna von Österreich 1638 endlich den ersehnten Thronfolger, den späteren Ludwig XIV.! Unsicher und wohl deshalb autoritär, bedurfte Ludwig XIII. eines politischen Partners, eine Rolle, die zuerst sein Günstling Luynes, später Richelieu einnahm. Daß dieser den König beherrscht, ja tyrannisiert habe, gehört zur romantischen Legende, denn mehrfach lag der Kardinal (seit 1622) zu seinen Füßen und bat unter Tränen um Entlassung. Bei aller Verschiedenheit der Verhältnisse und Personen beruhte Richelieus Macht, wie die Bismarcks, auf den sicheren eigenen Fähigkeiten und der nie ganz sicheren Person des Königs.

Ludwig verließ sich auf seinen Vertrauten Luynes, der es gemeinsam mit Richelieu, welcher noch für die Königinmutter verhandelte, 1620 zu einem wenigstens temporären Ausgleich zwischen den beiden Parteien am Hof brachte. Ein Feldzug gegen die Protestanten im Süden Frankreichs führte zum Anschluß des Béarn und Navarras an die Krone, aber der entscheidende Erfolg gegenüber den Protestanten blieb aus. Wie so oft in jener Zeit kam es im Oktober 1622 zu einem Kompromißfrieden, der das Edikt von Nantes erneuerte. Während des Feldzugs war Luynes gestorben, und der König bildete seinen Rat *(Conseil)* um, nahm aber trotz des Drängens seiner Mutter Richelieu nicht in ihn auf, da er fürchtete, nun von diesem beherrscht zu werden. Erst zwei Jahre später, 1624, konnte er sich dazu entschließen; Richelieu wurde in den Rat, wir würden sagen: das Kabinett, aufgenommen und wenig später zu dessen Chef ernannt (*principal ministre de nostre Conseil d'Estat*).

In den Jahren, in denen Frankreichs Politik von Richelieu bestimmt wurde (1624–1642; der König starb bald nach ihm, 1643), kam alles auf das Verhältnis zwischen dem – schwierigen – König und dem ehrgeizigen und willensstarken Kardinal an. Dabei mußte Richelieu immer wieder Verschwörungen des Hochadels und vor allem der Königinmutter Maria von Medici bekämpfen. 1630 hatte es den Anschein, als ließe ihn der König fallen, und der ganze Hof wandte sich schon Maria von Medici zu; doch der König erklärte sich schließlich für seinen Minister, die Höflinge waren »düpiert« (*la journée des Dupes*) und Richelieus Autorität so gefestigt, daß er seine Außenpolitik energisch weiterverfolgen konnte. Maria von Medici mußte ins Exil gehen und starb 1642 in Köln. Immer wieder bedrohten auch in der Folgezeit Komplotte des Hochadels die Stellung des Kardinals. Den schwersten Fall, die Verschwörung von Cinq-Mars, hatte er noch in seinem Todesjahr zu bestehen. Sogar Anna von Österreich, die Königin, verriet die Interessen des Landes (1637), und der Bruder des Königs, Gaston, der bis zur Geburt des Dauphins als Thronfolger galt, nutzte seine Stellung gegen Richelieu aus. Achtzehn Jahre lang hatte der Kardinal gegen die Kabalen des prospanischen Hochadels am Hof zu kämpfen. Er mußte gleichzeitig die militärische und politische Macht der Hugenotten im Land niederhalten und doch mit ihren Glaubensbrüdern in Deutschland um der Staatsräson willen Bündnisse eingehen.Wenn er auch nicht ohne Verbündete war – vor allem im Kreis derjenigen, die wie er selbst die nationalen Interessen über die religiösen stellten – so hing er letztlich doch immer von der Gunst des Königs ab. Richelieu besaß keine robuste Gesundheit, mied den Kontakt mit allzu vielen Menschen, war nervös und litt unter schlimmen Migräneanfällen. Sein großes Ansehen in der französischen Geschichtsschreibung beruht auf der kaum vorstellbaren Leistung, mit so vielen Faktoren der Unsicherheit eine sichere Politik nach innen, aber vor allem nach außen betrieben zu haben, denn die Stärkung der Stellung Frankreichs in Europa besaß absoluten Vorrang. Diese Form der Außenpolitik wurde in der Folgezeit und bis heute als die für die Nation richtige angesehen. In früheren deutschen Geschichtsbüchern, die nicht selten weiterhin das historische Bewußtsein bestimmen, wird Richelieu als erster Repräsentant einer Reihe von antideutschen französischen Staatsmännern dargestellt. Richelieus Politik war aber weniger auf nachbarschaftliche Aggression ausgerichtet als vielmehr auf eine defensive Sicherung Frankreichs gegenüber Habsburg. Selbst im Elsaß kam es ihm vor allem auf die Freihaltung von Eingriffsmöglichkeiten an, weniger auf Landnahme, wie sie später Ludwig XIV. in seinen berüchtigten Reunionen betrieb.

Um die Souveränität des Staates zu stärken, mußte Richelieu zunächst die Hugenotten bezwingen, die in der Zeit der Regentschaft ihre Macht über die Grenzen des Edikts von Nantes ausgedehnt hatten. Im Gegensatz zu seinem Vorgänger Luynes, der den Krieg – erfolglos – im ganzen Süden geführt hatte, griff er 1627 die stärkste Stadt der Hugenotten, das von England über See unterstützte La Rochelle, an. Elf Monate widerstand die Stadt unter großen Opfern an Menschenleben der Belagerung, dann mußte sie kapitulieren. Ihrem Beispiel folgten die meisten anderen befestigten Hugenottenstädte. Als nach längeren Kämpfen auch das protestantische Languedoc erobert wurde, bedeutete dies das definitive Ende der Protestanten als politisch-militärischer Macht. Aber Richelieu besaß die Staatsklugheit, den Triumph nicht auf das Gebiet der Religion auszudehnen. Gegen den Widerstand erzkatholischer Kreise, die den Protestantismus gänzlich vernichten wollten, setzte er den Gnadenerlaß von Alès durch (1629). Dieser erneuerte die Bestimmungen des Edikts von Nantes mit Ausnahme der politisch-militärischen Rechte der Protestanten. Durch gegenreformatorische Missionstätigkeit, die von Richelieu gefördert wurde, und durch den Übertritt zahlreicher Mitglieder des protestantischen Hochadels zum Katholizismus wurde die Stellung der protestantischen Partei weiter geschwächt. Richelieu konnte 1629 zu Recht dem König schreiben: »Die Quellen der Häresie und der Rebellion sind jetzt versiegt.«

Weniger dauerhaften Erfolg hatte der Kardinal bei der Bekämpfung des immer wieder gegen die Zentralmacht rebellierenden Adels. Nicht wenige Herrensitze und Burgen Frankreichs verloren damals die Befestigungen auf seinen Befehl hin, und er setzte auch das Verbot des Duells mit Nachdruck durch. Aber die zahlreichen Verschwörungen und vor allem die Krise von 1630 machten deutlich, daß sich die Unzufriedenen des Adels, der katholisch-spanischen Seite und der königlichen Familie gegen ihn verbinden und ihn an den Rand des Abgrunds bringen konnten. Wie gefährlich vor allem der Hochadel noch werden konnte, sollte sich wenige Jahre nach seinem Tod, während der Fronde erweisen.

Der Widerstand der katholischen Partei rührte zum großen Teil daher, daß Richelieu dem politischen Ziel, die Hegemonie des Hauses Habsburg zu brechen, den Vorrang gab vor der Unterstützung eben dieses Hauses im Kampf gegen den Protestantismus. Vereinfacht gesagt: er stellte die Staatsräson über die Ideologie, wenn man die Versuche einer Wiederherstellung der Glaubenseinheit so nennen darf. Bei seinem Kampf gegen Habsburg aber mußte Richelieu in die Verhältnisse im Deutschen Reich eingreifen. Dort hatte der Prager Fenstersturz (23. 5. 1618) und die Wahl des Kurfürsten Friedrichs V. von der Pfalz – der zugleich der Führer der protestantischen Union war – zum König von Böhmen den Krieg ausgelöst, der dreißig Jahre dauern sollte. In seiner Anfangsphase hatte der Habsburger Ferdinand II. (Kaiser von 1619 bis 1637) große Erfolge erzielt. Die Union löste sich auf, der kaiserliche Feldherr Tilly besetzte die Pfalz. Gegen eine nordische Koalition unter Führung Dänemarks zog Wallenstein bis an die Ostsee. Der Friede von Lübeck (1629) und das Restitutionsedikt des Kaisers, durch das die entfremdeten Stifte und Bistümer dem Katholizismus zurückerstattet werden sollten, stellten den Höhepunkt der katholisch-habsburgischen Macht in Deutschland dar und riefen deshalb Widerstände hervor, hinter denen weitgehend Richelieu stand. Ohne ihn und die von ihm an Schweden gezahlten Subsidien hätte der Schwedenkönig Gustav Adolf die Wende in diesem Krieg nicht herbeiführen können.

Es würde zu weit führen, allen Versuchen Richelieus nachzugehen, zugleich gegen das Haus Habsburg und doch nicht gegen die katholischen Interessen zu arbeiten. Von 1630 bis 1635 handelte er verdeckt, ohne direkt in das Kriegsgeschehen einzugreifen. Trotz des Bündnisses mit Schweden schloß Frankreich 1631 ein Defensivbündnis mit dem katholischen Bayern und setzte damit auf die Liga, eine »dritte Kraft« zwischen dem Kaiser und dem allzu mächtig gewordenen Protestantismus unter Führung Schwedens. Nach dem Tod Gustav Adolfs (1632) und der Niederlage der Schweden bei Nördlingen (1634), die zum Zerfall des Heilbronner Bundes der Protestanten führte, fiel Kursachsen von Schweden ab und schloß mit dem Kaiser Frieden, der von den meisten Reichsständen angenommen wurde (1635). Nichts aber lief den Interessen Frankreichs so zuwider wie der bereits greifbare Frieden im Reich und die Abdrängung des schwedischen Bundesgenossen. Es erneuerte die Bündnisse mit Schweden und Holland, es verlegte Truppen nach Lothringen und ins Elsaß und erklärte schließlich Spanien den Krieg (1635), den auch der Kaiser wenig später aufnahm. Für Deutschland begann damit die letzte und verheerendste Phase des Dreißigjährigen Krieges.

Anfangs blieben das Reich und Spanien im Vorteil, aber die Aufrüstung Frankreichs, das 1638 sechs Armeen mit mehr als 150 000 Soldaten unter Waffen hatte, und der von Frankreich unterstützte Aufstand der Katalanen und Portugiesen gegen Spanien führte zu einer Wende im »Kriegsglück«. 1648 drangen französische Truppen bis tief nach Bayern ein. Die bereits 1644 aufgenommenen Verhandlungen des Reichs mit Schweden und Frankreich führten endlich zum Frieden von Münster und Osnabrück, in dem Frankreich die Früchte der Politik des Kardinals ernten konnte (1648).

Frankreich hatte im Westfälischen Frieden seine wesentlichen Kriegsziele erreicht: Die Stellung des Hauses Habsburg war innerhalb des Reiches so entscheidend geschwächt, daß es nicht mehr als eine Macht zählte, die das Reich hinter sich versammeln konnte. Zudem besaß Frankreich vertraglich gesicherte Mitspracherechte in den Reichsangelegenheiten und konnte somit jede ihm gefährliche Machtkonzentration verhindern. Dieses Mitspracherecht stellte den größten Erfolg dar. Daneben wog der reine Landgewinn zunächst wenig, besaß aber Wert dadurch, daß hier entwicklungsfähige Ausgangspositionen geschaffen wurden: Es war ein Flickenteppich von

Ländereien und Städten, der vom Sundgau um Mülhausen, aber ohne diese Stadt, die der Eidgenossenschaft angehörte, über die Dekapolis, einen Bund von zehn reichsfreien Städten, unter ihnen Kolmar, Schlettstadt, Hagenau, Weißenburg und Landau, bis in die heutige Pfalz reichte und zudem rechtsrheinisch Breisach und das Besatzungsrecht in Philippsburg einschloß. Die Oberherrschaft über das Elsaß konnte weitere Ansprüche wecken, da dessen Grenzen im Gebiet der Pfalz nicht feststanden. Das Urteil über das Ergebnis des Friedensschlusses schwankt je nach Standpunkt des Urteilenden. Die von Richelieu angestrebte und nach ihm 1648 erreichte Schwächung des Deutschen Reiches war in der damaligen Zeit und bei den Frankreich bedrohenden Gefahren sicher ein legitimes Ziel französischer Politik. Auch die Gewinne im Elsaß hatten zunächst nicht den Charakter einer nationalen Expansion und konnten als defensive Schutzmaßnahmen angesehen werden, eine Eroberung von Vorposten, die auch wieder zurückzugeben gewesen wären, wie dies etwa bei den gleichzeitigen schwedischen Landgewinnen an der Ostseeküste geschah. Es war nicht vorherzusehen und kann der Politik Richelieus nicht angerechnet werden, daß sich gerade aus dem Verlust des Elsaß das deutsche Nationalgefühl im 18. Jahrhundert als Ausdruck der Opposition gegen Frankreich entwickeln würde. Erst das brutale Vorgehen Ludwigs XIV. brachte eine qualitative Veränderung in die Beziehungen der beiden Nachbarländer und hat zu den bis in unser Jahrhundert reichenden brudermörderischen Auseinandersetzungen geführt.

Wenn im Westfälischen Frieden zunächst nur die Möglichkeit der jahrhundertelangen Rivalität zwischen Deutschland und Frankreich angelegt war, so wurde zugleich die noch heute bestehende unterschiedliche Grundstruktur beider Länder festgeschrieben: Deutschland blieb ein polyzentrisches Land, in Frankreich verstärkte sich der Zentralismus. Richelieu hatte zwar bei seinem Amtsantritt dem König ein Reformprogramm vorgelegt, aber der Eintritt in den Krieg zwang ihn, von grundlegenden Änderungen abzusehen und mit den vorhandenen Möglichkeiten, also insbesondere auch durch den Ämterverkauf, die notwendigen Mittel zu gewinnen. Er verstärkte die

Stellung der Intendanten und ließ die Steuern mit einer solchen Härte eintreiben, daß es auf dem Land immer wieder zu Aufständen kam. Derartige Revolten gab es 1630, 1636 besonders in den Städten und in dem Gebiet zwischen Loire und Garonne, 1639 in der Normandie und 1643/44, nach dem Tod des Königs, in vielen Gegenden des Landes. Sie machen ein Kennzeichen der Geschichte des modernen Frankreichs deutlich, welches sich aus der Machtzentralisierung ergibt: Richelieu, wie nach ihm Ludwig XIV., Napoleon oder Charles de Gaulle, hat die Kräfte des Landes überfordert; er hat der Außenpolitik die absolute Priorität vor der Innen- und Sozialpolitik, sofern von einer solchen schon gesprochen werden kann, gegeben, und das verlangte eine allzu große Beanspruchung der Kräfte.

Neben den Gewinnen im Kampf gegen Habsburg kam es noch zu einer Erneuerung der kolonialen Expeditionen: Im Handelskampf mit den übermächtigen Holländern hatte Richelieu die Flotte vergrößert und die Häfen ausgebaut. Frankreich konnte neben einigen anderen kleineren Inseln von den Antillen Martinique und Guadeloupe gewinnen; in Kanada nahm Champlain 1632 den Engländern Québec wieder ab, 1642 wurde auf einer Insel im Sankt-Lorenz-Strom Montréal gegründet. Allerdings blieb Kanada, wo statt der Kolonisation die Missionierung der Indianer im Vordergrund stand, den Protestanten verschlossen. Für die Zukunft der französischen Kolonialpolitik und die Verbreitung des Französischen war die Gründung von Saint-Louis du Sénégal (1626) in der Nähe des heutigen Dakar von Bedeutung; damals versorgte man von dort aus die Antillen mit Sklaven. Eine Expedition führte schließlich zur Wiedererlangung von Fort-Dauphin auf Madagaskar (1642). Alle diese Gründungen sollten sich als folgenreich bis in die Gegenwart erweisen; damals kamen sie allerdings eher aufgrund wirtschaftlicher Interessen zustande.

In der Zeit Richelieus vollzogen sich auch im Innern Frankreichs bedeutsame Veränderungen auf religiösem, gesellschaftlichem und kulturellem Gebiet. Die Gegenreformation nach dem Konzil von Trient (Schlußsitzung 1563) führte nach dem Ende der Glaubenskämpfe zu einer großen Entfaltung katholischer Religiosität. Noch heute zeugen zahlreiche kirchliche

Gebäude in der Pariser Innenstadt von der regen Bautätigkeit, die die Kirche, alte und zahlreiche neue Orden damals entfalteten. Pierre de Bérulle gründete 1611 die französischen Oratorianer, eine Gemeinschaft weltlicher Priester, die sich insbesondere der Erziehung junger Leute aus Adel und Bürgertum annahmen. Die Jesuiten kehrten nach kurzzeitigem Verbot 1603 ins Land zurück, und 1640 unterrichteten sie an 70 Kollegien im ganzen Land. Richelieu selbst kümmerte sich um die Klostergemeinschaften von Cluny und Clairvaux. Die breiteste Wirkung fand die französische Spiritualität in dem 1665 heiliggesprochenen Franz von Sales (1567–1662), dem Begründer des Ordens der Salesianerinnen. Selbst die Missionsarbeit in Nordamerika wurde von einem Kreis Angehöriger der oberen Gesellschaftsschichten unterstützt. Die Stärke der katholischen Erneuerung kam auch im politischen Bereich zum Ausdruck und führte dazu, daß Richelieu bei seiner Zusammenarbeit mit den protestantischen Ländern gegen die katholischen Vormächte Spanien und Österreich auf den Widerstand der »guten Katholiken« traf.

Mit den Veränderungen auf religiösem Gebiet gingen auch gesellschaftliche einher, die sich an dem Ideal des *honnête homme* ausrichteten. Nach der rauhen Zeit am Hof Heinrichs IV. legten Ludwig XIII. und der Kardinal wieder Wert auf höfisches Verhalten, wie es in dem Vorbild des in jeder Hinsicht vollendeten, höflichen, zurückhaltenden, geistreichen, aber ernsthaften Mannes zum Ausdruck kommt. Der *honnête homme* ist der Mensch mit Lebensart; der Umgang mit ihm ist angenehm, so daß die *honnêteté* der größte Vorzug eines Menschen zu sein scheint. Ein solcher Mensch muß aber auch seine Sprache beherrschen. Eines der wesentlichen Merkmale der Zeit Richelieus ist die allenthalben spürbare Sorge um die Reinheit des Ausdrucks der französischen Sprache. Der Kardinal trug dazu bei durch die Gründung der *Académie française* (1635), die den Auftrag erhielt, ein Wörterbuch und eine Grammatik der französischen Sprache zu erstellen, dazu eine Poetik und eine Rhetorik. Durch die Arbeit der Akademie sollte die politische Geltung der französischen Sprache gestärkt werden. Herrschaft durch Sprache ist ein Grundzug der französischen

Politik bis heute geblieben und unterscheidet sie wesentlich von der deutschen, die aus diesem Grund die Bedeutung der Sprache für Frankreich nicht selten unterschätzt. Richelieu bediente sich des Wortes in der 1631 von Renaudot gegründeten Wochenzeitung *Gazette de France*, um gegen seine politischen Gegner Stellung zu nehmen. Nicht zuletzt förderte er, ein Liebhaber des Theaters, der selber Stücke schrieb, auch die Autoren durch Geldzuweisungen. Dabei übte er bei dem Streit um Corneilles *Cid* unmittelbaren Einfluß auf die Regeln des Theaters aus, das bestimmten vernünftigen Einheiten zu folgen hatte. Auf all diesen Gebieten wurden durch Richelieu direkt oder durch den von ihm repräsentierten Geist jener Zeit Entwicklungen angelegt, die die französische Besonderheit auf dem Gebiet der Kultur ausmachen.

4. Beginn der Herrschaft Ludwigs XIV., Mazarin, die Fronde, die Regentschaft Annas von Österreich (1643–1661)

Ludwig XIII. überlebte Richelieu nur um fünf Monate. Schon am 5. Dezember 1642 erklärte Kardinal Mazarin, der Nachfolger Richelieus als Erster Staatsminister, daß der Krieg gegen Habsburg fortgesetzt würde. Der König seinerseits, gerade 42 Jahre alt, aber schon längere Zeit schwer krank, sah sein Ende kommen und richtete für seinen 1638 geborenen Sohn einen Regentschaftsrat ein. Doch nach des Königs Tod am 14. Mai 1643 ließ Anna von Österreich das Testament durch das Parlament von Paris anfechten und sich selbst die vollen Rechte als Regentin zuerkennen. Die Zeit ihrer Regentschaft bis zum Tod Mazarins (1643–1661) war äußerst bewegt und für das Königtum gefährlich. Daß es alle Gefahren überstand, zeigt zum einen, wie stark seine Stellung gegenüber den Gegnern im Hochadel und in der Zwischenklasse der Parlamente bereits war; zum anderen aber hat das Königtum viel dem Verhandlungsgeschick und dem politischen Scharfblick Mazarins zu verdanken. Die Herrschaft beruhte auf Ludwig XIV., der beim Tod seines Vaters noch nicht einmal fünf Jahre alt war, auf Anna von Österreich, einer reifen und offenbar noch anziehenden, aber wenig staatskundigen Frau, und vor allem auf Mazarin, der, wie zuvor Richelieu, alles lenken mußte. Die Monarchie konnte sich auch in den schlimmsten Stürmen behaupten, weil dieses Dreigestirn bis zum Tod Mazarins zusammenhielt. Es ist bis heute nicht völlig zu erklären, worauf die Verbindung der devoten Königin-Witwe mit dem machiavellistischen Kardinal zum Heil ihres königlichen Schützlings beruhte: »Die Königin vereinigte sich mit dem besten Schüler ihres Feindes Richelieu in nicht ganz klar zu bestimmender Zuneigung, und das Paradoxe daran ist die Tatsache, daß sie diesen Mann *mehr oder weniger* heiratete, der *mehr oder weniger* zur Kirche gehörte.« (Méthivier)

Mazarin (1602–1661) war gebürtiger Italiener und hatte in der Armee des Papstes gedient, bevor er in dessen diplomatischen Dienst trat. Er wurde Nuntius in Paris, nahm die französische Staatsbürgerschaft an und arbeitete mit Richelieu zusammen, der ihm 1642 die Kardinalswürde verschaffte, ohne daß Mazarin allerdings je die Priesterweihe empfangen hätte. Sein Briefwechsel mit Anna von Österreich macht deutlich, daß er in noch höherem Maße der eigentliche Herr Frankreichs war als Richelieu. Obwohl er nicht in allem dessen Format besaß, hat er mit größtem Geschick die Politik seines Vorgängers weiterverfolgt und die absolutistische Macht Ludwigs XIV. vorbereitet. Dabei war er den schlimmsten Beschimpfungen und Verdächtigungen, besonders während der Fronde, ausgesetzt, die sich in Tausenden von Schmähschriften, den sogenannten *Mazarinades*, über ihn ergossen. Ursache dieses Hasses war nicht nur seine Verbindung mit der Witwe Ludwigs XIII., sondern auch sein aufwendiger Lebensstil. Wie schon Richelieu, sorgte auch er für seine Familie. Während der Hof in den von Richelieu vermachten heutigen Palais Royal zog, erbaute Mazarin einen Palast ganz in der Nähe für sich, seine berühmte Bibliothek und seine sieben Nichten, die *Mazarinettes*, um deren Einheirat in die höchsten Ränge der Gesellschaft er sich bemühte. Eine von ihnen, Olympe, war die erste Liebe des jungen Königs und wurde später die Mutter des kaiserlichen Feldherrn Prinz Eugen von Savoyen, eines der schärfsten Gegner Ludwigs XIV. Mazarin war leidenschaftlicher Kunstliebhaber und -sammler. Er führte die italienische Musik am Hof ein, gründete die Akademie für Malerei und Bildhauerkunst und das *Collège des Quatre-Nations* für Stipendiaten der neu gewonnenen Gebiete, darunter des Elsaß. In dem Gebäude am linken Seine-Ufer befindet sich Mazarins Bibliothek und heute der Sitz des *Institut de France*, in dem 1795 die französischen Akademien zusammengeschlossen wurden.

Auf außenpolitischem Gebiet profitierte Mazarin von der Politik seines Vorgängers. Mazarin hatte schon 1644 klar die Richtung der französischen Ansprüche ausgesprochen, die Hoffnung, »durch Einbehaltung Lothringens und des Elsaß bis zum Rhein zu gelangen, um eine gute Ausgangsposition in

Deutschland zu haben«. Und zu dem Feldherrn Turenne soll er 1647 gesagt haben: »Ich bin mir sicher, daß Sie das Elsaß als ein Land ansehen, das nicht weniger dem König gehört als die Champagne.« Der Westfälische Frieden wurde den Forderungen Mazarins in weitem Maße gerecht, wobei widersprüchliche Formulierungen bei der Festlegung der Souveränität des Reiches oder Frankreichs jederzeit Anlaß zum Eingreifen und zur Erweiterung der französischen Ansprüche boten. Bis es unter Ludwig XIV. dazu kam, konnten die Elsässer ihre Rechte und Freiheiten bewahren und sich noch zum Reich gehörig fühlen.

Während so nach Osten neue Entwicklungsperspektiven geschaffen worden waren, konnte Mazarin nach weiteren Kriegsjahren mit Spanien zu einem Frieden gelangen, der die Grenze im Süden sicherte. Wie sich Richelieu der Unterstützung der protestantischen Schweden und der norddeutschen Fürsten gegen die katholischen österreichischen Habsburger bediente, so schloß Mazarin mit dem protestantischen England Cromwells ein Bündnis gegen die katholische Vormacht Spanien. Nach einem entscheidenden Sieg, 1658 in den Dünen bei Dünkirchen, kam es 1659 zum Pyrenäenfrieden, so genannt, weil er die Pyrenäen als »natürliche« Grenze Frankreichs gegenüber Spanien – bis auf den heutigen Tag – festlegte. Das katalanische Roussillon mit der Hauptstadt Perpignan wurde von Spanien abgetreten. Im Norden, gegenüber den spanischen Niederlanden, also dem heutigen Belgien, gewann Frankreich einige Gebiete, besonders um Arras. Aber da im Norden kein Gebirge oder Fluß eine natürliche Grenze bildete und die Bevölkerung französischsprachig ist, kam es noch während der Regierungszeit Ludwigs XIV. zu Kämpfen und Grenzverschiebungen, bis schließlich beim Tod des Königs auch hier ein Grenzverlauf gefunden war. Er entspricht insofern nicht der Sprachengrenze, als um Dünkirchen eine flämische Minderheit in den französischen Staatsverband eingegliedert wurde. Das damals de jure noch zum Reich gehörende Lothringen mit der Hauptstadt Nancy mußte Frankreich Durchzugsrechte gewähren, wodurch es praktisch in französische Abhängigkeit geriet.

Fast noch wichtiger als der territoriale Gewinn war ein diplomatischer Schachzug Mazarins, der den Machtkampf gegen das Haus Habsburg zu beenden versprach: Der junge König heiratete am 9. Juni 1660 in Saint-Jean-de-Luz Maria Teresia, die Infantin von Spanien. Dabei verzichtete er auf die spanische Erbfolge unter der Bedingung, daß innerhalb von 18 Monaten eine Mitgift von einer halben Million écus in Gold gezahlt würde. Das von den endlosen Kriegen erschöpfte Spanien war nicht in der Lage, diese Summe aufzubringen. Daher konnte und mußte Ludwig XIV. seine Ansprüche geltend machen, als der letzte spanische Habsburger, Karl II., 1700 starb. In gewisser Weise mußte er dies sogar, denn für die Fürsten bildeten Staats- und Familienpolitik eine Einheit, so schwer dies für unser heutiges Verständnis zu begreifen ist.

Bei dem großen Erfolg, den der Westfälische Frieden für Frankreich bedeutete, ist es erstaunlich, daß Mazarins Ansehen keineswegs gewachsen war. Ganz im Gegenteil waren er und mit ihm der junge König und seine Mutter gerade in dieser Zeit von der höchsten Gefahr bedroht, von der sogenannten *Fronde* (1648–1653). Sie stellte ein letztes Aufbäumen des Adels gegen die Machtkonzentration des Königtums dar, das an den Rand des Abgrunds geriet und vielleicht verloren gewesen wäre, wenn die Führer der Fronde ein zukunftsweisendes politisches Programm besessen hätten. Diese Jahre der Gefahr und Erniedrigungen prägten den jungen König und erklären einige Elemente seiner späteren Politik.

Ob in der Fronde eine fehlgeschlagene Revolution zu erkennen ist, bleibt unter Historikern umstritten. Soweit es sich um den Widerstand der Parlamente handelte, enthält sie Elemente, die nach englischem Vorbild eine Stärkung der Zwischeninstanzen, also eine Schwächung der absolutistischen Macht bedeutet hätten; der Aufstand der Fürsten dagegen war eher reaktionär auf die Zurückgewinnung gefährdeter Vorrechte ausgerichtet. Das Volk selbst diente nur als Werkzeug für die Parteien, wenn man von dem Manifest der *Ormée* von Bordeaux am Ende der Fronde absieht. Zielscheibe der Angriffe war immer wieder Mazarin selbst, und es ist ein Beweis seiner ungewöhnlichen Fähigkeiten, daß er diesen Wirbelsturm des Hasses und der Feindschaft, der sich gegen ihn erhoben hatte, überstand, ohne daß seine Stellung und seine Politik Schaden genommen hätten. Es ist kaum möglich und letztlich auch nicht von Interesse, den Ereignissen während der Fronde bis in die Einzelheiten nachzugehen. Starke Persönlichkeiten wie die Fürsten Condé und Conti, der Vicomte de Turenne, die Herzogin de Longueville, Condés Schwester, der Kardinal Retz, der Fürst von Marcillac, ab 1650 Herzog von La Rochefoucauld, fanden während der Wirren dieser Jahre die einmalige Gelegenheit, ihre Ambitionen und Emotionen ausleben zu können, ohne auf die Interessen der Gemeinschaft Rücksicht zu nehmen. Selbst der direkte Cousin des Königs, Gaston d'Orléans, nahm an dem Aufstand teil, unterstützt von seiner Tochter, der *Grande Mademoiselle*, die sich, um den Rückzug Condés zu decken, auch nicht scheute, die Kanonen der Bastille gegen die königstreuen Truppen zu richten (1652). Die Rolle der Frauen darf nicht unterschätzt werden: Lange Jahre war die schöne und unbändige Herzogin von Longueville die Seele des Widerstands, unterstützt von La Rochefoucauld, der ihr Geliebter und vermutlich Vater eines gemeinsamen Sohnes war, bevor sie sich dem Herzog von Nemours zuwandte. Die Herzogin von Chevreuse, deren Tochter wiederum die Geliebte Condés war, knüpfte Verbindungen mit den Spaniern an, die die Gelegenheit nutzten, sich von neuem einzumischen. Der Hochadel und die Fürsten von Geblüt stellten in der Fronde ihre Kampfeslust, ihren Mut und ihre Tatkraft unter Beweis und zeigten zugleich, daß sie zu sinnvollem staatspolitischem Handeln unfähig und einem Mann wie Mazarin hoffnungslos unterlegen waren.

Begonnen hatte die Fronde im Mai 1648 mit einer Initiative des Parlaments von Paris, das zur Reform des Staates eine Reihe von Maßnahmen vorschlug, die zur Einschränkung der Königsmacht durch den Adel und die Gerichtshöfe hätten führen sollen. Unter diesen Vorschlägen befand sich auch eine Art *Habeas-corpus-Akte* nach englischem Vorbild: »... kein Untertan des Königs, von welchem Stand er auch sei, darf länger als 24 Stunden gefangengehalten werden, ohne entsprechend den Vorschriften verhört und seinem gesetzlichen Richter vorgeführt zu werden.«

Mazarin und die Königin suchten zunächst Zeit zu gewinnen, ließen im August aber die Anführer des Parlaments verhaften. Wie so oft in der Geschichte standen in ihren möglichen Folgen nicht durchdachte Unterdrückungsmaßnahmen am Anfang der Revolution: In kürzester Zeit erhoben sich in Paris die Barrikaden, und Mazarin war gezwungen nachzugeben. Anfang 1649 floh der Hof nach Saint-Germain, wo der junge König gezwungen war, auf Stroh zu schlafen – was er den Parisern nie verzieh –, während die Armee Paris einschloß. Das Parlament, das durch die Käuflichkeit der Ämter mit der Monarchie eng verbunden war und von einer Veränderung dieses Verhältnisses nur Nachteile zu erwarten hatte, organisierte zwar den Widerstand, gab aber vor, nicht den König, sondern nur Mazarin bekämpfen zu wollen, gegen den sich der ganze Haß des unter der Belagerung leidenden Volkes richtete. Schließlich gab das Parlament, wohl auch aus Furcht vor der Unberechenbarkeit der Einwohner von Paris, nach und einigte sich im März 1649 mit dem Hof, ohne etwas erreicht zu haben.

Nach einer Zeit der Ruhe war der Hof im August 1649 nach Paris zurückgekehrt, aber die Rivalitäten in der höfischen Gesellschaft blieben bestehen. Als die Königin im Januar 1650 Condé, Conti und Longueville verhaften ließ, hatte Mazarin Gaston d'Orléans, Retz und das Parlament auf seiner Seite. Doch die Frauen und Anhänger der verhafteten Fürsten wiegelten die Provinz auf, wobei sich wieder die Spanier einmischten und Turenne zu Hilfe kamen. Um die Jahreswende 1650/51 verband sich die Fronde des Parlaments mit der der Fürsten. Auf das Gerücht einer erneuten Flucht des Hofes hin stürmte das Volk das Palais Royal und ließ sich den schlafenden König zeigen. Vor der Koalition seiner Gegner entschloß sich Mazarin, die Gefangenen freizulassen und ging zum Erzbischof von Köln nach Brühl ins Exil, zog aber von dort weiter die Fäden, in der richtigen Überzeugung, daß die gegen ihn Verbündeten sich ohne ihn schnell wieder zerstreiten würden. Die Fronde der Fürsten unter Condé trennte sich auch tatsächlich von der Fronde des Parlaments.

Wie brutal die hohen Herrschaften ihre Auseinandersetzungen austrugen, wird aus dem Handgemenge vom August 1651 im Justizpalast deutlich, bei dem der Herzog von La Rochefoucauld von der einen Partei den Kardinal Retz von der anderen zwischen zwei Türflügeln zu erdrücken versuchte. Die schlimmste Epoche der Fronde war die Zeit des Abfalls von Condé (Oktober 1651 bis Februar 1653), der sich mit den Spaniern gegen das Königshaus verbündete. Der Kampf ging zuletzt um das von Condé gehaltene Paris, das von den Königstreuen, zu denen auch Mazarin wieder gestoßen war, belagert wurde. Nach dem Einzug des Königs in die Stadt untersagte dieser dem Parlament ausdrücklich, sich mit den Staatsangelegenheiten zu befassen (Oktober 1652). Mazarin zog sich wieder ins Exil zurück, um keinen Anlaß zu Unruhen zu geben, und kam erst im Februar 1653 wieder. In der Provinz hielt sich eine aufständische Bewegung, mit deutlich republikanischen Ansätzen, die *Ormée* in Bordeaux, noch bis Ende Juli.

Das Ergebnis der Wirren waren schlimme Verheerungen im ganzen Land, aber vor allem eine Diskreditierung des Hochadels und des Parlaments, die letztlich Mazarin und mit ihm dem Königtum zugute kam. Ludwig XIV. hat diese bitteren Erfahrungen nie vergessen und aus ihnen die Lehre gezogen, daß er die Macht weder mit dem Amtsadel der Parlamente noch mit dem Hochadel und nicht einmal mit dem nächsten Verwandten teilen dürfe, wenn er nicht Gefahr laufen wollte, das Chaos von neuem heraufzubeschwören. Die Amnestien ermöglichten den rebellischen Fürsten zwar die Rückkehr in ihren Stand, aber vom Einfluß auf die Staatsgeschäfte hielt Mazarin sie, so gut er konnte, fern. Ludwig XIV. folgte seinem Vorbild mit noch größerer Rigorosität. Die Fronde hat im Endeffekt nur den Absolutismus verstärkt, gegen den sie auftrat.

Als Mazarin am 9. März 1661 starb, hatte sich Frankreich von den Bürgerkriegen noch nicht erholt und mußte erst wieder an innerer Stärke gewinnen. Aber durch den Westfälischen- und den Pyrenäenfrieden waren die beiden habsburgischen Nachbarstaaten in ihre Schranken verwiesen worden. Frankreich, das damals einwohnerstärkste Land Europas, fand auf dem Kontinent keinen ebenbürtigen Gegner mehr. Es mußte allerdings die Ordnung wiederhergestellt werden, und das war nur zu erreichen, wenn Adel und Parlamente von den Staatsangelegenheiten ausgeschlossen wurden und die Entscheidungen in der Hand des Königs blieben, dem Minister zur Seite standen, die in ihrer Stellung von ihm abhängig waren.

5. Das Zeitalter Ludwigs XIV.
(1661–1715)

Die Entwicklung Frankreichs, seine Stellung in Europa und in der Welt wurde von dem Willen des Sonnenkönigs stärker bestimmt als von den gesellschaftlichen und wirtschaftlichen Veränderungen. Die Intensität seiner Einwirkung auf die Nation ist vielleicht nur noch mit der Napoleons und Charles de Gaulles zu vergleichen. Doch die Dauer seiner Herrschaft, die zum Ende hin weitgehend als eine Last empfunden wurde, hebt ihn von seinen Nachfolgern ab und macht ihn so einzigartig. Wie es bei »großen« Männern – so bezeichnete ihn schon seine Schwägerin Liselotte von der Pfalz (*Charlotte-Elisabeth de Bavière*, 1652–1722) – gewöhnlich ist, hat er die Kräfte des Landes überfordert und es an den Rand des Ruins gebracht. Ludwig XIV. hat die Möglichkeiten, die sich Frankreich in Amerika boten, ebensowenig erkannt wie den Aufstieg Englands. Er hat ganz Europa und vor allem den Nachbarn im Osten unaufhörlich und oft brutal vor den Kopf gestoßen. Die *grandeur* seiner Herrschaft war ihm wichtiger als die Gewissensfreiheit und das Wohlergehen seiner Untertanen, und doch wird seine Herrschaft in der französischen Geschichtsschreibung weitgehend als ein Höhepunkt der nationalen Historie dargestellt. Hierzu bemerkt einer seiner Kritiker, Pierre Goubert: »Um gegen den fast krankhaften Nationalismus allzu vieler französischer Werke, die Ludwig XIV. gewidmet sind, zu reagieren, empfiehlt es sich, aufmerksam ausländische Werke zu studieren, die ein gänzlich anderes Bild abgeben.« Mit Recht weist Goubert auf die um Objektivität bemühte angelsächsische Geschichtsschreibung hin, denn für die deutsche Seite erweist es sich als sehr schwierig, nicht jenen Aspekten allzu sehr den Vorrang zu geben, die die Verwüstungen im Westen des Reiches und dessen Schwäche gegenüber der Annexionspolitik des Königs zum Gegenstand haben. Aus dieser Politik erwuchs der deutsch-französische Antagonismus, der die Beziehungen beider Länder bis in die Gegenwart bestimmt und belastet hat. Für einen deutschen Leser ist es daher besonders schwierig, das Ansehen zu erfassen, das Ludwig XIV. in seinem Land noch immer als »Großer König« *(le Grand Roi)* erfährt.

Was macht diese »Größe« aus? Der König war – darin sind sich die Zeitgenossen einig – weder übermäßig intelligent noch gebildet. Im Gegensatz zu seinem Vater und seinem Großvater zeichnete er sich nicht als Feldherr aus und vermied den Pulverdampf aus allzu großer Nähe. Es ist ihm nicht gelungen, dem Land eine einheitliche Verwaltung zu geben, von der Finanzpolitik ganz zu schweigen, die immer stärker in die Hände des Kapitals geriet. Selbst durch größte Härte glückte es ihm nicht, die Einheit des Glaubens wiederherzustellen, und sein Kampf gegen den Jansenismus ging als ungelöstes Problem auf seine Nachfolger über. Der deutsche Historiker Jürgen Voß stellt der »ungeheuren Staatsschuld« und dem »abgewirtschafteten Land« beim Tod des Königs die Tatsache gegenüber, daß »über ein Jahrhundert lang französische Kultur die Kultur der europäischen Führungsgeschichten blieb«. Aber war dies dem Sachverstand des Königs zu verdanken? Besaß nicht vielmehr sein ganzes Herrschaftssystem, zu dem auch die Förderung der Künste gehörte, Modellcharakter für Europa? Und liegt nicht in der Beherrschung dieses Systems über ein halbes Jahrhundert hinweg die eigentliche große Leistung des Königs?

Der Hof

Der Hof und seine Gesellschaft, in deren Mittelpunkt der König stand, stellten das Instrument der Macht dar, dessen Gebrauch der König in der Tat meisterhaft beherrschte. Die Erfahrung der Fronde hatte ihn gelehrt, daß die beiden oberen Stände verbündet die größte Gefahr für das Königtum darstellten. Er versammelte daher alles, was Rang und Namen hatte, an seinen Hof, der ab 1682 endgültig im Schloß von Versailles einzog, das in angemessener Entfernung von der unruhigen Hauptstadt angelegt worden war. Ludwig XIV. versuchte, das

Entstehen anderer kleiner Höfe als Machtzentren zu verhindern. Die adeligen Herren oder Damen, die auf ihren Stammsitzen auf dem Land blieben, hatten die gesellschaftliche Bedeutungslosigkeit gewählt. Wer aber am Hof war – in Versailles waren zeitweilig zehntausend Menschen mehr schlecht als recht untergebracht –, der war in ein System von wechselseitigen Abhängigkeiten eingespannt, die die höchste Aufmerksamkeit erforderten und bei denen es darauf ankam, unter allen Umständen seinen Rang zu bewahren, wenn nicht sogar zu erhöhen. Da der Hof eine nahezu geschlossene Gesellschaft bildete, nahm das Streben nach Rangerhöhung den Charakter eines zwar – im Gegensatz zur Fronde – unblutigen, aber erbitterten Machtkampfes an. Für den König, der die uns heute oft lächerlich erscheinenden Auszeichnungen vergab, die das Prestige erhöhten, bedeutete dies, daß er die Spannungen steuern und die Eifersucht erhalten mußte, damit sich die Energien der einzelnen oder der Gruppen gegeneinander und nicht zusammen gegen ihn wendeten. Der aus den Zeugnissen der Beteiligten erkennbare Druck innerhalb der höfischen Gesellschaft wurde dadurch neutralisiert.

Es liegt zwar angesichts mancher brutal ausgeführter Maßnahmen gegen die Protestanten, die Jansenisten usf. nahe, wäre aber ein eindeutiges Fehlurteil, wollte man den absolutistischen König als einen Tyrannen bezeichnen, der nach bloßer Willkür vorgegangen wäre. Ludwig XIV. war selbst in dieses System integriert, das auch ihn vom Hof abhängig machte, ihm die Unterwerfung unter unerhörte Zwänge, vor allem der Etikette und der Repräsentation, abforderte und von ihm Verzicht auf jegliches private und intime Leben erwartete. Sein ganzes Dasein war auf das Überwachen, Sichern und Regulieren des höfischen Systems ausgerichtet, so daß der Satz: »Der Staat bin ich« durchaus den Tatsachen entsprach. Um das System dieser Herrschaft zu erhalten, war Rationalität notwendig, bloße Willkür hätte es schnell aus dem Gleichgewicht gebracht. Die heute schwer verständliche, große Leistung Ludwigs XIV. bestand darin, über ein halbes Jahrhundert hinweg das außerordentlich komplizierte System höfischer Machtausübung erhalten zu haben bis zu dem sorgfältig gestalteten

Abschied auf dem Sterbebett, wie ihn uns Liselotte von der Pfalz beschrieben hat.

Für den höfischen Menschen kam es darauf an, Veränderungen innerhalb dieses Systems möglichst schnell zu bemerken, um darauf reagieren zu können, um seine Stellung zu behaupten und womöglich zu verbessern. Bei allem entscheidend war das Prestige, das Ansehen, das man genoß. Man mußte ständig auf der Hut sein und den anderen belauern, um die wahren Motive seines Verhaltens zu erkennen. Bezeichnenderweise tauchen bei der Beschreibung des Hofs immer wieder Vergleiche mit der Kriegskunst auf; so schreibt La Bruyère, einer der besten Kenner der Materie: »Das Leben am Hof ist ein ernstes, melancholisches Spiel, das einen in Anspruch nimmt: Man muß seine Geschütze und Batterien aufstellen, einen Kriegsplan haben und verfolgen und den des Gegners durchkreuzen. Man muß manchmal etwas wagen und einem plötzlichen Einfall nachgeben, und nach all diesen Überlegungen und Maßnahmen steht man im Schach und ist manchmal mattgesetzt ...«

Wegen des Kampfes am Hof ergab sich die Notwendigkeit eines rationalisierten Verhaltens. Jede Spontaneität mußte vermieden werden, um die wahren Empfindungen nicht zu verraten: »Ein Mensch, der sich auf den Hof versteht, ist Herr seiner Bewegungen, seiner Blicke, seiner Miene, er ist undurchdringlich und unergründbar; er weiß schlimmem Tun einen angenehmen Schein zu geben, lächelt seinen Feinden zu, bezwingt seine Laune, verhehlt seine Leidenschaften, verleugnet sein Herz, spricht und handelt wider seine Gefühle ...« (La Bruyère). Es entwickelte sich eine Kunst der Menschenbeobachtung, die Moralistik, die nicht die Moral zum Gegenstand hatte, sondern die Verhaltensweisen, deren Motive es zu ergründen galt. Und es ist kein Zufall, daß in dieser Kunst ein alter Kämpfer der Fronde herausragte, der Herzog von La Rochefoucauld, also ein Mann von höchstem Stand. Das bevorzugte Gebiet des Kampfes am Hof bildete die Konversation. Für den Niedrigerstehenden kam es darauf an, den Höherstehenden für sich einzunehmen. Er hatte dabei beherrscht und zurückhaltend vorzugehen, da eine einzige unbedachte Äußerung verhängnisvolle Wirkungen haben konnte, wenn sie dem Gesprächspartner die eigene Absicht verriet oder ihn gar kränkte. Der im Stand Überlegene durfte nicht einmal spüren, daß der Partner das Gespräch lenkte. Diese Kunst der Gesprächsführung ist auch heute noch lebendig in der Diplomatie, im internationalen Verkehr, bei Wirtschaftsverhandlungen – am Hof aber war sie absolute Notwendigkeit und infolgedessen gleichsam normal. Die Höflichkeit war das alle verbindende Element am Hof und das in dieser Hinsicht sogar von seinen Kritikern gerühmte Vorbild gab der König selbst ab.

Während der ersten zwanzig Jahre der Herrschaft Ludwig XIV. hatte der Hof keinen festen Sitz, sondern ließ sich für einige Zeit im Louvre, in den Tuilerien, in Fontainebleau und am häufigsten im Schloß von Saint-Germain nieder. Aber der König wollte einen Bau, der als Zeugnis seiner Herrschaft bestehen blieb, da »nichts mehr von der Größe und dem Geist der Fürsten zeugt als die Bauwerke«. Er fand den geeigneten Raum in der Nähe von Paris zwischen Wäldern und Teichen, wo sein Vater ein kleines Jagdschloß hatte bauen lassen. Dort begannen ab 1661 die Arbeiten, zu denen die besten Architekten und Künstler herangezogen wurden: der Architekt Le Vau, der Maler Le Brun, der Gartenarchitekt Le Nôtre. Immer wieder mußte umgebaut, erweitert, das Wasser mit kunstvollen Maschinen herangeführt werden. Der Architekt Mansart vergrößerte den Bau, Le Brun sorgte für die kostbare Innenausstattung. Colbert und später Louvois hatten die Oberaufsicht über die ganzen Arbeiten. Ein Augenzeuge berichtete, daß noch 1685 mehr als 36 000 Arbeiter und Soldaten auf den Baustellen beschäftigt waren. Dabei war der Hof am 6. Mai 1682 endlich eingezogen – es läßt sich denken, unter welchen Umständen.

Der Bau verschlang Unsummen, wurde aber trotz der schlechten Finanzlage auch während der Kriege fortgeführt. Kurz vor seinem Tod soll der König gesagt haben: »Ich habe den Krieg und das Bauen zu sehr geliebt«, und in der Tat haben seine Kriegslust und seine Bauwut das Land an den Rand des Ruins gebracht. Die meisten französischen Historiker stimmen aber auch heute noch darin überein, »daß Ludwig XIV. allein durch den Glanz von Versailles, dieser gewaltigen, aber harmonischen Schöpfung

›der Große König‹ wäre. Er hat Frankreich damit ein Kapital an Kunst und Geschmack geschenkt, das im 18. Jahrhundert in alle großen und kleinen Hauptstädte Europas und in die Fürstensitze ausstrahlt« (Méthivier). Was für Versailles gilt, gilt auch für die zahlreichen, in seiner Nachahmung entstandenen, Fürstenschlösser in Deutschland: Die Nachfahren ziehen den Nutzen aus den Anstrengungen der Generation der Erbauer.

Das Leben in Versailles muß keineswegs sehr angenehm gewesen sein. Die Menschenmenge, unter die sich auch viele zweifelhafte Gestalten mischten, war zu groß, die Heizung funktionierte nicht; da wenig für die hygienischen Einrichtungen getan war, verdreckten die Gänge und Galerien in kurzer Zeit, und der König mußte in seinem nahegelegenen kleinen Schloß Marly frische Luft suchen. Selbst der Herzog von Saint-Simon hatte sich mit einem engen Dachstübchen zufriedenzugeben!

Bis zum Tod der Königin 1683 hatte Ludwig eine Reihe von Favoritinnen, die Mademoiselle de La Vallière, die Herzogin von Fontanges und schließlich die Marquise von Montespan, die dem König trotz ihrer Ehe acht Kinder schenkte. Ab 1680 etwa wuchs der Einfluß der Madame de Maintenon, der die Erziehung der Kinder anvertraut war und die den König nach dem Tod seiner Frau heiratete. Unter ihrem Einfluß verlor das Leben am Hof jene fröhliche Festlichkeit, die es zuvor ausgezeichnet hatte. Ein Zug von Bigotterie setzte sich durch, unter dem nicht nur die Schwägerin des Königs, Liselotte von der Pfalz, schwer litt. Zum Tod der Madame de Maintenon 1719 schrieb sie an ihre Stiefschwester: »An diesem morgen erfahre ich, daß die alte Maintenon verreckt ist, gestern zwischen 4 und 5 abend. Es were ein groß glück gewesen, wenn es vor etlich und 30 jahren geschehen were.« Keiner der großen Minister, Schriftsteller oder Generäle hat die Atmosphäre von Versailles so entscheidend geprägt wie Madame de Maintenon. Sie war nicht nur des Königs Mätresse, sondern auch seine Gesellschafterin, seine geistige und politische Beraterin und nahm sogar an den Sitzungen des Obersten Rates teil. Wie ließ sich unter solchen Umständen eine aktive Politik betreiben und das Land leiten?

Der König besaß nicht nur die für seine vielen Vergnügungen erforderliche Vitalität, die ihm half, Strapazen bis hin zu seiner oft erwähnten Freßgier zu ertragen, sondern auch einen Arbeitsfleiß, der allgemein Erstaunen hervorrief. Er selbst schrieb über seine Aufgabe: »Man regiert durch Arbeit« und schilderte den Tagesablauf mit den Worten: »Ich habe mir als ein Gesetz auferlegt, regelmäßig zweimal am Tag zu arbeiten und zwar jeweils zwei bis drei Stunden mit verschiedenen Personen, wobei ich die Stunden, die ich allein verbringe, und auch den Zeitaufwand für außergewöhnliche Angelegenheiten nicht rechne.« Zur Umsetzung seiner Erfahrungen, seiner Vorstellung der eigenen Größe und der Verantwortung, zu der Notwendigkeit, immer den Überblick über den Hof und sein Land zu behalten, waren vor allem zwei Eigenschaften erforderlich: Beständigkeit und eine enorme Willenskraft. Beide zeichneten Ludwig XIV. in hohem Maße aus. Er hat den Hof und damit das System der Herrschaft zusammengehalten.

Die Verwaltung des Landes

Hinzu kam die Auswahl seiner Staatssekretäre, also seiner Minister im heutigen Sinn, von denen er die besten zunächst von Mazarin übernahm: Lionne für die Auswärtigen Angelegenheiten, Le Tellier für die Armee, Colbert, der den in Ungnade gefallenen Fouquet schon 1661 für die Finanzen ersetzte. Vor allem der arbeitswütige Colbert (1619–1683) ist der Nachwelt im Gedächtnis geblieben. Er lenkte nicht nur die Finanzen, sondern übernahm mit der Zeit noch die Marine, die Kolonien, den Handel, das Bauwesen sowie die Kultur und diente dem König über zwanzig Jahre, wobei er auch seine eigene Familie mit Ämtern versorgte. Neben der Familie Colbert stellte die Familie Le Tellier mehrere Minister, darunter vor allem den Marquis Louvois, Le Telliers Sohn, der in erster Linie für die Verwüstungen in der Pfalz verantwortlich war. Eine dritte Familie waren die Phélypeaux. Bis zum Tod des Königs bildeten Angehörige dieser Familien und einige wenige Einzelpersonen den »Königlichen Rat« (*Conseil du roi*), eine bemerkenswerte Konstanz in der Wahl der engsten Mitarbeiter. Aber keiner von ihnen stammte aus dem Hochadel und konnte sich Hoffnung auf eine Favoritenstellung machen. Der Herzog von Saint-Simon bezeichnete die Auswahl emporgekommener und dann erst geadelter Minister als die »lange Herrschaft der niedrigen Bourgeoisie«, aber der König wußte, warum er sich diese tüchtigen Mitarbeiter, die von ihm gänzlich abhängig waren, ausgewählt hatte: Als sein Enkel 1700 den Thron von Spanien besteigen sollte, riet er ihm: »Binden Sie sich nie an jemanden und lassen Sie sich nie lenken! Sie sollen der Herr sein und niemals einen Favoriten oder einen Premierminister haben! In Ihrem Rat sollen Sie anhören und befragen, aber selbst entscheiden, denn Gott, der Sie zum König gemacht hat, wird Ihnen auch die Erleuchtung geben, die Sie brauchen!« Die Mitarbeiter und in erster Linie Colbert leisteten eine Arbeit, die ganz im Sinn ihres Herrschers war, und die auf die Wiederherstellung der Ordnung und auf Gehorsam gegenüber der Königsmacht zielte. Diese selbst regierte in den verschiedenen »Räten« (Conseils), von denen drei die eigentlich entscheidende Regierung ausmachten. Ihre Sitzungen nahmen den Vormittag des Königs in Anspruch. Andere Conseils waren mit der Durchführung der Verwaltungsarbeit und der Rechtsentscheidungen beauftragt. In der Verwaltung des Landes wurden nach 1661 die meisten Veränderungen durchgeführt, die die Zentralmacht auf Kosten der Selbständigkeit der Provinzen stärkten: Die königlichen Intendanten, die während der Fronde abgeschafft worden waren, wurden wieder eingesetzt. Sie stammten wie die Minister aus der bürgerlichen Schicht oder aus dem Amtsadel, wurden vom König auf Zeit ernannt, von ihm besoldet und konnten jederzeit abberufen werden. Infolge ihrer Abhängigkeit waren sie der Zentralmacht ergeben und bekamen schwierige finanzielle und steuerliche Aufgaben übertragen, für die sie aufgrund ihrer Stellung und ihrer Herkunft besonders geeignet erschienen. Dabei war der König vorsichtig genug, die bestehenden Institutionen nicht abzuschaffen: Die Provinzgouverneure, meist hohe Herren des Adels, und auch die Provinzparlamente blieben bestehen, nur ihre Kompetenzen wurden vermindert zugunsten der Intendanten. Die Parlamente, selbst das von Paris, wagten nicht mehr, Beschwerden *(remontrances)* vorzubringen, sondern begnügten sich damit, die königlichen Entscheidungen zu registrieren.

Das System der Verwaltung im Ancien Régime ist schwer durchschaubar für die heutigen Verhältnisse, denn unter den französischen Provinzen gab es wiederum Unterschiede: Alte Vorrechte ehemals selbständiger Provinzen blieben erhalten, so in der Bretagne, in Burgund, im Languedoc und in der Provence. Vor allem aber galt dies für die neu eroberten Gebiete wie die Freigrafschaft Burgund, das Roussillon und das Elsaß. Hier wurden zwar Intendanturen eingerichtet, die historischen Vorrechte der Städte und Herrschaftsgebiete blieben aber erhalten. Durch dieses behutsame Vorgehen kam es trotz der rechtsverletzenden Annexion in Gebieten wie dem Elsaß oder in Flandern zu keinem spürbaren Widerstand gegen die französische Herrschaft. Zwar war das Französische die alleinige offizielle Sprache im Königreich, aber im *Conseil d'Alsace* wurden unterschiedslos auch noch das Deutsche und das Lateinische gebraucht. Der Widerruf des Edikts von Nantes 1685 betraf nicht die Lutheraner des Elsaß. Die vorsichtige Politik auf kulturellem und religiösem Gebiet hat wesentlich dazu beigetragen, das Elsaß in das Königreich einzugliedern und ihm doch seine Eigenart zu belassen.

Den Versuchen der Zentralisierung und Vereinheitlichung waren also durch die bestehenden und weiter berücksichtigten Rechte Grenzen gesetzt. So wurden zwar von Colbert sechs Gesetzgebungswerke eingebracht: Das Zivilprozeßrecht (*Ordonnance civile* oder *Code Louis*, 1667), das Strafprozeßrecht (*Ordonnance criminelle*, 1676), das Forst- und Wasserrecht (*Ordonnance des Eaux et Forêts*, 1669), das Handelsrecht (*Ordonnance de commerce*, 1673), das Handelsschiffahrtsrecht (*Ordonnance de la marine*, 1680), das Sklavenrecht für die Kolonien (*Code noir*, 1685), aber die Trennung in das kodifizierte römische Recht im Süden des Landes und das Gewohnheitsrecht im Norden blieb bestehen. Im ganzen gelang eine Vereinheitlichung auf allen Gebieten nur in Ansätzen, wohl auch deshalb, weil die ständigen Kriege nach 1672 grundsätzliche Reformen unmöglich machten.

Das galt insbesondere für die Steuern, die je nach Gebiet verschieden erhoben wurden. Zudem bildete Frankreich noch kein einheitliches Wirtschaftsgebiet. Die sogenannten »ausländischen Provinzen« *(provinces étrangères)* das heißt in jüngster Zeit annektierte Gebiete wie die Freigrafschaft Burgund, die französischen Teile Lothringens und das Elsaß hatten keine Zollgrenzen zum Ausland, wohl aber zum Inland; das galt sogar für »die als ausländisch angesehenen Provinzen« *(provinces réputées étrangères)* wie die Bretagne, Südfrankreich, Flandern. Es konnte daher im Inneren des Königreichs geschmuggelt werden und so geschah es auch! Das Kerngebiet bildete Nordfrankreich mit den fünf Großen Steuerpachtgebieten *(Les cinq grandes fermes)*. 1680 wurde die »Allgemeine Steuerpacht« *(La ferme générale)* gegründet, die die indirekten Steuern einzog: Salzsteuer *(gabelle)*, Verbrauchssteuer auf bestimmte Produkte *(aides)*, Binnenzölle *(traites)*, Einkünfte aus der Krondomäne *(domaine royal)*. Diese indirekten Steuern erbrachten etwa die Hälfte der Staatseinnahmen und wurden vom König an Finanzkonsortien für sechs oder neun Jahre gegen Zahlung einer Pauschalsumme verpachtet. Die Finanziers durften die Steuern mit einer großen Zahl von Helfern eintreiben und konnten sich kräftig bereichern. Der Mißbrauch, der mit diesem System getrieben wurde, reichte bis zum Ende des Ancien Régime und bildete ein beliebtes Angriffsziel in der Literatur.

Die direkten Steuern, *la taille*, betrafen weder Klerus noch Adel noch manche Städte, wurden also vor allem auf dem Land erhoben, im Gebiet des Gewohnheitsrechts als Kopfsteuer, im Süden entsprechend dem bürgerlichen, das heißt nicht-adligen Landbesitz. Die Globalsumme wurde im voraus festgesetzt, zumeist also erhöht. Die Anforderungen der Kriege führten im Verlauf der Zeit zur Einführung neuer direkter Steuern, mit Abstufung nach sozialem Rang *(capitation* und *dixième)*, wobei erstmals auch die privilegierten Stände herangezogen wurden. Grundlegende Reformen des Steuersystems aber wurden nicht unternommen, obwohl der Festungsbaumeister Vauban, der das Königreich wie kaum ein anderer kannte, dazu noch kurz vor seinem Tod 1707 weitreichende Vorschläge in seinem *Projet d'une dîme royale* gemacht hatte. Das Buch wurde sofort verboten und konfisziert, weil darin die Gleichheit vor dem Gesetz, gleiche Verteilung der Lasten, eine Kürzung des Militärdienstes, koloniale Expansion und eine Steuer entsprechend dem Einkommen empfohlen wurden. Da durch Steuern nicht mehr aus dem Land herauszupressen war, griff man schließlich gegen Ende des 17. Jahrhunderts zu Geldmanipulationen, 1701 sogar zu einem Versuch, das Edelmetall durch Papiergeld zu ersetzen *(billets de monnaie)*, ein Versuch, der schon aus technischen Gründen bald scheiterte. Nicht wenig brachte der Verkauf neuer Ämter ein und sogar der Verkauf von Adelsbriefen, deren Inhaber dadurch aber wiederum von der Kopfsteuer *(taille)* befreit wurden! Als letztes Mittel blieb immer noch die Staatsverschuldung durch Anleihen, wobei der Staat als unsicherer Schuldner wenigstens zehn Prozent Zinsen zahlen mußte. Über dem Hof von Versailles erhob sich also die Welt der Finanziers, des Kapitals, das in alle Bereiche der Gesellschaft drang. Der Versuch eines offiziellen Hofbankiers mißlang, als der Protestant Samuel Bernard 1709 selbst bankrott ging. Colbert war es nach 1661 zunächst gelungen, die Einkünfte zu erhöhen und die Ausgaben nur langsam steigen zu lassen, so daß ab 1662 ein Überschuß erzielt werden konnte. Aber 1680 mußte er ein Defizit von 22 Millionen livres melden, wobei obendrein schon 50 Millionen der Einkünfte von 1681 verpfändet waren. Die Schulden der öffentlichen Hand sollen beim Tod des Königs bei 2,8 Milliarden livres gelegen haben. Wirtschaftliche Überlegungen spielten aber für Ludwig XIV. kaum eine Rolle: Das Geld mußte beigebracht werden und dazu waren alle Mittel recht.

Das Wirtschaftssystem Colberts

Am engsten verbunden ist der Name von Jean-Baptiste Colbert mit dem wirtschaftspolitischen System des Absolutismus, dem Merkantilismus, auch Colbertismus genannt. Zwar stammten die Ideen dazu nicht eigentlich von ihm, doch versuchte niemand sie mit einem vergleichbaren Einsatz und gleicher Konsequenz zu verwirklichen. Colbert hat sich wie kein anderer für die Größe des Königs aufgeopfert, nicht ohne sich und seine Familie dabei, wie es der Zeit entsprach, enorm zu bereichern. Auch hier gab Kardinal Richelieu das beste Vorbild ab. Da der Reichtum eines Landes an dem Besitz der Edelmetalle Gold und Silber gemessen wurde, die in Frankreich kaum zu finden waren, kam es darauf an, dem englischen und niederländischen Beispiel zu folgen und die Edelmetalle, die Spanien in großer Menge aus seinen überseeischen Besitzungen gewann, durch einen Außenhandelsüberschuß ins Land zu ziehen. Um dies zu erreichen, wurden die Importzölle 1664 und 1667 erhöht. Zugleich aber kam es in noch größerem Maße darauf an, den Export zu fördern. »In Europa«, so formulierte es Colbert, »ist eine konstante Menge Geld im Umlauf. Um den Anteil des Königreichs zu erhöhen, muß man die entsprechende Menge aus den Nachbarländern ziehen.« Der Wohlstand eines Landes oder besser gesagt: die Macht eines Fürsten ging bei diesem Krieg des Geldes also auf Kosten der Nachbarn. Die Handelspolitik Colberts war letztlich ebenso aggressiv wie die Außenpolitik des Königs und die eine bedingte zum Teil die andere.

Im Konkurrenzkampf mit den europäischen Mächten – vor allem mit den Niederlanden, die auf vielen Gebieten des internationalen Handels nahezu eine Monopolstellung gewonnen hatten – kam es einerseits auf die Förderung des Handels, infolgedessen auch der Kriegsmarine, und auf die Erweiterung des Handels in Übersee durch Gewinnung von Kolonien an. Andererseits war auch die Entwicklung von Industrien, deren Produkte mit den besten ausländischen Erzeugnissen konkurrieren konnten, nötig. Colbert brachte die französische Flotte auf eine noch nie zuvor erreichte Höhe und ließ die Häfen und Werften ausbauen. Der Handel mit den Kolonien in Amerika durfte ausschließlich mit dem Mutterland und ausschließlich auf französischen Schiffen durchgeführt werden (System des *exclusif*). Die Kriegsmarine besiegte Hollands Admiral de Ruyter 1676 vor Sizilien und war bei Colberts Tod an Zahl der Schiffe mit der englischen Flotte vergleichbar. Da Ludwig XIV. aber alle Kräfte auf den Landkrieg verwendete, wurde sie später vernachlässigt.

Mit dem Ausbau der Flotte erfolgte zugleich die Vergrößerung der Kolonien, für die Colbert ebenfalls zuständig war. Cavelier de La Salle erforschte den Weg von Kanada über den Ohio zum Mississippi in mühseligen Expeditionen und nahm das ungeheure, im Rücken der englischen Kolonien liegende Gebiet für seinen König in Besitz und gab ihm dessen Namen: Louisiana. Ludwig XIV. hielt von dieser Entdeckung zunächst nichts und schrieb: »Die Entdeckung des sieur de La Salle ist ganz nutzlos«, ernannte ihn aber nach seiner Rückkehr 1684 zum Kommandanten von Louisiana, da er sich von der neuen Kolonie aus Zugang zu den spanischen Goldminen in Mexiko erhoffte. Durch La Salles Unternehmungen hatte sich das französische Amerika bis über das Gebiet der Großen Seen erweitert und war an Fläche vielfach größer als Neuengland. In Afrika wurde die Herrschaft an der Mündung des Senegal erweitert, Stützpunkte auf Madagaskar und vor allem 1671 die Ile Bourbon, das heutige Réunion, gewonnen. Die Eroberungen im Indischen Ozean sollten der Sicherung des Seewegs nach Indien dienen, wo sich Frankreich ebenfalls festsetzte und Pondichéry zur Hauptstadt seiner Gebiete machte, die erst 1956 an Indien zurückgegeben wurden. Während Kanada in erster Linie Pelze nach Frankreich lieferte, kam von den Antillen der wirtschaftlich bedeutendere Zucker.

In Indien wie in Amerika besaß Frankreich große Entwicklungsmöglichkeiten, zugleich aber waren in beiden Gebieten schon die zukünftigen Konflikte mit England angelegt. Um den Handel mit den Kolonien und auch anderen Gebieten zu fördern, gründete Colbert nach holländischem und englischem Vorbild eine Reihe von Gesellschaften, von denen aber nur die Ostindische Handelsgesellschaft *(compagnie des Indes orientales)* über die Regierungszeit des Königs hinaus Bestand hatte. Die von der Intensität des Handels her bedeutende Westindische Handelsgesellschaft *(compagnie des Indes occidentales)* bestand nur zehn Jahre (1664–1674). Die Holländer unterliefen das *exclusif* mit besseren und billigeren Produkten, und die Pflanzer arbeiteten mit ihnen zusammen. Wo die Macht des Königs nicht hinreichte, siegte also der Freihandel über das Staatsmonopol. Warum aber hatten die englischen und holländischen Handelsgesellschaften im Gegensatz zu den französischen Erfolg, obwohl sie in gleicher Weise unter vertraglich genau festgelegten Bedingungen arbeiteten? Vermutlich deshalb, weil das Kapital in England und Holland Vertrauen in die staatliche Protektion hatte, während wir wissen, daß Colberts Gesellschaften immer unterkapitalisiert waren. Ursache ist das Mißtrauen gegen eine Staatsmacht, die ihre Omnipotenz immer wieder mißbraucht. Ein Mißtrauen, das sich in Frankreich bis in die jüngere Gegenwart erhalten hat und manches in der französischen Wirtschaftsgeschichte erklärt.

Um die Importe hochwertiger Waren zu verringern und ihren Export zu steigern, förderte Colbert die Industrieansiedlung *(manufactures)*. In einigen Fällen handelte es sich dabei um Fabriken im modernen Sinn, meist aber um Unternehmen, die zahlreiche, verstreute Werkstätten für sich arbeiten ließen. Das königliche Privileg entzog das Unternehmen der Kontrolle durch die Zünfte, erteilte den Arbeitnehmern zahlreiche Abgabefreiheiten und vergab vor allem das Monopol für die Erzeugnisse. Neben staatlichen Manufakturen wie den bekannten Gobelins oder den Rüstungswerkstätten gab es die privaten, deren Fabrikanten strengen Reglementierungen unterworfen waren. Hergestellt wurden vor allem Luxuswaren: Spitzen in Reims, Wandbehänge in Beauvais, Glaswaren in Saint-Gobain. In einigen Fällen, wie beispielsweise dem letzten, ist aus der Manufaktur ein noch heute bestehender Konzern entstanden. Nicht wenige französische Städte profitierten von dieser Industrieansiedlung, deren Produkte in Europa und in Übersee zu gesuchten Waren wurden. Insgesamt gesehen, hatte Colberts Wirtschaftssystem eine Reihe von Erfolgen aufzuweisen, es blieb aber Ländern wie England und Holland, wo der Freihandel das Geld über Börsen und moderne Banken an sich zog, unterlegen. Zwar galt der französische König, der durch seine Diplomaten breit gestreut politische »Subventionen« zahlte, als der mächtigste und reichste Monarch in Europa, aber durch die Kriege und die hohen Ausgaben für den Hof waren Frankreichs Finanzen beim Tod Colberts 1683 schon weitgehend zerrüttet. Es setzte eine Zeit der Krisen ein, die bis zum Ende der Herrschaft des Königs anhielten und durch Mißernten, Hungersnöte und Epidemien noch verschärft wurden.

Von dem anfänglichen wirtschaftlichen Aufschwung zog die Masse der ländlichen Bevölkerung, also etwa 90 Prozent der Einwohner Frankreichs, den geringsten Nutzen. Zwar war ihr Status nicht mit der Leibeigenschaft in Mittel- und Osteuropa zu vergleichen, aber es blieben noch genügend drückende Feudalrechte, die das Dasein der Bauern erschwerten. Sie lebten in Verhältnissen, die nach unseren Vorstellungen miserabel waren, und aus ihnen wurden dennoch die meisten Steuern herausgepreßt. Durch die schlechten Verkehrsverbindungen und die schwierige Vorratswirtschaft wurde die Landbevölkerung von Wirtschaftsschwankungen am härtesten betroffen. Hungersnöte konnten ganze Regionen treffen, ohne daß man ihnen hätte helfen können.

Trotz immer wieder aufflackernder Unruhen läßt sich aber nicht von einem »gesellschaftlichen Bewußtsein« sprechen. Die Zustände wurden akzeptiert als von Gott gewollt und vom König getragen. Die breite Masse bemerkte von dem Aufschwung der Wirtschaft unter Colbert kaum etwas, die zentralisierte Verwaltung, die Sorgfalt bei der Einziehung der Steuern haben eher dazu beigetragen, sie weiter zu verarmen. Frankreichs Machtentfaltung beruhte weniger auf einem allgemeinem Wirtschaftsaufschwung als auf der Verstärkung des absolutistischen Willens seines Herrschers.

Verlief aber nicht das Leben der Nation in weitem Umfang analog zu dem des Monarchen? Daß der Hof sich nach dem Erscheinen der Madame de Maintenon verwandelte und eine gewisse Sittenstrenge und Bigotterie Einzug erhielten, wurde bereits erwähnt. Ab 1680 hielt die Marquise den König zu religiöser Einkehr an, 1683 starben die Königin und Colbert und 1684 heiratete der König heimlich Madame de Maintenon. Es wird viel zu wenig beachtet, daß die glanzvolle Zeit der Herrschaft vor diesen Daten und dem endgültigen Einzug in Versailles (1682) liegt. Dies gilt insbesondere für die kulturellen Leistungen der Epoche, die in Frankreich als die Klassik bezeichnet wird: In der Zeit von 1660 bis 1680 entstanden die großen Meisterwerke von Racine und Molière, fast alle Fabeln Lafontaines, die Briefe der Madame de Sévigné, die »Dichtkunst« von Boileau, die »Maximen« von La Rochefoucauld, der große Roman der Madame de La Fayette. Ein gleicher Geschmack und gleiche Vorstellungen von der Rolle der Kunst verbanden Racine und Boileau, Molière und Lafontaine in dieser glanzvollen Zeit der französischen Literatur, getragen von der Moralistik, in der das gleiche tragische Menschenbild, das Bild des den Leidenschaften ausgelieferten Menschen wie in La Rochefoucaulds »Maximen« zum Ausdruck kommt. Es war gewiß keine bloße Liebedienerei, wenn die Künstler den König priesen, der Kunst und Wissenschaft förderte und, wie Molières Schicksal zeigt, auch schützte, wenn es nötig war.

Der Förderung der Künste und Wissenschaft lagen nicht zuletzt auch wieder politische Motive zugrunde. Es war Colbert, der jährliche Zahlungen an Schriftsteller und Gelehrte, sogenannte »Pensionen«, einrichtete, die etwa hundert Empfänger in Frankreich, aber auch für einige Zeit fünfzehn Gelehrte im Ausland erhielten, darunter auch Deutsche. Etwa über dreißig Jahre konnten diese Zahlungen geleistet werden, und da die Listen erhalten sind, läßt sich der geschätzte Wert der Schriftsteller daran ablesen. So stieg Racine von 600 livres 1662 auf 2000 livres 1678, als seine berühmte *Phèdre* erschien. Chapelain, der die Verteilung organisierte, schätzte sich selbst 1663 mit 3000 livres höher ein als Pierre Corneille (2000 livres) oder Molière, der sich mit 1000 livres begnügen mußte. Zwar erfolgten die Zahlungen nicht immer regelmäßig und galten gelegentlich auch einmal für 15 statt 12 Monate, aber insgesamt blieb diese Einrichtung Colberts bis über seinen Tod erhalten.

Durch die Förderung der Schriftsteller und Gelehrten wie auch durch die erwähnte Einrichtung von Akademien wird ein Aspekt des ludovizianischen Zeitalters deutlich, der sich in Frankreich bis in die Gegenwart erhalten hat: Kunst, Wissenschaft und Sprache sind Teil einer aktiven Außenpolitik in Europa, man könnte fast sagen, einer Hegemonialpolitik, denn so wie das Französische sich als Sprache der internationalen Diplomatie durchsetzte, so beherrschte die französische Kultur weitgehend dann das 18. Jahrhundert. Noch heute läßt sich der von staatlicher Seite geförderte Verteidigungskampf des Französischen und der Frankophonie gegen die Vorherrschaft des Englischen nicht verstehen ohne diese Einvernahme der Künste in die Herrschaftspolitik Ludwigs XIV.: Aktive Kultur- und Sprachpolitik wurde von Frankreich wohl als erstem Land in Europa betrieben und ist bis heute in viel höherem Maße in die Außenpolitik integriert als in Deutschland, wo die Kultur stets um ihre Anerkennung als Teil der Gesamtdarstellung des Landes ringen muß. Der König und Colbert verfolgten mit dieser Politik die Ideen Richelieus und Mazarins, doch in ganz anderem Umfang als die beiden Kardinäle. Dabei ist zur Ehre des Königs zu sagen, daß er ein sicheres Urteil besaß und die großen Künstler dieser »klassischen« Zeit anerkannte bis hin zu Lafontaine, der neben Molière am wenigsten in das Schema eines höfischen Dichters paßte. Der Glanz der ersten beiden Dekaden seiner Herrschaft macht die Bezeichnung Ludwigs als »Sonnenkönig« *(le Roi-Soleil)* verständlich. Er ist mit Ludwigs Person auch über die Zeiten des Elends und trotz seiner aggressiven Kriegspolitik verbunden geblieben und hat Frankreichs Ansehen erhalten.

Die Außenpolitik

Gibt es in der Außenpolitik Frankreichs unter Ludwig XIV. eine ähnliche Entwicklung zu beobachten wie auf dem Gebiet der Wirtschaft, der höfischen Gesellschaft, der Kultur? Ist auch die Außenpolitik zunächst erfolgreich, dann stagnierend, schließlich in höchstem Maße prekär für das Land? Zweifellos läßt sich die Regierungszeit des Königs mit den Phasen seines langen Lebens vergleichen, mit den Erfolgen der Jugend, der Kraft der mittleren Jahre und schließlich mit deren allmählichem Verfall. Dabei spielen die immer längeren Kriege, die mehr als die Hälfte seiner Regierungszeit einnahmen, eine entscheidende Rolle. Ludwig XIV. ging sie zunächst aus Ruhmbegierde ein, dann aus Hochmut gegen mächtige Koalitionen und konnte schließlich nur unter Aufbietung der letzten Kräfte durchhalten. Es handelte sich um eine in ihrer Monotonie ermüdende Kette von diplomatischen Intrigen, Feldzügen, blutigen Schlachten und Belagerungen und endlich mühsam ausgehandelten Bedingungen für einen Frieden, der nicht lange halten sollte. Das alles war zwar mit Erfolgen verbunden, die die nationale Geschichtsschreibung dem König noch heute hoch anrechnet, aber auch mit ungeheurem Elend, mit einem Mangel, der sogar am Hof spürbar wurde und vor allem mit dem Verlust dessen, was das Ziel der Anstrengungen war, nämlich der Hegemonie in Europa, die auf England überging, und mit der Gefährdung des Überseereiches, das der Ausbreitung der französischen Sprache mehr Möglichkeiten geboten hätte als die kulturelle Vorherrschaft in Europa. Für das deutsch-französische Verhältnis stellen diese Ereignisse den Beginn des dreihundertjährigen Bruderkampfes dar, der hier zum ersten Mal nationale Dimensionen annahm und nationales Bewußtsein hervorrief. Dabei hat der König weniger aus rationalen (sichere, natürliche Grenzen) und nationalen Überlegungen gehandelt als aus dynastischen und emotionalen. Die Frage nach Schuld und Verantwortung für diese europäische Fehlentwicklung ist daher nur schwer zu beantworten. Angesichts der Folgen läßt sich ein Urteil aber nicht umgehen.

Die Expansionspolitik des Königs war gut vorbereitet und beruhte auf einem berechtigten Gefühl der Überlegenheit. Die französische Diplomatie umspannte Europa wie auch die wichtigen außereuropäischen Länder, und ihre Vertreter informierten die Staatssekretäre für auswärtige Angelegenheiten. Sie sorgten aber auch durch Geldzahlungen, insbesondere an die empfänglichen Fürsten im Reich, für eine Politik, die Frankreichs Vorstellungen entsprach, freilich nicht immer mit dem erwarteten Erfolg. Trotzdem mußten sogar Frankreichs Gegner die Geschicklichkeit der französischen Diplomatie anerkennen, die unter der Leitung von Lionne und des Marquis de Pomponne (bis 1679) stand. Die wichtigste Voraussetzung für eine expansive Politik war jedoch die Stärkung der Armee, für deren Modernisierung und Vergrößerung Le Tellier bis 1685, sein Sohn, der Marquis de Louvois bis 1691 und schließlich der Enkel Le Telliers, der Marquis de Barbezieux bis 1701 arbeiteten. Vor allem die beiden ersteren organisierten die Heeresverwaltung neu. Die einzelnen Offiziersgrade wie Oberst, Hauptmann und so fort blieben wie die Beamtenstellen (*officiers*) käuflich, es gelang nur, für nicht begüterte Offiziere neue

Grade, Major *(major)* und Oberstleutnant *(lieutenant-colonel)*, einzurichten, die vergeben wurden. Im einzelnen wurde die Armee wie ein privates Unternehmen geführt, für dessen Unterhalt der König sorgte und dessen Führung der Adel behielt. Ludwig XIV. erreichte die Stärkung der Disziplin und seiner Autorität, der sich der Adel unterwarf. Die Blutopfer, die dieser bei den Feldzügen erbrachte, waren enorm, und nach den großen Schlachten zog immer wieder Trauer am Hof ein. Für die Kriegsversehrten ließ der König das *Hôtel des Invalides* erbauen.

Eine wesentliche Voraussetzung für die Planung der Operationen bildete die Schaffung von Kasernen, Arsenalen und Magazinen. Da der Krieg zum großen Teil in der Belagerung von Städten bestand, bildete die Anlage von Grenzfestungen eine wichtige Aufgabe. Hier konnte sich die ganze Kunst Vaubans entfalten, der neben Hafenanlagen ein tief gestaffeltes Netz von Festungen anlegte, vor allem im Norden, wo Frankreich nicht durch eine natürliche Grenze geschützt war, und im Osten gegenüber dem Reich. In Deutschland läßt sich heute noch ein Eindruck der Festungsbauwerke Vaubans in Landau gewinnen, das seit 1648 als Exklave zu Frankreich gehörte. Hinter seinem Festungsgürtel konnte sich Frankreich bis zu dem Einmarsch der Alliierten 1813 wenn schon nicht sicher, so wenigstens geschützt fühlen.

Der demographische Vorsprung, den Frankreich damals gegenüber den anderen Staaten Europas besaß, die zentrale Organisation des Armeewesens und die durch Colbert geordneten Finanzen ermöglichten es, ein für damalige Verhältnisse enorm großes Heer aufzustellen. Méthivier gibt an, daß in den vier großen Kriegen der Regierungszeit die Truppenstärke von 72 000 (1667) und 120 000 (1672) auf 280 000 (1689) und schließlich bis auf 300 000 (1703) gestiegen sei. Eine solche Zahl ließ sich nur erreichen, wenn man sich nicht allein auf die Anwerbung stützte, bei der der Hauptmann mit dem Geld des Königs seine Kompanien zusammenstellte: Ab 1688 wurde eine Art Wehrpflicht eingeführt durch Aufstellung der Miliz *(milice)*, zu deren Dienst die Junggesellen der Gemeinden durch Losentscheid herangezogen wurden. Ab 1702 wurde der

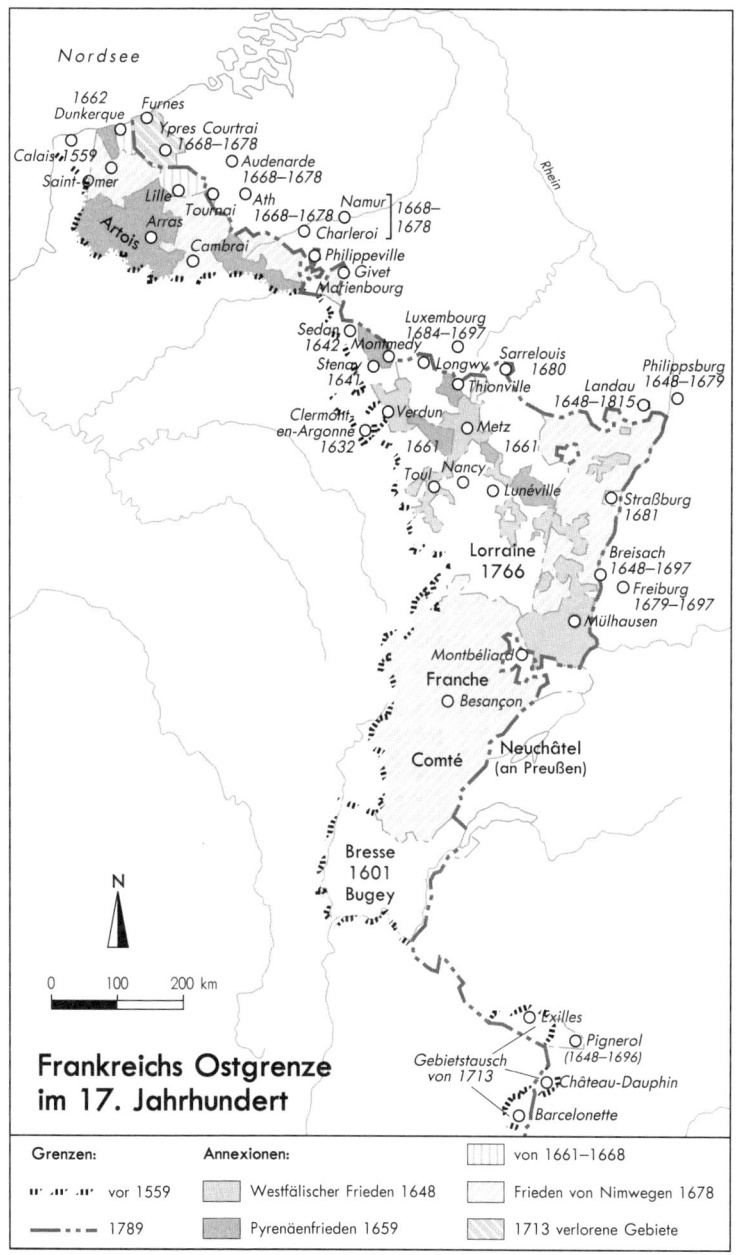

Nordsee

1662
Dunkerque
Furnes
Ypres Courtrai
1668–1678
Calais 1559
Saint-Omer
Audenarde
1668–1678
Lille
Arras
Tournai
Ath
1668–1678
Namur
1668–
1678
Charleroi
Cambrai
Artois
Philippeville
Givet
Marienbourg
Sedan
1642
Montmedy
Stenay
1641
Longwy
Luxembourg
1684–1697
Sarrelouis
1680
Thionville
Philippsburg
1648–1679
Landau
1648–1815
Clermont-
en-Argonne
1632
Verdun
1661
Metz
1661
Toul
Nancy
Lunéville
Straßburg
1681
Lorraine
1766
Breisach
1648–1697
Freiburg
1679–1697
Mülhausen
Montbéliard
Franche
Besançon
Neuchâtel
(an Preußen)
Comté
Bresse
1601
Bugey

N

0   100   200 km

**Frankreichs Ostgrenze
im 17. Jahrhundert**

Exilles
Pignerol
(1648–1696)
Gebietstausch
von 1713
Château-Dauphin
Barcelonette

Rhein

Grenzen:	Annexionen:		von 1661–1668
vor 1559	Westfälischer Frieden 1648		Frieden von Nimwegen 1678
1789	Pyrenäenfrieden 1659		1713 verlorene Gebiete

Dienst in der Miliz für alle Junggesellen und Witwer zwischen 18 und 35 Jahren und einer Mindestgröße von 1,62 m zur Pflicht, eine Maßnahme, die oft den Entschluß zu heiraten erleichterte!

Um die großen Anfangserfolge Frankreichs zu verstehen, muß man sich vor Augen halten, daß die Armee über ihre Mannschaftsstärke und die Motivation der adligen Offiziere hinaus, in Turenne einen hervorragenden Heerführer besaß, der sich schon während des Dreißigjährigen Krieges in Deutschland und während der Fronde ausgezeichnet hatte. Er fiel 1675 in Sasbach in Baden.

Der Kaiser und die Reichsfürsten, soweit sie nicht, mit Geld gekauft, auf der französischen Seite standen, wären einem gezielten Angriff eines so überlegenen Gegners in keiner Weise gewachsen gewesen, und es erscheint erstaunlich, daß Frankreich nicht noch größere territoriale Gewinne erzielen und das linke Rheinufer in seiner Länge gewinnen konnte. Der König besaß die Mittel, große Ziele zu erreichen, wenn er in seinem Hochmut und seiner Machtverblendung nicht selbst die Koalitionen gegen sich zusammengeschmiedet hätte. Ihm ging es um den ersten Rang unter den Fürsten, um das Prestige seiner Person und damit Frankreichs. In Deutschland wurden die Wegnahme Straßburgs, die an den Haaren herbeigezogenen Réunionen im Elsaß, überhaupt der Verlust dieses Kernlandes des alten Reichs, die Verwüstung der Pfalz als besonders schmerzhafte Folgen der französischen Vorherrschaft und Aggressivität empfunden. Doch die Erweiterung Frankreichs im Norden und vor allem die spanische Erbfolge, die sich schon lange vor dem eigentlichen Eintreten des Falles abzeichnete, stellten für den König mindestens gleichwertige, wenn nicht wichtigere Ziele seiner Politik dar als der Erwerb des Elsaß. Die dynastischen Beweggründe standen für ihn über den nationalen, aber die nationalen Folgen erwiesen sich als verhängnisvoll für beide Völker am Rhein: Über dreißig Jahre Krieg mit allem damit verbundenen Greuel und Elend, ein Weltkrieg auf drei Kontinenten, schließlich die Vergiftung der deutsch-französischen Beziehungen bis in unser Jahrhundert als Folge der königlichen Machtwillkür und ein französisch-englischer Antagonismus, der bis Waterloo (1815) anhielt: Die Frage erscheint nicht unberechtigt, ob die Erweiterung der französischen Grenzen im Norden und Osten solche Opfer lohnte. Sie wird auch in der französischen Geschichtsschreibung nach der langen Glorifizierung des Zeitalters Ludwigs XIV. nicht mehr eindeutig positiv beantwortet.

Der Devolutionskrieg 1667–1668

Nach einigen vom Prestige bestimmten kriegerischen Handlungen auf seiten der Kaiserlichen gegen die Türken (1664 Sankt Gotthard an der Raab) und einer Expedition nach Nordafrika im gleichen Jahr, die nichts erbrachte außer dem Verlust eines Schiffes und den Tod von 1200 Soldaten, suchte der König die Klausel des Pyrenäenvertrages auszunutzen, nach welcher er für seine Frau, die spanische Infantin, nur dann auf das Erbe verzichtete, wenn Spanien ihm eine halbe Million Ecus zahlte, wozu dieses – wie schon erwähnt – nie in der Lage war. Er verbündete sich mit dem 1660 in England an die Macht gekommenen Stuart Karl II., seinem Vetter, der ihm Dünkirchen verkaufte. Dann schloß er mit den protestantischen Niederlanden ein Defensivbündnis und erneuerte den sogenannten Rheinbund von 1658 mit den Fürsten von Mainz, Köln, Pfalz-Neuburg, Hessen-Kassel, Braunschweig-Lüneburg, dem sich 1660 noch Münster, 1662 Trier und 1665 Brandenburg angeschlossen hatten. Dieses breite Bündnis deutscher Fürsten richtete sich gegen den Kaiser (von 1658 bis 1705: Leopold I.) und Spanien. Als 1665 Philipp IV. von Spanien starb und sein kränklicher Sohn Karl II. ihm nachfolgte, auf dessen Ableben die europäischen Mächte noch bis 1700 ungeduldig warten mußten, bot die spanische Erbfolge zum ersten Mal Anlaß zum Krieg. Unter dem fadenscheinigen Vorwand, seine Gemahlin habe nach (privatem) Brabanter Recht territoriale Ansprüche, ließ der König im Mai 1667 seine Truppen in die spanischen Niederlande (Belgien) einmarschieren, wo sie eine Reihe von Städten, insbesondere Lille, einnahmen. Obendrein konnte fast widerstandslos die spanische Freigrafschaft Burgund (*Franche-*

Comté) mit der Hauptstadt Dôle besetzt werden. Aber die französische Macht und ihr rücksichtsloser Einsatz riefen als Reaktion eine Koalition der Mächte auf den Plan, die sich gefährdet fühlten.

In diesem Fall waren es besonders die Generalstaaten (Holland), die gerade in einem erbitterten Kampf um die Seeherrschaft mit England lagen, wobei sie, trotz ihrer Siege bis in die Themsemündung, schließlich auf Nieuw Amsterdam verzichten mußten, das sie ein halbes Jahrhundert in Besitz hatten und das dann zu New York wurde. Der Friede mit England erschien den Holländern wichtiger als der Besitz in Nordamerika, und die beiden Seemächte, denen sich noch Schweden anschloß, »vermittelten« zwischen Frankreich und Spanien, das heißt sie drängten auf den Friedensschluß, der 1668 in Aachen zustande kam. Spanien trat eine Reihe von Grenzgebieten im Norden an Frankreich ab, von denen einige, wie Lille, bis heute französisch blieben, andere, wie Courtrai und Tournai, beim nächsten Friedensschluß (1678) wieder zurückgegeben wurden und heute in Belgien liegen. Die Sprache der Bewohner spielte damals keine Rolle; deshalb wurde um die Stadt Bergues südlich Dünkirchen auch ein flandrisches Gebiet französisch, wo noch im heutigen Frankreich eine flämische Minorität existiert. Die Freigrafschaft Burgund mußte Frankreich noch einmal an Spanien zurückgeben. Gegenüber den zunächst erhobenen Ansprüchen auf dieses Gebiet und auf die spanischen Niederlande bedeutete der Frieden von Aachen ein Zurückweichen Ludwigs XIV. vor der drohenden Koalition. Diesen Prestigeverlust hat er der kalvinistischen Republik Holland nicht verziehen, und man darf hierin wohl einen Hauptgrund für den folgenden Krieg gegen die Generalstaaten sehen. Indem er 1670 das zum Reich gehörende Lothringen mit der Hauptstadt Nancy besetzte, verstörte der König auch seine Anhänger in Deutschland und machte seine Gefährlichkeit für jedermann deutlich.

Holländischer und schwedischer Krieg 1672–1679

Es war nicht allein persönliche Ranküne, die Ludwig XIV. zum Angriff gegenüber Holland veranlaßte. Der Reichtum dieses Landes, der auf seinem Welthandel und auf der geistigen, politischen und religiösen Freiheit beruhte, stellte für Colbert und den König eine Herausforderung dar. Auf kleinem, dem Meer kunstvoll abgewonnenen Boden bildeten die 17 Provinzen geradezu einen Gegenpol zu dem vielfach größeren, am Welthandel wenig beteiligten Frankreich, das wesentlich bestimmt wurde von der unbeweglichen Masse der armen Landbewohner und in dem statt der erwähnten Freiheiten der Wille des Königs galt.

Beide Parteien sahen den Konflikt kommen und sammelten ihre Verbündeten: Frankreich Karl II. von England, den Kurfürsten von Köln, und Schweden; die Generalstaaten gewannen ihren alten Gegner Spanien, von dem sie erst im Westfälischen Frieden als unabhängiges Land anerkannt worden waren, und den Großen Kurfürsten, dessen westliche Gebiete strategische Bedeutung hatten. Während sich die holländische Flotte gegen die vereinigte englisch-französische gut behaupten konnte, waren die französischen Armeen weit überlegen und drangen 1672 über die Maas und den Rhein bis nach Utrecht vor, wo Ludwig XIV. die Kathedrale wieder für die Katholiken öffnete. Aber gerade die höchste Gefahr rief bei den Holländern die größten Energien wach: Die bisherigen bürgerlichen Anführer (so de Witt) wurden abgesetzt und Wilhelm von Oranien (*Guillaume d'Orange*) auf das seit mehr als 20 Jahren abgeschaffte Amt des Statthalters berufen, die Deiche wurden durchstochen, so daß das Land überflutet war und die wenigen Zugänge zu den von Wasser umgebenen Provinzen Holland und Seeland verteidigt werden konnten. Damit war der französische Vormarsch blockiert, und in dem auf Lebenszeit gewählten Statthalter, hatte Ludwig XIV. einen Gegner von einer Hartnäckigkeit gewonnen, die ihn trotz militärischer Mißerfolge zu dem gefährlichsten Feind werden ließ.

Zudem ergoß sich aus dem freien Holland eine Flut von Propagandaschriften gegen die französische Aggression über ganz

Europa. Holländische Friedensangebote wurden 1672 von dem König, dessen Angebote 1673 wiederum von den Holländern zurückgewiesen. Durch das Eingreifen des Reichs, Spaniens und des vertriebenen Herzogs von Lothringen weitete sich der Krieg ab diesem Zeitpunkt zu einem europäischen aus. England schloß einen Separatfrieden mit den Generalstaaten, und da die Schweden 1675 vom Großen Kurfürsten bei Fehrbellin geschlagen wurden, fielen die Verbündeten Frankreichs mehr oder weniger aus.

Wie bei den meisten Kriegen des Ancien Régimes gingen die Feldzüge hin und her, ohne daß eine definitive Entscheidung gefallen wäre. Frankreich erwies sich aber als fähig, der großen gegnerischen Koalition standzuhalten. Unter den Kriegszügen litten die Bewohner der Grenzprovinzen, insbesondere der Pfalz, die 1674 zum ersten Mal von Turenne systematisch verwüstet wurde. Die großen »Heldentaten« wie der Übergang über den Rhein (1672 bei Tolhuis) und die Einnahme von Maastricht (1673) fanden, da der König an ihnen teilgenommen hatte, den gehörigen Weihrauch. Ab 1676 wurde in Nimwegen *(Nimègue)* verhandelt. Spanien mußte als das schwächste Glied der Koalition die Zeche bezahlen und die Freigrafschaft Burgund samt Besançon, das eine Freie Reichsstadt war, und einige Gebiete der spanischen Niederlande mit Cambrai und Maubeuge endgültig abtreten. Die Generalstaaten blieben unversehrt und erreichten sogar, daß Colberts Prohibitivzölle von 1667, die ihren Handel gestört hatten, wieder abgeschafft wurden. Das Reich mußte den Zustand im Elsaß anerkennen und bis 1697 eine französische Besatzung statt in Philippsburg in Freiburg hinnehmen. Als letzter schloß der Große Kurfürst 1679 in Saint Germain-en-Laye Frieden und bald danach ein Bündnis mit Frankreich, da er sich als vom Kaiser und vom Reich verraten ansah. Er und auch andere Kurfürsten sollen Ludwig XIV. sogar ihre Unterstützung bei einer eventuellen Kaiserwahl zugesagt haben.

Die Reunionen

Der Friede von Nimwegen sah Ludwig XIV. auf dem Höhepunkt seiner Macht. Er hatte einer mächtigen Koalition standgehalten und weitere Grenzgebiete gewonnen. Daß sich durch die holländische Propaganda in Europa eine breite Stimmung gegen sein Vorgehen gebildet hatte, kümmerte ihn wenig. Noch weniger hätte er verstanden, daß es aufgrund der Verwüstungen zwischen Saar und Rhein und dem Vorgehen in Lothringen und im Elsaß zu einer nationalen Bewußtseinsbildung in Deutschland kam, die sich auch an den Höfen bemerkbar machte und eindeutig gegen Frankreich gewandt war. In Wien wurde sie vor allem von dem österreichischen Diplomaten Lisola vertreten. Die Wurzeln des deutsch-französischen Antagonismus reichen bis in jene Zeit!

Das weitere Vorgehen des Königs bestätigte nur die schlimmen Erwartungen, denn in seiner Machtverblendung ging er in der Folgezeit noch rücksichtsloser vor. Er setzte Reunionskammern in den Grenzgebieten ein, in Besançon, Breisach und Metz, die zu überprüfen hatten, welche weiteren Gebiete von den schon eroberten einmal abhängig gewesen waren und deshalb »wiedervereinigt« werden sollten. Dabei ging man sehr einfach vor: Nach dem Urteil der Kammer wurden Reiterabteilungen in die angegliederten Gebiete gesandt, die das königliche Wappen an öffentliche Gebäuden anbrachten. Zahlreiche Gebiete wurden auf diese Weise annektiert. Auf die Proteste vor dem Reichstag von Regensburg hin geruhte der König, die Fälle einer Schiedskommission in Frankfurt vorzulegen. Während die Diplomaten zusammentraten, besetzte die französische Armee am 30. September 1681 die Freie Reichsstadt Straßburg, deren Rheinbrücke im Krieg den Kaiserlichen für ihre Operationen gedient hatte. Am 23. Oktober zog Ludwig XIV. in die Stadt ein und machte auch hier den Katholiken ihre Kathedrale wieder zugänglich. Die Empörung in Deutschland war groß und wurde über Jahrhunderte durch Schule und Geschichtsunterricht wachgehalten. Es darf aber nicht übersehen werden, daß Straßburg wie dem Elsaß insgesamt die Eigenständigkeit erhalten blieb, die lutherische und kalvinistische

Religionsausübung wurden nicht angetastet, der Gebrauch der deutschen Sprache nicht behindert. Einen Assimilierungsdruck, der den Charakter des Landes verändert hätte, gab es im Ancien Régime nicht, sofern er nicht durch die Natur der Sache entstand. Dieser oft übersehene Unterschied zwischen dem Ancien Régime und dem späteren Kulturkampf zwischen Deutsch und Französisch im Elsaß hatte zur Folge, daß die Betroffenen, also die Elsässer selbst, sich nicht gegen die neue Herrschaft auflehnten, sondern sie hinnahmen und allmählich akzeptierten, bis sie schließlich gar nicht mehr von der französischen Herrschaft »befreit« werden wollten. Von den Elsässern aus hätte das deutsch-französische Verhältnis nicht durch die Annexion vergiftet werden müssen, wenn man sie nur weiter in Ruhe gelassen hätte. Wie vorsichtig die französische Politik war, erwies sich bei dem Widerruf des Edikts von Nantes im Jahr 1685, denn es nahm die Protestanten im Elsaß aus, die weiterhin ihre Religion ausüben konnten. Die Elsässer selbst jedoch wurden bei allem, was mit ihnen geschah, nicht gefragt!

Die Reunionen brachten Frankreichs Territorium vereinzelt bis in die Nähe von Koblenz und Mainz und reichten über die Eifel bis südlich von Aachen und Bonn. Um das bedrohte Luxemburg zu bewahren, erklärte Spanien 1683 Frankreich den Krieg. Von Kaiser und Reich konnte es keine Hilfe erwarten, denn die Türken standen vor Wien, wo es für Habsburg um einen höheren Einsatz ging. Die französischen Truppen marschierten in die spanischen Niederlande ein und eroberten eine Reihe von Städten, darunter 1684 auch Luxemburg. Gleichzeitig drang eine französische Armee in Katalonien ein und die französische Flotte bombardierte mit großem »Erfolg« Genua, das sich unvorsichtigerweise mit Spanien verbündet hatte. Der Doge mußte seine Entschuldigung persönlich in Versailles vorbringen. Durch Vermittlung der Generalstaaten kam es schließlich zu einem »zwanzigjährigen« Waffenstillstand zwischen Frankreich, dem Kaiser und Spanien, der Frankreich eine Reihe seiner Eroberungen sicherte und den Vertragspartnern wenigstens eine Atempause gewährte.

Der Widerruf des Edikts von Nantes 1685

Frankreichs Macht schien zu dieser Zeit nach außen keine Grenzen gesetzt zu sein. Es erklärt sich vielleicht von daher, daß der König gleichzeitig auch die absolute Herrschaft über die eigenen Untertanen zu erreichen suchte, indem er das Edikt von Nantes 1685 durch das Edikt von Fontainebleau aufhob. Der protestantische Gottesdienst wurde verboten, die Pastoren ausgewiesen, die Kirchen zerstört. Zugleich durften die Hugenotten nicht auswandern, sondern mußten konvertieren, sonst drohte ihnen Galeerenstrafe oder ihren Frauen der Kerker. Zu jener Zeit des strengsten Glaubensbekenntnisses konnte dem Zugriff des Staates auf die Gewissensfreiheit allerdings kein Erfolg beschieden sein: Der katholische Glaube wurde vielerorts nur mit einem Lippenbekenntnis angenommen, während man zu Hause weiter die Bibel las. Die Seelenhirten gingen in den Untergrund und die wagemutigsten Hugenotten flohen trotz des Verbotes ins Ausland. Etwa 200 000 bis 300 000 ließen sich vornehmlich bei Glaubensbrüdern in den Generalstaaten, in der Schweiz, in Norddeutschland, insbesondere in Brandenburg, aber auch in Skandinavien nieder. Da sie in der Mehrzahl dem aktiven Bürger- und Handwerkerstand angehörten, stellten sie einen Gewinn für die Aufnahmeländer dar und ihre Auswanderung einen Verlust für Frankreich, auf den Vauban hinwies, der aber den König nicht berührte. Eine heftige Polemik gegen die »tyrannische« Politik Ludwigs XIV. begleitete den Widerruf des Edikts von Nantes und erleichterte seinen Gegnern die Bildung einer neuen Koalition. In abgelegenen Gegenden wie den Cevennen hielt sich der Protestantismus weiter, und noch während des Spanischen Erbfolgekrieges kam es zu Aufständen der Camisarden, die über Jahre ganze Armeen des Königreiches banden (1702–1704). Jedenfalls erreichte der König keine religiöse Einheit des Landes, auch wenn es die reformierte Kirche nicht mehr gab. Das öffentliche Bewußtsein Europas aber war aufgeschreckt und die englische Revolution von 1688 gegen die katholischen Stuarts war von den Ereignissen in Frankreich stark beeinflußt worden.

Der Pfälzische Erbfolgekrieg 1688–1697

Im Jahr 1685 starb der pfälzische Kurfürst Karl aus dem kalvinistischen Haus Pfalz-Simmern ohne männlichen Erben. Das Land fiel an den Kurfürsten Philipp Wilhelm aus dem katholischen Haus Pfalz-Neuburg, der ein Anhänger der Habsburger war. Gleichzeitig erhob Ludwig XIV. für Liselotte von der Pfalz, seine Schwägerin und Schwester des verstorbenen Kurfürsten, Erbansprüche, auch territoriale, und ließ, angesichts der drohenden Koalition, Kurköln und die Pfalz besetzen. Wie schon 1683 in Flandern mußten die französischen Truppen mit großer Härte vorgehen und das Land nach folgender Anweisung Louvois' verwüsten: »Ich bitte Sie, hören Sie nie auf, bösartig zu sein *(être méchant)* und mit äußerster Strenge zu handeln!« So sanken 1689 die Kurpfalz und die Gebiete zu beiden Seiten des Rheins in Schutt und Asche. Worms, Speyer, Mannheim, Heidelberg mit seinem Schloß, Bingen, Oppenheim usf. wurden unbewohnbar gemacht, die Einwohner vertrieben. Abschreckung ist häufig die ultima ratio der Mächtigen, aber vielleicht sollte auch die Herrschaft über das Rheingebiet auf diese Weise erleichtert werden. Ganz erklärlich ist die neue Qualität des Schreckens nie geworden, die in mancher Hinsicht die Grauen moderner Kriege vorwegnahm. Das schlimmste Ergebnis dieser Untaten war die sich auf deutscher Seite in das Kollektivbewußtsein eingrabende Erinnerung, die ohnmächtige Wut des Schwächeren, die das Bild des Nachbarn verzerrte. In kurzer Zeit war es dem König wieder gelungen, eine Koalition gegen sich aufzubringen, der Spanien, das Reich, die Generalstaaten und England angehörten und zu der 1690 noch Piemont stieß. Frankreich war praktisch umgeben von Feinden. Sein hartnäckigster Gegner, Wilhelm von Oranien, war zudem durch die »Glorreiche Revolution« von 1688 in England an die Macht gekommen und hatte den von Ludwig XIV. subventionierten letzten Stuart, Jacob II., seinen Schwiegervater, vertrieben. Der Koalition fehlte es allerdings an einheitlichen Zielen und Vorgehensweisen, so daß ihr die gut gerüstete französische Armee in den sechs Feldzügen dieser Jahre gewachsen blieb. Die französische Flotte, der der König nicht die gleiche

Aufmerksamkeit schenkte wie der Armee, erlitt 1692 eine schwere Niederlage (La Hougue). Schon bald liefen parallel zu den kriegerischen Handlungen Friedensgespräche, und 1696 gelang es dem König, Piemont durch Konzessionen aus der Koalition zu lösen. Im Frieden von Rijswijk *(Ryswick)* in Holland 1697 erhielt Spanien die nach 1679 annektierten Gebiete, vor allem Luxemburg, zurück, Wilhelm von Oranien wurde als legitimer König von England anerkannt, obwohl die Stuarts noch in Saint-Germain-en-Laye residierten, Frankreich verzichtete auf Reunionen außerhalb des Elsaß und auf das seit Nimwegen besetzte Freiburg, aber das Reich mußte die Annexion des Elsaß mit Straßburg anerkennen. In den Kolonien, also vor allem in Nordamerika, gaben sich England und Frankreich gegenseitig ihre Besitzungen zurück. Der Frieden von Rijswijk stellte in der gesamteuropäischen Entwicklung nur eine Atempause dar, da die schwierige spanische Erbfolge neue Auseinandersetzungen erwarten ließ. Frankreich hatte also Konzessionen machen müssen, aber sich trotz der mächtigen Koalition behaupten können.

Der Spanische Erbfolgekrieg 1701–1714

Die Auseinandersetzung um das Erbe der spanischen Habsburger brachte Frankreich in schwerste Bedrängnis, vor allem in dem verheerenden Jahr 1709. Obwohl dynastische Gründe zum Ausbruch des Krieges führten, kann man von ersten Anzeichen nationaler Auseinandersetzungen sprechen. In der Not ließ Ludwig XIV. von den Kanzeln an die Nation appellieren; das Reich kämpfte um das Elsaß, die Kastilier wehrten sich gegen die Katalanen. Stärker noch als der vorangegangene war der Krieg zu einem Weltkrieg ausgeufert und deutlicher als zuvor zeichnete sich ab, wer für die nächsten beiden Jahrhunderte die Herrschaft über die Meere besitzen und welche Sprache damit die Weltsprache würde: England und das Englische. Insofern ist die Auseinandersetzung eine Beachtung wert, die die Monotonie der Feldzüge, der Schlachten und des Elends an sich nicht verdienen. Da Spanien außer den spanischen Niederlanden auch noch in Italien Mailand, Neapel, Sardinien und Sizilien sowie neben dem riesigen Kolonialreich in Süd- und Mittelamerika bis nach Kalifornien noch die Philippinen besaß, waren sich alle Mächte mit Ausnahme der Spanier selbst darin einig, daß keinem dieses Reich ungeteilt zufallen dürfe.

Schon 1698 und später 1700 hatte es geheime Teilungsverträge gegeben, aber diese durchkreuzte Karl II., der letzte spanische Habsburger. Nach Anhörung der Granden setzte er, am 1. November 1700, einen Monat vor seinem Tod, in seinem Testament Ludwigs XIV. Enkel Philippe zum Alleinerben des ungeteilten Reiches ein. Ludwig XIV. beschloß nach einer langen Sitzung seines Rates, das Erbe anzunehmen, und stellte dem Hof seinen Enkel als König von Spanien vor. Als solcher wurde er in Spanien und Italien anerkannt. Aber Österreich, das für Erzherzog Karl, den späteren Kaiser Karl VI. und Vater von Maria Theresia, ebenfalls das spanische Erbe beanspruchte, sandte 1701 Truppen unter dem Prinzen Eugen nach Norditalien. Das ungeschickte Vorgehen Ludwigs XIV., der seinerseits die spanischen Niederlande »im Auftrag« seines Enkels besetzte und damit die Gefahr einer engen spanisch-französischen Kooperation deutlich machte, veranlaßte die Seemächte, mit Kaiser Leopold I. im November 1701 die Haager Allianz zu schließen. Obwohl Wilhelm von Oranien wenig später (1702) starb, setzte England seine Rüstung fort: Königin Anne beauftragte den Herzog von Marlborough mit der Kriegführung, die dieser zusammen mit Prinz Eugen bis zu seinem Sturz 1710/11 bestimmte.

Gestärkt durch die Allianz mit Spanien, dessen Kolonien die dringend benötigten Silberflotten lieferten, mit Bayern und mit Piemont, das 1703 allerdings die Fronten wechselte, konnten französische Truppen bis ins verbündete Bayern vordringen. Allerdings wendete sich das Blatt 1704, als Marlborough mit Prinz Eugen bei Höchstädt an der Donau einen entscheidenden Sieg errang. Ab diesem Zeitpunkt befand sich Frankreich in der Defensive. Erzherzog Karl, unterstützt von Katalonien und vom portugiesischen Aufstand, gelangte für kurze Zeit sogar nach Madrid, die Engländer eroberten Gibraltar; der Camisardenaufstand in den Cevennen schwächte Frankreich zusätzlich;

1708 nahmen die Alliierten sogar Lille ein und Frankreichs Lage verschlechterte sich durch das Krisenjahr 1709 so sehr, daß Ludwig XIV. in den anlaufenden Vorverhandlungen für einen Frieden sogar anbot, das Elsaß mit Straßburg wieder abzutreten. Allerdings war er nicht bereit, und erklärte dies seinem Volk in dem erwähnten Appell, zur Vertreibung seines Enkels aus Spanien selbst beizutragen. Noch einmal wurde aufgerüstet, Frankreichs Armee war der gegnerischen gewachsen. Es gelang ihr, Österreicher und Engländer in Spanien zu schlagen, sich im Norden zu halten; ein Regierungswechsel in England, wo die friedenswilligeren Tories die Wighs ablösten und Marlborough entmachtet wurde, brachte 1711 die Präliminarien von London zustande und schließlich 1713 den Frieden zu Utrecht, dessen Bedingungen Kaiser und Reich 1714 in Rastatt übernahmen.

Der Friedensvertrag hatte weitreichende Konsequenzen: Der Enkel Ludwigs XIV. blieb als Philipp V. König von Spanien und den überseeischen Besitzungen dieses Landes. Das mochte für Ludwig XIV. viel bedeuten und führte letztlich dazu, daß noch heute ein Bourbone König von Spanien ist, aber von allen Ergebnissen des Krieges war dies unter dem Blickwinkel der späteren Zeit das nebensächlichste. Das spanische Reich wurde doch geteilt, und das Haus Habsburg in Österreich erhielt die Niederlande, also das heutige Belgien, und in Italien Mailand, Sizilien, Sardinien, Neapel, reiche Provinzen, insbesondere die Niederlande und Mailand, was alles voller Konfliktstoff für die Zukunft war. Frankreich trat Kehl, Philippsburg und Freiburg ab, behielt aber im wesentlichen seine Grenzen mit den Annexionen im Norden und Osten, vor allem Straßburg und das Elsaß. Der einzige wirkliche Gewinner war England, dessen Handel, auch mit Sklaven, sich das spanische Amerika öffnen mußte. Es erhielt die Baleareninsel Menorca und vor allem Gibraltar – noch heute die letzte Kolonie in Europa und Streitobjekt zwischen Spanien und England. Für die Folgezeit hatte eine territoriale Veränderung, der die beteiligten Mächte, vor allem Frankreich, die geringste Bedeutung zumaßen, die größte Bedeutung: Frankreich trat in Nordamerika Neufundland *(Terre-Neuve)*, die Hudsonbai und Akadien (*l'Acadie* = Neu-

Schottland und Teile von Neu-Braunschweig) sowie die Antilleninsel Saint-Kitts *(Saint Christophe)* an England ab. Der Verlust der Gebiete an der Mündung des Sankt-Lorenz-Stroms versperrte den Zugang nach Kanada und war der erste Schritt zum Ende des riesigen französischen Kolonialreichs in Nordamerika. So hatte der König auf zukunftsträchtige Gebiete in Übersee verzichtet, um die Abrundung des Territoriums im Norden und Osten Frankreichs zu bewahren. Lille und Straßburg lagen ihm näher als die fernen Provinzen in Nordamerika. Aber damit war zugleich eine Entscheidung gefallen, die die Ausbreitung der französischen Sprache auf diese Randgebiete beschränkte und in Übersee verminderte. Ludwig XIV. hat das Übergewicht Englands nun endlich wahrgenommen und in den letzten beiden Jahren seines Lebens noch versucht, zu einem Ausgleich mit Österreich zu gelangen. Aber der Graben, den er durch seine Aggressionen selbst aufgerissen hatte, war noch zu groß. Ein Wechsel der Allianzen wurde erst vierzig Jahre später möglich (1756).

Als Ludwig XIV. am ersten September 1715 starb, war er 72 Jahre lang König gewesen – die längste Regierungszeit in der europäischen Geschichte (1643–1715) – und hatte davon 54 Jahre direkt geherrscht. Er hat, schon aufgrund dieser langen Zeit, Frankreich stärker geprägt als jeder andere König, und bei seinem Tod war in dem überforderten, zum Teil ruinierten Land Erleichterung zu spüren. Wie schon bei seinem Vater kassierte das Parlament sofort das Testament und richtete sich nach der langen Zeit der Zurücksetzung wieder auf. Ludwigs Name ist auf der einen Seite mit dem Widerruf des Edikts von Nantes verbunden, auf der anderen Seite hielt der König jahrelang Konflikte mit dem Papst durch und schließlich ließ er die Jansenisten – rigorose Fundamentalisten, wie wir heute sagen würden – bis zur Zerstörung ihrer Gebäude und selbst der Gräber in Port-Royal mit einer Härte verfolgen, die mit christlichem Denken nicht zu vereinbaren ist. Wie läßt sich ein so widersprüchliches Verhalten erklären? Er hat Koalitionen mit kalvinistischen und lutherischen Ländern geschlossen und Subsidien an Katholiken wie Protestanten gezahlt, aber katholische Mächte wie Österreich und Spanien nahezu ohne Unterlaß

KGR. ENGLAND

VEREINIGTE NIEDERLANDE

DEUTSCHLAND

SPAN. NIEDERLANDE

○ *Köln*

Der Kanal

Rhein

Boulonnais

Flandre et Hainaut

Artois

Haute-Normandie

Picardie

○ *Mainz*

Rouen ○

Kanal-In. (engl.)

Normandie

Île-de-France

◎ *Paris*

Versailles

Verdun ○

○ *Metz*

Straß-burg

○ *Brest*

Champagne

○ *Toul*

Bretagne

Maine

Fontainebleau ○

Orléanais

Seine

Alsace

Rennes ○

Tours

○ *Orléans*

Montbéliard

○ *Basel*

Nantes ○

Loire

Nivernais

Dijon ○

Franche-Comté

Bst. Basel

Anjou

Touraine

EIDGE-NOSSEN-SCHAFT

Saumu-rois

Berry

Bourgogne

Fsm. Neuenburg

Poitiers ○

Poitou

Bourbonnais

Aunis

Marche

Lyon ○

Hzm. Savoyen

Saintonge

Angoumois

Limousin

Auvergne

Lyonnais

○ *Bordeaux*

Rhône

Dauphiné

Golf von Biscaya

Guyenne et Gascogne

Languedoc

Avignon ○

Provence

Navarre et Béarn

○ *Toulouse*

Nîmes ○

Marseille

Foix

Roussillon

KGR. SPANIEN

N

Mittelmeer

0   100   200 km

Frankreich beim Tode Ludwigs XIV. (1715)

—·—·— Staatsgrenze   ▨ Hzm. Lothringen

———— Grenzen der Gouvernements   ▨ Hzm. Bar

☐ Gebiet des Königreichs Frankreich   ▨ Kirchlicher Besitz bekämpft und gedemütigt, um sich ihnen am Ende wieder anzunähern. Eine Erklärung läßt sich wohl nur unter dem einen übergeordneten Aspekt des Machtanspruchs gewinnen: Die in der Kindheit erfahrenen Demütigungen hatten ihn gelehrt, daß er sich als König in der Familie, gegenüber dem Adel, gegenüber der Kirche und allen anderen geistigen Zentren nur durchsetzen konnte, wenn er das Primat der Macht immer im Auge behalten würde. Er hat in der Innenpolitik, in der Außenpolitik, in der Kulturpolitik und in religiösen Fragen den Machtaspekt über alle anderen gestellt. Dementsprechend ist das Urteil über ihn in der Nachwelt ambivalent. Nur auf einem Gebiet sind sich die Kritiker einig: Ludwig XIV. hat wesentlich dazu beigetragen, daß das 18. Jahrhundert von französischer Sprache und Kultur beherrscht wurde. Und diese Anerkennung verdankt er in hohem Maße Voltaire, der ihn 1751 in dem Werk über das Jahrhundert Ludwigs XIV. *(Le siècle de Louis XIV)* in eine Reihe mit Perikles, Augustus und Leo X. aus dem Haus Medici gesetzt hat. Im französischen Kollektivbewußtsein hat sich dieses Bild bewahrt und damit verbunden auch die Vorstellung der errungenen Macht. Wenn ein Historiker wie Pierre Goubert auf den Eindruck dieser Zeit bei den Nachbarvölkern, insbesondere am Rhein, hinweist (*Louis XIV et vingt millions de Français*, 1966), macht das Erstaunen über seine Thesen deutlich, wie stark die durch die Schule geprägte Glorifizierung des »Großen Königs« noch immer in Frankreich nachwirkt.

6. Die Régence (1715–1723)

In seinen letzten Jahren hatte Ludwig XIV. noch den Tod seines Sohnes, des *Grand Dauphin* (1711) und seines Enkels, des Herzogs von Burgund (1712), erleben müssen. Dessen Sohn, der spätere Ludwig XV. (1710–1774), war ein schwächliches Kind und gerade fünf Jahre alt, als er König wurde. Während seiner Minderjährigkeit (bis 1723) führte Philipp, Herzog von Orléans, der Sohn der Liselotte von der Pfalz, die Regentschaft (1715–1723). Philipp von Orléans war intellektuell und künstlerisch hoch begabt. Er interessierte sich für Philosophie und die Naturwissenschaften, aber er galt zugleich als lasterhaft und wankelmütig und war gegen Ende der Regierung des »Großen Königs« bei diesem in Ungnade gefallen. Zudem war seine Stellung schwierig wie die jedes Regenten. ›Liberale‹ und ›konservative‹ Kräfte setzten in ihn ihre Erwartungen, das Parlament von Paris hatte gerade das Testament Ludwigs XIV. aufgehoben, der von der Ausübung der Macht ausgeschlossene Hochadel drängte auf Wiederherstellung seiner alten Rechte und, die Protestanten, Jansenisten sowie die Freigeister *(libertins)* hofften auf ein Ende der Verfolgungen. Die Regentschaft von Philippe d'Orléans wurde dennoch, im Vergleich zu den beiden vorangegangenen des 17. Jahrhunderts, geradezu eine ruhige Zeit, aber sie bedeutete einen entscheidenden Einschnitt in der französischen Geschichte, eine Reaktion auf die vorangegangene Herrschaft Ludwigs XIV.

Äußeres Zeichen der Veränderung war die Verlegung des Hofes von Versailles nach Paris, wo der Regent in dem Orléanschen *Palais Royal* residierte, während der junge König im Schloß von Vincennes und später in den Tuilerien aufwuchs. Unterstützt wurde der nicht gerade entschlußfreudige Regent von seinem ehemaligen Erzieher, dem Abbé und späteren Kardinal Dubois, der die nötige Tatkraft und den Ehrgeiz zum Regieren besaß. Indem das Parlament von Paris die »Bastardsöhne« Ludwigs XIV. entgegen dessen letzten Willen in ihrer Macht einschränkte und die Stellung Philippes stärkte, nahm es auch selbst wieder seine alten Rechte gegenüber dem Königtum wahr. Mit Madame de Maintenon, die sich zurückzog, verloren die Jesuiten ihren Einfluß am Hof, gefangengehaltene Jansenisten wurden wieder freigelassen.

Von 1715 bis 1718 versuchte es der Regent mit einer Regierungsform von bis zu acht Ratskollegien *(conseils)*, der sogenannten *polysynodie*. In diesen Ausschüssen, wie wir heute sagen würden, hatte der alte Adel seinen Platz, unterstützt von Fachleuten, die die eigentliche Arbeit erledigten. Aber es zeigte sich bald, daß der Hochadel nicht mehr fähig war, die eigenen Interessen hinter die des Ganzen zu stellen. Mit wenigen Ausnahmen wurde die Arbeit der Ratskollegien von Personaldebatten und Rangstreitigkeiten gelähmt, im August 1718 verurteilte Dubois die »Träumereien«, durch die sich die Ratskollegien lächerlich machten. Sie wurden schließlich in ihrer Mehrzahl aufgelöst und wieder durch die alten Staatssekretariate ersetzt. Der Hochadel als gesellschaftliche Gruppe konnte offenbar zur Lösung der Probleme des Landes nicht mehr verantwortlich beitragen.

Das schwierigste Problem stellte die katastrophale Lage der Finanzen beim Tod Ludwigs XIV. dar: Die Schuldenlast belief sich auf über drei Milliarden livres, aber die Einnahmen der Jahre 1716 und 1717 waren durch Vorwegnahmen schon ausgegeben worden! Der Finanzrat unter dem Herzog von Noailles griff zu den bewährten Tricks aus Colberts Zeit bis hin zur Umschmelzung des Geldes. Ein Finanzgericht überprüfte 1716–1717 die Steuereinnehmer und Steuerpächter, eine Maßnahme, die ebenso des öffentlichen Beifalls wie eines geringen Erfolges sicher sein konnte. Immerhin gelang es, bis Ende 1717 die Schulden auf etwa 2,2 Milliarden livres zu reduzieren. Der Versuch des Herzogs von Noailles, eine Art Einkommensteuer einzuführen, wie sie schon Vauban vorgeschlagen hatte, und dafür die Kopfsteuer abzuschaffen, von der Adel und Klerus ausgenommen waren, scheiterte am Widerstand des Parlaments. Der Regent sah sein Ziel darin, sich von den Finanziers freizumachen, die nur ihren eigenen Profit im Auge hatten, und nach den anfangs notwendigen deflatorischen Maßnahmen die Wirtschaft des Landes durch Kreditausweitung wieder zu beleben. Das neuartige, noch unvollkommene Mittel des Staatskredits lieferte ihm John Law.

Das System von John Law

John Law war ein weitgereister Lebemann aus Schottland, der sich gute Kenntnisse des Finanzwesens angeeignet und der den Regenten für seine innovativen Ideen gewonnen hatte. Dieser bewahrte ihm sein Vertrauen, bis über den Bankrott hinaus. Law erkannte, daß die Wirtschaft nach der langen Stagnation durch inflatorische Maßnahmen angekurbelt werden mußte. Der Geldumlauf war damals im wesentlichen auf Edelmetall in Münzform und auf Wechsel beschränkt. Law weitete ihn aus durch Einführung von Papiergeld. Er gründete eine Bank *(Banque générale)*, die der Regent 1718 in eine Staatsbank *(Banque royale)* umwandelte. Um das ausgegebene Geld zu decken, sollten die Steuereinnahmen herhalten, die nicht mehr durch Pächter, also Kapitalisten, sondern durch Beamte und entsprechend dem Grundbesitz, also gerechter, eingezogen werden sollten. Damit zog sich Law die Feindschaft all derer zu, die vom bisherigen System profitiert hatten.

In gewisser Weise genial, aber gefährlich war Laws Idee, zur Deckung des Geldes die riesigen französischen Besitzungen in Nordamerika heranzuziehen. Er gründete 1717 die *Compagnie d'Occident*, kurz die *Mississippi* genannt, eine Aktiengesellschaft, die die Kolonie erschließen sollte. Er berücksichtigte allerdings die Tatsache nicht hinlänglich, daß die fast menschenleeren Gebiete noch keine lebendige, in Geld umsetzbare Wirtschaft besaßen. Zunächst bemächtigte sich die Spekulation der Gesellschaft und die Kurse stiegen enorm. Vermögen wurden über Nacht gemacht, Law forderte dazu auf, das Edelmetall in Aktien einzutauschen. Er schluckte auch andere Kolonialgesellschaften, wie die für den Senegal und für China, erhielt schließlich die allgemeine Steuerpacht *(ferme générale)* und wurde 1720 zum Generalkontrolleur der Finanzen ernannt, nachdem er zuvor zum Katholizismus übergetreten war.

Die Kreditausweitung aber war viel zu stark gewesen – die Bank hatte mehr als eine Milliarde Papiergeld ausgegeben –, die Spekulation in der engen rue Quincampoix nahe dem heutigen *Centre Beaubourg* nahm beängstigende Formen an, denn die Spekulanten reisten aus ganz Europa herbei. In seinen »Persischen Briefen« *(Lettres Persanes,* Briefe 138–146) hat Montesquieu die Zustände mit Ironie geschildert. Als aber 1720 die für 500 livres ausgegebenen Aktien beim Kurs von 18 000 weniger als zwei Prozent erbrachten, brach die Spekulation zusammen, und jedermann versuchte, sein Papier wieder in Metallgeld einzutauschen. Einige Herren aus dem Hochadel brachten ihr Geld in Wagenladungen nach Hause, in der engen Straße wurden Menschen erdrückt, im Juli kam es am Sitz der Bank zu einem wahren Aufstand mit Toten und Verletzten. Law, der verzweifelt versucht hatte, den Bankrott abzuwenden, mußte ins Ausland fliehen; er hatte auch sein eigenes Vermögen verloren und starb 1729 in Venedig. Hier hatte ihn Montesquieu ein Jahr zuvor besucht und über ihn das gerechte Urteil gefällt, er sei mehr in seine Ideen als in sein Geld verliebt gewesen. Die Folgen des Lawschen Systems lassen sich wegen des Fehlens von statistischen Unterlagen nicht völlig objektiv erkennen. Für Frankreich und die Franzosen gerieten Bankwesen und Papiergeld für lange Zeit in Mißkredit, während das Edelmetall bis in unser Jahrhundert als etwas »Beständiges« seine Anziehungskraft in breiten Bevölkerungsschichten behielt. Bis hin zu Napoleon bekam das Land keine Zentralbank, wie sie England oder die Niederlande besaßen. Der Geldverkehr in Frankreich blieb in diesem Jahrhundert rückständig und beschränkte sich wieder auf Münzgeld und Wechsel. Der Staat und zahlreiche Privatleute konnten sich allerdings von einem beträchtlichen Teil der Schulden befreien, besonders die Landbevölkerung, während das städtische Kleinbürgertum hart getroffen war und das finanzielle Desaster noch lange im Gedächtnis behielt. Der Handel der Seestädte erfuhr sogar einen unverkennbaren Aufschwung. Aber neben diesen zum Teil positiven inflatorischen Auswirkungen auf die Wirtschaft führte der Krach zu einer Ablehnung gegenüber Reformen am Finanzsystem und am Staat überhaupt, die erst wieder um die Jahrhundertmitte nachließ. Der Regent mußte seine Versuche aufgeben, den Staat zu restrukturieren, und damit behielt Frankreich sein überkommenes System mit der – wie sich in der Folge herausstellen sollte – verhängnisvollen Unbeweglichkeit.

Trotz dieser Reaktion, die den schon 1718 einsetzenden

Trend zum alten absolutistischen System fortsetzte und beispielsweise den Jesuiten wieder stärkeren Einfluß verschaffte, sieht die Nachwelt die Gesellschaft der Régence in den »galanten Festen« *(fêtes galantes)* Watteaus dargestellt, den der Regent hoch schätzte und der 1721 im Alter von nur 37 Jahren starb. Kaum je wieder gelang die Verklärung einer von Erotik erfüllten Gesellschaft mit solcher Leichtigkeit und Perfektion. Vergleichbar in der Verfeinerung der Gefühlsanalyse sind die Stücke von Pierre Marivaux (1688–1763), der, vom System Laws ruiniert, gezwungen war, für das Theater zu schreiben, wobei seine Darstellung der Gesellschaft zugleich deutliche Ansätze der Kritik zeigte.

Gegen Ende der Régence, im Juni 1722, zog der Hof wieder nach Versailles zurück, ein Ereignis von symbolischer Bedeutung. Der junge König Ludwig XV. wurde im Oktober in Reims gesalbt und im Februar 1723 für volljährig erklärt. Er berief den Regenten und Kardinal Dubois in den wiedergeschaffenen Obersten Rat *(Conseil d'en-Haut)*, aber beide starben noch im gleichen Jahr kurz hintereinander.

Es gab eine Reihe Regentschaften in Frankreich, aber nur eine *Régence*. Die Widersprüche der Epochenübergänge waren ihr Kennzeichen wie die Widersprüchlichkeit des Regenten selbst: Wie hätte es anders sein können bei diesem Sohn aus der Ehe des lasterhaften Bruders von Ludwig XIV. mit dem kalvinistisch-moralischen Naturkind Liselotte von der Pfalz, die lieber ein Mann gewesen wäre? Auch wenn die Historie klarer und das heißt weniger eindeutig urteilt, hat die Nachwelt von der *Régence* den Eindruck des Umbruchs bewahrt, die Vorstellung von größerer Freiheit, von einem neuen Anfang, der zu besseren Zeiten führte, und sie hat dafür lieber über die Schattenseiten hinweggesehen. Ein zweiter Heinrich IV., wie er es wünschte und wie Voltaire ihn sah, ist der Régent zwar nicht geworden, aber er hat die Freiheit des heranbrechenden Zeitalters der Aufklärung nicht stärker behindert, als er es aufgrund seines Standes und seiner Stellung tun mußte. Zudem sollte ihm von der Nachwelt hoch angerechnet werden, daß er sich zwar gerne in voller Rüstung porträtieren ließ, aber ebenso friedliebend war wie sein direkter Nachkomme Louis-Philippe

(König 1830–1848). Abgesehen von einer kurzen kriegerischen Episode gegen Spanien, bewahrte er dem von des »Großen Königs« Herrschaft ausgebluteten Land den Frieden. Noch heute erinnert der Name einer amerikanischen Stadt an ihn, die der Kanadier Bienville 1718 als *La Nouvelle Orléans* gründete und die heute *New Orleans* heißt.

7. Die Regierungszeit Ludwigs XV. (1723–1774)

Nach dem Tod des Regenten (1723) überließ der gerade 13jährige Ludwig XV. die Regierungsgeschäfte bis 1726 dem Herzog von Bourbon, später dem alten Kardinal Fleury (1653–1743). Nach dessen Tod erklärte er, er wolle von nun an selbst regieren, wie es sein Vorgänger von 1661 an getan hatte. Aber, von Natur aus schüchtern, war er trotz seiner Intelligenz kaum in der Lage, mit Energie und Ausdauer zu handeln. So blieb er dem Einfluß von Interessengruppen ausgesetzt, die sich seiner Familie, seiner zahlreichen Mätressen – von denen vor allem Madame de Pompadour (1745–1764) und Madame du Barry (1769–1774) Berühmtheit erlangten – und einflußreicher Minister wie Choiseul (1758–1770) und Maupeou (1771–1774) bedienten. Die Etikette des Hofes blieb bestehen wie die ganzen Zwänge des Systems, und erst in den letzten vier Jahren, unter Maupeou, kam es zu einem energischen und dringend notwendigen Reformversuch.

Unter Ludwig XV. führte Frankreich zwar auch Kriege, aber das Land selbst blieb von Einfällen feindlicher Truppen verschont, wenn man von einigen leicht zurückgewiesenen Versuchen der Kaiserlichen im Elsaß absieht. Nach der Pest von Marseille 1720 traten keine vergleichbaren Epidemien mehr auf. Frankreich konnte sein Staatsgebiet ohne kriegerische Auseinandersetzung um das schon lange begehrte Lothringen erweitern (1766) und zwei Jahre später von der Republik Genua Korsika erwerben, um das allerdings erst ein längerer Kleinkrieg mit Pascal Paoli, dem Führer der korsischen Freiheitskämpfer, geführt werden mußte. Der Verlust der weiten Besitzungen auf dem nordamerikanischen Kontinent im Pariser Frieden von 1763 wurde als solcher kaum empfunden, da die reichen Antilleninseln Frankreich erhalten blieben. Eine lange Zeit des wirtschaftlichen Aufschwungs belebte den Handel im Land, aber auch den Außenhandel. Die Kohlelagerstätten im Norden wurden entdeckt, Eisenerz besaß Frankreich genügend, die ersten

Ansätze der Industrialisierung machten sich bemerkbar. Die Verschuldung des Staates kontrastierte mit der Ansammlung von Reichtum bei Privatleuten.

Ludwig XV. war anfangs bei seinen Untertanen recht beliebt. Seine Entscheidungsschwäche und die Verschwendungssucht der Mätressen, die man ihm anlastete, machten aber in der Öffentlichkeit einen schlechten Eindruck. Die inneren Widersprüche des absolutistischen Regimes traten im Laufe der Zeit immer deutlicher hervor und führten zu einer Mißstimmung im Land, der sich die Regierenden durchaus bewußt waren und der sie durch Reformen zu begegnen suchten, Reformen, die scheitern mußten, da sie das Regime selbst nicht in Frage stellten.

Aus politischen Gründen war der elfjährige König 1721 mit der damals gerade dreijährigen Infantin von Spanien verheiratet worden, die aber 1725 wieder in ihre Heimat zurückgeschickt wurde: Bei der schwankenden Gesundheit des jungen Königs sollte nicht zuviel Zeit vergehen, bis Nachkommenschaft zu erwarten war. So suchten der Herzog von Bourbon und seine einflußreiche Mätresse, Madame de Prie, unter den heiratsfähigen Prinzessinnen in Europa. Die Wahl fiel erstaunlicherweise auf Marie Leszczynska, die Tochter des von August dem Starken vertriebenen polnischen Königs Stanislas Leszczynski, der in Weißenburg *(Wissembourg)* im Elsaß im Exil lebte. Sie war sieben Jahre älter als Ludwig XV. und brachte nichts in die Ehe ein: Die Enttäuschung in Frankreich war groß. Aber sie schenkte dem König innerhalb von zehn Jahren (1727–1737) zehn Kinder, darunter auch den Dauphin Louis (1729–1765), aus dessen zweiter Ehe die letzten Könige des Hauses Bourbon hervorgingen: Ludwig XVI. (1754–1793, König 1774–1792), Ludwig XVIII. (1755–1824, König 1814 bis 1824) und Karl X. (1757–1836, König 1824–1830). Die politische Rolle des Herzogs von Bourbon war mit der Verheiratung des Königs schon fast ausgespielt: Als er Frankreich in eine den Frieden bedrohende Lage gegenüber Spanien und Österreich brachte, wurde er 1726 von dem 73jährigen, im gleichen Jahr zum Kardinal ernannten Fleury abgelöst; die junge Königin, die naiverweise und aus Dankbarkeit für den Herzog

Partei ergriffen hatte, mußte sich auf Befehl des Königs dem Willen des Kardinals unterwerfen.

Hercule de Fleury, Bischof von Fréjus (1698), besaß das Vertrauen des Königs, zu dessen Erzieher er 1714 bestellt worden war. Kardinal-Minister wie Richelieu und Mazarin, aber von ganz anderem Naturell als seine Vorgänger, leitete er praktisch die Politik Frankreichs bis zu seinem Tod. Es kam ihm vor allem darauf an, die Verhältnisse zu stabilisieren und Frankreich aus kriegerischen Verwicklungen herauszuhalten. Mit einer Reihe fähiger Mitarbeiter ist ihm dies auch im wesentlichen gelungen. Durch enge Zusammenarbeit mit Walpole, der als englischer Premierminister ebenfalls um die Konsolidierung seines Landes bemüht war, gelangte er zu einem Ausgleich mit England und durch den Wiener Vertrag 1731, der Kaiser Karl VI. die Erbfolge seiner Tochter Maria Theresia sicherte, wenigstens zeitweise auch mit Österreich.

Die für damalige Verhältnisse lange Friedenszeit wurde allerdings durch die Verwicklung Frankreichs in den Polnischen Thronfolgekrieg (1733–1738) unterbrochen. Polen mit seinem Wahlkönigtum war zu jener Zeit schon weitgehend politisches Objekt der das Land umgebenden Großmächte Rußland, Österreich und Preußen geworden. Dagegen setzte sich Frankreich – zunächst aus dynastischen und machtpolitischen Gründen – für den Erhalt der Unabhängigkeit des Landes ein, eine Konstellation, die sich über die Jahrhunderte erhalten und mit dem Aufkommen nationalen Bewußtseins noch verschärfen sollte. August der Starke, Kurfürst von Sachsen, war von 1697 an König von Polen, hatte aber nach Niederlagen im Nordischen Krieg gegen Karl XII. von Schweden 1706 auf die polnische Krone zugunsten von Stanislas Leszczynski verzichten müssen, den er seinerseits wieder mit russischer Hilfe 1709 vertrieb. Beim Tod Augusts 1733 erhob Stanislas, unterstützt von seinem Schwiegersohn Ludwig XV., Ansprüche auf die polnische Krone. Russische und sächsische Truppen marschierten in Polen ein, nachdem Rußland und Österreich sich für den Sohn Augusts des Starken, August II. (König von Polen 1733–1763), erklärt hatten. Frankreich, Spanien und Sardinien erklärten Österreich, das Reich seinerseits Frankreich den Krieg. Am Rhein konnte Prinz

Eugen die Festung Philippsburg bei Speyer nicht halten, auch in Italien erlitten die Österreicher Niederlagen, russische Truppen rückten 1735 zur Hilfe an den Rhein vor; wieder einmal hätte ein gesamteuropäischer Krieg ausbrechen können. Aber da sich Stanislas trotz eines über See nach Danzig gesandten französischen Hilfskorps nicht halten konnte, gelangte man bald zu einem Vorfrieden, der Fleurys Vorstellungen entsprach (Wiener Friedenspräliminarien) und Frankreich endlich die Abrundung seines Staatsgebietes im Osten in Aussicht stellte.

Die Bestimmungen des 1737 unterzeichneten, 1738 veröffentlichten Definitivfriedens sahen vor, daß der mit der Kaisertochter Maria Theresia verheiratete Herzog Franz Stephan von Lothringen *(François-Etienne*, als Franz I. Deutscher Kaiser 1745–1765) sein nominell noch zum Reich gehörendes Herzogtum mit der Hauptstadt Nancy an König Stanislas abtrat. Nach dessen Tod sollte das Herzogtum an Frankreich fallen (Stanislas starb 1766). Damit war ein altes Ziel der französischen Politik gegenüber dem Reich endlich in greifbare Nähe gerückt. Österreich verlor Neapel-Sizilien an den spanischen Infanten Carlos, erhielt aber dafür Parma und Piacenza; Franz Stephan wurde für den Verlust seines Herzogtums mit Florenz entschädigt, dessen letzter Großherzog aus dem Haus Medici im günstigen Augenblick (1737) ohne Nachkommen gestorben war. Der Frieden trug die Handschrift Fleurys, der den Ausgleich mit Österreich suchte und die Seemächte aus den Verwicklungen heraushalten wollte. Fleury vermittelte auch beim Frieden von Belgrad (1739), in welchem Österreich nach unglücklich verlaufenen Auseinandersetzungen mit der Türkei die im Frieden von Passarowitz 1718 gewonnenen Gebiete südlich von Donau und Save mit Belgrad zurückgeben mußte. Fleury hatte damit Frankreichs Einfluß auf dem Kontinent wieder verstärkt und zugleich eine Annäherung an den alten Gegner Österreich zuwege gebracht.

Die vorsichtige Politik des Gleichgewichts in Europa lag ganz im Interesse Frankreichs. Der wirtschaftliche Aufschwung des Landes und die Erfolge bei der Führung der Staatsfinanzen durch den ›Colbertisten‹ Orry hatten trotz der Schwächen des Steuersystems 1738 zu dem ersten ausgegliche-

nen Staatshaushalt in diesem Jahrhundert geführt. In Nordamerika und Indien stand das Land in permanenten Auseinandersetzungen mit England, die immer wieder das Ausmaß von
Kriegen annahmen. Im Bund mit Spanien hätte Frankreich vielleicht die Möglichkeit gehabt, den Konflikt zu bestehen, es
durfte nur nicht zusätzlich seine Kräfte in Mitteleuropa binden.
Genau dies aber geschah, und wie immer konzentrierte Frankreich seine Kraft auf dem Kontinent und vernachlässigte Flotte
und Kolonien.

Durch die sogenannte Pragmatische Sanktion hatte Kaiser
Karl VI. 1713 die habsburgischen Länder für unteilbar und –
bei Aussterben des Mannesstammes – seine Töchter für erb-
berechtigt erklärt. Obwohl er zeitlebens alles darangesetzt
hatte, die Anerkennung dieser Regelung von den europäischen
Mächten zu erreichen, stand bei seinem Tod 1740 die Tochter
Maria Theresia (1717–1780) den Ansprüchen zahlreicher Gegner gegenüber. Ihr Hauptfeind, den sie ein Leben lang ver-
abscheute, war der ebenfalls 1740 auf den Thron gelangte
Friedrich II. von Preußen. Dessen Vater, Friedrich Wilhelm I.
(1713–1740), der Soldatenkönig *(le roi-sergent)*, hatte durch
seine Überrüstung mit einem stehenden Heer von 80 000 Mann
das Gleichgewicht im Reich gestört. Der Soldatenkönig beließ
es jedoch bei Drohgebärden und hütete sich, seine Armee einzusetzen. Sein Sohn Friedrich dagegen hatte nichts Eiligeres zu
tun, als in das seit Mitte des 14. Jahrhunderts zum Reich
gehörige und seit 1526 habsburgisch-österreichische Schlesien
einzufallen. Schlesien war im Vergleich zu Brandenburg reich
und fruchtbar, und die Gelegenheit, die schlechte Lage Maria
Theresias auszunutzen, schien günstig. Die an sich schon
schwache Ordnung des Westfälischen Friedens wurde gänzlich
gebrochen, und für Deutschland begann die Zeit des verhängnisvollen Dualismus im Reich. Frankreich wurde in die anhal-
tenden Auseinandersetzungen zwischen Maria Theresia und
Friedrich II. immer wieder verwickelt, ohne eigentliche Interessen zu verfolgen oder bestimmte Ziele zu erreichen, wenn
man von dem schon geregelten Gewinn Lothringens absieht.

Der Österreichische Erbfolgekrieg 1740–1748

Der Österreichische Erbfolgekrieg und der anschließende Siebenjährige Krieg (1756–1763) bildeten die entscheidenden Auseinandersetzungen in Europa und den überseeischen Besitzungen. Die Mächte des Kontinents kamen im Ergebnis, geschwächt von den Kriegskosten, zu einem Gleichgewicht mit Preußen als neuem Teilhaber. Tatsächlicher Gewinner bei den wechselnden Koalitionen war allein England, Frankreich aber der Hauptverlierer. Unter dem Einfluß der Mätressen des Königs und des Marschalls von Belle-Isle gewann die antihabsburgische Partei am Hof wieder die Oberhand, Frankreich verbündete sich mit Preußen und Bayern, Belle-Isle marschierte im November 1741 in Böhmen und Prag ein, der bayerische Kurfürst Karl-Albrecht wurde Anfang 1742 in Frankfurt zum Kaiser gewählt und gekrönt (Karl VII., Kaiser 1742–1745). Die schwierige Lage Maria Theresias nutzte Friedrich II., um die Koalition zu verlassen und im Sommer 1742 gegen Abtretung des größten Teils von Schlesien Frieden mit Österreich zu schließen. England trat, allerdings nur auf dem Kontinent, für das Kurfürstentum Hannover – während es zur See noch den Frieden mit Frankreich einhielt – auf die Seite Österreichs. Bei Dettingen am Main wurde die französische Armee von den Verbündeten 1743 besiegt. In Worms schlossen dann England, Österreich und das Königreich Sardinien-Piemont im Herbst 1743 ein festes Bündnis.

Auf See kam es bald zu den ersten Feindseligkeiten zwischen englischen und französischen Schiffen. Ludwig XV. ließ daraufhin im Sommer 1744 England den Krieg erklären und schloß ein Offensivbündnis mit Preußen. Als es den österreichischen Truppen gelang, den Rhein zu überschreiten und in das Elsaß einzudringen, fiel Friedrich II. wiederum in das österreichische Böhmen ein und zwang dadurch Maria Theresia, den Feldzug im Elsaß abzubrechen. Obwohl dessen Erfolg – trotz englischer Hilfsversprechungen – keineswegs feststand und Frankreich die einmal erreichte Rheingrenze wohl nicht so leicht wieder aufgegeben hätte, verdient doch die Tatsache Beachtung, daß es ausgerechnet der von der deutschen nationalen Geschichtsschrei-

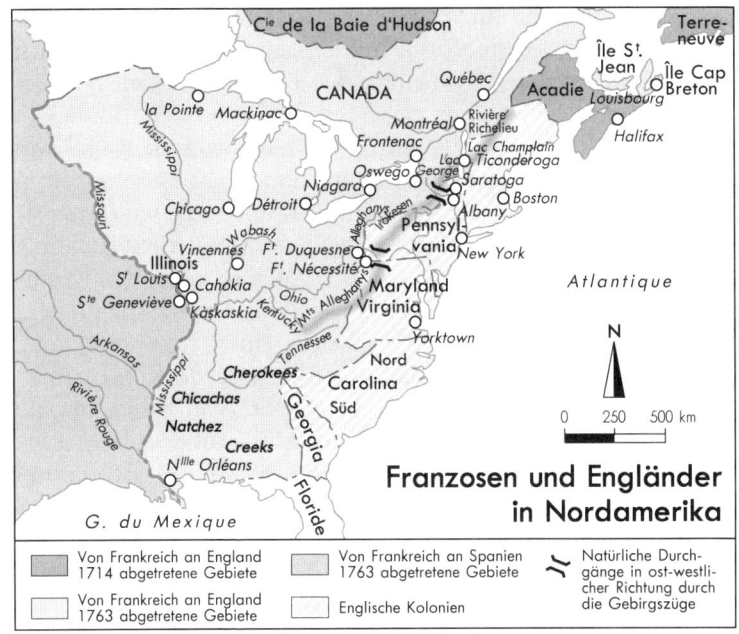

Cie de la Baie d'Hudson

Terre-neuve

Île St. Jean

Île Cap Breton

Québec

CANADA

Acadie

Louisbourg

la Pointe Mackinac

Montréal

Rivière Richelieu

Frontenac

Halifax

Lac Champlain

Lac Ticonderoga

Oswego

George

Saratoga

Niagara

Albany

Chicago Détroit

Boston

Wabash

Pennsyl-vania

New York

Vincennes

Ft. Duquesne

Illinois

Ft. Nécessité

St Louis Cahokia

Maryland

Ste Geneviève Kaskaskia

Ohio

Mts Alleghany

Virginia

Atlantique

Arkansas

Tennessee

Yorktown

Cherokees

Nord

Carolina

Süd

Chicachas

Georgia

Natchez

Creeks

Nlle Orléans

Floride

G. du Mexique

**Franzosen und Engländer
in Nordamerika**

N

0   250   500 km

Von Frankreich an England
1714 abgetretene Gebiete

Von Frankreich an Spanien
1763 abgetretene Gebiete

Natürliche Durch-gänge in ost-westli-cher Richtung durch
die Gebirgszüge

Von Frankreich an England
1763 abgetretene Gebiete

Englische Kolonien

bung so hoch gehobene Preußenkönig war, der den letzten ernsthaften Versuch, die alten Lande des Reichs am Rhein wiederzugewinnen, verhinderte, indem er Österreich in den Rücken fiel. Zur Beendigung der Kriege in Deutschland trug der Tod Kaiser Karls VII. aus dem Haus Wittelsbach im Januar 1745 bei. Sein Sohn Max Joseph schloß Frieden mit Maria Theresia und verzichtete auf die Ansprüche auf Österreich und auf die Kaiserwürde. Im Sommer 1745 wählten die Kurfürsten den Gemahl Maria Theresias als Franz I. zum Kaiser. Um nicht gänzlich isoliert zu werden, entschloß sich auch Preußen zum Frieden, der zum Ende des Jahres in Dresden geschlossen wurde und die deutschen Kleinstaaten Sachsen und Hannover einerseits, Pfalz und Hessen-Kassel mit einbegriff. Maria Theresia hatte erreicht, daß ihr Gemahl Franz I. als Kaiser anerkannt wurde, aber sie mußte ein zweites Mal den Verlust Schlesiens und damit zugleich Preußens Aufstieg zur deutschen Großmacht bestätigen.

Frankreich stand durch die Ereignisse im Reich isoliert seinen Gegnern gegenüber und mußte seine Kräfte in Amerika, Indien und auf den Ozeanen, in den österreichischen Niederlanden und in Norditalien einsetzen. Während sich Dupleix in Indien behaupten konnte, wurde die Lage nach dem Fall von Louisbourg (1745), das die Einfahrt zum Sankt-Lorenz-Strom kontrolliert, kritisch. Der hoffnungslos unterlegenen französischen Flotte gelang es immer seltener, den Nachschub zu den Antillen und nach Kanada zu sichern. Wie schon in den vorangegangenen Kriegen hatte sich Frankreich für den Kampf auf dem Kontinent entschieden und es besaß einen hervorragenden Feldherrn in Moritz von Sachsen *(Maurice de Saxe)*, einem Sohn Augusts des Starken und der Aurora von Königsmarck. Nach einem großen Sieg bei Fontenoy (1745) über die englisch-österreichisch-holländischen Truppen, nach der Eroberung Brüssels und weiteren Erfolgen einigten sich die Gegner 1748 auf dem Aachener Friedenskongreß, der im wesentlichen den Dresdner Frieden von 1745 und die Anerkennung der Pragmatischen Sanktion bestätigte. Außer geringfügigen Gebietsverlusten in den Kolonien mußte Frankreich kein Gebiet abtreten, aber es gewann auch nichts; für dieses magere Ergebnis großer Anstrengungen waren die so mühsam geordneten Staatsfinanzen wiederum gefährdet worden. Vor allem aber war zu erkennen, daß der Frieden für England nur einen Waffenstillstand in dem Kampf um die Vorherrschaft zur See, in Indien und in Nordamerika bedeutete. Der Ausbruch eines neuen, entscheidenden Konflikts war vorauszusehen, und Frankreichs Schwäche lag gerade auf jenen Gebieten, auf denen sein Hauptgegner England seine Stärke und seine Entschlossenheit bewiesen hatte: zur See und in den Kolonien.

Die Mätressen des Königs

Der Friedensschluß war beim Volk nicht populär, und auch das Ansehen des Königs hatte gelitten. In den Armenvierteln von Paris brachen 1749/50 regelrechte Aufstände aus. Hinzu kam die Mätressenwirtschaft des Königs, der ab 1733 zunächst Bindungen mit den drei Töchtern des Marquis de Nesle eingegangen war; die älteste, Louise de Mailly, wurde 1738 als Mätresse des Königs anerkannt und erhielt Wohnraum in der Nähe der Königsgemächer. 1741 mußte sie Versailles verlassen, weil ihre Schwester, die spätere Herzogin von Châteauroux, ihren Platz erhielt. Diese wurde 1742 sogar Ehrendame der Königin, nicht zu deren Vergnügen, wie sich denken läßt. Nach dem Tod Fleurys 1743 hatte sie auch politischen Einfluß gewonnen, starb aber ganz plötzlich im Dezember 1744.

Wenige Wochen später begegnete Ludwig Jeanne-Antoinette Le Normant d'Etioles, geborene Poisson, also einer Bürgerlichen, die bereits im Mai durch das Parlament von ihrem Mann getrennt und wenig später zur Marquise de Pompadour erhoben wurde. Sie blieb bis zu ihrem Tod 1764 die offizielle Mätresse des Königs, auch wenn dieser daneben andere Bindungen einging, von denen viele als flüchtige Begegnungen in einem eigens für diese Zwecke eingerichteten Haus des Hirschparks (Parc-aux-Cerfs) stattfanden. Madame de Pompadour gewann allmählich politischen Einfluß, sie förderte und schützte die Schriftsteller und Künstler der Aufklärung, aber ihr verschwenderischer Lebensstil machte sie beim Volk unbeliebt. Der heutige Amtssitz des französischen Staatspräsidenten, der Elysée-Palast, war ihr Stadthaus in Paris. So wie die Königin die »Partei der Devoten« um sich scharte, so versammelten sich deren Gegner um die Pompadour. Eine konsequente Politik konnte nur betreiben, wer sich mit einer der beiden Parteien verbündete.

Der Wechsel der Allianzen.
Der Siebenjährige Krieg 1756–1763

Als Bürgerliche machte sich Madame de Pompadour um so mehr Gegner am Hof, je stärker sie in die Politik eingriff. Ihre Personalentscheidungen waren nicht immer glücklich; die folgenschwerste Entscheidung jener Jahre, der »Wechsel der Allianzen« (le renversement des alliances), wurde zwar von ihr unterstützt, die Initiative dazu ging aber wohl von Maria

Theresia und ihrem Kanzler Kaunitz aus. Der grundlegende Gedanke, daß Preußen, der Hauptgegner in Mitteleuropa, eher durch ein Bündnis mit den Kontinentalmächten Frankreich und Rußland als durch ein solches mit England aus dem Konzert der Mächte ausgeschaltet werden könnte, lag viel mehr im Interesse Österreichs als Frankreichs. So hatte ein erster Versuch von Kaunitz, 1750 bei einem Besuch in Paris die schon lange erwogene Aussöhnung mit Frankreich zu erreichen, zunächst keinen Erfolg. Erst als sich Friedrich II. in der Westminsterkonvention vom Januar 1756 mit England zur Abwehr jedes Angriffs einer fremden Macht in Deutschland verbündete, fühlte sich Ludwig XV. durch den Frontenwechsel Preußens zu Frankreichs Hauptgegner düpiert. So vollzog er seinerseits den »Wechsel der Allianzen«, indem er am 1. Mai 1756 in Versailles ein Verteidigungsbündnis mit Österreich schloß. Kaunitz' großer Plan ging auch insofern auf, als sich die Zarin Elisabeth, Tochter Peters des Großen, auf die Seite der verbündeten Franzosen und Österreicher stellte und sogar ein Offensivbündnis gegen Preußen vorschlug. Die Allianz wurde dadurch vollends gefestigt, daß Friedrich von Preußen wieder einmal unter dem Vorwand, dem Gegner zuvorzukommen, seine Soldaten marschieren ließ und in Kursachsen einfiel.

Der Krieg hatte begonnen, in Europa unter dem Namen »Der Siebenjährige Krieg«, in Amerika als *The French and Indian War* von der englischen Seite und als *La guerre de la conquête* (»Der Krieg der Eroberung«) von den Frankokanadiern bezeichnet. In Wirklichkeit war es der erste Weltkrieg, denn alle Mächte jener Zeit waren in ihn verwickelt außer militärisch weniger bedeutenden wie Dänemark, Holland und der Türkei. Gekämpft wurde auf See, in Nordamerika und Indien, aber vor allem, wie üblich, auf deutschem Boden. Dabei nahm Frankreich nur widerwillig an den Auseinandersetzungen teil. Es hatte in Europa nichts zu gewinnen, wenn man die vagen Versprechungen Österreichs auf Abtretung Belgiens (Österreichische Niederlande) bei Rückgewinnung Schlesiens außer acht läßt, dafür aber hatte es in Amerika und Indien angesichts der englischen Überlegenheit alles zu verlieren.

Der Konflikt zwischen den beiden westlichen Großmächten waren trotz des Friedens von Aachen 1748 außerhalb Europas in kriegsähnlicher Form weitergeführt worden. Um ihre militärische Unterlegenheit auszugleichen, suchten die Franzosen in einheimischen Kräften Verbündete gegen die Engländer. In Indien gelang dies dem Gouverneur von Pondichéry, Dupleix, gegenüber der britischen Ostindien-Kompanie, bis diese in Robert Clive einen starken Mann fand. Dupleix wurde 1745 ersetzt, beide Parteien traten in Verhandlungen ein, aber der Konflikt dauerte noch an, als der europäische Krieg wieder ausbrach.

Während Dupleix in Indien nur sehr geringe Streitkräfte besaß und dort die Handelsinteressen den Vorrang hatten, ging es in Nordamerika um viel mehr, nämlich um die Herrschaft auf einem Kontinent. Frankreich hatte von Kanada und den Großen Seen über das Ohiotal bis zur Mündung des Mississippi ein riesiges Territorium in Besitz genommen, das die englischen Kolonien am Atlantik umschloß, das aber im Gegensatz zu diesen nur sehr dünn besiedelt war. Die viel zahlreicheren englischen Kolonisten drängten über das Allegheny-Gebirge, wurden aber vor dem Ohiotal durch französische Sperrfestungen aufgehalten. Um eine solche, Fort Duquesne, das heutige Pittsburgh, entbrannte ein regelrechter Krieg, bei dem 1755 eine englische Armee besiegt wurde. Dafür evakuierten die Milizen von Boston Tausende von französischen Siedlern aus Akadien, einem Gebiet im heutigen Neu-Braunschweig, Neu-Schottland und Maine, in den Süden. Auf See schließlich kaperte die englische Flotte im November 1755 eine große Zahl französischer Handelsschiffe und nahm 6000 französische Seeleute gefangen. Daraufhin erklärte Frankreich Anfang Januar England den Krieg, wenige Tage, bevor die Westminster-Konvention zustande kam.

In Deutschland führte Frankreich nach anfänglichen Erfolgen gegen die hannoversche Armee 1757 einen erfolglosen Krieg, im Verbund mit der Reichsarmee wurde der Fürst Soubise am 5. November 1757 von Friedrich II. bei Roßbach geschlagen, einen Monat später die Österreicher bei Leuthen. Aber als Preußen 1761 am Rand des Abgrunds stand, als Österreicher und Russen auf preußischem Gebiet Winterquartier nahmen, als in England Georg III. ab 1760 einen Friedensschluß anstrebte und William Pitt gestürzt wurde, rettete Friedrich allein der Tod der Zarin Elisabeth. Deren Nachfolger Peter III. schloß mit Preußen Frieden, an den sich nach Peters Sturz auch dessen Gemahlin Katharina II. hielt. England und Frankreich hatten sich schon Ende 1762 auf ein Ende des Krieges geeinigt, in Deutschland schloß man in Hubertusburg bei Leipzig im Februar 1763 Frieden. Für Deutschland bedeutete dies die Anerkennung der Verhältnisse und den Beginn einer Entwicklung, die zu der endgültigen Herausdrängung Österreichs aus dem Reich, etwa einhundert Jahre später, führte. Habsburg und das Deutsche Reich hatten ihre Kriegsziele nicht erreicht; insofern waren Deutschland und Frankreich die Hauptverlierer, denn dieses mußte seine unermeßlichen Besitzungen auf dem nordamerikanischen Kontinent aufgeben. Es behielt nur die kleinen Inseln Saint-Pierre und Miquelon vor Neufundland mit den heute wieder strittigen Fischereirechten. Von den Antillen blieben Martinique und Guadeloupe, sowie die Hälfte von Santo Domingo, dem heutigen Haiti, und in Afrika die für den Sklavenhandel wichtige Insel Gorée vor dem späteren Dakar bei Frankreich. In Indien behielt es die fünf Handelsniederlassungen, darunter Pondichéry als größte. Obwohl der Verlust in Frankreich, Voltaire und Choiseul an der Spitze, nicht als schwerwiegend betrachtet wurde, und man glaubte, auf das ›eisige‹ Kanada leicht verzichten zu können, war damit eine endgültige Entscheidung gegen die weitere Verbreitung der französischen Sprache in Übersee gefallen, die heute im Zeichen der Frankophonie als sehr schmerzhaft empfunden wird. Der Hauptgewinner war England, wobei, insbesondere von William Pitt, noch gegen die Bedingungen des Friedens polemisiert wurde, weil Frankreich einige Antilleninseln behalten hatte. Nicht außer acht gelassen werden sollte auch die Entstehung starker nationaler Emotionen in England und, unter dem Eindruck von Roßbach, in Deutschland, die sich in beiden Fällen gegen Frankreich richteten. Der Wechsel seiner Allianzen bedeutete ein Fiasko für Frankreich, das der gleichzeitigen Kraftanstrengungen in Europa und in Übersee nicht gewachsen war.

Choiseul

Von etwa 1758 bis 1770 wurden die Angelegenheiten des Königreichs von dem Herzog von Choiseul geleitet, der beim Frieden von Paris glücklich war, die Antillen für Frankreich gerettet zu haben. In der Tat nahm der Handel mit diesen Inseln nach 1763 wieder einen großen Aufschwung, und ganz allgemein erholte sich Frankreichs Wirtschaft schneller als erwartet. Choiseul war der vollendete Hofmann und Diplomat. Aufgrund der Erfahrungen des Krieges galt sein Interesse in erster Linie der Außenpolitik, der Wiederherstellung der militärischen Stärke Frankreichs und insbesondere der Flotte. Der Gedanke einer Revanche gegenüber England spielte dabei eine Rolle, denn die Möglichkeit eines Abfalls der nordamerikanischen Kolonien wurde schon in der französischen Öffentlichkeit diskutiert. Das Bündnis mit Österreich wurde deshalb beibehalten und durch die Verheiratung des Thronfolgers mit Marie-Antoinette, der Tochter Maria Theresias, im Mai 1770 noch gefestigt.

Erst durch die militärischen Reformen Choiseuls erhielten Frankreichs Armee und Flotte jene Stärke, die sie im amerikanischen Unabhängigkeitskrieg und während der Revolution in den Kämpfen gegen die europäischen Koalitionen zeigten. Das System der Anwerbung der Soldaten durch die Truppenführer wurde abgeschafft: Die Intendanten oder eigene Ämter des Königs warben Soldaten an, und erst ab diesem Zeitpunkt läßt sich von einer Armee des Königs sprechen. In der Flotte förderte Choiseul den Einsatz adliger Offiziere anstelle der Kapitäne aus der Handelsmarine. Zwei Erfolge konnte er verbuchen: Als 1766 König Stanislas starb, fiel Lothringen, wie mit Österreich vereinbart, an Frankreich. Als schwieriger und – bis heute – folgenreicher erwies sich der Erwerb Korsikas, das über Jahrhunderte mit der Republik Genua verbunden war und immer wieder gegen sie rebellierte. Genua hatte mehrmals in diesem Jahrhundert französische Hilfe bei der Niederschlagung von Aufständen erhalten. Im Vertrag von Versailles 1768 trat es seine Souveränität über die Insel ab bis zur Bezahlung der französischen Unkosten, die nie erfolgte. Gegen die Aufständischen unter Führung von Pascal Paoli mußte sich Frankreich die Insel erst erobern (1769), aber eine immer wieder auftretende Unabhängigkeitsströmung gegen die Integration und Assimilierung der Insel hielt sich bis in die Gegenwart.

Während Choiseul das Hauptaugenmerk auf die Außenpolitik und ihr Instrument, die Rüstung, richtete, erholte sich die Wirtschaft des Landes schnell von den Kriegsfolgen, nicht zuletzt durch eine vorsichtige Abkehr vom Colbertismus und eine Hinwendung zu freierem Handel; die Gefahr von Hungersnöten wurde durch Einführung des freien Getreidehandels und die Anlage von Vorräten vermindert. Der Handel mit den Antillen nahm einen großen Aufschwung, vor allem dadurch, daß der Ausschließlichkeitsanspruch des Mutterlandes gemildert wurde (*l'exclusif mitigé*), und ebenso verhielt es sich mit den verbliebenen Niederlassungen in Indien, nachdem das Monopol der *Compagnie des Indes* aufgehoben war. Schließlich profitierte auch der Industriekapitalismus von den größeren Freiheiten gegenüber den engen Regeln des Zunftwesens, und insbesondere im Norden des Landes setzten sich »Fabriken« gegenüber den Handwerksbetrieben durch.

Die Innenpolitik des Landes wurde von der Aufhebung des Jesuitenordens und damit dem Sieg der Parlamente bestimmt. Der Orden wollte nicht für den Bankrott eines Handelshauses aufkommen, das ein Mitbruder auf Martinique betrieben hatte. Die Parlamente als oberste Gerichtshöfe erhoben die Finanzaffäre zur Staatsaffäre und vertrieben den Orden aus ihren Geltungsbereichen. Schließlich schaffte der König 1764 die *Compagnie de Jésus* in ganz Frankreich ab – eine späte Rache des Jansenismus für die Verfolgungen durch die Jesuiten, zugleich aber auch ein Sieg der Aufklärer über ihre geistig am besten gerüsteten und folglich härtesten Gegner. Portugal und Spanien folgten, bis schließlich Clemens XIV. im Jahr 1773 den Orden aufhob. Es gehörte zu den Sonderbarkeiten der Geschichte, daß dieser ausgerechnet in Preußen zu Lebzeiten des königlichen Freigeistes, also bis 1786, und in Rußland bis 1820 fortbestehen konnte, wo er auch 1801 zuerst kanonisch neu eingerichtet wurde, bis ihn schließlich 1814 im Zuge der allgemeinen Restauration Pius VII. in seiner alten Verfassung wiederherstellte. Für Frankreich bedeutete dies in erster Linie, daß über 100 Kollegien, also höhere Schulen, in andere Hände übergingen und der Besitz des Ordens verteilt wurde. Dabei wurden erste Pläne eines nationalen Erziehungssystems erörtert. Zugleich entschied sich der jahrhundertealte Streit zwischen weltlicher und Ordensgeistlichkeit mit dem Sieg der ersteren: Innerhalb von 15 Jahren wurden 458 Klöster geschlossen, die oft kaum noch bewohnt waren, aber dem Inhaber der Pfründe stattliche Einnahmen erbrachten.

Die Macht des Richterstands der Parlamente stand in den Jahren von 1762 bis 1770 auf ihrem Höhepunkt. Trotz mancher Beziehung zu den »Philosophen« erwies er sich immer mehr als reaktionäre Interessengruppierung, die sich gegen eine Reform der Institutionen, aber auch gegen die Protestanten und jede Art von Toleranz wandte. Erst 1775 wurden die letzten Protestanten aus den Strafkolonien *(bagne)* freigelassen, und es bedurfte des ganzen Ansehens und des Einsatzes von Voltaire, um eine Reihe von Justizaffären aufzudecken: Calas, Sirven, La Barre usf. In der sogenannten bretonischen Affäre *(l'affaire de Bretagne)* kam es zu einer direkten Konfrontation zwischen dem Parlament von Paris und dem König, der schließlich die Entscheidung des Parlaments gegen den Herzog von Aiguillon aufhob (1770). In diesem Jahr raffte sich Ludwig XV. endlich zu jenem entschlossenen Handeln auf, das die letzten vier Jahre seiner Herrschaft auszeichnet.

Die Reformversuche Maupeous

Die Konstellation am Hof hatte sich Ende der sechziger Jahre geändert: Madame de Pompadour war 1764 gestorben, der Thronfolger im Jahr danach, 1766 König Stanislas und 1768 schließlich dessen Tochter, die Königin. Eine neue Gestalt war aufgetaucht und hatte den König gänzlich für sich eingenommen: Jeanne Bécu, Tochter von Anne Bécu, die als Näherin in einem Kloster arbeitete, aus dem vermutlich auch der Vater kam. Tatsächlich fing die antriebslose und an königlicher Langeweile leidende Majestät Feuer und verliebte sich in die junge Frau. Als Gräfin du Barry konnte Jeanne am Hof erscheinen und erhielt schließlich Wohnung im Schloß von Versailles. Nur sehr widerstrebend wurde sie von dem Hofadel und insbesondere der Clique um Choiseul akzeptiert.

Dessen Stellung war schon dadurch schwächer geworden, daß ihm in dem Kanzler Maupeou (1786) und in dem zum Generalkontrolleur der Finanzen ernannten Abbé Terray zwei tatkräftige Rivalen erwuchsen. Als Choiseul schließlich 1770 spanische Ansprüche auf die Falklandinseln (*îles Malouines*) gegenüber England unterstützen wollte und zum Kriegseintritt bereit war, entließ ihn der König am 24. Dezember. Choiseul zog sich mit großem Gefolge auf sein Landschloß zurück; die öffentliche Meinung in Paris stellte sich ganz auf seine Seite, sah in ihm das Opfer der neuen Mätresse und den Opponenten gegen die königliche Willkür, obwohl er ein hochmütiger und egoistischer Aristokrat war. Sein Nachfolger wurde der Herzog von Aiguillon. Maupeou und Terray gelang es, die Macht der Parlamente zu brechen und die Politik in den letzten vier Lebensjahren des Königs zu bestimmen, eine Politik der Aufklärung und der Modernisierung. Wären ihr Erfolg und Dauer beschieden gewesen, so wäre der revolutionäre Umbruch möglicherweise nicht unvermeidlich geworden.

Als das Parlament nämlich gegenüber Terrays Dekreten zur Sanierung der Finanzen einfach streikte, griffen der König und Maupeou energisch durch: Bei jedem Mitglied des Parlaments erschienen Musketiere, und wer weiter den Streik bejahte, wurde in die Provinz verbannt und aus den erkauften Ämtern entlassen. 130 »Parlamentarier« von Paris und 100 aus der Provinz waren von diesen Maßnahmen betroffen. Mit Edikt vom 23. Februar 1771 leitete Maupeou eine tiefgreifende Justizreform ein: An die Stelle der alten Parlamente, in die sich die Mitglieder eingekauft hatten, traten neue, deren Mitglieder vom Staat besoldet und jederzeit wieder abberufbar waren. Ihr Status kam also dem des beamteten Richters im modernen Sinn nahe, auch wenn dessen Unabhängigkeit noch nicht eingeführt wurde. Sie waren nicht auf die Zahlungen der Parteien angewiesen, und da auch das Verfahren vereinfacht wurde, konnten die Geschäfte schneller erledigt werden, obwohl die Zahl der bisherigen zwölf Parlamente mit dem enormen geographischen

Übergewicht von Paris auf sechs etwa gleich große Bezirke reduziert wurde. Maupeous Pläne zielten noch weiter auf eine Vereinheitlichung des Rechts im Königreich durch die Einführung eines allgemeinen Gesetzbuches. Trotz einer scharfen Opposition und zahlreicher Pamphlete gegen seine Person hielt er den Angriffen stand, wobei ihm zugute kam, daß er als Anhänger der »devoten« Partei galt.

Ähnlich unerschrocken ging Terray ans Werk; zwar konnte er die Ausgaben des Hofes nicht eindämmen, aber er griff, ungehindert von den Parlamenten, bei der Eintreibung der Steuern energisch durch, leitete Schritte ein, den Landbesitz zu katastrieren, und versuchte, durch Einführung einer Bevölkerungsstatistik die Wirtschaftsabläufe transparent zu machen. Da seine Maßnahmen wie die Maupeous vom König mitgetragen wurden, lag die Möglichkeit nahe, Frankreich auf den Weg des aufgeklärten Absolutismus zu bringen, wie ihn Preußen unter Friedrich II. und Österreich unter Joseph II. einschlugen; Frankreich stand zwischen Reform seines Reichs. Aber der Tod des gerade 64jährigen Königs, der am 10. Mai 1774 an den Pocken starb, beendete die Reform seines Reichs, denn schon im August dieses Jahres mußten Maupeou und Terray ihre Ämter wieder abgeben. Damit aber war der letzte Versuch gescheitert, das Königreich aus sich selbst heraus zu reformieren.

8. Ludwig XVI. (1774–1792) und das Ende des Ancien Régime. Die Revolution

Nachdem der Dauphin schon 1765 gestorben war, wurde beim Tod Ludwigs XV. dessen Enkel im Alter von gerade 20 Jahren König. Ludwig XVI. war zwar voll guten Willens und hatte eine gute Bildung erworben, aber es fehlten ihm Willensstärke und Klarsicht. Von seinem Land und dessen Problemen hatte er kaum eine Ahnung. Er aß gerne und viel, wie sein Leibesumfang verriet, er jagte gerne oder arbeitete in einer eigens für ihn eingerichteten Schlosserei. In Gesellschaft war er linkisch und ungeschickt. Im ganzen besaß er wenig Eignung für die Herrschaft, hätte diese aber wohl ausüben können, solange ihn das System stützte. Unter dem 14. Juli 1789, als die Bastille erstürmt wurde, findet sich in seinem Tagebuch die berühmte Eintragung: »Nichts!« Sie bezieht sich zwar auf das an jenem Tag nicht erlegte Wild, macht aber auch das Nichterkennen des historischen Ereignisses deutlich. Seine Frau, Marie-Antoinette (1755–1793), die Tochter Maria Theresias, bezeichnete ihn selbst als einen »armen Kerl« *(le pauvre homme)*. Die schon 1770 geschlossene Ehe blieb zunächst kinderlos; erst nach einer Operation 1777 kam es zu einem normalen Eheleben. Im Gegensatz zu seinen Vorgängern pflegte er die bürgerlichen Tugenden des Familienlebens, liebte die Intimität und litt unter dem höfischen Zeremoniell. Aber in den Stunden der größten Not, im Antlitz des Todes, zeigte er Gelassenheit und wahre Größe, getragen von dem Bewußtsein, der von Gott bestimmte König Frankreichs zu sein.

Die Schwäche des Königs bewirkte, daß Marie-Antoinette großen, auch politischen Einfluß ausübte. Sie ermöglichte es ihr auch, sich ihrer Frivolität, ihrer Unvorsichtigkeit und ihrer Verschwendungssucht hinzugeben. Im Volk wurde sie dadurch schnell verhaßt und verächtlich »Die Österreicherin« *(l'Autrichienne)* genannt. Vollends ruinierte sie die »Halsbandaffäre« *(l'affaire du Collier* 1785/86), obwohl keine Schuld sie selbst traf: Eine Gräfin des Hofes hatte dem Kardinal Rohan durch gefälschte Briefe vorgespielt, er könne die Gunst der Königin erlangen, wenn er ihr ein sündhaft teures Diamantenhalsband besorge. Rohan übernahm die Bürgschaft und händigte das Halsband aus, aber die Gräfin verkaufte die Diamanten in England. In dem Prozeß wurde sie zu lebenslänglichem Kerker verurteilt, Rohan aber freigesprochen. Die Königin zog es nach dem Schloß des »Kleinen Trianon« im Park von Versailles, wo sie in einem künstlich angelegten Dorf das »Landleben« nachahmte. Alle Warnungen vor der Leichtfertigkeit und der Verschwendungssucht, die ihr ihre lebenskluge Mutter Maria Theresia und ihr aufgeklärter Bruder, Kaiser Josef II., zukommen ließen, blieben ohne Wirkung: Erst durch das in der Schreckenszeit der Revolution erfahrene Leid zeigte sie, was in ihr steckte.

Die Rückberufung der Parlamente

Bei der Wahl seiner Politik schwankte der junge König, in den das Volk zunächst große Hoffnungen setzte, zwischen ernsthaften Reformversuchen eines aufgeklärten Absolutismus und immer wieder erneuter Rücksichtnahme auf die privilegierten Stände, denen er in entscheidenden Augenblicken verbunden blieb. Appelle an die öffentliche Meinung brachten eher Unruhe als die notwendige Konstanz in die Politik. Besonders gefährlich beim Wechsel im Regime waren Konzessionen, um mißliebige, aber notwendige Maßnahmen der vorangegangenen Herrschaft wieder aufzuheben: Ludwig XVI. berief als erstes Maupeou, Terray und d'Aiguillon ab, die die Reformen der letzten vier Jahre unter seinem Vorgänger eingeführt hatten, und holte den seit 1749 in Ungnade lebenden alten Grafen Maurepas zurück, der bis 1781 die Richtung der Politik bestimmte. Eine seiner ersten Maßnahmen war die Aufhebung alles dessen, was Maupeou gegenüber den Parlamenten erreicht hatte. Obwohl diese zu rückschrittlichen und von reinen Standesinteressen gelenkten Körperschaften herabgesunken waren, wurden sie wegen ihres Widerstands gegen die königliche Zentralgewalt vom Volk in völliger Verkennung der eigentlichen Interessenlage gefeiert und verehrt! Die Rückberufung der alten Parlamentarier und die Wiedereinsetzung der Parlamentsgerichtshöfe in ihre früheren Rechte mochte kurzzeitig die Popularität des Königs erhöhen, auf die Dauer aber schadete diese Maßnahme seiner Politik und erschwerte jede Art von Reform.

Versuche einer Finanzreform. Turgot

Daß das Wirtschafts- und Finanzsystem als erstes reformiert werden müsse, war dem König und seinen Beratern bewußt. In den Jahren 1774–1790 versuchte man es mit nicht weniger als zehn Generalkontrolleuren der Finanzen, von denen der erste, Jacques Turgot (1774–1776), auch der bedeutendste war. Er hatte sich durch eine Reihe von wirtschaftstheoretischen Schriften und in der Praxis als Intendant des Limousin einen Namen gemacht. Er stand den Aufklärern nahe, hatte auch für die *Encyclopédie* gearbeitet, war aber besonders von den Physiokraten beeinflußt, Anhängern einer auf den Arzt und Wirtschaftler Quesnay zurückgehenden Schule, die in Reaktion auf den Merkantilismus Colberts in der Landwirtschaft die hauptsächliche Quelle von Produktion und Reproduktion sah. Diese sollte über hohe Preise und freien Handel im Land gefördert werden. Aus ihrem politischen Ziel, eine »natürliche« Ordnung zu erreichen, ergab sich für die Physiokraten die Forderung nach Freiheit, Eigentum und Sicherheit für den einzelnen.

Turgot versuchte, in kürzester Zeit seine liberalen Vorstellungen umzusetzen. Auf dem besonders kritischen Gebiet der Staatsfinanzen machte er dem König klar, daß ein Staatsbankrott nicht in Frage käme und daß der Haushalt auch nicht durch Steuererhöhungen oder Anleihen, sondern durch Einsparungen bei den Ausgaben auszugleichen sei, wobei er tatsächlich mit seinem eigenen Gehalt den Anfang machte und für das Haushaltsjahr 1775 auch Erfolg hatte. Im September 1774 gab er den Getreidehandel innerhalb des Königreichs frei. Diese Maßnahme führte aber zu Aufständen und Plünderungen, die von den Getreidespekulanten geschürt wurden, und diskreditierte Turgot in den Augen des Königs. In dem sogenannten »Mehlkrieg« *(la guerre des farines)* mußte Turgot energisch durchgreifen, um die Ordnung wiederherzustellen. 1776 schaffte er den Frondienst für die Unterhaltung der Wege und Straßen ab *(la corvée royale),* den die Bauern bis dahin unentgeltlich hatten leisten müssen. An seine Stelle trat eine Geldabgabe aller Bürger an das Straßenbauamt *(Ponts et Chaussées).* Eine weitere wichtige Maßnahme war die Einführung der Gewerbefreiheit durch Abschaffung des Zunftzwanges.

Wie zu erwarten, fand Turgots Politik bei den Philosophen und den unteren Schichten der Bevölkerung Beifall, traf aber auf Widerstand bei allen denjenigen, deren Interessen berührt wurden. Der Widerstand wurde um so stärker, je mehr die weiteren Pläne Turgots bekannt wurden. Für ihn waren die wirtschaftlichen Freiheiten nicht von den politischen zu trennen: In einer Abhandlung »Über die Toleranz« *(Sur la tolérance)* hatte er dem König die Aufhebung der Diskriminierung der Nichtkatholiken, also vor allem der Protestanten, und daneben ein öffentliches Schulwesen, eine öffentliche Fürsorge und die Besteuerung des Klerus vorgeschlagen. Einen Mitarbeiter ließ er ein System beratender Versammlungen auf den verschiedenen Ebenen bis zu einer Nationalversammlung ausarbeiten. In einer anderen Schrift wurde auf die Nachteile des Feudalsystems und vorsichtig auf mögliche Veränderungen hingewiesen.

Turgots Projekte hätten, um zu einem allgemeinen Erfolg zu führen, der Dauer und des Rückhalts bei dem König bedurft. Dieser aber hatte Pläne für eine Revanche an England im Auge; im April 1776 hatte sich schon Malesherbes, der Turgot und die Aufklärer unterstützte, zurückgezogen; vier Briefe Turgots an den König blieben ohne Antwort; am 12. Mai erhielt er selbst sein Entlassungsschreiben. Rückblickend läßt sich wohl sagen, daß mit Turgot eine letzte Gelegenheit gegeben war, das Regime zu reformieren und vielleicht zu retten; nur war das Regime nicht mehr zu einer Reform, selbst im eigenen Interesse, fähig. Die Unbeweglichkeit der herrschenden Kreise wurde um so größer, als sie ihre Gefährdung erkannt hatten und sich gegen jeden »Neuerer« zusammenschlossen. Das Schicksal der Nachfolger Turgots war daher vorgegeben. Es verdienen nur die wichtigsten Erwähnung: Der Schweizer Bankier Necker (1777–1781), Calonne (1783–1787) und schließlich als »Chef des königlichen Finanzrats« der Erzbischof von Toulouse, Loménie de Brienne (1787–1788).

Necker

Der direkte Nachfolger Turgots, Clugny, widerrief noch 1776 die Reformerlasse seines Vorgängers, bevor er starb. Jacques Necker, der als Ausländer und Protestant zunächst nur zum Direktor des Staatsschatzes *(directeur du Trésor)* ernannt wurde, galt als unbestechlich und wegen der Gründung eines Krankenhauses in Paris, das noch heute seinen Namen trägt, als Philanthrop. Er verstand es, durch die Medien Einfluß auszuüben und diese für den eigenen Ruf einzusetzen. Daher rührt seine große Popularität. Im Gegensatz zu dem systematischen und gradlinigen Turgot paßte sich Necker den jeweiligen Machtverhältnissen an, man bezeichnet ihn wohl nicht zu Unrecht als einen Opportunisten. Seine Hauptaufgabe bestand wiederum in der Sanierung der Staatsfinanzen, die noch zusätzlich dadurch belastet wurden, daß der König für die Teilnahme am amerikanischen Unabhängigkeitskrieg (1775–1783) aufrüsten ließ. Statt die Steuern zu erhöhen, griff Necker als Bankier auf die bequemere Methode der Finanzierung durch Anleihen zurück. Die sieben Anleihen der Jahre 1777–1781 erbrachten zwar die erforderlichen großen Summen, mußten aber mit 8,5 bis zehn Prozent verzinst werden, wodurch die Staatsschuld nur noch mehr anwuchs. Um die Verteilung der Steuerlast besser zu gewährleisten, kam Necker auf die Vorstellungen Turgots zurück, diese Aufgabe von den königlichen Intendanten auf Provinzialversammlungen zu übertragen, wobei er bezeichnenderweise den Vertretern des Dritten Standes bereits eine Verdoppelung der Sitze einräumte.

Wie nicht anders zu erwarten, schuf sich Necker durch seine Reformen auf dem Gebiet des Steuerwesens Feinde, zu denen alsbald auch der alte Staatsminister Maurepas gehörte. In dieser kritischen Situation griff Necker auf ein Mittel zurück, das in Staatsangelegenheiten sehr ungewöhnlich war: Er wandte sich an die Öffentlichkeit und publizierte im Februar 1781 einen »Rechenschaftsbericht an den König« *(Compte rendu au Roi)*, in dem er geschickt seine Führung der Finanzen verteidigte und statt des tatsächlichen großen Defizits eine ausgeglichene Bilanz vorspiegelte. Der Bericht fand über 100 000 Abnehmer, weil er die enormen Aufwendungen des Hofes und vor allem die besonderen Zuwendungen (Pensionen) an die Höflinge einzeln aufgeführt enthielt. Der Skandal war groß und Necker hatte zwar seinen Ruf eines ehrbaren Finanzministers gestärkt, sich aber beim Hofadel zusätzliche Feinde gemacht. Der Widerstand des Parlaments gegen weitere Provinzversammlungen, in denen man Ansätze eines Repräsentativsystems zu erkennen glaubte, nahm zu. Um seine Stellung zu stärken, bat Necker um die Ernennung zum Staatsminister und um Aufnahme in den Staatsrat *(Conseil d'en-Haut)*. Auf Betreiben von Maurepas entließ ihn daraufhin der König am 19. Mai 1781. Bis er im August 1788, am Vorabend der Revolution, von neuem berufen wurde, verbrachte Necker seine Zeit damit, die eigene Finanzpolitik zu verteidigen und so für seine Popularität, insbesondere beim Bürgertum, zu arbeiten.

Der Amerikanische Unabhängigkeitskrieg 1775–1783

Zu der Verschärfung der Finanzkrise hatte die Aufrüstung Frankreichs zum amerikanischen Unabhängigkeitskrieg beigetragen. Die englischen Kolonien in Nordamerika lagen schon seit einiger Zeit mit dem Mutterland in Konflikt wegen dessen vorsichtiger Versuche, in den Kolonien Steuern zu erheben. Nach den Massakern von Boston 1770 und der *Boston Tea Party* von 1773 kam es 1775 zu ersten Kämpfen. Die französische Außenpolitik, die 1774–1787 von dem Grafen Vergennes geleitet wurde, sah sich in ihren Erwartungen bestätigt, daß es zu einer Loslösung der Kolonien vom Mutterland käme. Frankreich hatte sich unter großem Aufwand auf diesen Augenblick vorbereitet und nicht nur seine Armee reformiert, sondern vor allem seine Kriegsmarine hochgerüstet. Die Schiffe erhielten bis über 100 Kanonen, die Flotte führte auch in Friedenszeiten Manöver durch, sie wuchs auf 60–80 Linienschiffe an und für diese kurze Zeit bis zur Revolution konnte sie als der englischen gewachsen gelten. Für die Versorgung der Aufständischen sorgten Männer wie der Uhrmacher, Schriftsteller und Waffenhändler Beaumarchais. Es war zunächst nicht abzusehen, ob die Milizen der Kolonien den englischen Truppen gewachsen waren, unter denen sich besonders viele von ihren Fürsten verkaufte deutsche Söldner befanden. Auch war Vergennes klug genug, sich aus dem Bayerischen Erbfolgekrieg 1778 (»Kartoffelkrieg«) herauszuhalten. Kaiser Joseph II. hatte Carl Theodor von der Pfalz statt des ihm zufallenden Bayerns die Österreichischen Niederlande, also Belgien, im Tausch vorgeschlagen, wurde aber von dem in Böhmen einfallenden Friedrich II. an der Verfolgung seiner Pläne gehindert. Vergennes Haltung trug dazu bei, daß sich nicht schon wieder ein allgemeineuropäischer Krieg auf deutschem Boden entwickelte. Dafür hatte Frankreich zum ersten Mal den Rücken frei für eine erfolgversprechende Überseepolitik, zu spät freilich, um noch großen Nutzen daraus zu ziehen. Es gelang zwar, an England Revanche zu nehmen, aber der Ertrag für Frankreich war eher kümmerlich.

Der amerikanische Kongreß hatte einen seiner berühmtesten Abgeordneten, Benjamin Franklin, einen Aufklärer, nach Paris gesandt, wo es ihm gelang, die öffentliche Meinung für die Aufständischen einzunehmen. Anfang des Jahres 1778 wurde dann das amerikanisch-französische Bündnis geschlossen, dem sich 1779 Spanien und im folgenden Jahr die Niederlande anschlossen. Damit hatten sich die drei wichtigsten Seemächte des Kontinents gegen England vereint. Nachdem der ursprüngliche Plan einer französischen Landung in England aufgegeben war, sandte man die schon versammelten Truppen unter Rochambeau nach Amerika, wo bereits französische Freiwillige unter La Fayette kämpften. Die französische Flotte wurde von Admiral de Grasse befehligt, und es gelang George Washington, mit Hilfe der französischen Truppen am 19. 10. 1781 den entscheidenden Sieg bei der Belagerung von Yorktown zu erringen. Wie in den vorangegangen Kriegen erstreckte sich die französisch-englische Auseinandersetzung auch auf Indien und die Antillen.

Nachdem die Amerikaner schon 1782 Frieden mit England geschlossen hatten, kam es im September 1783 zum Vertrag von Versailles: Frankreich erhielt die Antilleninsel Tobago und seine Handelsniederlassungen an der Mündung des Senegal. Das 20 Jahre zuvor verlorene Louisiana wurde nicht zurückverlangt und von Kanada, zu dessen Wiedereroberung La Fayette eine Expedition geplant hatte, war nicht die Rede. Von seinen Ergebnissen her und im Hinblick auf die horrenden Kosten hatte der Krieg Frankreich wenig gebracht, abgesehen von einem Gefühl der Genugtuung. Mit den Heimkehrern um La Fayette gelangten jedoch viele Ideen der amerikanischen Revolution nach Frankreich und bereiteten dort den Boden für die Ereignisse ab 1789.

Calonne

Neckers Geschick war es zu verdanken gewesen, daß die Kriegskosten den Haushalt nicht zu belasten schienen. Sein direkter Nachfolger Joly de Fleury trat 1783 zurück und machte Charles de Calonne als Generalkontrolleur der Finanzen Platz. Calonne stützte sich auf den dem Friedensschluß folgenden Wirtschaftsaufschwung, der einige Jahre anhielt, und förderte durch große öffentliche Arbeiten noch die Kreditausweitung. Frankreich war sich seiner Wirtschaft so sicher, daß es 1785 sogar einen Freihandelsvertrag mit England schloß, der das Land den englischen Industrieprodukten öffnete. Als jedoch im folgenden Jahr die Anleihen nicht mehr vom Markt aufgenommen wurden und das Defizit des Haushalts wuchs, griff Calonne zu den Mitteln seiner Vorgänger Turgot und Necker zurück – zur großen Überraschung des Hofes und der privilegierten Schichten: Er schlug einer von dem König einberufenen Notabelnversammlung von 144 meist adligen Vertretern eine Steuerreform vor, bei der neben anderen Veränderungen eine Naturalsteuer auf jeden Landbesitz vorgesehen war. Wie zu erwarten, stimmten die Vertreter der privilegierten Schichten den kleineren Reformen zu, lehnten aber diesen Eingriff in ihre Vorrechte ab. Calonne sah kein anderes Mittel als 1781 Necker: Er wandte sich in einer Publikation an die Öffentlichkeit und wies auf die Notwendigkeit hin, die Besteuerung proportional zu den Einnahmen und ohne Steuerbefreiung einzuführen. Wieder gab Ludwig XVI. dem Druck der Privilegierten nach und entließ Calonne im April 1787.

Loménie de Brienne

Nachfolger Calonnes wurde von 1787 bis 1788 der Erzbischof von Toulouse, Loménie de Brienne, der sich Calonne in der Notabelnversammlung widersetzt hatte. Trotz seiner 60 Jahre war Loménie außerordentlich aktiv und griff manche Vorschläge seiner Vorgänger wieder auf: Verwaltungsreform mit Provinzversammlungen und Einteilung des Landes in Départements und Arrondissements, wie sie dann während der Revolution von der Verfassunggebenden Versammlung übernommen wurden. In den Versammlungen wurde die Zahl der Vertreter des Dritten Standes verdoppelt und die Abstimmung erfolgte nicht nach Ständen, sondern nach Stimmen, eine Maßnahme, die für die Revolution Folgen hatte, auch wenn sich noch Widerstand regte. Gegenüber den Parlamenten sollte eine Justizreform wieder zu der schon einmal von Maupeou erreichten Stärkung einer unabhängigen Richterschaft führen. Das Parlament leistete heftigen Widerstand und wurde von einer breiten Agitation in Paris gestützt. Der König schickte es kurzzeitig ins Exil nach Troyes, mußte es aber bald wieder zurückrufen. In Paris wurden die reaktionären Parlamentarier als »Väter des Volkes« empfangen. Der König konnte eine Anleihe nur durch die Bemerkung erzwingen: »Dies ist legal, weil ich es will!« Immerhin gelang es Loménie, ein Toleranzedikt für die Protestanten, wie es schon lange von den Aufklärern gefordert wurde, durchzusetzen. Bezeichnenderweise widersetzten sich drei Provinzparlamente. Im Frühjahr 1788 führten weitere Reformversuche zu heftigen Reaktionen, ja zu offener Rebellion in der Dauphiné; in Grenoble wurden die Soldaten, die den Aufruhr unterdrücken sollten, mit Dachziegeln beworfen *(journée des tuiles)*. Die Provinzialversammlung machte sich die allgemeine Forderung nach Einberufung der Generalstände *(Etats généraux)*, die seit 1614 nicht mehr getagt hatten, zu eigen. Loménie gab angesichts des Aufruhrs nach und berief am 8. August 1788 die Generalstände zum 1. Mai 1789 ein. Er selbst mußte am 25. August sein Amt abgeben, im Gegensatz zu seinen Vorgängern von dem König und der Königin bedauert.

Der Gang der Ereignisse machte immer mehr deutlich, daß ein allgemeiner Autoritätsverlust eingetreten war. Schon seit einiger Zeit zirkulierten in Paris verleumderische Pamphlete gegen das königliche Paar, besonders schmutzigen Inhalts, wenn es um die Königin ging. Dies alles trug dazu bei, den alten Mythos des von Gott auserwählten Königtums in Frankreich zu zerstören. Der Widerstand der Parlamente und der Aufruhr in den Provinzen und in Paris machten die Ohnmacht des Ancien Régime und seines obersten Vertreters deutlich.

Zweite Berufung Neckers

Ende August 1788 wurde Necker, von dem man sich Wunder erwartete, erneut berufen und zum »Ersten Staatsminister« *(principal ministre d'Etat)* ernannt. Er drängte zu Konzessionen gegenüber den Parlamenten und berief zur Vorbereitung der Generalstände im November die Notabelnversammlung wieder ein. Die fast ausschließlich aristokratischen Vertreter lehnten in der Mehrheit die Verdoppelung der Mitglieder des Dritten Standes in den Generalständen ab, und auch das Parlament von Paris zeigte seinen wahren, reaktionären Charakter: Es verlangte die Einberufung der Generalstände nach der Ordnung von 1614, in der jeder der drei Stände die gleiche Vertreterzahl und eine Stimme hatte, wodurch die beiden privilegierten Stände bei der Durchsetzung ihrer meist gemeinsamen Interessen immer die Mehrheit hätten. Diese »Geschäftsordnungsdebatte« führte zu einem Kompromiß, durch den dem Dritten Stand zwar die gleiche Zahl an Abgeordneten wie den beiden anderen zusammen zugesprochen, aber nichts über die Abstimmungsmodalitäten festgelegt wurde. Die Auseinandersetzungen darüber, ob die Generalstände nach den Ständen oder nach Einzelstimmen Entscheidungen treffen könnten, war also vorprogrammiert. Die entscheidende Machtfrage stand noch an.

Der Wahlmodus der Repräsentanten sah für die beiden oberen Stände die Direktwahl vor, während für den Dritten Stand in zwei oder drei Stufen gewählt werden mußte. Immerhin erhielt fast jeder männliche Franzose ab 25 Jahren die Möglichkeit, seinen politischen Willen auszudrücken. Ausgeschlossen waren Bettler, Landstreicher und Hausangestellte – und alle Frauen, die in Frankreich erst 1944 unter de Gaulle das Wahlrecht erhielten.

Die Beschwerdehefte

Die Versammlung jeder Wahlstufe, also auch jeder Landgemeinde, hatte ihre Wünsche und Vorstellungen in sogenannten Beschwerdeheften *(cahiers de doléances)* zu sammeln und vorzulegen. Überall wurden diese Texte frei diskutiert und zur Abstimmung vorgelegt, ein höchst interessanter Vorläufer der modernen Meinungsumfragen! Wenn man von den örtlich oder persönlich bedingten Partikularinteressen absieht, läßt sich aus den Beschwerden in Umrissen der gemeinsame politische Wille der drei Stände erkennen, dem Königreich eine liberale und nicht zentralisierte Verfassung zu geben, die die Rechte der einzelnen sichert: Eigentum, persönliche Freiheit, Toleranz, gleiches Recht für alle, Steuererhebung durch Versammlungen und nach Abstimmung. Im großen und ganzen die Forderungen der »Philosophen«, deren Gedanken zum Allgemeingut geworden waren. Der Dritte Stand von Paris hatte insbesondere auf die Nation als Ganzes hingewiesen, der mit dem König zusammen die gesetzgebende Gewalt zukäme, während die ausführende Gewalt allein bei dem Monarchen verbliebe. Insgesamt wird bei dem Dritten Stand das Bestreben deutlich, die rechtliche und politische Gleichheit aller Bürger zu erreichen, also praktisch den bisherigen Staatsaufbau nach Ständen abzuschaffen.

Der Prozeß der Meinungsbildung im Land wurde von einer Flut von Pamphleten, Flugschriften und Broschüren getragen. Die bekannteste dieser Schriften stammt von dem Abbé Emmanuel Sieyès, der schon 1788 in einer Abhandlung über die Privilegien festgestellt hatte, daß diese »von der Natur der Sache her ungerecht, verabscheuungswürdig und im Widerspruch zum letzten Ziel jeder politischen Gemeinschaft« stünden. Seine im Januar 1789 erschienene Schrift mit dem bezeichnenden Titel »Was ist der Dritte Stand?« *(Qu'est-ce que le Tiers Etat?)* fand eine enorme Verbreitung. Zu diesem Erfolg trugen die drei schlagwortartigen Fragen und Antworten am Beginn nicht wenig bei:

»Was ist der Dritte Stand? – Alles!
Was war er bis jetzt in der politischen Ordnung? – Nichts!
Was verlangt er? – In ihr etwas zu werden!«

Sieyès, der über lange Zeit hin großen Einfluß auf die Entwicklung der Revolution haben sollte, forderte in seiner Argumentation bereits die Konstituierung der Abgeordneten des Dritten Standes als Nationalversammlung. Andere derartige Schriften »Über den Einfluß der amerikanischen Revolution« und »Ideen über den Despotismus« hatte der Philosoph und Mathematiker Condorcet verfaßt, der während der Revolution einen breit angelegten Plan für ein öffentliches Bildungswesen vorlegte. Derartige politische Grundanschauungen wurden in Salons und politischen Clubs entwickelt. Condorcet und Sieyès gehörten beispielsweise der »Gesellschaft der Freunde der Schwarzen« *(Société des amis des noirs)* an. Ein anderer derartiger Club, der *Club de Valois*, tagte bei dem Vetter des Königs, dem Herzog von Orléans, dessen Palais Royal sich zu einem Zentrum der Agitation entwickelte. Nicht zu übersehen ist letztlich der Einfluß der Freimaurerlogen, in denen zahlreiche liberale und philanthropische Mitglieder des Hochadels Einfluß ausübten. Bestimmte Schlagwörter wurden Mode und erschienen allenthalben: »Bürgersinn« *(civisme)*, »Patriotismus«, »Nation«, »Volk«, »Staatsbürger« und vor allem »der Souverän«, mit dem neben dem König auch schon das Volk bezeichnet wurde.

Die Stimmung im Land wurde nicht nur von der politischen Diskussion geprägt, sondern auch von einer wirtschaftlichen und sozialen Unruhe, die durch eine Verteuerung und Verknappung des Brotes, also des Hauptnahrungsmittels, entstanden war. Der Hunger führte zu Plünderungen und Übergriffen. Die Truppe mußte zum Schutz der Lager und Getreidelieferungen eingesetzt werden. Kritisch war die Lage besonders in Paris, wo es schon vor dem Sturm auf die Bastille zu einem regelrechten Aufstand gegen den Versuch des Fabrikanten Réveillon gekommen war, die Preise und Löhne zu senken. Wegen der Plünderungen und Brandschatzungen griffen die Soldaten ein, von denen zwölf getötet wurden, während man die Zahl der toten Aufständischen auf 300 schätzte. Dies geschah Ende April 1789, wenige Tage, bevor die Vertreter der Generalstände in Versailles zusammentraten! Die Revolution stand schon vor der Tür, die der Dritte Stand nur noch aufzustoßen hatte.

Die Generalstände

Die Generalstände, die am 5. Mai 1789 in Versailles zusammentraten, setzten sich aus 1165 Vertretern zusammen: 270 für den Adel, 291 für den Klerus, 578 für den Dritten Stand. Unter den Adligen gab es einige, die für neue politische Ideen aufgeschlossen waren – so etwa La Fayette und der Herzog von La Rochefoucauld. Unter den Vertretern des minderheitlichen hohen Klerus trat Talleyrand, der Bischof von Autun auf; die überwiegende Mehrheit des Klerus setzte sich aus Priestern, insbesondere vom Land, zusammen, die die Sorgen und Nöte des Volkes kannten, wie etwa der Abbé Grégoire. Für die Anfangsphase der Revolution war die Nähe des niederen Klerus zum Dritten Stand und seinen Forderungen von größter Bedeutung. Unter dessen Vertretern befand sich weder ein Bauer noch ein Handwerker, dafür gab es um die 100 Händler und Geschäftsleute sowie etwa 300 Juristen, darunter Namen wie Robespierre, Barnave, Le Chapelier. Als »Überläufer« aus den privilegierten Ständen hatten sich der Abbé Sieyès in Paris und

Graf Mirabeau in Aix-en-Provence als Vertreter des Dritten Standes wählen lassen.

Die Eröffnungsreden des Königs, des Justizministers und Neckers enttäuschten die Abgeordneten des Dritten Standes. Die entscheidende Machtfrage, ob nach Ständen oder Mitgliedern abgestimmt werden soll, war immer noch nicht entschieden. Um nichts zu präjudizieren, konstituierte sich der Dritte Stand im Gegensatz zu den beiden anderen nicht als eigene Versammlung zur Überprüfung der Legitimation der Abgeordneten. Stattdessen wurde beschlossen, in enger Anlehnung an das englische »House of Commons« die Bezeichnung »Abgeordnete der Gemeinden« *(députés des communes)* anzunehmen. Über einen Monat hielt der Dritte Stand seine Verzögerungstaktik ein. Keine Sachfrage konnte ohne die Konstituierung entschieden werden. Am 10. Juni endlich lud er auf Vorschlag von Sieyès die beiden anderen Stände ein, gemeinsam die Legitimation »aller Vertreter der Nation« zu überprüfen. In den nächsten Tagen stießen einige Priester, darunter der Abbé Grégoire zum Dritten Stand. Am 17. Juni wurde auf Vorschlag von Sieyès die Bezeichnung »Nationalversammlung« *(Assemblée nationale)* angenommen. Zwei Tage später beschloß der Klerus, sich ihr anzuschließen, während der Adel an den König appellierte.

Der Ballhausschwur

Unter dem Vorwand notwendiger Arbeiten für eine Vollversammlung der Stände ließ der Monarch den Tagungssaal schließen. Der Dritte Stand zog daraufhin am 20. Juni in den nahegelegenen Saal des Ballspielhauses. In diesem schmucklosen hohen Raum ohne Sitzgelegenheit kam es unter dem Vorsitz des angesehenen Astronomen Bailly zu dem berühmten Schwur, der bis auf einen von allen Vertretern geleistet wurde: »Die Nationalversammlung beschließt, nicht auseinanderzugehen und überall, wo die Umstände es erfordern, zusammenzukommen, bis die Verfassung des Königreichs geschaffen und auf sicheren Grundlagen gefestigt ist.« Am 22. Juni schlossen sich 150 Abgeordnete des Klerus und zwei des Adels der Nationalversammlung an.

In einer Sitzung mit dem König am 23. Juni wich dieser von dem liberalen Plan Neckers ab und zeigte auf, bis zu welchen Grenzen er freiwillig zu gehen bereit war. Er akzeptierte nur die wenigen Reformen, die auch der Adel mittragen wollte. Neckers Abwesenheit und die mit Drohungen verbundene Anweisung des Königs, nach Ständen getrennt zu beraten, reizten den Dritten Stand, der nach dem Auszug des Königs, des Adels und des hohen Klerus aufgefordert wurde auseinanderzugehen. Bailly fand die Antwort: »Die versammelte Nation hat keine Befehle entgegenzunehmen«, und Mirabeau gebrauchte die berühmte Formulierung: »Wir sind hier durch den Willen des Volkes und weichen nur der Macht der Bajonette.« Die Versammlung blieb bei ihren Beschlüssen und verkündete zugleich die Unverletzlichkeit ihrer Mitglieder, die Immunität der Abgeordneten. In den folgenden Tagen versammelte sie sich weiterhin mit der Mehrheit des Klerus und am 25. Juni stießen sogar 47 Mitglieder des Adels zu ihr, darunter der Herzog von Orléans. Am 27. Juni gab der König schließlich nach und forderte »seinen treuen Klerus und seinen treuen Adel« auf, mit dem Dritten Stand zu tagen. Ein solches Schwanken zwischen Drohungen und anschließenden Konzessionen war für die Politik des Königs, sofern man von einer solchen sprechen kann, charakteristisch und untergrub allmählich das Vertrauen in seine Person.

In den ersten Julitagen ließ er Truppen um Paris zusammenziehen. Dennoch nahm die Versammlung am 9. Juli die Bezeichnung »Verfassunggebende Nationalversammlung« (Assemblée nationale constituante) an. Es wurde nun immer deutlicher, daß es nicht mehr um eine bloße Reform des Systems, sondern um seine Veränderung ging. Wieder reagierte der König mit einem Akt, der nur als Zeichen des Unverständnisses gegenüber dem Volk verstanden werden kann: Er entließ den populären Necker und bildet ein Ministerium aus Mitgliedern des reaktionären Adels. In Paris gärte es schon lange und das Ansteigen des Brotpreises wie auch die Arbeitslosigkeit vergrößerten die Unzufriedenheit. Im Palais Royal hielten

Volksredner wie Camille Desmoulins Ansprachen und riefen auf, zu den Waffen zu greifen. Im Tuileriengarten zerstreuten Dragoner einen Demonstrationszug; andere Truppen schlossen sich den Demonstranten an. Am 13. Juli verbreitet sich der Aufstand und überall wurden Waffen gesucht.

Der Sturm auf die Bastille

Am 14. Juli ließ sich eine große Menge aus dem Hôtel des Invalides Gewehre ausliefern. Sie zog zur Bastille, um sich dort mit Pulver zu versorgen. Der Gouverneur der Bastille, de Launay, hatte nur eine kleine Garnison, meist Invalide, in der alten Zwingfestung befanden sich nur acht Gefangene. Nach anfänglichen Verhandlungen kam es zu einem Schußwechsel, der zahlreiche Tote bei den Angreifern forderte. Daraufhin ließen diese durch herbeigeschaffte Kanonen die Tore einschießen; gegen 17.30 Uhr kapitulierten die Verteidiger. Dennoch wurde de Launay wenig später massakriert, sein aufgespießter Kopf im Triumph durch die Straßen getragen. In der Nacht weckte der Herzog von La Rochefoucauld den König und berichtete ihm von dem Geschehen. »Das ist ja eine Revolte!« rief dieser aus. »Nein, Sire«, antwortete der Herzog, »das ist eine Revolution.« Aber Ludwig XVI. raffte sich weder zu Widerstand auf noch folgte er den Ratschlägen Marie-Antoinettes zu fliehen: Er gab nach und ließ die um Paris konzentrierten Truppen abziehen. Am 16. Juli rief er Necker zurück und begab sich am 17. Juli nach Paris, wo er von dem zum Bürgermeister ernannten Bailly und La Fayette empfangen wurde. Auf der Rückfahrt legte er sogar die blaurote Kokarde, die Farben der Stadt Paris an. Ein reuiger Monarch, der Abbitte leistet gegenüber der siegreichen Revolution. Zahlreiche Mitglieder des Hochadels, auch aus der königlichen Familie, erkannten aber die drohende Gefahr, verließen Versailles und emigrierten.

Juli 1789: Aufstände in den Städten, auf dem Land. »Die große Furcht«

In den Provinzstädten gab der 14. Juli das Zeichen für einen allgemeinen Umsturz der zentralistischen Verwaltung und für die Einführung einer weitgehenden Selbstverwaltung auf demokratischer Basis. Dies ging bis zur Schaffung von Nationalgarden. Eine Reihe von Städten schlossen untereinander Städtebünde. Auf dem Land kam es verbreitet zu Aufständen gegen Adlige und ihre Schlösser wie auch gegen die Klöster. Vermutlich wegen dieser Ereignisse und irrationaler Ängste entstand die sogenannte »große Furcht« *(la Grande Peur)*, die sich von einzelnen Epizentren über fast das ganze Land ausbreitete: Gerüchte gingen um, Banden von plündernden und mordenden Räubern seien gesehen worden, die Engländer seien gelandet, die Deutschen und die Piemontesen rückten ein usf. Die Bauern bildeten ihre eigenen Nationalgarden, zogen zu den Schlössern und vernichteten die Urkunden, in denen die Vorrechte der Landbesitzer festgelegt waren. Die Revolution hatte nun auch das Land ergriffen.

Abschaffung der Privilegien

Indem auf dem Land die Herrenrechte in Frage gestellt wurden, wurde auch für die Nationalversammlung das Problem der Privilegien vordringlich. Die Mehrheit erkannte die Notwendigkeit, die Lage der Landbevölkerung grundlegend zu verbessern. Nach vorbereitenden Sitzungen kam es in der Nacht vom 4. auf den 5. August zu einer jener Aufwallungen des Edelmuts und der Großherzigkeit, wie sie bei starker Emotion in einer Versammlung möglich sind. Zwei Mitglieder des Adels trugen das Programm vor: Steuerliche Gleichbehandlung, ersatzlose Abschaffung der Frondienste und der Leibeigenschaft, Ablösung der übrigen Herrenrechte auf Geldbasis zu einem geringen Zinssatz. Der eigene finanzielle Ausgleich blieb also nicht vergessen. Nun traten immer neue Redner auf die Tribüne und verzichteten auf bestimmte Rechte: die Pfarrer auf den

Zehnten, Adlige auf ihre Jagdrechte, Städte auf ihre alten Vergünstigungen usf. Wie zu erwarten, erhob sich bei den Festlegungen der entsprechenden Erlasse in den folgenden Tagen ein gewisser Katzenjammer, und es begann ein Feilschen, insbesondere um den Zehnten, den die Geistlichkeit schließlich verlor. Am 11. August wurde das Dekret verkündet, die Nationalversammlung hob das alte Feudalsystem und damit die Gesellschaftsordnung des Ancien Régime auf!

Erklärung der Menschen- und Bürgerrechte

Die Abschaffung des Feudalsystems hatte in einer kurzen, intensiven Debatte von großer Spontaneität die längere, schon im Juli begonnene Ausarbeitung der Menschen- und Bürgerrechte unterbrochen. Die Diskussion um diese wurde am 12. August wieder aufgenommen und am 26. August mit der »Erklärung der Bürger- und Menschenrechte« (*Déclaration des droits de l'homme et du citoyen*) abgeschlossen. Die Verabschiedung erfolgte also in verhältnismäßig kurzer Zeit, zumal die Versammlung in diesen Tagen noch andere Punkte behandelte. Zweifellos bestand bei der Frage der Ausarbeitung von Grundrechten als Teil der Verfassung eine Beziehung zu der etwa gleichzeitigen Ausarbeitung der amerikanischen Verfassung (1787, mit Zusätzen und Abänderungen verabschiedet 1791). Einige der Staaten, als erster Virginia im Jahr 1776, hatten bereits zuvor ihrer Verfassung einen Grundrechtskatalog vorangestellt. Der Streit um die Priorität ist müßig: Der bestimmende Einfluß auf die modernen, insbesondere europäischen Verfassungen bis hin zum Grundgesetz ging von der französischen Menschenrechtsdeklaration aus, die in die Verfassungen der vierten und fünften Republik mit den von der Zeit her erforderlichen Zusätzen übernommen wurde. Was heute wie ein ehernes Monument aus einem Guß erscheint, war in Wirklichkeit das Ergebnis heftiger Diskussionen, die schließlich zur Beschlußfassung abgebrochen wurden. Daher beginnt der Text mit einem alle Menschen umfassenden Satz im Ton eines Ausrufs: »Die Menschen werden frei und mit gleichen Rechten geboren und bleiben es!«

(Les hommes naissent et demeurent libres et égaux en droits) und schließt mit dem 17., später heftig umstrittenen und im letzten Augenblick hinzugefügten Artikel über die »Heiligkeit und Unverletzlichkeit des Eigentums«. Die Vorschläge zu den Artikeln kamen von den verschiedensten Mitgliedern der Versammlung. Talleyrand wirkte bei Formulierungen mit, der Artikel 11, der die Meinungsfreiheit als eines der »wertvollsten« Menschenrechte bezeichnet, stammt wörtlich von dem Herzog von La Rochefoucauld.

Als Grundrechte des Menschen und Staatsbürgers werden in der Erklärung (Art. 2) aufgeführt: »Freiheit, Eigentum, Sicherheit und Widerstand gegen Unterdrückung« *(... la liberté, la propriété, la sûreté et la résistance à l'oppression).* Eine staatsrechtliche Umwälzung bedeutete die Verlagerung des Souveränitätsprinzips vom König auf die Nation (Art. 3). Die Freiheit wird im Artikel 4 definiert als das Recht, »alles zu tun, was niemand anderem schadet« *(faire tout ce qui ne nuit pas à autrui).* Als besondere Freiheitsrechte werden die Freiheit der Überzeugungen, insbesondere der religiösen, und die Meinungsfreiheit im Artikel 10 beziehungsweise 11 nochmals hervorgehoben. Das mit der Freiheit eng verknüpfte Prinzip der Garantie der Sicherheit, das im englischen Recht schon eine große Rolle spielte und das ein Grundanliegen des 18. Jahrhunderts darstellte, wurde in den Artikeln 7, 8, 9 behandelt: »Niemand soll mehr außerhalb der Vorschriften des Gesetzes angeklagt, verhaftet oder gefangen gehalten werden« *(Nul homme peut être accusé, arrêté ni détenu que dans les cas déterminés par la loi ...* Art. 7). Strafen sind nur möglich nach einem zuvor erlassenen Gesetz (Art. 8). »Jedermann gilt so lange für unschuldig, bis er für schuldig erklärt ist« *(Tout homme étant présumé innocent jusqu'à ce qu'il ait été déclaré coupable,* Art. 9.). Das im Artikel 2 erwähnte Recht auf Eigentum wurde in letzter Minute noch in Artikel 17 präzisiert: Es ist das einzige Grundrecht, das dem einzelnen zugunsten der Gemeinschaft »gegen angemessene und vorhergehende Entschädigung« *(sous la condition d'une juste et préalable indemnité)* genommen werden kann. Das Recht auf Widerstand gegen Unterdrückung stellt eigentlich kein Recht des Gesetzsystems dar, sondern steht außerhalb und sogar gegen dieses. Es ist aus der jahrhundertelangen Unterdrückung durch die Monarchie zu verstehen und erhält seine Erklärung aus der in aller Macht von Menschen über Menschen angelegten Versuchung, Andersdenkende zu unterdrücken.

Ziel und Sinn der Gesellschaft ist die Bewahrung dieser »Naturrechte« des einzelnen (Art. 2), der als Bürger (*citoyen*) am öffentlichen Leben teilnehmen kann (Art. 6). Das Recht ist Ausdruck des Gemeinwillens (*la volonté générale*, Art. 6). Zur Sicherung der Rechte ist eine öffentliche Gewalt (*force publique*, Art. 13) notwendig, für deren Unterhalt die Staatsbürger nach Maßgabe ihrer Möglichkeiten beitragen müssen. Sie haben aber auch das Recht, über die Erhebung, die Höhe und den Gebrauch von Steuern selbst oder durch ihre Vertreter zu entscheiden (Art. 14). Als wichtiger Grundsatz für die auszuarbeitende Verfassung ist Artikel 16 anzusehen, der besagt, daß eine Gesellschaft keine Verfassung hat, in der diese Grundrechte nicht garantiert und in der die Gewaltenteilung nicht festgehalten ist.

Die Tradition der Freiheit des Menschen geht auf das Christentum zurück, das die Freiheit des einzelnen verteidigt, damit er in Frieden an seinem Heil arbeite und das Paradies erlange. Die Aufklärung, deren Ausdruck die Menschenrechtserklärung weitgehend darstellt, hatte diesen Gedanken säkularisiert. Christentum und Aufklärung treffen sich in der Anerkennung der unverletzlichen Würde des Menschen, die universell zu wahren ist, nun aber von der Gesellschaft garantiert werden muß.

Sehr bald zeigte es sich, daß die Erklärung in dieser kurzen, aber prägnanten Form nicht alle Grundrechte umfaßte, sondern durch in der Verfassung und in Gesetzen niedergelegte Garantien ergänzt werden mußte. Sie wurde daher in den späteren Verfassungen Frankreichs von 1793, 1795, 1814, 1830 und 1848 oft in sehr ähnlicher Form ersetzt, erschien aber erstaunlicherweise wörtlich wieder 1852 in der Verfassung des zweiten Kaiserreichs. Ihr eigentliches Kind, die dritte Republik, besaß nie eine Verfassung und daher auch keine Menschenrechtsdeklaration, sondern nur Verfassungsgesetze (*lois constitionnelles*, 1857). Auf die Deklaration von 1789 wird aber in den Verfassungen der vierten Republik (1946) und der fünften Republik (1958) mit Ergänzungen Bezug genommen. Ihre Ausstrahlung auf Verfassungen der Neuzeit ist unübersehbar, bis hin zur »Allgemeinen Menschenrechtserklärung« der UNO von 1948 mit den Ergänzungen von 1966 und der »Europäischen Konvention zum Schutz der Menschenrechte und der Grundfreiheiten« von 1950, die vor einer Kommission und dem Gerichtshof auch von Einzelpersonen eingeklagt werden kann. Letztlich ist nicht zu übersehen, daß bis zum Ende des 20. Jahrhunderts die Menschenrechte an politischer Kraft noch gewonnen haben und die Grundlage der politischen Moral der Demokraten bilden.

Die Ausarbeitung der Verfassung

Mit der Abschaffung der Privilegien und der Erklärung der Menschenrechte waren dem alten Gesellschaftssystem die Grundlagen genommen worden; um eine neue, parlamentarische Ordnung zu schaffen, befaßte sich die Versammlung weiter mit der Ausarbeitung der Verfassung. Dabei standen sich – Parteien im modernen Sinn gab es noch nicht – zwei Richtungen gegenüber: einerseits die Anhänger der Monarchie, die dem König ein absolutes Veto zubilligen wollten und eine zweite Kammer *(bicamérisme)* mit mäßigendem Einfluß auf die Entscheidungen der Volksvertreter anstrebten. Auf der anderen Seite bildete sich eine Mehrheit der entschiedeneren Demokraten unter Leitung von Sieyès und des sogenannten Triumvirats: Barnave, Duport und Lameth. In Abkehr von englischen Vorbildern setzten sie sich in mehreren wichtigen Entscheidungen durch:

1. In der Verfassung wurde nur eine Kammer vorgesehen *(monocamérisme)*, ohne das Recht des Königs, diese aufzulösen.

2. Das Vetorecht des Königs gegen die Beschlüsse der Versammlung erhielt nur eine aufschiebende Wirkung, allerdings über die Dauer zweier Legislaturperioden (je zwei Jahre).

3. Gegen die Auffassung von Mirabeau wurde die Unvereinbarkeit des Abgeordnetenstatus mit einem Ministeramt festgelegt.

Diese Entscheidungen lassen sich aus den Erfahrungen der Vergangenheit erklären: Die Gewalten sollten strikt getrennt und die übermächtige Exekutive, das heißt der König, in seiner Macht gegenüber der Legislative eingeschränkt werden. Daß nun die Gefahr von der anderen Seite, von der übermächtigen, dem Druck der Straße und der Demagogen ausgesetzten Versammlung drohte, war mangels Erfahrung nicht in das Bewußtsein der Verfassunggeber eingegangen. Die Verfassung wurde stärker geprägt von der Reaktion auf die Vergangenheit als von der Perspektive einer neuen Gesellschaft, wie dies in der Verfassung der USA der Fall war, deren Väter weniger Geschichte zu bewältigen hatten.

Während die Versammlung in Versailles tagte und sorgfältig die Verfassung ausarbeitete, die erst zwei Jahre später vollendet und verkündet wurde (3. 9. 1791), während der König gegen die Dekrete vom 5. bis 11. August hinhaltenden Widerstand leistete, stieg die Spannung in Paris. Im Palais Royal agitiert Camille Desmoulins gegen »Herrn und Frau Veto«, die dem Einfluß des Hofes entzogen und nach Paris gebracht werden sollten. Besonders radikal war die seit September erscheinende Zeitung »Der Volksfreund« *(l'Ami du Peuple)* von Jean-Paul Marat. Um auch der Stadt Paris eine Gemeindeverfassung zu geben, wählten die 60 Distrikte der Stadt 300 Vertreter, darunter viele hervorragende Persönlichkeiten wie Lavoisier, Condorcet, Brissot. Aber die Versammlungen mancher Distrikte machten dem Bürgermeister Bailly und La Fayette mit ständigen Angriffen das Leben schwer, wobei sich im Distrikt Les Cordeliers Georges Danton durch seine heftigen Attacken gegen die Stadtverwaltung hervortat.

Das Volk holt den König nach Paris

Der König reagierte, indem er das Flandrische Regiment nach Versailles kommen ließ. Am 1. Oktober feierte die königliche Leibgarde die Ankunft dieser Truppe, wozu der König mit der Königin und dem Dauphin erschien und sich huldigen ließ. Die Offiziere rissen sich die blau-weiß-roten Kokarden ab und traten sie mit Stiefeln. Die Nachricht von diesen Vorgängen brachte in Paris das Faß zum Überlaufen; schon am 4. Oktober verlangte die Menge, nach Versailles zu marschieren. Am 5. Oktober versammelten sich Frauen, vornehmlich aus dem Viertel der Markthallen, und zogen unter Anführung eines der Mitkämpfer der Bastille bei strömendem Regen nach Versailles. In Paris wartete die Nationalgarde unter La Fayette zunächst ab, bevor sie sich mit zahlreichen Bürgern ebenfalls auf den Weg machte. Unter dem Druck der Frauen sanktionierte der König die Dekrete vom August und versprach Lieferung von Brot, dessen Preis stark gestiegen war. Eine Stunde vor Mitternacht trat La Fayette mit zwei Kommissaren der Kommune vor Ludwig XVI. und forderte ihn zur »Rückkehr« nach Paris auf. Während die Menge im Schloßhof bei Lagerfeuer kampierte und Revolutionslieder sang, gingen der Hof und auch La Fayette mit seiner Nationalgarde schlafen, in unbegreiflicher Verkennung dessen, wozu eine revolutionäre Masse fähig ist.

In den frühen Morgenstunden des 6. Oktobers kam es zu blutigen Zusammenstößen zwischen der Leibgarde und dem Volk, das in das Schloß bis zum Schlafzimmer der Königin vordrang. Die endlich eintreffende Nationalgarde stellte mühsam die Ordnung wieder her. Der König aber, der sich vom Balkon mit Marie-Antoinette und dem Dauphin zeigte, gab dem Verlangen des Volkes nach und sagte zu, mit nach Paris zu ziehen. Die Menge jubelte und auch die Versammlung beschloß, dem König nach Paris zu folgen. Offenbar war weder diesem noch den Abgeordneten klar, daß sie sich damit in die Gefangenschaft begeben und früher oder später ihre Entscheidungsfreiheit verlieren würden. Gegen Mittag setzte sich dann ein grotesker Zug in Bewegung: die Nationalgarde mit Brotlaiben auf den Bajonetten, Frauen, die Brotwagen und Kanonen begleiteten, dann die entwaffneten Soldaten der Leibgarde, des Flandrischen Regiments und der Schweizergarde, der Wagen der königlichen Familie, begleitet von La Fayette, schließlich die Wagen der Abgeordneten und die Volksmenge. Gegen zehn Uhr abends richtete sich die königliche Familie in dem alten Schloß der Tuilerien ein, das zwischen den heute offenen Flügeln des Louvre lag.

KGR. ENGLAND

VEREINIGTE NIEDERLANDE

DEUTSCHES REICH

Der Kanal

Kanal-In. (engl.)

Deux-Nethes
Lys
Escaut
Dyle
Meuse-inf.
Roer
Rhin-et-Moselle
Nord
Jemappes
Sambre-et-Meuse
Ourthe
Sarre
Mont-Tonnerre
Pas-de-Calais
Ardenne
Forêts
Somme
Seine-Inf.
Aisne
Oise
Marne
Meuse
Moselle
Calvados
Eure
Seine-et-Oise
Seine-et-Marne
Haute-Marne
Meurthe
Finistère
Manche
Orne
Eure-et-Loire
Aube
Vosges
Côtes-du-Nord
Ille-et-Vilaine
Mayenne
Sarthe
Loir-et-Cher
Loiret
Yonne
Haute-Saône
Haut-Rhin
Bas-Rhin
Morbihan
Loire-Inf.
Maine-et-Loire
Indre-et-Loire
Cher
Nièvre
Côte-d'Or
Doubs
Jura
SCHWEIZ
Vendée
Deux-Sèvres
Vienne
Indre
Allier
Saône-et-Loire
Ain
Léman
Charente-Inf.
Charente
Haute-Vienne
Creuse
Corrèze
Puy-de-Dome
Loire
Rhône
Isère
Savoyen 1796/98
Mont Blanc
PIEMONT
Golf von Biscaya
Gironde
Dordogne
Cantal
Haute-Loire
Ardèche
Drôme
Hautes-Alpes
Nizza 1796/
Landes
Lot-et-Garonne
Lot
Aveyron
Lozère
Gard
Vaucluse 1791
Basses-Alpes
Alpes Maritimes
Basses-Pyrénées
Gers
Haute-Garonne
Tarn
Hérault
Bchs-du-Rhône
Var
LIGURISCHE REPUBLIK
Hautes-Pyrénées
Ariège
Aude
KGR. SPANIEN
REP. ANDORRA
Pyrénées-Orient.

N

0   100   200 km

Mittelmeer

Einteilung des Landes in Départements (nach 1789)

— · — · — Staatsgrenze	▨ Gebiet Frankreichs 1789
— · — · — Départementsgrenze	▨ Gebietserwerbungen im Frieden von Lunéville (1801)

Auf eine jämmerliche Weise war das Ende der Monarchie eingeläutet! Innerhalb von fünf Monaten hatten sich die Ereignisse überstürzt, getragen von drei neuen Machtpolen: der im wesentlichen von den Gedanken der Aufklärung getragenen Nationalversammlung, die die Verfassung ausarbeitete, vom Pariser Volk, das durch seinen Druck die Beschleunigung der Entscheidungen erzwang, und von der Bauernschaft des Landes, die sich ihr Recht nahm und dem Feudalsystem ein Ende bereitete. Die Monarchie hatte keine eigenen, zukunftsweisenden Ideen, der König blieb seiner »Partei«, dem Adel, verbunden und seine widerwillig gemachten Konzessionen verdienten ebensowenig Vertrauen wie seine gelegentlichen Lippenbekenntnisse.

Die Nationalgüter.
Einteilung des Landes in Départements

Die Versammlung, die nun im Manege-Saal am Garten der Tuilerien tagte, behandelte eine ganze Reihe von Dekreten, die das Land umgestalteten und ihm das uns heute vertraute Gesicht verliehen. Ein Vorschlag, dessen Verwirklichung sich bis zur Mitte des folgenden Jahres hinzog, wurde der Versammlung von Talleyrand, dem Bischof von Autun, am 2. November 1789 vorgelegt und von ihr angenommen: Die – sehr großen – Besitztümer des Klerus sollten der Nation zur Verfügung gestellt werden, die ihrerseits für die Kosten der kultischen Handlungen, für den Unterhalt der Geistlichen und für die Unterstützung der Armen aufzukommen hätte. Dieser Beschluß sollte weitreichende Folgen haben, da er die bisherige Einheit von Staat und Kirche aufhob und den langen Prozeß der Trennung beider einleitete. Schon im Dezember wurde eine »Sonderkasse« *(Caisse de l'extraordinaire)* geschaffen, in die aus dem Erlös der »Nationalgüter« *(biens nationaux)* 400 Millionen livres fließen sollten. Bis zum Verkauf der Kirchengüter wurden Schuldverschreibungen ausgegeben, die Assignaten *(assignats)*, die zunächst keinen Anklang beim Publikum fanden. Erst allmählich wurden die Assignaten zum Papiergeld ohne Verzinsung, für das ein Zwangskurs festgelegt wurde. Die Entwertung und damit die Inflation setzte bald ein: Der wahre Kurs der Assignaten wurde an der Londoner Börse festgelegt und sank sehr schnell. Die Nationalgüter wurden allmählich von den Gemeinden versteigert und bevorzugt von wohlhabenden Bauern und Bürgern erworben. So entstand eine Schicht von Bereicherten, die ihren Wohlstand der neuen Gesellschaftsordnung verdankte und an deren Weiterbestand interessiert war. Der Staat seinerseits sorgte ab April 1790 für den Unterhalt der Priester, die dadurch im allgemeinen besser gestellt waren.

Eine andere wichtige Maßnahme noch im Dezember 1789 war der Beschluß, das Land in etwa gleich große Départements einzuteilen und deren Unterteilung und Verwaltung zu regeln. Bis Februar 1790 war die Grenzziehung der Départements beendet, die Provinzen des Ancien Régime mit ihren nur noch als willkürlich empfundenen Besonderheiten hatten einer rationalen Aufteilung Platz gemacht. Die damals entstandenen 83 Départements bestimmen noch heute trotz mancher Veränderungen die Landkarte Frankreichs. Für die Entwicklung zur Demokratie trug auch der Beschluß bei, daß in jeder Stadt oder Gemeinde eine Gemeindeverwaltung einzurichten sei. Diese örtlichen Verwaltungen, die Verwaltungen der nächsten Ebene, der Distrikte, und die Generalräte der Départements waren durch Wahl zu bestimmen.

1790

Innerhalb der revolutionären Bewegung vermittelt das Jahr 1790 den Eindruck einer gewissen Beruhigung (l'année heureuse). Während das auf Paris mehr oder weniger zutraf, herrschten in vielen Teilen der Provinz oft bürgerkriegsähnliche Zustände. Gegen den drohenden Zerfall des Landes suchten die Anhänger der Revolution wie die Nationalgarden und die neuen, gewählten Stadtverwaltungen sich zusammenzuschließen, eine Föderation zu bilden. Den Höhepunkt dieser Bewegung bildete die »Bundesfeier« (fête de la Fédération) am

14. Juli, dem ersten Jahrestag des Sturms auf die Bastille. Sie wurde auf dem Marsfeld *(Champ de Mars)*, auf dem später der Eiffelturm errichtet wurde, mit großem Aufwand begangen. Der König, die Abgeordneten, der Hof und das Volk von Paris waren vor dem Altar vereint, an dem Talleyrand die Messe las und vor den La Fayette trat, um »der Nation, dem Gesetz und dem König« Treue zu schwören. Auch der König leistete den Schwur, daß er die ihm zuerkannte Gewalt zur Bewahrung der ausgearbeiteten Verfassung gebrauchen werde. Wie so häufig in der Geschichte folgte dem Jubel und der allgemeinen Begeisterung sehr bald die Enttäuschung. Der König hatte schon am 4. Februar vor der Nationalversammlung erklärt, daß er und die Königin die neue Ordnung ohne Hintergedanken annähmen, aber es zeigte sich bald, was die Zustimmung eines Gefangenen zu seiner Gefangenschaft wert war.

Die zivilrechtliche Verfassung des Klerus

Der Konflikt, der die Nation zutiefst und nachhaltig spalten sollte, war schon angelegt, als man das Fest der Einheit beging: Im Februar hatte die Nationalversammlung die Mönchsgelübde verboten und die kontemplativen Orden aufgehoben, und im April lehnte sie die Anerkennung der katholischen Religion als Staatsreligion ab. Am 12. Juli, zwei Tage vor der Bundesfeier, beschloß sie die zivilrechtliche Verfassung des Klerus *(la constitution civile du clergé)*: Die Diözesen wurden den Départements angepaßt; ihre Zahl sank dementsprechend von 130 auf 83. Bischöfe und Pfarrer waren zu wählen. Sie erhielten vom Staat eine Besoldung. Der Klerus hatte den Treueid auf die Verfassung abzulegen. Die Mehrheit des Klerus zeigte sich geneigt, die neue Ordnung anzunehmen, der König und der Papst mußten noch ihre Entscheidung treffen. Der König akzeptierte schon am 22. Juli die zivilrechtliche Verfassung, aber einen Tag später trafen Botschaften des Papstes ein, die sie verurteilten. Durch Austausch von Gesandten wurde vergeblich ein Kompromiß gesucht.

Der Widerstand des Papstes, der sich auch gegen die Erklärung der Menschenrechte richtete und durch die Sorge um »seine« Stadt Avignon noch verstärkt wurde, fand seinen öffentlichen Ausdruck erst 1791, war aber bald schon bekannt und stürzte den Klerus in eine schwere Krise. Die Nationalversammlung gab den Priestern am 27. November zwei Monate Zeit zur Eidleistung, am 26. Dezember billigte der König das Dekret, aber nur 99 der 250 Abgeordneten des Klerus leisteten den Eid, darunter Talleyrand und Loménie de Brienne. Insgesamt weigerte sich fast die Hälfte des Klerus, den Eid zu leisten. Die Zahl der Eidverweigerer nahm aber zu, als 1791 die offizielle Stellungnahme des Papstes vorlag. Viele Bischöfe gingen ins Exil, und zwischen den eidleistenden und den eidverweigernden Priestern kam es zum Konflikt, wobei die Gemeinden meist zu den Eidverweigerern hielten. 1792–1793 erreichte die Auseinandersetzung ihren Höhepunkt. Sie enthielt in ihrem Kern bereits die Trennung des – laizistischen – Staates und der Kirche, eine Trennung, die zu den Hauptzielen der dritten Republik gehörte und 1905 endlich durchgesetzt wurde.

Die in der Versammlung repräsentierte Revolution stand zunächst kriegerischen Handlungen ablehnend gegenüber. Vor allem wollte man die Zwänge der Koalitionen vermeiden, durch die das Land in einen Konflikt geraten konnte, ohne in ihm eigene Interessen zu verfolgen. Das zeigte sich, als Spanien mit England in eine Auseinandersetzung um eine Bucht im heutigen Britisch-Kolumbien in Kanada geriet. Es appellierte an Frankreich aufgrund des Familienpaktes der in beiden Ländern herrschenden Bourbonen. Während La Fayette und die Anhänger der Monarchie dem König das Recht, über Verträge und auch über Krieg und Frieden zu entscheiden, vorbehalten wollten, widersetzte sich die »Linke« diesem Vorrecht, und man räumte dem König nur das Recht ein, der Versammlung, die die Entscheidung zu treffen hatte, Vorschläge über Krieg und Frieden zu machen. Die Versammlung faßte den Beschluß, daß »die französische Nation auf jeden Eroberungskrieg verzichtet« und »ihre Macht niemals gegen die Freiheit irgendeines Volkes einsetzen wird«.

Auswirkungen im Ausland

Es lag auch nicht in der Absicht der Versammlung, die Revolution zu »exportieren«, doch das französische Vorbild wirkte als solches, vor allem bei den direkten Nachbarn: Schon am 18. August 1789 vertrieb das Volk den Fürstbischof von Lüttich, Ende Oktober griff der Aufstand auf die Österreichischen Niederlande über, im Januar 1790 wurden in Brüssel die »Vereinigten Staaten von Belgien« ausgerufen; den österreichischen Truppen gelang es erst im Dezember, den Aufstand in Brüssel niederzuschlagen. In Polen, das 1772 bereits große Gebietsverluste an Preußen, Österreich und Rußland erlitten hatte (Erste Polnische Teilung), wurde eine weitgehend von der französischen Revolution beeinflußte Verfassung ausgearbeitet und am 3. Mai 1791 angenommen, wodurch das Mißtrauen seiner gierigen Nachbarn wieder geweckt und die nächste Teilung (1793) vorbereitet wurde. Zu Aufständen kam es 1790 auf den französischen Antillen und auf Mauritius *(Ile de France)*. Die Nationalversammlung hatte im März auf Vorschlag von Barnave die Sklaverei aufrechterhalten, auf der die Plantagenwirtschaft der Inseln beruhte. Erst der Konvent beschloß am 4. Februar 1794 ihre Abschaffung in den meisten Kolonien, ohne Entschädigung für die Besitzer. Daraufhin erhoben sich die Farbigen auf Haiti und erklärten ihren unabhängigen Staat, der sich trotz mancher Interventionen Frankreichs und Wechsel des Systems erhielt und 1825 schließlich von Frankreich anerkannt wurde.

Im unmittelbaren Nachbarland Deutschland fand die Revolution beim Volk, soweit es politisch dachte, und insbesondere bei den Intellektuellen und an den meisten Universitäten eine breite Zustimmung. Klopstock, Hegel, Hölderlin, Schelling gaben ihrer Begeisterung Ausdruck, Herder, Wieland, Kant und Schiller, dem die französischen Ehrenbürgerrechte zuerkannt wurden, begrüßten die »Wende« in Frankreich. In der nahezu einhelligen Zustimmung blieb einer zurückhaltend und skeptisch: Goethe. Der Jahrestag der Erstürmung der Bastille wurde in Hamburg 1790 feierlich begangen! Die Publizistik nahm bei der Auseinandersetzung zwischen den Anhängern und Gegnern der Revolution einen großen Aufschwung. Das politische Interesse war stärker erwacht, aber für die Entwicklung des deutschen Nationalbewußtseins waren die folgenden Auseinandersetzungen mit Frankreich wohl noch wichtiger als die Revolution selbst. Es lag in der Natur der Sache, daß in erster Linie das Reich und Österreich, bald aber auch Preußen in Konflikt mit dem Revolutionsregime gerieten.

Die Arbeit der Nationalversammlung

Die Nationalversammlung hatte im Jahr 1790 zahlreiche Dekrete erlassen, die die alte Ordnung abschaffen und eine neue an ihre Statt setzen sollten. So wurde beispielsweise im Januar den Juden im Südwesten und in Avignon die Staatsbürgerschaft verliehen, das Erstgeburtsrecht wurde im Februar abgeschafft, die Salzsteuer *(la gabelle)* und die berüchtigten Verhaftungsbefehle *(lettres de cachet)* im März aufgehoben. Im Mai bildete man einen Ausschuß, um die Vereinheitlichung der Maße und Gewichte zu erarbeiten. Im Juni wurde der erbliche Adel mitsamt Titeln, Wappen und Livreen abgeschafft. Im August ging man an die Reform des Gerichtswesens und schuf drei Arten von Richtern: Staatsbürger konnten Schiedsrichter *(arbitres)* werden, die Départementsversammlungen wählten für zwei Jahre Friedensrichter *(juges de paix)*. Die Richter der Gerichtsdistrikte sollten als Beamte für sechs Jahre gewählt werden. Schließlich regelte man im September 1790 auch die Laufbahnen in der Armee. Insgesamt wurde die Modernisierung der Strukturen Frankreichs, die Napoleon durchführen sollte, schon 1790 eingeleitet und 1791 fortgesetzt. Die Arbeit an der Verfassung schritt parallel dazu voran. Allerdings wurde diese – bei aller Unruhe im Land – kontinuierliche Arbeit durch die Flucht des Königs gefährdet.

Die Flucht nach Varennes

Ludwig XVI. und Marie-Antoinette hatten sich mehr Zugeständnisse abringen lassen, als sie im Grunde machen wollten.
In einem Brief an den spanischen König Karl IV. hatte Ludwig
ausdrücklich Protest eingelegt gegen alles, was er gegen seinen
Willen genehmigt hatte. In erster Linie lehnte er die Beseitigung
der Privilegien ab. Der Gedanke an eine Flucht wurde im Jahr
1791 immer dringlicher. Im Februar waren die Tanten des Königs emigriert, seine Brüder sammelten schon lange in den benachbarten Ländern Anhänger und Truppen. Als der König
sich am 18. April 1791 wie in jedem Jahr zu seinem Schloß
Saint-Cloud begeben wollte, wurde er an der Ausfahrt gehindert. Er ließ versichern, daß er nicht an Flucht denke, und bereitete diese gleichzeitig vor.

Ziel waren die im Osten des Landes unter dem königstreuen
Marquis de Bouillé stationierten Truppen. Nach schwierigen
Vorbereitungen gelangte der mit sechs Pferden bespannte
schwere Wagen mit der königlichen Familie bis nach Varennes
im Département Meuse (20.–21. 6. 1791), nicht allzu weit von
seinem Ziel Montmédy entfernt. Der König war aber schon zuvor in einer Posthalterei erkannt worden. Er wurde an der Wei-
terfahrt gehindert und in einem langen Zug von der Nationalgarde nach Paris zurückbegleitet, wo ihn die Bevölkerung mit
eisigem Schweigen empfing. Allgemein nahm man an, daß seine
Flucht die auswärtigen Mächte zum Eingreifen auffordern
sollte. Noch vor der Verkündigung der Verfassung hatte damit
die Idee der Monarchie einen schweren Schlag erlitten. Offen
wurden ihre Abschaffung und die Einführung der Republik
diskutiert. Die Versammlung beschloß am 25. Juni 1791 die
einstweilige Amtsenthebung des Königs. Aber die Gemäßigten, die den Bestand der Monarchie wünschten, setzten sich mit
der Fiktion einer Entführung des Königs durch, der für unver-
letzlich erklärt und in seine Funktionen eingesetzt wurde, sobald er die Verfassung gebilligt hätte.

Das Blutbad auf dem Marsfeld

Mitte Juli 1791 spaltete sich der Jakobinerclub, den die Gemäßigten mit La Fayette verließen, um den Club der *Feuillants* zu gründen. Der linke Flügel unter Robespierre blieb. Am Tage danach, dem 17. Juli, sammelte der radikale Club der *Cordeliers* unter Danton Unterschriften für die Absetzung des Königs. Es kam zum Zusammenstoß mit der Nationalgarde unter La Fayette und zu einem Blutbad auf dem Marsfeld. Dabei führte die Nationalgarde zum Zeichen des Kriegsrechts die rote Fahne, die später vom Signal der Unterdrückung zu dem des Aufstands werden sollte. Am nächsten Tag erging ein Verbot von Aufrufen zu Mord, Plünderung und Brandschatzung. Danton mußte nach England fliehen, Marat versteckte sich. Die »Rechte« – wie ihre Widersacher, die »Linke«, so benannt nach der Sitzordnung zum Präsidenten in der Versammlung – hatte sich zunächst durchgesetzt, aber der Haß zwischen den Fraktionen war durch das vergossene Blut nur gewachsen und die kommenden Konflikte zeichneten sich ab. Zwar wurde die Amnestie Mitte September verkündet, aber die Feindschaft zwischen »Volk« und »Bürgertum« blieb bestehen.

Die Verfassung

Die erste Verfassung Frankreichs in der Form einer konstitutionellen Monarchie war geprägt von einer strikten Trennung der gesetzgebenden und der ausführenden Gewalt. Die Legislative war in einer Kammer von 745 Abgeordneten konzentriert und besaß ein starkes Übergewicht gegenüber der Exekutive in der Gestalt des Königs und seiner Minister. Diese bildeten kein Kabinett, erhielten keinen Premierminister, durften nicht Mitglied der Versammlung sein und waren vor ihr nicht politisch, sondern nur strafrechtlich verantwortlich. Der König selbst unterstand dem Gesetz und »regiert nur durch dieses«. Er war nicht mehr von Gott erkoren, sondern hatte als ein Verfassungsorgan den Treueid auf die Nation und das Gesetz zu leisten.

Entgegen der Gleichheitsforderung in der Menschenrechtsdeklaration erhielten nur die Aktivbürger *(citoyens actifs)* das
Wahlrecht, ab dem Alter von 25 Jahren; das von einzelnen
Frauen geforderte Frauenwahlrecht wurde nicht eingeführt.
Die Wahl hatte über Wahlmänner zweiten Grades *(électeurs du
second degré)* zu erfolgen, die noch mehr Besitz hatten. Erst
diese wählten die Abgeordneten. Die »Gesetzgebende Versammlung« *(Assemblée législative)* wurde nicht vom König
einberufen, der sie auch nicht auflösen konnte. Sie tagte ständig
und war für zwei Jahre gewählt. Dem König blieb ein aufschie-
bendes Veto.

De facto handelte es sich bei dieser Verfassung um eine Par-
lamentsherrschaft *(régime d'assemblée)*, verständlich aus der
historischen Erfahrung der übermächtigen Exekutive im Absolutismus. Aus Furcht vor deren Macht waren die Rechte des
Königs und seiner Minister sehr stark eingeschränkt worden.
Die Gefahr der Machtkonzentration in der einen Kammer
zeigte sich bald. Am 3. September wurde die Verfassung verkündet, am 14. September legte der König den Eid ab, am 30.
löste sich die Verfassunggebende Versammlung auf. Auf Antrag
Robespierres war festgelegt worden, daß ihre Mitglieder für
die Legislative nicht wählbar sein sollten. So setzte sich diese,
die zu Beginn des Monats gewählt worden war und am
1. Oktober zusammentrat, aus unerfahrenen neuen Politikern
zusammen.

Die konstitutionelle Monarchie

Die Ausgangslage für ein gemäßigtes Regime, wie es den Mitgliedern der Versammlung bei der Ausarbeitung der Verfassung
vorschwebte, war denkbar schlecht: Die Flucht des Königs zu
den im Osten versammelten Gegnern der Revolution, auch
wenn sie als »Entführung« ausgegeben wurde, hatte die Monarchie unglaubwürdig gemacht und die Position des Königs geschwächt. Zu den ideologisch bedingten, allenthalben aufflam-
menden Unruhen im Innern des Landes kamen wirtschaftliche
Schwierigkeiten und die Entwertung der Assignaten. Die

Hauptgefahr für die konstitutionelle Monarchie ergab sich daraus, daß die Mehrheit der politischen Entscheidungsträger die Lösung der Probleme in einem Krieg sah. Wie so oft in der Geschichte sollte die innere Schwierigkeit durch einen Konflikt nach außen überdeckt werden: Der König erhoffte sich von einem Sieg der Gegner die Niederlage der Revolution und eine Stärkung seiner Stellung. Die Linke begeisterte sich dagegen für einen revolutionären Kreuzzug in Europa. Nur ein Teil der gemäßigten *Feuillants* befürchtete die Destabilisierung des gerade erst nach zweijähriger Vorbereitung installierten Systems. Und es darf nicht übergangen werden, daß – völlig isoliert – Robespierre mehrfach im Jakobinerclub gegen den Krieg auftrat und zur Vorsicht mahnte. In der allgemeinen Erregung waren die Stimmen der Vernunft aber zu schwach, und so blieb dem gemäßigten Regime der Verfassung nur die Hälfte der Zeit beschieden, die man zu ihrer Ausarbeitung benötigt hatte.

Die Gesetzgebende Versammlung

Verglichen mit der politischen Zusammensetzung der Verfassunggebenden Versammlung hatten die Wahlen zur Legislative zu einer Verstärkung der »Linken« geführt: Etwa 250 der 745 Abgeordneten zählten sich als loyale Anhänger der Verfassung zu den *Feuillants*, zur Rechten; ungefähr 140 bildeten die Linke als Jakobiner, darunter Brissot, Lazare Carnot, Couthon. Die Mitte *(le marais)* trug zur Verschaffung von Mehrheiten bei. Die Hälfte der Abgeordneten war jünger als 30 Jahre und immer noch 20 Prozent waren Anwälte.

Die politische Willensbildung vollzog sich weitgehend in den Clubs, vornehmlich im Jakobinerclub der rue Saint-Honoré, zu dem nicht nur die Abgeordneten, sondern auch andere politisch gleichgesinnte Bürger zählten. Er bildete in der Provinz zahlreiche Ableger, im Sommer 1791 waren es etwa 400, und bis zum Jahr 1794 stieg ihre Zahl auf 2000. Der Auszug der Gemäßigten unter La Fayette und den Triumvirn aus dem Club im Juli 1791 hatte es den Radikalen unter Robespierre ermöglicht, eine ideologische Zentralisierung über die Provinz einzurichten, die die späteren Erfolge der Linken begünstigte. Der von den Jakobinern abgespaltene Club der gemäßigten *Feuillants*, der ein sehr geringes Echo in der Provinz fand, übte nur zu Beginn der Legislative einen gewissen Einfluß aus. Am weitesten links stand in Paris der Club der *Cordeliers*, geprägt von Journalisten wie Desmoulins, Marat, Hébert und meist geführt von dem Anwalt Danton. Er hatte sich in einem der 48 Stadtbezirke *(sections)* von Paris, die als Wahlbezirke 1790 die 60 Distrikte von 1789 ersetzt hatten, im Viertel des Odéon gebildet. Diese »Sektionen« waren zu Organen einer direkten Demokratie geworden, die das allgemeine Wahlrecht auch für die Passivbürger und die Republik forderten. Hier traten die »Sansculotten« auf, die lange, blauweißrot gestreifte Hosen und nicht die Kniebundhose *(culotte)* des Adels und Bürgertums trugen, oft verwegene Gestalten mit Säbel und Gewehr, auf dem Kopf die rote Mütze. Die Sektionen sollten im Verlauf dieses Jahres eine entscheidende Rolle bei der Radikalisierung der Politik spielen, wobei immer mehr das Volk, Handwerker, Kleinbürger usw. die führende Rolle gegen die gewählte Stadtverwaltung und gegen die Versammlung übernahmen.

Das Mißtrauen des Volkes hatte durchaus seine Gründe. Nachdem der jüngste Bruder des Königs, der Graf von Artois (1757–1836, 1824–30 als König Karl X.), schon 1789 emigriert war, folgte ihm im Juni 1791 der andere Bruder, der Graf der Provence (1755–1824, 1815–1824 als König Ludwig XVIII.). Die Versammlung der Emigranten und ihrer Truppen im Rheinland und in Piemont bildeten eine reale Bedrohung, und die konterrevolutionären Aufstände in verschiedenen Gegenden hätten leicht zu einer allgemeinen Erhebung bei der Landbevölkerung führen können. Aufforderungen der Versammlung und des Königs an dessen Brüder, nach Frankreich zurückzukehren, lehnten diese unter Hinweis auf die »Gefangenschaft« des Königs ab. Indiskretionen ließen zudem den – berechtigten – Verdacht aufkommen, daß der König mit Österreich und Spanien Verhandlungen führte, die eine Intervention dieser Staaten zum Ziel hatten. Gegen Beschlüsse der Legislative vom Herbst 1791, die die Rückkehr des Grafen der Provence, die Auflösung der Emigrantentruppen und den Eid von den eidverweigernden Priestern unter jeweils entsprechenden Strafandrohungen forderten, legte der König sein Veto ein. Dadurch wuchs die Erregung beim Volk. Alles trieb auf eine kriegerische Lösung der Konflikte zu.

Der Beginn des Krieges

Ab Dezember 1791 hatte Frankreich den Krieg vorbereitet. Illusorische Versuche, durch Entsendung von Talleyrand nach London und von Ségur nach Berlin, in diesen »fortschrittlichen« Ländern Verbündete gegen Österreich zu gewinnen, blieben ohne Erfolg. Ganz im Gegenteil bildete sich im Februar eine militärische Koalition der sonst so zwieträchtigen deutschen Großmächte Österreich und Preußen, das unter Friedrich Wilhelm II. längst nicht mehr der aufgeklärte Staat Friedrichs II. war. Als Österreich die ultimative Forderung nach Auflösung der Emigrantentruppen und Beendigung der militärischen Vorbereitungen an der Grenze nicht beantwortet hatte, erklärte ihm die Versammlung mit überwältigender Mehrheit bei nur zwölf Gegenstimmen den Krieg. Wie so oft in der europäischen Geschichte geschah dies mit erschreckend großer Unverantwortlichkeit und geringer Voraussicht der Folgen. Die Armee und insbesondere die Marine, deren adlige Offiziere in großer Zahl die Emigration gewählt hatten, waren durch die Revolution, die sie verteidigen sollten, in ihren Strukturen zerrüttet. Ihre Generäle – La Fayette an der Spitze, Dumouriez später – dachten eher an einen Marsch auf Paris als an dessen Verteidigung. Die Bildung einer Koalition der europäischen Mächte war vorauszusehen – das Bündnis von Preußen und Österreich war ein sicheres Indiz dafür. Wie zu erwarten, erwiesen sich die Hoffnungen auf eine kurze Auseinandersetzung als trügerisch – der Krieg dauerte mit kurzen Atempausen 23 Jahre und endete erst mit Waterloo. Er kostete Deutschland, dem Schlachtfeld Europas, seinen im 18. Jahrhundert mühsam gewonnenen Wohlstand und Frankreich, das ungeheure Verluste an Menschen erlitt, von denen es sich nicht wieder erholte, verlor den Rang als erste Macht in Europa, den es seit Ludwig XIV. einge-

nommen hatte und nie wieder, auch nach dem kurzen Schein-
erfolg von 1918, einnehmen konnte.

Im März hatte der König die friedliebenden Minister aus der
Fraktion der *Feuillants* durch Jakobiner aus der späteren Fraktion der Girondisten ersetzt, die auf den Krieg drängten. Als
dieser erklärt war, stellte La Fayette in einem Brief an Dumouriez fest, daß er nicht verstünde, wie man einen Krieg habe beginnen können, ohne auf ihn vorbereitet zu sein. Der Kriegsminister mußte bald zurücktreten, mehrere Regimenter liefen
zum Feind über, drei der wichtigsten Generäle, darunter La
Fayette, beschlossen, die Feindseligkeiten einzustellen. Aber
diesem Defätismus stand der revolutionäre Enthusiasmus des
Volkes gegenüber. Freiwillige meldeten sich in großer Zahl, in
Soissons wurde ein Feldlager von 20 000 freiwilligen National-
gardisten, den sogenannten Föderierten, gebildet. Das im Juli
aus Marseille angelangte Regiment stimmte den »Kriegsgesang
der Rheinarmee« *(chant de guerre de l'armée du Rhin)* an, den
der Pionieroffizier Rouget de Lisle im April auf die Bitte des
Bürgermeisters von Straßburg hin komponiert hatte und der in
der Dritten Republik als *Marseillaise* die französische Nationalhymne wurde.

Am 20. Juni 1792, dem Jahrestag der Flucht des Königs, entwickelte sich im volkstümlichen Faubourg Saint-Antoine in
den frühen Morgenstunden eine Demonstration der Sansculotten, die in den Tuilerienpalast zogen und bis zum König vor-
drangen. Sie zwangen ihn, auf ihr Wohl zu trinken und die rote
Mütze aufzusetzen. Der König weigerte sich aber standhaft,
sein Veto gegen zwei Beschlüsse der Versammlung zurückzunehmen – ein Verhalten, das für kurze Zeit sein Ansehen erhöhte. Gegen Abend räumten die Demonstranten den Palast.
Ein erfolgloses Unternehmen, das einen Vorgeschmack der
späteren revolutionären Ereignisse gab.

Der Aufstand des 10. August 1792

Die Erregung im Volk wuchs noch, als Anfang August das Manifest des Herzogs von Braunschweig, des Führers der preußi-

schen Invasionsarmee, in Paris eintraf. In diesem von einem
Emigranten verfaßten großsprecherischen Dokument wurde
Paris und seinen Einwohnern brutale Bestrafung angedroht,
falls dem König weiteres Unrecht geschähe. Daraufhin verlangten 47 der 48 Sektionen von Paris die Absetzung des Königs, man tagte in Permanenz, nahm Verbindung mit den Föderierten in der Stadt auf, bildet einen zentralen Rat. Am Abend
des 9. August wurden die Vorbereitungen getroffen. Kurz vor
Mitternacht erscholl die große Glocke der *Cordeliers*, die anderen Kirchen nahmen das Signal auf. Die Royalisten versammelten sich bewaffnet im Tuilerienpalast, den die Schweizergarde schützte. Die Nationalgarde war um den Palast und auf
dem Pont-Neuf aufgestellt. Gegen Morgen inspizierte der
König sie, erhielt aber nur den Ruf zur Antwort: »Es lebe
die Nation!« Tatsächlich lief sie bald zu den heranziehenden
Demonstranten über. Gegen acht Uhr verließ die königliche
Familie die Tuilerien und begab sich in den Schutz der Versammlung, die im Manege-Saal tagte. Der erste Ansturm der
Demonstranten wurde abgewehrt. Der Befehl des Königs an
die Schweizer, das Feuer einzustellen, gelangte zu spät an. Als
der Palast im zweiten Ansturm genommen wurde, kam es zu
einem grauenhaften Massaker; auf beiden Seiten wurden zahlreiche Tote gezählt. Der Präsident der aufständischen Kommune verlangte von der Legislative die Amtsenthebung des Königs und die Einberufung eines Konvents. Die Versammlung,
von der nur noch 40 Prozent der Mitglieder anwesend waren,
gab nach und beschloß eine neue, nach uneingeschränktem allgemeinen Wahlrecht gewählte Verfassunggebende Versammlung, den Nationalkonvent *(la Convention nationale)*. Der
König wurde seines Amtes enthoben und bis zu einer Entscheidung über sein Schicksal inhaftiert. Als Exekutive benannte die Versammlung einen provisorischen Exekutivrat
(Conseil exécutif provisoire), in der Mehrzahl Girondisten, aber
ausgerechnet als Justizminister den Anführer der *Cordeliers*,
Georges-Jacques Danton.
Der 10. August brachte das Ende der Monarchie. In ihrer
konstitutionellen Form war sie das erklärte politische Ziel der
ersten Revolutionäre gewesen; zwei Jahre hatte die Verfassung-

gebende Versammlung auf dieses Ziel hingearbeitet. Als es erreicht wurde, war es durch die Flucht des Königs schon in Frage gestellt. Der Versuch der Einführung der konstitutionellen Monarchie mußte scheitern, weil diese von dem Hauptbetroffenen, dem König, nie wirklich akzeptiert wurde.

9. Die Republik (1792–1799)

Vom Sturz des Königs bis zum Ende der Girondisten

In der Zeit zwischen dem Sturm auf die Tuilerien am 10. 8. 1792 und der konstituierenden Sitzung des neugewählten Nationalkonvents am 21. 9. 1792 rangen der provisorische Exekutivrat, die Gesetzgebende Versammlung und die aufständische Kommune um die Macht. Im Exekutivrat und in der Versammlung war Danton die beherrschende Figur und rief mit volkstümlicher Beredsamkeit zur energischen Fortsetzung des Kampfes im Inneren und nach außen auf: »Mit Kühnheit, immer neuer Kühnheit und nochmals Kühnheit wird Frankreich gerettet!« Auf seinen Druck hin wurden politische Kommissare in die Provinz gesandt, um dort die Umwälzungen des 10. August durchzusetzen. Die von den gemäßigten Mitgliedern verlassene Versammlung handelte weiter unter dem Einfluß der Girondisten: In ihrer letzten Sitzung am 20. September übertrug sie das bislang von den Kirchengemeinden geführte Personenstandsregister auf die Ortsgemeinden und ermöglichte die Scheidung. In Paris selbst herrschte de facto die vom Volk, von Danton und Robespierre unterstützte Kommune. Sie setzte die Einrichtung eines Sondergerichts durch; sie sandte, wie die Versammlung und der Exekutivrat, Kommissare in die Provinzen. Vor allem aber war sie es, die die brutale Verfolgung der Religion und der eidverweigernden Priester durchführen ließ.

Die Septembermorde

In der erregten Atmosphäre, zwei Stunden nach einer Rede Dantons zur Verteidigung des Vaterlands, strömte das Volk auf dem Marsfeld zusammen, wo die Kommune 60 000 Freiwillige versammeln wollte. Die Sansculotten drangen in die Gefängnisse ein, um die von der linksextremen Presse denunzierten »Verräter« zur Rechenschaft zu ziehen (2.–5. 9. 1792). »Volksgerichte« verurteilten Häftlinge, wenn diese nicht schon vor den Toren der Gefängnisse niedergemacht wurden. Viele Priester erlitten dieses Schicksal auf der Treppe an der heutigen katholischen Universität, an das die schlichte Inschrift erinnert: »Hier fielen sie« *(Hic ceciderunt)*. Insgesamt wird die Zahl der Ermordeten allein in Paris auf etwa 1300 geschätzt. In der Provinz gab es zwar auch einige Massaker, aber die Abscheu vor dem Geschehen trug viel dazu bei, daß das Land sich gegen Paris, daß seine Vertreter, die Girondisten, sich gegen die Montagnards aus Paris stellten. Bemerkenswert war die Zurückhaltung des Justizministers Danton, der in diesen Tagen der »ersten Schreckensherrschaft« *(la première Terreur)* nicht eingriff und die Dinge laufen ließ. Die Girondisten versuchten, die Stimmungslage im Land politisch auszunutzen und die Macht der »Bergpartei« *(la Montagne)* einzudämmen. Kurzfristig hatten sie mit dieser Strategie Erfolg.

Die Kanonade von Valmy

Während in Paris der erste Terror wütete und sich die beiden Fraktionen befehdeten, während die Provinz sich über die Nachrichten aus Paris entsetzte, gelang es der Armee, den Vormarsch der Preußen zu stoppen. Die Ausgangslage war denkbar ungünstig: Am 19. August war La Fayette, dessen Armee sich geweigert hatte, gegen Paris statt gegen den Feind zu marschieren, zu den Österreichern übergelaufen, die ihn fünf Jahre gefangen hielten. Am 23. August war Longwy, am 2. September Verdun gefallen. Die preußische Armee zog durch den Argonnerwald, bei einem regnerischen Wetter, das auf die Dauer demoralisierend wirkte. Dumouriez, zu dem General Kellermann stieß, hatte seine Armee bei Valmy in den Rücken der Verbündeten geführt, so daß die Gegner sich in verkehrter Front gegenüberstanden. Das Gefecht am 20.9.1792 beschränkte sich auf Gewehr- und Kanonenfeuer; die französische Armee hatte auf dem Hügel von Valmy eine so günstige Stellung, daß die Preußen sie nicht anzugreifen wagten, sondern gegen 16 Uhr wieder abzogen. Auf beiden Seiten gab es zusammen etwa 500 Mann an Verlusten. Militärisch kann man nicht von einem Sieg sprechen, aber politisch und moralisch bedeutete das Standhalten der republikanischen Armee vor den gefürchteten Preußen einen kaum hoch genug zu schätzenden Erfolg. Goethe, der die jämmerliche »Campagne in Frankreich« mit dem Regiment des Herzogs von Weimar mitgemacht und beschrieben hat, bemerkte, wie sich gegenüber dem unerwarteten Widerstand der französischen Soldaten »die größte Bestürzung über die Armee verbreitete«, die »noch am Morgen nicht anders gedacht hatte, als sämtliche Franzosen anzuspießen und aufzuspeisen«. Im Kreis von Kameraden will er den Ausspruch getan haben: »Von hier und heute geht eine neue Epoche der Weltgeschichte aus, und ihr könnt sagen, ihr seid dabei gewesen.« Es war in der Tat eine schlimme Situation für die Preußen: Kaum war das Gefecht beendet, da setzten Sturm und Regen wieder ein; viele Soldaten gruben sich Löcher in die Erde und deckten sich mit dem Mantel zu, selbst der Herzog von Weimar griff zu diesem Mittel, um sich zu schützen. Als die preußische Armee am 22. Oktober wieder über die Grenze zog, war sie von Krankheiten geschwächt und hatte fast ein Drittel ihrer Streitkräfte verloren. Die republikanischen Armeen aber drangen am Rhein noch im Oktober 1792 bis Mainz und Frankfurt vor, eroberten im November Belgien und besetzten im Süden Savoyen und Nizza.

Der Konvent: Girondisten und Bergpartei

Der Nationalkonvent, der am 21. September 1792, am Tag nach Valmy, zusammentrat, hatte einerseits die Aufgabe, eine neue Verfassung auszuarbeiten, andererseits übte er die volle Souveränität des Landes aus. Unter seinen 749 Mitgliedern, davon allein 250 Juristen, stellten die »Girondisten« (Girondins) etwa 200 Abgeordnete, meist aus dem Bürgertum der Provinz, versammelt um Abgeordnete aus der Gironde. Sie waren entschiedene Gegner der Kommune und der Stadt Paris überhaupt, wo sie nur wenige Anhänger hatten. Im Geist der französischen Aufklärung waren sie zumeist atheistisch eingestellt und Anhänger eines wirtschaftlichen Liberalismus. Die »Bergpartei« (les Mon-

tagnards) bildete sich um Abgeordnete aus Paris; anfangs nur halb so stark wie die Girondisten, wuchs die Zahl ihrer Anhänger bis auf ungefähr 270 im Jahr 1793. Zumeist ebenfalls bürgerlicher Herkunft, aber doch durchsetzt mit Außenseitern, hingen viele von ihnen der deistischen Religiosität Rousseaus und einer eher dirigistischen Wirtschaftspolitik an. Sie beherrschten den Jakobinerclub und hatten einen festeren politischen Willen als die Girondisten, und so gelang es ihnen, viele Abgeordnete der Mehrheit in der Mitte *(la Plaine)* zu gewinnen. Als erstes beschloß der Konvent am 21. September die Abschaffung der Monarchie. Ab dem 22. September wurde nach dem Jahr I der am 25. September für unteilbar erklärten Republik datiert.

Der Prozeß und die Hinrichtung des Königs

Die Girondisten erzielten anfangs Erfolge gegen das neue Triumvirat von Robespierre, Danton, Marat; Danton traf der Vorwurf der Veruntreuung öffentlicher Gelder in seiner Zeit als Minister. Er hatte diese Stellung am 9. Oktober wegen der Unvereinbarkeit zugunsten des Abgeordnetenmandats aufgegeben. Die Girondisten erreichten immerhin eine größere Reise- und Pressefreiheit und eine Liberalisierung im Handel, der im September stark eingeschränkt worden war.

Der Prozeß gegen den König machte aber ihre Unterlegenheit deutlich: Am 5. Dezember 1792 beschloß der Konvent, daß ein Prozeß geführt und er selbst über den König richten werde. Die politische Absicht war es, nicht nur den König, sondern auch das alte Haus der Kapetinger und die Idee des Königtums überhaupt zu verurteilen und zu beseitigen. Zum Unglück für den Angeklagten Louis Capet war man im November im Tuilerienpalast auf einen geheimen Stahlschrank gestoßen, in dem sich Dokumente befanden, die das Einverständnis des Königs mit dem 1791 verstorbenen Mirabeau, mit den Emigranten und mit den auswärtigen Mächten eindeutig bewiesen. Am 11. Dezember 1792 wurde der Prozeß eröffnet, unter dem Druck der Öffentlichkeit auf den Tribünen. Das Plädoyer von de Sèze, der neben dem erfahrenen Juristen Tronchet und dem alten

Malesherbes den König verteidigte, enthielt den entscheidenden Satz: »Ich suche Richter unter Ihnen, finde aber nur Ankläger.«

Der Versuch der Girondisten, durch einen Appell an das Volk diesem die Entscheidung zu überlassen, scheiterte. Auf die Frage, ob Louis Capet schuldig sei, antworteten – bei wenigen Enthaltungen – die Abgeordneten mit »Ja«. Alle Abstimmungen nahmen viel Zeit in Anspruch, da die Abgeordneten, einzeln nach Aufruf, auf der Tribüne ihre Entscheidung kundtun mußten: der Abstimmungsprozeß dauerte mehrere Tage. Am 17. Januar gegen Abend wurde das Ergebnis der Frage des Strafmaßes verkündet: 387 Abgeordnete stimmten für die Todesstrafe, 334 für andere Strafen. Von den 387 Stimmen hatten sich aber 26 für einen Aufschub der Exekution ausgesprochen. So kam es am 19. Januar zu einer vierten Abstimmung über die Frage, ob die Hinrichtung aufgeschoben werden solle: Der Aufschub wurde in den Morgenstunden des 20. Januar mit 380 gegen 310 Stimmen zurückgewiesen.

Der Bitte des Königs um einen Aufschub von drei Tagen, damit er sich auf den Tod vorbereiten könne, wurde ebenfalls nicht entsprochen. Er durfte aber einem eidverweigernden Priester beichten und Abschied von seiner Familie nehmen. Gegen 23 Uhr nahm er ein leichtes Nachtessen zu sich und schlief danach fest ein. Am nächsten Tag, dem 21. Januar 1793, wurde er auf dem Platz der Revolution, heute *place de la Concorde* guillotiniert; er bewahrte bis zuletzt seine Fassung. Die Nation hatte damit den Bruch mit der Idee des von Gott bestimmten Königtums vollzogen. Denjenigen Abgeordneten, die für den Tod des Königs gestimmt hatten, darunter Sieyès, der Maler David und Philippe d'Orléans (*Philippe Egalité*), der Vetter des Königs, blieb die Bezeichnung »Königsmörder« (*régicide*) anhaften. Soweit sie überlebten, wurden sie von den zurückgekehrten Bourbonen 1815 ins Exil geschickt.

Während Preußen in dieser Zeit – der Vertrag wurde zwei Tage nach der Hinrichtung Ludwigs XVI. in Sankt Petersburg geschlossen – damit beschäftigt war, mit Rußland, aber ohne Österreich, eine weitere Teilung Polens vorzunehmen – die dritte und letzte Teilung, diesmal wieder mit Österreich, erfolgte 1795 –, hatten die Armeen der Republik an allen Fronten

Erfolge erzielt. Im Rausch des Sieges durften Gedanken an Frieden, wie sie die Girondisten und auch Danton hegten, nicht ausgesprochen werden. In den besetzten Gebieten, dem Rheinland, Savoyen und Nizza wurde die Annexion und der Anschluß an die Republik vorgenommen. Insbesondere in Belgien, das seine eigene Revolution erlebt hatte und Unabhängigkeit anstrebte, die ihr Dumouriez auch versprochen hatte, erhob sich dagegen Widerstand. Die Mißachtung der nationalen Identität der besetzten Gebiete verbreitete Enttäuschung gegenüber den Freiheitsversprechungen der Republik. Lazare Carnot begründete die Annexionen mit dem alten Argument der »natürlichen« Grenzen Frankreichs, Pyrenäen, Alpen und Rhein. Die Republik erwies sich entgegen den erklärten Menschenrechten als expansionslüstern und aggressiv.

Die Ausweitung des Krieges

Unter dem Eindruck der Hinrichtung des Königs und der Besetzung Belgiens, die England als Bedrohung empfand, schmiedete der jüngere Pitt (Premierminister von 1793–1801 und von 1804 bis zu seinem Tod 1806) eine Koalition, zu der sich neben Österreich und Preußen England, Holland, Spanien, Neapel und das Deutsche Reich zusammenschlossen (Erste Koalition 1792–1797). Dumouriez, bei Neerwinden geschlagen (18. 3. 1793), lief wie La Fayette zum Gegner über, wurde aber freundlich empfangen. Belgien wurde wieder von den Österreichern besetzt. Die Preußen machten sich an die Belagerung von Mainz, das von den »Ohnehosen«, wie Goethe die Sansculotten bei dieser Gelegenheit bezeichnete, verteidigt wurde und lange widerstand. In der Stadt hatte ein »rheinischer Konvent« eine eigene Republik und bald danach den Anschluß an Frankreich beschlossen. Die »Klubisten«, Mitglieder des Mainzer Jakobinerklubs, unter ihnen der bekannte Reiseschriftsteller Georg Forster, begleiteten in der Mehrzahl die französischen Truppen, die bei der Kapitulation am 23. Juli 1793 freien Abzug erreicht hatten. Anhänger der Revolution waren in Deutschland oft Intellektuelle, die unter der Unfreiheit der Fürstenherrschaft litten.

Die *levée en masse* und der Aufstand in der Vendée

Auf die militärischen Mißerfolge antwortete die Republik mit der *levée en masse* (»Massenaushebung« von Rekruten), der Mobilisierung von 300 000 Mann zu den vorhandenen 200 000 Soldaten. Zwar sollte diese freiwillig erfolgen, aber den Gemeinden wurde eine bestimmte Zahl »Freiwilliger« vorgeschrieben. Diese Maßnahme, durch die die Armee zum ersten Mal eine nationale Basis erhielt, löste Widerstand bei vielen Betroffenen, insbesondere auf dem Land aus. In der Vendée und den benachbarten Départements im Westen revolitierten die königs- und kirchentreuen Bauern unter der Führung der im Land ansässigen Adligen, die aus dieser Gegend nicht emigriert waren. Der Aufstand brach südlich der Loire im Gebiet zwischen Angers und Nantes aus. Die »Große katholische und königliche Armee« erzielte Erfolge, da sie schwer zu fassen war: Nach den Kämpfen zerstreuten sich die Landleute auf ihre Höfe; es blieb nur eine kleine Kerntruppe um den jeweiligen Chef. Die meisten von diesen, die eine ungeheure Kühnheit bewiesen, bezahlten mit ihrem Leben: Cathelineau, Charette, La Rochejaquelin.

80 000–100 000 Mann stark sollen die vier Armeen der königstreuen »Weißen« gewesen sein, denen zwei schwächere Armeen der republikanischen »Blauen« gegenüberstanden. Deren Situation wurde so schlecht, daß der Konvent am 1. August und 1. Oktober 1793 die Zerstörung der Vendée anordnete. In die Enge getrieben, zogen die Kämpfer der Vendée im Oktober in das Gebiet nördlich der Loire, wo sie bei den dort operierenden aufständischen *Chouans* Unterstützung fanden. Am 23. Dezember besiegt, wurden ihre Reste fast ausnahmslos niedergemacht. In der ersten Jahreshälfte 1794 zogen die »höllischen Kolonnen« *(les colonnes infernales)* der Republik durch die Vendée und machten mit der ganzen Grausamkeit eines Glaubens- und Bürgerkriegs alles nieder, was ihnen in die Hände fiel. Stolz meldete General Westermann nach Paris: »Genossen Bürger, es gibt keine Vendée mehr. Sie ist mitsamt Frauen und Kindern unter unserem freien Säbel gestorben. … Ich habe mir nicht vorzuwerfen, einen Gefangenen gemacht zu haben. Ich habe alles ausgerottet.«

Der Kampf der *Chouans* im Gebiet nördlich der Loire, vor allem in der Bretagne hielt von 1793 bis 1796 an, und als die Emigranten 1795 bei Quiberon landeten, bedurfte es des ganzen Einsatzes von Lazare Hoche, um den Widerstand zu brechen. 1799–1800 flammte die Guerilla nochmals auf unter Führung des königstreuen Cadoudal, der 1804 nach einem Anschlag mit einer Höllenmaschine auf Napoleon und nach einer Verschwörung mit General Pichegru hingerichtet wurde. Die Erinnerung an die Brutalität, mit der die Republik ihre Widersacher im Westen Frankreichs verfolgte, blieb bis in die Gegenwart lebendig und hat dazu beigetragen, daß sich der Riß zwischen dem katholischen, konservativen und dem fortschrittlich-republikanischen Frankreich nicht geschlossen hat.

Der Kampf um die Macht.
Der Sturz der Girondisten

Der Druck, den die Gegner im Innern und von außen auf die Republik ausübten, bewirkte, daß der Konvent zu immer rigoroseren Maßnahmen griff. Die Girondisten, die nach den Erfahrungen des Januars noch mehr zur Mäßigung neigten, erkannten die Gefahr, die ihnen drohte. Im März wurde als Sondergericht ein »Revolutionsgerichtshof« *(tribunal révolutionnaire)* mit Fouquier-Tinville als öffentlichem Ankläger eingerichtet, der konterrevolutionäre Anschläge gegen die Republik abzuurteilen hatte. Im gleichen Monat folgten für jede Gemeinde des Landes und jede Sektion in den Städten »Überwachungsausschüsse« *(Comités de surveillance),* im April trat an die Stelle des Verteidigungsausschusses ein »Wohlfahrtsausschuß« *(Comité de salut public),* der den Exekutivrat und die Durchführung der Beschlüsse zu überwachen hatte. Er entwickelte sich sehr bald zur eigentlichen Machtzentrale. Er tagte ohne Öffentlichkeit. Zu seinen ersten neun Mitgliedern zählte Danton.

Die Girondisten versuchten, sich gegen die neuen Maßnahmen zu wehren, wobei ihnen gegen ihren Hauptgegner, die Sektionen von Paris und die Kommune, ein Erfolg gelang durch die kurzzeitige Verhaftung des Journalisten Hébert. Innerhalb der Sektionen aber wuchs wegen der wirtschaftlichen Schwierigkeiten der Einfluß der Extremisten *(les enragés)*, die Höchstpreise und Abgaben der Wohlhabenden verlangten. Der Konvent gab gegenüber den Forderungen nach. Die Kommune organisierte am 31. März 1793 einen »revolutionären Tag« *(journée révolutionnaire)*, unterstützt von der Bergpartei, doch der Konvent konnte noch widerstehen. Am 2. Juni ließ ihn Hanriot von den Streitkräften der Kommune umzingeln, um unter dem Druck der Kanonen die Auslieferung von 29 girondistischen Abgeordneten zu verlangen. Am Abend gab der Konvent nach. Die meisten der Ausgelieferten starben auf dem Schafott. Die Girondisten hatten den Kampf um die Macht verloren, weil sie keine konsequente Politik betrieben hatten: Erst wurde der König von ihnen bekämpft, dann versuchte man ihn zu retten; lange Zeit waren die Girondisten die Anführer des revolutionären Prozesses gewesen, den sie schließlich zu bremsen versuchten. Auf die Nachricht der Ereignisse des 2. Juni hin kam es in vielen Départements zu Unruhen und Aufständen gegen Paris; Anhänger der Jakobiner wurden in Caen, Bordeaux, Marseille, Lyon verjagt. Aber die Versuche der Föderalisten *(fédéralistes)*, die Provinz auch militärisch gegen die Hauptstadt zu sammeln, mißlangen.

Die Herrschaft der Bergpartei

Die föderalistischen Aufstände in der Provinz, die Mißerfolge der republikanischen Armeen in der Vendée, die Rückschläge gegenüber den Armeen der Koalition, der Druck, den die extremistischen *enragés* unter Jacques Roux wegen der wirtschaftlichen Not des Volkes auf den Konvent ausübten, alles dies veranlaßte den Konvent und den Wohfahrtsausschuß, mit einem Programm der »nationalen Energie« die Kräfte der Revolution zu konzentrieren. Die Gefahr einer Konterrevolution wurden den Jakobinern handgreiflich vor Augen geführt, als am 13. Juli 1793 die 25jährige Charlotte Corday aus Caen den Journalisten und Herausgeber des »Volksfreundes« *(l'Ami du -*

Peuple) Jean-Paul Marat niederstach. Als Motiv gab sie die Befreiung des Landes von einem »Tyrannen« an. Als uneigennütziger und integrer Zensor hatte Marat nicht selten vor drohenden Entwicklungen gewarnt und dazu beigetragen, die Extremisten in Schach zu halten.

Im Wohlfahrtsausschuß fühlte sich Danton, der immer wieder zur Einheit der Revolutionäre aufgerufen hatte, verbraucht und wurde am zehnten Juli auf eigenen Antrag vom Konvent abberufen. Dafür trat am 27. Juli Robespierre in den Ausschuß ein, in dem er bald die beherrschende Figur wurde. Die Mitglieder des Ausschusses, am bekanntesten neben Robespierre waren Saint-Just, Carnot, Couthon und Barère, waren im Schnitt gerade 30 Jahre alt und voller Energie. Sie erbrachten ein unglaubliches Maß an Arbeit. Ab September 1793 wurden sie monatlich im Amt wiedergewählt und bildeten die eigentliche Regierung mit fest verteilten Aufgaben. Im Oktober beschloß der Konvent, daß »die Regierung revolutionär ist bis zum Frieden«.

Die Verfassung des Jahres I

Der Konvent hatte die Aufgabe, eine neue Verfassung auszuarbeiten, und er hat sich dieser Aufgabe auch gestellt. Allerdings bewirkten die äußeren Umstände, daß diese Verfassung nach langen Vorbereitungen, aber dann doch hastig ausgearbeitet, am 24. Juni 1793 vom Konvent beschlossen und durch Volksabstimmung am 4. August – 1,8 Millionen Ja-Stimmen bei vier Millionen Enthaltungen – gebilligt, nie in Kraft trat. Das Dokument wurde am 10. August in einen Schrein aus Zedernholz eingeschlossen und feierlich im Sitzungssaal des Konvents niedergelegt.

Die Verfassung von 122 Artikeln enthielt eine Menschenrechtserklärung, in die neu aufgenommen wurden: das allgemeine Wahlrecht, das Recht auf Arbeit, auf Ausbildung, das Petitionsrecht, das Recht auf Widerstand bei Verletzung der Rechte des Volkes und das Recht auf Glück! In vielen Punkten war die Verfassung auf einen größeren direkten Einfluß des

Volkes, insbesondere durch Plebiszite, angelegt, und ihre Anwendung hätte vermutlich Schwierigkeiten bereitet. Das Deklamatorische überwog gegenüber dem Praktisch-Machbaren.

Die Regierung der Schreckenszeit blieb provisorisch. Der Konvent repräsentierte weiterhin das Volk, aber er handelte unter dem Diktat des Wohlfahrtsausschusses und des Sicherheitsausschusses *(Comité de sûreté générale)*, der der politischen Polizei und der revolutionären Jusitz vorstand. Um die »revolutionären Gesetze« anzuwenden, verstärkte man die Zentralisierung. Der politische Wille wurde von oben durch Abgesandte direkt über die Behörden durchgesetzt. Als Folge begann die Bürokratie in ungeahntem Ausmaß zu wuchern.

Die Erfolge gegenüber den föderalistischen Aufständen blieben nicht aus: Am 25. August wurde Marseille genommen; die Föderalisten flohen nach Toulon, das sich am 27. August den Engländern öffnete. Es konnte erst am 19. Dezember 1793 nach einer schwierigen Belagerung wieder eingenommen werden, wobei sich der Artilleriehauptmann Napoléon Bonaparte durch seinen militärischen Weitblick auszeichnete. Am 9. Oktober war schon Lyon eingenommen worden von den Truppen des Konvents. Die Vergeltung fiel überall, wie sich denken läßt, hart und grausam aus.

Die Schreckensherrschaft

Im Verlauf des Winters 1793–1794 entwickelte sich die Schreckensherrschaft *(la terreur)* zur Perfektion. Es wäre aber nicht zutreffend, in ihr allein das sinnlose Wüten radikaler Elemente zu sehen. Nach der jakobinischen Vorstellung sollte das Volk erneuert werden, indem wie bei einem alten Baum das morsche Holz und die toten Zweige entfernt wurden. Ein Mitglied des Wohlfahrtsausschusses, Saint-André, wäre bereit gewesen, dafür die Reduzierung des Volkes um die Hälfte in Kauf zu nehmen. Die Bezeichnung »das Volk« betraf nun nicht etwa das »niedere« Volk, sondern den »tugendhaften« Teil des Volkes, der von »Liebe zum Vaterland und seinen Gesetzen erfüllt« und bereit war, die Revolution fortzuführen. Die »Laster« des Ancien Régime sollten ausgemerzt werden. Das Mittel dazu bildete das am 17. September 1793 beschlossene »Gesetz gegen die Verdächtigen« *(la loi des suspects)*; es ordnete die sofortige Verhaftung aller derer an, die nicht die Mittel für ihre Existenz und die Erfüllung ihrer Bürgerpflichten nachweisen konnten, denen die sogenannte »Bescheinigung des Bürgersinnes« versagt worden war, der Emigranten, ihrer ehemals adligen Verwandten, soweit sie nicht »ständigen Eifer für die Revolution gezeigt hatten«. Ganz allgemein wurden die verhaftet, die sich »durch ihr Verhalten, ihre Beziehungen, ihre schriftlichen oder mündlichen Äußerungen als Anhänger der Tyrannei und des Föderalismus und als Feinde der Freiheit gezeigt« hatten. Für Saint-Just, mit 24 Jahren jüngstes Mitglied des Wohlfahrtsausschusses, kam es darauf an, jeden zu treffen, der »passiv in der Republik ist und nichts für sie tut«. Der Willkür, der Rechtsunsicherheit und der Gesinnungsschnüffelei waren auf diese Weise Tür und Tor geöffnet. Man schätzt, daß aufgrund dieses Gesetzes mehrere Hunderttausend Menschen im Verlauf des Terrors die Gefängnisse der Republik kennenlernten.

In Paris bekam die Guillotine immer mehr Arbeit. Am 16. Oktober 1793 wurde die Königin hingerichtet, nachdem ihr in dem Prozeß unsinnige Vorwürfe gemacht worden waren. Der linksextreme Hébert hatte sie sogar beschuldigt, den Dauphin, ihren eigenen Sohn, zur Unzucht verleitet zu haben. Die Girondisten waren im Oktober an der Reihe, gefolgt von dem Herzog von Orléans, der als Philippe Egalité zu Beginn des Jahres noch für die Exekution seines königlichen Vetters gestimmt hatte. Frühere Wortführer der Revolution wie Barnave und Bailly, Präsident der Versammlung beim Ballhausschwur und später Bürgermeister von Paris, bestiegen das Schafott ebenso wie Madame du Barry, die letzte Mätresse Ludwigs XV., die schon in London in Sicherheit war, aber trotz aller Warnungen Pitts zur Rettung ihres errafften Besitzes in das revolutionäre Paris zurückkehrte. Der Ausspruch von Madame Roland im Anblick des Todes erlangte traurige Berühmtheit: »Oh Freiheit! Wie viele Verbrechen werden in deinem Namen begangen!« In der Provinz, wo die Kommissare der Republik unbeaufsichtigt wüten konnten, forderten die Ertränkungen *(noyades)* von Nantes, die Erschießungen in Lyon, aber auch die Verfolgungen in Arras, Bordeaux usw. Tausende von Opfern. In Toulon zeichnete sich Barras, später der Gegner Robespierres und von 1794–99 der einflußreichste der »Direktoren«, durch seine Grausamkeit ebenso aus wie Fouché in Lyon, sein Helfershelfer am 9. Thermidor und dann Polizeiminister und »Herzog von Otranto« unter Napoleon.

Entchristlichung und Kult der Vernunft

Eine breite Richtung der Revolutionäre versuchte, das Christentum bis in seine Symbole zu beseitigen und in der Provinz kam es zu wandalischen Exzessen gegen Kirchen, Kultgeräte, auch gegen Personen des Klerus; selbst Friedhöfe wurden nicht verschont. In Paris versuchten Hébert und der Deutsche Anacharsis Cloots, ein ehemaliger Baron aus dem Rheinland, die Kirche weiter zu verfolgen. Der Erzbischof von Paris mußte seinem Glauben abschwören, am 10. November 1793 wurde in Notre-Dame, jetzt Tempel der Vernunft, das Fest der Freiheit gefeiert, die eine junge Dame von der Oper verkörperte. Die Kommune von Paris ordnete die Schließung der Kirchen an. Robespierre, den man mit dem modernen Begriff als »gottgläubig« bezeichnen könnte, erhielt dagegen im Konvent die Unterstützung der Anhänger Dantons, um noch einmal ausdrücklich die Freiheit der Religionsausübung bestätigen zu lassen. Die Spannung zwischen den Hébertisten und Robespierre kam bei dieser Gelegenheit deutlich zum Vorschein.

Winter 1793/94: Die Bergpartei bricht auseinander

Gegenüber den extremistischen Anhängern Héberts wandelten sich Danton und seine Anhänger wie Fabre d'Eglantine und Camille Desmoulins zu »Gemäßigten« *(les indulgents)*, die sich vom Terror abwandten. Desmoulins gab eine neue Zeitschrift *Le Vieux Cordelier* heraus, in der er zur Mäßigung aufrief. Die Schwäche der »Dantonisten« lag in ihrer bekannten Korruptheit, der als erster Fabre zum Opfer fiel. Robespierre ließ ihn mit den in eine Affäre der Indiengesellschaft Verwickelten verhaften und hatte so ein Druckmittel gegen Danton in der Hand. Mit dessen Hilfe und unter der sehr zweifelhaften Anschuldigung einer »Verschwörung mit dem Ausland« gelang es ihm, zunächst Hébert und seine Anhänger am 24. März 1794 aufs Schafott zu bringen. Das nächste Opfer sollte Danton selbst werden.

Dantons Tod

Danton war schon 1793 nicht mehr so häufig in den Sitzungen erschienen, und man warf ihm vor, »sich nicht mehr so revolutionär zu zeigen wie früher«. Gefährliche Anschuldigungen in einer Zeit, da die Gesinnung beurteilt wurde. Er war anderweitig aktiv und hatte vier Monate nach dem Tod seiner Frau im Februar 1793 deren Vertraute, ein sechzehnjähriges Nachbarskind, geheiratet. Die Eltern des Mädchens verlangten und erreichten die Trauung durch einen eidverweigernden Priester! Nach dem Verlust der Stellung im Wohlfahrtsausschuß konnte ihm Hébert in seiner Zeitung *Père Duchesne* eine Politik der Milde und des Friedens um jeden Preis vorwerfen. Ab September 1793 hielt Danton keine Rede mehr im Konvent, wo er noch den größten Einfluß hatte.

Ab dem 12. Oktober war er zu einem Genesungsurlaub in seine Heimat gereist und erst am 19. November nach Paris zurückgekehrt. Er hatte ganz offenbar den Wandel in der öffentlichen Meinung erkannt, plädierte in dem durch Hinrichtungen und Verhaftungen reduzierten Konvent dafür, »das Blut der Menschen zu schonen«. Camille Desmoulins, sein Sprachrohr, brachte sechs Nummern seiner Zeitschrift *Le Vieux Cordelier* heraus, von denen jede energischer die Schreckensherrschaft kritisierte. Nach der Hinrichtung Héberts und seiner Anhänger war Danton nicht mehr mit Robespierre zusammengetroffen; er wurde von Freunden gewarnt und zur Flucht aufgefordert, aber seine Antwort lautete: »Man nimmt das Vaterland nicht an seinen Schuhsohlen mit!« Am 31. März ließ er sich ohne Widerstand verhaften.

In dem Schauprozeß wehrte sich Danton mit Energie und es gelang ihm, das Publikum für sich zu gewinnen. Aus Furcht vor Dantons Stimme erhielt daraufhin der Gerichtsvorsitzende das Recht, die Angeklagten »bei Störungen« auszuschließen. So konnte Danton seine Verteidigungsrede nicht beenden. Der Prozeß war eine Farce, denn das Urteil stand von vornherein fest: Darüber ist sich die Nachwelt einig. Bis zuletzt bewahrte Danton seine unerschrockene Haltung; auf dem Karren rief er mehrmals: »Ich reiße Robespierre mit fort! Robespierre folgt mir nach!« (5. 4. 1794) Nicht ohne Grund haben ihn die Intellektuellen und Schriftsteller wie Georg Büchner zum Mythos erhoben, ihn bei allen Schwächen zum Vorbild des menschlichen Revolutionärs gemacht, der dem kalten Doktrinär Robespierre zwar im Kampf um die Macht unterlag, der aber über das Grab hinaus für die Nachwelt der eigentliche Sieger blieb. Auch wenn dieses vereinfachende Bild dem Urteil der kritischen Geschichtsschreibung nicht standhält: Danton lebt als tragischer Held der Menschlichkeit in der Revolution fort.

Robespierres Sturz

Nach Dantons Tod verschärfte Robespierre noch die Schreckensherrschaft; obwohl er vermutlich nicht die Diktatur angestrebt hat, übte er sie praktisch durch den Wohlfahrtsausschuß aus, der immer mehr Macht an sich zog und sie durch eine Geheimpolizei anwendete. Die Exekutionen häuften sich. Zwischen dem 10. Juni und dem Sturz Robespierres fielen nicht weniger als 1285 Menschen der Guillotine zum Opfer! Anfang Mai ließ Robespierre im Konvent den Beschluß fassen, daß »das französische Volk die Existenz des Höchsten Wesens und die Unsterblichkeit der Seele anerkennt.« Am 8. Juni stand der »Unbestechliche« (l'incorruptible) dem Fest dieses »Höchsten Wesens« auf dem Marsfeld vor, eine surrealistische Maskerade, organisiert von dem Maler David. Da der Terror zur Tugend gehörte, wurde am 10. Juni der Begriff des »Verdächtigen« noch verschärft: Verurteilungen aufgrund »moralischer« Beweise wurden erlaubt, alle Strafen außer der Todesstrafe abgeschafft;

es war die Zeit der »Großen Schreckensherrschaft« *(La Grande Terreur)*.

Aber im Wohlfahrtsausschuß gab es Meinungsverschiedenheiten. Wie Danton beging Robespierre den Fehler, nicht mehr zu den Sitzungen zu erscheinen (3.–23.7.). Am 26.Juli sprach er im Konvent und erhob allgemeine Vorwürfe, ohne Namen zu nennen. Dadurch fühlten sich gerade Gestalten wie Barras, Tallien, Fouché und Fréron bedroht, die in der Provinz manches begangen hatten, was solche Vorwürfe gerechtfertigt erschienen ließ. In der Sitzung des Konvents am 9.Thermidor wollte Saint-Just sprechen, wurde aber von Tallien unterbrochen. Robespierre versuchte das Wort zu ergreifen, aber der Präsident verweigert es ihm. Robespierre wurde mit Saint-Just und Couthon unter Anklage gestellt. Zwar gelang es der Kommune unter Hanriot noch einmal, die Gefangenen zu befreien, aber die Sektionen kamen nur mühsam zusammen und liefen in der Nacht wieder auseinander. Der Konvent erteilte dagegen Barras den Oberbefehl über die Streitkräfte, die gegen zwei Uhr nachts in das Rathaus eindrangen. Robespierre wurde durch einen Schuß am Unterkiefer verletzt. Am Abend des gleichen Tages (10 thermidor = 28.Juli) wurden er und 21 seiner Anhänger ohne Prozeß und Urteil hingerichtet. Das Volk aber, das bei Dantons Tod geschwiegen hatte, jubelte, als Robespierres Kopf fiel. Dieses Urteil über seine Person hielt sich über die Jahre, obwohl die Geschichtsschreibung Robespierre heute mehr Gerechtigkeit widerfahren läßt.

Dies bedeutete noch nicht das Ende der Bergpartei, der Sansculotten, der ganzen »linken« Bewegung für mehr soziale Gleichheit. Aber ihr moralischer Anspruch war durch die Schreckensherrschaft verlorengegangen, das Verlangen nach Ordnung und Recht, nach Freiheit von der Bedrückung trat wieder hervor; mit einem Wort: die bürgerliche Revolution gewann die Oberhand und sie richtete ihr Augenmerk darauf, das in den Anfangsjahren der Revolution Erreichte zu retten und zu bewahren.

Die Konventsherrschaft bis zum Direktorium

Der 9 thermidor war kein Umsturz, keine Umkehrung der politischen Verhältnisse, obwohl die Folgezeit oft als »Reaktion« bezeichnet wird. Die »Thermidorianer«, die Robespierre zu Fall gebracht hatten, Tallien, Fréron, Barras, Fouché, hatten den Terror selbst betrieben und wenig Zurückhaltung gezeigt, wenn es darum ging, das Blut der anderen zu vergießen. Aber der Ausbruch der Freude nach Robespierres Tod, der Tanz auf den Straßen von Paris machten deutlich, wie sich die öffentliche Meinung gewandelt hatte. Die Thermidorianer mußten dieser Stimmung Rechnung tragen, ohne die grundsätzlichen Errungenschaften des Jahres 1789 in Frage zu stellen. Die Revolution war also nicht beendet, sondern ging weiter; das Jahr II der Republik mit der Schreckensherrschaft wurde als eine Verirrung dargestellt und alle Schuld dafür auf Robespierre abgewälzt. Während die Ausschüsse in ihrer Macht beschränkt und von Thermidorianern beherrscht wurden, wuchs die Rolle des Konvents. Das »Regime der Versammlung« (*régime d'assemblée*) mußte sich nach vielen Seiten durchsetzen: im Innern gegen die Gefahr einer royalistischen Reaktion von rechts und gegen die Sansculotten von links, militärisch gegen den wiederaufgeflammten Aufstand in der Vendée, der zudem von den Engländern und den Emigranten unterstützt wurde, und nicht zuletzt gegen die große Koalition der europäischen Mächte, von denen Preußen allerdings Ermüdungserscheinungen zeigte. Insgesamt gesehen läßt sich sagen, daß die Thermidorianer trotz der Zerrissenheit auch in den eigenen Reihen ihre Aufgaben gemeistert und die gefährdete Republik vor größerem Schaden bewahrt haben.

Die Beendigung des Terrors

Bis zur Verfassung des Jahres III am 26. Oktober 1795 blieb das bisherige System erhalten, wurde aber in wesentlichen Punkten so abgeändert, daß die »Diktatur« eines Mannes oder eines Ausschusses nicht mehr möglich war. Die Mitglieder der beiden großen Ausschüsse mußten monatlich zu einem Viertel ausgewechselt werden und die Ausscheidenden hatten einen Monat bis zu einer Neuwahl zu warten. So gelangten schon am 31. Juli 1794 Thermidorianer wie Tallien in den Wohlfahrtsausschuß, während der Maler David den Sicherheitsausschuß verlassen mußte. Langsam öffneten sich die Tore der Gefängnisse, dafür wurde im November der Jakobinerclub geschlossen. Erst im Mai 1795 mußten der gefürchtete öffentliche Ankläger Fouquier-Tinville und zahlreiche Mitglieder des Revolutionsgerichts auf das Schafott. Auch in der Provinz suchte man die Schuldigen des Terrors, und als Protegé von Augustin Robespierre, Maximiliens Bruder, wurde auch General Bonaparte für einige Tage in Nizza eingesperrt. Wie bei derartigen Umbrüchen in der Gesellschaft häufig zu beobachten, entschied weniger die Schuld als vielmehr die Geschicklichkeit über das Los der Handelnden: Der ehemalige Terrorist Fréron organisierte die *jeunesse dorée*, meist junge Leute aus den oberen Gesellschaftsschichten, die, als Stutzer *(muscadins)* gekleidet, mit dem Knotenstock Jagd auf Anhänger der Schreckensherrschaft machten. In der Provinz kam es sogar zu regelrechten Greueltaten dieses »weißen Terrors« *(Terreur blanche)*.

Im Konvent gerieten die verbliebenen Mitglieder des »Berges« immer mehr in die Minderheit, nachdem am 8. Dezember 1794 einstimmig die Rückkehr der am 2. Juni ausgeschlossenen 75 Girondisten angenommen worden war, die die Ränge der Gemäßigten verstärkten. Wenig später wurde das Gesetz über die Höchstpreise *(le maximum)* aufgehoben. Damit war die gelenkte Wirtschaft aus Robespierres Zeit beendet und ein Ziel der bürgerlichen Klasse erreicht: die wirtschaftliche Freiheit. Durch den außerordentlich harten Winter 1794/95 stiegen zunächst die Preise für die Grundnahrungsmittel steil an. Im März besaßen die Assignaten nur noch 10 Prozent ihres ursprünglichen Wertes! Schon am 21. März kam es in Sektionen einiger Vorstädte zu Unruhen mit der Forderung nach »Brot und der Verfassung von 1793«. Der Konvent drohte denen, die von den Emporen der Versammlung Drohungen ausstießen, die Todesstrafe an. Am 1. April 1795 marschierte die Menge zum Konvent, wurde aber von der Nationalgarde zerstreut.

Der Konvent antwortete mit der Deportation ohne Gerichts-
urteil von einigen Anhängern der Schreckensherrschaft und mit
der Verhaftung von acht Anhängern der Bergpartei. Einer letzten, besser vorbereiteten Aufstandsbewegung gelang es am
20. Mai 1795, in den Konvent einzudringen. Dem Abgeordneten Féraud, der sich widersetzen wollte, wurde der Kopf abgeschlagen, den man dem Präsidenten der Versammlung, Boissy
d'Anglas, vorhielt. Erst kurz vor Mitternacht gelang es der Nationalgarde, die Ordnung herzustellen. Zwei Tage später hatte
der Konvent die Lage wieder in der Hand und ließ Demonstranten und sympathisierende Abgeordnete verhaften. Die
Sansculotten-Bewegung fand damit ein Ende und in den Vor-
städten von Paris blieb es ruhig bis zur Revolution von 1830.
Das Bürgertum hatte über das »Volk« gesiegt.

Verteidigung der Republik gegen die Royalisten

Die Thermidorianer hatten zunächst nichts gegen die wieder
auftauchenden Anhänger der Königsherrschaft getan, sie hatten die *muscadins* vielmehr benutzt, um die »Linken« nieder-
zuhalten. Eine weitere Konzession an die »Rechte« bildete die
im Februar 1795 erlassene Religionsfreiheit und die Trennung
von Staat und Kirche. Das bedeutete zugleich die Aufgabe der
eidleistenden Kirche. Aber bald wuchs die Gefahr seitens der
Royalisten: Nach dem Tod des zehnjährigen Dauphin in der
Tempelritterburg *(le Temple)* am 8. Juni 1795 ging der Anspruch auf die Krone auf den Grafen der Provence über, der sich
seitdem Ludwig XVIII. nannte. Von seinem Wohnsitz Verona
aus erließ er am 24. Juni ein Manifest, in dem er die Wiederherstellung des Ancien Régime und die Rückerstattung der Nationalgüter an ihre alten Besitzer in Aussicht stellte. Das große
Unternehmen der Royalisten stellte die Landung von 4000
Emigranten durch die englische Flotte in der Südbretagne dar.
Dort wurden sie von den *Chouans* erwartet, die auf die Friedensangebote des republikanischen Generals Lazare Hoche –
im Gegensatz zu den Aufständischen der Vendée – nicht eingegangen waren. Das Unternehmen scheiterte kläglich auf der

Halbinsel Quiberon. Die Emigranten mußten am 21. Juli 1795 kapitulieren. Während man die gefangenen *Chouans* freiließ, wurden die etwa 750 gefangenen Royalisten auf Anordnung von Tallien erschossen.

Die Nachsicht gegenüber den Aufständischen der Bretagne, den *Chouans*, die sich unter Puisaye wieder gesammelt hatten, war nicht zufällig. Schon im Juli 1794 hatte Carnot Milde gegenüber den Aufständischen der Vendée gefordert und ihnen wie den *Chouans* im Dezember eine Amnestie zugesagt, wenn sie die Waffen niederlegen würden. In der Tat kam es im Februar 1795 zu einem Abkommen zwischen dem Chef der Vendée, Charette, und dem Konvent, dem die Anführer der *Chouans* im April beitraten. Der Aufstand in der Vendée flammte 1796 dennoch wieder auf, bis im Februar und März die Anführer Charette und Stofflet gefaßt und erschossen wurden. In Paris gab es im Herbst 1795 nochmals Putschversuche der Royalisten, die Barras mit Hilfe des Militärs niederschlug. Dabei stützte er sich vornehmlich auf jakobinische Kräfte, zu denen man auch den General Bonaparte zählte, der die Aufständischen bei der Kirche Saint-Roch niederkartätschte.

Der Krieg gegen die Koalition der europäischen Mächte

Nach den Erfolgen des Jahres II (vom September 1793 bis zum September 1794) war die militärische Lage der Republik günstig, aber der Krieg mußte an allen Fronten weitergeführt werden. Carnot konnte, obwohl als Mitglied des Wohlfahrtsausschusses unter Robespierre kompromittiert, bis zum März 1795 seine militärischen Pläne weiterführen. Die Nordarmee unter Pichegru drang im Winter 1794/95 bis nach Nordholland vor und konnte sich sogar der im Eis vor Texel eingeschlossenen holländischen Flotte bemächtigen. Die Holländer setzten den Statthalter ab und erklärten die Unabhängigkeit des batavischen Volkes. Ihre Republik *(La République batave)* mußte dennoch harte Bedingungen, auch Gebietsabtretungen, hinnehmen und eine Allianz mit der französischen Republik schließen. Die im Verlauf des Krieges noch weiter geführte Politik Frankreichs, sich mit befreundeten Republiken zu umgeben und dadurch die Gefahr an den Grenzen zu verringern, wurde hier zum ersten Mal deutlich.

Nicht weniger erfolgreich waren die Soldaten der Republik gegenüber den deutschen Staaten. Nachdem Jourdan die Österreicher bei Fleurus am 26. Juni 1794 geschlagen hatte, räumten diese Belgien und mußten sich über den Rhein zurückziehen. Zum Jahresende wurde auf dem linken Rheinufer nur noch Mainz von den Österreichern gehalten. Damit begann die zwanzigjährige Angliederung des Rheinlands an Frankreich. Sie wurde als erstes von Preußen akzeptiert, das nicht ohne Grund fürchtete, bei der dritten Teilung Polens von Rußland und Österreich übergangen zu werden. Der polnische Patriot Kosciuszko hatte bei Friedrich Wilhelm II. kein Verständnis für sein Land gefunden; statt an den Rhein sandte Preußen seine Truppen nach Polen, wo sie vor Warschau kläglich scheiterten. Erst das Eingreifen starker russischer Kräfte konnte den Aufstand der polnischen Freiheitskämpfer beenden.

Um seine Ansprüche im Osten nicht zu verlieren, war Preußen bereit, mit der geschmähten Republik Frankreich zu verhandeln, anfangs in der Illusion, diese würde auf die »natürlichen« Grenzen, also den Rhein, verzichten; im Friedensvertrag von Basel (5. 4. 1795) gab Preußen das linke Rheinufer auf und ließ sich in einem Geheimartikel noch ausreichende Entschädigung zusichern, die nur auf Kosten anderer deutscher Fürsten gehen konnte. Zusätzlich wurde eine Demarkationslinie festgelegt, die Norddeutschland neutralisierte. Preußen gab auf diese Weise die Rheinlande und die Allianz mit Österreich auf, dafür holte es sich bei Polens letzter Teilung am 24. Oktober 1795 das sogenannte Neu-Ostpreußen, also Teile von Litauen, Gebiete um Bialystok und sogar Warschau! Rußland nahm noch nicht am Kampf gegen die Republik teil und Österreich, der dritte Beteiligte an diesem noch heute unfaßbaren Akt der Unterdrückung eines ganzen Volkes und Staates mit großer europäischer Vergangenheit, verteidigte am Rhein die Rechte des Reichs allein weiter. Der Friede von Basel und die Aufteilung Restpolens gehörten zu den schmählichsten Ereignissen in der Geschichte des nachfriderizianischen Preußens.

Die Republik erwies sich nicht weniger rücksichtslos gegenüber den »befreiten« Völkern: Belgien wurde in neun Départements aufgeteilt und an Frankreich angeschlossen (1. 10. 1795); da dies mit dem Anspruch auf Frankreichs »natürliche« Grenzen geschah, war das Schicksal des Rheinlands abzusehen: Auch dieses wurde nach dem Frieden von Campoformio mit Österreich (17. 10. 1797) in vier Départements aufgeteilt und Frankreich angeschlossen. Nach dem Frieden mit Preußen erreichte die Republik anschließend an die Eroberung von Bilbao auch das Ausscheiden von Spanien aus der Koalition (22. 7. 1795) und erhielt Santo Domingo, die östliche Hälfte der Insel Haiti, ohne diesen Anspruch durchsetzen zu können, da dort der Freiheitskämpfer Toussaint-Louverture die Macht innehatte. Immerhin hatten die Armeen der Republik erreicht, daß mit Holland, Preußen und Spanien drei Mächte aus der Koalition ausgeschieden waren und daß Frankreich nur noch Österreich und England gegenüberstand, als mit der neuen Verfassung die Übergangszeit des Konvents ihr Ende fand.

Das Direktorium.
Die Verfassung von 1795

Nach Thermidor hatte der Konvent einen Ausschuß eingesetzt, der überprüfen sollte, ob die Verfassung von 1793, wie von den Jakobinern gefordert wurde, in Kraft treten könne. Der Ausschuß hielt die Verfassung nicht für anwendbar und arbeitete einen neuen Vorschlag aus, der nach längeren Debatten am 22. August 1795 (An III) angenommen wurde. Diese erste tatsächlich in Kraft getretene republikanische Verfassung Frankreichs enthält eine Menschenrechtserklärung entsprechend den Vorbildern, aber mit einem ernüchternd trockenen Pflichtenkatalog des Bürgers als Zusatz. Die 377 Artikel der Verfassung tragen vor allem dem Gedanken Rechnung, daß sowohl die Rückkehr zur Monarchie als auch die zur Schreckensherrschaft vermieden werden sollten. Daher die vielen eingebauten Sicherungen und Vorsichtsmaßnahmen gegen die Vorherrschaft eines einzelnen oder einer Versammlung. Die

Gesinnung der Verfassungsväter kommt darin zum Ausdruck, daß das allgemeine Wahlrecht wieder eingeschränkt wurde: Nur die steuerzahlenden Bürger ab 25 Jahren waren Wähler. Um die Macht der Versammlung einzuschränken, wurde das Zweikammersystem *(bicamérisme)* eingeführt: Der »Rat der Fünfhundert« *(Conseil des Cinq-Cents)*, Mindestalter 30 Jahre, hatte die Gesetzesinitiative; der »Rat der Alten« *(Conseil des Anciens)*, Mindestalter 40 Jahre, 250 Mitglieder, nahm die Gesetze als ganze an oder verwarf sie. Die Exekutive bildeten fünf Direktoren *(directeurs)* gemeinsam, um die Herrschaft eines einzelnen zu verhindern. Jeder Direktor wurde vom »Rat der Alten« aus einer Liste von zehn Namen gewählt, die der Rat der Fünfhundert vorschlug. Jährlich war ein Direktor neu zu wählen. Die Gewalten der Exekutive und Legislative waren strikt getrennt. Die Direktoren besaßen kein Recht zur Gesetzesinitiative und kein Vetorecht; sie nahmen nicht an den Sitzungen der Versammlung teil und konnten diese weder einberufen noch auflösen. Andererseits hatten die Versammlungen keine Möglichkeit, die Direktoren abzuberufen oder auch nur anzuhören. Sie konnten sie nur strafrechtlich verfolgen.

Die Folge der strikten Gewaltentrennung und der fehlenden Möglichkeit von Konfliktlösungen zwischen Exekutive und Legislative waren ständige Verstöße gegen die Verfassung bis zum Staatsstreich des 18 brumaire 1799. Schon die Volksabstimmung über die Verfassung am 23. September 1795 machte deutlich, wie gering der Anteil der Stimmberechtigten war, der sich mit der Verfassung identifizierte: Etwa einer Million Ja-Stimmen standen 50 000 Nein-Stimmen gegenüber, bei fünf Millionen Enthaltungen! Obendrein hatte der Konvent vor seiner Auflösung noch entschieden, daß mindestens zwei Drittel der neuen Versammlungen aus seinen eigenen Reihen kommen müßten! Auch der Versuch, eine kollektive Regierungsweise einzuführen, scheiterte von Anfang an, denn jeder Direktor mußte sich auf ein Ressort spezialisieren und beanspruchte für dieses Entscheidungsgewalt. Für lange Zeit besaß zudem Barras ein Übergewicht der Macht.

Die alljährliche Neuwahl eines Drittels der Mitglieder der Versammlungen brachte jeweils neue Mehrheiten, die in Opposition zum Direktorium standen. Die Konfliktlösung erfolgte dann durch Staatsstreich: Am 4. September 1797 *(18 fructidor An V)* wurde für die Versammlungen eine royalistische Mehrheit gewählt; die Direktoren, noch republikanisch-revolutionär gesonnen, ließen die Truppen unter Augereau aufmarschieren, und die Versammlungen mußten die Wahlen in 49 Départements annulieren. Im folgenden Jahr errangen die Jakobiner einen Wahlsieg, und die eher gemäßigten Direktoren setzten am 11. Mai 1798 *(22 floréal An VI)* eine Annulierung von 150 Wahlen durch. Bei den Wahlen 1799 zwangen die neugewählten Versammlungen ihrerseits drei Direktoren zum Rücktritt am 18. Juni 1799 *(30 prairial An VII)*. Der letzte Staatsstreich vom 9. November 1799 *(18 brumaire An VIII)* beendete die Direktoriumszeit und die Republik durch die Diktatur Bonapartes. Die Verfassungsgeschichte Frankreichs macht deutlich, wie mühsam der Weg zu einer freiheitlichen Demokratie ist, wenn keine Modelle übernommen werden können und keine Erfahrungen vorliegen.

In der französischen Geschichtsschreibung wird das Direktorium im allgemeinen vernachlässigt und tritt gegenüber dem Abenteuer des Italienfeldzugs von Bonaparte zurück. In der Tat fehlt die große, leitende Persönlichkeit; der ehemalige Vicomte Barras beherrschte zwar die Szene, aber er besaß keine Kontinuität in der politischen Arbeit. Die Probleme der vorangegangenen Zeit blieben auf wirtschaftlichem Gebiet bestehen. Die Not wuchs und die Notenpresse ersetzte eine seriöse Finanzpolitik.

Die Verschwörung der »Gleichen«

Die sozialen Spannungen brachten eine Bewegung hervor, die für eine Abschaffung der Ungleichheit in der Gesellschaft eintrat. Die »Gleichen« *(Egaux)*, eine aus ehemaligen Jakobinern um Gracchus Babeuf versammelte Schar, die für die Abschaffung des Eigentums und damit für einen Kommunismus vor der Schöpfung des Wortes eintrat, veröffentlichten im April 1796 ihr *manifeste des égaux*. Ihre Verschwörung wurde am

10. Mai (*21 floréal An IV*) aufgedeckt, fast 250 Mitglieder verhaftet, nach einem Prozeß wurde Babeuf 1799 hingerichtet. Einer seiner engsten Vertrauten, Buonarroti, veröffentlichte 1828 eine Geschichte der Verschwörung und gab so die Ideen Babeufs weiter an die Frühsozialisten.

Die größte Gefahr drohte dem Direktorium von der rechten Seite, von den Royalisten. Aber der Starrsinn Ludwigs XVIII., der allein auf die Wiederherstellung des Ancien Régime hinarbeitete, verhinderte eine Zusammenarbeit mit den gemäßigten Royalisten. So verteidigten sich die herrschenden gemäßigten Republikaner nach beiden Seiten. Es gelang ihnen, wegen der Schwäche ihrer Gegner auf der rechten wie auf der linken Seite, sich durchzulavieren, aber sie erreichten keine Stabilität im Land. Der Grund dafür ist allerdings auch darin zu suchen, daß sie nicht, wie Carnot riet, den Kompromiß mit den europäischen Mächten suchten, sondern um der Doktrin der »natürlichen« Grenzen willen den Krieg weiterführten. In einer solchen Konstellation der inneren Instabilität und der Machtkonzentration auf die Armee geriet das System notwendigerweise in Abhängigkeit von dem Militär.

Die militärischen Ereignisse bis zum Ende der ersten Koalition 1797

Nach dem Ausscheiden Preußens und Spaniens aus der Allianz gegen Frankreich blieben Österreich und England entschlossen, den Kampf gegen die Republik fortzusetzen. Sie versuchten sogar, das bislang neutrale Rußland in die Auseinandersetzung einzubeziehen. Im Direktorium vertrat Carnot die Friedenspartei, die bereit war, sich mit einem mäßigen Gebietszuwachs zufrieden zu geben, während der Elsässer Reubell für die »natürlichen« Grenzen eintrat. Nach dem Frieden von Basel stand Österreich mit den Reichstruppen praktisch den republikanischen Armeen allein gegenüber. Nach einigen Gefechten, besonders auf dem Gebiet der Kurpfalz, wurde zum Jahresende ein Waffenstillstand vereinbart, während dessen Geltung Österreich versuchte, Preußen wieder in die Koalition zurückzuführen. Dieses aber lehnte sich stattdessen noch enger an Frankreich an, ließ sich von diesem in den »Berliner Verträgen« vom August 1796 die Neutralität Norddeutschlands anerkennen und insgeheim noch Gebietsentschädigungen auf Kosten anderer Reichsgebiete zusagen. Es handelte also wiederum eigennützig auf Kosten des Reichs und ermutigte durch sein Verhalten die Republik zu weiterer Expansion. Die Gefahr für Österreich wuchs, nachdem die in Italien operierende Armee der Republik im März 1796 in Bonaparte einen überlegenen Oberbefehlshaber erhalten hatte.

Der Italienfeldzug Bonapartes
und der Frieden von Campoformio

Die Niederschlagung des Royalistenaufstands am 5. Oktober 1795 *(13 vendémiaire An III)* hatte Bonaparte, der eine Zeitlang wegen seiner Weigerung, in Westfrankreich ein Kommando zu übernehmen, in den Schatten der Geschichte getreten war, den Durchbruch verschafft: Der Konvent brachte ihm eine Ovation dar, er wurde zum Divisionsgeneral befördert und zum Oberbefehlshaber der Heimatarmee ernannt. Am 2. März 1796 wurde ihm der Oberbefehl über die Italienarmee anvertraut. Eine Woche später heiratete er zivilrechtlich Joséphine de Beauharnais, die Witwe des noch vier Tage vor Robespierres Ende guillotinierten Generals de Beauharnais. Sie war eine von Barras' zahlreichen Mätressen, der froh war, sie an seinen Schützling abtreten zu können. Wenige Tage nach der Hochzeit reiste Bonaparte zu seiner Armee ab.

Der Feldzug gegen die verbündeten Armeen von Österreich und Sardinien-Piemont machte zum ersten Mal das Genie Bonapartes deutlich. In kurzer Zeit gelang es ihm, mit an Zahl unterlegenen Truppen die Verbündeten zu trennen und Sardinien zu einem Waffenstillstand zu zwingen, wobei es wenig ausmachte, daß die in Italien einflußreichen »Patrioten« geopfert wurden. Danach drängte er die Österreicher zurück, passierte am 10. Mai 1796 die Brücke bei Lodi und zog als Triumphator am 15. Mai in Mailand ein. Er hatte schon zu Beginn des Feldzugs seine Soldaten mit dem Hinweis auf die Kunstschätze Italiens angelockt; wie es Carnot in Belgien betrieben und wie ihm das Direktorium ausdrücklich vorgeschrieben hatte, sollte der Krieg den Krieg ernähren, und so geriet die Eroberung Italiens zu einem Raubzug, wie ihn die Geschichte selten erlebt hatte. Die unmittelbare Folge waren frankreichfeindliche Reaktionen, die schon bald in Mailand einsetzten. Auf Anweisung des Direktoriums, dessen Kommissare dem jungen General zunehmend lästig wurden, zog er zunächst geldeintreibend durch Mittelitalien, bevor er die Österreicher in Mantua einschloß, um dessen Entsetzung sich viermal Armeen aus Tirol bemühten. Der Hauptangriff gegen Österreich sollte nach Carnots Plänen von den Armeen Jourdans und Moreaus durch Deutschland erfolgen. Nach Anfangserfolgen des Gegners schlug Erzherzog Karl aber die französischen Armeen über den Rhein zurück.

Im Frühjahr 1797, nach der Kapitulation von Mantua, eröffnete Bonaparte in Italien wieder die Offensive, drängte Erzherzog Karl bis in die Steiermark zurück und schloß mit ihm den Vorfrieden von Leoben (18. 4. 1797), der im Frieden von Campoformio (17./18. 10. 1797) bestätigt wurde. Österreich trat Belgien und die Lombardei ab. In einem geheimen Artikel stimmte es der Aufgabe des Rheinlands einschließlich des noch von deutschen Truppen gehaltenen Mainz zu. Die Zeche mußte das an dem Konflikt unbeteiligte Venedig bezahlen: Nachdem der Vorfrieden von Leoben in Paris ratifiziert worden war, unterstützte Bonaparte die aufständischen Patrioten in Venedig; der Senat der alten Republik gab sich ohne Kampf selbst auf, und Bonaparte konnte ungestört die Kunstschätze der Stadt plündern, bevor er Venedig zum Entsetzen der Patrioten den Österreichern übergab. Die italienischen Patrioten wandten sich der Cisalpinischen Republik in Oberitalien zu, die, wie die Ligurische Republik des alten Genua, neu geschaffen wurde. Der Italienfeldzug trug wesentlich zum Ruhm Bonapartes bei und der Glanz der überall zusammengerafften Beute ebenso wie eine geschickt von dem General gesteuerte Propaganda verstärkten noch den Effekt.

Der Rastatter Kongreß und die Neuordnung in Deutschland

Der Frieden von Campoformio bedeutete das Ende der ersten Koalition, denn auf dem Kontinent herrschte Waffenruhe, und England kämpfte allein gegen die Republik. In Rastatt trafen Ende 1797 die Mitglieder der Reichsfriedensdeputation zusammen, der nichts anderes übrig blieb, als im März der Abtrennung des Rheinlands zuzustimmen. Dort hatten rheinische Republikaner wie der junge Joseph Görres und nicht wenige Intellektuelle, besonders Professoren und Studenten, die Franzosen zunächst freudig begrüßt und im Sommer 1797, von General Hoche gefördert, an einigen Orten eine Cisrhenanische Republik ausgerufen, die aber wegen des direkten Anschlusses des Gebiets an Frankreich kein Leben gewann. Die Gruppe deutsch-französischer Patrioten hatte zunächst wenig Einwände gegen die Übernahme des Rheinlands durch Frankreich, weil dadurch die Errungenschaften der Revolution gewonnen und gesichert wurden. Aber das Volk selbst, das unter den Feldzügen und den rücksichtslosen Kontributionen zu leiden hatte, begegnete der neuen Herrschaft mit Zurückhaltung. In Rastatt wurde noch über die Entschädigungen der deutschen Fürsten links des Rheins durch Säkularisation geistlicher Gebiete rechtsrheinisch verhandelt, als Österreich, diesmal im Bund mit Rußland und England, von neuem den Krieg vorbereitete. Im Winter 1798/99 zogen bereits russische Truppen nach Süddeutschland. Bei den ersten Kämpfen der Österreicher und Franzosen am Rhein wurden die französischen Abgesandten, die Rastatt verlassen hatten, am Rhein von kaiserlichen Husaren ermordet (28.4.1799); der Krieg konnte wieder beginnen.

Napoleons Expedition nach Ägypten

In der Zwischenzeit, als England Frankreich allein gegenüberstand, waren in Paris wiederum Pläne für eine Invasion in England entwickelt worden, obwohl schon eine Expedition Hoches nach Irland im Dezember 1796 gescheitert war. Nach Inspektion der Vorbereitungen an der Küste gelangte Bonaparte in einem Bericht für das Direktorium zu der Überzeugung, daß ein solches Unternehmen nicht zu realisieren wäre. Stattdessen schlug er vor, einer Denkschrift des 1797 zum Außenminister avancierten Talleyrand zu folgen und England in Ägypten zu treffen. Das Direktorium akzeptierte den Vorschlag, schon um den General für einige Zeit und auf einige Entfernung loszuwerden. Am 19. Mai 1798 schiffte sich dieser mit seiner Armee in Toulon ein und gelangte, ohne von dem englischen Admiral Nelson bemerkt zu werden, nach Malta, das eingenommen wurde und auf diese Weise seine Selbständigkeit verlor und später als Kriegsbeute an England fiel.

Am 1. Juli 1798 ging Bonaparte bei Alexandria an Land und zog gegen Kairo; nach der Schlacht bei den Pyramiden soll er seinen Soldaten zugerufen haben: »Von der Spitze dieser Pyramiden sehen vierzig Jahrhunderte auf euch!« *(Du haut de ces pyramides, quarante siècles vous contemplent)* Zwar gelang die Einnahme von Kairo, aber schon am 1. August 1798 zerstörte Nelson die bei Abukir liegende französische Flotte. Die französische Armee war damit in Ägypten gefangen. Nach einigen Kämpfen in Palästina und einem verlustreichen Rückzug von Saint Jean-d'Acre (heute Akko in Israel) durch die Wüste zurück nach Ägypten, gelangte Bonaparte im Juni 1799 wieder nach Kairo. Bedeutsamer als die Feldzüge und Aufstände im Oktober 1798 in Kairo waren die Ergebnisse der Arbeiten jener Forscher und Wissenschaftler, die Bonaparte nach Ägypten begleitet hatten und die wesentlich zur Begründung der Ägyptologie beitrugen. Der 1799 bei Rosette im Nildelta gefundene Stein ermöglichte es 20 Jahre später Champollion, die Hieroglyphen zu entziffern.

Der Rückzug aus Palästina, auf dem er ein Drittel seiner Soldaten verlor, hatte Bonaparte erkennen lassen, daß das orientalische Abenteuer aussichtslos war. Da sich in der Zwischenzeit die militärische Lage Frankreichs gegenüber der neuen Koalition sehr verschlechtert hatte, benutzte er die Gelegenheit, sich am 23. August 1799 mit wenigen Getreuen einzuschiffen. Er gelangte wiederum glücklich durch die englische Blockade und am 9. Oktober nach Saint-Raphaël. Seine Armee hatte er General Kléber hinterlassen, der im folgenden Jahr von einem

Janitscharen ermordet wurde. Die Truppe wurde schließlich nach ihrer Kapitulation 1801 von den Engländern nach Frankreich zurücktransportiert.

Die Alliierten hatten durch das Eingreifen russischer Truppen unter Suworow in Italien große Erfolge erzielt und die Franzosen bis auf Ligurien und einige Städte aus dem Land gedrängt. Eine Niederlage bei Zürich veranlaßte aber den Zaren, aus der Allianz auszutreten. So stand Österreich wiederum allein auf dem Festland der Republik gegenüber, als Bonaparte nach Frankreich zurückkehrte.

Der Staatsstreich des *18 brumaire An VIII*

Das Direktorium war durch seine Mißwirtschaft weitgehend diskreditiert, als Sieyès im Mai 1799 für Reubell zum Direktor gewählt wurde. Sieyès hatte die Schreckensherrschaft überstanden und auf die Frage, was er während dieser Zeit getan habe, geantwortet: »Ich habe gelebt!« Sein Ansehen beruhte nicht zuletzt auf seiner Mitarbeit an den Verfassungen. 1795 hatte er die Wahl zum Direktor abgelehnt. Jetzt war seine Stunde gekommen, um die Ergebnisse der Revolution gegen immer wieder aufkommende Angriffe von seiten der Jakobiner und der Royalisten zu sichern. Er ließ den erneut geöffneten Jakobinerclub schließen und setzte als Polizeiminister den berüchtigten Mann der Schreckensherrschaft, Fouché, ein. Mit großem Geschick bereitete er den Umsturz vor, zu dem ihm nur noch »der Säbel« fehlte, als Bonaparte in Südfrankreich landete.

Am 16. Oktober gelangte dieser nach Paris. Sieyès, der zunächst auf General Moreau gesetzt hatte, erläuterte Bonaparte am 1. November seinen mit einer neuen Verfassung verbundenen Plan. Erst am 6. November legte dieser mit ihm und Fouché das Vorgehen beim Staatsstreich fest. Drei der Direktoren, Barras, Sieyès und Ducos erklärten sich bereit, zurückzutreten. Die Versammlungen sollten in Saint-Cloud zusammentreten, außerhalb von Paris. Im Gegensatz zu Sieyès' Vorstellungen einer neuen Verfassung schlug der General eine provisorische Regierung von drei Konsuln vor, von denen er einer sein würde; die Konsuln sollten mit Hilfe eines von den Versammlungen gewählten Ausschusses eine neue Verfassung erarbeiten. Sieyès blieb nichts anderes übrig, als dies anzunehmen.

Am 18. Brumaire (9.11.1799) gelangen die Pläne der Verschwörer zunächst ohne große Schwierigkeit. Bonaparte wurde auf Plakaten als »Retter« *(sauveur)* begrüßt. Die beiden nicht rücktrittswilligen Direktoren stellte man unter Arrest; die anderen, Sieyès und Ducos, traten zurück, Barras, dessen Rücktrittserklärung von Talleyrand redigiert wurde, zog sich auf sein Schloß zurück. Am Morgen versammelten sich die Abgeordneten in Saint-Cloud. In der gegen 14 Uhr eröffneten Sitzung der Fünfhundert wurde sofort Widerstand laut. Der Präsident, Bonapartes Bruder Lucien, gab nach und ließ auf die Verfassung schwören. Im Rat der Alten stieg ebenfalls die Erregung. Bonaparte griff schließlich selbst ein und hielt eine ungeschickte, martialisch drohende Rede, fand aber keine passenden Antworten auf Fragen, die man an ihn richtete. Danach begab er sich zu den Fünfhundert, wo ihn die Jakobiner zur Tür hinausdrängten; dabei erlitt er ein paar Kratzer im Gesicht. Auch Lucien konnte nur unter dem Schutz von Grenadieren den Saal der Fünfhundert verlassen, die drohten, seinen Bruder wie einst Robespierre für vogelfrei erklären zu lassen. Vor dem Gebäude sprachen dann beide Brüder zu den Soldaten. Lucien forderte sie auf, die »Aufwiegler« zu verjagen und Murat leitete diese Operation, die in wenigen Minuten geschehen war. Um der Sache doch noch den Anschein der Legalität zu verleihen, suchte man am Abend, nachdem die Alten schon der Einsetzung von drei Konsuln zugestimmt hatten, noch etwa 100 Abgeordnete aus dem Rat der Fünfhundert zusammen, die auch diesen Beschluß faßten. Die Alten ratifizierten ihn gegen vier Uhr morgens. Der Staatsstreich war gerade noch einmal geglückt, aber sehr zufrieden konnte Bonaparte nicht sein. Paris hatte sich nicht gerührt, und dies war vielleicht das deutlichste Zeichen dafür, daß die Revolution beendet war.

10. Konsulat und Kaiserreich (1799–1815)

Das Konsulat

Nach dem Staatsstreich des 18 brumaire An VIII (9.11.1799) und bis Waterloo (18.6.1815) wurde die Geschichte Frankreichs und Europas von der Person Bonapartes bestimmt. Er hatte im rechten Augenblick eingegriffen, als das Bürgertum, des Krieges und der inneren Unruhen müde, die Revolution beenden wollte. Von allen Generälen der Republik, die für eine Machtergreifung in Frage kamen, besaß er durch die Siege in Italien und die mittels einer geschickten Propaganda als erfolgreich dargestellte Expedition nach Ägypten das größte Prestige. Die Macht fiel ihm zu, weil er mit dem Anspruch des Retters aus dem Chaos auftrat und in der Tat dem Land nach innen die zu seiner Entwicklung notwendige Ordnung und nach außen Erfolge bis zu einem generellen Friedensschluß verschaffte. Der allmähliche Übergang zur Alleinherrschaft, die nach dem erneuten Ausbruch der kriegerischen Auseinandersetzungen übermäßig belasteten Kräfte Frankreichs und die Störungen durch den Wirtschaftskrieg führten schließlich zu einem Zerfall des Bündnisses zwischen Napoleon und dem revolutionären Bürgertum. Am Ende seiner Herrschaft stand er als der »Menschenfresser« *(l'ogre)* da. Erst durch das Exil in Sankt Helena und das verklärte Bild, das Las Cases in dem *Mémorial de Sainte-Hélène* entwarf, entwickelte sich die romantisch-verklärte Figur des gefallenen Helden, der Mythos des Kaisers, der so viel zum »Ruhm« Frankreichs beigetragen hat.

Bei aller Bewunderung der Leistungen Napoleons steht man ihm heute auch in Frankreich oft mit Zurückhaltung gegenüber. Zu groß waren die Opfer, die er um die Erhaltung seiner persönlichen Macht willen von Frankreich und ganz Europa gefordert hatte. Während einige Autoren das Ergebnis der napoleonischen Herrschaft schlichtweg als Katastrophe für Frankreich bezeichnen, weisen seine Verteidiger eher auf die

Modernisierung und Neuordnung des Landes als auf die kriegerischen Erfolge hin. Um seine Auswirkungen auf die Folgezeit zu ermessen, ist es notwendig, zwischen den Leistungen als Organisator und denen des Feldherrn und Staatsmannes zu unterscheiden. In beiden Fällen war es vor allem seine überragende Fähigkeit, Sachlagen schnell zu erkennen und durch klare Kombination zu ebenso schnellen Entscheidungen zu gelangen, die die Erfolge zu Beginn seiner Herrschaft bewirkten. Getragen wurden diese Entscheidungen durch eine ungewöhnliche Intelligenz und Arbeitskraft sowie durch ein hervorragendes Gedächtnis. Erst gegen Ende des Kaiserreichs wurden die Folgen der ständigen Überbeanspruchung deutlich. Den Erfolg bei den Menschen erreichte er nicht zuletzt auch durch eine hohe Fähigkeit der Selbstdarstellung, die schon bei dem ersten Italienfeldzug zum Ausdruck kam und die er bis zu dem theatralischen Abschied in Fontainebleau 1814 einzusetzen verstand. Es entspricht der Natur des Menschen, daß der ungeheure Erfolg seiner Alleinherrschaft den Sinn für Selbstkritik verkümmern ließ. Der Sinn für das Maß, für die Grenzen des Machbaren, war bei ihm wohl nie entwickelt worden. So wurde aus dem »Retter der Revolution« der Despot Frankreichs und Europas.

Die zweite Koalition.
Der Frieden von Lunéville und Amiens

Während Bonapartes Abwesenheit in Ägypten hatte sich die zweite Koalition zwischen England, Rußland und Österreich gegen die Republik gebildet und in Italien und der Schweiz Erfolge erzielt. Aber schon im Oktober 1799 hatte der Zar seine Truppen zurückgezogen. Nach dem Staatsstreich vom November richtete Bonaparte als Erster Konsul ein Friedensangebot an Österreich und England und ergriff, als dieses ohne Erfolg blieb, die Initiative. Er überließ Moreau die Armee, die in Deutschland gegen Österreich und die Reichsarmee kämpfte, und marschierte mit seinen Truppen über den Großen Sankt Bernhard nach Mailand. Der Sieg von Marengo (14.6.1800) entschied über das Schicksal Oberitaliens, während Moreau bei Hohenlinden in Oberbayern die Österreicher besiegte. Es kam sehr schnell zum Friedenssschluß in Lunéville (9.2.1801) mit Österreich und dem Reich. Der Kaiser mußte auf alle italienischen Gebiete verzichten mit Ausnahme des unglücklichen Veneziens, er erkannte die Abtretung Belgiens, den Rhein als Grenze und zudem die batavische (Holland), helvetische (Schweiz) und cisalpinische (Oberitalien) Republik an. Für die Gestaltung Deutschlands im 19. und 20. Jahrhundert wurde die notwendig gewordene Entschädigung der linksrheinischen Fürsten außerordentlich bedeutsam.

In den Tagen des Friedensschlusses von Lunéville hatte William Pitt zurücktreten müssen, auch England bot Friedensverhandlungen an, ein Vorfrieden wurde am ersten Oktober 1801 und der endgültige Frieden in Amiens am 25. März 1802 geschlossen. Mit Rußland und der Türkei hatte sich die Republik schon im Oktober 1801 geeinigt. Ägypten wurde an die Türkei zurückgeben, der Johanniterorden sollte das noch von den Engländern besetzte Malta wiedererhalten, England behielt nur Trinidad und Ceylon von den kolonialen Eroberungen. In Frankreich wurde der Frieden mit großer Freude aufgenommen, denn nicht zuletzt die Friedenssehnsucht hatte Bonaparte an die Macht gebracht.

Neuordnung Deutschlands

Zu den Folgen des Friedens von Lunéville gehörte die Neuordnung Deutschlands. Frankreich hatte ein Interesse daran, die deutschen Mittelstaaten zu verstärken, um aus ihnen eine dritte Kraft gegenüber Österreich und Preußen zu bilden. Die Vertreter der Reichsstände bemühten sich in Paris, die Gunst des Ersten Konsuls und Talleyrands (Außenminister 1797–1807) zu gewinnen. Ein französisch-russischer Plan wurde der in Regensburg gebildeten Reichsdeputation vorgelegt, die am 25. Februar 1803 den Reichsdeputationshauptschluß *(Recez* oder *Recès de l'Empire allemand)* annahm. Der Flickenteppich der Landkarte des Reiches wurde stark verändert, 112 Reichsstände verschwanden; Millionen von Menschen wechselten die Staatsangehörigkeit. Vor allem in Süddeutschland konnten Baden, Württemberg und Bayern ihr Gebiet vergrößern und arrondieren. Durch die Säkularisation der geistlichen Territorien gewannen viele Fürsten noch an Land und Menschen. Auch Preußen und Österreich gingen bei der Neuverteilung nicht leer aus.

Die Konsolidierung der Macht Bonapartes im Inneren. Die Verfassung des Jahres VIII

Sofort nach dem Staatsstreich des 9. November 1799 hatten die Konsuln Kommissionen bestellt, die eine neue Verfassung ausarbeiten sollten. Nach heftigen Spannungen zwischen Sieyès und Bonaparte, der sich nicht mit einer Ehrenrolle abfinden wollte, ließ dieser schließlich innerhalb von elf Tagen eine Verfassung ausarbeiten, die seinen Vorstellungen entsprach und dem französischen Volk vorgelegt werden sollte. Die Verfassung des 22 frimaire (13. 12. 1799), also gerade einen Monat nach dem Staatsstreich, legte die Macht in die Hand des Ersten Konsuls, dem zwei weitere Konsuln beigegeben waren. Die Legislative war auf drei Kammern verteilt, *(Conseil d'Etat – Tribunat – Corps législatif),* aber Gesetzesinitiative hatte nur die Regierung. Ein Senat *(Sénat)* von anfangs 60 Mitgliedern, der durch Kooptation ergänzt wurde, ernannte die Mitglieder des Tribunats und der Gesetzgebenden Versammlung aus den Listen der Notabeln des Landes. Der Staatsrat von 30–40 Mitgliedern wurde vom Ersten Konsul ernannt, der ihm auch präsidierte. Der Mechanismus der Gesetzgebung war sehr kompliziert. De facto lag die Macht beim Ersten Konsul, der, wie die beiden anderen, durch die Verfassung auf zehn Jahre bestimmt wurde und der die Gesetzesinitiative besaß. Er ernannte Staatsräte, Minister und Beamte und entschied über Krieg und Frieden, während die beiden anderen Konsuln, Cambacérès und Lebrun nur eine beratende Funktion besaßen. Die Verfassung wurde dem Volk vorgelegt, welches sie mit drei Millionen Ja-Stimmen gegen nur 1562 Nein-Stimmen annahm. Trotz offenkundiger Manipulationen – so wurde die Armee nicht gefragt, aber als 500 000 Ja-Stimmen gewertet – darf man wohl annehmen, daß die Entscheidung weniger für die Verfassung selbst als für General Bonaparte eindeutig ausfiel.

Die Verfassung des Jahres X

Nach den Friedensschlüssen von Lunéville und Amiens erreichte die Popularität Bonapartes ihren Höhepunkt. Er hatte genau das erreicht, was der Republik nie gelungen war – den Frieden. Er benutzte die günstige Situation, um die Verfassung des Jahres VIII zu seinem Vorteil zu verändern. Da die Vorschläge des Senats ihn nicht befriedigten, wandte er sich wiederum direkt an das Volk – der Appell an das Volk blieb als »Bonapartismus« mit seinem Namen verbunden. Auf die Frage: »Soll Napoléon Bonaparte Konsul auf Lebenszeit sein?« antworteten 3 500 000 mit »Ja« und nur 8374 mit »Nein«. Daraufhin veränderte und ergänzte Bonaparte die Verfassung des Jahres VIII und der Senat stimmte der neuen Verfassung am 4. August 1802 zu. Die Position des Ersten Konsuls wurde durch die Ernennung auf Lebenszeit gestärkt. Er erhielt das Recht, seinen Nachfolger zu benennen, ferner das Begnadigungsrecht und das Recht, Bündnisse und Friedensverträge abzuschließen. Der Senat wurde noch stärker von ihm abhängig, denn der Erste Konsul allein hatte das Vorschlagsrecht bei der Kooptation neuer Mitglieder und er konnte auch von sich aus Senatoren ernennen. Dafür erhielt der Senat weitere Rechte, während die des Tribunats und der Gesetzgebenden Versammlung, die sich als weniger linientreu erwiesen hatten, beschränkt wurden. Die Verfassung des Jahres X (1802) stellt einen weiteren Schritt zur Machterhöhung Bonapartes dar.

Die Befriedung im Inneren des Landes

Zu Beginn des Jahres 1800 war die Lage im Inneren Frankreichs sehr unruhig. Eine der ersten Maßnahmen der neuen Regierung war es daher, von 73 politischen Zeitungen in Paris 60 zu verbieten und den restlichen das gleiche Schicksal anzudrohen, wenn sie sich gegen die Regierung äußerten. Je mehr sich die Alleinherrschaft Bonapartes abzeichnete, umso mehr regte sich daher der Widerstand aus dem Untergrund, und es kam zu Attentaten auf den Ersten Konsul, von denen die furchtbare Höllenmaschine der rue Saint-Nicaise (24. 12. 1800) zahlreiche Opfer forderte. Sie diente Bonaparte zum Anlaß, die linken Anhänger der Schreckensherrschaft, unter denen er die Täter vermutete, auszuschalten. Fouché konnte später nachweisen, daß nicht die Jakobiner, sondern Royalisten, *Chouans*, die Urheber des Attentats waren.

Die Aufstände im Westen Frankreichs waren schon Ende 1799 durch einen Waffenstillstand zwischen der Konsulatsregierung und den Insurgenten abgeflaut. Der – auch von Bonaparte – bewunderte Anführer Georges Cadoudal war nach England ausgewichen. Er kehrte 1803 heimlich nach Frankreich zurück und bereitete mit den Generälen Pichegru und Moreau eine Verschwörung vor. 1804 wurde er entdeckt und bald hingerichtet, während Pichegru unter nicht geklärten Umständen im Gefängnis starb. Aber im Westen Frankreichs ebenso wie in dem immer noch unruhigen Süden gelang es Bonaparte, mit einer Mischung von Härte und Verständnis die Chouannerie wie das Bandenwesen im Süden zur Bedeutungslosigkeit zu reduzieren. Nicht wenig trug zu diesem Erfolg bei, daß er im März 1800 die Liste der Emigranten schloß und im Oktober 48 000 Emigranten von ihr strich. Damit bereitete er die nationale Versöhnung vor, und tatsächlich setzte bald die Rückkehr zahlreicher Emigranten ein.

Die Wiederherstellung des religiösen Friedens und das Konkordat von 1801

Zur Festigung seiner Herrschaft mußte Bonaparte eine Verständigung mit der katholischen Kirche anstreben. Er hatte auf diesem Gebiet ein schweres Erbe anzutreten, und vermutlich war es nur einem Mann seiner Autorität möglich, das Problem zu lösen. Durch die Forderung der Verfassunggebenden Versammlung an die Geistlichen, den Eid auf die Verfassung zu leisten, hatte die Kirche sich in eine »konstitutionelle« und eine »orthodoxe«, königstreue, gespalten. Der Konvent hatte zunächst die Besoldung der Geistlichen beibehalten, also die konstitutionelle Kirche unterstützt. Sehr bald aber war er auf die Linie der »Entchristlichung« *(déchristianisation)* eingeschwenkt, hatte den gregorianischen durch den republikanischen Kalender ersetzt, mit einer Einteilung nach Dekaden, wobei der *décadi,* der zehnte Tag, Feiertag war und mit Festen – statt der Messe – begangen wurde. In Paris wurde der »Kult der Vernunft« *(culte de la Raison)* eingeführt. Robespierre aber war ein Gegner des Atheismus, den er als ein Merkmal der Aristokratie ansah, und versuchte, den Kult eines »Obersten Wesens« *(Etre Suprême)* einzuführen, das »die Unschuld schützt und das Verbrechen straft«. Der Konvent hatte im Mai 1794 tatsächlich diesen plakativ-moralischen Vorstellungen seines mörderischen Herrn zugestimmt. Nach Thermidor aber war er von seinen Vorstellungen abgerückt und hatte im September 1794 beschlossen, für keinerlei Kult mehr Kosten oder Gehälter zu übernehmen. Dies sollte praktisch das Ende der konstitutionellen Kirche und die Trennung von Staat und Kirche bedeuten.

Unter dem Direktorium versuchte man es zunächst mit Toleranz, und dies führte zu einer Wiederbelebung der Kirche und zwar nicht nur der orthodoxen, sondern auch – unter der Führung des Abbé Grégoire – der konstitutionellen. Nach den Wahlen vom April 1797 kam es von staatlicher Seite zu der Reaktion des *fructidor* (4.9.1797), zu neuen Verfolgungen und Versuchen, wieder die Dekade einzuführen. 1798 besetzte General Berthier auf Befehl des Direktoriums Rom und nahm den 84jährigen Pius VI. gefangen. Über die Alpen nach Frankreich verschleppt, starb er in Valence. Dies war die nahezu unentwirrbar erscheinende Lage, die Bonaparte nach seinem Staatsstreich vorfand.

Die nach dem 18 brumaire bald einsetzende religiöse Restauration machte ihm deutlich, daß das Problem nur durch eine Übereinkunft mit dem Papst zu lösen war. Vor allem kam es ihm darauf an, die Verbindung von Royalismus und Katholizismus zu lösen, da mit dem Königtum von vorneherein kein Einvernehmen zu finden war. Nach dramatischen Verhandlungen – wie immer stellte die Kirche die Geduld ihrer Partner auf eine harte Probe – kam es am 15. Juli 1801 zur Unterzeichnung des Konkordats: Gemeinsam wollte man die Neuaufteilung der Diözesen prüfen. Die Bischöfe wurden vom Konsul ernannt und erhielten dann vom Papst die Investitur. Der Klerus hatte der Regierung den Treueid zu leisten und erhielt dafür ein Gehalt.

Drei grundlegende Fragen waren damit entschieden: Der Katholizismus wurde nicht, wie zunächst vom französischen Unterhändler Bernier akzeptiert, zur »Staatsreligion« *(religion d'Etat)* erklärt, sondern, insbesondere auf Betreiben Talleyrands, der im Hintergrund die Fäden zog und als ehemaliger Bischof ganz persönliche Motive hatte, zur »Religion der großen Mehrheit der Staatsbürger« *(de la grande majorité des citoyens)*. Als eine zwar nicht für die Kirche einschneidende, aber für die bislang kirchentreuen Bischöfe äußerst harte Maßnahme erwies sich die Neueinteilung der Diözessen und die Erneuerung des Episkopats. Um dem Schisma ein Ende zu bereiten, verlangten Bonaparte und die Kirche zunächst den Rücktritt aller Bischöfe, der staatstreuen wie der kirchentreuen. Dies stellte eine unerhörte, bislang noch nie dagewesene Maßnahme dar. Sie traf in erster Linie die eidverweigernden, kirchentreuen Bischöfe, die trotz ihrer Treue während der Zeit der Verfolgung zurücktreten mußten. Fast alle Bischöfe gehorchten schließlich dem Papst. Die neuen Diözesen wurden festgelegt und von 60 Bischöfen waren zwölf konstitutionelle, 16 eidverweigernde, während 32 neu ernannt wurden. Die dritte Frage betraf die Anerkennung des Erwerbs des als Nationalgüter *(biens nationaux)* verkauften Kirchenbesitzes. Da sich Bonaparte nicht zuletzt auf das Bürgertum stützte, das die Rechtmäßigkeit seines Eigentums gesichert wissen wollte, kam es in diesem Punkt zu einer Einigung: Als Ablösung für den verlorenen Besitz erhielten die Priester ein Gehalt vom Staat – die Maßnahme wurde auch auf die protestantischen Pastoren ausgedehnt –, wobei Bonaparte den Hintergedanken hatte, sie auf diese Weise in Abhängigkeit zu bringen.

Frankreich nahm wieder Beziehungen mit dem Vatikan auf,

und Bonaparte sandte seinen Onkel, Kardinal Fesch, Erzbischof von Lyon, nach Rom. In zusätzlichen Ausführungsbestimmungen ließ er zugleich, ohne die Kirche zu befragen, deren Rechte einschränken: Ohne Erlaubnis der Regierung durfte sie keine Konzile einberufen, keine Bullen veröffentlichen, keine Bevöllmächtigung entsenden usw. Trotz der Vorbehalte in den Versammlungen und in der Armee setzte sich Bonaparte durch. Die Kirche löste sich damit vom Ancien Régime und vom Königtum, der religiöse Friede war wiederhergestellt.

Die Reform des Unterrichtswesens

Im Ancien Régime lag das Erziehungswesen weitgehend in den Händen der Kirche. Erst durch die Revolution setzte sich die Auffassung durch, daß es eine Aufgabe des Staates sei, für die Erziehung und Ausbildung Verantwortung zu übernehmen. Die Verfassunggebende Versammlung hatte Talleyrand beauftragt, darüber zu berichten, und dieser hatte eine kostenlose Grundschulerziehung auf freiwilliger Basis vorgeschlagen. Ohne zu weiteren Maßnahmen zu gelangen, stimmte die Versammlung diesem Prinzip zu. Ebenso liberal war das von Condorcet der Gesetzgebenden Versammlung vorgelegte Projekt, in dem ein öffentliches und allen Bürgern zugängliches Bildungswesen gefordert wurde, das aber ebenfalls nicht umgesetzt werden konnte. Erst der Konvent war zu konkreten Neuerungen gelangt durch die Gründung von Hochschulen wie der *Polytechnique,* des *Conservatoire des arts et métiers* und des *Institut de France*, in dem sich der aufgeklärte und fortschrittliche Geist sammelte. Vor allem aber wurden in allen Départements je eine *école centrale* gegründet, die als höhere Schule gedacht war in Konkurrenz zu den kirchlichen *collèges*.

Bonaparte interessierte besonders der staatspolitische Nutzen der Erziehung. Er beließ die Grundschulerziehung den kirchlichen Institutionen und sorgte in erster Linie für die höhere Schule, indem er die *école centrale* durch das *lycée* ersetzte. Mit dem Gesetz vom 1. Mai 1802 wurden die Gymnasien unserer Terminologie geschaffen und zwar mit dem Geist der Erziehung zu Härte und Disziplin. Geradezu militärisch durchorganisiert mit einer strikten Hierarchie, sollten diese Schulen den staatstreuen und belastbaren Bürger hervorbringen. Viele französische Gymnasien haben bis in die jüngste Zeit eher den Charakter von Kasernen als von Bildungsstätten bewahrt, auch wenn sie nach den Vorstellungen Bonapartes eine sehr klassisch-literarische Bildung vermitteln. Im Kaiserreich erhielt das staatliche Erziehungswesen nach der Grundschule eine Monopolstellung unter der Bezeichnung »Kaiserliche Universität« (*Université impériale*, Gesetz vom 10. 5. 1806). Die Bezeichnung »Universität« darf nicht im mittelalterlichen und modernen Sinn als die – freie – Gemeinschaft der Studierenden und Lehrenden verstanden werden, sie umfaßt vielmehr den Lehrkörper der Gymnasien und Hochschulen, dessen Aufgabe es war, »die politischen und moralischen Ansichten zu lenken«. Den Lehrkörper bildete eine Art Gemeinschaft, mit einem »Großmeister« (*Grand Maître*) an der Spitze und einer straff organisierten Hierarchie. Die literarische Bildung blieb im wesentlichen auf die Gymnasien beschränkt, während die anschließenden Fakultäten eher berufsausbildende Hochschulen waren. Die Reform ist unter dem Aspekt der Erfahrungen und der Bedürfnisse des Heerführers Bonaparte zu verstehen. Sie hat die fruchtbaren pädagogischen Ansätze der Revolutionszeit, die sich unter Rousseaus Einfluß entwickelt hatten, zerstört und das französische Erziehungswesen auf die Anforderungen des Staates und der Gesellschaft fixiert. Die freie Entwicklung des jungen Menschen blieb unberücksichtigt, sie sollte nicht einmal gefördert werden.

Die Neuordnung und Zentralisierung der Verwaltung

Während der Revolution hatte man sich anfangs von der Zentralisierung des Ancien Régime abgewandt und auf allen Ebenen Wahlen und Selbständigkeit eingeführt. Notwendigerweise mußte Bonaparte auf seinem Weg zum Alleinherrscher das demokratische System aufgeben und zur Zentralisierung zurückkehren, die schon vom Konvent und dem Direktorium wieder begonnen worden war. Die Gliederung des Landes in Kommunen, Arrondissements und Départements blieb erhalten und wurde im Lauf der Zeit bis Lübeck im Norden und Rom im Süden auf die eroberten und angeschlossenen Gebiete ausgedehnt. Die Verwaltungen wurden aber in den Kommunen dem Bürgermeister, in den Arrondissements dem Unterpräfekten *(sousprèfet)* und in den Départements dem Präfekten *(prèfet)* unterstellt, die vom Ersten Konsul ernannt wurden. Die Präfekten entsprachen praktisch den seinerzeit viel kritisierten Intendanten des Ancien Régime, nur erhielten sie eine weitergehende Macht, als die Intendanten sie besessen hatten. Der Präfekt vertrat die Regierung und den Staat, seine Rolle blieb bis zu der Regionalisierung von 1982 erhalten. Paris blieb ohne Stadtrat und wurde von dem Département Seine und dessen Präfekten verwaltet, dem wiederum wegen der Schwierigkeit der Aufgabe ein Polizeipräfekt zur Seite stand. Neben zahlreichen Vertretern der früheren Versammlungen wählte Bonaparte auch einige Generäle für diese Aufgabe aus. Das Gesetz vom 17. Februar 1800 hat Frankreich bis in die Gegenwart geprägt.

Es wurde ergänzt durch das Gesetz vom 18. März 1800, in dem jede Verwaltungsstufe ein entsprechendes Gericht erhielt. Die Richter wurden zwar unabsetzbar, aber sie erhielten vom Staat Besoldung und wurden vom Ersten Konsul ernannt. Sie waren also Beamte und als solche weniger frei als die früheren Mitglieder der Parlamentsgerichtshöfe.

Die Sanierung der Finanzen

In Weiterführung von Reformen, die im Direktorium begonnen worden waren, wurde die Verwaltung und Eintreibung der Steuern gestrafft. Aber die direkten Steuern machten 1813 nur etwa 29 Prozent der Gesamteinnahmen aus. Zur Deckung des Finanzbedarfs dienten wie im Ancien Régime vorwiegend die indirekten Steuern, und trotz der Unpopularität dieser alle Schichten der Bevölkerung treffenden Abgaben, scheute Napoleon Bonaparte von 1802 bis 1810 nicht davor zurück, Steuern auf Grundprodukte wie Tabak, Salz, Getränke wieder einzuführen und zu erhöhen; hinzu traten Eintragungs-, Stempel- und Zollgebühren. Bis zum Ersten Weltkrieg und der Einführung der Einkommenssteuer *(impôt sur le revenu)* blieb dieses wenig soziale System erhalten, das vor allem Gewinne aus Industrie und Handel schonte. Immerhin konnte der Haushalt zunächst ausgeglichen werden, und dann sorgten die den Besiegten auferlegten Kontributionen dafür, die Kosten selbst für die Armee zu decken.

Eine weitreichende und vertrauensbildende Maßnahme stellte 1800 die Gründung der Bank von Frankreich *(Banque de France)* dar, die als eine Privatbank, aber von Mitgliedern der Regierung geführt wurde und 1803 das Monopol für die Ausgabe von Banknoten erhielt. Grundlage des Geldverkehrs bildete aber immer noch das Edelmetall. Schon 1795 hatte der Konvent an die Stelle des Pfundes *(livre tournois)* den Franken *(franc)* gesetzt und ein Silbergewicht von fünf Gramm festgelegt. Durch ein Gesetz vom 28. März 1803 *(7 germinal An XI,* daher *franc germinal)* wurde das neue Silbergeld, zu dem auch Münzen von 20 und 40 Franken in Gold zählten, eingeführt. Das Verhältnis der beiden Metalle lag bei 1:15,5, so daß sich der Goldgehalt des Franken auf 0,29 Gramm Feingold belief. Dieser *franc germinal* sollte bis 1914 stabil bleiben!

Alle diese Maßnahmen konnten nur Erfolg haben durch eine rigorose Finanzverwaltung, die nicht mehr den Kommunalverwaltungen, sondern einer eigenen Bürokratie unterlag mit Direktoren und Inspektoren auf der Départementsebene und Kontrolleuren in den Arrondissements. Um die Ladenbesitzer zu schonen, sollte die Grundsteuer auf eine sichere Grundlage gestellt werden; deshalb ließ Napoléon ab 1807 den Kataster *(cadastre)* einführen und die Landparzellen vermessen. Zur Überwachung der Finanzbeamten wurde schließlich eine Institution des Ancien Régime wiederbelebt und 1807 als Rechnungshof *(Cour des comptes)* eingerichtet. Er hatte im Gegensatz zu den modernen Rechnungshöfen nur die Eintreibung der Gelder zu überwachen, nicht die Ausgaben. Über diese entschied letztlich Napoleon selbst, der sich wenig um einen ausgeglichenen Haushalt scherte.

Die Vereinheitlichung des Rechts: Der Code civil

Schon die Verfassung von 1791 hatte den Auftrag enthalten, »einen für das gesamte Königreich gültigen Codex der bürgerlichen Gesetze zu erstellen«, und die verschiedenen Versammlungen hatten sich vergeblich an diese Aufgabe gemacht. Erst der Entscheidungswille Bonapartes brachte das Werk voran, der damit seinem militärischen Ruhm den des Gesetzgebers hinzufügte. Nachdem der Entwurf die verschiedenen Gremien durchlaufen hatte, wurde er in über hundert Sitzungen vor dem Gesetzgebungsausschuß des Staatsrates verhandelt, wobei Bonaparte selbst in Diskussionen mit den Rechtsgelehrten häufig dadurch zur Entscheidungsfindung beitrug, daß er durch den Wust der Probleme und Worte auf den Kern der Sache vorstieß. Wie das Konkordat traf der Code zunächst auf den Widerstand der vom »philosophischen« Geist des 18. Jahrhunderts geprägten Versammlungen, denen das Gesetzwerk zu sehr dem Geist des alten Frankreichs verhaftet zu sein schien. Schließlich wurde der Text aber im März 1804 angenommen.

Er enthält in 36 Abschnitten 2281 Paragraphen in klarer und verständlicher Sprache und trug dazu bei, der französischen Gesellschaft wichtige Errungenschaften der Revolution zu erhalten: die Abschaffung der Privilegien und die Gleichheit vor dem Gesetz, die Bewahrung des Grundeigentums und insbesondere der neuen Eigentumsverhältnisse durch den Verkauf der Nationalgüter. Den autoritären Vorstellungen Bonapartes entsprechend wurde die Familie aufgewertet und wurden die unehelichen Kinder von dem Anspruch auf das Erbe wieder ausgeschlossen. Der Code stellte, »um die guten Sitten und die öffentliche Ordnung zu bewahren« die »väterliche Gewalt« *(puissance paternelle)* wieder her. Für die Ehe bedurften Töchter bis zum 21. und Söhne bis zum 25. Lebensjahr der elterlichen Einwilligung. Die Rolle der Frau wurde insofern abgewertet, als sie dem Mann Gehorsam schuldig war und an der Verwaltung des gemeinsamens Guts keinen Anteil hatte. Auch beim Scheidungsrecht gab es Rückschritte gegenüber dem in der Revolution erreichten Zustand: Während die Scheidung in gegenseitigem Einverständnis *(par consentement mutuel)* mit starken Einschränkungen bestehen blieb, wurde die Scheidung wegen Unvereinbarkeit der Charaktere *(incompatibilité d'humeur)* gänzlich abgeschafft. Für die Katholiken, denen die Scheidung nicht möglich war, führte der Code die in der Revolution aufgehobene »Trennung von Tisch und Bett« *(séparation de corps)* wieder ein.

Der Code civil oder Code Napoléon ist ein monumentales Werk, das wie das römische Recht in Europa, aber auch in Südamerika und Asien eine weite Ausstrahlung hatte. Im Rheinland und in Baden bildete er die Grundlage des Rechts bis zur Einführung des Bürgerlichen Gesetzbuchs (BGB) im Jahr 1900. Es bewahrte wichtige Errungenschaften der Revolution, paßte sie aber einer im Grunde konservativen, auf den Grundbesitz fixierten bürgerlichen Gesellschaft an. Er trug wesentlich zur Einheit der französischen Nation bei. Das begonnene Gesetzeswerk wurde fortgeführt durch Gesetzbücher wie das Zivilprozeßrecht *(Code de procédure civile*, 1806), das Handelsgesetzbuch *(Code du commerce*, 1807), das Strafgesetzbuch *(Code pénal* 1810) und das Strafprozeßrecht *(Code d'instruction criminelle*, 1811, heute: *Code de procédure pénale)*.

Die Amnestie

Nachdem Bonaparte im Anschluß an den Staatsstreich bereits die Emigrantenliste geschlossen hatte, strich er nach dem Sieg von Marengo über 50000 Namen und erließ schließlich im April 1802 eine allgemeine Amnestie, von der nur etwa 1000 Personen, die Fürsten, die Chefs von Truppenverbänden und Offiziere in feindlichen Armeen, ausgenommen waren. Die Heimkehrer durften über ihr Vermögen verfügen, soweit es nicht veräußert war. Es kam durch diese Ungleichbehandlung zu einer Ungerechtigkeit, die die Monarchie nach 1815 durch eine Entschädigung *(le milliard des émigrés)* zu beseitigen versuchte. Aber im wesentlichen hatte der Erste Konsul den Rechtsfrieden wiederhergestellt und eine nationale Aussöhnung in die Wege geleitet. Insgesamt gesehen, stellen die Reformen des Ersten Konsuls eine große Leistung unter dem Aspekt der Einheitlichkeit und der Autorität dar. Sie hatten ihre Grundlagen in der Revolution, enthielten aber auch manchen Baustein aus dem Ancien Régime. Das von dessen Zwängen befreite Individuum erhielt wieder einen – oft sehr engen – sozialen Bezugsrahmen. Es war letztlich der des modernen Frankreich. Von allen Taten Napoleons, den ungeheuren militärischen und politischen Erfolgen, hat er die größte Dauer bewahrt.

Eine neue Monarchie

Die Rückkehr zu monarchischen Formen der Macht hatte sich bereits seit 1802 beim Auftreten des Ersten Konsuls abgezeichnet, als dieser einen Hof um sich aufbaute. Die Wiederherstellung eines Adels deutete sich mit der nach starkem Widerstand in den Versammlungen am 19. Mai 1802 gegründeten Ehrenlegion *(Légion d'honneur)* an. Sie war wie ein Orden aufgebaut mit den Auszeichnungen, den eigenen Uniformen, Graden, mit einem Ehrensold und Treueschwur. Schon 1808 gab es nicht weniger als 20 000 Mitglieder der Ehrenlegion. Zu einer neuen Aristokratie kam es dann nach der Kaiserkrönung. Schon bald, nachdem sich Bonaparte im Februar 1800 im Tuilerienschloß eingerichtet hatte, war Ludwig XVIII. mit einem Brief an ihn herangetreten und hatte ihm Zusammenarbeit angeboten, wenn er die Monarchie wieder einführen würde. Bonaparte hatte abgelehnt, aber die zahlreichen Attentate von royalistischer Seite auf seine Person führten ihm vor Augen, wie instabil seine Herrschaft war und wie sehr sie sich allein auf seine Person gründete.

Die Verschwörung des *Chouans*-Führers Cadoudal im Februar 1804 hatte als eines ihrer Ziele die Wiedereinsetzung des bourbonischen Herrscherhauses. In den Verhören der Verschwörer war die Rede von einem Fürsten aus königlichem Blut, den man in Frankreich erwartete. Auf Rat von Talleyrand ließ Bonaparte daraufhin den Herzog von Enghien in Ettenheim in Baden, also im Ausland, festnehmen und vor Gericht stellen. Der Herzog wies zwar jede Verbindung zu der Verschwörung zurück, gab aber zu, Waffen gegen Frankreich getragen zu haben. Er wurde nach kurzem Prozeß am 21. März 1804 in den Gräben von Vincennes erschossen. Ein Grund für diesen Akt der Grausamkeit kann auch gewesen sein, daß Fouché und Talleyrand dadurch eine Aussöhnung zwischen Bonaparte und den Bourbonen verhindern wollten.

Die Verfassung des Jahres XII.
Die Kaiserkrönung

Von einem früheren Revolutionär kam in der Versammlung des Tribunats der Vorschlag, Napoléon Bonaparte zum Kaiser der Franzosen und die Kaiserwürde für erblich zu erklären. Nur Carnot widersetzte sich öffentlich. Der Senat beschloß am 18. Mai 1804 *(28 floréal An XII)* die neue Verfassung. Sie sah die Einführung und Erblichkeit der Kaiserwürde vor und verstärkte die Stellung des Monarchen gegenüber den Versammlungen noch mehr. Im Lauf der Jahre riß Napoleon die Gesetzgebung durch Dekrete an sich, selbst auf Gebieten, auf denen ihm die Verfassung dies direkt untersagte. Der Senat als Hüter der Verfassung schloß die Augen und erwachte erst wieder, als Paris 1814 von den Alliierten eingenommen war und er ungestraft die Absetzung Napoleons erklären konnte – wozu er seinerseits wieder von der Verfassung her nicht befugt war. Ein Plebiszit über die Erblichkeit der Kaiserwürde, über die Napoléon Bonaparte auch durch Adoption unter den direkten Nachkommen seiner Brüder verfügen konnte, ergab am 6. November 1804 über 3,5 Millionen Ja-Stimmen bei nur 2569 Nein-Stimmen. Am 2. Dezember 1804 erfolgte die von David festgehaltene Kaiserkrönung in Notre-Dame, zu der auch Papst Pius VII. eingeladen wurde, ohne allerdings die Krönung vorzunehmen. Diese behielt sich Napoleon selbst vor. Freilich hatte er in der Nacht vor der Krönung noch in aller Eile die kirchliche Ehe mit Joséphine schließen müssen. In seinem der Zeremonie folgenden Eid bestätigte der Kaiser die durch ihn konsolidierten Errungenschaften der bürgerlichen Revolution: Die Unversehrtheit des Staatsgebiets, das Konkordat und die Glaubensfreiheit, die Gleichheit vor dem Gesetz, die politische und bürgerliche Freiheit, die Unwiderrufbarkeit des Verkaufs von Nationalgütern, ferner die Verpflichtung, Steuern und Abgaben nur kraft Gesetz zu erheben, die Ehrenlegion beizubehalten und nur unter dem Gesichtspunkt des Interesses, Glücks und Ruhmes des französischen Volkes zu herrschen. Napoleon wurde mit diesem Akt der »gekrönte Repräsentant der triumphierenden Revolution«.

Der neue Adel und der kaiserliche Hof

Napoleon war sich bewußt, daß das Kaisertum eine Elite benötigte, die nicht auf Reichtum oder auf Feudalrechten gegründet war. Für den neuen Adel des Kaiserreichs sollten an deren Stelle das persönliche Verdienst und die dem Staat geleisteten Dienste treten: »Man muß es möglich machen, daß der Sohn des Bauern durch seine Befähigung und seine Verdienste in den ersten Rang aufsteigt.« Das Prinzip der Chancengleichheit ersetzt hier sowohl die alte Ungleichheit aufgrund der Geburt als auch die Zwangsgleichheit, die von extremistischer Seite während der Revolution gefordert wurde.

Von 1804 bis zum Erlaß über die Organisation des kaiserlichen Adels *(noblesse impériale)* 1808 schuf Napoleon eine strenge Hierarchie der Oberschicht, die sich um den kaiserlichen Hof bildete. Der neue Adel mit den nach militärischen Siegen oder sonstigen Erfolgen benannten Fürstentiteln an der Spitze – Lefebvre stieg vom einfachen Soldaten zum »Herzog von Danzig« auf, Talleyrand wurde »Fürst von Benevent«, Ney »Herzog von Elchingen« (bei Ulm) und so fort – wurde erblich und sollte mit dem alten Adel verbunden werden. Tatsächlich verkehrten am kaiserlichen Hof immer mehr Vertreter des alten Adels und beide Adelssysteme mischten sich bis zur heute gegenseitig anerkannten Gleichwertigkeit. Das Prinzip der Chancengleichheit wurde durch die wieder eingeführte Erblichkeit allerdings verletzt. Im sozialen Bereich stützte sich das Regime auf die neue Oberschicht und die Notabeln, das heißt, auf die mit politischen Vorrechten ausgestatteten Steuerzahler;

den landbesitzenden Bauern bot es die Möglichkeit des Aufstiegs in die bürgerliche Schicht.

Der Hauptverlierer war die Arbeiterschaft, der 1803 das Recht auf Zusammenschluß verweigert wurde. Die untersten Schichten sollten, weil sie als unruhig galten, besonders strikt überwacht werden. In diese politischen Vorstellungen paßt es auch, daß schon 1802 die Sklaverei in den Kolonien wieder eingeführt, daß die Presse gegängelt und freiheitliche Gesinnung verfolgt wurde, wie die Ausweisung von Madame de Staël, Neckers Tochter, im Jahre 1803 verriet. Auch wenn Napoleon noch heute oft als Vollender der bürgerlichen Revolution angesehen wird, Freiheit und Gleichheit traten schon bald in den Hintergrund der kaiserlichen Gesellschaft, von der Brüderlichkeit ganz zu schweigen.

Das Ende des Friedens

Der Gegensatz zwischen den Machtansprüchen Napoleons und Englands war nicht zu überbrücken. Wie hätten die alten Mächte Europas das Auftreten des »Emporkömmlings« (*l'usurpateur*), wie ihn die Bourbonen nannten, auf die Dauer ertragen können? Vor allem aber: Wie anders als mit einer ständigen Expansion seiner Macht hätte Napoleon die Herrschaft bewahren können? Es lag in der Unvereinbarkeit seiner Person und den in ihr verkörperten Hegemonialansprüchen Frankreichs mit der Tradition des Kontinents, daß die Jahre des Kaisertums bis Waterloo eine kaum unterbrochene Kette von Kriegen darstellten. England wurde zum Zentrum des Widerstands, um das sich in wechselnder Konstellation die Mächte zu Koalitionen versammelten, von denen die sechste schließlich ganz Europa gegen Frankreich aufbrachte und das Kaisertum beseitigte.

Mit Ausnahme von England, das mit Trafalgar schon zu Beginn der Auseinandersetzung den entscheidenden Sieg erfochten hatte, haben die Völker Europas jeweils die eigenen Siege hervorgehoben und die Niederlagen verdrängt. Dies gilt insbesondere für Frankreich, wo die »Sonne von Austerlitz«, die am ersten Jahrestag der Kaiserkrönung den Sieg beleuchtet hatte, bis heute das unendliche menschliche Elend und die endgültige Niederlage, selbst Waterloo überstrahlt. Die auf dem Triumphbogen in Paris eingemeißelten sogenannten »glänzenden« Siege lassen leicht die Opfer vergessen, die für die Machtentfaltung einer einzelnen Person und ihres Anhangs erbracht wurden. Im ersten Satz seiner »Kartause von Parma« *(Chartreuse de Parme)* schildert Stendhal den siegreichen Einzug Bonapartes am 15. Mai 1796 in Mailand, der »die Welt gelehrt hatte, daß nach vielen Jahrhunderten Caesar und Alexander einen Nachfolger gefunden hatten«, und Napoleon sah sich in der Tat in der Nachfolge der beiden Herrscher der Antike. Der Mythos des Kaisers, dem nicht nur Stendhal erlegen war, macht aber leicht vergessen, daß Napoleon im Gegensatz zu seinen Vorgängern gründlich gescheitert ist, daß sich nach seinem Sturz das alte Regime wieder einrichten konnte, das die Revolutionäre seinerzeit mühsam beseitigt hatten. Der Vergleich Stendhals kann nur auf dem Gebiet der militärischen Strategie gelten, auf dem sich Napoleons Genie erwies. Auf politischem Gebiet ist er unangebracht, denn Alexander und Caesar haben weite Gebiete für die Mittelmeerkultur erschlossen, während Napoleon Völker des gleichen Kulturkreises unterjocht und damit zum Entstehen des Nationalismus in Europa beigetragen hat, der die friedliche Hegemonie Frankreichs, wie sie im 18. Jahrhundert bestanden hatte, zerstören sollte.

Der erneute Ausbruch des Krieges

Der Friede von Lunéville und Amiens stellte daher nur einen Waffenstillstand dar. Angesichts der französischen Machtausweitung auf dem Kontinent war England nicht bereit, Malta zu räumen. Am 16. Mai 1803 begannen die offenen Feindseligkeiten von neuem. Die französischen Schiffe in englischen Häfen wurden beschlagnahmt und Bonaparte ließ Hannover besetzen. Er konzentrierte seine Kräfte auf Europa und verkaufte, nachdem eine Expedition zur Wiedereroberung von Santo-Domingo (Haiti) gescheitert war, das 1800 von Spanien zurückgewonnene Louisiana rechts des Mississippi im Mai

1803 an die Vereinigten Staaten. Da sich zunächst nur England und Frankreich gegenüberstanden, nahm der Erste Konsul den alten Plan einer Landung auf den britischen Inseln wieder auf, der Ende 1796 vor Irland gescheitert war. Bei Boulogne wurde eine Armee versammelt, die auf einer großen Zahl kleinerer Schiffe übersetzen sollte. Die Vorbereitungen erwiesen sich als sehr schwierig und zogen sich bis ins Jahr 1805 hin. Da inzwischen Spanien auf Frankreichs Seite getreten war, hatte sich dessen Flottenmacht vergrößert, aber am 21. Oktober 1805 wurde die aus Cadiz ausgelaufene französisch-spanische Flotte bei Trafalgar von Nelson, der dabei sein Leben ließ, vernichtet. Napoleon unternahm danach keinen Versuch mehr, die Vorherrschaft Englands auf den Meeren zu brechen.

Die dritte Koalition. Austerlitz 1805

Da sich inzwischen mit finanzieller Hilfe Englands Österreich und Rußland dem Kampf gegen Napoleon angeschlossen hatten, zog dieser mit der Armee von Boulogne nach Deutschland, kreiste den österreichischen General Mack in Ulm ein und zwang ihn am Vorabend von Trafalgar zur Kapitulation. Von dort aus stieß er mit der ungewöhnlichen Schnelligkeit, die viel zu seinen militärischen Erfolgen beitrug, nach Wien vor, das am 15. November eingenommen wurde. Am 2. Dezember 1805, ein Jahr nach der Kaiserkrönung, kam es bei Austerlitz zu einem beispiellosen Sieg Napoleons. Österreich mußte im Frieden von Preßburg (26. 12. 1805) Venedig, Istrien und Dalmatien an das neu geschaffene Königreich Italien (mit Napoleon als König), Schwaben und Tirol an Württemberg und Bayern abtreten, deren Fürsten sich mit Napoleon verbündet hatten. Außerdem hatte es solche Entschädigungen zu zahlen, daß der Feldzug für Napoleon einträglich war.

Für die Fürsten der drei süddeutschen Staaten, Bayern, Baden und Württemberg, wurde Österreichs Niederlage ebenfalls ein glänzendes Geschäft: Bayern und Württemberg erhielten die Königswürde; Bayern, Württemberg und Baden konnten in die kaiserliche Familie einheiraten. Napoleons Ziel, die Zerstückelung der deutschen Territorien zu beseitigen und die Macht auf wenige Fürsten zu konzentrieren, führte im Juli 1806 in Paris zur Bildung des Rheinbundes von 16 deutschen Fürsten. Sie sagten sich vom Reich los, bildeten unter Napoleons Protektorat eine Konföderation und gingen mit Frankreich eine Allianz ein. Am 6. August 1806 erklärte daraufhin Kaiser Franz das Ende des alten deutschen Reiches und nahm als Franz I. den Titel eines Kaisers von Österreich an. Zu den Folgen des Krieges gehörte auch die Besetzung von Neapel, dessen König sich der dritten Koalition angeschlossen hatte und sich unter englischem Schutz nach Sizilien zurückzog. Napoleons Bruder Joseph wurde zum König von Neapel erhoben, während die batavische Republik als Königreich Holland dem Bruder Louis zufiel.

Die vierte Koalition.
Preußens Zusammenbruch

Nach dem Friedensschluß von Preßburg kam es zu Verhandlungen zwischen Frankreich und England, wo Pitt im Januar 1806 gestorben war, wie auch zwischen Frankreich und Rußland, die einen allgemeinen Frieden möglich erscheinen ließen. Ausgerechnet von Preußen, das seit 1795 an den Auseinandersetzungen nicht beteiligt gewesen war und die günstige Gelegenheit des letzten Krieges noch genutzt hatte, um sich (das englische) Hannover einzuverleiben, ging der neue Konflikt aus. Er war sicherlich nicht von Napoleon beabsichtigt, denn diesem war, wie seinerzeit den Revolutionären, eher an einer Allianz mit Preußen gelegen. Da aber ein großer Teil der französischen Truppen noch in Franken lag und sich vom Land nährte, war seine Position nicht ungünstig. Auch wenn ein angebliches Doppelspiel Napoleons, der England wieder Hannover angeboten haben soll, das preußische Mißtrauen erweckt haben könnte, ist nicht klar zu erkennen, welche Motive ein so schlecht vorbereitetes Land wie Preußen, ohne die Hilfe des inzwischen verbündeten Rußland abzuwarten, dazu bewogen haben, einem so starken Gegner wie Napoleon entgegenzutreten. In einer ganz eigenartigen Mischung von Überheblichkeit und Unfähigkeit zog man ins Feld, nachdem ein Ultimatum von Napoleon nicht beantwortet worden war.

Am 9. Oktober 1806 erließ Friedrich Wilhelm III. sein Kriegsmanifest, am folgenden Tag schon fiel Prinz Louis Ferdinand bei Saalfeld, am 14. Oktober wurde die preußische Armee bei Jena und Auerstedt vernichtet. Die meisten Festungen ergaben sich. Schon am 27. Oktober zog Napoleon in Berlin ein, wo Minister Schulenburg »Ruhe zur ersten Bürgerpflicht« erklärte und der Kaiser die Kontinentalsperre gegen England *(blocus continental)* verkünden ließ. Am 30. Oktober ließen sich preußische Unterhändler auf die Unterzeichnung eines Vorvertrags und eines Waffenstillstands ein, der die anrückenden russichen Truppen von preußischem Gebiet fernhalten sollte. Nur mit großer Überredungskunst gelang es, den König zur Fortsetzung des Kampfes zu bewegen. Die Schnelligkeit, mit der eine so hoch eingeschätzte Armee wie die preußische und der ganze Staat zusammenbrachen, hat auf die Zeitgenossen einen tiefen Eindruck gemacht.

Der Feldzug war mit Preußens Niederlage noch nicht beendet. Die französischen Truppen, die in Polen bis zum damals preußischen Warschau gelangt waren, blieben während des Winters in Schlamm und Kälte stecken, so daß Napoleon seinen Haupttrumpf, die Schnelligkeit, nicht ausspielen konnte. Am 8. Februar 1807 endete die Schlacht von Preußisch-Eylau in Ostpreußen mit einem fürchterlichen Gemetzel unentschieden zwischen Russen und Franzosen. Selbst Napoleon zeigte sich von dem grauenvollen Schauspiel beeindruckt. Im Sommer 1807 siegte er dann bei Friedland in Ostpreußen, und schon bald darauf kam es zu Verhandlungen in Tilsit.

Der Zar war bereit, mit Frankreich ein Bündnis einzugehen und beim Scheitern seiner Vermittlung zwischen England und Frankreich an dessen Bemühungen teilzunehmen, den englischen Waren den Kontinent zu verschließen. Dafür wurde ihm das bis dahin schwedische Finnland in Aussicht gestellt, das 1809 dann zu Rußland kam. Preußen mußte – trotz demütigender Versuche der Königin Luise, den Sieger milder zu stimmen – die Zeche bezahlen: Es verlor alle Gebiete westlich der

Elbe und die in den letzten beiden Teilungen Polens gewonnenen Gebiete, aus denen Napoleon ein Großherzogtum Warschau bildete. Es war also in etwa auf Ost- und Westpreußen, Pommern, Brandenburg und Schlesien beschränkt. Aus den verlorenen westlichen Landesteilen und einigen anderen Gebieten schuf Napoleon ein Königreich Westfalen für seinen Bruder Jérôme (»König Lustig«) mit der Hauptstadt Kassel. Die Räumung Preußens wurde von der Zahlung einer Kriegsentschädigung abhängig gemacht. Trotz seiner Teilnahme an der Koalition mit Preußen erhielt Sachsen den Königstitel, in Personalunion die von Preußen abgetretenen polnischen Gebiete und wurde in den Rheinbund aufgenommen. Nach Tilsit hatte Napoleon bei der Schwächung Preußens und Österreichs und durch das Bündnis mit Rußland keinen ernsthaften Gegner mehr auf dem Kontinent zu fürchten.

Die Kontinentalsperre

Da England militärisch nicht anzugreifen war, beschloß Napoleon, es wirtschaftlich zu treffen, und verkündete am 21. November 1806 in Berlin die Sperre jeglichen Handels und jeder Korrespondenz mit den britischen Inseln. Auch die abhängigen Königreiche Spanien, Neapel, Holland hatten sich anzuschließen. Bis auf Portugal gelang es bald, das gesamte Kontinentaleuropa in den Handelskrieg einzubeziehen, der die englische Wirtschaft schwer traf. England antwortete mit der Blockade aller Häfen Frankreichs und verlangte von den Handelsschiffen den Kauf des Durchfahrtsrechts in englischen Häfen. Als letztes Land, das sich der Kontinentalsperre anschließen sollte, wurde Portugal 1807 von französischen Truppen besetzt. Tatsächlich zeigte das System Wirkung, im Jahr 1808 gab es in Lancashire soziale Unruhen wegen des Preisanstiegs und eine Abwertung des Pfunds zeichnete sich ab. Napoleon konnte aber nicht abwarten, bis die Früchte des Wirtschaftskrieges reif wurden, sondern wandte sich neuen kriegerischen Auseinandersetzungen zu. Ab diesem Augenblick begann, trotz mancher militärischer Siege, der Abstieg und schließlich der Zerfall seines

»Großen Reiches« *(Grand Empire)*. Napoleon rechnete nicht mit dem Nationalgefühl anderer Völker. Als seine Herrschaft auf ihrem Höhepunkt war, verwickelte er sich unnötigerweise in Auseinandersetzungen auf der iberischen Halbinsel und geriet unerwartet in einen Volkskrieg, der mit den Mitteln seiner klassischen Kriegsführung nicht zu gewinnen war, der sich bis 1814 hinzog und schließlich wesentlich zu seinem Sturz beitrug.

Der Aufstand in Spanien

Nachdem Portugal von einer quer durch Spanien marschierenden französischen Armee leicht besetzt und der Kontinentalsperre angeschlossen werden konnte, boten Intrigen am königlichen Hof von Madrid, wo König Karl IV. mit dem Infanten zerstritten war, Napoleon einen willkommenen Anlaß, auch in Spanien einzugreifen; er berief die königliche Familie nach Bayonne, um zu schlichten; über dieses Vorgehen kam es zu einem Aufstand in Spanien, der blutig niedergeschlagen wurde. Nicht gewarnt von der Rebellion, zwang Napoleon die Bourbonen, die Krone niederzulegen und ihm anzutragen. Er bestimmte sie seinem Bruder Louis, der jedoch lieber König von Holland bleiben wollte und dankend ablehnte. Dafür mußte sie der Bruder Joseph annehmen, der 1806 gerade König von Neapel geworden war. Das diktatorische Hin- und Herschieben von Kronen macht das Unverständnis gegenüber den Völkern deutlich, die sich dagegen auflehnten. Napoleon selbst bekannte später auf Sankt Helena: »Ich habe diese Angelegenheit falsch angepackt, das gebe ich zu; ... die Ungerechtigkeit war zu unverschämt und der Gang der Dinge war unschön, deshalb bin ich unterlegen.« Die Einsicht kam spät, und die Menschen mußten dies in Spanien mit unendlichem Elend bezahlen.

Vielleicht ließ sich Napoleon von dem Gedanken leiten, das Land sei reif für einen Umsturz der Verhältnisse; die Anhäger liberaler Reformen, die *afrancesados*, unterstützten ihn. Aber sie stellten nur eine dünne Oberschicht dar; dafür breitete sich eine Bewegung des Widerstands im Volk aus, die umso erbitterter war, als hinter ihr die Priesterschaft und die Kirche standen, die sich den Neuerungen widersetzten, die die Franzosen einführten. Es handelte sich also um eine konservative Revolution, vergleichbar der in der Vendée, zusätzlich getragen von dem Gefühl des verletzten Nationalstolzes. In kurzer Zeit entstanden in Spanien Zentren des Widerstands. Daraufhin bildete sich eine Junta in Sevilla und später in Cadiz, die Frankreich im Namen Ferdinands VII. (des Sohns von Karl VI.) den Krieg erklärte. Joseph hatte schon Schwierigkeiten, seine Hauptstadt Madrid einzunehmen. In Bailén in Andalusien mußte ein französisches Korps kapitulieren (22.7.1808). In Portugal landete Wellesley, der spätere Herzog von Wellington, und zwang die Franzosen unter Junot zum Waffenstillstand. Joseph wurde gezwungen, Madrid zu verlassen. In ganz Europa erregten die französischen Niederlagen in Spanien Erstaunen, und Napoleon sah sich gezwungen, selbst einzugreifen.

Der Fürstentag von Erfurt

Um den Rücken frei zu haben, beschloß Napoleon, zunächst sein Verhältnis zu Rußland wieder zu festigen, das aus verschiedenen Gründen, nicht zuletzt wegen der fortwährenden Anwesenheit französischer Truppen in Preußen und Polen gelitten hatte. Napoleon ließ seine Anhänger, meist deutsche Fürsten, zu diesem Gipfeltreffen (Anfang Oktober 1808) nach Erfurt kommen, das eine französische Enklave bildete. Er versuchte selbst, entsprechend der damals sehr personalisierten Politikführung, den Zaren Alexander durch Liebenswürdigkeit zu gewinnen, damit er durch Druck auf Preußen und Österreich diese Länder an einem Wiedereintritt in den Krieg hindere. Im allgemeinen den Deutschen nicht sehr geneigt, ließ er sich doch ihre Geistesgrößen Goethe und Wieland vorstellen. In seiner Begleitung hatte er sogar den im Jahr zuvor abgesetzten Talleyrand, der in seinem Schloß Valençay die abgesetzten spanischen Bourbonen beherbergen mußte, mitgeführt, damit dieser das Bündnis mit Alexander erneuere. Talleyrand war jedoch längst zum Gegner der kaiserlichen Expansionspolitik mit ihren permanenten Kriegen geworden. Er arbeitete entgegen den Wünschen Napoleons, indem er den Zaren vor diesem warnte und zugleich Österreich davon informierte. So weigerte sich Alexander, zwei gegen Österreich gerichtete Artikel in den Bündnisvertrag aufzunehmen, die Napoleon vorgeschlagen hatte. Auf den Versuch Napoleons, der der allmählich alternden Joséphine überdrüssig geworden war, eine Schwester des Zaren zu ehelichen, antwortete dieser hinhaltend und ließ die einzig in Frage kommende Großfürstin Katharina einen Herzog von Oldenburg heiraten. Nichts war also – trotz des großen Aufwands – bei diesem Gipfeltreffen erreicht worden, und schon Ende Oktober brach der Kaiser an der Spitze von sieben Armeekorps nach Spanien auf.

Die fünfte Koalition

Es gelang dem Kaiser, schon am 4. Dezember in Madrid einzuziehen und seinen Bruder Joseph wieder als König einzusetzen. Maßnahmen wie die Aufhebung der Inquisition, der Feudalrechte, der Binnenzölle fanden zwar den Beifall bei der kleinen Schicht der Liberalen, konnten aber den schlechten Eindruck der Fremdherrschaft beim Volk nicht auslöschen. Anfang Januar 1809 bewogen ihn Nachrichten aus Paris und Wien, die Armee in Spanien zu verlassen, bevor er die Engländer gänzlich von der Halbinsel verdrängt hatte.

Napoleon war einesteils durch die Meldung einer Versöhnung zwischen den alten Gegnern Fouché und Talleyrand, die er nur als Keim einer Verschwörung ansehen konnte, zurückgerufen worden, andererseits durch Nachrichten über die Rüstung Österreichs. Dieses war nach Auflösung des alten Reichs zu einem Zentrum der nationalen Bewegung geworden. Neben den Brüdern des Kaisers, den Erzherzögen Karl und Johann, trat besonders der Minister Graf Stadion hervor, der zwischen 1806 und 1809 Reformen durchsetzen konnte. Die Rückschläge der französischen Truppen in Spanien vor dem Erscheinen Napoleons, Berichte aus Paris über eine Opposition um Talleyrand und nicht zuletzt die Erwartung eines allgemeinen Aufstands in Deutschland veranlaßten Wien, trotz der Warnung, die Napoleon in Erfurt ausgesprochen hatte, von neuem eine kriegerische Auseinandersetzung zu wagen.

Die erhoffte breite Erhebung in Deutschland blieb allerdings aus. Einzelne Rebellionen, wie die des Majors von Schill, der in Stralsund im Straßenkampf fiel, oder die des früheren Herzogs von Braunschweig, der durch Norddeutschland ziehen und sich an der Wesermündung auf englische Schiffe retten konnte, machten nur die Passivität des Volkes selbst deutlich. Allein in Tirol, das seit 1805 Bayern zugeschlagen war und damit unter dessen aufgeklärten Zentralismus geriet, kam es zu einem regelrechten Aufstand unter Andreas Hofer, den das Haus Habsburg unterstützte. Vor den anrückenden Truppen Napoleons mußte Erzherzog Karl zurückweichen. Wien kapitulierte am 13. Mai. Bei Aspern konnten die Österreicher zwar die Franzosen zurückdrängen, nach der Niederlage von Wagram Anfang Juli wurde aber bald ein Waffenstillstand unterzeichnet.

Stadion wurde durch den früheren Botschafter in Paris, Metternich, ersetzt, der die Situation in Frankreich gut kannte und vorsichtiger vorging. Im Frieden von Schönbrunn (14. 10. 1809) mußte Österreich Westgalizien an das Herzogtum Warschau, Salzburg und das Innviertel an Bayern, Triest, Fiume, Krain und Villach an Frankreich abtreten, das daraus eine Illyrische Provinz bildete. Die Tiroler kämpften weiter, bis sie unterworfen wurden und Andreas Hofer am 20. Februar 1810 in Mantua erschossen wurde. Das Ergebnis der fünften Koalition war die Abwendung Österreichs von der nationalen Bewegung in Deutschland. Metternich verfolgte mit nüchterner Politik die Interessen Österreichs und hatte als Ziel die Wiedererrichtung einer vernünftigen Ordnung in Europa.

Die Ursachen für das Ausbleiben einer Volkserhebung in Deutschland sind zum Teil in der Tatsache zu suchen, daß das nationale Bewußtsein auf intellektuelle Kreise beschränkt blieb. Die Erbitterung über die Erschießung des Buchhändlers Palm, der 1806 eine anonyme Schrift »Deutschland in seiner tiefen Erniedrigung« verbreitet hatte, war ohne greifbare Folgen geblieben. Entsprechend dem Bewußtsein der eigenen Demütigung und der Machtlosigkeit entwickelten sich, etwa in Fichtes »Reden an die deutsche Nation« oder bei Ernst Moritz

Arndt Züge der Selbstüberschätzung. Die romantische Bewegung, Görres, die Brüder Schlegel, Schleiermacher, auch Kleist bereitete die nationale Erhebung vor. Obwohl das Vorbild der spanischen Erhebung vor Augen stand, fand es keine Nachahmung. Neben anderen Ursachen dürfte das Fehlen eines religiösen Widerstands die Ursache für die anfängliche Passivität in Deutschland gespielt haben. Hinzu kommt, daß Fürstenherrschaft und ihr entsprechender Untertanengeist nie aufhörten – wenn man von wenigen linksrheinischen Versuchen absieht. In der Hauptsache aber mag das Ausbleiben eines Volksaufstandes nach spanischem Vorbild daran gelegen haben, daß die französische Herrschaft durchaus unterschiedlich und in weiten Teilen Deutschlands keineswegs nur als Last, sondern oft als eine Befreiung empfunden wurde. Erst in der Zeit des Endes der napoleonischen Herrschaft entstand eine allgemeine Erhebung des Volkes.

Der Konflikt mit der Kirche

Durch das Konkordat von 1801 glaubte Napoleon, die Kirche in die Gesellschaft eingegliedert und sich gefügig gemacht zu haben. Als aber die Kontinentalsperre auch auf den Kirchenstaat ausgedehnt werden sollte, widersetzte sich Pius VII. Daraufhin besetzten französische Truppen zu Beginn des Jahres 1808 Rom, und im Mai 1809 ließ Napoleon von Schönbrunn aus den Kirchenstaat annektieren. Sofort antwortete der Papst mit Exkommunikation, die Franzosen verhafteten ihn darauf und verschleppten ihn nach Savona, wo er bis 1811 blieb und die Mittel des Konkordats gegen den Kaiser nutzte. Das ganze Vorgehen zeigte die von Talleyrand beklagte Brutalität Napoleons und seiner Untergebenen, durch die sich der Kaiser unnötig neue Schwierigkeiten eingehandelt hatte. Der französische Klerus widersetzte sich der Einmischung des Staates in kirchliche Fragen auf einem Konzil, worauf Napoleon die Anführer der Opposition gefangennehmen ließ, um später ein neues Konzil zu eröffnen. Schließlich ließ er den Papst nach Fontainebleau bringen und handelte 1813, nach der Niederlage

Die französische Herrschaft in Europa 1812

Kaiserreich Frankreich im Jahre 1812	Großherzogtum Warschau
Von Napoleoniden regierte Staaten	Königreich Preußen
Rheinbundstaaten *	Frankreichs Grenze nach dem Zusammenbruch der napoleonischen Herrschaft (1815)

* 4 Königreiche, 5 Großherzogtümer, 11 Herzogtümer, 16 Fürstentümer

in Rußland, mit ihm ein Konkordat aus, das der Papst wegen der Veröffentlichung im *Moniteur* nicht mehr anerkannte. Anfang 1814 ließ ihn Napoleon zunächst nach Savona, dann nach Rom zurückbringen. Die Kirche hatte gegenüber der kaiserlichen Willkür den Sieg davongetragen und zugleich durch ihren Einfluß in manchen Gebieten Frankreichs dazu beigetragen, daß sich die Nation von dem Kaiser abwandte.

Das Scheitern der Kontinentalsperre

Während der Jahre 1810–1811 wähnte sich Napoleon auf dem Höhepunkt seiner Macht. Er hatte, nach der Scheidung von Joséphine, im Januar 1810 um die Hand von Marie-Luise, der Tochter Kaiser Franz I., angehalten, diese am 1. April geheiratet und angenommen, durch die Ehe mit der Habsburgerin in die »Familie der Könige« aufgenommen zu sein. Als ihm Marie-Luise am 20. März 1811 einen Sohn schenkte, den »König von Rom« (gestorben als Herzog von Reichstadt 1832 in Wien), waren seine Wünsche erfüllt.

Um die gleiche Zeit erwies sich aber, daß die Kontinentalsperre gescheitert war. Wie jedes System starrer, den Interessen und Bedürfnissen der Menschen zuwiderlaufender staatlicher Wirtschaftslenkung wurde sie durchbrochen durch Schmuggel und Umgehung. Die Warenströme brachen sich allenthalben Bahn, und die englische Wirtschaft erholte sich 1809. Napoleons Bruder Louis, König von Holland, versuchte im Interesse seines Landes mit England zu einem Ausgleich zu gelangen, und dankte am 9. Juli 1810 ab, als ihm Napoleon Vorhaltungen machte. Darauf wurde das Land annektiert und, in Départements aufgeteilt, Frankreich angeschlossen. Das gleiche Schicksal erlitten die Hansestädte Bremen, Hamburg und Lübeck mit einem beträchtlichen Hinterland bis Münster und Minden, aus denen drei Départements gebildet wurden. Um den Schmuggel in der Schweiz zu verhindern, ließ Napoleon auch noch das Wallis besetzen und an Frankreich anschließen.

Die willkürlichen Annexionen, von denen auch der Verwandte des Zaren, der Herzog von Oldenburg, betroffen wurde, riefen in Europa große Unruhe hervor. Frankreich war im Norden und in Italien weit über seine »natürlichen« Grenzen hinausgewuchert. Vollends unglaubwürdig wurden die Annexionen, als Napoleon selbst die Handelsblockade durchlöcherte. England hatte schon 1808 Einfuhrlizenzen für besonders gesuchte französische Waren vergeben, und Napoleon ermöglichte 1809 die Ausfuhr solcher Waren, natürlich gegen entsprechende Gebühren. Damit ermöglichte er Frankreich den direkten Handel mit England, den er seinen Vasallen und Verbündeten untersagte. Weitere Dekrete von 1810 vergrößerten noch deren Verstimmung: Die Lizenzen wurden nur an französische Schiffe vergeben, sie ermöglichten die Einfuhr von Produkten, die Frankreich benötigte; die Preise wurden so hoch angesetzt, daß sie sich den Schwarzhandelspreisen annäherten. So wurde der französische Staat selbst zum Schmuggler und strich die entsprechenden Gewinne ein. Napoleon dachte wirtschaftlich in den Vorstellungen des Merkantilismus, also des nationalen Egoismus, und das verschärfte den Gegensatz zum übrigen Europa, insbesondere zu dem Verbündeten von Tilsit, Rußland.

Der Feldzug in Rußland 1812.
Die sechste Koalition

Die Erwartungen, die der Zar und Napoleon in ihr Bündnis gesetzt hatten, waren nicht in Erfüllung gegangen. Der Zar wünschte immer noch eine Aufteilung des türkischen Reichs, sah aber mit Verdruß in dem Großherzogtum Warschau Polen wieder auferstehen. Die Annexionen in Norddeutschland fanden sein Mißfallen, und der Handel mit Frankreich konnte den mit England nicht ersetzen. So verhielt er sich in Erfurt 1808 zurückhaltend gegenüber den Avancen Napoleons und verhinderte dessen Einheirat in seine Familie. Schließlich ließ er in seinem Bereich die Durchlöcherung der Kontinentalsperre zu. Die personalisierte Politik machte es möglich, daß ein Konflikt ohne ernsthafte Versuche der Problemlösung ausbrach. Letztlich kam es dann zum Krieg, weil Napoleon ihn wollte. Seit 1811 traf er seine Vorbereitungen, ließ die Pläne ausarbeiten, Vorratslager anlegen. Er glaubte an einen Blitzkrieg, an einen Zerfall des russischen Reichs mit seinen »barbarischen« Völkern. Dabei wurde er auf die Niederlage Karls XII. bei Poltawa

(1709) hingewiesen und gewarnt, sich in ein neues Abenteuer zu stürzen, solange der Krieg in Spanien anhielt. Immerhin hatte er erkannt, daß »man nichts vom Land erhoffen könne, sondern alles mit sich führen müsse«.

Österreich und Preußen als – unsichere – Verbündete mußten Hilfstruppen zu Verfügung stellen; bei den Fürsten des Rheinbundes war dies selbstverständlich, und so marschierten neben den Franzosen Belgier, Holländer, Italiener, Schweizer, Polen und zahlreiche Österreicher und Deutsche, etwa ein Drittel der Streitkräfte, in der auf über 600 000 Mann anwachsenden »Großen Armee«. Viel zu spät im Jahr, am 24. Juni 1812, also noch zwei Tage später als Adolf Hitler, der diesen Fehler und sehr ähnliche Fehleinschätzungen 1941 begehen sollte, fiel die Armee in Rußland ein, ohne während der ersten beiden Monate auf nennenswerten Widerstand zu stoßen. Aber der normale Verschleiß führte bald zu enormen Ausfällen. Erst am 7. September kam es bei Borodino zu einer mörderischen Schlacht, bei der der französischen Armee der Durchbruch nach dem nicht mehr allzu fernen Moskau gelang. Es wurde am 14. September eingenommen, war aber durch einen Brand zum großen Teil zerstört.

Einen Monat blieb Napoleon in der Stadt, ohne daß Zar Alexander in Verhandlungen eingetreten wäre. Am 19. Oktober verließ die französische Armee Moskau wieder und wurde durch Kutusow gezwungen, über Smolensk zu ziehen, also durch das schon beim Hinweg geplünderte und verwüstete Land. Ein früher Wintereinbruch am 9. November hatte verheerende Wirkung; die von den Kosaken und Partisanen angegriffenen Truppen gelangten unter schweren Verlusten über die Beresina. Nur etwa 20 000 Mann kamen am 16. Dezember über die Memel nach Preußen. Es war eines der schlimmsten Desaster, das je eine Armee erlebt hatte. »Die Feder fällt einem aus den Händen, wenn man sieht, wie Menschen mit Menschen umgehen« (Voltaire).

Napoleon hatte nicht bis zuletzt bei seinen Soldaten ausgeharrt, sondern diese am 5. Dezember verlassen, um in aller Eile nach Paris zurückzukehren. Er hatte von dem Staatsstreichversuch des Generals Malet erfahren, der sehr wenig Widerstand gefunden hatte und nur am Militär gescheitert war. Dies machte

ihm klar, wie wenig sicher seine Herrschaft war und daß er
trotz der Ehe mit einer Habsburgerin keineswegs als legitimer
Nachfolger der Könige angesehen wurde.

Der Feldzug in Deutschland 1813

Als Frankreichs Bruch mit Rußland unvermeidlich wurde, hatten die preußischen Patrioten, Scharnhorst, Gneisenau, Boyen,
auf einen Volksaufstand und ein Bündnis mit Rußland hinge-
drängt. Da jedoch weder der König noch Hardenberg die Existenz des Staates aufs Spiel setzen wollten, beugte man sich dem
Druck Napoleons: Preußen stellte 20 000 Mann zur Verfügung,
gewährte freien Durchmarsch und das Recht auf Requisitionen.
Metternich, der im Gegensatz zu den Preußen nicht nur an die
Wiederherstellung des eigenen Staates, sondern darüberhinaus
an eine neue und haltbare Ordnung für ganz Europa dachte,
brachte eine Allianz zustande, bei der das im Süden operierende
österreichische Hilfskorps von 30 000 Mann unter Führung des
Fürsten Schwarzenberg selbständig blieb, während die Preußen
Macdonald unterstellt waren, der Napoleons Nordflanke ab-
deckte. Der Zar hatte vom Stein nach Sankt Petersburg gerufen,
Boyen und Clausewitz stießen hinzu.

Der Anstoß zum Frontenwechsel nach der Niederlage Napoleons ging allerdings von einem Gegner der Reformer aus,
von General von York, der das preußische Hilfscorps befehligte.
Er war von den französischen Abteilungen abgeschnitten und
schloß mit dem russischen General von Diebitsch die Konvention von Tauroggen, auf Grund derer die preußischen Truppen
nicht weiter am Kampf teilnahmen. In Königsberg organisierten
Stein und Graf Dohna bald den aktiven Widerstand der Provinz
Ostpreußen. König Friedrich Wilhelm war über derartige ›Un-
botmäßigkeiten‹ keineswegs erfreut und konnte nur mit Mühe
überredet werden, von dem bedrohten Berlin nach Breslau zu
wechseln und auf Drängen Steins, der für den Zaren verhandelte, ein Bündnis mit Rußland zu schließen, das diesem die
Überlassung des größten Teils der preußischen Beute aus den
Teilungen Polens, Preußen aber erhebliche Kompensationen in

Norddeutschland in Aussicht stellte. Der Zar erschien selbst in Breslau und Preußen wechselte auf die andere Seite über.

Der König von Preußen stiftete das Eiserne Kreuz, erließ einen Aufruf »An mein Volk«, obwohl er der nationalen Bewegung reserviert gegenüberstand. Während nicht wenige Freiwillige aus Deutschland nach Preußen zu den Freikorps eilten, blieb ein russischer Aufruf an die deutschen Fürsten ohne großes Echo; die meisten Rheinbundstaaten folgten bereitwillig Napoleons neuen militärischen Anforderungen.

Metternich dagegen, der das Übermächtigwerden Rußlands fürchtete, hatte zwar das Bündnis mit Napoleon gelöst, verhandelte aber nach beiden Seiten, um bei der Neuordnung Europas für Österreich die Schiedsrichterrolle zu erhalten. So bestand im Frühjahr 1813 die sechste Koalition zunächst nur aus Rußland, Schweden unter seinem Kronprinzen und ehemaligen Marschall Frankreichs, Bernadotte, Preußen und England, das mit hohen Subsidien die Kriegsführung der Alliierten subventionierte. Napoleon ging mit neuen Truppen in die Offensive und drängte die Alliierten zunächst aus Sachsen. Am 4. Juni 1813 wurde ein Waffenstillstand geschlossen, während dessen die Gegner ihre Truppen verstärkten.

In dieser Situation bot Metternich seine Vermittlungsdienste an, machte aber die Wiederherstellung Preußens und die Abschaffung des Rheinbundes zur Bedingung. Die »natürlichen« Grenzen Frankreichs wurden von ihm nicht in Frage gestellt, aber für einen Usurpatoren wie Napoleon war jedes Nachgeben, jeder Kompromiß unmöglich: »Meine Herrschaft überdauert den Tag nicht, an dem ich aufgehört habe, stark und folglich gefürchtet zu sein!« Unmittelbar nach der Unterredung mit Napoleon schloß Metternich mit Preußen und Rußland einen Geheimvertrag. Ein Friedenskongreß in Prag wurde nur noch zum Schein eröffnet: Napoleon war nicht einmal zu geringen Zugeständnissen bereit, und am 11. August 1813 erklärte Österreich ihm den Krieg.

Damit stand das durch die Niederlagen in Spanien und Rußland geschwächte Frankreich der größten der Koalitionen gegenüber. Die Alliierten stellten drei Armeen auf, die Nordarmee unter Bernadotte, die Schlesische Armee unter Blücher und die Hauptarmee unter Schwarzenberg in Böhmen. Wo Napoleon auftauchte, wurden die Alliierten entweder, wie vor Dresden, geschlagen oder sie zogen sich zurück. Sie blieben siegreich dort, wo sie mit den Heerführern des Kaisers kämpften. Vom 16. bis zum 19. Oktober 1813 kam es dann zu der »Völkerschlacht« bei Leipzig, bei der Napoleon den vereinten Armeen der Alliierten gegenüberstand. Am 18. Oktober gingen seine sächsischen und württembergischen Hilfstruppen auf die andere Seite über, was je nach Standpunkt der Historiker als schnöder Verrat oder als nationale Tat gewertet wird. Napoleon konnte sich aus der drohenden Umzingelung befreien und unter großen Verlusten nach Westen zurückziehen, wobei er in Hanau noch die Bayern unter Wrede beiseiteschieben mußte, die durch Metternichs Geschick und die militärische Lage für die alliierte Seite gewonnen worden waren. Anhaltender Regen und eine Typhusepidemie trugen dazu bei, die Reste der französischen Armee zu dezimieren. Die Niederlage war vollständig. Unter ihrem Eindruck löste sich der Rheinbund auf, und die Fürsten schlossen umgehend mit Österreich Verträge, um ihre Herrschaft zu sichern. Das »Große Kaiserreich« aber zerfiel. Die Schweiz erklärte sich für neutral und die wieder gegründete Republik Genf bat um Beitritt zur Eidgenossenschaft. Holland und bald auch Belgien lösten sich von Frankreich. Das Königreich Italien hatte in Rußland und Deutschland viele Soldaten verloren; der Vizekönig Eugène de Beauharnais konnte sich gegen die einmarschierenden Österreicher nicht halten, zumal Murat, um sein Königreich Neapel zu retten, sich mit diesen verbündet hatte. Im Süden schließlich mußte sich Joseph der Angriffe Wellingtons erwehren, der im Juni 1813 durch den Sieg bei Vitoria die Franzosen aus Spanien vertrieb. Napoleon wandte sich schließlich an den von ihm immer noch gefangen gehaltenen Ferdinand VII., um ihn in Spanien einzusetzen. Die spanischen, portugiesischen, französischen und holländischen Kolonien waren entweder von den unter französischer Herrschaft stehenden Mutterländern abgefallen oder von England besetzt und dem englischen Handel erschlossen worden. Napoleon hatte auf diese Weise indirekt viel zu der weltweiten englischen See- und Handelsherrschaft beigetragen.

Der Feldzug in Frankreich 1814.
Die Abdankung Napoleons

Von Frankfurt aus, wo die Monarchen Quartier genommen hatten, bot Metternich Napoleon nochmals Frieden und die »natürlichen« Grenzen Frankreichs an. Um die Notabeln, die längst kriegsmüde waren, wieder für sich zu gewinnen, ließ Napoleon den Versammlungen Einblick in die Verhandlungen gewähren. Während der Senat sich willfährig zeigte, wie von ihm erwartet wurde, regte sich in der Legislative *(corps législatif)*, deren Abgeordnete die Stimmung im Land kannten, Widerstand. Diesen kritisierte Napoleon beim Neujahrsempfang 1814 mit Wendungen, die seine völlig auf sich bezogenen politischen Vorstellungen deutlich machten. Die Nation freilich hatte von den Kriegen und den gewaltigen Menschenverlusten genug. Sie ließ sich nicht mehr begeistern, und die jungen Männer suchten sich bei der Einberufung mit allen Mitteln dem Militärdienst zu entziehen. Die alliierten Armeen marschierten 1814 getrennt in Frankreich ein, Bernadotte über Holland und Belgien, Blücher über den Rhein bei Kaub, Schwarzenberg über die – neutrale – Schweiz in Richtung auf das Plateau de Langres. Napoleons Taktik, mit seinen in der Gesamtzahl unterlegenen Kräften die Gegner einzeln zu schlagen, hatte zunächst Erfolg. Die Alliierten waren entmutigt und erwogen bereits einen Rückzug auf Langres. Endlich beschlossen sie auf Drängen des englischen Außenministers Castlereagh durch das Abkommen von Chaumont Anfang März 1814, den Krieg energisch fortzusetzen und Frankreich auf seine Grenzen von 1792 zurückzuführen. Als sich Napoleon in den Rücken der Alliierten warf, um sie von ihren Verbindungslinien abzuschneiden, hinterließ er die Hauptstadt schutzlos. Am 31. März zogen die Alliierten in Paris ein, wo Talleyrand alles für die Rückkehr der Bourbonen vorbereitet hatte. Napoleon, der immer noch 60 000 Soldaten besaß, wurde von seiner Umgebung zur Abdankung gedrängt. Nach zwei angeblichen Versuchen, sich das Leben zu nehmen, gab er, als ihm die Herrschaft über die Insel Elba und eine Jahrespension von zwei Millionen Franken, zahlbar – aber nie gezahlt – von der französischen Regierung, zugesichert waren, schließlich nach. Am 20. April 1814 verabschiedete er sich im Schloßhof von Fontainebleau von seiner Garde, eine berühmte Szene, die viel zu seinem Mythos beigetragen hat.

Die Wiederherstellung der Monarchie

Am 6. April 1814 hatte der Senat Ludwig XVIII. als »König der Franzosen« berufen und damit alle Alternativen ausgeschlossen. Zugleich wurde eine Kommission beauftragt, eine liberale Verfassung für eine konstitutionelle Monarchie auszuarbeiten. Man wollte also an 1791 anknüpfen, nicht an das Ancien Régime. Der König lehnte bei seiner Rückkehr Anfang Mai den Verfassungsvorschlag des Senats ab und beharrte auf der Souveränität des Königs, nicht des Volkes. Er war aber weise genug, in seiner Erklärung von Saint-Cloud (2. 5. 1814) den Erlaß einer Charta anzukündigen, in der die Grundfreiheiten, eine nationale Vertretung in zwei Kammern, freie Abstimmung bei der Erhebung von Steuern, das Eigentum, die Gleichheit vor dem Gesetz und bei der Besetzung von Ämtern, die Beibehaltung des neuen wie des alten Adels und der Ehrenlegion garantiert würden. Nicht zuletzt wurde das Bürgertum durch die Anerkennung des Kaufs der Nationalgüter und der finanziellen Verpflichtungen der früheren Regierungen beruhigt.

Die am 4. Juni erlassene Charta hielt sich an diese Zusagen: Der König hatte die Exekutive, zwei Kammern bildeten die Legislative, das Abgeordnetenhaus – gewählt für fünf Jahre nach einem Zensus und vom König auflösbar – und die Pairskammer, deren Mitglieder vom König ernannt wurden. Die Charta stellte sich als eine liberale und vernünftige Verfassung dar. Auch der am 30. Mai 1814 in Paris geschlossene Frieden trug alle Zeichen der Mäßigung: Frankreich erhielt die Grenzen von 1792, also mit Saarbrücken, Saarlouis, Landau gegenüber Deutschland, und mit den während der Revolution hinzugewonnenen Savoyen, Avignon und Montbéliard. Die Neuordnung Europas sollte einem allgemeinen Kongreß in Wien vorbehalten bleiben. Der auf beiden Seiten unmäßig aufgeheizte

Nationalismus war mit dieser Entscheidung jedoch nicht zufrieden: Auf französischer Seite wurde die Preisgabe von über 50 noch gehaltenen Festungen in Deutschland, Belgien und Italien, darunter Antwerpen und Hamburg, bedauert, für deren gewaltiges Kriegsmaterial man meinte, noch Konzessionen erhalten zu können, während auf deutscher Seite die Forderungen auf Rückgabe des Elsaß und Landaus kein Gehör fanden. Die Stellung des Königs, der auf Rat Talleyrands die Festungen abgetreten hatte, war in den Augen all derer geschwächt, die ihm vorwarfen, »auf den Wagen der Alliierten« zurückgekehrt zu sein.

Napoleons Rückkehr. Die hundert Tage. Waterloo

Napoleon hatte sich auf Elba mit seiner Mutter Letizia und seiner Schwester Pauline Borghese eingerichtet und eine lebhafte Tätigkeit entwickelt. Seine Frau Marie-Luise war ihm mit ihrem Sohn nicht gefolgt, sondern bei dem Grafen Neipperg geblieben, den Metternich beauftragt hatte, ihr Geliebter zu werden. Durch ein Agentennetz war Napoleon über die wachsende Unzufriedenheit in Frankreich informiert. Ihn selber traf die Weigerung der französischen Regierung, ihm die im Vertrag von Fontainebleau zugesagte jährliche Summe von zwei Millionen Franken zu zahlen. Insgeheim bereitete er daher seine Rückkehr vor, verließ mit 700 Mann am 26. Februar 1815 die Insel und ging am 1. März 1815 in Golfe-Juan bei Cannes an Land. Um den erwarteten Widerstand im Rhônetal zu umgehen, zog er auf schwierigen Wegen über die Alpen *(route Napoléon)* nach Grenoble und Lyon, wo er am 10. März anlangte. Überall wurde er mit Begeisterung empfangen. Die ihm entgegengeschickten Truppen und an ihrer Spitze auch Marschall Ney gingen zu ihm über. In der Nacht vom 19. zum 20. März verließ der König fluchtartig die Tuilerien und zog sich nach Gent zurück; am Abend des 20. März gelangte Napoleon in den Palast.

Während seines erzwungenen Rentnerdaseins auf Elba war sich Napoleon bewußt geworden, daß er weniger autoritär und liberaler vorgehen müsse, um das Bürgertum wieder für sich einzunehmen. Bei seiner Rückkehr sprach sich vor allem das Volk für ihn aus, während das Bürgertum in Erinnerung an die ständigen Kriege des Kaiserreichs zurückhaltend blieb. Immerhin hatte sich sein alter Gegner, der liberale Benjamin Constant, bereit erklärt, an dem Zusatzvertrag zur Charta mitzuarbeiten, der eine Senkung des Zensus, die Verantwortlichkeit der Minister gegenüber den Kammern, Öffentlichkeit der Sitzungen, Abschaffung der Zensur und der Sondergerichte, Freiheit der Religion vorsah. Insgesamt eine liberale Verfassung, die allerdings beim Volk auf Skepsis stieß und von fünf Millionen Wählern nur 1,5 Millionen Ja-Stimmen (bei 48 000 Nein-Stimmen, der Rest Enthaltungen!) erhielt. Die Aushebung von Rekruten für den neuen Krieg stieß vor allem in der Vendée auf Widerstand, so daß auch dort wieder Truppen eingesetzt wurden.

Bei der Zurückhaltung, auf die Napoleon in weiten Kreisen außerhalb der Armee und des »einfachen« Volkes traf, und angesichts des Bündnisses, das die Alliierten bei der Nachricht von seiner Rückkehr sofort in Wien erneuerten, hatte sein Unternehmen wohl keine Aussicht auf Erfolg. Es lag aber in seiner Natur als Spieler, alles auf eine Karte, die des Krieges, zu setzen. Da in Belgien noch Truppen der Alliierten unter Wellington und Blücher standen, Verstärkungen aus Österreich erst im Anmarsch waren, wandte er sich nach Norden, um mit seinen unterlegenen Kräften die gleiche Strategie anzuwenden wie in den Feldzügen von 1813/14: die feindlichen Armeen einzeln zu schlagen, bevor sie sich vereinigten. Am 15. Juni griff Ney Wellingtons Armee bei Quatre-Bras an, Napoleon selbst warf Blücher bei Ligny am folgenden Tag zurück. Aber sein Schicksal entschied sich am 18. Juni 1815 bei Waterloo. Alle Angriffe gegen die englischen Linien blieben ohne Erfolg; als dann die Preußen erschienen, kam es zur regelrechten Flucht der französischen Truppen, nur gedeckt von der Garde.

Napoleon dankte ein weiteres Mal zugunsten seines Sohnes ab, seine zweite Herrschaft hatte gerade 100 Tage gedauert. Am 8. Juli kehrte Ludwig XVIII. nach Paris zurück. Da die englische Seesperre nicht zu durchbrechen war, begab sich Napoleon am 15. Juli auf ein englisches Schiff, »wie Themistokles«, schrieb er. Die englische Regierung ließ ihn nach Sankt Helena bringen, wo er mit einigen Getreuen in Longwood House bis zum 5. Mai 1821 lebte. Das Exil auf der fernen und unwirtlichen Insel im Atlantik und der frühe Tod haben viel zur Ausbildung des Napoleon-Mythos beigetragen. 1823 veröffentlichte Las Cases, der bei ihm auf Sankt Helena gewesen war, das *Mémorial de Sainte-Hélène*, einen der größten Bucherfolge des Jahrhunderts, in dem Napoleon als Verteidiger der revolutionären Errungenschaften und als Einiger der Völker Europas dargestellt wurde. Schriftsteller wie Balzac und Hugo, Musset und Vigny, Dumas und Sue verklärten später das Kaiserreich und den Ruhm der Armee. Den Höhepunkt des Napoleonkultes bildet die Rückführung seiner sterblichen Überreste und die Beisetzung im Invalidendom 1840.

Die sentimentale Begeisterung für Napoleon ließ jedoch vergessen, daß er bei aller Genialität, gerade auf militärischem Gebiet, ein Gescheiterter war. Er hatte Frankreichs Kräfte so überfordert, daß die Folgen sich demographisch im 19. Jahrhundert bemerkbar machten. Er hat die Völker Europas nicht geeint, sondern unterdrückt und ausgesaugt. Er hat in dem besonders betroffenen Deutschland eine nationalitische Strömung gegen Frankreich hervorgerufen und Konkurrenz sowie Feindschaft zwischen den beiden Nachbarn provoziert. So mußte Deutschland von der autokratischen Macht im Osten »befreit« werden zu einer Restauration der alten Fürstenherrschaft. Aller Ruhm Napoleons kann nicht verdecken, daß die ungeheuren Opfer seiner Kriege nicht für eine Idee, auch nicht für Frankreich, sondern allein für seine persönliche Macht erbracht werden mußten. Napoleon kannte kein Maß, und ein später, aber kompetenter Kritiker, Charles de Gaulle, faßte sein Urteil gegenüber einem Bewunderer Napoleons kurz zusammen mit dem Satz: »Er war ein militärisches Genie, aber er verachtete die Menschen« *(C'était un génie militaire, mais il méprisait les hommes).*

Die 100 Tage Napoleons kamen Frankreich teuer zu stehen. Ein großer Teil des Landes wurde von den Armeen der Alliierten besetzt, wobei sich in Paris die Preußen unter Blücher durch schroffes Benehmen gegenüber der Bevölkerung einen anhaltend unrühmlichen Ruf verschafften. Forderungen nach

Abtretung des Elsaß konnten Gneisenau, Hardenberg und Humboldt zwar nicht durchsetzen, aber Landau, Saarbrücken und Saarlouis fielen an Bayern beziehungsweise Preußen. Frankreich mußte, was nur recht und billig war, die im Laufe der Zeit in Europa geraubten Kunstwerke zurückgeben. Grenzgebiete wurden auch an die Niederlande (Belgien) abgetreten, Savoyen kam wieder an das Königreich Sardinien. Die Neuaufteilung Deutschlands auf dem Wiener Kongreß, wo Talleyrand sein Land wieder als gleichberechtigte Großmacht vertreten hatte, brachte Frankreich statt mit Österreich nun mit Preußen an der Saar eine gemeinsame Grenze. Immerhin war der Deutsche Bund im Osten Frankreichs kein als Nationalstaat gefährlicher Nachbar. Das Werk des Kongresses brachte Europa für nicht geringe Zeit eine Epoche der Ruhe und des Wiederaufbaus.

11. Restauration und Bürgerkönigtum (1815–1848)

Verglichen mit der bewegten Zeit der Revolution und des Kaiserreichs erscheinen die Jahre der Restauration Ludwigs XVIII. (1814–1824) und Karls X. (1824–1830) und selbst die Julimonarchie Louis-Philippes aus dem Haus Orléans (1830–1848) vordergründig als eine Epoche der Ruhe in Frankreich wie in Europa. Die Erschöpfung war groß nach den übermäßigen Anstrengungen und Verlusten der »großen Zeit«. Aber zugleich zeichneten sich die neuen Entwicklungen ab, die die Zukunft bestimmen sollten: Das liberale Bürgertum strebte nach politischer Macht, die parlamentarischen Regierungsformen entwickelten sich; gestützt auf die nicht mehr zu beseitigende Pressefreiheit wurde die öffentliche Meinung zu einem Machtfaktor, der Ausbau eines neuen Verbindungsnetzes mit den Eisenbahnen entstand und mit dem Aufschwung der Industrie bildete sich eine neue Klasse, das Proletariat. Wo die Regierungsweise starr blieb gegenüber diesen Veränderungen, machte die Gesellschaft sich Luft mit Revolutionen, die die Entwicklung weiter vorantrieben. Frankreich ging auf dem Kontinent mit seiner Entwicklung in vieler Hinsicht voraus, und sein Einfluß strahlte insbesondere auf Deutschland aus.

Nach dem Zweiten Pariser Frieden (20. 11. 1815), durch den Frankreich die noch heute gegenüber Belgien und Deutschland bestehende Grenze erhielt, wurde es um etwa 5000 km² gegenüber 1814 kleiner. Es mußte obendrein eine Kriegsentschädigung von 700 Millionen Franken in Raten über fünf Jahre entrichten und blieb bis zur Bezahlung im Norden und Osten besetzt. Das Verhalten der nach Waterloo angeblich als Gäste des Königs, der am 25. März 1815 der Koalition gegen Napoleon beigetreten war, ins Land geströmten alliierten Truppen, der Terror, den die Anhänger des Königs (*Terreur blanche*) im Süden entfacht hatten, schließlich die nicht mehr zu umgehende Bestrafung einiger besonders kompromittierter Anhänger Napoleons wie des Marschalls Ney, der hingerichtet wurde, trugen nicht dazu bei, das Ansehen des Königshauses zu stabilisieren. Das Land, das der König zu einen versucht hatte, zerfiel praktisch in zwei Lager: die Anhänger des Kaisers und die Königstreuen, Linke und Rechte, die sich – zunächst – unversöhnlich gegenüberstanden. Selbst Talleyrand war nicht mehr zu halten. Als er, um vom König Rückenstärkung zu bekommen, seine Demission anbot, nahm Ludwig XVIII. sie an. Fouché, der zunächst weiter Polizeiminister gewesen war, wurde als Gesandter nach Dresden abgeschoben. Aus der Pairskammer *(Chambre des pairs)* wurden diejenigen Mitglieder ausgeschlossen, die mit Napoleon wiederum zusammengearbeitet hatten, und 94 neue Pairs wurden an ihrer Stelle aufgenommen.

Für die Wahlen zur Abgeordnetenkammer *(Chambre des députés)* im August waren das aktive Wahlalter auf 21 und das passive auf 25 Jahre herabgesetzt und die Zahl der Abgeordneten erhöht worden. Durch den Wahlzensus hatten gerade 72 000 Personen das Wahlrecht, von denen es nur 48 500 ausübten. Von der alten demokratischen Forderung nach einem allgemeinen Wahlrecht war man also weit entfernt, und die aus den begüterten Schichten stammenden Wähler hatten eine ultra-royalistische Kammer gewählt. Nicht ohne Ironie bezeichnete der König selbst sie als »nicht zu findende Kammer« *(Chambre introuvable)*.

Ludwig XVIII. war trotz seiner Leibesfülle und seiner allgemeinen Trägheit, die ihm beim Volk die Bezeichnung »das dicke Schwein« *(le gros cochon)* eingebracht hatten, in der Lage, die Schwierigkeiten der Restauration zu erkennen. Die »100 Tage« Napoleons hatten ihn nicht nur zu direkten Maßnahmen, wie die gegen Marschall Ney, sondern auch zum Austausch innerhalb der Präfektenschaft gezwungen. Seine Anhänger in der Kammer und im Süden des Landes gingen aber nach seinen Vorstellungen zu weit. So beauftragte er im September 1815 den Herzog von Richelieu mit der Bildung der Regierung. Während der Emigration war dieser in russische Dienste getreten und hatte lange Jahre die Stadt Odessa und ihre Umgebung als Gouverneur verwaltet. Der Zar hatte ihn Ludwig XVIII. empfohlen, und dank dem Zaren konnte Richelieu im Zweiten Pariser Frieden schlimmere Folgen, insbesondere Preußens

Ansprüche auf das Elsaß, abwenden. Er erreichte 1818, daß die Besatzungstruppen aus Frankreich abgezogen wurden. Fouchés Nachfolger als Polizeiminister, Elie Decazes, der das persönliche Vertrauen des Königs besaß, erkannte, daß man die Monarchie vor den Übertreibungen ihrer Anhänger schützen müsse: Die Regierung widersetzte sich allzu weitgehenden Anträgen in der Kammer, und es kam zum Bruch zwischen der »gemäßigten« Regierung und der ultra-konservativen Kammer, als diese sich weigerte, die Schulden der Republik und des Kaiserreichs anzuerkennen. Daraufhin löste der König im September 1816 die Kammer auf.

Die Ultras hatten damit jedoch bewirkt, daß ihnen zwar nicht vom Recht, aber von der Verfassungswirklichkeit her eine Aufsicht über die Regierung zuzukommen schien. Fast unbemerkt hatte man sich an ein parlamentarisches System mit der Verantwortlichkeit der Regierung gegenüber dem Parlament gewöhnt. Damit war eines der drei Probleme angesprochen, die das politische Leben der Restauration beschäftigen sollten und die die Charta von 1814 nicht festgelegt hatte; die beiden anderen waren der Wahlmodus und die Freiheit der Presse.

Die Wahlen im Oktober 1816 brachten den Anhängern der gemäßigten Regierung gegenüber den Ultras die Mehrheit, und diese setzte im Februar 1817 ein der Charta entsprechendes Wahlgesetz durch. Die jährlichen Wahlen gaben ein Indiz ab für die politische Stimmung im Land, veränderten aber die Zusammensetzung der Kammer nicht grundlegend. In der Folgezeit verstärkte sich links von der gemäßigten Richtung die Tendenz zum »extremen« Liberalismus, von dessen Anhängern 1817 die Partei der »Unabhängigen« *(indépendants)* gegründet wurde. 1818 wurden La Fayette und Benjamin Constant gewählt, 1819 sogar der ehemalige eidleistende Bischof Grégoire. Während die Liberalen zunahmen, sank die Zahl der Ultras und bald auch die der Gemäßigten.

Die von der Charta prinzipiell verkündete Pressefreiheit erhielt erst 1819 in den Gesetzen des Justizministers de Serre ihre rechtliche Festlegung. In ihnen wurde der wichtige Grundsatz verkündet, daß »eine Meinung nicht kriminell wird durch ihre Veröffentlichung«. Die Grenzen der Pressefreiheit durch Aufforderung zu einem Verbrechen, Verletzung der Moral oder der Religion etc. wurden ebenfalls festgelegt. Für mehrere Generationen waren so die liberalen Grundsätze der freien Meinungsäußerung rechtlich fixiert, auch wenn sie gelegentlich – wie schon 1820 – erneut in Frage gestellt wurden.

Der Plan von Decazes, das von Napoleon geerbte autoritäre System allgemein freiheitlicher zu gestalten, konnte nicht vollendet werden: In der Nacht vom 13. zum 14. Februar 1820 ermordete der Sattler Louvel den Neffen des Königs, den Herzog von Berry. Da dieser der einzige männliche Bourbone war, von dem noch Nachkommen erhofft wurden, hatte Louvel gedacht, mit dem Herzog die Dynastie auszulöschen. Allerdings erwartete die Herzogin bereits ein Kind (l'enfant du miracle), den späteren Grafen von Chambord, mit dem die legitime Linie der Bourbonen dann 1883 ausstarb. Die Ultras kreideten Decazes das Verbrechen an, und der König mußte widerstrebend seinen Favoriten fallenlassen. Für den liberalen Versuch, das Land mit seiner Vergangenheit auszusöhnen, bedeutete dies einen schweren Schlag.

Der König griff für die neue Regierung wieder auf Richelieu zurück, der sich nun gegen die Linke auf die Rechte stützen mußte: Die Zensur wurde wieder eingeführt und mehrere oppositionelle Zeitungen verschwanden oder konnten – wie Le Constitutionnel – nur mit Mühe weiter bestehen. Aus Furcht vor einer Revolution griff Richelieu wieder auf repressive Mittel zurück, wodurch die Entwicklung aber eher in die unerwünschte Richtung gelenkt wurde. Nach Richelieu, der im Dezember 1821 zurücktreten mußte, wurde die Politik des Landes von dem Finanzfachmann Graf Villèle gelenkt, der zunächst Finanzminister und ab September 1822 Ministerpräsident (président du Conseil) wurde und als solcher bis 1828 eine konservativ-royalistische Linie verfolgte. Er erreichte den Ausgleich des Haushalts, hatte sich aber im Innern mit Komplotten von Geheimgesellschaften wie der Charbonnerie auseinanderzusetzen.

Diese wichtigste Geheimgesellschaft leitete sich wie die Bezeichnung selbst von der italienischen Carboneria ab, einem politischen Geheimbund, dessen Ziel die Unabhängigkeit und freiheitliche Verfassung Italiens war. Sie war zunächst vor allem in Süditalien gegen die dortigen Bourbonen tätig, später in Norditalien gegen die Österreicher, 1823 auch in Rom gegenüber dem päpstlichen Regime. Die französische *Charbonnerie* war strikt geheim und fast militärisch organisiert und bei nicht immer ganz klarem politischen Programm eher liberal ausgerichtet; selbst Notable wie La Fayette gehörten ihr an. An verschiedenen Orten zettelten die Mitglieder Verschwörungen an, die auch die Armee ergriffen. Vier Unteroffiziere von La Rochelle, die einen Aufstand mit vorbereitet hatten, wurden zum Tode verurteilt und im September 1822 hingerichtet. Es konnte nicht ausbleiben, daß aus ihnen »Märtyrer der Freiheit« wurden. Die eher romantischen als gut geplanten Umsturzversuche zeigten die Grenzen eines solchen Vorgehens auf, machten aber zugleich deutlich, wie unsicher die Machtbasis des Königstums war.

Das Eingreifen Frankreichs in Spanien

Die Konferenz von Aachen 1818, bei der die Räumung des Landes von den alliierten Truppen beschlossen wurde, hatte Frankreich wieder die Aufnahme in die Gemeinschaft der fünf europäischen Großmächte gebracht, deren erklärtes Ziel »die Ruhe der Welt« *(le repos du monde)* war. 1820 kam es jedoch zu revolutionären Erschütterungen in Spanien, Portugal, Neapel und im Königreich Sardinien, durch die die Ordnungspolitik der Restauration in Frage gestellt wurde. Bei einer Konferenz in Troppau im Oktober 1820 setzten die drei östlichen Mächte das »Interventionsprinzip« durch, demzufolge Staaten, »welche eine durch Aufruhr bewirkte Regierungsveränderung erlitten haben«, nötigenfalls mit Waffengewalt »in den Schoß der großen Allianz zurückzuführen« seien. England und Frankreich distanzierten sich zwar von der Erklärung, aber Metternich erreichte bei einem Treffen 1821 in Laibach, daß Österreich mit der Intervention in Neapel und später auch in Piemont-Sardinien beauftragt wurde. Diese Intervention gelang zwar, hatte aber zur Folge, daß Österreich über 100 Jahre zum Hauptfeind der italienischen Nationalbewegung wurde. Auf einem Kongreß in Verona Ende 1822 hatte der französische Außenminister Chateaubriand für Frankreich eine vergleichbare Rolle in Spanien durchgesetzt: Die Expedition der französischen Armee bis nach Cadiz machte keine militärischen Schwierigkeiten, und kaum ist in Erinnerung geblieben, daß der Palast des *Trocadéro* in Paris, jetzt *Palais de Chaillot*, seinen Namen von dem einzigen ernsthaften Kampf dieses Krieges um ein Fort Trocadéro bei Cadiz erhalten hat. Wichtiger als der Feldzug selbst war sein Ergebnis: das gesteigerte Selbstwertgefühl der königlichen Armee, des Königtums überhaupt und vor allem des Außenministers.

Nach den Wahlen 1824, bei der die Kammer nach einem neuen Gesetz für sieben Jahre gewählt wurde, saßen nur noch 19 Liberale in der Opposition – bei 430 Abgeordneten, die Kammer war »wiedergefunden«. Villèles Versuch, das Erbrecht für Grundeigentum wieder entgegen dem Gleichheitsprinzip zu ändern, um die Zerstückelung der Adelsgüter zu verhindern, mißlang. Er konnte es aber 1825 endlich wagen, die Entschädigung der Emigranten für ihre Verluste bei den Enteignungen in der Revolutionszeit in Angriff zu nehmen. Die »Milliarde der Emigranten« machte viel böses Blut; sie förderte auch die Ungleichheit bei den Entschädigten. Dennoch schien es beim Tod Ludwigs XVIII. im September 1824 so, als habe sich die Herrschaft der Bourbonen gefestigt.

Karl X.

Der Bruder der beiden letzten Könige war als Graf von Artois als einer der ersten, schon zwei Tage nach der Erstürmung der Bastille, in die Emigration gegangen. Stockkonservativ und ohne Einsicht in die Veränderungen der Politik und der Gesellschaft – obendrein bigott geworden durch den Tod einer Mätresse – war er die Hoffnung der Ultras, die nun freie Bahn zu haben glaubten. Am 29. Mai 1825 ließ er sich nach der alten Tradition in der Kathedrale von Reims als Karl X. zum König salben und nahm auch die Berührung der Aussätzigen vor, für die dem König von Frankreich nach uralter Tradition an diesem Tag Heilkraft zugesprochen wurde. Die öffentliche Meinung des Landes war über diesen Rückfall in vergangen geglaubte Zeiten schockiert. Mehrfach hatte sich der neue König gegen das parlamentarische System ausgesprochen.

Zum Beginn seiner Herrschaft hielt Karl X. an Villèle fest. Villèle, der wegen der Sachzwänge eine gemäßigte Politik betreiben mußte, hatte sowohl mit einer ultrakonservativen als auch mit der – zahlenmäßig schwachen – liberalen Opposition zu rechnen. Immerhin saßen, angeführt von Talleyrand, in der Pairskammer nicht wenige Adlige, die eine freie Gesinnung bewahrt hatten. Sie brachten den erwähnten Gesetzentwurf zur Abänderung des Erbrechts im Code civil zu Fall. Sie verhinderten auch ein schärferes Pressegesetz, gegen das sich sogar die Académie française ausgesprochen hatte. Chateaubriand gründete die »Gesellschaft der Freunde der Pressefreiheit« *(la Société des amis de la liberté de la presse)*, der auch der Herzog von Orléans beitrat. Wirksamer noch für die Vorbereitung eventueller Neuwahlen war Guizots Gesellschaft »Hilf dir selbst, so hilft dir Gott« *(Aide-toi, le ciel t'aidera)*. Villèle setzte, um den Überraschungseffekt zu nutzen, im November 1827 ganz kurzfristig Neuwahlen an. Durch eine Absprache zwischen der Rechtsopposition und den Liberalen glückte es diesen, wie die Anhänger der Regierung 180 Sitze zu erlangen, während die Rechtsopposition 75 erhielt. Villèle trat daraufhin im Januar 1828 zurück.

Sein Nachfolger Martignac versuchte wiederum einige liberale Reformen, milderte die Pressezensur und ließ Jesuitenkollegs schließen. Er stolperte aber über einen Gesetzesvorschlag, der zwar die Ernennung der Präfekten, der Unterpräfekten und der Bürgermeister beibehielt, aber wenigstens eine Wahl bei den Stadt- und Départementsräten vorsah. Im August 1829 entließ der König Martignac und seine Wahl fiel nun auf den erzreaktionären und bigotten Fürsten Jules de Polignac aus altem Adel, der als Sohn einer Favoritin Marie-Antoinettes zu den unpopulärsten Personen des Landes zählte. Früh emigriert, hatte er sich 1804 an der Verschwörung Cadoudals beteiligt und konnte aus langer Haft 1813 nach England fliehen. Sein ganzes

Kabinett war so stark rechtsgerichtet, daß es zum Konflikt mit der Kammer kommen mußte. Die Spannung wurde durch eine Wirtschaftskrise verschärft. Angesichts des Widerstands im Land, der auf der Linken Verstärkung durch eine republikanische, auf der Rechten durch eine orléanistische Richtung erhielt, schien es Polignac geraten, durch einen außenpolitischen Erfolg von den inneren Schwierigkeiten abzulenken.

Auflösung der Kammer und Landung in Algier

Aus derartigen Beweggründen begann ein Abenteuer, dessen verhängnisvolle Folgen sich erst im 20. Jahrhundert zeigen sollten: die Landung in Algier. Sie fiel zeitlich fast zusammen mit der Auflösung der Deputiertenkammer und den Neuwahlen im Juni/Juli 1830. Ein Vorwand für die Invasion war leicht gefunden: Der von dem türkischen Sultan praktisch unabhängige Dey in Algier hatte wegen einer von Frankreich nicht zurückgezahlten Schuld bereits 1827 den französischen Konsul unfreundlich behandelt, es war dann zu einigen Gefechten gekommen. Aber schon seit langer Zeit wurde der gesamte Mittelmeerhandel von den Korsaren Nordafrikas gestört; um diesen Zustand zu beenden und um die noch immer bestehende Sklaverei in Algier abzuschaffen, rüstete Frankreich eine Streitmacht von 453 Schiffen und 37 000 Mann aus, die am 14. Juni landete und am 5. Juli Algier einnahm. Der Dey kapitulierte und ging ins Exil. Der für die Wahlen erwünschte Erfolg war erreicht, aber die Wähler entschieden trotz unvorsichtiger Einmischung des Königs gegen die Regierung: Den 143 Anhängern Polignacs standen nun 274 Gegner auf der Rechten und der Linken gegenüber. Alles hing von der Haltung des Königs ab.

Die Julirevolution

Wenn Karl X. die Ergebnisse der Wahl anerkannt und eine Regierung mit neuer Mehrheit akzeptiert hätte, wären das parlamentarische System und die konstitutionelle Monarchie gewissermaßen durch die Macht der Tatsachen eingeführt worden. Der König war aber zu keinen Konzessionen bereit und erklärte vor seinen Ministern: »Ich habe leider mehr Erfahrung in diesem Punkt als Sie, meine Herren, die Sie nicht alt genug sind, um die Revolution erlebt zu haben. Ich weiß, was damals geschah: Das erste Nachgeben meines unglücklichen Bruders war das Signal seines Untergangs!« Unter Rückgriff auf Artikel 14 der Charta, der dem König das Recht gab, »Anordnungen und Verfügungen zur Durchführung der Gesetze und zur Sicherheit des Staates zu treffen«, erließ er am 26. Juli 1830 vier unter größter Geheimhaltung von Polignac ausgearbeitete »Ordonnanzen« *(ordonnances)*: Durch die erste wurde die Pressefreiheit ausgesetzt und die Zensur wieder eingeführt; mit der zweiten wurde die eben gewählte Deputiertenkammer wieder aufgelöst. Die dritte setzte die Zahl der Deputierten auf 238 herab und schränkte das Stimmrecht weiter ein und mit der vierten wurden Neuwahlen auf den 6. und den 13. September 1830 festgelegt.

Sofort nach Veröffentlichung der Ordonnanzen kam es zur Versammlung der im besonderen Maße betroffenen Journalisten, die eine Resolution gegen den »Staatsstreich« verabschiedeten. Am 27. Juli erschienen Zeitungen ohne Genehmigung, und als der Polizeipräfekt die Druckmaschinen beschlagnahmen wollte, kam es zum Aufruhr, der schnell auf die Straße übersprang. Zur Verbitterung des Volkes trug bei, daß Marschall Marmont, der 1814 angeblich Napoleon im Stich gelassen hatte, Oberbefehlshaber der 12 000 Soldaten in Paris war.

Es gelang seinen Truppen zunächst, die ersten Barrikaden zu beseitigen, aber in der Nacht zum 28. Juli wurden überall in der Stadt neue errichtet; Arbeiter, Studenten, Bürger, die Nationalgarde und viele ehemalige Soldaten drangen in Waffenlager ein, die Bäume der Boulevards wurden gefällt für Barrikaden. Die Truppen verbrüderten sich an manchen Orten mit den Aufständischen. Das Rathaus und Notre-Dame wurden von ihnen besetzt. Der König war sich jedoch des Ernstes der Lage nicht bewußt und wollte nicht einlenken. Die Truppen trafen in der Stadt auf immer härteren Widerstand, auf beiden Seiten gab es schwere Verluste. Am 29. Juli gingen die Aufständischen zum Gegenangriff über und trieben die Soldaten aus der Stadt. Talleyrand sah sie unter seinem Fenster vorbeilaufen und soll nicht ohne Befriedigung mit einem Blick auf seine Uhr bemerkt haben: »Heute um zwölf Uhr fünf ist die Herrschaft der älteren Linie der Bourbonen zu Ende gegangen.« Der Maler Eugène Delacroix hat in seinem Bild »Die Freiheit führt das Volk« diese Revolution verewigt und damit zum Mythos der Revolution der »Drei glorreichen Tage« *(les Trois Glorieuses)* beigetragen.

Erst als es zu spät war, am Abend des 29. Juli, entschloß sich der König zu einer Regierungsumbildung. Auf Gerüchte vom Anmarsch des Volkes floh er dann mit dem Hof nach Rambouillet und, nach Abdankung zugunsten seines Enkels am 2. August, weiter nach Cherbourg und von dort nach England. Er starb 1836 in Görz an der Cholera.

Die Stimmung bei den Aufständischen war mehrheitlich republikanisch; es gelang jedoch den bürgerlichen Liberalen unter Führung des Historikers und Journalisten Adolphe Thiers aus Marseille, mit Unterstützung von Talleyrand den Herzog von Orléans zum »König der Franzosen« zu erklären. Indem die Linie der Orléans vorgeschoben wurde, wurden die eigentlichen Revolutionäre, das Volk, betrogen und um die Früchte des Kampfes gebracht: Am 31. Juli erschien der Herzog auf dem Balkon des Rathauses in der Uniform der Nationalgarde und wurde von La Fayette der Menge vorgestellt. Deren Jubel begründete die neue Dynastie und diente als – schwache – Grundlage der Legitimität. Am 7. August 1830 riefen die Abgeordneten schließlich Louis-Philippe I. zum König der Franzosen aus. Er schwor, die revidierte Charta zu beachten und erkannte die Trikolore statt des Lilienbanners als Fahne an. Die Revolution hatte nicht die Republik, sondern nur einen Wechsel der Dynastie gebracht.

Das Bürgertum 1830–1848

Dem liberalen Bürgertum war es gelungen, dem Volk den Sieg wieder zu nehmen und ihn für die eigenen Zwecke zu gebrauchen. Dementsprechend unsicher war zunächst die Stellung seines obersten Repräsentanten, des Königs, der nicht nur vom Volk nicht gestützt, sondern auch von den Bonapartisten, den Republikanern und den Anhängern des alten Königshauses, den Legitimisten, bekämpft wurde. Louis-Philippe erkannte, daß für die Sicherung seines Regimes alles auf die Erhaltung des Friedens ankam. Bestärkt in seiner Haltung von Talleyrand, hatte er den Abfall Belgiens von den Niederlanden nicht für die Zwecke Frankreichs ausgenutzt. Er hatte die Charta von 1814 in Einzelheiten auf einen liberaleren Geist hin revidiert. Vor allem zu Beginn seiner Herrschaft hatte er es ermöglicht, daß sich die Verfassungswirklichkeit zum Parlamentarismus hin entwickelte, entsprechend der Maxime von Thiers: »Der König herrscht, aber er regiert nicht« *(le roi règne, mais ne gouverne pas)*. Er tat außenpolitisch alles, um die besorgten europäischen Mächte zu beruhigen. Nachdem sich das Regime stabilisiert hatte, kamen jedoch sein Machtanspruch und sein autoritäres Wesen deutlicher zum Vorschein.

Die Opposition gegen das Regime

Während der ersten fünf Jahre des Regimes stabilisierte sich dieses allmählich. Der König ließ zunächst Lafitte eine Regierung bilden, der die Strömung der »Bewegungspartei« *(le mouvement)* vertrat, welche eine stärkere Demokratisierung anstrebte. Da sie der zahlreichen Unruhen nicht Herr werden konnte, wurde die Regierung im März 1831 von der »Widerstandsrichtung« *(la résistance)* unter dem energischen Casimir Perier ersetzt. In dem Jahr seiner Regierung – er starb im Mai 1832 an der Cholera, die in Paris wütete – ereignete sich der erste große Arbeiteraufstand in Frankreich. Weil sie das Sinken ihrer Löhne nicht hinnehmen wollten, traten die Seidenarbeiter *(les canuts)* in Lyon im November 1831 in Streik, der sich bald zu einem regelrechten Aufstand entwickelte. Auf den Barrikaden erschienen schwarze Fahnen und bald war die Stadt in der Hand der Arbeiter. Perier schickte die Armee unter Marschall Soult zur Unterdrückung des Aufstands nach Lyon. Im folgenden Jahr kam es beim Begräbnis des republikanischen Generals de Lamarque in Paris zu einem Aufstand der Republikaner, der aber nach zwei Tagen zusammenbrach. 1834 sprang eine soziale Erhebung von Lyon nach Paris über, in dessen Osten Barrikaden umkämpft wurden. Schließlich schoß der alte Kämpfer unter Napoleon, Fieschi, mit einer Höllenmaschine aus 25 Gewehren auf den König, der nur leicht verletzt wurde, während zahlreiche Opfer zu beklagen waren. Die Attentate machten deutlich, daß der Hauptwiderstand gegen das neue Regime von republikanischer Seite kam. Daneben entwickelte sich, noch ohne eigene Ideologie, sondern als Ausdruck der sozialen Not, die Opposition der Arbeiterschicht.

Die geringsten Sorgen bereiteten die Anhänger des älteren Zweiges der Bourbonen, die Legitimisten. Noch weniger ernsthaft schienen zunächst die Ansprüche von bonapartistischer Seite zu sein: Der Sohn von Louis Bonaparte, des Königs von Holland 1806–1810, und der Adoptivtochter Napoleons, Hortense de Beauharnais, Louis-Napoléon, war mit seiner Mutter 1817 in die Schweiz emigriert (Schloß Arenenberg), hatte die Artillerieschule in Thun besucht und die schweizer Staatsangehörigkeit angenommen. Als Kronprätendent versuchte er 1836 einen ersten Putsch in Straßburg, nach dessen Scheitern der Verschwörer nach den USA expediert wurde. Der wachsende Napoleon-Kult sollte aber die Gefahr, die von bonapartistischer Seite ausging, in Zukunft erheblich vergrößern. Je weiter die Verluste und die Unfreiheit der Kaiserzeit in die Vergangenheit rückten, um so mehr verklärte sich das Bild Napoleons und entwickelte sich zum Mythos, getragen von den alten Kämpfern, den Schriftstellern der Romantik und dem Volk.

Die Regierung versuchte, die Gefahr, die von dem Kult um Napoleon ausging, zu entschärfen, indem sie ihn zur nationalen Sache machte. Der Bau des überdimensionalen Triumphbogens, den Napoleon 1806 angeordnet hatte und der in der Restauration nicht fortgeführt worden war, wurde 1832 wieder

aufgenommen, 1836 vollendet und von Adolphe Thiers einge-
weiht. In seiner zweiten Amtszeit gelang es Thiers, die schon
lange geforderte Rückkehr der sterblichen Überreste Napoleons von England zu erreichen, die dann, von einem Sohn des
Königs in Sankt Helena abgeholt und nach Frankreich geleitet,
durch den Triumphbogen geführt wurden, der an die Feldzüge
und Siege des Kaisers erinnerte. Sein Neffe benutzte die Gelegenheit, in der er eine günstige Stimmung im Land erwartete,
um in Boulogne einen erneuten Putschversuch zu unternehmen. Er scheiterte ebenso kläglich wie der erste, und Louis-Napoléon wurde zu lebenslänglicher Festungshaft verurteilt und
in Ham (Somme) inhaftiert, von wo aus er 1846 entfliehen
konnte.

Thiers und die Orientkrise 1840

Thiers, dem der König aus den Ereignissen von 1830 verpflichtet war, hatte schon 1836 die Regierungsgeschäfte geführt. Er
wurde danach von Molé abgelöst, der erfolgreicher als sein Vorgänger war bei dem Bemühen, einen der Söhne des Königs mit
einer Prinzessin aus angesehenem Fürstenhaus zu verheiraten.
Bei der Neuwahl der Kammer 1839 verloren die Anhänger der
Regierung allerdings die Mehrheit, Molé trat zurück und
Thiers bildete, nach einem kurzen Zwischenspiel des Marschalls Soult, am 1. März 1840 eine neue Regierung.

Die Jahre 1839/40 stellten eine Zeit der verschärften sozialen
Krise dar. Brotpreissteigerung und hohe Arbeitslosigkeit führten im Mai 1839 zu einem Aufstand in Arbeitervierteln von Paris, der, von den Sozialisten Barbès und Blanqui organisiert,
vom Militär niedergeschlagen werden mußte. Im August 1840
streikten verschiedene Handwerke in Paris, aber die Bewegung
fiel mangels einer energischen Führung in sich zusammen.
Größere Schwierigkeiten bereitete Thiers eine Kampagne von
Banketten, bei denen das Wahlrecht für die Mitglieder der Nationalgarde gefordert wurde.

Um von den inneren Schwierigkeiten abzulenken, nahm er in
der »Orientkrise« von 1840 eine Haltung ein, die Frankreich an

den Rand eines Krieges führte. Der osmanische Statthalter in Ägypten, Mehmet Ali, hatte mit dem Sultan selbst Krieg um Syrien geführt und die Oberhand behalten. Während Thiers zwischen Kairo und Konstantinopel zu vermitteln suchte, vereinigte der englische Außenminister Palmerston im Juli 1840 die anderen Großmächte zu einem Ultimatum an Mehmet Ali. Die englische Flotte blockierte Alexandria. In Frankreich sah man wieder die große Koalition entstehen, und es entwickelte sich in Paris eine gefährliche nationalistisch-kriegerische Stimmung. So wurde auch das linke Rheinufer wieder eingefordert, das Frankreich auf dem Wiener Kongreß hatte zurückgeben müssen. Die Antwort aus Deutschland blieb nicht aus: »Die Wacht am Rhein« und Nikolaus Beckers Rheinlied »Sie sollen ihn nicht haben, den freien deutschen Rhein« entstanden in dieser Atmosphäre. Musset antwortete mit den Versen: »Wir haben ihn gehabt, euern deutschen Rhein« *(Nous l'avons eu votre Rhin allemand)* und Lamartine mit der noblen »Friedensmarseillaise« *(la Marseillaise de la paix)*. Die nationalistische Erregung machte deutlich, daß selbst ein Konflikt »fern hinten in der Türkei« auf die Beziehungen der Nachbarländer überspringen konnte und daß der normalerweise die Völker verbindende Liberalismus für nationale Anfälle empfänglich wurde. Louis-Philippe aber entließ Thiers. Seine Friedensliebe ließ ihn die kriegerischen Auseinandersetzungen vermeiden, eine Haltung, die dem von allen Seiten wegen seiner Kopfform als »Birne« verspotteten Monarchen zur Ehre hätte gereichen müssen und die Frankreich eine Epoche des Wohlstands bescherte.

Nach der Orientkrise bildete der alte Marschall Soult die neue Regierung, die aber ganz von der Person François Guizots beherrscht wurde, der – bis 1847 Außenminister – 1847 auch Ministerpräsident wurde. Nach den ständigen parlamentarischen Kämpfen der vergangenen Jahre kam es von 1840 bis 1848 zu einer Zeit der politischen Stabilität. Die gute Konjunktur der Wirtschaft bewirkte, daß Streiks seltener wurden. Die unbewegliche, allen Reformen abholde Politik Guizots fand bei den wahlberechtigten Bürgern – bei einer Einwohnerzahl von über 35 Millionen waren es nicht einmal 250 000! – solchen

Anklang, daß 291 Abgeordnete die Regierung nach den Wahlen im August 1846 unterstützten und nur 168 in Opposition standen. Keine Regierung der Julimonarchie verfügte über eine solche Mehrheit. Der Forderung, das Wahlrecht zu erweitern, trat Guizot mit der Antwort entgegen: »Sorgt doch, daß ihr reicher werdet!« und fügte als Empfehlung hinzu, dies durch Arbeit und Sparen zu tun *(enrichissez-vous par le travail et l'épargne).*

Guizots Außenpolitik. Der Krieg gegen Abd El Kader

Guizots Außenpolitik war von dem Streben nach Frieden und insbesondere nach Ausgleich mit England bestimmt. Um der schon damals so bezeichneten *Entente cordiale* willen war er zu Konzessionen bereit, die ihm von der öffentlichen Meinung und der Kammer verübelt wurden. Wie so oft in der Vergangenheit bereitete die Unvereinbarkeit des englischen Freihandelssystems und der französischen Schutzzollpolitik Schwierigkeiten. Andere Reibungspunkte entstanden aus den englischen Forderungen nach Abschaffung der Sklaverei in den Kolonien und nach Auseinandersetzungen um Inselgruppen in der Südsee, wo die englische protestantische Mission mit der katholischen französischen um die Seelen der Insulaner und um die Macht kämpften. Die Empörung wegen der an den ausgewiesenen englischen Missionar Pritchard gezahlten Entschädigung machte in Frankreich vergessen, daß die – noch heute bestehenden – französischen Besitzungen in der Südsee mit Tahiti *(Etablissements français de l'Océanie)* gewonnen wurden. Auch bei dem Ausbau von Stützpunkten in Afrika und auf Madagaskar ging Frankreich vorsichtig vor.

Für Nordafrika, das der Julimonarchie als Ergebnis der Expedition Karls X. in den Schoß gefallen war, besaß man zunächst kein Konzept. Ein Ausschuß unter Decazes beriet bis 1834; erst dann wurde beschlossen, die Eroberung nicht wieder aufzugeben, sondern diese »Französischen Besitzungen in Nordafrika« *(Possessions françaises dans le nord de l'Afrique)* auf die größeren Städte Algier, Bône, Oran, Bougie zu beschränken, um

Konflikte mit England zu vermeiden. Über die nächste Küstengegend hinaus suchten sich die französischen Generäle mit Führern der einheimischen Bevölkerung durch Verträge zu einigen. So schloß General Bugeaud 1837 einen Vertrag mit dem jungen Abd El Kader (1808–1883). Als jedoch der Herzog von Orléans 1839 auf dem Landweg von Constantine nach Algier und damit durch das Abd El Kader zugesprochene Territorium zog, ging dieser zum Angriff über und verheerte das europäisch besiedelte Gebiet. Von 1840 bis 1847 hielt der Kampf an, der sich zu einem regelrechten Krieg ausweitete. Es gelang Abd El Kader, das Land zu einen und zu verwalten. Mit einer kleinen, aber beweglichen Armee von höchstens 10 000 Mann vermied er die direkte Auseinandersetzung mit Bugeaud, der über mehr als 100 000 Soldaten verfügte. Erst 1844 war er gezwungen, nach Marokko auszuweichen. Bugeaud überschritt daraufhin die von der Regierung gezogenen Grenzen, fiel in Marokko ein und schlug dessen Armee bei Isly. Nach einem Guerilla-Krieg mußte sich Abd El Kader 1847 schließlich Bugeauds Nachfolger ergeben. Damit war Algerien »befriedet«; als Tocqueville im gleichen Jahr das Fehlen eines klaren Planes für die Kolonisation in Algerien in der Kammer beklagte, lebten schon etwa 47 000 Franzosen und 62 000 andere Ausländer in Algerien, zumeist in den großen Städten. Die geringe Zahl der etwa 15 000 Siedler darf nicht darüber hinwegtäuschen, daß für sie weite Landflächen enteignet worden waren.

Das Ende der Julimonarchie

Eine verschlechterte wirtschaftliche Lage und allgemeine Unzufriedenheit über die Regierung, über die Starrheit Guizots und des Königs und vor allem über den Wahlzensus, führten im Winter 1847/48 zu einer gespannten Situation. »Frankreich ist mißmutig« *(la France s'ennuie)* stellte Lamartine fest, und Tocqueville rief Ende Januar 1848 den Abgeordneten zu: »Sehen Sie nicht, daß sich allmählich (...) Meinungen und Ideen verbreiten, die nicht nur bestimmte Gesetze, einen Minister oder sogar die Regierung beseitigen, sondern die Gesellschaft umstürzen werden, indem sie an den Grundlagen rütteln, auf denen diese ruht!« Da der Ausgang der Wahlen 1846 jede Hoffnung auf einen Sturz der Regierung genommen hatte, öffentliche Demonstrationen aber nicht erlaubt wurden, leitete die Opposition eine Welle von Festbanketten ein, bei denen die Forderung nach Reformen bis hin zum allgemeinen Wahlrecht erhoben wurde. Diese Kampagne hatte im Juli 1847 begonnen und erstreckte sich auf ganz Frankreich.

Guizot blieb gegenüber allen Reformvorschlägen strikt ablehnend; ein Bankett am 22. Februar 1848 wurde verboten und von den Veranstaltern abgesagt. Dennoch versammelten sich zahlreiche Teilnehmer und zogen vom Pantheon zur Madeleine-Kirche; es kam zu den ersten Zusammenstößen. Am nächsten Tag entstanden Barrikaden in einzelnen Stadtvierteln, die Nationalgarde erwies sich als nicht mehr zuverlässig. Der König entließ Guizot, worauf sich die Lage zunächst zu entspannen schien. Als aber am Abend ein Demonstrationszug gegen Guizot im Außenministerium vorging, schoß die Truppe und es gab 52 Tote und zahlreiche Verletzte auf dem Boulevard des Capucines. Die empörte Menge legte die Toten auf Wagen und zog beim Fackelschein mit diesen durch die Stadt *(la promenade des cadavres)*. Ganze Stadtviertel erhoben sich, die Sturmglocke erscholl, der Aufstand weitete sich zur Revolution aus. Am nächsten Morgen waren alle Stadtviertel bis auf das erste im Aufstand. Versuche, die Stimmung durch die Bildung einer neuen, liberalen Regierung, durch das Versprechen von Reformen und die Auflösung der Kammer zu beeinflussen, hatten keinen Erfolg. Die Konzessionen kamen zu spät. In dieser Lage erwies Louis-Philippe, um weiteres Blutvergießen zu vermeiden, seinem Land einen letzten Dienst und trat zugunsten seines Enkels zurück. Er reiste nach Saint-Cloud und von dort nach England. Die Monarchie aber war verloren, und schon am Abend des 24. Februar 1848 wurde die Republik ausgerufen.

12. Die Zweite Republik (1848–1852)

Die Flucht Louis-Philippes bedeutete den Zusammenbruch des monarchischen Systems. Zwar begab sich die Herzogin von Orléans mit ihrem Sohn, dem Enkel des Königs, zu dessen Gunsten dieser abgedankt hatte, in die Abgeordnetenkammer und die Mehrheit der Deputierten schien einer Regentschaft nicht abgeneigt zu sein, aber während der Sitzung drangen Aufständische in den Saal und forderten die Republik und eine provisorische Regierung. Eine Liste war von der oppositionellen Zeitung *Le National* schon vorbereitet; ihr gehörten der entschiedene Republikaner Ledru-Rollin und der Dichter Alphonse de Lamartine an, der in seiner »Geschichte der Girondisten« *(Histoire des Girondins)* 1847 seine Vorstellung von einer menschlichen Republik entwickelt hatte. Aufgrund seiner Beredsamkeit und seiner Integrität besaß er die größte Popularität.

Da das Volk von Paris die Revolution unternommen hatte und allein noch in der Stadt Macht ausübte, begaben sich die sieben Mitglieder der Provisorischen Regierung, alles überzeugte Republikaner, in Eile zum Rathaus *(Hôtel-de-Ville)*, um die erregte Menge zu beruhigen und eine Regierung zu bilden. Dort trafen wenig später Mitglieder einer anderen Regierungsliste ein, die in der Redaktion der stärker links orientierten Zeitung *La Réforme* zusammengestellt worden war. Beide Richtungen kamen zu einer Einigung; von den Neuankömmlingen verdienten insbesondere Erwähnung der Mechaniker Albert, ein erfahrener Barrikadenkämpfer, und Louis Blanc, Autor einer »Organisation der Arbeit« und einer »Geschichte der französischen Revolution«. Am Abend des 24. Februars fand die Julimonarchie ihr Ende: Nach einer Ansprache Lamartines wurde die Republik als das Ziel der Provisorischen Regierung deklariert, sofern das Volk zustimmen würde.

Die Entscheidungen der Provisorischen Regierung

Die nunmehr elf Mitglieder der Provisorischen Regierung hatten in den ersten Tagen die Weichen für die Zukunft zu stellen. Sie standen dabei unter dem Druck der revolutionären Stadt: Läden und Geschäfte blieben geschlossen, Tausende von Barrikaden behinderten den freien Verkehr, die Revolutionäre behielten ihre Waffen, damit ihnen der Sieg nicht wie 1830 wieder genommen würde. Es war dem allgemein herrschenden Enthusiasmus, dem illusionären Gefühlsüberschwang, der Verbrüderung über die Klassengrenzen hinweg zu verdanken, daß es den ohne Machtinstrument – die Armee hatte Paris geräumt – Regierenden gelang, die Ordnung mit Hilfe von Freiwilligen, Studenten, Schülern der Großen Schulen und der Nationalgarde aufrechtzuerhalten oder wiederherzustellen. Flaubert hat die Atmosphäre dieser Tage in seiner »Erziehung des Herzens« (*l'Education sentimentale*) geschildert. In der gewaltlosen Revolution trafen sich Bürger und Sozialisten.

Bevor die Illusion von der Aufhebung der Interessen- und Klassengegensätze zerbrach, konnten in wenigen Tagen Entscheidungen getroffen werden, die die Richtung der weiteren Entwicklung bestimmten: Sozialisten unter Blanqui forderten die Einführung der roten Fahne als Nationalflagge. Doch es gelang Lamartine, die Mehrheit der Kollegen in der Regierung für die Trikolore zu gewinnen, die mit einer roten Rosette versehen wurde. Dafür konnte die Linke erreichen, daß die Regierung allen Bürgern das Recht auf Arbeit garantierte und am 26. März die Einrichtung von »Nationalwerkstätten« (*ateliers nationaux*) zur Bekämpfung der Arbeitslosigkeit beschloß. Am 28. März wurde – statt eines Arbeitsministeriums – eine »Regierungskommission für die Arbeiter« im Luxemburgpalast eingerichtet, den die frühere Pairskammer geräumt hatte, mit Louis Blanc als Vorsitzendem. Die Arbeitszeit wurde in Paris auf zehn Stunden und in der Provinz auf elf Stunden festgelegt. Gleichzeitig wurde die Todesstrafe für politische Vergehen aufgehoben. Victor Schoelcher erreichte die endgültige Abschaffung der Sklaverei. Nachdem König Louis-Philippe seine Friedensbereitschaft oft als Schwäche ausgelegt worden war, erwarteten viele Zeitgenossen, daß die Republik wie ihre Vorgängerin in Konflikt mit den europäischen Mächten geriete. Daher legte Lamartine als Außenminister einen Rundbrief an die diplomatischen Vertreter Frankreichs vor, in welchem er die Absicht erklärte, den Frieden aufrechtzuerhalten. Es wurde schließlich die uneingeschränkte Presse- und Versammlungsfreiheit beschlossen.

Für die auf Anfang April festgesetzten Wahlen zur Verfassunggebenden Versammlung stand die Frage des Wahlrechts an: Das Zensuswahlrecht hatte die Zahl der Aktivwähler zuletzt auf etwa 250 000 beschränkt, und diese Beschränkung war ein Hauptangriffspunkt der Opposition gegen die Julimonarchie gewesen. So führte kein Weg mehr an der Einführung des allgemeinen und direkten Wahlrechts für alle männlichen Franzosen über 21 Jahren vorbei. Die Zahl der Wahlberechtigten stieg damit auf 9,5 Millionen, eine gewaltige Veränderung. Obwohl die ersten Frauenzeitungen wie *La Voix des Femmes* erschienen, in denen die Forderung nach Gleichstellung der Frauen erhoben wurde, erörterte man das Frauenwahlrecht nicht ernsthaft. Das passive Wahlrecht wurde an ein Alter von 25 Jahren gebunden, und als Voraussetzung für das Wahlrecht genügte eine Aufenthaltsdauer von sechs Monaten an einem Ort. Am Tage der Einführung des allgemeinen Wahlrechts, dem 4. März, schloß die feierliche Beerdigung der im Februar gefallenen Soldaten und Bürger die erste Epoche der Revolution. Nachdem es in der Provinz, vor allem im Norden des Landes und in Lyon, zu einigen sozialen Unruhen seitens der Arbeiter und der Bauern gekommen war, gelang es den von der Provisorischen Regierung entsandten Kommissaren bald, die Ordnung wiederherzustellen. Der in der Provinz vorherrschenden Schicht der Notabeln war in erster Linie daran gelegen, daß es im Land ruhig blieb und die mehrheitlich bürgerliche Regierung und ihr hoch angesehener Chef schienen dies zu garantieren. Von seiten der Anhänger des früheren Regimes kam daher kein nennenswerter Widerstand gegen die Republik.

Die Verfassunggebende Versammlung

Die Wahlen zur Verfassunggebenden Versammlung fanden am 23. und 24. April 1848 statt, wobei diejenigen gewählt waren, die auf den Listen auf Départementsebene die meisten Stimmen erhalten hatten. Das Volk hatte die Bedeutung der Einführung des allgemeinen Wahlrechts erfaßt und die Wahlbeteiligung war sehr hoch: 84 Prozent der eingeschriebenen Wähler machten von ihrem neuen Recht Gebrauch. Insgesamt gesehen stellte das Ergebnis der Wahl einen Triumph der Anhänger der Regierung, der bürgerlichen Republikaner dar, die von den 900 Sitzen etwa 500 gewinnen konnten. Lamartine wurde, da die Kandidatur in mehreren Départements möglich war, zehnmal gewählt! Die Linke erhielt nur etwa 100 Sitze; die Rechte dagegen, katholische Konservative, Legitimisten, also Anhänger des alten Königshauses, und Orléanisten, konnte sich gut halten und 280–350 Abgeordnete in die Versammlung entsenden. Frankreich hatte also das allgemeine Wahlrecht gebraucht, um sich gegen den sozialistischen Umsturz der Gesellschaft, gegen die monarchistische Reaktion und für eine liberale Republik auszusprechen. Bei den wegen der Mehrfachwahlen einer Person notwendigen Nachwahlen wurde neben Thiers und Molé und den Sozialisten Proudhon und Leroux auch Louis-Napoléon Bonaparte gewählt, der jedoch, von London aus, die Wahl nicht annahm.

Am 4. Mai 1848 trat die Versammlung zusammen und rief, gestützt auf ihre Legitimität, einstimmig die Republik aus, deren Fest auch in den folgenden drei Jahren an diesem Tag und nicht am 24. Februar begangen wurde. Nach Rücktritt der Provisorischen Regierung wurde ein fünfköpfiges Kollegium bestellt, der »Provisorische Exekutivausschuß« *(Commission exécutive provisoire)*, zu der neben Lamartine der knapp gewählte Ledru-Rollin gehörte. Der Ausschuß ernannte seinerseits die Minister, unter denen der ehemalige Gouverneur von Algerien, General Cavaignac, als Kriegsminister die herausragende Persönlichkeit war. Schon wenige Tage nach der Regierungsbildung kam die Unzufriedenheit der Linken zum Ausbruch: Bei einer Demonstration am 15. Mai drang die Menge in das Rathaus und den Sitz der Versammlung, das Palais-Bourbon, ein. Nur mit Hilfe der Nationalgarde und der neuen, aus Arbeitslosen zusammengestellten Mobilgarde *(garde mobile)* gelang es Lamartine und Ledru-Rollin, ohne Blutvergießen die Ordnung wiederherzustellen. Die Führer der Opposition, unter anderen der Sozialist Blanqui, wurden verhaftet, Louis Blanc entging diesem Schicksal nur knapp. Die Schließung der fortschrittlichen politischen Clubs und der Regierungskommission für die Arbeiter kündigte den Bruch zwischen der liberal-konservativen Mehrheit und der sozialistischen Minderheit an.

Der Juni-Aufstand

War die Monarchie im Februar noch von dem Volk insgesamt, von Bürgertum und Proletariat, und ohne große Verluste weggefegt worden, so bereitete sich jetzt die Auseinandersetzung zwischen den Siegern vor, ungleich blutiger, ein Klassenkampf in reiner Form, wie ihn Karl Marx in der *Neuen Rheinischen Zeitung* scharfsichtig analysiert hat. Als durch das Hereinströmen von 30 000 Arbeitslosen aus der Provinz 120 000 Menschen in den Nationalwerkstätten versammelt waren, wo sie zumeist mit wenig sinnvollen Erdarbeiten beschäftigt wurden, beschloß die Regierung aus Angst vor diesem revolutionären Potential, die 18–25jährigen Männer für zwei Jahre zum Militär einzuziehen. Die Maßnahme wurde zunächst nicht durchgeführt, aber der Plan, die Arbeiter in der Provinz zu zerstreuen und beim Eisenbahnbau zu verwenden, wurde weiter erörtert. Schließlich ließ es der Exekutivausschuß am 21. Juni auf die Kraftprobe ankommen. Während die jüngeren Arbeiter eingezogen wurden, sollten die über 25jährigen in der Provinz beschäftigt werden. Wer sich weigerte, Folge zu leisten, erhielt nicht mehr den Lohn der Nationalwerkstätten. Die aus der Provinz nach Paris geströmten Arbeitslosen wurden einfach von den Listen gestrichen.

Die brutale Auflösung der Nationalwerkstätten brachte das Pulverfaß zur Explosion. Am 22. Juni begannen die Unruhen, und in kürzester Zeit erhoben sich in den ärmeren Vierteln von

Paris, östlich der Nord-Südachse der rue Saint-Denis und der rue Saint-Jacques, nicht weniger als 1500 Barrikaden. Die Nationalgarde dieser Viertel schloß sich den Arbeitern an. Ihnen standen neben der Armee die Nationalgarde der Westhälfte von Paris und die Mobilgarde gegenüber, die aus der Provinz ständig Verstärkung erhielten. Die Provinz selbst blieb ruhig, nur in Marseille kam es am 22. und 23. Juni zu einem Aufstand.

Am 24. ernannte die Versammlung General Cavaignac zum Chef der Exekutive *(chef du pouvoir exécutif)* mit den Vollmachten, die sich aus dem Belagerungszustand ergaben. Lamartine, der ein Blutvergießen vermeiden wollte, und der Exekutivausschuß waren damit entmachtet. Das war das Ende der politischen Karriere dieses untadeligen Mannes: »Der Gemäßigte wird von beiden Seiten gehaßt« (Montesquieu). Die Kämpfe am 24. und 25. Juni waren unerhört hart und blutig, jede Barrikade mußte erstürmt werden. General Bréa und der Erzbischof von Paris, die vermitteln wollten, wurden getötet. Man zählte 5000 Tote, meist Aufständische, 1500 standrechtlich Erschossene, 25 000 Verhaftungen. Für die Arbeiter bedeutete das Blutbad, daß dies nicht mehr ihre, nicht die »schöne« Republik war. Das Bürgertum hatte gesiegt, aber um den Preis des vergossenen Blutes, der Verschärfung des Klassengegensatzes und der Aufgabe der *fraternité*, die der Revolution vom Februar verklärenden Glanz verliehen hatte. Am 28. Juni 1848 wurde Cavaignac zum Ministerpräsidenten *(président du Conseil)* ernannt; der Belagerungszustand blieb bis zum 10. Oktober bestehen. Die revolutionären Clubs wurden ebenso geschlossen wie die Nationalwerkstätten. Die Regierung ließ 4000 Aufständische nach Algerien deportieren. Zahlreiche Zeitungen mußten ihr Erscheinen einstellen, die tägliche Arbeitszeit wurde wieder auf 12 Stunden festgelegt. Mit derartigen Maßnahmen, in denen sich als Hauptsorge der Regierung die Wiederherstellung von Ruhe und Ordnung spiegelte, begann die Regierungszeit Cavaignacs, die bis zur Präsidentschaftswahl im Dezember dauern sollte.

Die Verfassung der Zweiten Republik

Die Versammlung beriet ab 4. September über die Verfassung und verabschiedete sie am 4. November. Zwei Modelle standen bei ihrer Ausarbeitung Pate: Die Tradition der französischen Revolution und das Vorbild der stabilen amerikanischen Demokratie. In einer Präambel der Verfassung wurden die Prinzipien der Republik aufgeführt und dabei erschienen als Menschenrechte auch das Recht auf Arbeit und das Recht auf Unterstützung in der Not. Die christliche Inspiration kommt insofern zum Ausdruck, als »Gott« angerufen wurde. Das Verfassungssystem beruhte auf einer strikten Trennung der Gewalten: auf der einen Seite die eine Kammer *(monocamérisme)* – die Gesetzgebende Versammlung *(l'Assemblée législative)* – mit 750 Abgeordneten, und ihr gegenüber der Präsident als Staats- und Regierungschef; während das Einkammersystem mitsamt der Zahl der Abgeordneten an die Legislative von 1791 erinnerte, stellte der direkt vom Volk gewählte und nur diesem verantwortliche Präsident eine Übernahme aus der amerikanischen Verfassung dar. Die Schwäche der Verfassung bestand darin, daß keine Möglichkeit der Konfliktlösung zwischen den beiden Gewalten vorgesehen war: Der Präsident hatte nicht das Recht, die Versammlung aufzulösen, noch konnte diese ihn abberufen. Im ganzen hatten die Verfassungsväter eine starke Stellung des Präsidenten vorgesehen. Er war nicht verantwortlich gegenüber der Versammlung, er besaß die Gesetzesinitiative und war Oberbefehlshaber der Armee, hatte allerdings nicht das Recht, ohne Einwilligung der Kammer den Krieg zu erklären.

Die Präsidentenwahl

Allgemein galt der Regierungschef Cavaignac als Favorit bei der Wahl zum Präsidenten der Republik, aber er war in den Arbeiterkreisen wegen der Niederschlagung des Juni-Aufstands verhaßt und bei der Bevölkerung in der Provinz wenig bekannt. Der Club der Konservativen in der rue de Poitiers um Thiers und die Monarchisten lehnten den überzeugten Republikaner ab. Ledru-Rollin versuchte, als Kandidat die gemäßigte Linke für sich zu einen, während Raspail die extreme Linke vertrat. Daneben stellte sich Lamartine im Vertrauen auf seine frühere Volkstümlichkeit zur Wahl und schließlich trat Louis-Napoléon Bonaparte als Kandidat auf.

Louis-Napoléon Bonaparte, antiparlamentarisch eingestellt, aber mit einem gewissen Verständnis für die sozialen Probleme, hatte für sich in erster Linie den Glanz des großen Namens; immer war er als legitimer Erbe des Kaisertums aufgetreten. Dies und die beiden Umsturzversuche von Straßburg und Boulogne hätten als Warnung vor seinen wahren politischen Absichten dienen können. Aber die Rechte um Thiers schenkte seinen Versprechungen Vertrauen und glaubte, ihn als einen nicht übermäßig intelligenten und gutartigen Mann lenken zu können, was sich als ein folgenschwerer Irrtum erwies.

Das Ergebnis der Wahl am 10. Dezember 1848 war eindeutig: Zur Überraschung aller wurde Bonaparte von einer überwältigenden Mehrheit an die Macht getragen. Von 7,5 Millionen Wählern erhielt er 5 434 000 Stimmen; Cavaignac 1 448 000, Ledru-Rollin 371 000, Raspail, der noch in Haft war, 37 000 und Lamartine nur 18 000. Nach den Wahlen zur Verfassunggebenden Versammlung hatte sich das allgemeine Wahlrecht nun wegen der politischen Unreife der Mehrzahl der Wähler als ein Fehlschlag erwiesen. Die politisch Denkenden waren von einer irrationalen Bewegung, von dem legendären Namen überwältigt worden, obwohl der Kandidat selbst wenig bekannt war und kein präzises Programm vorlegen konnte. Daß sich hinter seinem oft undurchschaubaren Verhalten und seinem Entgegenkommen eine nicht zu verachtende politische Intelligenz, ein starker Wille zur Macht und die Absicht, den großen Onkel nachzuahmen, verbargen, sollte sich bald herausstellen. Zunächst leistete er, nachdem sein Sieg feststand, am 20. Dezember 1848 den feierlichen Eid auf die Verfassung, die er zu beseitigen gedachte; die Abgeordneten, die der Zeremonie beiwohnten, waren sich nicht sicher, ob es sich um eine Bekehrung oder um einen Meineid handelte.

Die Wahlen zur Nationalversammlung

Für die Republik erwies es sich als Nachteil, daß die Legislative fast ein halbes Jahr nach der Exekutive gewählt wurde. So konnte sich der Präsident mit Ruhe und Geschick in der Macht einrichten und Anhänger der Republik durch ihm ergebene Männer ersetzen. Das von ihm ernannte Kabinett unter Barrot wurde am stärksten geprägt von dem Kultusminister Graf von Falloux. Kein Republikaner gehörte der Regierung an, und die Tendenz nach rechts verstärkte sich noch bei einer späteren Umbildung. Die bis dahin nur antisozialistische Republik wurde paradoxerweise antirepublikanisch regiert, obwohl ihre Anhänger in der Verfassunggebenden Versammlung noch immer die Mehrheit hatten. Unter dem Eindruck der Präsidentenwahlen kehrten sich allerdings bei der Wahl der Gesetzgebenden Versammlung am 13. Mai 1849 die Mehrheitsverhältnisse um: Die Konservativen der »Partei der Ordnung« *(parti de l'ordre)* errangen 53 Prozent der Stimmen und etwa 450 Sitze, die bislang mehrheitlichen gemäßigten Republikaner nur etwa 75 Sitze, während die Linke, die Anhänger des »Berges« *(montagnards)* etwa 200 Sitze erhielten.

Als ein im April nach Italien entsandtes Expeditionskorps, das die in Rom gegenüber dem Papst siegreichen Republikaner Mazzinis und Garibaldis vor österreichischer Intervention schützen sollte, auf Bonapartes Befehl Rom angriff, eroberte und somit die weltliche Macht des Papstes wiederherstellte, kam es im Juni 1849 in Paris und Lyon zu Demonstrationen. Ledru-Rollin als Chef des »Berges« rief das Volk von Paris am 13. Juni zu einer Demonstration auf, die aber von der Armee aufgelöst wurde; Ledru-Rollin floh daraufhin für über 20 Jahre ins Exil. In Lyon mußten Kanonen eingesetzt werden, um die Barrikaden zu erstürmen. Die beiden großen Städte wurden schließlich gebändigt, die Reaktion blieb an der Macht und es war nur noch eine Frage der Zeit, bis die Republik selbst auf dem Spiel stand. Ihre Verteidiger, die aus Demokraten und Sozialisten bestanden und die mit der Republik die Idee eines menschlichen und sozialen Fortschritts verbanden, waren gegenüber der konservativen »Partei der Ordnung« in die Minderheit geraten. Hinter dieser aber standen, noch verdeckt zunächst, die Anhänger von drei möglichen Monarchien: Legitimisten, Orléanisten und Bonapartisten.

Das Falloux-Gesetz

Es zeigte sich bald, daß Bonaparte seine Macht verstärkte und daß die Reaktion in der Versammlung ihre Politik durchsetzte: Am 27. September 1849 wurde das Streikrecht durch ein Gesetz aufgehoben. Am 31. Oktober 1849 entließ der Präsident das Kabinett Barrot und stellte eine Regierung von Fachleuten zusammen, ohne Ministerpräsident, also unter seiner direkten Leitung, was die Verfassung zuließ.

Zunächst wurde das Projekt des Kulturministers der Provisorischen Regierung, Hippolyte Carnot, des zweiten Sohns von Lazare Carnot, aufgegeben, das ein kostenloses, nicht religiös geprägtes (laizistisches), für alle Kinder obligatorisches Grundschulsystem vorgesehen hatte. Der Einfluß der Volksschullehrer auf dem Land, die sich als Wegbereiter und Vertreter der Republik hervorgetan hatten, sollte auf diese Weise eingedämmt werden. Sie wurden der Dienstaufsicht der Verwaltung unterstellt und von den Präfekten in großer Zahl wegen Unbotmäßigkeit entlassen. Dafür wurden Ordensbrüder und -schwestern als Lehrer gefördert (Gesetz vom 11.1.1850).

Das Falloux-Gesetz vom 15. März 1850 änderte dann das noch von Napoleon errichtete System der *Université*. In den Akademien der Départements bekam der Bischof Sitz und Stimme von Amts wegen. Dafür mußte die *Université*, zu der insbesondere die höheren Schulen zählten, ihr Monopol bei diesen aufgeben: Es genügte, das *brevet* (etwa = mittlere Reife) zu besitzen, um eine Grundschule, und das *baccalauréat* (= Abitur), um eine höhere Schule zu eröffnen. Für den Klerus genügte sogar eine bloße Empfehlung der Oberen! Letztlich sah das Gesetz noch Subventionen für kirchlich geführte Schulen vor. Es war kein Wunder, daß die als »freie Schulen« bezeichneten Einrichtungen sehr schnell aufblühten: Innerhalb von zwei Jahren wurden über 250 derartige religiöse Gymnasien gegründet. Der Streit um diese Institutionen ging über das Zweite Kaiserreich, über die Republiken, über die Trennung von Staat und Kirche im Jahr 1905 bis in die Gegenwart weiter. Zunächst hatte die Kirche also einen Erfolg errungen, auf längere Sicht hingegen den Antiklerikalismus bei Intellektuellen, Republikanern und Sozialisten gestärkt.

Die Rechte in der Versammlung schränkte im Sommer 1850 nicht nur die Versammlungsfreiheit und die Pressefreiheit, sondern auch das allgemeine Wahlrecht ein, das während der Monarchie die Hauptforderung der Republikaner gewesen war. Bei Nachwahlen im März und April hatten die Anhänger der Linken große Erfolge errungen. Carnot, Vidal und der den Sozialisten nahestehende Romanschriftsteller Eugène Sue (»Die Geheimnisse von Paris«) waren gewählt worden. Vor allem die Wahl von Sue hatte zur Folge, daß das Gesetz vom 31. Mai 1850 erlassen wurde. Wahlrecht hatte demnach nur noch, wer mindestens drei Jahre an einem Ort wohnhaft (bisher nur sechs Monate) und in der Steuerrolle eingeschrieben war. In der Praxis bedeutete dies, daß drei Millionen Bürger das Wahlrecht verloren. Vorbestrafte, und das heißt auch politisch Bestrafte, wurden ebenfalls von den Wählerlisten gestrichen. Die Folge aller dieser Maßnahmen der konservativen Mehrheit war eine wachsende Resignation bei den Republikanern von 1848.

Der Konflikt zwischen dem Präsidenten und der Versammlung

Bonaparte nutzte die Zeit der Präsidentschaft, um seine Stellung auszubauen. Er unternahm Reisen in die Provinz, wo er von der Landbevölkerung freundlich empfangen wurde. Weitere Unterstützung fand er bei der Armee; wenn er bei Besichtigungen und Paraden erschien, konnte er statt »Es lebe die Republik!« vernehmen: »Es lebe Napoleon!« und sogar: »Es lebe der Kaiser!« *(Vive l'Empereur!)*. Als der royalistische Stadtkommandant von Paris, General Changarnier, derartige Demonstrationen untersagte, wurde er kurzerhand abgesetzt (9. 1. 1851). Die

Versammlung sprach daraufhin der Regierung das Mißtrauen aus und Bonaparte bildete diese um, holte aber nach wenigen Wochen die alten Männer seines Vertrauens wieder ins Kabinett.

Im Jahr 1851 mußten die Entscheidungen fallen: Die Neuwahl des Präsidenten und der Versammlung stand für den Mai 1852 fest. Bis die neuen Vertreter von Exekutive und Legislative ihre Ämter eingenommen hätten, war eine Zeit des Übergangs und der Unsicherheit zu erwarten. Während die Republikaner, Demokraten wie Sozialisten, alles von dem Termin des Mai 1852 erwarteten und die Errichtung der »wahren« Republik erhofften, bemühte sich die rechte Mehrheit in der Versammlung um eine monarchistische Lösung. Guizot, der die Vereinigung der beiden Linien des Königshauses eingefädelt hatte, rechnete allerdings nicht mit dem Starrsinn des Grafen von Chambord, der sich in einer Stellungnahme die »Leitung der allgemeinen Politik« vorbehielt und eine parlamentarische Regierungsform ausschloß. Guizots Plan war damit gescheitert, und die konservative Rechte mußte sich mit der ungeliebten Republik abfinden.

Zum offenen Konflikt mit dem Präsidenten kam es, als dieser im Frühjahr 1851 eine Verfassungsänderung verlangte. Es ging ihm im wesentlichen darum, die Wiederwählbarkeit des Präsidenten, die die Verfassung ausschloß, zu ermöglichen. Eine derartige Verfassungsänderung, zu der es einer Dreiviertelmehrheit in der Versammlung bedurfte, war kaum zu erreichen, da die Republikaner allein etwa 250 der 750 Sitze innehatten. Am 19. Juli 1851 scheiterte die Verfassungsänderung, da der Antrag nur mit 446 gegen 278 Stimmen angenommen wurde. Obwohl ihn das Volk favorisierte, konnte Bonaparte nicht mehr damit rechnen, auf legale Weise an der Macht zu bleiben. Es blieb ihm nur noch der Weg des Staatsstreichs.

Der Staatsstreich vom 2. Dezember 1851

Der Staatsstreich, zunächst für die Zeit der Parlamentsferien geplant, wurde zweimal verschoben. Gerüchte über die Vorbereitungen waren längst durchgesickert, aber die Versammlung war zerstritten und fand keine Unterstützung bei der öffentlichen Meinung, die von einer Pressekampagne des Elysée-Palastes beeinflußt war. Im Grunde fühlte sie sich schon im vorhinein besiegt. Bonaparte wurde seinerseits von seinem Stiefbrudern Morny ermutigt; Morny war ein außereheliches Kind der Mutter Bonapartes, der Königin Hortense, und des Grafen von Flahaut, der seinerseits ein außerehelicher Sohn Talleyrands war. Daneben gehörten Rouher, Persigny, Edgar Ney und der Präfekt Maupas zu den Vorbereitern des Putsches, für den man nur noch die Generäle für den Oberbefehl in Paris brauchte. Man fand sie in Magnan und Saint-Arnaud, der sich wie Changarnier und Cavaignac in Algerien hervorgetan hatte. Im Oktober wurde Saint-Arnaud zum Kriegsminister ernannt, Maupas zum Polizeipräfekten. Bonaparte wählte für den Staatsstreich das doppelt bedeutsame Datum des 2. Dezember: An diesem Tag hatte sein Onkel sich 1804 zum Kaiser gekrönt und ein Jahr später den Sieg von Austerlitz errungen.

Während Bonaparte im Elysée-Palast einen großen Empfang gab, wurde in der Nacht vom 1. auf den 2. Dezember das Unternehmen »Rubicon« ausgelöst. In den frühen Morgenstunden erfolgte die Verhaftung der Politiker und Offiziere, die sich dem Staatsstreich hätten widersetzen können. Der schwierigste Teil des Putsches war die Besetzung der Staatsdruckerei *(Imprimerie nationale)*, wo es galt, die Arbeiter zu ungewohnter Zeit in der Nacht zusammenzuholen, die aufgeteilten Texte der Aufrufe so zusammenzusetzen, daß kein vorzeitiger Verdacht aufkam, und schließlich die fertigen Plakate in der Stadt unter polizeilichem Schutz rechtzeitig und flächendeckend anzuschlagen. Ein Aufruf erging an das Volk, ein anderer an die Armee. Ein dritter Anschlag verkündete den Erlaß über die Auflösung der Versammlung, die des Komplottes beschuldigt wurde, und über die Aufhebung des Wahlgesetzes vom 31. Mai 1851. Mit diesem geschickten Schachzug trat Bonaparte als Verteidiger des allgemeinen Wahlrechts auf. Zugleich stellte er eine Volksbefragung in Aussicht über die Ausarbeitung einer neuen Verfassung. Das Hauptargument in den Aufrufen war die Aufrechterhaltung der nationalen Souveränität, als deren legitimen Vertreter sich Bonaparte ausgab.

Der Widerstand der Versammlung blieb schwach: Barrot konnte zwar 220 Abgeordnete im Rathaus des X. Arrondissements versammeln, doch schon wenige Stunden später wurden sie vom Militär verhaftet und in eine Kaserne abgeführt, allerdings in der Mehrzahl nach wenigen Tagen wieder entlassen. Immerhin hatten sie wenigstens symbolisch Widerstand gegen den Staatsstreich geleistet. Offener Widerstand war schwer möglich, da überall in der Stadt das Militär stand und zudem die Zeitungen – außer den regierungstreuen – nicht erscheinen durften. Dennoch wagten es etwa sechzig republikanische Abgeordnete unter Führung von Victor Hugo, Hippolyte Carnot, Jules Favre, Victor Schoelcher, am 3. und 4. Dezember das Volk zum Kampf aufzurufen. Doch die Arbeiter hatten den Juni 1848 nicht vergessen, als sie von den Truppen des Bürgertums zusammengeschossen worden waren: Nur wenige Barrikaden erhoben sich in den östlichen Vierteln von Paris. Am 4. Dezember demonstrierten zahllose Menschen friedlich auf den Boulevards, als die Truppe sowohl gegen die Demonstranten als auch gegen die Barrikadenkämpfer das Feuer eröffnete. Mehr als 300 Tote waren zu beklagen, alles Zivilisten, während angeblich kein einziger Uniformierter auch nur verletzt wurde. Die Bevölkerung war terrorisiert, und es kam nicht zu weiteren Demonstrationen. Der Elysée-Palast war bemüht, das Gemetzel zu vertuschen, das ungleich mehr Opfer gekostet hatte als die Schießerei auf dem Boulevard des Capucines am 23. Februar 1848. So entstand eines der am besten bekannten Geheimnisse des Kaiserreichs. Aber das Ziel war erreicht: Am Abend des 4. Dezember herrschte Ruhe in Paris. Die unruhigen großen Städte in der Provinz, allen voran Marseille und Lyon, waren gut überwacht worden und blieben ruhig. Dafür kam es in der Mitte und im Süden Frankreichs zu zahlreichen Aufständen, die zum Teil mit Härte unterdrückt wurden. Die Anführer deportierte man nach Guyana und nach Algerien, das in den ersten Jahrzehnten der französischen Herrschaft eine Rolle spielte wie Sibirien für Rußland.

Die Regierung nutzte die Unruhe im Land, um Bonaparte als den Retter vor dem Umsturz aufzubauen und die Demokraten durch Verfolgung und Terror auszuschalten. Das Verlangen des Bürgers nach Ruhe und Ordnung und seine Angst vor der

»roten Gefahr« brachten ihr dafür bei der Volksabstimmung über die Ausarbeitung einer neuen Verfassung am 21. und 22. Dezember eine überwältigende Mehrheit von 7 471 000 Ja-Stimmen gegenüber 641 000 Nein-Stimmen bei 17 Prozent Enthaltung ein.

Die mit so viel Schwung, so viel Begeisterung und so hohen Zielen begonnene Zweite Republik war mit dem Staatsstreich des 2. Dezember 1851 praktisch am Ende. Sie durfte zwar noch über ein Jahr ihren Namen behalten, aber ihr Schicksal lag in der Hand Bonapartes.

Auf dem Weg zum Kaiserreich. Die Verfassung von 1852

Die in der Volksabstimmung in Umrissen gebilligte Verfassung wurde schon im Januar 1852 innerhalb weniger Tage von einem fünfköpfigen Ausschuß abgefaßt. Dies war möglich, weil in den Grundideen die Verfassung des Jahres VIII, also des Konsulats, übernommen wurde. Bonaparte wurde Präsident auf zehn Jahre, in der »republikanischen« Verfassung als »Fürst« *(prince)* Louis-Napoléon Bonaparte genannt und bald allgemein mit der Zwitterbezeichnung »Fürst-Präsident« *(prince-président)* angeredet. Er vereinigte in seiner Hand die Exekutivgewalt; die Minister wurden von ihm ernannt und waren ihm verantwortlich. Er war Chef der Armee, konnte Krieg erklären, Verträge abschließen, er hatte das Begnadigungsrecht. Er billigte und veröffentlichte die Gesetze. Minister, Beamte, Abgeordnete hatten nicht nur der Verfassung, sondern auch ihm Treue zu schwören. Er hatte das alleinige Recht der Gesetzesinitiative! Er griff aber auch in die Legislative ein und ernannte Präsident und Vizepräsidenten der Gesetzgebenden Versammlung *(Corps législatif)* und des Senats *(Sénat)*.

Dem Präsidenten standen drei Versammlungen gegenüber: Der Staatsrat *(Conseil d'Etat)*, zusammengesetzt aus Beamten, bereitete die Gesetze vor; die Gesetzgebende Versammlung hatte die Aufgabe, über die Gesetzesvorlagen, die Steuern und den Haushalt abzustimmen. Ihre nur 262 Abgeordneten wurden nach dem allgemeinen Wahlrecht gewählt. Der Präsident ernannte die Mitglieder der dritten Versammlung, des Senats, der – unter Ausschluß der Öffentlichkeit – die Verfassungsmäßigkeit der Gesetze prüfen und durch Senatsbeschlüsse *(sénatus-consultes)* die Verfassung ändern konnte. Nach dem 2. Dezember 1852 gingen dann die Rechte des Präsidenten auf den Kaiser über.

Die Verfassung von 1852 enthält deutlicher als die des Konsulats den Begriff der Volkssouveränität, da der Präsident/Kaiser aufgrund des Prinzips der Volksbefragung vor dem Volk – zumindest theoretisch – verantwortlich war. Demokratische Elemente zeigte die Verfassung neben der Volksbefragung *(plébiscite)* in dem Beibehalten oder besser: in der Wiederherstellung des allgemeinen Wahlrechts *(suffrage universel)*. Bonapartes Verfassungskonzept war geprägt von der Vorstellung einer starken und handlungsfähigen Exekutive, verkörpert in einem Mann, und einer schwachen Legislative, in der kein Platz mehr war für parlamentarische Schachzüge und Debattenreden.

Nach Ausschaltung der Opposition und Zustimmung des Volkes zu der neuen, auf die Person Bonapartes abgestimmten Verfassung brachten die ersten allgemeinen Wahlen für die Gesetzgebende Versammlung im Februar/März 1852 nur noch acht Mitglieder der Opposition in die Versammlung, darunter Carnot und Cavaignac. Breite Wählerschichten wurden angesprochen durch die Zustimmung der Kirche zum neuen Regime, das dieser seinerseits ein Geschenk erbrachte mit der Wiedereröffnung des Pantheons für den Gottesdienst. Vor allem aber verstärkte nach Jahren der Rezession ein Wirtschaftsaufschwung die Stellung Bonapartes, der in Reisen durch Frankreich das Vertrauen der Landbevölkerung zu gewinnen suchte und gegenüber dem über seinen Aufstieg beunruhigten Europa erklärte: »Das Kaiserreich bedeutet Frieden« *(l'Empire, c'est la paix)*. Schließlich änderte ein Senatsbeschluß im November 1852 die Verfassung und führte das Kaiserreich ein, das durch Volksabstimmung eindrucksvoll bestätigt wurde: 7 824 000 Ja-Stimmen, nur 253 000 Nein-Stimmen bei etwa zwei Millionen Enthaltungen. Bonaparte nahm den Titel Napoleon III. an und zog am 2. Dezember als Kaiser in Paris und in das Königsschloß der Tuilerien ein.

13. Das Zweite Kaiserreich (1852–1870)

Der neue Herr in den Tuilerien, der die Herrschaft seines On-
kels erneuern wollte, hatte in seinem Wesen wenig mit diesem
gemein. Durch seine Vergangenheit als Verschwörer und Aben-
teurer hatte er gelernt, seine Gedanken zu verbergen und den
Anschein des Unbeteiligtseins zu bewahren: daher seine Bezeichnung als »Sphinx«. Tocqueville urteilt hart über ihn: »Sein
Geist war wirr und unzusammenhängend, voll großer Ideen,
die schlecht abgestimmt waren und die er einmal dem Vorbild
Napoleons entnahm, ein andermal aus sozialistischen Theorien
oder aus den Eindrücken von seinem Aufenthalt in England
schöpfte.« Er sprach wenig, bevor er Entscheidungen traf, ließ
sich beraten, entschied aber allein. Seinen zahlreichen Liebes-
abenteuern, dem gering entwickelten Sinn für Recht und Moral auf der einen Seite, standen aber auf der anderen Großmut,
Treue zu den alten Freunden und ganz allgemein Menschlichkeit gegenüber.

Seine sozialen Vorstellungen hatte er 1844 in einer kleinen
Schrift »Die Ausrottung des Elends« (*L'extinction du pau-
périsme*), politische Ideen in den *Idées napoléoniennes* (1839)
entwickelt. Aus ihnen wie aus seiner praktizierten Politik geht
hervor, daß er nicht reaktionär, sondern eher fortschrittlich gesonnen war, daß er die neuen Gedanken des Rechtes der Völker auf Selbstbestimmung aufgenommen hatte, daß er zwar gegen die Revolution eingestellt, aber durchaus aufgeschlossen
war für die Idee einer Entwicklung der Gesellschaft zu größerer Freiheit. Zu den Erfordernissen einer modernen Gesellschaft gehörte für ihn auch die Freiheit der Wirtschaft: Der
Handelsvertrag mit England im Jahr 1860 war ein mutiger Versuch, die französische Tradition des Protektionismus aufzugeben und sich einem freieren Handel zuzuwenden. Noch
deutlicher trat die Hinwendung zu mehr Freiheit in der Innenpolitik hervor: Das autoritäre System wandelte sich gegen Ende
der Herrschaft zu einem liberalen, fast demokratischen. Dabei
stützte sich Napoleon durch das Plebiszit direkt auf das Volk,
für das er paternalistisch zu sorgen gedachte.

Um Napoleon bildete sich ein bonapartistischer Hof, in dem der schon erwähnte Morny (1811–1865) viel Einfluß besaß. Daneben spielte der alte Jérôme (1784–1860), jüngster Bruder Napoleons I. und ehemals König von Westfalen, eine unbedeutende Rolle, während sein Sohn, Fürst Napoleon (*prince Napoléon*, 1822–1891), bis zur Geburt des kaiserlichen Sohns (1856) der nächste Thronanwärter war; seine Nachkommenschaft erhebt diesen Anspruch noch heute. Er vertrat die Tendenz eines antiklerikalen, demokratischen Volksbonapartismus. Graf Walewski (1810–1868) war der Sohn Napoleons I. und seiner polnischen Geliebten Maria Walewska; er war 1855–1860 Außenminister und später Präsident der Versammlung und gehörte zu der klerikalen Richtung am Hof. Eine Tochter des Königs Jérôme, also eine Cousine Napoleons III., nahm als dessen Mätresse für einige Zeit im Elysée-Palast die Rolle der Hausherrin wahr: Prinzessin Mathilde (1820–1904), in deren Salon zahlreiche Schriftsteller noch während der Dritten Republik verkehrten. Eine andere Geliebte des Kaisers, Miss Howard (1823–1865), stellte diesem ihr Vermögen zur Verfügung und wurde von ihm bei seiner Heirat großzügig abgefunden. Den größten Einfluß auf Napoleon III. übte Eugène Rouher (1814–1884) aus, der schon unter der Zweiten Republik Minister gewesen war und mehrfach Ämter im Kaiserreich übernahm. Er war zuletzt der Chef der konservativen Bonapartisten. Die meisten sichtbaren Spuren des Kaiserreichs hat Eugène Haussmann (1809–1891) hinterlassen, der als Präfekt von Paris den großen Umbau der Stadt mit den Boulevards und den modernen Häusern betrieben hat. Seine Tochter Valentine war ebenfalls eine Mätresse des Kaisers und schenkte diesem einen Sohn. Die Kaiserin Eugénie (1826–1920), geborene Gräfin Montijo, die Napoleon 1853 geheiratet hatte, sah dem Kaiser nach der Geburt des Sohnes Eugène Louis Napoléon seine amourösen Abenteuer nach. Sie nahm aber immer stärkeren Einfluß auf die Politik als Vertreterin der konservativen und klerikalen Kreise. Der kaiserliche Hof bildete über lange Zeit eine glänzende, oberflächliche und heitere Gesellschaft mit rauschenden Festen (*la fête impériale*), zu denen die Musik von Jacques Offenbach den Ton abgab.

Der wirtschaftliche Aufschwung

Das Zweite Kaiserreich brachte Frankreich einen großen wirtschaftlichen Aufschwung, bedingt durch die Expansion des Kapitalismus, dessen Kehrseiten ebenfalls deutlich hervortraten. Zola hat sie in seinem Zyklenroman *Les Rougon-Macquart* eindringlich beschrieben. Es muß dem Regime des Kaisers zugute gehalten werden, daß es als erstes in Frankreich wirtschaftlichen Zielen Priorität einräumte. Napoleon hatte selbst den Anstoß gegeben, weil er wie die Anhänger Saint-Simons die Ansicht vertrat, daß ein allgemeiner wirtschaftlicher Aufschwung auch dazu beitrüge, das Los der breiten Masse des Volkes zu verbessern. Voraussetzung sollte eine Senkung der Preise und eine Zunahme des Konsums sein. Finanziert wurde der Aufschwung durch große Kredite. Dafür mußte sich aber das Bankwesen so sehr erneuern, daß man von einer Revolution *(la révolution bancaire)* sprechen konnte. Neben dem Bankhaus Rothschild, das sich wegen seiner Verbundenheit mit Louis-Philippe etwas zurückhielt, trug besonders der *Crédit mobilier* der Brüder Pereire zum Aufschwung bei. Die großen französischen Banken, vom *Comptoir d'escompte* über den *Crédit lyonnais* bis zur *Société générale* und der *Banque des Pays-Bas*, sind im Zweiten Kaiserreich gegründet worden. Allerdings erwies es sich als eine Schwäche des französischen Bankwesens, daß es ein im Vergleich zu anderen Ländern weniger dichtes Netz von Filialen entwickelte. Über die Banken, Eisenbahnen, Überseelinien, Fabriken herrschte eine kleine, aber mächtige Finanzaristokratie der »zweihundert Familien«, deren Interessen mit der Politik eng verbunden waren.

Die wirtschaftliche Expansion beschränkte sich nicht auf Frankreich selbst: Ein großer Teil des gesammelten Kapitals wurde im Ausland angelegt. Zwischen 1850 und 1870 stiegen diese Kapitalexporte von zwei auf 15 Milliarden Franken. Überall in Europa, vor allem in Süd- und Südosteuropa, arbeitete das französische Kapital; es war auch an den großen internationalen Unternehmungen beteiligt wie an dem Suezkanal, dessen Bau Ferdinand de Lesseps 1869 vollenden konnte.

Zu den wichtigsten wirtschaftlichen Leistungen des Kaiserreichs gehörte der Ausbau des französischen Eisenbahnnetzes. Es umfaßte 1851 3248 Kilometer, wobei noch viele Verbindungslinien zwischen den vorhandenen Teilstücken fehlten. 1869 waren mit 16 465 Kilometern praktisch alle wichtigen Linien des noch heute bestehenden Netzes (1984 = 34 688 Kilometer) ausgebaut. Die Regierung förderte die Konzentration der etwa 40 Konzessionen, bis es zu den sechs großen Netzen mit den Kopfbahnhöfen in Paris kam.

Der wirtschaftliche Aufschwung führte auch im Handel zur Konzentration. Die großen Kaufhäuser in Paris, *Le Bon Marché*, *Le Printemps*, *Le Louvre*, *La Samaritaine*, noch heute im Herzen der Stadt gelegen, wurden in diesen Jahren gegründet und nahmen schnell einen großen Aufschwung, zum Verdruß der kleinen Geschäftsleute. Da die Industrie, vornehmlich die chemische und die metallverarbeitende, sich ebenfalls günstig entwickelte, erwirtschaftete Frankreich in der Außenhandelsbilanz einen beträchtlichen Überschuß. Die von der Regierung sehr geförderte Landwirtschaft, die immer noch die Grundlage der französischen Wirtschaft darstellte, konnte ihre Produktion beträchtlich erhöhen und ihre Erzeugnisse im Inland und im Ausland absetzen. Die wirtschaftlichen Erfolge ermutigten den Kaiser, das Land verstärkt der internationalen Konkurrenz auszusetzen, vor der es bislang durch hohe, nahezu prohibitive Zölle geschützt war. Er schloß eine Reihe von bilateralen Verträgen, die zwar nicht gänzlich bis zum Freihandel führten, aber doch eine größere Konkurrenz ermöglichten. Eine besonders beeindruckende Entscheidung stellte dabei der im Januar 1860 geschlossene Handelsvertrag mit England dar. Es erwies sich, daß die französische Wirtschaft dem Druck der englischen gewachsen war.

Die größte Veränderung vollzog sich in der Hauptstadt, wo Haussmann, der Präfekt des Départements Seine 1853–1870, in den älteren und oft heruntergekommenen Bezirken 25 000 Häuser abreißen und an den großen neuen Boulevards 70 000 neue erbauen ließ im Stil der Zeit, der bis nach dem Zweiten Weltkrieg Paris prägen sollte. Zugleich wurde die Stadt um die zum Teil noch ländlichen Außenbezirke wie Montmartre, Passy, Auteuil usf. erweitert (1860) auf die heutigen 20 Bezirke *(arrondissements)*. Notre-Dame wurde von den umliegenden Häusern freigemacht, Metallkonstruktionen wie die *Halles* oder der Kuppelsaal der *Bibliothèque nationale* errichtet. Neue Brücken über die Seine entstanden, das gesamte System der Abwasserkanäle wurde erneuert, die Trinkwasser- und Gasversorgung ebenso angelegt wie manche Parks. Ein ganzes Stadtviertel und ein Hügel mußten der *avenue de l'Opéra* weichen, an deren Ende das Gebäude der Oper nach den Plänen von Garnier entstand (1861–1875). Kaum eine Epoche der Geschichte hat Paris so stark verändert wie das Zweite Kaiserreich, wobei es unerheblich ist, ob Veränderungen wie die breiten Boulevards als Mittel gegen die revolutionären Ansammlungen dienen sollten oder aber – was wahrscheinlicher ist – einem neuen Bewußtsein für Städtegestaltung entsprangen.

Der Krimkrieg

Eine erste Gelegenheit, die Konstellation der Machtverhältnisse aufzubrechen, wie sie in Europa seit 1815 herrschten, bot sich, als es 1853 um die Frage der Meerengen zwischen Rußland und der Türkei zum Konflikt gekommen war. Frankreich trat auf die Seite Englands, das der Türkei gegenüber den russischen Expansionsbestrebungen den Rücken stärkte. Nachdem Zar Nikolaus I. die türkische Flotte im Schwarzen Meer versenken ließ und in die der Hohen Pforte tributpflichtigen Fürstentümer Walachei und Moldau, den Kern des heutigen Rumäniens, einmarschiert war, erklärten England und Frankreich ihm im März 1854 den Krieg. Eine Hilfsaktion der Westalliierten für die türkische Armee in der Dobrudscha verlief erfolglos, da sich die russischen Streitkräfte dem Kampf entzogen. So landeten die Alliierten auf der Krim, um die in Sewastopol stationierte russische Flotte zu zerstören und auf diese Weise das Problem der Meerengen zu lösen.

Anschließend an den erfolgreichen Vorstoß der Zuaven an dem Flüßchen Alma (20.9.1854), nach dem noch heute die Brücke über die Seine in Paris benannt ist (*le pont de l'Alma* mit der *place de l'Alma*), gelang es zwar, die russischen Streitkräfte in der Festung einzuschließen, aber die Verbündeten hatten, auch dies war nichts Neues, sowohl die Widerstandskraft des Gegners als auch die Härte des Winters unterschätzt. Es kam zum Stellungskrieg, die Cholera, der auch der französische Oberkommandierende Saint-Arnaud zum Opfer fiel, wütete in den Armeen. Ein Jahr verging, bis die verstärkten Truppen der Verbündeten, nach der Einnahme des Forts Malakoff durch Mac Mahon (9.9.1855), die Russen zur Aufgabe der Festung zwingen konnten. Die Verluste auf beiden Seiten waren gewaltig. In das unbeschreibliche Elend der Kranken und Verwundeten hat Florence Nightingale mit ihrer Pflege etwas Licht gebracht.

Durch den Kongreß, der in Paris tagte und der mit dem Friedensvertrag am 30. März 1856 schloß, sollte nach der Vorstellung Napoleons die Erinnerung an den Wiener Kongreß 1814–1815 ausgelöscht werden. Frankreich hatte wieder an Prestige gewonnen. Die Türkei erkannte die Selbständigkeit der beiden Donaufürstentümer an, die Meerengen blieben für Kriegsschiffe gesperrt und das Schwarze Meer wurde neutralisiert für Rußland und die Türkei. Frankreich unterstützte die Bildung des Landes Rumänien aus den beiden Fürstentümern Moldau und Walachei im Jahr 1859 und bewahrte seitdem eine besondere Bindung an dieses romanische Land. Das eigentliche Ergebnis des Krimkriegs liegt in der Eindämmung der russischen Expansion in Richtung auf Istanbul.

Frankreichs Politik und die Einigung Italiens

Während der Revolution von 1848 war das Königreich Sardinien, zu dem neben dieser Insel Piemont mit der Hauptstadt Turin und das Herzogtum Savoyen sowie Nizza gehörten, an die Spitze der Einigungsbewegung Italiens getreten und hatte Österreich, das die Lombardei mit Mailand und Venezien besaß und eine Art Schutzherrschaft über die anderen Staaten (Parma, Modena, Lucca, Toskana, Kirchenstaat und Königreich Neapel mit Sizilien) ausübte, den Krieg erklärt. Nach anfänglichen Erfolgen bei Custozza (1848) und Novara (1849) geschlagen, trat König Karl-Albert zugunsten seines Sohnes

Viktor-Emanuel zurück. Die Österreicher stellten die alte Lage in Norditalien wieder her, während die französische Republik mit ihrer konservativen Versammlung und ihrem Präsidenten Bonaparte der inzwischen ausgerufenen römischen Republik ein Ende bereitete und den Papst wieder in seinen Staat und die Stadt Rom einsetzte. Eine französische Garnison blieb im Kirchenstaat und wurde erst 1870 wegen der Niederlagen im deutsch-französischen Krieg abgezogen.

Viktor-Emanuel II. (1820–1878) und sein Ministerpräsident (seit 1852) Graf Cavour (1810–1861) bereiteten die Vereinigung Italiens durch die Stärkung und Modernisierung ihres Landes und durch die Verbindung mit den liberalen italienischen Patrioten vor, von denen nur der überzeugte Republikaner Mazzini fernblieb. Vor allem suchte und fand Cavour in Napoleon III. einen Verbündeten, der Italien als sein »zweites Vaterland« ansah. Im Krimkrieg unterstützte Sardinien die Expedition mit einem eigenen Corps und nahm an dem Kongreß von Paris teil. Anfang 1858 wurde Napoleon brutal an seine Versprechungen gegenüber den italienischen Patrioten erinnert, als bei der Anfahrt zur Oper drei Bomben unter den anfahrenden Wagen explodierten. Es gab acht Tote und 56 Verletzte. Das Attentat bot Anlaß zu innenpolitischen Repressionen. Kopf der Verschwörer war Orsini, ein früheres Mitglied einer italienischen Geheimgesellschaft, der vor seiner Hinrichtung einen von seinem Verteidiger Jules Favre verlesenen Brief an den Kaiser richtete, in dem er diesen bat, bei einem Aufstand der italienischen Patrioten nicht wieder wie 1849 gegen diese einzugreifen. Vermutlich handelte es sich dabei um ein Manöver Napoleons, der sein Eingreifen in Italien rechtfertigen und vorbereiten wollte.

Im Juli 1858 traf sich Napoleon unter äußerster Geheimhaltung in dem Badeort Plombières (bei Epinal) mit Cavour und gab ihm die Zusage, Norditalien bis zur Adria zu befreien gegen die Abtretung von Savoyen und Nizza. Auf gezielte Provokationen hin erklärte Österreich Sardinien im April 1859 den Krieg. Nach dem mühevollen Sieg der französisch-sardischen Armee bei Magenta (4. 6. 1859) konnte Mailand eingenommen werden (8. 6.). Am 24. Juni kam es zu der verlustreichen Schlacht von Solferino, unter deren Eindruck der schweizer Schriftsteller

Henri Dunant die Gründung des Roten Kreuzes anregte. Auch Napoleon hatte der Anblick des Elends auf dem Schlachtfeld getroffen. Er befürchtete obendrein ein Eingreifen Preußens am Rhein und sah, wie sich die italienischen Patrioten über das mit Cavour abgesprochene Gebiet hinaus in den mittelitalienischen Staaten der Herrschaft bemächtigten. Er schloß daher mit Kaiser Franz-Joseph einen Waffenstillstand (Villafranca, Juli 1859) und im Dezember den Frieden von Zürich. Piemont erhielt die Lombardei, aber nicht Venetien. Die italienischen Fürsten sollten wieder in ihre Rechte eingesetzt werden, trotz der Opposition der Patrioten. Napoleon verzichtete zunächst auf Nizza und Savoyen. Cavour trat zurück.

Die italienische Einigungsbewegung hatte aber soviel Eigengewicht gewonnen, daß sie nicht mehr aufzuhalten war; statt des von Napoleon ins Auge gefaßten Staatenbundes wurden die mittelitalienischen Staaten Sardinien angeschlossen. Cavour, wieder an der Macht, trat daraufhin im März 1860 Nizza und Savoyen an Frankreich ab. Während der italienische Freiheitskämpfer Garibaldi mit diskreter Unterstützung von Cavour im Sommer 1860 in Sizilien und Süditalien landete und die dort herrschenden Bourbonen verjagte, griffen die Truppen Sardiniens in Mittelitalien ein und gelangten über Ancona nach Neapel, in das der König zusammen mit Garibaldi einzog. Wie bei der Annexion Savoyens und Nizzas wurden die territorialen Veränderungen durch Volksabstimmung bestätigt. Nur in Latium und Rom blieben zum Schutz des Papstes französische Truppen. Napoleon hatte zu der Einigung Italiens viel beigetragen, auch wenn Cavour und Garibaldi die eigentlichen Träger des Geschehens waren. Frankreich gewann Gebiete, die zum integrierten Teil der Nation wurden, und dies nicht durch bloße Annexion, sondern durch einen vom Volk bestätigten Gebietswechsel. Dies unterscheidet die Abtretungen von der Elsaß-Lothringens im Jahr 1871. Italien errang seine Einheit, von der Venedig und Rom zunächst noch ausgeschlossen blieben, und Viktor-Emanuel wurde am 14. März 1861 zum König von Italien ausgerufen. Napoleon hatte also sein Versprechen, die italienische Einheitsbewegung zu unterstützen, eingelöst; mit der Bildung des italienischen Nationalstaates war aber zugleich das Kräftegleichgewicht in Europa verändert worden, und das mußte auch für Frankreichs dominierende Rolle Folgen haben.

Die koloniale Expansion Frankreichs.
Pazifik und Ostasien

In Konkurrenz zu England betrieb Napoleon eine energischere Politik des Imperialismus in Übersee als seine Vorgänger. 1853 landete die Marine auf Neukaledonien *(la Nouvelle Calédonie)* und besetzte 1864 auch die in der Nähe liegenden Loyalty-Inseln *(Iles Loyauté)*. Neukaledonien, heute als *Territoire d'outre-mer* zwischen den kanakischen Ureinwohnern und den weißen Ansiedlern heftig umstritten und mit einem halbautonomen Statut versehen, machte eine wechselhafte Geschichte durch.

In den imperialen Vorstellungen der Europäer spielte die »Erschließung« Chinas eine große Rolle, wobei sich auf französischer Seite wirtschaftliche und missionarische Interessen miteinander verbanden. Eine französisch-britische Militärexpedition nach Peking (1860) erbrachte Hafen- und Schiffahrtsrechte und die Einrichtung von ständigen Vertretungen in Peking. Der Zugang nach China war auch eines der Motive für die französische Expansion in Indochina. Der Schutz von Missionaren bildete den Vorwand für einen mißglückten Landeversuch (1858) in Tourane, nicht weit von Hué gelegen, dem im nächsten Jahr ein Angriff auf Saigon folgte. Der Versuch, über den Mekong nach China vorzudringen, erwies sich als Fehlschlag, aber im Südteil des Landes setzte sich Frankreich fest und dehnte seinen Einfluß auf Kambodscha aus.

Afrika und Algerien

Im Indischen Ozean besaß Frankreich Stützpunkte auf der Insel Sainte-Marie vor Madagaskar, seit 1642 auf der Insel Réunion (früher Ile Bourbon) und seit 1841 auf einer der Komoren . Unter Napoleon III. verstärkte es seine Stellung auf Madagaskar, wo es seit dem 17.Jahrhundert Interessen verfolgte, und setzte sich am Eingang des Roten Meeres, in Obok im heutigen Djibouti, fest.

Am Nordrand des Mittelmeeres machten sich Franzosen und Engländer den Einfluß in Marokko, Tunesien und Ägypten streitig. Besonderes Interesse bekundete Napoleon für Algerien, das er 1860 besuchte. Er bemühte sich bei dieser Gelegenheit, die Beziehungen zwischen den Algeriern und den Franzosen auf eine neue Grundlage zu stellen und ließ den Senat im folgenden Jahr den Beschluß fassen, daß den Stämmen unabänderlicher Besitz ihrer Ländereien zukomme. 1865 beschloß der Senat sogar, den Algeriern die französische Staatsbürgerschaft anzubieten, und Napoleon faßte die Bildung einer arabischen Regierung ins Auge. Aber wie alle Bemühungen um Selbstbestimmung für die Algerier in den folgenden hundert Jahren der französischen Herrschaft stießen auch diese schon auf den Widerstand der Franzosen am Ort, denen es gelang, die Verwirklichung der großzügigen Pläne Napoleons zu verhindern. Es darf nicht unerwähnt bleiben, daß das Kaiserreich von allen französischen Regimen den Algeriern wahrscheinlich das größte Verständnis entgegenbrachte.

Napoleon bewies bei der überseeischen Expansion insofern Fingerspitzengefühl, als er sich immer bemühte, die Interessen Englands zu berücksichtigen. Dies zeigte sich beispielsweise beim Bau des Sues-Kanals, für den sich das französische Kapital engagierte, während der englische Premierminister Palmerston dem Unternehmen zunächst ablehnend gegenüberstand. Da sich Frankreichs Einfluß auf das finanzielle Gebiet konzentrierte, akzeptierte England schließlich ab 1866 den Bau und zog 1875 durch Übernahme der Aktien des Khediven mit Frankreich gleich. Mit dem Bau des Kanals hing auch eine französische Expedition in den Libanon 1860/1861 zusammen, wo die christlichen Maroniten von den Drusen verfolgt worden waren. Das Mandat dafür war Frankreich im Einvernehmen mit England auf einer internationalen Konferenz erteilt worden.

Als besonders folgenreich sollte sich die französische Expansion am Senegal erweisen, wo Faidherbe als Gouverneur (1854–61 und 1863–65) den Hafen von Dakar gründete und durch eine Reihe von Stützpunkten am Fluß Senegal entlang der französischen Ausbreitung den Weg ins Innere Afrikas wies. Sein Ziel war bereits die Verbindung zwischen dem Senegal und dem Sudan, wie sie dann in der Dritten Republik gelang.

Die Expedition nach Mexiko

Das spektakulärste Unternehmen des Kaiserreichs stellte die Expedition nach Mexiko dar. Napoleon hatte schon seit 1858 an ein Eingreifen gedacht, um dort eine katholische Monarchie einzurichten und die wirtschaftlichen Interessen Frankreichs besser durchzusetzen. Anlaß für die Expedition war dann die Weigerung des liberalen Präsidenten Juarez, für die von seinem gestürzten Vorgänger eingegangenen Schulden aufzukommen. Der schweizer Kreditgeber verwickelte Morny mit Aussicht auf reichen Gewinn in das Geschäft, und da auch spanische und englische Geldgeber beteiligt waren, beschlossen neben Frankreich auch diese Länder Ende 1861, zur Eintreibung der Schulden in Mexiko einzugreifen, stiegen aber bald nach der Landung in Amerika aus dem dubiosen Unternehmen wieder aus. So blieb Frankreich allein, aber es konnte seine Interventionspolitik zunächst fortsetzen, da die USA durch den Sezessionskrieg (1861–1865) behindert waren, und 1863 die Hauptstadt Mexiko einnehmen.

Während Juarez einen Kleinkrieg gegen die französischen Truppen führte, bot eine konservative und katholische Notabelnversammlung dem österreichischen Erzherzog Maximilian, Bruder des Kaisers Franz-Joseph, die Krone eines Kaisers von Mexiko an. Maximilian traf am 12. Juni 1864 in Mexiko ein, aber die französischen Truppen waren fast die einzige Stütze, die er in dem Land fand. Nach Ende des Sezessionskrieges verlangten die USA den Rückzug der französischen Truppen. Als diese Ende 1866 unter Bazaine Mexiko verlassen hatten, fiel auch Maximilians Herrschaft zusammen und der Habsburger wurde 1867 erschossen, fast genau drei Jahre nach seinem Einzug in die Hauptstadt. Auch wenn die französische Armee unbesiegt heimkehrte, sah die öffentliche Meinung die Expedition doch als gescheitert an. Das Regime wurde dadurch geschwächt; die Forderung nach einer besseren, demokratischen Kontrolle der Staatsangelegenheiten war nicht mehr zu überhören.

Die innenpolitische Entwicklung vom autoritären zum liberalen Kaiserreich

Die ersten Jahre des Kaiserreichs, etwa von 1852 bis 1858 verliefen verhältnismäßig ruhig. Durch den wirtschaftlichen Aufschwung fanden die Arbeiter Arbeit, die Bauern Absatz und das Bürgertum Sicherheit und Gewinn. Kirche, Armee und Polizei sorgten für Ordnung. Die Wahlen zur Gesetzgebenden Versammlung (Corps législatif) erbrachten 1852 und 1857 bei jeweils drei Millionen Enthaltungen und über fünf Millionen Stimmen für die Regierung weniger als eine Million Gegenstimmen. Allerdings wurden die Kandidaten der Regierung durch allerhand Mittel bevorzugt. So durften beispielsweise die Kandidaten der Opposition keine öffentlichen Versammlungen abhalten und ihr Programm nicht darlegen. Die oppositionellen Zeitungen wurden streng überwacht und konnten nach zwei Verwarnungen verboten werden. Das ganze intellektuelle Leben, Universität, Buchpublikationen und Theater wurden überwacht. Während die legitimen Royalisten sich in der Mehrzahl zurückzogen und Stimmenthaltung übten, schwankten die Orléanisten unter Führung von Thiers und Guizot zwischen Widerstand und Hinnahme des Regimes. Aktiver Widerstand ging von den Republikanern aus, die von Emigranten wie Victor Hugo mit Broschüren und Pamphleten unterstützt wurden. Das Attentat von Orsini, das der republikanischen Opposition angekreidet wurde, hatte das »Gesetz zur allgemeinen Sicherheit« vom Februar 1858 zur Folge, das der Regierung weitgehende Vollmachten zur Verhaftung verdächtiger Oppositioneller gab und auch zu einer Reihe von Festnahmen führte.

Die napoleonische Politik nahm aber insofern eine neue Richtung, als der Kaiser, nachdem er für die italienische Freiheit und durch den Vertrag mit England für die Freiheit des Handels eingetreten war, auch im eigenen Land eine Wendung hin zu größerer Liberalität einleitete: Im August 1859 erließ er eine Amnestie für die Proskribierten von 1851; im November 1860 erhielt die Gesetzgebende Versammlung etwas weitergehende Rechte gegenüber der Regierung. Daraufhin belebte sich bald die Parlamentsdebatte, deren Niederschrift in der Presse veröffentlicht wurde. Ein Senatsbeschluß vom Dezember 1861 gab dann der Versammlung das Recht, über den Haushalt abzustimmen.

Die Wahlen von 1863 brachten der Opposition eine Verdreifachung der Stimmen gegenüber 1857. In Paris gewann sie, die ein »liberales Bündnis« *(Union libérale)* eingegangen war, alle neun Sitze. Ihren etwa 30 Sitzen standen aber immer noch 251 der Regierungsanhänger gegenüber. Der in Paris gewählte Thiers forderte im Januar 1864 in einer berühmten Rede die »unerläßlichen Freiheiten« *(les libertés nécessaires)* ein, die erst ein parlamentarisches System ermöglichen. Einen derartigen Wandel zum englischen Modell hin hatte auch der von Morny unterstützte Emile Ollivier gefordert, aber Napoleon folgte zunächst dem Ratschlag von Rouher und bremste die Bewegung ab, indem er 1865 erklärte, er habe nicht die Absicht, ein parlamentarisches Regime einzuführen.

Ein vergleichbarer Wandel wie auf dem Gebiet der Innenpolitik läßt sich auch auf dem Gebiet der Sozialpolitik erkennen: Während zu Beginn des Kaiserreichs die Repression überwog, schien das Regime ab etwa 1860 der sich formierenden organisierten Arbeiterbewegung mit Verständnis entgegenzukommen. 1862 ermöglichte der Kaiser einer Delegation von 200 französischen Arbeitern, auf Staatskosten an der Weltausstellung in London teilzunehmen und Kontakte mit den englischen Gewerkschaften aufzunehmen. Am 24. Mai 1864 gestand die Gesetzgebende Versammlung den Arbeitern das Streikrecht *(droit de grève)* zu; bis zu diesem Zeitpunkt war ihnen dieses Recht seit der Revolution (Gesetz *Le Chapelier* von 1791) versagt gewesen. Im gleichen Jahr nahm eine französische Abordnung an der Gründung der Ersten Internationale in London teil. Bald schon entstanden in Frankreich Sektionen der Internationale, die sich zunächst mehr mit den sozialen Bedingungen der Arbeit und der Organisation befaßten als mit der Politik. Als es dann jedoch ab 1866 zu Unruhen und organisierten Streiks kam, löste die Regierung (Dezember 1867) die Sektion der Internationale in Paris auf, ohne damit die Bewegung tatsächlich brechen zu können. Sie radikalisierte sich vielmehr; während zunächst noch die Anhänger Proudhons überwogen, setzten sich vielerorts die Anhänger von Auguste Blanqui (1805–1881) durch, der eine direkte Aktion zur Übernahme der Macht verkündete. Im Gegensatz dazu traten die Anhänger der Internationale für den organisierten Streik ein, um die Macht des Kapitals zu brechen. Es lag in der Natur der Sache, daß es dem Regime nicht gelingen konnte, durch sein halbherziges Entgegenkommen die Arbeiter für sich einzunehmen.

Angesichts der Unzufriedenheit im Land zeigte sich der Kaiser Anfang 1867 zu weiteren Konzessionen bereit: Das Recht auf Anfragen an die Regierung in der Gesetzgebenden Versammlung ermöglichte die parlamentarische Diskussion vor der Öffentlichkeit. Allerdings blieben die Minister dem Kaiser verantwortlich. Der Senat erhielt das Recht auf zweite Lesung von Gesetzen; er wurde also in den Rang einer zweiten Kammer erhoben.

Bedeutsamer erwies sich das Pressegesetz vom Mai 1868, das die einengenden Bestimmungen und Verbote aufhob. Schließlich ermöglichte das Gesetz vom Juni 1868 öffentliche Versammlungen, also auch Wahlversammlungen. Sehr schnell entstanden Zeitungen, die von den neuen Möglichkeiten profitierten, wie zum Beispiel die *Tribune*, in der der junge Clemenceau schrieb, der revolutionäre *Réveil* und insbesondere die angriffslustige *Lanterne* des Journalisten Rochefort, die im Mai 1868 mit einer Startauflage von 120 000 Exemplaren herauskam. Aus der demokratischen Linken, vertreten von Jules Simon, Clemenceau, Jules Ferry und dem brillanten Anwalt Léon Gambetta, entstand der Begriff des »Radikalismus« *(radicalisme)*. Hier versammelten sich die Führungspersönlichkeiten, die nach dem Zusammenbruch des Kaiserreichs die Politik der Dritten Republik bestimmen sollten.

Die politischen Konzessionen des Kaisers hatten ebensowenig Erfolg bei dem Versuch, die öffentliche Meinung zu gewinnen, wie das Bemühen, Reformen im Unterrichtswesen und in der Armee durchzusetzen. Für die Schule hatte der Minister Duruy die obligatorische, aber kostenlose Grundschule, Erwachsenenbildung, die Möglichkeit für Mädchen, die höhere Schule zu besuchen usf. vorgesehen. Er traf aber auf großen Widerstand, hauptsächlich seitens katholischer Kreise, die sich der Mädchenbildung widersetzten. Die Reform der Armee wurde durch die ablehnende Haltung der Abgeordneten selbst der Mehrheit so verwässert, daß das Gesetz vom Januar 1868 kaum Erneuerungen brachte.

Die Wahlen 1869

Die Wahlen vom Mai–Juni 1869 boten aufgrund der größeren Freiheit ein von den vorangegangenen des Kaiserreichs sehr abweichendes Bild. Die Opposition trat mit zahlreichen Versammlungen auf, und die Presse, deren Auflage sich gegenüber 1860 verfünffacht hatte, unterstützte sie in der Mehrzahl der Fälle. Die Bündelung der Kräfte in einer »liberalen Union« wie 1863 war nicht gelungen, und so traten drei oppositionelle Richtungen getrennt auf: die katholischen Legitimisten, die das Problem des Kirchenstaates, seinen Schutz durch französische Truppen gegenüber Italiens Anspruch hervorhoben, die Liberalen unter Thiers, die ein voll parlamentarisches System forderten, und schließlich die »demokratische Union« *(Union démocratique)*, in der sich die Linke, von den republikanischen Liberalen über die »Radikalen« bis zu den Anhängern Blanquis und der Internationale versammelt hatten.

Bei einer Wahlbeteiligung von fast 80 Prozent im ersten Wahlgang ging der Stimmanteil der regierungstreuen Kandidaten auf 4,40 Millionen zurück, während der der Opposition auf 3,35 Millionen anstieg. Vor allem in den Städten errang diese große Erfolge. Paris wählte, mit Ausnahme von Thiers, republikanische Abgeordnete. Die Regierungsanhänger konnten sich nur auf dem Land halten. Während die extreme Linke etwa 30 der 292 Sitze gewann, kamen die Royalisten auf 40–50, die kaisertreue Rechte auf 97, während die sogenannte »Dritte Partei« *(Tiers parti)* 125 Mandate erhielt.

Auf dem Weg zum parlamentarischen System

Bei der Eröffnungssitzung der Versammlung im Juli 1869 verlangten mehr als 100 Abgeordnete, dem Land mehr Anteil an der Führung der eigenen Angelegenheiten zu geben. Napoleon versprach daraufhin neue Reformen und einen Senatsbeschluß zur Änderung der Verfassung. Rouher, der Chef der konservativen Bonapartisten und Staatsminister, trat daraufhin zurück und wurde Senatspräsident.

Durch Senatsbeschluß vom September 1869 erhielt die Versammlung das Recht, Gesetzesvorschläge einzubringen und den eigenen Präsidenten selbst zu wählen; die Minister, die nun aus der Versammlung gewählt werden konnten, wurden de facto vor dem Kaiser und den Kammern verantwortlich.

Ende Dezember 1869 beauftragte der Kaiser schließlich Emile Ollivier, den Chef der am ehesten zu gewinnenden Gruppe der Opposition, die Regierung zu bilden, die »die Mehrheit der Gesetzgebenden Versammlung widerspiegeln sollte«. Mit diesen Worten akzeptierte der Kaiser letztlich das parlamentarische Prinzip der Übereinstimmung von Regierung und Mehrheit in der Versammlung, wovor er bislang immer zurückgescheut war. Es gelang Ollivier mit einiger Mühe, am 2. Januar 1870 ein Kabinett zu bilden, aber er zog sich die Abneigung der Republikaner zu, die in ihm einen Überläufer sahen.

Das liberale Kaiserreich. Die Volksabstimmung 1870

Die Regierung Ollivier wurde anfangs von der Affäre Victor Noir überschattet. Der junge Journalist war am 10. Januar 1870 von dem Fürsten Pierre Bonaparte in einem Ehrenhandel erschossen worden. Bei seiner Beerdigung kam es zu großen Demonstrationen, die sich nochmals wiederholten, als Rochefort wegen seiner Artikel zu diesem Vorfall verhaftet wurde. Auch in den Fabriken von Le Creusot traten schwere soziale Spannungen zwischen dem Arbeitgeber Schneider und der Belegschaft auf. Ollivier konnte jedoch zunächst diese Schwierigkeiten überwinden.

Im März 1870 kündigte Napoleon eine Verfassungsreform an, die im April durch Senatsbeschluß bestätigt wurde: Der Senat erhielt statt seiner verfassunggebenden Aufgabe die Rolle einer zweiten Kammer, die Minister wurden zugleich dem Kaiser und den Abgeordneten verantwortlich. Dazu wurde die Verantwortlichkeit des Kaisers gegenüber dem Volk betont. Das Regime entwickelte sich also halb parlamentarisch und halb plebiszitär.

Um seine Stellung zu festigen, griff Napoleon auf das Mittel der Volksabstimmung zurück, das er 1852 zum letzten Mal gebraucht hatte, und legte die Frage vor, ob das Volk die liberalen Veränderungen in der Verfassung seit 1860 billige. Er brachte durch diese Formulierung die Opposition in eine schwierige Lage, da sie derartige Veränderungen immer gefordert hatte. Das Resultat bestätigte die Erwartungen Napoleons, der glücklich war, seine guten Ergebnisse von früher wiedergefunden zu haben: 7,36 Millionen Ja-Stimmen standen 1,57 Millionen Nein-Stimmen bei 18 Prozent Enthaltungen gegenüber. Nur in Paris und Marseille überwogen die Gegner. Das Regime, das man schon als erschüttert angesehen hatte, schien wieder stabilisiert zu sein, obwohl der Widerspruch zwischen der Vertretung des Volkes durch den Kaiser und der durch die Abgeordneten deutlich wurde. Resigniert erklärte Gambetta: »Das Kaiserreich ist stärker als je zuvor.« Der Monat Juni 1870 war einer der ruhigsten in der Zeit des Kaiserreichs, das zwei Monate später verschwinden sollte durch einen Krieg, auf den es nicht vorbereitet war und von dem es nichts zu erwarten hatte.

Der deutsch-französische Krieg bis zum Ende des Kaiserreichs

Die napoleonische Fremdherrschaft zu Beginn des Jahrhunderts und die Befreiungskriege hatten zur Entwicklung des deutschen Nationalbewußtseins viel beigetragen. Nach dem Wiener Kongreß schwächte sich aber der Gegensatz zu Frankreich schon dadurch ab, daß die Restauration und die ihr entgegengesetzte Bewegung des Liberalismus auf beiden Seiten des Rheins parallel verliefen und daß die deutschen Liberalen in Frankreich ihr Vorbild sahen. Die Krise von 1840 ließ den nationalen Gegensatz unverhofft wieder aufflammen; 1859 kam es erneut zu einer nationalen Erregung in Deutschland, als die Öffentlichkeit die Frage diskutierte, ob Deutschland der Niederwerfung Österreichs durch Napoleon tatenlos zusehen dürfe.

Als es Bismarck gelang, die deutsche Nationalbewegung mit dem Interesse des preußischen Staates zu verbinden, erkannte Napoleon die heraufziehende Gefahr. Für seine Neutralität im preußisch-österreichischen Krieg 1866 hatte er vergeblich versucht, gewisse »Kompensationen« zu erhalten, also territoriale Gewinne wie die Grenzen von 1814, das heißt mit Saarbrücken und Landau, oder Luxemburg bzw. Belgien.

Der unerwartete, schnelle und vollständige Sieg Preußens bei Königgrätz (3.7.1866, in Frankreich nach Sadowa benannt) schlug in Paris wie ein Blitz ein. Napoleon schreckte davor zurück, Preußen entgegenzutreten, das sich stärker als erwartet gezeigt hatte. Er akzeptierte die Bildung des Norddeutschen Bundes, den Bund der süddeutschen Staaten und die ohne Volksbefragung erfolgten Annexionen Preußens (Hannover, Kurhessen, Nassau, Frankfurt). Im französischen Bewußtsein wurde Sadowa als eine Niederlage empfunden. Als Napoleon 1867 dann mit dem niederländischen König Wilhelm III. über den Kauf des Großherzogtums Luxemburg, dessen Landesherr der König war, verhandelte, sahen manche Kreise in Preußen schon den Augenblick für eine Auseinandersetzung mit Frankreich gekommen. Bismarck aber erreichte auf einer Konferenz in London die Garantie der Mächte für Unabhängigkeit und

Neutralität des Landes, aus dem Preußen seine Garnison abzog. Der Konflikt war damit aufgeschoben, und im Jahr 1870 stand der durch die politische Liberalisierung geschwächten Autorität Napoleons die entschlossene Politik Bismarcks gegenüber.

Der Anlaß zu der Auseinandersetzung wäre als solcher schwer verständlich, wenn die dynastische Frage nicht Bismarck dazu gedient hätte, den Konflikt herbeizuführen. Dem Erbprinzen Leopold der katholischen Linie Hohenzollern-Sigmaringen war die seit 1866 freie Königskrone Spaniens angetragen worden. Obwohl zwischen den beiden Linien des Hauses Hohenzollern keine allzu enge Verbindung bestand, wurde die Vorstellung, in Madrid und Berlin könne das gleiche deutsche Fürstenhaus herrschen, in Erinnerung an die früheren Erfahrungen mit dem Haus Habsburg in Frankreich als eine Bedrohung, als ein Schritt zur Einkreisung empfunden. Angesichts der Erregung in Frankreich lehnte der Erbprinz das Angebot ab, aber Bismarck brachte die Verhandlungen erneut in Gang.

Das Bekanntwerden der Kandidatur am 1. Juli 1870 rief in Paris eine so lebhafte Reaktion hervor, daß der Hohenzoller von dem Vorhaben endgültig Abstand nahm. Der tatsächliche Anlaß zum Krieg war also aus dem Wege geräumt, aber die Bewegung auf den Konflikt zu hatte schon eine solche Eigendynamik entfaltet, daß dieser nicht mehr zu vermeiden war. Napoleon und Emile Ollivier neigten wohl zum Frieden, aber sie konnten dem Druck des Chauvinismus nicht widerstehen, und auf der anderen Seite arbeitete Bismarck systematisch auf die Auseinandersetzung hin. Am 13.7.1870 verlangte der französische Botschafter Benedetti auf der Kurpromenade von Bad Ems von König Wilhelm I., auch in Zukunft eine Kandidatur der Hohenzollern in Spanien nicht zuzulassen. Mit der übersteigerten Forderung war nichts anderes zu erreichen als die politische Demütigung des Gegners. König Wilhelm lehnte die Forderung ab und ließ dem Gesandten mitteilen, er »habe ihm nichts weiter zu sagen«. Die Darstellung dieses Vorgangs, die »Emser Depesche«, wurde von Bismarck so gekürzt und veröffentlicht, daß sie auf Frankreich wie eine Provokation wirken mußte. Das erhoffte Ergebnis trat ein: Nach der Veröffentlichung des Textes am 14. Juli 1870 in Paris kam es zu Demonstrationen vor der preußischen Botschaft. Thiers, Jules Favre und Gambetta bemühten sich vergeblich, die Entscheidung über Krieg und Frieden nicht den Emotionen zu überlassen. Ollivier und der Außenminister Gramont ließen keine Zweifel am Ausgang des Kampfes erkennen. Ollivier, der diesen Ausspruch zeitlebens bereuen sollte, bestand darauf, daß er die Verantwortung »leichten Herzens« (*d'un cœur léger*) übernehme. Dabei war Frankreich diplomatisch und militärisch schlecht vorbereitet auf die Auseinandersetzung: Es stand isoliert da in Europa, und der Versuch Marschall Niels 1868, die Armee zu reformieren, hatte wenig Erfolg gehabt. Bei Beginn des Krieges, den Frankreich am 19. Juli 1870 erklärte, waren die Streitkräfte schlecht organisiert und sogar zahlenmäßig den preußisch-deutschen unterlegen. Die Überlegenheit des französischen Chassepot-Gewehrs wurde von der preußischen Artillerie ausgeglichen.

Sedan und das Ende des Kaiserreichs

Die ersten Gefechte an der Grenze zum Elsaß und zu Lothringen (Weißenburg 4. 8. 1870, Wörth 6. 8., Spichern 6. 8.) zwangen die französischen Truppen zum Rückzug. Das Gros der Armee unter Bazaine wurde in Metz eingeschlossen, MacMahon und der kranke Kaiser wurden ihrerseits bei dem Versuch, die Armee in Metz zu entsetzen, nach Sedan abgedrängt und am 2. September 1870 zur Kapitulation gezwungen. Als die Nachricht von der Niederlage der kaiserlichen Armeen in Paris eintraf, wurde am 4. September entsprechend der republikanischen Tradition vom Rathaus die Republik ausgerufen. Napoleon blieb bis zum März in Kassel gefangen und lebte dann auf seinem Anwesen in Chislehurst in England. 1873 plante er seine Rückkehr nach Frankreich, ließ sich aber zuvor noch einer Operation unterziehen, an deren Folgen er am 9. Januar 1873 starb. Das Kaiserreich war nicht an seinen inneren Widersprüchen zugrunde gegangen, sondern an der von Napoleon erkannten und kritisierten schlechten Organisation der Armee. Daß es in Paris nach Bekanntwerden der Niederlage keine Fürsprecher fand, lag in der Natur seiner Entstehung. Sein Bestand beruhte auf Erfolg, blieb der aus, mußte es zusammenbrechen.

14. Die Dritte Republik bis zum Ausbruch des Ersten Weltkriegs (1870–1914)

Der deutsch-französische Krieg und seine Folgen

Die als provisorische Regierung eingesetzte »Regierung der nationalen Verteidigung« *(gouvernement de la Défense nationale)* wurde durch Akklamation vom Volk bestätigt. Dabei gelang es Jules Favre, anstelle einer »fortschrittlichen« Liste, die Revolutionäre wie Blanqui und Delescluze umfaßte, Republikaner wie Gambetta, Ferry, Garnier-Pagès, Crémieux, Jules Simon, Arago, Rochefort zu präsentieren. Die Regierung, deren Präsidentschaft man dem royalistischen General Trochu übertrug, hatte den militärischen Widerstand zu organisieren.

Diese zweite Phase des deutsch-französischen Krieges erwies sich zur Überraschung Bismarcks schwieriger als erwartet. Zwar gelangten die deutschen Truppen bereits am 19. September bis vor Paris, aber die Stadt war hinter ihren unter Thiers 1841–1845 angelegten Befestigungen und den 16 vorgelagerten Bastionen nicht anzugreifen. Zudem wurden die patriotische Begeisterung und die Opferbereitschaft der Franzosen noch dadurch angefacht, daß Favre bei Sondierungsgesprächen über Friedensbedingungen am 6. September von Bismarck über die deutsche Forderung nach Abtretung des Elsaß und eines Teils von Lothringen informiert wurde. Die Hoffnung, der Krieg werde von deutscher Seite nur gegen das Kaiserreich, nicht aber gegen Frankreich geführt, erwies sich damit als Illusion, und die Erkenntnis, daß sich die Auseinandersetzung zwischen Nationen abspielte, verstärkte den Widerstand des französischen Patriotismus.

Das Haupt des Widerstands war der Anwalt Léon Gambetta, der als republikanischer Abgeordneter von Belleville (1869) schon im Kaiserreich in Opposition gestanden war und am 4. September 1870 mit Jules Favre die Republik ausgerufen hatte. Er verließ am 7. Oktober die eingeschlossene Stadt mit einem Ballon und setzte als Kriegs- und Innenminister der Regierungsdelegation von Tours die Anerkennung der Republik in der Provinz durch. Zugleich organisierte er mit bewunderungswürdiger Energie die Aufstellung neuer Armeen. Es gelang ihm, 600 000 Mann und 1400 Kanonen zusammenzubringen und daraus vier Armeen zu bilden, die den Auftrag hatten, Paris und das ebenfalls belagerte Belfort zu entsetzen. Aber aller Kampfesmut konnte die bei der hastigen Aufstellung der Verbände fehlende Ausbildung und die teilweise mangelhafte Bewaffnung nicht ausgleichen. Nachdem die in Metz eingeschlossene Armee unter Bazaine unerwartet schnell am 27. Oktober 1870 mit über 170 000 Mann kapituliert hatte, konnten die für die Belagerung von Metz eingesetzten deutschen Truppen zur Verstärkung gegen die republikanischen Armeen vorrücken, die vom November bis zum Januar in harten Kämpfen zurückgeworfen wurden.

Das von regulären Truppen, von der Mobilgarde und der Nationalgarde verteidigte Paris mußte vier Monate der Belagerung ertragen. Da die Lebensmittelrationierung zu spät eingeführt worden war, hatte die Bevölkerung unter Hunger zu leiden, die große Kälte des Winters kam hinzu. Angesichts der Not und der Niederlagen waren schon im Oktober Unruhen und regelrechte Aufstände ausgebrochen; die Nationalgarde hatte ein Zentralkomitee gebildet, das mit den Sektionen der Internationale in Verbindung stand und in dem die Forderung nach Wahl einer Kommune *(Commune)* erhoben wurde. Nur mit Mühe konnte Jules Ferry einen regelrechten Aufstand niederschlagen. Nach zwei ebenso vergeblichen wie verlustreichen Ausbruchsversuchen bei Champigny und Buzenval trat Trochu zurück. Sein Nachfolger Vinoy mußte Ende Januar einen erneuten Aufstand niederschlagen. Wenige Tage, nachdem Wilhelm I. in der Spiegelgalerie *(galerie des glaces)* von Versailles zum Deutschen Kaiser ausgerufen worden war (18. 1. 1871), suchte Jules Favre in Versailles bei Bismarck um einen Waffenstillstand nach.

Dieser wurde am 28. Januar 1871 für drei Wochen geschlossen, innerhalb derer das Land eine Nationalversammlung wählen sollte. Bismarck wollte den Frieden nur mit der legalen Vertretung des Volkes schließen. Die Wahl unter schwierigen

Umständen fand am 8. Februar 1871 statt. Das erschöpfte Land sehnte sich nach Frieden. Da Gambetta und seine republikanischen Anhänger den Krieg bis zum Äußersten forderten, wählte es mehrheitlich nicht die Republikaner, sondern die – Frieden versprechende – Rechte, das heißt die Monarchisten. Diese erhielten etwa 400 Sitze, die Republikaner nur etwas mehr als 200.

Die am 12. Februar in Bordeaux zusammengetretene Nationalversammlung wählte Jules Grévy zu ihrem Präsidenten und ernannte Adolphe Thiers zum »Chef der Exekutivgewalt der französischen Republik« *(chef du pouvoir exécutif de la République française)*, mit der ausdrücklichen Maßgabe, daß über die Staatsform damit nicht entschieden sei. Das Offenlassen dieser Entscheidung wurde in dem sogenannten »Pakt von Bordeaux« *(le pacte de Bordeaux)* festgelegt. Thiers bildete eine Regierung von den gemäßigten Republikanern bis zu den Monarchisten. Nach vier Tagen harter Verhandlungen mit Bismarck unterzeichnete er am 26. Februar 1871 den Vorfrieden von Versailles, der die Abtretung von Elsaß-Lothringen und eine Kriegsentschädigung von fünf Milliarden Franken vorsah.

Nach einer leidenschaftlichen Debatte stimmte die Versammlung von Bordeaux am 1. März 1871 der Ratifizierung zu, am gleichen Tag, an dem die deutschen Truppen in Paris defilierten. Der endgültige Friedensschluß erfolgte erst am 10. Mai 1871 in Frankfurt. Für die deutsche Seite brachte der Gewinn von Elsaß-Lothringen die Korrektur des Verlustes der alten Stammlande im 17. Jahrhundert – eine Korrektur, die durch ein historisch und sprachlich aufgefaßtes Nationalitätsprinzip legitimiert zu sein schien. Für Frankreich bedeutete die Abtretung dieser Gebiete den Verlust eines Landes, das, trotz seiner sprachlichen und historischen Sonderstellung, in der Zeit der Revolution und des Kaiserreichs ein integrierter Bestandteil der Nation geworden war. Der Gegensatz beider Auffassungen vom »Recht« auf Elsaß-Lothringen bewirkte, daß die Opposition zwischen Deutschland und Frankreich eine Konstante der europäischen Politik bis zum Ausbruch des nächsten Krieges 1914 blieb.

Der Friedensvertrag sah vor, daß die Bewohner der verlorenen Provinzen für die französische Staatsbürgerschaft optieren konnten, und mehr als 100 000 von ihnen machten davon Gebrauch und verließen ihre Heimat vor dem 1. Oktober 1872, vor allem aus der rein französischsprachigen Gegend um Metz. Diese war, entgegen dem von deutscher Seite vorgebrachten sprachlichen Nationalitätsprinzip, auf Druck des Militärs von dem im Grund widerstrebenden Bismarck eingefordert worden.

Die Kommune

Die revolutionäre Stimmung, die seit dem 4. September 1870 in Paris herrschte, wurde durch die Not während der Belagerung und die vergeblichen Versuche, den Ring um die Stadt zu durchbrechen, noch verstärkt. Daß es trotz aller Anstrengungen und trotz der großen Opfer zur Kapitulation gekommen war, konnten sich die Patrioten nur mit Verrat durch das kriegsmüde Bürgertum und die von diesem beherrschte Provinz erklären. Hinzu kam, daß die Nationalversammlung mit ihrer monarchistischen Mehrheit beschloß, sich in Versailles und nicht in Paris einzurichten, und daß sie mit einer Reihe von Maßnahmen direkt die aufrührerische Bevölkerung der Hauptstadt zu treffen schien, die bei den Wahlen vom 8. Februar 1871 mehrheitlich »republikanisch und patriotisch« gewählt hatte. So kam es zum Zweckbündnis der gemäßigten Republikaner unter Thiers mit den Monarchisten der Nationalversammlung in Versailles und zum Bruch zwischen diesen Kräften und den revolutionären Republikanern in Paris.

Die Nationalgarde bildete die machtpolitische Stütze der Hauptstadt und ihre bewaffneten Bataillone organisierten sich zu einem Zusammenschluß *(fédération)* während der Wahlvorbereitung. Sie besaß von der Belagerung her eine große Zahl leichter Waffen, aber auch über 200 Kanonen. In den Stadtbezirken entstanden revolutionäre Ausschüsse, die sich mit der Nationalgarde zu einem »Zentralkomitee« *(Comité central)* zusammenschlossen. Den legalen Befehlshabern am Ort entglitt immer mehr die Macht gegenüber diesen neu entstandenen

Zentralinstanzen in Paris. Deren Forderungen liefen auf die Bildung einer »direkt« vom Volk gewählten Stadtherrschaft, der »Kommune« (Commune), hinaus.

Die revolutionäre Stimmung verstärkte sich in den ersten Märzwochen; Clemenceau scheiterte am 10. März bei dem Versuch, die von der Nationalgarde auf Montmartre zurückgehaltenen Kanonen abzutransportieren. Als Thiers, von Bordeaux kommend, in Versailles eintraf, rief er einen Kriegsrat zusammen, der beschloß, mit Gewalt die Geschütze einzuholen. Als die regulären Truppen am 18. März anrückten, kam es zu Verbrüderungsszenen mit der Menge, und die Soldaten mußten zurückgezogen werden. Die Generäle Lecomte und Thomas aber wurden von den Aufständischen erschossen. Dies war für Thiers der Anlaß, die Stadt zu räumen und sie den Revolutionären zu überlassen, um sie dann von außen wieder zu erobern. So kam es unter den Augen der noch immer um Paris liegenden deutschen Truppen zu einer erneuten Belagerung der Stadt.

Verhandlungen zwischen dem Zentralkomitee in Paris, das Wahlen vorbereiten ließ, und der Regierung in Versailles, die sich dem widersetzte, scheiterten; an diesen Wahlen in Paris am 26. März 1871 nahm nur etwa die Hälfte der Wahlberechtigten teil: Die wohlhabenderen Schichten hatten die Stadt wegen der revolutionären Situation verlassen. Die Stadtversammlung (Assemblée municipale), die am 29. März die Bezeichnung »Kommune« (Commune) annahm, war von den gemäßigten Abgeordneten verlassen worden, und es blieben die Radikalen aller Schattierung zurück: Jakobiner wie Delescluze, die in der Tradition Robespierres standen, Anhänger Blanquis, der, kurz zuvor verhaftet, selbst an dem Aufstand nicht teilnehmen konnte, Vertreter des internationalen Sozialismus, die eine kleine, aber homogene Gruppe um den Buchbinder Varlin bildeten. In der Minderheit waren die Anhänger der Nationalgardenföderation und die autonomen Sozialisten, darunter der Journalist Jules Vallès (1832–1885), der später in seinem autobiographischen Jacques Vingtras eine ergreifende Schilderung der Kommune gegeben hat; der Maler Gustave Courbet spielte in der Kulturpolitik der Kommune keine geringe Rolle. Wie sich denken läßt, waren die Vertreter der verschiedenen linken Richtungen in sich zerstritten, weniger auf programmatischem Gebiet als im Bereich der Umsetzung ihrer Vorstellungen in die Praxis.

In einer fast einstimmig angenommenen Erklärung vom 19. April wurde, um die übermäßige Zentralisierung im zweiten Kaiserreich zu beenden, die Übertragung der für Paris errungenen Freiheiten auf die Städte und Gemeinden Frankreichs gefordert. Während der nicht einmal zwei Monate ihres Bestehens gelang es der Kommune, die sich als Volksvertretung für ganz Frankreich verstand, ihre Ideen im Ansatz zu entwerfen: Die Trennung von Staat und Kirche wurde von Maßnahmen gegen den Klerus begleitet; Abschaffung der Wehrpflicht und der stehenden Armee, die durch eine Volksmiliz ersetzt werden sollte. Von Courbet stammte der Gedanke einer Liberalisierung der Kunst. Vor allem aber sollte ein kostenloses, verbindliches und laizistisches Schulwesen auch für Mädchen und mit pädagogischen Reformen eingeführt werden. Soziale Maßnahmen galten dem Schutz der Mieter und kleinen Handeltreibenden; leerstehender Wohnraum konnte beschlagnahmt werden. Sollte eine Reihe von Verordnungen wie beispielsweise das Nachtarbeitsverbot für Bäcker das Los besonders hart getroffener Berufszweige unmittelbar erleichtern, so war es langfristig das Ziel der Kommune, über die Arbeiterverbände städtische Unternehmen und bei den von den Besitzern verlassenen Fabriken die Arbeiterselbstverwaltung in Form von Kooperativen einzuführen. Wenn es wegen der Kürze der Zeit auch nicht zu vielen Verwirklichungen kam, so war die Absicht klar, »die Arbeit frei zu machen«, wobei ausdrücklich die Gleichwertigkeit der Frauenarbeit anerkannt wurde. Das Programm der Kommune, auch wenn es zunächst kaum erprobt werden konnte, wies in vielen Punkten in die Zukunft.

Das Scheitern der Kommune rührte von ihrer eigenen Zerrissenheit und von der Entschlossenheit ihrer Gegner her. Während in Paris der Sieg des Volkes gefeiert wurde, während sich die öffentliche Meinung in revolutionären Zeitungen wie Vallès' *le Cri du peuple* oder in dem *le Père Duchêne* artikulierte, während die Säule auf dem Vendôme-Platz als »Symbol des Militarismus« zerstört wurde, fand die Kommune wenig

Echo in Frankreichs Provinz. Nur in Marseille und Lyon kam es kurzfristig zu Aufständen. Die Errichtung eines Wohlfahrtsausschusses am 1. Mai 1871 in Paris *(Comité de salut public)* rief bei einer Minderheit von Abgeordneten die Erinnerung an die Zeit des Terrors und der Diktatur Robespierres wach; 22 verließen am 15. Mai die Versammlung.

In einer derart angespannten Lage konnte es nicht ausbleiben, daß sich Terror und Gegenterror wechselseitig verstärkten: Am 5. April waren zwei angesehene Anhänger der Kommune erschossen worden. Daraufhin kam es zu dem »Geiselerlaß« *(décret des otages)*, der für jeden erschossenen Kommunarden die Hinrichtung von drei Geiseln androhte. Unter den Geiseln selbst befanden sich zahlreiche Priester, darunter der Erzbischof von Paris Darboy.

Die »Blutwoche«

Die Nationalgarde in Paris erwies sich als undiszipliniert, die Befehlshaber waren zerstritten, ein Ausbruchsversuch gegen Versailles scheiterte kläglich. Nachdem die Regierungstruppen Anfang Mai bereits einige der Forts um Paris einnehmen konnten, drangen sie am 21. Mai an der Porte de Saint-Cloud in die Stadt ein. Eine ganze Woche hielt der mörderische Kampf um jede Barrikade an; die Tuilerien, die Gebäude des Staatsrats, des Rechnungshofs und schließlich das Rathaus selbst gingen in Flammen auf. Delescluze fiel im Kampf; als die Regierungstruppen mit Massenerschießungen ohne Urteil begannen, wurde auf der Seite der Kommune neben zahlreichen anderen Geiseln auch der Erzbischof hingerichtet. Die letzten Kommunarden leisteten an dem Friedhof Père-Lachaise Widerstand, wo die »Mauer der Föderierten« *(le mur des fédérés)* noch heute an das Blutbad erinnert und ein Wallfahrtsort der Linken ist. Marschall Mac-Mahon schätzte die Zahl der Opfer unter den Anhängern der Kommune auf 17 000; vermutlich lag sie noch höher. Die Kriegsgerichte urteilten hart: 93 Todesurteile, von denen 23 vollstreckt wurden, 251 Urteile auf Zwangsarbeit; 4500 Kommunarden wurden nach Neukaledonien deportiert.

In der Blutwoche des Mai 1871 verfaßte Eugène Pottier, Arbeiter und Mitglied der Kommune, den Text der »Internationale«.

Während Sozialisten und Kommunisten in der Kommune die erste »ihrer« Revolutionen sehen, neigt die Geschichtsschreibung eher dazu, sie an das Ende der radikalrepublikanischen Revolutionen zu setzen, die mit dem 10. August 1792 begonnen hatten. Die Niederschlagung der Kommune bedeutete jedenfalls einen Sieg für die liberalrepublikanischen Kräfte, die, nun von den revolutionären Elementen getrennt, endlich an den Aufbau einer gemäßigten Republik gehen konnten, die sie schon 1830 und 1848 angestrebt hatten. Aber auch wenn die Kommune von den bürgerlichen Kräften besiegt war, blieb ihr Mythos, von dem die Linke bis in die Gegenwart zehrt, lebendig.

Die Präsidentschaft von Thiers

In der Nationalversammlung, die aus den Wahlen vom 8. Februar 1871 hervorgegangen war, dominierten mit 400 von 645 Sitzen die Monarchisten. Das Land hatte in seinem Verlangen nach Frieden und Ordnung konservativ gewählt. Aufgrund des Wahlmodus der Listenwahl auf Départementsebene waren jedoch immer wieder Nachwahlen notwendig, an deren Ergebnissen sich die Veränderung der politischen Stimmung erkennen ließ. Die ersten umfangreichen Nachwahlen im Juli 1871 – in 47 Départements waren 114 Abgeordnete zu wählen – erbrachten das überraschende Resultat, daß die Niederschlagung der Kommune nicht, wie von den Monarchisten erwartet, zu einem verstärkten Ruck nach rechts führte; im Gegenteil: Die Republik, die die Ordnung in Paris wiederhergestellt hatte, setzte sich durch und ihre Anhänger gewannen 100 der freigewordenen Sitze. Gambetta zog als Abgeordneter von Paris in die Nationalversammlung ein und stärkte die republikanische Linke gegen den gemäßigten Thiers. Auch die folgenden Nachwahlen bis 1875 erbrachten günstige Ergebnisse für die Republikaner.

Die monarchistische Mehrheit war gespalten in Anhänger des Hauses Bourbon *(les légitimistes)* und des Hauses Orléans *(les orléanistes)*. Der Graf von Chambord (1820–1883) aus der ›legitimen‹ Linie, Enkel Karls X., hatte keine Nachkommen, und die Orleanisten waren bereit, ihn anzuerkennen, sofern nach seinem Tod ihr Anwärter auf den Thron käme. Eine Einigung beider Linien wäre unter diesen Umständen möglich gewesen, wenn der Bourbone sich bereit erklärt hätte, die Errungenschaften der Revolution, insbesondere die Souveränität des Volkes, anzuerkennen. Er beharrte jedoch kompromißlos auf seinem »göttlichen Recht« und forderte als dessen Ausdruck die Wiedereinführung der weißen Fahne der Bourbonen statt der Trikolore. Von einem parlamentarischen System, dem die Orleanisten anhingen, war in seinem Manifest vom 5. Juli 1871 nicht die Rede. So war der Versuch einer Restauration der Monarchie zunächst an der Uneinigkeit ihrer Anhänger gescheitert, und Thiers konnte weiter auf die Konsolidierung der Republik hinwirken.

Als erster Schritt auf diesem Weg kann das »Gesetz Rivet« *(la loi Rivet)* angesehen werden, durch das Thiers am 31. August 1871 offiziell der Titel eines »Präsidenten der Republik« *(Président de la République)* zuerkannt wurde. Auch wenn sich die Nationalversammlung ausdrücklich das Recht der Verfassungsgebung vorbehielt, die Institutionen als provisorisch und Thiers als vor ihr verantwortlich bezeichnete, stärkte die Fortdauer des provisorischen Zustands die Chancen der Republik.

Zu den Erfolgen von Thiers gehörte die vorzeitige Räumung des Landes von den deutschen Besatzungstruppen im September 1873. Bismarck, der Thiers als Verhandlungspartner schätzte, hatte sich dazu bereit erklärt, sofern die vereinbarte Kriegsentschädigung von fünf Milliarden Franken geleistet wäre. Frankreich brachte den Betrag durch Anleihen auf, die, vielfach überzeichnet, den Reichtum und die ungebrochene wirtschaftliche Stärke des Landes verdeutlichten.

Der Krieg 1870/71 hatte die Unterlegenheit der französischen Berufsarmee samt Nationalgarde gegenüber der preußischen Armee von Wehrpflichtigen gezeigt. Zudem waren das allgemeine Wahlrecht und die Wehrpflicht eine Voraussetzung für die Gleichheit in der Republik. Die Vorstellung der Armee als »Schule der Nation« wurde auch in Frankreich vertreten. Das Armeegesetz *(loi militaire)* vom Mai 1872 trug dieser Idee – mit Einschränkungen – Rechnung. Da aber nicht alle Wehrpflichtigen für den fünfjährigen Dienst benötigt wurden, hatte nach Losentscheid ein Teil der Rekruten nur ein Jahr zu dienen. Nach preußischem Vorbild wurde die Einrichtung der Einjährig-Freiwilligen für die Söhne des Bürgertums geschaffen, die für einen Teil ihrer Ausrüstung selbst aufkommen mußten. Eine tatsächliche Gleichbehandlung war aufgrund zahlreicher Ausnahmen von der Wehrpflicht zum Beispiel für Professoren, Priester usf. nicht gegeben. Zu den Ergebnissen der Armeereform gehörte schließlich auch die Auflösung der Nationalgarde, die durch die Wehrpflicht aller Bürger ihre Daseinsberechtigung verloren hatte.

Auch nach dem Sturz von Thiers wurde das Werk der militärischen Erneuerung zielstrebig fortgesetzt: Schaffung einer Reservearmee *(la territoriale)*, Erneuerung des Kriegsgeräts, insbesondere der Artillerie, Aufbau eines Systems von Befestigungen im Osten, Gründung der Kriegsschule *(Ecole de guerre, 1875)*. In verhältnismäßig kurzer Zeit konnte Frankreich in einer einmütigen nationalen Anstrengung die Folgen der Niederlage von 1870/71 überwinden.

Auf wirtschaftlichem Gebiet blieb Thiers der Tradition treu. Fachleute wiesen auf die Notwendigkeit einer Einführung der sozial gerechten direkten Einkommensteuer hin, wie sie in anderen Ländern schon üblich war. Aber Thiers sah in der Verpflichtung des Bürgers, seine Einkünfte offenzulegen, eine »sozialistische« Maßnahme und erhöhte stattdessen die indirekten Verbrauchssteuern. Zugleich setzte er der kurzen Epoche des Freihandels während des Zweiten Kaiserreichs ein Ende und kehrte zu dem System der Schutzzölle zurück. Seine konservative Wirtschaftspolitik kam den bürgerlich-besitzenden Schichten entgegen, die seit Anfang des Jahrhunderts in Frankreich tonangebend waren.

Wie konnte es, trotz aller Erfolge, am 24. Mai 1873 zum Sturz von Thiers kommen? Die konservative Mehrheit der Versammlung unter Anführung des Herzogs von Broglie warf ihm vor, in seiner Politik offen für die Republik als Staatsform einzutreten: »Die Republik besteht. Sie ist die legale Regierung des

Landes«, hatte Thiers im November 1872 in einer Botschaft an die Versammlung erklärt. Dies bedeutete den Bruch des Paktes von Bordeaux, nach dem die Entscheidung über die zukünftige Staatsform Frankreichs nicht gefällt werden sollte. Zusätzlich warfen die Gegner in der Versammlung, die nach dem Tod Napoleons III. (9. 1. 1873) noch durch die Bonapartisten verstärkt wurden, Thiers und seinen Anhängern vor, daß sie die Fortschritte der »Radikalen« *(les radicaux)*, also der linken Republikaner um Gambetta, nicht verhindern konnten. Den Ausschlag gab schließlich der Wahlsieg des radikalen ehemaligen Bürgermeisters von Lyon Barodet Ende April 1873 in Paris. Die rechte Presse sprach von einer wiedererstandenen »legalen Kommune« *(Commune légale)*. 320 Abgeordnete der Versammlung forderten von Thiers eine »entschieden konservative Politik« *(une politique résolument conservatrice)*. Thiers dagegen ließ ein Gesetz einbringen über die endgültige Organisation der Republik. In der Abstimmung mit 348 gegen 362 Stimmen in der Minderheit, hätte Thiers nicht als Präsident zurücktreten müssen, tat dies jedoch aus Rücksicht gegenüber den Gepflogenheiten des Parlamentarismus (24. 5. 1873).

Die Präsidentschaft Mac-Mahons

Noch am Abend des Tages, an dem Thiers zurücktrat, wählte die Versammlung Marschall Mac-Mahon (1808–1893) zum Präsidenten. Mac-Mahon, der sich im Krimkrieg bei Malakoff (1855) und in Italien bei Magenta (1859) ausgezeichnet hatte und mit Napoleon III. bei Sedan in deutsche Gefangenschaft geraten war, erklärte zum Ziel seiner Politik die Aufrechterhaltung von Moral und Ordnung, die er bedroht sah. Er beauftragte den Herzog von Broglie mit der Bildung eines Kabinetts, das die monarchistische Mehrheit der Versammlung widerspiegelte. Mit dem Regierungswechsel ging eine Säuberung in den oberen Rängen der Verwaltung einher; nicht weniger als 25 Präfekte wurden ausgewechselt. Eine Woge der Reaktion kam über das Land. Sie wurde nicht zuletzt getragen von dem zusammen mit dem Monarchismus wiedererstarkten Katholizismus.

Auf die Frage nach den Ursachen für die Niederlage von 1870/71, die das Selbstwertgefühl der Nation zutiefst getroffen hatte, gaben die französischen Katholiken die Antwort, daß in dem Geschehen der Wille Gottes zum Ausdruck komme, Frankreich für seine Vergehen zu züchtigen. Die Niederlage und die Kommune stellten demnach Strafen dar für den Abfall von Gott, der in dem oberflächlichen und sittenlosen Fest des Kaiserreichs und in dem Rückzug der französischen Truppen aus dem Kirchenstaat (1870), den das Papsttum dadurch verlor, zum Ausdruck kam. Pius IX. (Papst 1846–1878) war zunächst als Vertreter demokratischer Vorstellungen in Italien populär gewesen, hatte sich aber nach den Erfahrungen von 1848 immer stärker zum Vertreter der Ordnung und gegen Liberalismus, Revolution, Laizismus und Sozialismus gewandelt. Die Dogmen der unbefleckten Empfängnis (1854) und der Unfehlbarkeit des Papstes ex cathedra (1870) aber insbesondere der *Syllabus* (1864), das heißt der Katalog der – nach Ansicht des Papstes – Irrlehren der modernen Welt, zu denen auch Rationalismus und Liberalismus gehörten, sind Ausdruck dieser kirchlichen Reaktion. Die französischen Katholiken versuchten, durch Wallfahrten (nach Chartres, Lourdes, Paray-le-Monial) und durch die Erbauung der Basilika von Sacré-Coeur auf Montmartre Sühne zu leisten für den Abfall von Gott. Ohne dieses Wiedererstarken des politischen Katholizismus ist die tiefe Spaltung des Landes in den folgenden Jahrzehnten in Rechte = Monarchisten und Katholiken und Linke = Republikaner, Liberale und später Sozialisten nicht zu verstehen.

Broglie ging zunächst gegen die republikanische Presse vor; die Feste zum 14. Juli wurden untersagt; die Büsten der Marianne als Sinnbilder der Republik hatten aus den Rathäusern zu verschwinden; nichtreligiöse Beerdigungen wurden verboten; schließlich wurde die Wahl der Bürgermeister in den kleineren Gemeinden wieder aufgehoben, und die Präfekten erhielten das Recht, diese Ämter überall mit Leuten ihrer Vorstellung zu besetzen. Die ungeschickten und brüsken Maßnahmen provozierten die Reaktion von seiten der Republikaner und fanden auch bei den gemäßigten Orleanisten kein günstiges Echo.

Der gescheiterte Versuch, die Monarchie wieder einzuführen

Da Mac-Mahon als Präsident der Republik es ablehnte, offiziell an den Thronanwärter, den Grafen von Chambord, heranzutreten, übernahmen es einige legitimistische Abgeordnete, bei diesem, der in Österreich im Exil lebte, vorzufühlen. Aus langen Gesprächen mit ihm am 14. Oktober 1873 glaubte Chesnelong, der Sprecher der Legitimisten, zu erkennen, daß der Thronanwärter Entgegenkommen zeige. Auf seinen Bericht hin trafen die Monarchisten in Paris Vorbereitungen für die Wiedereinführung der Monarchie. Aber am 29. Oktober ließ der Graf von Chambord einen Brief veröffentlichen, in dem er erklärte, er wolle seine Herrschaft nicht mit einem »Akt der Schwäche« beginnen; er lehnte alle Konzessionen und Garantien ab, da es nicht um seine Person, sondern um das Prinzip ginge. Broglie nutzte die günstige Situation aus, um das Mandat des Präsidenten Mac-Mahon durch Gesetz (20. 11. 1873) auf sieben Jahre zu verlängern. So kam es, daß eine mehrheitlich monarchistische Versammlung die noch heute gültige und umstrittene Einrichtung des »Septennats« *(le septennat)* schuf. Während der Verhandlungen über dieses Gesetz war der Graf von Chambord heimlich nach Versailles gereist, in der vergeblichen Hoffnung, Mac-Mahon und die Versammlung würden ihn zum König ausrufen. So endete der an sich aussichtsreiche letzte Versuch, die alte Monarchie der Bourbonen wieder einzuführen; er scheiterte an der Unfähigkeit ihres Repräsentanten, sich den neuen politischen Erfordernissen anzupassen. Frankreich aber blieben die Spannungen einer überlebten Fürstenherrschaft erspart, und da die Versammlung gleichzeitig beschlossen hatte, einen Ausschuß für die »Verfassungsgesetze« *(les lois constitutionnelles)* zu bilden, trug das Scheitern des Bourbonen dazu bei, der Republik den Weg zu ebnen.

Die Verfassungsgesetze

Broglie wurde am 16. Mai 1874 durch ein Zusammenwirken der extremen Rechten mit der extremen Linken gestürzt; ein neues Kabinett um den Kriegsminister General de Cissey und den Außenminister Decazes stützte sich auf die gemäßigte Rechte, die aber angesichts des steigenden Einflusses der Bonapartisten bereit war, mit der gemäßigten Linken zusammenzuarbeiten. Dies erwies sich insofern als notwendig, als die Versammlung endlich an ihre eigentliche Aufgabe, die Ausarbeitung einer Verfassung gehen mußte, wollte sie nicht Gefahr laufen aufgelöst zu werden. Selbst Gambetta, der Wortführer der Republikaner, war zu Kompromissen wie der Einrichtung eines Zweikammersystems bereit, nachdem sich die gemäßigte Rechte ihrerseits geneigt zeigte, nach dem Scheitern des Versuchs, wieder die Monarchie einzuführen, die Republik zu akzeptieren.

Die Mehrheiten waren äußerst knapp und eine einzige Stimme brachte den Sieg der Republik: Nachdem am 29. Januar 1874 der Antrag »Die Regierung der Republik setzt sich aus zwei Kammern und einem Präsidenten zusammen« keine Mehrheit gefunden hatte, wurde am 30. Januar 1875 der »Abänderungsantrag Wallon« *(l'amendement Wallon)* über die Wahl des Präsidenten mit 353 zu 352 Stimmen angenommen: »Der Präsident der Republik ... wird vom Senat und von der Abgeordnetenkammer gewählt.« Dieser Antrag des Abgeordneten Wallon wird als die eigentliche Geburtsstunde der Republik angesehen.

In schwierigen Verhandlungen insbesondere über die zweite Kammer, den Senat, beschloß die Versammlung 1875 drei Verfassungsgesetze: am 24. Februar das Gesetz über den Senat, am 25. Februar über den Aufbau der Staatsorgane *(l'organisation des pouvoirs publics)* und am 16. Juli das Gesetz über das Verhältnis der Staatsorgane zueinander *(les rapports des pouvoirs publics)*. Die Verfassungsgesetze von 1875 stellen in ihrer Ausgewogenheit das Werk der Orleanisten dar, denen sich die gemäßigten Republikaner anschlossen. Die Gesetze waren knapp gehalten, so daß immer eine Möglichkeit der Interpretation bestand, und befaßten sich im wesentlichen nur mit der

Funktion der Staatsorgane. Es fehlte ihnen, was zu einer modernen Verfassung gehört: die Darstellung der Staatsziele, der Grundsätze und der Menschenrechte. Bei den gegebenen Mehrheiten in der Versammlung wäre es aber schwierig gewesen, hier zu einem Konsens zu gelangen. So kommt es, daß die am längsten, bis Juli 1940, gültige Verfassung des modernen Frankreich in ihrer Unvollständigkeit ein Provisorium blieb.

Die Exekutive war in dieser Verfassung vertreten durch den Präsidenten der Republik *(le président de la République)*; er wird für sieben Jahre von Senat *(le Sénat)* und Abgeordnetenkammer *(la Chambre des députés)* gewählt und besitzt Rechte eines konstitutionellen Monarchen wie beispielsweise das Begnadigungsrecht und das Recht, Verträge abzuschließen. Er ernennt die Minister und die Beamten, er kann in beiden Kammern Gesetzesvorschläge einbringen, er verkündet die Gesetze. Er beruft die Versammlungen ein und schließt die Sitzungsperiode. Vor allem aber besitzt er das Recht, in Übereinstimmung mit dem Senat die Abgeordnetenkammer aufzulösen. Er ist gegenüber den Versammlungen nicht verantwortlich, aber alle seine Handlungen bedürfen der Gegenzeichnung durch einen Minister. Die Rechte des Präsidenten der Republik sind also außerordentlich weit gefaßt. Allerdings wurden sie in der Verfassungswirklichkeit wieder eingeschränkt: Nur Mac-Mahon selbst löste einmal die Kammer auf; nach ihm nahm kein Präsident der Dritten Republik mehr dieses Recht in Anspruch. In der Verfassung war auch nicht die Rede von einem Ministerpräsidenten, der ein Gegengewicht zum Präsidenten abgegeben hätte. Aber schon 1876 nahm Dufaure diese Bezeichnung *(président du Conseil)* an, wodurch der Präsident als nicht zum Kabinett gehörig angesehen wurde.

Die Legislative bestand aus den beiden gleichberechtigten Kammern. Die Mitglieder des Senats mußten mindestens 40 Jahre alt sein: Ein Viertel der 300 Senatoren hatte einen festen Sitz wie die früheren Pairs; die übrigen waren von einem Wahlkollegium aus Vertretern der Gemeinde-, Stadt-, Kreis- und Départementsräte zu wählen. Alle drei Jahre wurde ein Drittel der Senatoren neu gewählt. Durch seine Zusammensetzung kam es, daß der Senat konservativer und mehr von der Provinz bestimmt war als die Abgeordnetenkammer. Diese war nach dem allgemeinen Wahlrecht zu wählen; als Wahlmodus wurde im November die Mehrheitswahl in Wahlkreisen mit zwei Wahlgängen *(scrutin uninominal à deux tours)* angenommen. Plebiszitäre Elemente, also die direkte Willensäußerung des Volkes, waren von der konservativen Mehrheit der Versammlung bei der Ausarbeitung der Verfassung vermieden worden. Die starke Stellung des Präsidenten und des Senats, der gegenüber der Kammer sogar einige Vorrechte besaß – er konnte die Rolle eines Hohen Gerichtshofs übernehmen, seine Geschäftsstelle war federführend im Falle der Zusammenarbeit beider Versammlungen als *Assemblée nationale* zur Präsidentenwahl oder zur Verfassungsänderung –, ließ nicht vermuten, daß sich allmählich doch die Kammer durchsetzen würde. In der Dritten Republik entwickelte sich jedoch im Verlauf der Zeit eine Vorherrschaft der Versammlung. Sie hatte das vornehmlich ihrem Kampf gegen den Präsidenten Mac-Mahon zu verdanken.

Die Wahlen von 1876 und die Krise des 16. Mai 1877

Die Uneinigkeit der Rechten hatte bewirkt, daß sich bei den Wahlen zum Senat im Januar 1876 Konservative und Republikaner in etwa die Waage hielten. Bei den Legislativwahlen zur Kammer am 20. Februar und 6. März 1876 kam es zu einem großen Sieg der Republikaner, die 360 Sitze gewannen, während auf die Konservativen nur 160 Sitze fielen, von denen obendrein noch etwa 75 von Bonapartisten eingenommen wurden. Obwohl das Stimmenverhältnis von vier Millionen Republikanern gegen etwa 3,2 Millionen Konservative keinen allzu großen Unterschied in der Stärke beider Lager erkennen ließ, bewirkte der Wahlmodus, daß eine klare Mehrheit zustande kam. Zum ersten Mal in diesem Jahrhundert hatte das allgemeine Wahlrecht den Anhängern der Republik die Mehrheit gebracht.

Neben der Konstituierung der Republik schälte sich in dieser Zeit immer deutlicher das Problem heraus, das die französische Innenpolitik bis in den Beginn des folgenden Jahrhunderts beherrschen sollte: die Trennung von Staat und Kirche. In Jules Ferry und Gambetta auf der einen Seite und Broglie und Dupanloup (1802–1878, ab 1849 Bischof von Orléans) auf der anderen standen sich die Protagonisten gegenüber. Im Juli 1875 errang die katholische Partei einen letzten Sieg, als ein von einem liberalen Abgeordneten eingebrachtes Gesetz »freie« Hochschulen ermöglichte. In den folgenden Jahren kam es dann sehr schnell zu der Gründung der fünf katholischen Universitäten: Paris (1876), Lille und Angers (1877), Lyon und Toulouse (1878). Nicht mit allen Fakultäten ausgestattet, sind es noch heute lebendige Hochschulen, an denen insgesamt etwa 16 000 (1984) Studenten eingeschrieben sind.

Obwohl einige Bischöfe davor warnten, die Kirche in den politischen Kampf zu verwickeln, und die Ansicht vertraten, daß das religiöse Interesse »über und außerhalb den Parteien« läge, versuchte die Mehrzahl der Bischöfe, die gesellschaftlichen und religiösen Fragen zu verbinden. Sie trafen auf Widerstand in der Kammer, vor allem bei Gambetta, der seine Hauptargumente aus dem fortschrittsfeindlichen *Syllabus* des Papstes zog. Über diese Auseinandersetzungen kam es schließlich zum Sturz des Ministeriums von Jules Simon, der im Dezember 1876 Dufaure als Ministerpräsident gefolgt war. Simon hatte den Unwillen der Katholiken erregt, als er in einem Rundschreiben jegliche Propaganda für die weltliche Macht des Papstes, also den Kirchenstaat, untersagte. Beide Seiten, laizistische Republikaner und Katholiken, lieferten sich immer heftigere Wortgefechte, in deren Verlauf Gambetta einmal die Formulierung gebrauchte: »Der Klerikalismus, das ist der Feind!« (*Le cléricalisme: voilà l'ennemi*) Als Jules Simon der republikanischen Agitation nicht genügend Widerstand zu leisten schien, verlangte Mac-Mahon am 16. Mai 1877 von ihm schließlich eine Erklärung. Schon am folgenden Tag trat Jules Simon zurück. Der Konflikt zwischen dem der Kammer nicht verantwortlichen Präsidenten und dem ihr verantwortlichen Ministerpräsidenten war damit offen zu Tage getreten. Es ging um die Frage, ob die persönliche Regierungsweise des Präsidenten oder das Parlament mit dem von ihm unterstützten Ministerpräsidenten die Exekutive lenken solle.

Der Konflikt zwischen dem Präsidenten und der Volksvertretung bis zum Rücktritt Mac-Mahons

Wie vier Jahre zuvor kam es zu einer Union der Rechten unter Broglie, zu der die rechten Orleanisten, die Legitimisten und eine Reihe Bonapartisten zählten. Während der bonapartistisch gesonnene Innenminister mit zahlreichen autoritären Maßnahmen die öffentliche Meinung zu beeinflussen suchte und nicht weniger als 77 der 87 Präfekte ihres Amtes enthob, veröffentlichten die republikanischen Abgeordneten eine Erklärung, derzufolge eine Regierung nur nach einem Mißtrauensvotum im Parlament abgelöst werden könne. Zur Bekräftigung ihrer Ansichten brachten sie am 16. Juni 1877 einen Mißtrauensantrag gegen die Regierung Broglie ein, der mit 363 zu 158 Stimmen angenommen wurde. In diesem schweren Verfassungskonflikt zwischen Präsident und Volksvertretung entschloß sich Mac-Mahon, bei dem Senat das Recht der Auflösung der Kammer zu beantragen. Nachdem dieser sich mit 149 zu 130 Stimmen einverstanden erklärt hatte, löste der Präsident am 25. Juni 1877 die Kammer auf und setzte Neuwahlen auf den Oktober an.

Neben dem rein verfassungsmäßigen Kampf zwischen dem Präsidenten, der sich als unabhängige Kraft im Staate verstand, und dem Parlament, das eine von seinem Vertrauen abhängige Regierung wünschte, standen sich zwei Vorstellungen von der Zukunft Frankreichs gegenüber: auf der einen Seite das katholische, konservative Land, das sich auf die lange Tradition der Verbindung von weltlicher und geistlicher Macht stützte, und auf der anderen das fortschrittliche Frankreich der Revolution, das die Grundsätze von 1789 endlich in die politische Wirklichkeit umsetzen wollte. Beide Seiten zogen die Trennungslinie zum gegnerischen Lager: Die Konservativen erklärten, daß ein Sieg der Republikaner ein Sieg der Gegner der Religion sei, und die Republikaner malten die Gefahr einer Herrschaft der Priester an die Wand. Während sich die Regierung neben dem Propagandaapparat von Kampfschriften und Zeitungen auf repressive Maßnahmen gegen unliebsame Bürgermeister und Beamte, gegen Freimaurerlogen und Versammlungsorte verließ, vertrauten die Republikaner, die die eigenen Anhänger zur Zurückhaltung aufriefen, auf ihre zahlreichen Zeitungen. Interessanterweise fanden die Anhänger der Republik auch Unterstützung bei Bismarck, der gerade im »Kulturkampf« gegen den politischen Katholizismus in Deutschland stand und der die größere potentielle Gefahr von der französischen Rechten ausgehen sah.

Da beide Lager ihren jeweiligen Kandidaten des Wahlkreises geschlossen unterstützt hatten, brachten die Wahlen schon im ersten Wahlgang am 14. Oktober 1877 ein deutliches Ergebnis. Nach dem zweiten Wahlgang am 28. Oktober stand fest, daß die Anhänger der Republik entgegen ihren Erwartungen Einbußen erlitten, aber dennoch die Mehrheit behalten hatten: Sie errangen 321 Sitze gegen 208 Sitze der Konservativen, die 60 hinzugewinnen konnten. Allerdings waren unter ihnen nicht weniger als 104 Bonapartisten und etwa 50 Legitimisten. Die an sich liberalen und parlamentarisch gesonnenen Orleanisten waren in der Koalition mit den reaktionären Kräften weitgehend untergegangen. Im Vergleich zu den Wahlen im vorangegangenen Jahr blieb das Verhältnis der beiden Stimmblöcke etwa konstant: 4,2 Millionen Republikanern standen 3,6 Millionen Konservative gegenüber, ein Zeichen dafür, wie tief der Riß reichte, der das Land spaltete.

Präsident Mac-Mahon dachte angesichts des Wahlsiegs der Republikaner zunächst daran, die Kammer ein zweites Mal aufzulösen; aber der Präsident des Senats erklärte, daß dieser seine von der Verfassung geforderte Zustimmung nicht geben würde. Einem Übergangskabinett von Fachministern erteilte die Kammer nicht ihr Vertrauen. Schließlich gab der Präsident nach und ließ Dufaure ein Kabinett der linken Mitte bilden, das die Kammer akzeptierte. In einer Botschaft erklärte der Präsident, daß das Recht zur Auflösung der Kammer nicht als Regierungsmethode hergenommen werden könne und daß die Verfassung von 1875 eine parlamentarische Republik eingeführt habe. Diese Erklärung bedeutete eine Veränderung in seiner politischen Richtung.

Bei den Gemeinderatswahlen im Januar 1878 setzten die Anhänger der Republik ihren Vormarsch fort. Die Entscheidung fiel am 5. Januar 1879, als bei der Neuwahl zu dem frei werdenden Drittel der Senatssitze die Relation zwischen der bisherigen konservativen Mehrheit und der republikanischen Minderheit umgekehrt wurde. Unter dem Eindruck dieser Veränderung der politischen Gewichte forderte die Kammer von dem Präsidenten eine entschiedener republikanische Politik. Dufaure legte ihm eine Liste derjenigen – konservativen – höheren Beamten und Militärs vor, die aus dem Dienst auszuscheiden hätten. Während Mac-Mahon bei den Beamten keine Einwände erhob, weigerte er sich, bei den Generälen, seinen Kameraden, einzugreifen. Als Dufaure daraufhin mit dem Rücktritt drohte, begriff der Präsident seine Lage und trat seinerseits zurück (30.1.1879). Noch am Abend des gleichen Tages wählte der Kongreß aus Kammer und Senat den Republikaner Jules Grévy zum Nachfolger.

Dieses Ereignis bedeutete den endgültigen Sieg der Republik, deren oberste Institutionen nach der Verfassung von 1875 nun von ihren Anhängern eingenommen wurden. Sie bekräftigten ihren Erfolg mit symbolischen Akten: Die Marseillaise wurde zur Nationalhymne erklärt, und im Juli 1880 wählte die Republik den 14. Juli zum Nationalfeiertag, den ihre Gegner noch für lange Zeit ignorierten, der aber bei der Masse des Volkes auf eine breite Zustimmung stieß und mit Fröhlichkeit und Tanz auf Straßen und Plätzen gefeiert wurde. Die Republikaner waren sich ihrer Sache so sicher, daß sie 1880 endlich auch beschlossen, die Anhänger der Kommune zu amnestieren, von denen viele noch immer im Ausland lebten.

Welche Gründe lassen sich für das Scheitern der Restauration und den Sieg der Republik erkennen? Zunächst war die Wahl der monarchistischen Mehrheit in der Versammlung von 1871 das Ergebnis der Schockwirkung der Niederlage und entsprach dem Bedürfnis nach »sicheren« Verhältnissen. Sehr bald zeigte es sich, daß zwar die Versammlung monarchistisch, das Land es aber nicht war. Gegen die statische Gesellschaft der Notabeln drängten die bürgerlichen und kleinbürgerlichen Schichten, die die Chancen des sozialen Aufstiegs in der dynamischen Gesellschaft der Republik erkannten. Zu ihnen zählten auch große Bereiche der Provinz, in der sich durch die Wahl der Bürgermeister, der Gemeinde- und Départementsräte das Bewußtsein der eigenen politischen Möglichkeiten entwickelt hatte. Die Republik konnte obendrein Anhänger dadurch gewinnen, daß sie die nichtkirchliche, kostenlose Schule zu ihrem Ziel erklärte, die allen Schichten den Aufstieg durch Ausbildung, also Chancengleichheit bot. Die Arbeiterschaft dagegen fand nach der Niederlage der Kommune und den Unterdrückungsmaßnahmen der folgenden Jahre erst wieder ab 1876 zu neuen Organisationsformen. Nach ihrer Interessenlage entschied sie sich für die fortschrittlichsten Republikaner, die Radikalen *(les radicaux)*, auch wenn deren soziales Programm noch sehr vorsichtig formuliert war. In jedem Fall lag die Hoffnung der Arbeiter bei der Republik. Selbst Jules Guesde, der 1876 nach Frankreich zurückgekehrt war und später das marxistische Gedankengut einbringen sollte, stand zunächst den Radikalen nahe. Insgesamt bildete die – vorübergehende – Interesseneinheit des Dritten Standes im weitesten Sinn die Grundlage für den Sieg der Republik über die Anhänger der alten Gesellschaftsordnung, nachdem einmal der Eindruck der Niederlage von 1870/71 überwunden war.

Die Festigung der Republik unter Jules Ferry

Während der Einfluß der Rechten zurückging, spalteten sich die siegreichen Republikaner in mehrere Richtungen auf: Bei den Wahlen 1881 erhielten die »extrem« linken Radikalen etwa 50 Sitze, die gemäßigten Republikaner unter der nicht negativ besetzten Bezeichnung »Opportunisten« *(opportunistes.* Sie erhielten diese Bezeichnung, weil sie, ohne ihre Grundsätze aufzugeben, bereit waren, ihre Ziele in Etappen und mit Kompromissen zu erreichen) konnten als *Union républicaine* um Gambetta 204 und als *Gauche républicaine* um Jules Ferry 168 Sitze gewinnen. Persönliche Rivalitäten zwischen Ferry und Gambetta und dem zu den Radikalen neigenden Clemenceau erschwerten die Zusammenarbeit. So kam es zu einer großen Instabilität der Regierungen, bei deren ständigem Wechsel jedoch immer wieder die gleichen Personen auftauchten, die für Kontinuität sorgten. In diesen Jahren konnte ein bemerkenswertes Gesetzeswerk auf den Weg gebracht werden; die »opportunistischen« Regierungen haben während der Zeit von 1879 bis 1885 in weitem Maß die Republik geprägt.

Gambetta bildete im November 1881 nur für zweieinhalb Monate die Regierung *(le grand ministère)*, seine politische Karriere fand ein frühzeitiges Ende, als er, gerade 44 Jahre alt, am letzten Tag des Jahres 1882 an den Folgen einer leichten Verletzung starb. So kam die Zeit von Jules Ferry, der, seit 1879 mehrfach Bildungsminister *(ministre de l'Instruction publique)*, von September 1880 bis November 1881 und von Februar 1883 bis März 1885 als Ministerpräsident die Regierung bildete. Mit seinem Namen sind die Schulgesetze und die koloniale Expansion Frankreichs verbunden.

Die Schulgesetze Jules Ferrys

Das erklärte Ziel der Politik von Ferry war es, »die Menschheit ohne Gott und ohne König« *(l'humanité sans Dieu et sans roi)* zu organisieren. Dazu bedurfte es in erster Linie einer Befreiung der Menschen vom Machtanspruch der Kirche. Der Antiklerikalismus des Freimaurers Ferry ging aber nicht bis zur Intoleranz: Der Kirche sollte ihrerseits die Freiheit belassen bleiben. Die Republik nahm sich das Recht, ihre eigene, auf dem Positivismus gegründete Ideologie des nationalen Denkens zu verbreiten und zwar insbesondere bei Kindern und Jugendlichen. Durch die Erziehung sollte im Verlauf der Zeit ein Volk von patriotischen Republikanern entstehen. Nicht sprachliche – wie aus deutscher Sicht –, geographische oder juristische Kriterien machen die Nation aus, sondern das Bewußtsein der gemeinsam erfahrenen Vergangenheit. Die Geschichte Frankreichs gewann die Bedeutung eines die unterschiedlichen Teile der Nation umschlingenden Bandes. Das Ziel war die Einheit der Nation.

Die in schneller Folge erlassenen Gesetze zur Neugestaltung des Schulwesens stellen eine bedeutsame Leistung dar: 1880 wurden zunächst die Vertreter der Kirchen aus dem Bildungsrat *(Conseil de l'instruction publique)* ausgeschlossen; ein anderes Gesetz behielt die Vergabe von Universitätsgraden den staatlichen Fakultäten vor, eine Maßnahme gegen die gerade gegründeten katholischen Universitäten, die diese Bezeichnung nicht führen durften. Da die Jesuiten nicht das Recht zu unterrichten erhalten hatten, wurden sie – trotz heftiger Demonstrationen – vertrieben; wenig später mußten ihnen zahlreiche andere Orden folgen. Die oft mit Härte durchgeführten Maßnahmen riefen bei den Katholiken viel Verbitterung hervor. Auf dem Gebiet der höheren Schulen wurden durch Gesetz vom 21. Dezember 1880 Gymnasien *(lycées)* für Mädchen eingeführt und die entsprechende Ausbildungsstätte in der *école normale supérieure de jeunes filles* in Sèvres geschaffen.

1881 und 1882 erhielten die drei Grundsätze für das Volksschulwesen Gültigkeit: kostenloser Unterricht *(gratuité)*, Schulpflicht *(obligation)*, weltlicher Charakter der Schule *(laïcité)*. Die Lehrer sollten Bürgerkunde und Moralunterricht erteilen; religiöse Unterweisung durfte nicht innerhalb der Schule stattfinden, es blieb ihr aber ein Nachmittag freigehalten. Hohe Summen wurden in den folgenden Jahren für den Ausbau der Volksschulen und der Lehrerbildungsanstalten *(écoles normales)* aufgebracht.

Nach dem Vorbild der preußischen Schule, der Deutschland nach weit verbreiteter Annahme seinen Sieg verdankt hatte, erhielt der Lehrer die Aufgabe, durch Sport und eine – ansatzweise – vormilitärische Ausbildung die Revanche gegenüber Deutschland vorzubereiten nach der Devise: »Mit Buch und Schwert fürs Vaterland« *(pour la patrie, par le livre et par l'épée)*.

Neben dem Schulwesen führten die »Opportunisten« auf zahlreichen anderen Gebieten Reformen durch mit dem Ziel, die Republik zu festigen: das Gesetz zur Versammlungsfreiheit ohne vorherige Genehmigungspflicht (30.6.1881); das Gesetz zur Pressefreiheit mit genauer Definition der Beschränkungen (29.7.1881); das Gesetz über das Recht auf Vereinigung für Arbeitnehmer und Arbeitgeber (22.3.1884); das Gesetz über die Organisation der Stadtverwaltungen (5.4.1884), durch das die Öffentlichkeit der Stadtratssitzungen und die Wahl der Bürgermeister (außer Paris!) durch die Stadträte festgelegt wurden;

schließlich die – kleine – Verfassungsreform (14. 8. 1884); sie schloß die Mitglieder der ehemals Frankreich regierenden Häuser von der Wählbarkeit aus, die öffentlichen Gebete im Parlament wurden ebenso wie das Prinzip der Senatoren auf Lebenszeit abgeschafft.

Die koloniale Expansion

Die laizistische Schule baute auf dem Gedanken der Überwindung der Religion durch den Fortschritt von Wissenschaft und Vernunft auf. In der Linie dieser Vorstellung liegt die Idee von der Aufgabe der »fortschrittlichen« europäischen Völker, den »zurückgebliebenen« Ländern und Zivilisationen Fortschritt durch Kolonialismus zu bringen. Verfolgt vom Trauma der Niederlage 1870/71 sahen Ferry und seine Anhänger in der kolonialen Ausbreitung ein Mittel, Frankreich durch seine zivilisatorische Mission *(mission civilisatrice)* wieder seinen »Rang« in der Welt zurückzugewinnen. Er wurde dabei von Bismarck direkt unterstützt, der hoffte, durch die überseeische Expansion Frankreich von dem Verlust Elsaß-Lothringens abzulenken. Das Zusammenspiel wurde von Clemenceau heftig angegriffen und trug zum Prestigeverlust Ferrys bei. Ohne große Unterstützung im Land gelangen ihm indessen eine Reihe von Erwerbungen in Übersee, die das zweite Kolonialreich Frankreichs wesentlich erweiterten.

Gegen den Widerstand von Grévy, aber mit Unterstützung von Gambetta erreichte Ferry 1881 durch den Bardo-Vertrag *(traité du Bardo)* von dem Bey von Tunis die Anerkennung des französischen Protektorats, das nach einem Aufstand mit Militärgewalt durchgesetzt wurde. Nachdem Ferry im Februar 1883 wiederum die Regierung gebildet hatte, nahm er die koloniale Expansion in Indochina wieder auf. Nach einem »Zwischenfall«, der durch das Entgegenkommen des Kaisers von Annam in Hué leicht hätte ausgeräumt werden können, kam es um den Besitz von Tonking zum Krieg mit China. Eine französische Streitmacht erzwang von China die Abtretung des seiner Oberhoheit unterstehenden Gebiets (das nördliche Vietnam) und die Öffnung Südchinas für den französischen Handel. Bezeichnend für die Stimmung in Frankreich war die Tatsache, daß Ferry auf die Nachricht der Schlappe von Long Son am 30. März 1885 gestürzt wurde, während in den letzten Märztagen die Kämpfe durch den Vertrag beendet wurden, den dann Ferrys Nachfolger Brisson unterzeichnete.

In Schwarzafrika ging die französische Expansion von Senegal nach Osten in Richtung auf den Niger. Es kam zu kriegerischen Auseinandersetzungen mit den dort bestehenden afrikanischen Reichen; die französischen Truppen konnten das Hinterland der Westküste des Kontinents einnehmen; nur die englischen Interessen setzten der Eroberung Grenzen. Am Kongo war es der Marineoffizier Pierre Savorgnan de Brazza, der die Gebiete nördlich des Flusses erforschte und für Frankreich in Besitz nahm. Um die Interessen der europäischen Mächte abzustimmen, einigten sich Jules Ferry und Bismarck auf eine Konferenz, die vom November 1884 bis Februar 1885 in Berlin stattfand. Auf dieser Kongokonferenz wurden die belgischen Ansprüche auf den Kongo, das heutige Land Zaïre, wie die Frankreichs auf die Gebiete nördlich des Flusses anerkannt. Durch die Festlegung von Regeln bei der Inanspruchnahme von Territorien kam es zu einem Wettlauf der europäischen Mächte in Afrika, und es gelang Frankreich, von seinen Ausgangsbasen an der Küste im Verlauf der Zeit ein zusammenhängendes Kolonialreich von Algerien bis zum Kongo zu erwerben.

Die Wahlen zur Versammlung und die Boulanger-Krise

Um die Uneinigkeit auf der Seite der Republikaner zu überwinden, hatte schon Gambetta die Einführung eines Listenwahlsystems auf Départementsebene empfohlen. Auf Vorschlag von Waldeck-Rousseau, des Innenministers von Ferry, hatte die Kammer dieses System übernommen, das bei den Wahlen im Oktober 1885 Verwendung fand. Jedes Département hatte entsprechend seiner Bevölkerungszahl Sitze zu vergeben, die im ersten Wahlgang der Liste mit absoluter, im zweiten mit einfacher Mehrheit zugeteilt wurden. Da die Republikaner in 34 Départements zwei Listen vorlegten, je eine gemäßigte und eine radikale, die Konservativen sich jedoch auf eine gemeinsame Liste einigten, erbrachten die Wahlen bei höherer Wahlbeteiligung als 1881 im ersten Wahlgang eine konservative Mehrheit von 176 zu 127 Sitzen. Für den zweiten Wahlgang einigten sich die Republikaner auf die im ersten erfolgreiche Liste *(discipline républicaine)*. So kam eine republikanische Mehrheit von 383 gegenüber 201 konservativen Sitzen zustande, aber die Republikaner spalteten sich wieder in eine regierungstreue »linke Union« *(Union des gauches)* und die Radikalen, denen sich einige Sozialisten anschlossen. So waren nur unsichere Koalitionen möglich. Freycinet (1828–1923), viermal Ministerpräsident zwischen 1879 und 1892, bildete eine Linksregierung, in die zum ersten Mal auch einige Radikale eintraten, darunter General Boulanger (1837–1891) als Kriegsminister, den Freycinets Nachfolger Goblet (ab 11. 12. 1886) im Amt behielt. Das Erscheinen dieses Mannes brachte die Republik in eine ihrer schwersten Krisen.

Die Affäre um Boulanger *(la crise boulangiste)* nahm bald einen grundsätzlichen Charakter an und ging über die Person des Generals weit hinaus. In ihr drückte sich das Mißvergnügen mit der Republik der Gemäßigten, mit dem Parlamentarismus allgemein, mit der allzu großen Rücksichtnahme auf Deutschland und mit den fehlenden sozialen Reformen aus. Die Arbeiter wandten sich von der auf sozialem Gebiet konservativen Republik ab. Die Nationalisten, die 1882 die »Liga der Patrioten« *(Ligue des patriotes)* gegründet hatten, die viel Zulauf fand unter ihrem Präsidenten Déroulède (1846–1914), drängten auf Revanche gegenüber Deutschland und forderten eine Revision des – ihrer Ansicht nach schwächlichen – parlamentarischen Regimes. Einander widersprechende politische Strömungen in der Tradition der radikalen Revolution von 1793 vereinigten sich gegen die gemäßigte Politik der Opportunisten und sahen in Boulanger ihren Repräsentanten, den »Jakobiner in Soldatenstiefeln« *(le jacobin botté)*.

Boulanger, mit Clemenceau befreundet, besaß nicht die Zurückhaltung, die von den Generälen im Kriegsministerium erwartet wurde, sondern verstand es, sich »medienwirksam« in Pose zu setzen. Er ergriff Maßnahmen, die ihm den Beifall der Linken einbrachten, aber er ließ auch tatsächliche Verbesserungen für die Soldaten einführen. Bei seinen Ansprachen wurde das Verlangen nach Revanche an Deutschland so deutlich, daß Bismarck sich seinerseits zu drohenden Maßnahmen in Elsaß-Lothringen veranlaßt sah. Bei den Wahlen zum Reichstag im Februar 1887 wählten die Elsässer dennoch nur solche Abgeordnete, die gegen den »Anschluß« der Reichslande auftraten. Die französische Presse malte bereits die Gefahr eines Präventivkriegs durch Bismarck aus, als die Krise durch den sogenannten Schnaebele-Zwischenfall ihren Höhepunkt erreichte: Der französische Polizeikommissar Schnaebele, der in der Nähe von Metz Agenten »betreute«, war von seinem deutschen Kollegen auf die andere Seite der Grenze gelockt und verhaftet worden. Angesichts dieses völkerrechtswidrigen Aktes gingen die Wogen in Frankreich hoch, Boulanger verlangte ein Ultimatum gegenüber Deutschland, aber Präsident Grévy wünschte keinen Krieg, und Bismarck seinerseits ließ Schnaebele unverzüglich wieder frei. Die Opportunisten nutzten die Gelegenheit, um das Ministerium und mit ihm den gefährlichen Kriegsminister Boulanger zu Fall zu bringen (17. 5. 1887).

In der öffentlichen Meinung stellte die schnelle Bereinigung der Schnaebele-Affäre einen Erfolg Boulangers dar, der durch seine Festigkeit Bismarck zum Nachgeben gezwungen hätte. Sein Ansehen wuchs daher noch stärker, und bei Nachwahlen in Paris erschien sein Name auf Tausenden von Stimmzetteln. Als er nach Clermont-Ferrand versetzt wurde, kam es zu turbulenten Szenen und seine Anhänger verhinderten die Abfahrt des Zuges. Die Demonstrationen führten allerdings dazu, daß sich manche Politiker wie zum Beispiel Clemenceau vorsichtig von Boulanger distanzierten, da sie unter seinen Anhängern nicht wenige Vertreter der extremen Linken und der Kommune erkannten.

In der kritischen Situation erlitt die Republik einen zusätzlichen schweren Schlag, der sie zum ersten Mal in ihrer Spitze, dem Präsidenten, traf. Dessen Schwiegersohn, der Abgeordnete und Geschäftsmann Daniel Wilson, hatte das Amt Grévys benutzt, um mit Orden und Ehrungen bis hin zur Légion d'honneur einen Handel zu treiben. Als dies im November 1887 enthüllt wurde, stürzte zunächst die Regierung Rouvier (19.11.) und schließlich, nach einigem Widerstand, Grévy selbst, der am 2. Dezember seinen Rücktritt erklärte.

Aufgrund seiner Leistungen, seiner Fähigkeiten und seines Ansehens wäre Jules Ferry der geeignetste Nachfolger gewesen. Aber die Radikalen, die Anhänger Boulangers und die Sozialisten vereinigten sich im Kongreß unter Anführung von Clemenceau gegen Ferry und die Opportunisten und wählten am 3. Dezember 1887 einen Mann mit berühmtem Namen, aber aus dem zweiten Rang zum Präsidenten: Sadi Carnot (1837 bis 1894), den Enkel von Lazare Carnot. Eine in sich uneinige Koalition hatte damit über die gemäßigten Opportunisten den Sieg davongetragen.

Die Bewegung um Boulanger gewann noch an Bedeutung, als der General sich, im März 1888 aus dem aktiven Dienst entlassen, nach seinem Ausscheiden aus der Armee zur Wahl stellen konnte. Er erzielte auch erstaunliche Erfolge, insbesondere am 27. Januar 1889 in Paris, wo er 245 000 Stimmen gegenüber 162 000 für den Vertreter der Radikalen gewinnen konnte. Die Menge spendete ihm Beifall und drängte ihn, zum Elysée-Palast zu ziehen, zum Staatsstreich. Aber Boulanger ließ die Gelegenheit verstreichen, weil er annahm, legal an die Macht zu gelangen und weil es ihm an politischer Entschlußkraft fehlte. Seine Devise »Auflösung der Kammer, Wahl einer Verfassunggebenden Versammlung und Revision der Verfassung« *(dissolution, constituante, révision)* beinhaltete kein präzises Programm, sondern war nur geeignet, die unzufriedenen Kräfte zu sammeln. Sobald Boulanger präziser wurde in seinen Aussagen, enttäuschte er seine Anhänger wie die Monarchisten, die gehofft hatten, sich seiner bedienen zu können, um die parlamentarische Demokratie wieder abzuschaffen.

Die Republikaner aber sammelten sich, ersetzten die Listenwahl für die Parlamentswahlen im Herbst 1889 wieder durch die Persönlichkeitswahl *(scrutin uninominal)* und erhoben den Senat zum Gerichtshof *(Haute-Cour)*, als Boulanger am 17. März 1889 eine antirepublikanische Rede hielt. Dem General drohte eine Anklage wegen »Vergehens gegen die Staats-sicherheit« *(attentat contre la sûreté de l'Etat)*, der er sich am 1. April 1889 durch die Flucht nach Brüssel entzog. Am 14. August wurde Boulanger in Abwesenheit zur Deportation verurteilt. Mit der Entfernung des Protagonisten verschwand sehr schnell auch seine Anziehungskraft. Bei den Parlamentswahlen im September erhielten seine Anhänger, die Revisionisten *(révisionnistes)*, nur etwa 40 der insgesamt 210 konservativen Sitze; die Republikaner errangen 366 Sitze, davon 216 für die Opportunisten, etwa 100 für die Radikalen, 40 für Mitte-Links und 12 für die Sozialisten. Boulanger, dessen gleichzeitig geführte Verhandlungen mit Monarchisten und Bonapartisten bekannt wurden, offenbarte seine politischen Grenzen durch ein melodramatisches Ende: Er erschoß sich am 30. September 1891 in Brüssel auf dem Grab seiner Geliebten.

In der Boulanger-Krise kam die Unzufriedenheit breiter Schichten mit der Republik der Opportunisten zum Ausdruck. Der Antiparlamentarismus, der Nationalismus, auch ein gewisser Antimilitarismus seitens der Linken traten deutlicher hervor. Es kam zu Verschiebungen der Wählerschichten: Die Vorstädte von Paris wandten sich den Sozialisten, das Stadtzentrum den nationalistischen Richtungen zu. Die Provinz, in der sich die Radikalen verstärkten, gewann an Gewicht. Letzten Endes aber hatte die Republik die Krankheit aus eigenen Kräften überwunden und ging gestärkt aus ihr hervor als das erste Regime der letzten 100 Jahre in Frankreich, das 20 Jahre überdauert hatte!

Die Republik der Gemäßigten

Die nach den Unruhen der Boulanger-Krise stabilisierte Republik wurde von Mehrheiten der Mitte getragen. Es kam ihr zugute, daß sich sowohl bei den Radikalen auf der linken Seite als auch bei den katholischen Kreisen auf der rechten ein Umdenken vollzog und sich auf beiden Flügeln Kräfte bereitfanden, die Republik mitzutragen. Der Nachfolger Pius' IX., Leo XIII. (Papst 1878–1903), ein Humanist, der 1891 die päpstliche Sozialenzyklika *Rerum novarum* erließ, bemühte sich um Verbesserung der Beziehungen zu den europäischen Staaten. Er beendete den Kulturkampf mit dem Deutschen Reich und riet den französischen Katholiken in einer Enzyklika vom Februar 1892, sich mit der Republik als der »augenblicklichen Regierungsform der Nation« abzufinden. Während die Mehrzahl der französischen Katholiken und des Klerus die Richtungsänderung ablehnte, schloß sich ihr doch eine Gruppe katholischer Politiker, darunter Albert de Mun, an. Man bezeichnete sie als *ralliés* und die Bewegung als *ralliement*. Sie waren bereit, das allgemeine Wahlrecht als Ausdruck des Volkswillens und die Institutionen der Republik und den Patriotismus als deren einigendes Band anzuerkennen und die »soziale Gefahr« von links zu bekämpfen. Die »gemäßigte« Republik griff denn auch energisch durch, wenn es galt, Arbeiterunruhen zu unterdrücken, wie beispielsweise in Fourmies *(Nord)*, wo die Truppe am 1. Mai 1891 auf die Arbeiter schoß und ein Blutbad anrichtete.

Die verschiedenen Regierungen, Freycinet, Loubet etc. und das Parlament beließen es aber nicht bei reiner Unterdrückung, sondern versuchten, durch ein Gesetzwerk mit wirtschaftlichen und sozialen Maßnahmen die soziale Lage zu stabilisieren. Wie in Deutschland wurde auch in Frankreich im Zuge einer gesamteuropäischen Entwicklung die einheimische Industrie durch eine Rückkehr zum Protektionismus geschützt. Für die Arbeiter führte man ein Arbeitsamt *(office du travail)* ein, die Frauen- und Jugendlichenarbeit wurde besser geregelt, ebenso die Sicherheit am Arbeitsplatz; schließlich galten eigene Gesetze zur Förderung des billigen Wohnungsbaues.

Der Panama-Skandal

Zu einer Gefahr für das Regime hätte der sogenannte Panama-Skandal werden können, dessen Ursprünge auf das Jahr 1888 zurückgingen. Ferdinand de Lesseps hatte 1880 den Plan gefaßt, den Isthmus von Panama nach dem Vorbild des Sueskanals zu durchstechen. Nach achtjähriger Arbeit geriet seine Gesellschaft *(la Compagnie du canal de Panama)* in Schwierigkeiten und versuchte, sich durch eine große Anleihe auf ungewöhnlichem Weg (mit Auslosung) Geld zu beschaffen. Dazu bedurfte es eines Gesetzes, und die Gesellschaft machte sich 1888 mit Eifer daran, Zeitungen und Abgeordnete zu kaufen. Das Gesetz wurde tatsächlich im Juni 1888 beschlossen, aber schon im Februar des folgenden Jahres mußte die Gesellschaft Konkurs anmelden.

Immer mehr Namen von Geldempfängern wurden publik, Floquet, der Präsident der Abgeordnetenkammer, hatte Geld angenommen, der Minister Baïhaut, Clemenceau: Die Liste der »Scheckempfänger« *(chéquards)* umfaßte schließlich mehr als hundert Abgeordnete der Regierungsparteien.

Bei den Prozessen gegen die Leiter der Gesellschaft wurden Lesseps und sein Sohn sowie Gustave Eiffel und andere zunächst zu Gefängnisstrafen verurteilt, aber das Berufungsgericht hob das Urteil wegen Verjährung der Vergehen auf. Das Verfahren gegen die bestochenen Parlamentarier endete mit Freisprüchen, da der Beweis nicht zu erbringen war – mit Ausnahme des Ministers Baïhaut, der den Fehler beging, ein Geständnis abzulegen und für seine Ehrlichkeit fünf Jahre Gefängnis erhielt. Die öffentliche Meinung war weniger entrüstet über die Käuflichkeit der Presse als über die der Abgeordneten. Clemenceau wurde bei den Wahlen 1893 geschlagen und blieb für lange Zeit von der nationalen Politik ausgeschlossen. Aber das Ziel, das die Rechte mit ihrer Anklage anstrebte, hatte sie letzten Endes nicht erreicht: Nicht nur die Mehrheit der Gemäßigten, sondern das parlamentarische System als ganzes erwies sich als stabil und hielt der Erschütterung stand, auch wenn sich die antiparlamentarischen und antisemitischen Tendenzen von rechts ebenso verstärkten wie die Kritik am Kapitalismus von der linken Seite.

Die Parlamentswahlen von 1893

Die Wahlen im August 1893 brachten der Regierungsmehrheit einen Erfolg (etwa 300 Sitze), während die Rechte einen regelrechten Einbruch erlebte (etwa 60 Sitze); ihre Stimmenzahl halbierte sich gegenüber 1889! Die verschiedenen sozialistischen

Richtungen erhielten zusammen 600 000 Stimmen und bildeten eine Gruppe von etwa 40 Abgeordneten, darunter Persönlichkeiten wie Jaurès, Viviani, Millerand. Die Radikalen gewannen etwa 150 Sitze. Der Unwille der Wähler kam in der hohen Zahl der Enthaltungen (29 Prozent) zum Ausdruck. Die Regierung, die von Januar 1893 bis Januar 1895 im wesentlichen von Dupuy und Casimir-Perier in wechselnden Ämtern bestimmt wurde, konnte nach den Wahlen ihre Arbeit fortsetzen. Sie stützte sich auf die Mitte und suchte das Bündnis mit den *ralliés*.

Die Anarchisten-Attentate

In den Jahren nach der Krise um Boulanger häuften sich Attentate von Anarchisten. Nach ihren Vorstellungen sollten die Anschläge faszinieren und die Revolution spontan auslösen. Die öffentliche Meinung und die Regierenden machten zwischen linken Richtungen wie Anarchismus oder Sozialismus keinen Unterschied und reagierten mit Repression. Als der Anarchist Auguste Vaillant am 9. Dezember 1893 mitten in die Abgeordnetenkammer eine Bombe warf, ohne daß jemand ernstlich verletzt worden wäre, wurde er zum Tode verurteilt und hingerichtet. Dieses Ereignis diente zum Anlaß, die 1881 gewonnene Pressefreiheit einzuschränken und beispielsweise Anstiftung zum Totschlag, zum Raub, zur Brandstiftung oder gegen die Sicherheit des Staates und die Verteidigung dieser Verbrechen unter Strafe zu stellen. Zwangsarbeit erwartete Attentäter und ihre Helfer. Die Linke, die sich bedroht fühlte, protestierte gegen die Gesetze. Die Welle der Attentate lief indessen weiter, und am 24. Juni 1894 wurde Staatspräsident Sadi Carnot in Lyon von dem italienischen Anarchisten Caserio erstochen, der Vaillant rächen wollte, weil Carnot die Begnadigung verweigert hatte. Zum ersten Mal seit der Ermordung König Heinrichs IV. (1610) war ein französisches Staatsoberhaupt einem Attentat zum Opfer gefallen.

Die Mehrheit der Mitte wählte am 27. Juni 1894 den Großbürger Casimir-Perier (1847–1907) zum Staatspräsidenten. Die ständigen Angriffe der Linkspresse zermürbten diesen jedoch derartig, daß er bereits nach einem halben Jahr wieder zurücktrat (16. Januar 1895). Für ihn wurde der verbindlichere Félix Faure (1841–1899) zum Präsidenten gewählt.

Das russisch-französische Bündnis

Solange Bismarck die Außenpolitik Deutschlands leitete, sorgte er durch ein kunstvolles System von Bündnissen für die Isolierung Frankreichs, mit dem ein Ausgleich wegen der Annexion Elsaß-Lothringens nicht möglich war. Nach seinem Rücktritt 1890 erneuerte sein Nachfolger, General Caprivi, den »Rückversicherungsvertrag« mit Rußland *(traité de réassurance)* nicht. Trotz aller ideologischen Differenzen zwischen der fortschrittlichen Republik und dem reaktionären Zarenreich suchte dieses daraufhin die Annäherung an Frankreich. Im Sommer 1892 schlossen beide Länder ein Militärbündnis, das sie im Falle eines deutschen Angriffs gegenseitig zum Beistand verpflichtete. Der triumphale Empfang, der der russischen Flotte 1893 in Toulon bereitet wurde, ließ die Erleichterung erkennen, die die französische Bevölkerung darüber empfand, daß das Land nicht mehr isoliert dem deutschen Gegner gegenüberstand. 1896 besuchte der Zar selbst Paris und im folgenden Jahr reiste Präsident Faure nach Sankt Petersburg. Die Zusammenarbeit der ungleichen Partner erstreckte sich bald nicht nur auf das militärische, sondern auch auf das wirtschaftliche Gebiet. Innerhalb weniger Jahre konnte Rußland auf dem französischen Kapitalmarkt Anleihen in enormer Höhe (1895 erreichten sie 10,6 Milliarden Franken) aufnehmen und damit seine Modernisierung vorantreiben. Die Republik hatte Handlungsspielraum gewonnen und benutzte ihn trotz der ständigen Regierungswechsel zielstrebig, um ihrerseits die Mittelmächte Deutschland und Österreich-Ungarn zu isolieren. Dies gelang in den ersten Jahren des folgenden Jahrhunderts durch den Ausgleich mit England und Italien. Zuvor aber hatte die Republik mit der Dreyfusaffäre ihre schwerste Krise durchzumachen.

Die Dreyfusaffäre

Die Affäre um den Artilleriehauptmann im Generalstab Alfred Dreyfus verdient weniger wegen seines persönlichen Schicksals Beachtung als vielmehr wegen der Folgen, die sich aus ihr für die französische Innenpolitik ergaben. Sie bildete die Ursache für das Ende der Regierungszeit der Gemäßigten und bereitete die Trennung von Staat und Kirche im Jahr 1905 vor. Einen endgültigen Abschluß fand die Affäre erst 1906 mit der vollen Rehabilitierung von Dreyfus. Ursache war die damalige Spionagefurcht insbesondere gegenüber Deutschland, und wie es in der Welt der Geheimdienste üblich ist, tauchten im Verlauf der Angelegenheit nicht wenige zweifelhafte Gestalten und Vorgänge auf, die noch heute nicht völlig aufgeklärt sind. Aber in den großen Linien sind das Verhalten der Beteiligten und ihre Beweggründe wohl zu erkennen.

Im September 1894 erhielt der französische Geheimdienst, schamhaft als »statistische Abteilung« *(section de statistique)* bezeichnet, Nachricht, daß dem deutschen Militärattaché von Schwartzkoppen geheime Papiere zugingen. Der Verdacht einer undichten Stelle im Generalstab richtete sich wegen einer gewissen Ähnlichkeit der Schrift auf Hauptmann Dreyfus, einen fähigen Offizier, der aus einer begüterten jüdischen Familie von Mülhausen stammte. Sein Vater hatte 1872 bei der Abtrennung des Elsaß für Frankreich optiert. Der Generalstab und Kriegsminister General Mercier, und selbst der Ministerpräsident Dupuy, zeigten größtes Interesse an der schnellen Verurteilung des Beschuldigten, um die peinliche Angelegenheit aus der Welt zu schaffen.

Der Prozeß vor dem Kriegsgericht begann am 19. Dezember 1894 unter Ausschluß der Öffentlichkeit. Oberst Henry trat für den Geheimdienst auf, und das Kriegsministerium legte geheime Akten *(dossier secret)* vor, die weder dem Beschuldigten noch seinem Verteidiger bekannt waren. Zumindest zwei dieser Papiere hatte der Geheimdienst selbst angefertigt. Das Kriegsgericht erklärte Dreyfus einstimmig für schuldig und verurteilt ihn zu lebenslänglicher Haft. Nach einer peinlichen Szene der Degradierung im Januar 1895 wurde er im Februar nach Cayenne auf die Teufelsinsel deportiert. Damit schien die Angelegenheit erledigt zu sein.

Sie wäre es wohl auch gewesen, wenn sich nicht die Familie von Hauptmann Dreyfus, der immer seine Unschuld beteuert hatte, mit großer Energie für ihn eingesetzt hätte. In zahlreichen Briefen und Eingaben wandte sich insbesondere Dreyfus' Bruder Mathieu an Journalisten und Politiker bis hin zum Staatspräsidenten Félix Faure. Aber überall, selbst beim Großrabbiner von Frankreich, stieß er auf taube Ohren: Das jüdische Großbürgertum wollte seine so mühsam errungene gesellschaftliche Anerkennung nicht wieder gefährden. Aber da die Zweifel an dem richtigen Zustandekommen des Urteils nicht ausgeräumt waren, nahm sich die Presse der Sache an. Zwei Tageszeitungen wiesen 1896 auf die Fragwürdigkeit der Beweisstücke gegen Dreyfus hin, die zu seiner Verurteilung geführt hatten. Mathieu konnte ein Jahr später enthüllen, daß der zwielichtige Major Esterhazy die ersten belastenden Schriftstücke abgefaßt hatte. In der antisemitischen Presse wurde dieser daraufhin als das »Opfer der Juden« hingestellt.

Zwei Tage, nachdem Esterhazy, der gegen sich selbst geklagt hatte, freigesprochen wurde, am 13. Januar 1898, schlug schließlich wie eine Bombe der offene Brief Emile Zolas (1840–1902) ein, den dieser an Staatspräsident Félix Faure richtete und den die Zeitung *l'Aurore* in 300 000 Exemplaren veröffentlichte. Clemenceau hatte dem Brief den berühmten Titel »Ich klage an« *(J'accuse)* gegeben. Zola genoß nach dem Erscheinen von *Germinal* (1885) auch bei den Sozialisten höchstes Ansehen und der marxistische Sozialistenführer Jules Guesde bezeichnete den offenen Brief an den Staatspräsidenten als den »größten revolutionären Akt des Jahrhunderts« *(le plus grand acte révolutionnaire du siècle)*. Zolas Auftreten zwang die Justiz zum Handeln. Zola wurde angeklagt und wegen Verleumdung zu einem Jahr Gefängnis verurteilt, dem er sich durch das Exil in England entzog. Um jedem Vorwurf gegenüber dem Generalstab die Spitze zu nehmen, veröffentlichte der neue Kriegsminister Cavaignac am 7. Juli 1898 drei Schriftstücke aus den umfangreichen Akten des Generalstabs, die den unwiderlegbaren Nachweis von Dreyfus' Schuld erbringen sollten. Allerdings: bei genauer Überprüfung erwiesen sie sich als Fälschungen, und die Spur führte zu jenem Oberst Henry, der im Prozeß gegen Dreyfus für den Geheimdienst aufgetreten war. Henry gab die Fälschung zu, wurde verhaftet und nahm sich am 31. August 1898 das Leben.

Dennoch dauerte es fast ein Jahr, bis der Kassationshof endlich am 3. Juni 1899 das Urteil von 1894 gegen Dreyfus aufhob und die Verhandlung an das Militärgericht von Rennes zurückverwies. Dieses konnte sich aber noch immer nicht zu einem Freispruch für Dreyfus durchringen, sondern erklärte ihn nach einmonatiger Verhandlung erneut für schuldig, billigte ihm aber merkwürdigerweise mildernde Umstände zu. Statt das Urteil erneut vor den Kassationshof zu bringen, nahm Dreyfus die Begnadigung durch den Präsidenten der Republik, Loubet, an. Erst 1906 hob der Kassationshof das Urteil dann auf und sprach Dreyfus von jeder Schuld frei.

Es ist nicht zu leugnen, daß in der Affäre um Dreyfus die Repräsentanten der Republik, insbesondere die Regierungschefs und die Kriegsminister versagt haben. Sie erwiesen sich als nicht stark genug, um dem Druck der öffentlichen Meinung, anfangs sehr gegen Dreyfus eingestellt, der Armee und den Gerichten zu widerstehen. Die Armee bildete mit ihren Berufsoffizieren und -unteroffizieren und dem allmächtigen Geheimdienst eine in sich geschlossene und von der zivilen getrennte Gesellschaft. Vor allem in den oberen Rängen fanden viele Mitglieder aus adligen Häusern eine Art Reservat gegenüber der Republik. Die »Große Stumme« *(la grande muette)*, wie die Armee genannt wurde, stand auch insofern außerhalb des parlamentarischen Lebens, als ihre Mitglieder kein Wahlrecht besaßen. Der »Korpsgeist« in den oberen Rängen der Armee trat während der Dreyfusaffäre zutage. Es darf allerdings nicht daraus geschlossen werden, daß die Streitkräfte zum Staatsstreich bereit gewesen wären: Anläßlich der Beerdigung von Staatspräsident Félix Faure am 23. Februar 1899 versuchte der Chef der »Patriotenliga« Déroulède, den »Antidreyfusard« General Roget zum Marsch auf den Elysée-Palast zu bewegen, doch dieser lehnte das Ansinnen ohne Zögern ab.

Ebenso parteiisch wie die Armee erwiesen sich die Gerichte.

In ihrer Laufbahn hingen die Richter vom Ministerium ab; nur dadurch läßt es sich erklären, daß sie wie Handlanger der politischen Macht handelten. So konnten für die Verteidigung der Gesellschaftsordnung Generäle, fügsame Richter und republikanische Politiker auf eine Linie des Handelns gebracht werden. Bedroht sahen sich diese Vertreter der bürgerlichen Ordnung durch Außenseiter wie Dreyfus und durch die sozialistische Linke, die sich mit heftigen und oft gewaltsam unterdrückten Streiks zunehmend bemerkbar machte. Aber selbst die Linke hatte sich nicht sofort und eindeutig auf die Seite von Dreyfus gestellt, sondern, wie Millerand und Viviani, erst dann, als die Beweise gegen Henry unwiderleglich waren. Die meiste Unterstützung fand die Sache Dreyfus bei den Intellektuellen – Clemenceau soll das Wort 1898 zum ersten Mal in dieser eine gesellschaftliche Gruppe bezeichnenden Bedeutung gebraucht haben; in der Universität standen die Geisteswissenschaften eher auf Seiten von Dreyfus, während Recht und Medizin mehrheitlich gegen ihn eingestellt waren.

Die Frage nach Schuld oder Unschuld von Hauptmann Dreyfus spaltete in der Realität die ganze Nation bis in die Familien hinein. Eine Karikatur im *Figaro* zeigte zehn Bürger ordentlich bei Tisch, vom Hausherrn ermahnt, nicht über »die« Affäre zu sprechen. Auf einem zweiten Bild liegen sich alle in den Haaren; Text: »Sie haben darüber gesprochen.«

Zu den Folgen der Dreyfusaffäre zählte eine Woge des Nationalismus, der sich weitgehend mit einem starken Antisemitismus verband. Obwohl die Zahl der Juden in Frankreich damals nicht sehr groß war und mit ungefähr 70 000 nur etwa ein Zehntel der heutigen Anzahl betrug, richteten sich die Angriffe einer bestimmten nationalistischen Richtung gegen den Einfluß der Juden im Geldwesen, wie er schon von Balzac geschildert worden war. Im Unterschied zu der Entwicklung des Antisemitismus in Deutschland ist es jedoch Zola und den »Intellektuellen« auf seiner Seite weitgehend zu verdanken, daß Frankreich den antisemitischen Fieberanfall von innen heraus überwand.

Koloniale Expansion. Faschoda

Die koloniale Expansion der europäischen Mächte hatte in den 80er Jahren begonnen und sich mit dem Übergang zum Imperialismus im folgenden Jahrzehnt verstärkt fortgesetzt. Ähnlich dem 1882 gegründeten »Deutschen Kolonialverein« wurden in Frankreich 1890 das »Komitee für das französische Afrika« *(Comité de l'Afrique française)* und drei Jahre später die »französische Kolonialunion« *(Union coloniale française)* ins Leben gerufen. Nach der Gründung der Kolonialschule *(école coloniale)* 1885 wurde 1894 das Kolonialministerium eingerichtet. In den Kolonien selbst dominierte noch die Gestalt des Kolonialoffiziers, der wie Gallieni und Lyautey in Tonkin und Madagaskar, Lyautey später in Marokko, zugleich Verwalter, Richter, Erzieher der Eingeborenen war und den Frieden im Land garantierte.

Nach der Unterwerfung hatte der Kolonialoffizier nach Gallienis Vorstellung »für den Wiederaufbau des Dorfes, für die sofortige Errichtung eines Marktes und den Bau einer Schule« zu sorgen. Entgegen manchen modernen Vorstellungen von der Priorität wirtschaftlicher Interessen war den Kolonisatoren sehr wohl bewußt, daß die Kolonien viel kosten und wenig einbringen, auch wenn sich Einzelpersonen oder Gesellschaften dabei bereichern konnten. Bei der französischen Kolonisation im zweiten Kolonialreich sollten die Völker Afrikas von der immer noch bestehenden Sklaverei befreit werden. Frankreich hatte die Aufgabe, die Völker in Übersee geistig und moralisch auf ein höheres Niveau zu bringen. In diesen Vorstellungen verbanden sich Ideen der christlichen Mission mit dem Bild der für den Fortschritt der Menschheit sorgenden, universale Verantwortung tragenden Republik.

Im letzten Jahrzehnt des Jahrhunderts rundete Frankreich sein Kolonialreich ab, indem es von Siam (Thailand) die Anerkennung der Herrschaft über Laos erreichte und die Grenzen zu Burma festlegte (1896). Auf Madagaskar erhoben sich die Einwohner 1890 gegen das seit 1885 eingerichtete französische Protektorat. Nach einem erneuten Aufstand 1895 eroberte Gallieni endgültig die »Große Insel« *(la Grande Ile)*. In

Afrika wurde die Durchdringung der Sahara fortgesetzt, und 1898/1900 trafen sich drei Expeditionen, die von Algerien, vom Niger und von Äquatorialafrika ausgesandt worden waren. Es dauerte aber noch einige Jahre, bis man von einer realen Unterwerfung und Befriedung in dem weiten Gebiet sprechen konnte.

Der Plan, die Querverbindung durch den Kontinent von Dakar bis Djibouti zu erreichen, scheiterte am englischen Widerstand: Eine Expedition unter Oberst Marchand war 1898 bis nach Faschoda am Weißen Nil gelangt. Von Norden stießen die Engländer unter Lord Kitchener auf sie, und es kam zu einer heftigen Krise zwischen den beiden Mächten. Im November 1898 zog sich Marchand zurück. Erst nach langen Verhandlungen ließ Ende 1899 Außenminister Delcassé den Plan fallen. Die als Erniedrigung empfundene Niederlage von Faschoda führte zu einer Belastung der Beziehungen zwischen den beiden Mächten, aber Delcassé hatte als übergeordnetes Ziel den Ausgleich mit England im Auge und war bereit, diesem Ziel die Expansion quer durch Afrika zu opfern.

Die Verteidigung der Republik: Waldeck-Rousseau

Die Parlamentswahlen vom Mai 1898 hatten trotz der Auseinandersetzungen durch die Dreyfusaffäre keine wesentlichen Veränderungen gegenüber den Ergebnissen von 1893 erbracht. Etwa 100 Abgeordneten auf dem rechten Flügel standen auf dem linken 178 Radikale und 57 Sozialisten gegenüber, während die Zahl der »Gemäßigten« auf etwa 250 geschrumpft war, zu wenige, um eine Mehrheit zu finden. Die Regierung wurde daher von einem Radikalen (Brisson) gebildet. Auf dem Höhepunkt der Dreyfusaffäre starb plötzlich Staatspräsident Félix Faure (16. 2. 1899), als er im Elysée-Palast Mme Steinheil, seine Mätresse, empfing. Zu seinem Nachfolger wurde Emile Loubet (1838–1929, Präsident 1899–1906) gewählt, der im Juni Pierre Waldeck-Rousseau (1846–1904) mit der Regierungsbildung beauftragte.

Mit nahezu drei Jahren (Juni 1899–Juni 1902) war die Regierungszeit Waldeck-Rousseaus die längste der Dritten Republik. Waldeck-Rousseau war unter Gambetta und unter Ferry Innenminister gewesen und besaß die Energie, eine Regierung zu führen, die auch wirklich regiert, und die Republik gegen ihre Feinde zu verteidigen. Es gelang ihm, vor allem auf der linken Seite des Parlaments, bei den Sozialisten, den Radikalen und auch bei einem Teil der Gemäßigten Unterstützung zu finden. Delcassé blieb Außenminister, Kriegsminister wurde für ein Jahr General Gallifet, der seinerzeit gegen die Kommune gekämpft hatte. Bedeutsam für die Zukunft war der erste Eintritt eines Sozialisten, Alexandre Millerand (1859–1943), in die Regierung. Er hatte zur Folge, daß sich die Sozialisten in eine zur Mitarbeit in einer bürgerlichen Regierung bereite Gruppe um Jaurès und in die Gegner jedes derartigen Kompromisses um Jules Guesde spalteten.

Waldeck-Rousseau bemühte sich zunächst darum, die Dreyfusaffäre zu beenden und riet Staatspräsident Loubet zur Begnadigung des Hauptmanns. General Gallifet seinerseits griff in der Armee durch, und sein Nachfolger André verstärkte den demokratisch-republikanischen Einfluß. Um die nationalistischen und antisemitischen Ligen einzudämmen, ließ die Regierung deren Leiter, darunter auch Déroulède, vor Gericht bringen. In der Tat ging die rechtsradikale Agitation zurück.

In der Hauptsache ging es Waldeck-Rousseau darum, die Hintermänner der Rechten zu treffen, die Orden *(les congrégations)*, die sich zum Teil politisch engagiert hatten, die wirtschaftlichen Reichtum besaßen und die durch das »freie Schulwesen« *(enseignement libre)* auch geistige Macht ausübten. Erste Maßnahmen richteten sich gegen die Assumptionisten *(Assomptionnistes)*, einen 1845 in Nîmes gegründeten Orden, der während der »Affäre« vornehmlich durch die Zeitung *La Croix* meinungsbildenden Einfluß gegen die Republik ausgeübt hatte. Das Vereinsgesetz *(loi sur les associations)* vom Juli 1901 verlangte die Offenlegung der Vermögen auch von den Orden und untersagte die Erteilung von Unterricht ohne spezielle Genehmigung. Die Kammer verschärfte die Gesetzesvorlage noch und fügte einen Artikel hinzu (Art. 13), der jede Ordensgründung ohne gesetzliche Regelung untersagte. Von der reinen Verteidigung der Republik waren die Abgeordneten damit zum Angriff übergegangen, um den Einfluß der Kirche zurückzudrängen.

Die für die Dritte Republik ungewöhnliche Stabilität der Regierung Waldeck-Rousseau ermöglichte Millerand einen Ausbau der Sozialgesetzgebung, durch den die tägliche Arbeitszeit auf maximal elf Stunden festgelegt wurde. Weitergehende Vorschläge speziell zu den Tarifverhandlungen trafen auf den Widerstand des Senats. Die Stabilisierung der Verhältnisse betraf auch die zeitweilige Besserung der Beziehungen zu Deutschland, aber dies eher aufgrund der gemeinsamen Ablehnungen des englischen Imperialismus als wegen einer tatsächlichen Annäherung beider Länder.

Die Organisation der Linksparteien und die Parlamentswahlen 1902

Für das Programm Waldeck-Rousseaus, die Verteidigung der Republik, erwies es sich als unerläßlich, daß sich die linken parlamentarischen Gruppierungen im Parlament zu Parteien auf nationaler Ebene organisierten. So kam es zu der Gründung der radikalen und sozialistischen Parteien: Im Juni 1901 versammelten sich 1100 Vertreter von Logen, Zeitungen, Ausschüssen, darunter zahlreiche Abgeordnete und Senatoren und gründeten die »radikale und radikal-sozialistische republikanische Partei« *(Parti républicain radical et radical-socialiste)*, ein Sammelbecken von antiklerikalen Anhängern der Republik, die, ohne Mitgliedskarte und -beitrag, aber von der Basis bis zum Exekutivkomitee organisiert, durch die gemeinsame Ideologie geeint waren und bei den Wahlen gemeinsam auftraten. Bis zum Ende der Dritten Republik bestimmten sie weitgehend deren Schicksal. Da diese »Bewegung« aus den spezifisch französischen Gegebenheiten der Verteidigung der Republik entstanden ist, gibt es keine vergleichbare Partei in Deutschland. Die Radikalen versammelten die bürgerlichen und kleinbürgerlichen Kräfte unter Ausschluß der Sozialisten. Als Reaktion auf die Gründung der radikalen Partei bildeten die Anhänger Waldecks im Oktober 1901 die »demokratische republikanische Alliance« *(Alliance républicaine démocratique)*, einen losen Zusammenschluß von Regierungsanhängern mit engen Beziehungen zu Wirtschaftskreisen, der bei der Presse Unterstützung fand. In dem Manifest an die Wähler betonte die Allianz ihre Gegnerschaft zur »klerikonationalistischen Koalition« und ihre Verbundenheit mit der radikalen Partei.

Die verschiedenen sozialistischen Strömungen hatten bereits im Dezember 1899 in Paris eine »sozialistische Partei« *(Parti socialiste)* gegründet, bei der die fünf konstituierenden Organisationen jedoch nicht fusionierten. Bereits bei dem Kongreß im nächsten Jahr verließen die Anhänger von Jules Guesde *(POF = Parti ouvrier français)* die Partei und schlossen sich 1902 mit den Anhängern Edouard Vaillants *(PSR = Parti socialiste révolutionnaire)* zu der »sozialistischen Partei Frankreichs« *(Parti socialiste de France)* zusammen, die marxistisch ausgerichtet war und den Klassenkampf vertrat. Dagegen konstituierten sich die gemäßigten Sozialisten um Jaurès 1901 auf dem Kongreß in Lyon als Partei der »gesellschaftlichen Veränderung und der Verteidigung der Republik« unter der Bezeichnung »Französische sozialistische Partei« *(Parti socialiste français)*. In gewisser Weise war damit die Spaltung der sozialistischen Bewegung auf dem Kongreß von Tours im Dezember 1920 in Kommunisten und Sozialisten vorweggenommen. Alle Versuche, die Einheit der Arbeiterbewegung zu erreichen, scheiterten an der unterschiedlichen Beurteilung der Menschenrechte und des Rechtsstaates. Bei den Wahlen 1902 zeigte sich, daß die sozialistischen Wähler der Partei von Jaurès den Vorzug gaben: Sie gewann mehr als doppelt so viele Sitze wie die Anhänger von Guesde. Die Spaltung hinderte die sozialistischen Parteien nicht daran, trotz des Eintritts von Millerand in die Regierung im Notfall für diese, also »republikanisch« zu stimmen.

Den Parlamentswahlen von 1902 (27. 4.–11. 5.) war eine lebhafte Kampagne vorangegangen, und die Wahlbeteiligung lag dementsprechend hoch bei 80 Prozent. Der »Linksblock« *(le bloc des gauches)* aus Anhängern Waldeck-Rousseaus, den Radikalen und den Sozialisten, erhielt im ersten Wahlgang zwar nur 200 000 Stimmen mehr als die Koalition der Rechten, aber durch das Wahlsystem kam es in der Sitzverteilung zu einer klaren Mehrheit von 339 Sitzen der Linken, darunter 219 Radikale, gegenüber 255 der Rechten. Nach dem Sieg seiner Anhänger zog sich Waldeck-Rousseau zurück und empfahl Staatspräsident Loubet Emile Combes (1835–1921) als seinen Nachfolger.

Der Linksblock

Combes hatte sich in seiner Jugend vom Seminaristen zum Freimaurer und geradezu fanatischem Kirchengegner gewandelt. Er war besessen von dem Ziel, die Republik von dem Einfluß der Kirche zu befreien. Er beließ Delcassé im Außenministerium und behielt General André als Kriegsminister. Die ersten Maßnahmen von Combes richteten sich gegen die Einrichtungen der Orden, die nicht dem Gesetz über die Vereinigungen von 1901 entsprachen und die nun in großer Zahl geschlossen wurden. Schließlich wurden 1903 alle bisher nicht genehmigten religiösen Vereinigungen aufgelöst und 1904 auch den zugelassenen Orden die Erteilung von Unterricht verboten, wobei allerdings eine Frist von zehn Jahren eingeräumt wurde. Das von den Orden betriebene Schulwesen verschwand damit keineswegs, viele Unterrichtsanstalten wurden von dem weltlichen Klerus oder von Ordensgeistlichen als Privatleuten übernommen, aber es wurde doch um etwa ein Drittel reduziert.

Um zu erfassen, welchen Schlag der Kampf der Republik gegen die Kirche für diese bedeutete, muß man sich vor Augen halten, wie sich der kirchliche Einfluß in Frankreich seit Napoleon III. ausgebreitet hatte. Frankreich wurde 1896 von Kardinal Langénieux als »älteste Tochter der Kirche« *(fille aînée de l'Eglise)* bezeichnet, der damit einer alten Tradition folgte: Die französischen Könige hatten schon den Titel »Allerchristlichster *(Christianissimus)* König« geführt, eine Bezeichnung, die sogar Napoleon I. in seiner Korrespondenz mit dem Papst übernahm. Noch am Ende des 19. Jahrhunderts kamen etwa zwei Drittel aller Missionare in der Welt aus Frankreich! Die Maßnahmen der Republik trafen daher die katholische Kirche sehr hart.

Abbruch der Beziehungen zum Vatikan und Trennung von Staat und Kirche

Der Bruch mit dem Vatikan war jedoch weniger die direkte Folge des Vorgehens von Emile Combes als vielmehr die des offiziellen Besuchs, den Präsident Loubet im April 1904 mit Delcassé der italienischen Regierung in Rom abstattete. Da die Päpste den Verlust ihrer Stadt 1870 an Italien nicht anerkannt hatten, protestierte Pius X. (1835–1914, Papst 1903–1914) energisch. Als ein Teil dieses Protestes durch Indiskretion in der Zeitung *l'Humanité* veröffentlicht wurde, zog die französische Regierung die Konsequenzen und brach die Beziehungen zum Vatikan ab (30.7.1904).

In dieser Atmosphäre bereitete Combes die Trennung von Staat und Kirche vor, stolperte aber, bevor es dazu kam, über den allzu großen republikanischen Eifer seines Kriegsministers André. Dieser hatte in seinem Ministerium eine Kartei anlegen lassen, in der unter Mithilfe von Freimaurerlogen Informationen über rechtsgerichtete Offiziere gesammelt wurden, ob sie regelmäßig, allein, mit der Familie, unter dem Einfluß der Frau etc. zur Messe gingen. Ziel der Beobachtungen war es, im Offizierskorps die nicht kirchlich gebundenen, republikanischen Offiziere zu fördern. Als diese Gesinnungschnüffelei ruchbar wurde, mußte André und wenig später Combes selbst zurücktreten (18.1.1905).

Combes Nachfolger Rouvier setzte die Politik der Trennung von Staat und Kirche fort. Berichterstatter der Kommission, die einen Gesetzestext ausarbeiten sollte, war Aristide Briand (1862–1932, Briand war elfmal Ministerpräsident und fünfundzwanzigmal Minister, meist des Auswärtigen), der während seiner langen politischen Tätigkeit wegen seiner Fähigkeit, Kompromisse zu finden, Ansehen besaß und sich auch in diesem Fall um eine Lösung bemühte, die für beide Seiten annehmbar war. Sein Text wurde schließlich am 3. Juli 1905 mit 314 zu 233 Stimmen angenommen und am 11. Dezember 1905 verkündet.

Mit dem Gesetz von 1905 über die Trennung von Staat und Kirche *(loi de séparation de l'Eglise et de l'Etat)* wurde das von Bonaparte 1801 mit der Kirche geschlossene Konkordat aufgehoben. Es galt wieder die alte Feststellung aus der Revolutionszeit, daß »die Nation keinen Kult unterhält«. Das Ministerium für Religionsangelegenheiten *(ministère des cultes)* wurde aufgehoben, die freie Ausübung der Religion garantiert. Der Staat zog sich von der Bestallung der Priester und der Organisation der Diözesen zurück. Die Besitztümer der Kirche sollten »religiösen Vereinigungen« *(associations cultuelles)* überlassen werden, die jedoch vom Papst, da nicht den Bischöfen unterstehend, abgelehnt wurden. So fiel der Kirchenbesitz in den meisten Fällen den Gemeinden anheim. Es kam bei der Inventarisierung dieser Güter zu manchen Unruhen, da übereifrige Staatsdiener nicht einmal vor der Öffnung der Tabernakel zurückschreckten. Durch Briand und den Staatsrat wurden schließlich Lösungen gefunden, die den Katholiken die Benutzung der Kirchengebäude und das Lesen der Messe erlaubten. Da Elsaß-Lothringen zu Deutschland gehörte, hatte das Gesetz dort keine Gültigkeit; bei der Rückgliederung 1918 blieb in den drei Départements das Konkordat von 1801 in Kraft, der Staat besoldet die Priester.

Mit der Trennung von Staat und Kirche hatte der bürgerlich-demokratische Staat die Autonomie erreicht, die er seit der Revolution mehr oder weniger deutlich angestrebt hatte. Die Radikalen, die sich den Ideen der Revolution von 1789 verpflichtet fühlten, waren an dem Ziel ihrer Politik angekommen: Sie konnten die Leitung der Republik und die Erziehung der jungen Staatsbürger in die Hand nehmen. Aus dem Bewußtsein des entscheidenden Einschnitts in der Geschichte des Landes rührt der republikanische Mythos her, der sich aus der Trennung von Staat und Kirche entwickelte. In der Realität freilich blieb die Kirche in Frankreich präsent. Nach 1914–1918 konnte die Republik nicht mehr rigoros gegen die Kirche vorgehen, und von 1919–1939 konstituierten sich die meisten der aufgehobenen Orden in Frankreich neu, ohne behelligt zu werden. 1921 nahm Frankreich wieder Beziehungen zum Vatikan auf. Durch den Weltkrieg wurde der prinzipiell weiterbestehenden Trennung von Staat und Kirche manches von ihrer Schärfe genommen. Die Kirche hat durch das Gesetz viel von ihrer Macht aufgeben müssen, aber sie hat dafür auch an Freiheit gewonnen, an Kraft zu innerer Erneuerung *(renouveau catholique)*. Sie ist zu einer armen, aber lebendigen Kirche geworden.

Französische Außenpolitik bis zur *Entente cordiale* und der ersten Marokkokrise

Die Außenpolitik war während der Zeit der großen innenpolitischen Auseinandersetzungen bemerkenswert beständig; sie wurde über sieben Jahre (1898–1905) von Théophile Delcassé (1852–1923) als Außenminister bestimmt. Er hatte 1899 den Konflikt von Faschoda aus dem Wege geräumt und setzte in den folgenden Jahren alles daran, trotz der gegen England aufgebrachten öffentlichen Meinung zu einem Einvernehmen mit diesem zu gelangen. Er ging von der einfachen Überlegung aus, daß sich Frankreich wegen der unvermeidlichen Auseinandersetzung mit Deutschland nicht auch noch die Feindschaft Englands erlauben könne. Erleichtert wurde Delcassé das Erreichen seines Ziels durch das Scheitern der deutsch-englischen Bündnisverhandlungen von 1901 und durch den vom Kaiser und seinem Admiral Tirpitz forcierten Ausbau der deutschen Hochseeflotte. In Eduard VII. (König von England 1901–1910) fand Delcassé einen Gesprächspartner, der seine Ansichten teilte. Erst nach langen Verhandlungen, bei denen alle strittigen Punkte der Einflußzonen in Übersee geklärt worden waren, kam es zu jenem »herzlichen Einvernehmen« (*Entente cordiale*, 8.4.1904), das zwar noch kein festes Bündnis darstellte, das aber bereits die Umrisse der Einkreisung Deutschlands erkennen ließ. Der Preis, den Delcassé zahlte, war die Aufgabe Ägyptens zugunsten Englands, das dafür Frankreich Einfluß in dem noch unabhängigen Marokko einräumte.

Zugleich war es der französischen Diplomatie gelungen, Italien, das 1902 den Dreibund mit Deutschland und Österreich-Ungarn erneuert hatte, im gleichen Jahr durch ein Geheimabkommen zu einem Neutralitätsversprechen im Fall einer deutsch-französischen Auseinandersetzung zu gewinnen. Beide Länder sicherten sich wohlwollende Zurückhaltung zu, wenn Frankreich Ansprüche auf Marokko, Italien auf Tripolitanien

(Libyen) geltend machen würden. Innerhalb weniger Jahre war es Delcassé gelungen, das von Bismarck isoliert gehaltene Frankreich in ein Bündnissystem mit seinen alten Antagonisten England und Rußland einzubringen und sogar zu einem Ausgleich zwischen diesen beiden Staaten zu gelangen. Durch die Ungeschicklichkeit der deutschen Politik stand nun Deutschland mit dem schwachen Österreich-Ungarn isoliert und eingekreist da. Die Mächtekonstellation des Weltkriegs war schon zehn Jahre vor seinem Ausbruch zu erkennen.

Nachdem England seine Zustimmung gegeben hatte, daß Marokko zum französischen Interessengebiet gehören solle, begann Frankreich damit, das Land zunächst wirtschaftlich in seine Abhängigkeit zu bringen und die anderen europäischen Mächte von diesem Markt auszuschließen. Die deutsche Firma Mannesmann hatte jedoch Interesse an den Erzvorkommen in Marokko, und so protestierte die deutsche Regierung auf eine besonders plumpe und drohende Art: Reichskanzler Fürst Bülow veranlaßte den Kaiser, bei seinem Besuch in dem marokkanischen Tanger am 31. März 1905 energisch für die Unabhängigkeit Marokkos einzutreten. Auf deutsches Anraten verlangte der Sultan die Einberufung einer internationalen Konferenz. Die französische Regierung machte daraufhin der deutschen den Vorschlag, durch ein zweiseitiges Abkommen nach Art der *Entente cordiale* die Streitpunkte zwischen beiden Ländern in den Kolonien auszuräumen, ein Vorschlag, der von deutscher Seite schlichtweg abgelehnt wurde. Die Reichsregierung strebte dennoch keinen Krieg an, sondern wollte nur bluffen, um Frankreich von England zu trennen. Delcassé durchschaute das Spiel, aber Ministerpräsident Rouvier scheute vor dem Krieg zurück, auf den Frankreich nach seiner Ansicht nicht vorbereitet war. Daraufhin demissionierte Delcassé nach einer dramatischen Sitzung des Kabinetts (6.6.1905).

Dem Anschein nach hatte sich Deutschland, wenn auch unter hohem Einsatz, durchgesetzt: Im Januar 1906 trat die Marokko-Konferenz in Algeciras zusammen; aber Deutschland sah sich auf dieser Konferenz mit Österreich-Ungarn isoliert; selbst Italien, der Dreibundpartner, blieb auf der Gegenseite. Man einigte sich auf internationale Institutionen, an denen auch

Deutschland beteiligt war. Die Isolierung Deutschlands trat aber so deutlich zutage, daß sie sogar der Reichsregierung bewußt wurde. Dank Delcassés zielstrebiger Politik stand Frankreich an der Spitze eines Bündnissystems, das im Keim fast eine Koalition bildete und die mächtigsten Staaten Europas, England und Rußland, einschloß.

Die Wahlen 1906. Ende des Linksblocks.
Die Radikalen gegen Sozialisten und Gewerkschaftsbewegung

Bei den Parlamentswahlen im Mai 1906 errangen die Radikalen zusammen mit ihren Verbündeten, den Linksrepublikanern (*républicains de gauche*), mit 347 Sitzen die absolute Mehrheit, während sich die Rechte mit 174, die Sozialisten mit 54 und die unabhängigen Sozialisten mit 20 Sitzen begnügen mußten. Aufgrund dieses Ergebnisses bildeten die Radikalen allein die Regierung. Bereits im Januar 1906 war Senatspräsident Armand Fallières (1841–1931) zum Präsidenten der Republik (1906–1913) gewählt worden. Die Innenpolitik aber wurde bis 1909 von dem Innenminister und (ab 25. 10. 1906) Ministerpräsidenten Georges Clemenceau (1841–1929) bestimmt, der es auf einen unerhört harten Kampf mit den Arbeitern ankommen ließ. Nach der Panamaaffäre war er bis zu seiner Wahl 1902 in den Senat von der Politik ausgeschlossen geblieben, in die ihn erst seine Haltung in der Dreyfusaffäre zurückführte. Mit 65 Jahren endlich an der Macht, gebrauchte er diese gegen seine innenpolitischen Gegner auf der Linken ohne große Bedenken.
Erleichtert wurde Clemenceaus Kampf durch die Trennung der Gewerkschaftsbewegung von der 1905 vereinigten sozialistischen Partei. Noch bei den Wahlen 1902 waren die beiden sozialistischen Parteien getrennt aufgetreten. Bei ihrem Kongreß in Amsterdam im August 1904 verlangte die II. Internationale aber einstimmig die Einheit der sozialistischen Organisationen. Jaurès mußte sich in den meisten Punkten den Forderungen von Jules Guesde beugen und den Klassenkampf bis zur Revolution, die Ablehnung der Militärkredite und des Haushalts, ja sogar das imperative Mandat akzeptieren. Auf dem Vereini-

gungskongreß in Paris (April 1905) kam es zum Zusammenschluß der Sozialisten unter der Bezeichnung: »Sozialistische Partei, französische Sektion der Internationale der Arbeiter« *(Parti socialiste, Section française de l'Internationale ouvrière = SFIO).* Von den 51 sozialistischen Abgeordneten blieben 21, darunter Millerand und Aristide Briand, der SFIO fern und bildeten die Gruppe der »Unabhängigen Sozialisten« *(socialistes indépendants).* Die innere Zerrissenheit der Sozialisten gegenüber der Frage, ob der Weg zu einer neuen Gesellschaft über deren Reform oder über die Revolution führe, blieb trotz der Vereinigung der Organisationen weiter bestehen. Auf dem Kongreß von Toulouse (1908) wurde sie nur mühsam von Jaurès überdeckt, der durch seine Beredsamkeit und seinen Humanismus ab diesem Zeitpunkt de facto der Führer der Gesamtpartei wurde.

In der französischen Gewerkschaftsbewegung, die ab 1884 durch das Gesetz Waldeck-Rousseau ermöglicht worden war (Abschaffung des Gesetzes *Le Chapelier* von 1791, das Berufsvereinigungen untersagte), hatten bald (ab 1894) die Anarchisten gegenüber den Anhängern von Guesde die Oberhand gewonnen. Bei der Gründung der CGT *(Confédération générale du travail)* 1895 in Limoges wurde bereits die Unabhängigkeit gegenüber der sozialistischen Partei betont. Nach dem Zusammenschluß der Sozialisten lehnte die CGT auf ihrem Kongreß in Amiens (Okt. 1906) in der sogenannten »Charta von Amiens« *(Charte d'Amiens)* ausdrücklich die Verbindung zu den Sozialisten ab: »Unabhängig von jeder politischen Richtung vereinigt die CGT alle Arbeiter im Bewußtsein des Kampfes für das Verschwinden von Arbeitnehmer- und Arbeitgeberschaft.« Als Mittel in diesem Kampf sollte der Generalstreik dienen. Der Anarchosyndikalismus der Gewerkschaft gegen die bürgerlichen Anführer der Sozialisten führte auch in den folgenden Jahren zu einer Schwächung beider Bewegungen: 1910–11 hatte die CGT unter den etwa eine Million gewerkschaftlich organisierten Arbeitnehmern nur 350 000 Anhänger; der sozialistischen Partei gelang ihrerseits nicht – wie der deutschen SPD – der Durchbruch in den breiten Schichten der Arbeiterschaft. Eine Bündelung der Kräfte wäre aber gerade in der Zeit der Ministerpräsidentschaft Clemenceaus notwendig gewesen.

Da die Anhänger einer »direkten Aktion« *(action directe)* den Streik als ein Mittel ansahen, um die Arbeiterschaft zum Klassenkampf bereit zu machen, stieg ab 1904 die Zahl der Streiks auf über tausend im Jahr und hielt sich bis zum Kriegsausbruch auf dieser Höhe. Besonders heftig war die Streikbewegung 1906 und 1910.

Die Radikalen, die mit der Trennung von Staat und Kirche ihr wichtigstes politisches Ziel erreicht hatten, waren auf sozialem Gebiet mit einigen Reformen vorangekommen, erwarteten aber dafür den Abbau der Spannungen. Auf die zahlreichen Streiks hin reagierten sie mit mehr Härte als der liberale Staat des 19. Jahrhunderts. Während der Kabinettsbildung (Sarrien) im März 1906 ereignete sich in Courrières in Nordfrankreich ein Grubenunglück, bei dem mehr als tausend Arbeiter starben. Drei Tage später (13. 3.) brach ein Streik im Kohlengebiet aus, der sich schnell ausweitete und im April zu heftigen Zusammenstößen führte, bei dem ein Leutnant der gegen die Streikenden eingesetzten Truppe getötet und zahlreiche Gewerkschaftler verhaftet wurden.

Hier wie bei späteren Gelegenheiten setzte die Regierung systematisch das Militär ein zur Wiederherstellung oder Aufrechterhaltung der Ordnung. Daß es bei den unvermeidlichen Zusammenstößen Tote geben mußte, wurde in Kauf genommen: Beim Streik der Bauarbeiter starben 1908 zwei Menschen in Draveil, vier in Villeneuve-Saint-Georges (Juli 1908). Clemenceau ließ daraufhin die Gewerkschaftler verhaften. Mit vergleichbarer Härte ging Clemenceau vor, als 1909 sogar Beamte, die nach seiner Ansicht nicht das Recht dazu hatten, in den Streik traten. Er ersetzte die Postbeamten durch Soldaten und entließ 200 von ihnen. Große Menschendemonstrationen in Montpellier (9. 6. 1907) wegen der zusammengebrochenen Weinpreise zeigten die Unzufriedenheit des Südens mit dem Norden; in Béziers kam es sogar zur Meuterei in der Truppe. Wiederum reagierte Clemenceau mit Härte, und es ist verständlich, daß ihm von linker Seite Haß entgegenschlug; seine Regierung wurde als »Regierung von Mördern« *(gouvernement d'assassins),* er selbst als der »erste Polizist von Frankreich« *(premier flic de France)* bezeichnet. Bis zur Trennung von Staat und Kirche hatte das Bündnis des fortschrittlichen Bürgertums mit der Arbeiterschaft gehalten, jetzt war es unter dem Druck der sozialen Probleme zerbrochen.

Nach dem Sturz Clemenceaus im Juli 1909 bildete Aristide Briand die Regierung und blieb bis 1913 die beherrschende Figur auf der politischen Bühne. Im Unterschied zu seinem Gegner Clemenceau drängte Briand zum Ausgleich, suchte zu vermitteln. Bei dem großen Streik der Eisenbahner des Nord- und des Westnetzes (1910), bei dem es auch zu Sabotageakten kam, setzte sich Briand durch, aber ohne Blutvergießen: Er stellte die streikenden Eisenbahner unter Militärrecht, und die Gesellschaft des Nordnetzes entließ oder beurlaubte mehr als tausend Arbeiter. So brach der Streik zusammen, aber die meisten Forderungen der Arbeiter wurden wenig später erfüllt. Zu den sozialen Errungenschaften dieser Jahre gehörte die Einführung der Rentenversicherung (im April 1910 und 1912), die zu je einem Drittel vom Arbeitnehmer, vom Arbeitgeber und vom Staat getragen wurde. Dagegen scheiterte Briand bei seinem Versuch, die Sozialpartner an den Verhandlungstisch zu bringen und eine Beteiligung der Arbeiter (participation) einzuführen.

Die Wahlen 1910

Das Parteiengefüge lockerte sich unter dem Einfluß Briands, und die Radikalen wehrten sich gegen eine Änderung des Wahlrechts, da das Mehrheitswahlsystem ihnen in ihren Wahlkreisen eine Machtbasis gab. Bei den Wahlen selbst konnten die Sozialisten mit 75 Sitzen 20 Sitze hinzugewinnen, die unabhängigen Sozialisten errangen 32 Sitze, die Mitte aus Radikalsozialisten, Unabhängigen, Linksrepublikanern und Republikanischer Union vereinte etwa 340 Sitze, während sich auf der rechten Seite die Konservativen mit 129 und die Liberalen mit 20 Sitzen begnügen mußten. Das Erscheinen zahlreicher neuer Abgeordneter und die leichten Verschiebungen im Parteiengefüge brachten es mit sich, daß die Zeit relativer Stabilität der Regierungen der eines ständigen Wechsels – wenn auch meist der gleichen Personen – Platz machte.

Die letzten Jahre vor dem Krieg. Die zweite Marokkokrise

Nachdem im November 1910 Briand zunächst die Regierung neugebildet hatte, wurde er im März 1911 von Monis abgelöst, an dessen Stelle im Juni 1911 Joseph Caillaux (1863–1944) trat. Caillaux, ein Mann von hoher Intelligenz, war von 1898 bis zuletzt 1935 insgesamt sieben Mal Finanzminister. Als solcher erkannte er die Notwendigkeit, eine Einkommenssteuer *(impôt sur le revenu)* einzuführen, die sozial gerechter war als die indirekten Steuern; die Steuer wurde gegen den hinhaltenden Widerstand des Bürgertums 1914, vor Ausbruch des Krieges, beschlossen.

Kurz nach Amtsantritt sah sich Caillaux mit der zweiten Marokkokrise konfrontiert. Im Mai 1911 hatte Frankreich ein Expeditionskorps nach Fes entsandt, um den Sultan von Rebellen zu befreien, die ihn dort belagerten. Es hatte damit die Vereinbarungen der Akte von Algeciras 1906 überschritten, und Deutschland, das nur auf eine Gelegenheit gewartet hatte, reagierte sofort. Zwar hatte es 1909 die Vorrangstellung Frankreichs in Marokko anerkannt, aber es wünschte für die faktische Überlassung Kompensationen im Kongogebiet. Wie es den unverantwortlichen Vorgehensweisen der imperialistischen Diplomatie entsprach, glaubte die Reichsregierung, sie müsse ihren Forderungen Nachdruck verleihen und Kriegsbereitschaft zeigen. So entsandte man das Kanonenboot »Panther« nach Agadir in Südmarokko (»Panthersprung von Agadir«) und bot zugleich Gespräche an. Nach einem langwierigen Geschacher um Länder und Menschen, bei dem Deutschland seine Forderung auf Übernahme des gesamten französischen Kongogebiets nicht durchsetzen konnte, nachdem der französische Generalstab der Regierung erklärt hatte, man sei noch nicht kriegsbereit, und nachdem England und Rußland ein Eingreifen abgelehnt hatten, kam man am 4. November 1911 schließlich zu einem Abkommen. Durch eine Vergrößerung der deutschen Kolonie Kamerun um etwa 300 000 km² erkaufte sich Frankreich die deutsche Zustimmung zu dem französischen Protektorat über Marokko, das im März 1912 vertraglich festgelegt wurde. Caillaux, der immer eine friedliche

Lösung angestrebt hatte und sie durch Geheimverhandlungen förderte, geriet dadurch unter Beschuß von Seiten der Nationalisten: Er wurde in der Kammer und von Clemenceau im Senat angegriffen und trat am 11. Januar 1912 zurück. Die Krise bietet ein Musterbeispiel dafür, wie leichtfertig in dieser Zeit des zügellosen Nationalismus und Imperialismus mit der Frage von Krieg und Frieden umgegangen wurde und wie schwierig Kompromisse durchzusetzen waren. Die Nationalisten in Frankreich und Deutschland entfesselten nach dem Abkommen eine Kampagne wegen des angeblichen Verzichtes, den das eigene Land eingegangen wäre.

Der Krieg war noch einmal vermieden worden, weil alle Beteiligten sich nicht hinlänglich gerüstet fühlten. Auf See hatte sich Deutschland schon durch die Flottenvorlage von 1906 in ein Wettrüsten mit England eingelassen und hatte von 1908–1911 jährlich vier Schlachtschiffe gebaut; die Flottenvorlage von 1912 zerstörte den Versuch einer deutsch-englischen Verständigung. Fast analog wurde das Heer nachgerüstet: Da ein deutscher Jahrgang etwa 500 000 Mann umfaßte, ein französischer aber nur 300 000, suchte Frankreich durch das Gesetz von 1905, das mehr Wehrgerechtigkeit einführte, die Stärke des Heeres auf eine etwa gleiche Höhe zu bringen. Die Generäle Joffre (ab 1911 Chef des Generalstabs) und Mangin bemühten sich um die zusätzliche Aufstellung von Truppen in Algerien und in Senegal. Als Rußland 1913 die Friedensstärke seiner Armee von 1,2 auf 1,42 Millionen erhöhte, reagierte Deutschland im Sommer 1913 mit einer Wehrvorlage, durch die die Friedensstärke des Heeres im Frühjahr 1914 auf 748 000 Mann gebracht wurde. Daraufhin führte Frankreich wieder die dreijährige Dienstzeit ein, wodurch seine Heeresstärke in etwa der deutschen angeglichen wurde. Da es zu keinen ernsthaften Verhandlungen über Abrüstung oder zumindest ein Einfrieren der Rüstung auf dem erreichten Stand kam, muß man davon ausgehen, daß die Entscheidungsträger in beiden Ländern den Konflikt als unausweichlich ansahen.

Nach dem Sturz Caillaux' bildete der Jurist Raymond Poincaré (1860–1934) die Regierung (14. 1. 1912). Ein Jahr später, am 17. Januar 1913, wurde er zum Präsidenten der Republik

(1913–1920) gewählt. Poincaré verfolgte zielstrebig und energisch eine Politik der Revanche gegenüber Deutschland mit Unterstützung der Rechten. Er rechnete dafür mit Krieg, wie die meisten Politiker, mit Ausnahme einiger weniger wie Caillaux und Jaurès, die einen Ausgleich noch für möglich hielten.

Die Wahlen 1914

Hauptthema bei den Parlamentswahlen im Sommer 1914 war noch das im Jahr zuvor angenommene Gesetz über die dreijährige Dienstpflicht, gegen das sich vor allem die Linke wandte. Radikale und Sozialisten verbanden sich in dieser Frage ebenso wie in dem Ziel, die Einkommenssteuer einzuführen. Die Sozialisten gewannen 102 Sitze, zu denen noch 24 sozialistische Republikaner kamen. Radikale und Unabhängige konnten 195 Sitze erringen, während die gemäßigten Gruppierungen der Mitte etwa 180 und die Rechte 120 Mandate gewann. Insgesamt stellt das Ergebnis eine deutliche Verschiebung nach links dar. Poincaré betraute den republikanischen Sozialisten René Viviani (1863–1925), der 1906–1910 der erste Arbeitsminister gewesen war, mit der Regierungsbildung. Viviani sprach sich für die dreijährige Dienstzeit und für die Einkommenssteuer aus, die schließlich mit dem Finanzgesetz des Senats am 15. Juli 1914 angenommen wurde. Die Abstimmungen in der Kammer machten deutlich, daß in nationalen Fragen wie der Verlängerung des Wehrdienstes mehr Abgeordnete mit der Rechten stimmten. Eine linke Regierung Jaurès-Caillaux war nicht zu erwarten, die in diesem kritischen Jahr vielleicht einen Ausgleich mit Deutschland zustande gebracht hätte. Zudem fiel Caillaux dadurch aus, daß die Zeitung *Figaro* private Äußerungen von ihm veröffentlichte; vier Tage danach tötete seine Frau mit einem Revolverschuß Gaston Calmette, den Direktor des *Figaro*; Caillaux trat daraufhin als Finanzminister zurück, seine Karriere war zunächst beendet, auch wenn seine Frau am 28. Juli 1914 freigesprochen wurde. Jean Jaurès, der sich mutig der Entwicklung zum Kriege hin entgegenstemmt hatte, wurde von einer durch die rechte Presse aufgehetzten Person am 31. Juli 1914 erschossen. Selbst wenn einzelne Personen sich noch gegen den Weg in den Krieg wandten, hatte das Land sich für ihn entschieden.

15. Die Dritte Republik vom Beginn des Ersten Weltkriegs bis zur Neuordnung Europas 1919

Der Kriegsausbruch

Die Frage, bei wem die Schuld für den Krieg zu suchen sei, wurde um so heftiger diskutiert, je deutlicher das Ausmaß der Katastrophe sichtbar wurde. Die Sieger entschieden dann in dem »Kriegsschuldparagraphen« (§ 231) des Versailler Vertrages, daß der Krieg den Alliierten »durch den Angriff Deutschlands und seiner Verbündeten aufgezwungen wurde«. Die Forschung hat sich mit der Kriegsschuldfrage intensiv auseinandergesetzt und ist zu einem differenzierten Urteil gelangt, das – im Gegensatz zum Zweiten Weltkrieg – keiner der beteiligten Mächte die Absicht unterstellt, einen allgemeinen Krieg zu entfesseln. Es gab von deutscher Seite Versuche, Österreich zur Mäßigung anzuhalten, England machte Anstalten zu vermitteln und Poincaré warnte Rußland davor, Deutschland zu provozieren. Aber es läßt sich nicht erkennen, daß auch nur einer der Beteiligten den ernsthaften Versuch unternahm, den Frieden zu verteidigen! Durch Verzicht, Nachgeben und Kompromißbereitschaft hätte sicherlich viel gewonnen werden können, zumindest Zeit zum Verhandeln. Da niemand dazu bereit war, wurde die eigentliche Politik weitgehend durch die Mechanismen der Bündnissysteme ersetzt, und die Nationen glitten gleichsam automatisch in den Krieg. Insofern nicht mit letzter politischer Verantwortung gehandelt wurde, trifft – graduell verschieden – alle Beteiligten Schuld. Je nach Nationalität wurde diese für lange Zeit dem Gegner zugemessen, also in älteren französischen Geschichtsbüchern den deutschen Invasoren, in den entsprechenden deutschen den revanchelüsternen französischen Politikern, die Deutschland einkreisten, um ihm Elsaß-Lothringen wieder zu entreißen. Erst allmählich setzte sich die historische Wahrheit durch: Die eigentlichen Ursachen des Kriegsausbruchs, fahrlässiger Leichtsinn und Überheblichkeit, Unterschätzung der gegnerischen und Überschätzung der eigenen Militärmacht, waren auf beiden Seiten in gleicher Weise zu suchen. Hinzu kam allerdings Deutschlands Versuch, nach der Weltmacht zu greifen.

Nach der Ermordung des Erzherzog-Thronfolgers Franz Ferdinand am 28. Juni 1914 in Sarajewo und der zumindest indirekten Mitverantwortung Serbiens glaubte sich Österreich, das in den Balkankriegen 1912/13 von Deutschland gegenüber Serbien noch zurückgehalten worden war, gezwungen zu handeln. Wilhelm II. versicherte Kaiser Franz Joseph seine Bündnistreue; da Serbien sich von Rußland gedeckt wußte, nahmen die beiden Mittelmächte also den Konflikt mit diesem in Kauf, zugleich damit aber auch die Auseinandersetzung mit der Entente (England und Frankreich). Obwohl Serbien auf ein österreichisches Ultimatum mit Entgegenkommen antwortete, aber auf seinen Souveränitätsrechten bestand, brach Österreich die Beziehungen ab und machte teilmobil. Poincaré, der mit Ministerpräsident Viviani vom 20.–23. Juli zu Besuch in Petersburg weilte, erklärte, daß Frankreich zu seinen Verpflichtungen stehen werde. Die französischen Diplomaten wirkten aber beruhigend auf Österreich und Serbien ein, Wilhelm II. erklärte sich befriedigt über die serbische Antwort auf Österreichs Ultimatum, der englische Außenminister Grey schlug am 27. Juli eine Botschafterkonferenz zur Beilegung des Konfliktes vor. Zugleich machte aber die englische Flotte teilmobil, und Deutschland lehnte den englischen Vorschlag einer Konferenz ab.

Die Versuche, den Konflikt zu begrenzen, liefen auch weiter, nachdem Österreich am 28. Juli Serbien den Krieg erklärt und Rußland einen Teil seiner Streitkräfte mobil gemacht hatte. Aber als Wien und Petersburg am 20. Juli die allgemeine Mobilmachung erklärten, befahl am 1. August 1914 auch Deutschland diese und erklärte zugleich Rußland den Krieg. Nachdem am gleichen Tag auch Frankreich die Armee mobilisierte und auf eine deutsche Anfrage nach seinem Verhalten die nicht befriedigende Antwort erteilte, es werde nach seinen Interessen handeln, erklärte Deutschland am 3. August Frankreich den Krieg. Der deutsche Feldzugsplan sah den Angriff über Belgien vor, so daß England die Beachtung der 1839 von den Mächten festgelegten belgischen Neutralität verlangte. Ungeschickterweise, nicht aus Zynismus, bezeichnete Reichskanzler Bethmann Hollweg, der sich stets um einen Ausgleich mit England bemüht hatte, diese Neutralitätserklärung bei der Aussprache mit dem englischen Botschafter als einen »Fetzen Papier«. Am 4. August erklärte England Deutschland den Krieg.

Die anfangs, nach Ermordung Franz Ferdinands, langsame, dann immer schnellere und zuletzt überhastete Entwicklung der Kriegserklärungen macht deutlich, wie wenig Einfluß die Politik noch auf das Geschehen hatte. Dies trifft insbesondere auf Deutschland zu, das den Zweifrontenkrieg seit langem kommen sah. Es erwies sich in dieser Situation und im Verlauf des Krieges immer stärker als verhängnisvoll, daß die militärische Führung nicht der politischen unterstellt war und daß der Kaiser seiner Aufgabe der Koordination zwischen den beiden Gewalten nicht ausreichend nachkam. Im Gegensatz zu früheren Planungen hatte der deutsche Generalstab unter Schlieffen (1833–1913) das Schwergewicht des Angriffs nach Westen, also gegen Frankreich gelegt. Wie alle kriegsführenden Parteien ging man von der Vorstellung eines kurzen Krieges aus und hoffte, in einer Vernichtungsstrategie mit Verstärkung des rechten Flügels Frankreich schnell und entscheidend zu besiegen, um sich dann dem Osten zuzuwenden. Die deutsche Heeresleitung nahm den Kriegseintritt Englands durch den Angriff auf Belgien in Kauf und setzte alles auf eine Karte, den schnellen Sieg im Westen. Zu ihrer Entschuldigung läßt sich vorbringen, daß sie nicht allein stand mit der Vorstellung eines kurzen Krieges nach der ersten Offensive: Ebenso plante Österreich seinen Angriff auf Serbien, Rußland seine Offensiven gegen Österreich und Deutschland, Frankreich seinen Angriff in Lothringen. Was alle Fachleute und Militärs – mit wenigen Ausnahmen wie der Pétains – nicht vorhergesehen hatten, war die Überlegenheit der Verteidigung beim damaligen Stand der Kriegstechnik. Das zeigte sich bald, insofern alle erwähnten Offensiven nach Anfangserfolgen scheiterten: Österreich gelang der entscheidende Sieg gegenüber Serbien zunächst ebenso wenig wie Rußland der gegenüber Deutschland (Tannenberg) oder Österreich (Galizien) und wie Deutschland der gegenüber Frankreich nach der Niederlage an der Marne. Die oft geäußerte Meinung, bei einer besseren Koordination zwischen der ersten und der zweiten deutschen Armee wäre es zu einer Niederlage der Franzosen gekommen, verkennt, daß deren militärische Kraft ungebrochen war und daß sie diese von der inneren Linie viel besser entfalten konnten als die nach dem schnellen Vormarsch weit auseinandergezogenen deutschen Armeen. Nach der Marneschlacht deckten die Gegner ihre Flanke nach Norden in einem »Wettlauf zum Meer« ab, und die Front erstarrte im Stellungskrieg.

Der »Heilige Bund«

In einer erstaunlichen Parallelität des Geschehens hatten die Regierungen in Frankreich und Deutschland für den Fall eines Krieges die Verhaftung der sozialistischen beziehungsweise sozialdemokratischen Führer und die Zerschlagung der linken Organisationen ins Auge gefaßt. In Paris waren die Namen der zu Verhaftenden in dem *Carnet B* zusammengestellt. Aber der von Jean Jaurès gepredigte internationale Generalstreik der Arbeiter fand nicht statt; am 31. Juli 1914 wurde Jaurès ermordet. Seine Ermordung symbolisiert das Ende der auf der internationalen Solidarität der Linken beruhenden Friedenshoffnungen. Die Anwendung des *Carnet B* unterblieb.

Sehr schnell zeigte sich in beiden Ländern die nationale Idee der internationalen überlegen: Schon am 2. August versammelten sich die Anführer der Sozialisten von Paris in der *salle Wagram* und billigten die Teilnahme an der Verteidigung des Landes. In der entscheidenden Sitzung der Nationalversammlung am 4. August erhob sich keine Stimme mehr gegen den Krieg; die Regierung erhielt die erwünschten Vollmachten und Kredite, die Gräben zwischen alten Gegnern verschwanden, die *Union sacrée* war geboren. Das Verhalten der Sozialisten fand seine Rechtfertigung in dem ultimativen Vorgehen Deutschlands gegenüber dem neutralen Belgien, das am 2. August 1914 aufgefordert wurde, den deutschen Armeen das Durchmarschrecht zu gewähren. Zudem war die Nachricht eingetroffen, daß die deutschen Sozialdemokraten am 3. August die Kriegsanleihen gebilligt hatten. Insgesamt überwog auf beiden Seiten die Vorstellung eines gerechten Krieges gegenüber einem Aggressor. In Deutschland aber hatte man insbesondere gegenüber dem reaktionären Rußland ebenfalls die Vorstellung, sich im Krieg zu verteidigen. Im Reichstag erklärte der Kaiser Deutschlands Vorgehen als einen Akt der Notwehr; die Sozialdemokraten, die am 30. Juli noch beschlossen hatten, ihren Vorsitzenden Friedrich Ebert mit der Parteikasse in der Schweiz in Sicherheit zu bringen, stimmten den Kriegskrediten zu. Der »Burgfrieden« in Deutschland entsprach der *Union sacrée*, und in Österreich, England und Belgien nahmen die Arbeiterparteien die gleiche nationale Haltung ein.

Die militärischen Operationen

Es ist hier nicht der Platz, das militärische Geschehen an den verschiedenen Fronten und in seinen komplexen Zusammenhängen im einzelnen aufzuzeigen. Die Ausgangslage der Mittelmächte war insofern von vornherein schlechter als die der Alliierten, weil sich durch die englische Seeblockade, die von der ergebnislosen, aber verlustreichen Schlacht im Skagerrak (31. 5. 1916, *bataille navale du Jutland*) nicht gebrochen wurde, die wirtschaftliche und ernährungsmäßige Lage in Mitteleuropa von Jahr zu Jahr verschlechterte. Schon 1915 aber war klar geworden, daß es sich bei der Auseinandersetzung um einen Materialkrieg handelte, in dem die Alliierten überlegen waren.
Die Unterlegenheit der Mittelmächte wurde zunächst ausgeglichen durch die unsinnige und entsprechend mörderische Angriffsstrategie der französischen Heerführer, die im Artois (Mai 1915) und in der Champagne (Januar–März und September 1915) immer neue Angriffswellen in das deutsche Abwehrfeuer schickten. Der französische Oberbefehlshaber Joffre, der Sieger der Marneschlacht, glaubte, den Gegner abzunutzen *(grignoter)*. Aber die Verluste der Angreifer lagen höher als die der Verteidiger, und gerade die Verluste an Menschenleben konnte sich Frankreich mit seiner geringen Bevölkerung von knapp 40 Millionen Einwohnern nicht erlauben.

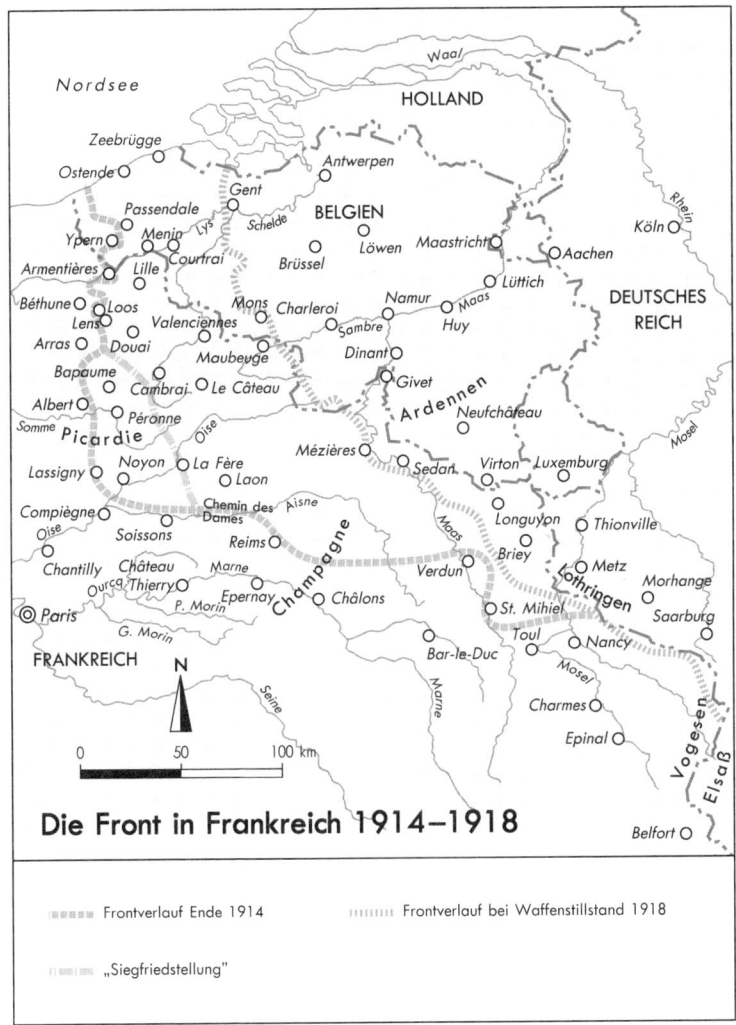

Die Front in Frankreich 1914–1918

Eine neue, noch gewaltigere Offensive gemeinsam mit den englischen Streitkräften hatte Joffre für den Sommer 1916 an der Somme geplant, als ihm im Februar 1916 der deutsche Chef des Generalstabs Falkenhayn mit dem Angriff auf Verdun zuvorkam. In diesem Fall hatten die deutschen Angreifer die Zermürbungsstrategie übernommen, während die Verteidiger unter General Pétain sich in der Abwehr der Angriffe halten konnten. Das Grauen der Materialschlacht von Verdun überstieg alles bisher Dagewesene. Die Sommeschlachten ab Juli 1916 erbrachten den angreifenden Alliierten geringfügige Geländegewinne, beiden Seiten aber gewaltige Verluste an Menschenleben.

Im November 1916 wurde Joffre von Nivelle als Oberbefehlshaber der französischen Armee abgelöst. Die von diesem geplante Offensive gegen die auf die gut befestigte »Siegfried-Linie« zurückgenommenen deutschen Truppen scheiterte am *Chemin des Dames* unter großen Verlusten. Nivelle wurde seinerseits von Pétain ersetzt. Es war höchste Zeit, daß ein Mann mit Verständnis für das Leiden der Frontsoldaten an die Spitze der Truppe trat: Die Stimmung in der französischen Armee war auf einem Tiefpunkt angelangt, es kam 1917 zu Fällen von Meuterei und Gehorsamsverweigerung. Entgegen manchen Behauptungen der Generalität, die in dem Ungehorsam das Ergebnis eines gegen die Nation gerichteten Komplottes zu erkennen vorgaben, handelte es sich wohl eher um eine Bewegung gegen die mörderische und sinnlose Art der Kriegsführung. Pétain gelang es, indem er auf die Offensive verzichtete, das Vertrauen der erschöpften Soldaten zu gewinnen. Die Kriegsgerichte fällten zwar 554 Todesurteile, aber nur 55 wurden ausgeführt.

1917: Das entscheidende Jahr

Es liegt in der Natur der Sache, daß sich im Krieg das Zentrum der Macht von der zivilen auf die militärische Führung verlagern kann. Diese Gefahr war besonders in Deutschland groß, wo das Militär weder vom Parlament noch von der Regierung wirkungsvoll kontrolliert wurde. So verlangte 1917 die Oberste Heeresleitung unter Hindenburg und Ludendorff ultimativ die Entlassung des Reichskanzlers Bethmann Hollweg, und der Kaiser ließ ihn am 13. Juli 1917 tatsächlich fallen und durch Georg Michaelis ersetzen, an dessen Stelle am 1. November

1917 der bayerische Ministerpräsident Graf Hertling trat. Die Entscheidung für den unbeschränkten U-Boot-Krieg, durch die der Kriegseintritt der USA provoziert wurde, war – gegen die Warnungen Bethmann Hollwegs – schon im Januar 1917 im Kronrat auf Druck der Obersten Heeresleitung getroffen worden.

In Frankreich blieb dagegen, abgesehen von der Zeit des Übergewichts von Joffre während der Marneschlacht und der Regierungszeit Clemenceaus ab Ende 1917, das Kräftegleichgewicht zwischen Regierung, Parlament und Heeresleitung einigermaßen gewahrt. Das Parlament, das Ende 1914 wieder zusammengerufen wurde, konnte seiner Aufgabe, Regierung und Heeresführung zu überwachen, nachkommen: Es stellte dem Kriegsminister Millerand drei Unterstaatssekretäre zur Seite, von denen sich vornehmlich der Sozialist Albert Thomas (1878–1932) 1916–17 als Rüstungsminister bei der Organisation der französischen Kriegswirtschaft auszeichnete.

Die Regierung Viviani war am 26. August 1914 unter dem Eindruck der *Union sacrée* umgebildet worden: Delcassé wurde wieder Außenminister, und zwei Sozialisten traten ein, darunter Jules Guesde als Minister ohne Geschäftsbereich. Er verblieb in dieser Stellung auch, als im Oktober 1915 Viviani zurücktrat und Briand die Regierung bildete. Unter dem Eindruck der Schlacht um Verdun kam das Parlament 1916 zu der Ansicht, daß die Regierung in zu große Abhängigkeit von der Armeeführung geraten sei, und konstituierte sich mehrere Male als geheimer Ausschuß zur Untersuchung der Kriegsführung. Briand mußte nachgeben und den Einfluß der Armee beschränken. Am 12. Dezember 1916 bildete Briand die Regierung um, Albert Thomas blieb als einziger Sozialist im Kabinett. Als im März Kriegsminister Lyautey der Kammer Auskünfte verweigerte und zurücktrat, mußte auch das Kabinett Briand demissionieren (18.3.1917). Staatspräsident Poincaré berief Ribot, eines der ältesten Mitglieder der vorangegangenen Regierung, der bis zu seinem Rücktritt am 7. September 1917 die Verantwortung für die gescheiterte Nivelle-Offensive und die sich daran anschließende Krise übernehmen mußte.

Die Wende durch Clemenceau

Nachdem Ribot zurückgetreten war, bildete sein Außenminister Painlevé die Regierung, die ihrerseits am 13. November 1917 – als einzige Regierung im Krieg durch Vertrauensentzug – gestürzt wurde. Staatspräsident Poincaré berief nun Georges Clemenceau (1841–1929), mit dem ihn eine gegenseitige tiefe Abneigung verband. Clemenceau stellte sein Kabinett am 19. November der Kammer vor und gewann deren Vertrauen mit 418 gegen 65 Stimmen. In seiner Rede stellte er als das Ziel seiner Politik den Siegfrieden *(la paix de victoire)* dar, der nur zu erreichen wäre durch Kampf gegen den Defätismus, durch den totalen Krieg *(une guerre intégrale)*: »Keine pazifistischen Kampagnen, keine deutschen Machenschaften mehr, Krieg, nichts als Krieg« *(plus de campagnes pacifistes, plus de menées allemandes: la guerre. Rien que la guerre)*.

Bei Kriegsausbruch trat Clemenceau für die Verhaftung der Sozialisten und Gewerkschaftsführer ein, die in dem *Carnet B* geführt wurden. Das Aufflammen von Streiks 1916 und 1917 verfolgte er mit großer Verbitterung. Als Vorsitzender der Heereskommission des Senats kritisierte er die Fehler und Schwächen der Armeeführung und ging persönlich zu den Soldaten in die Schützengräben. Auf diese Weise hatte er sich eine große Popularität, aber wenig Freunde in politischen Kreisen erworben. Der »Tiger« *(le tigre)*, wie er genannt wurde, konzentrierte die Macht auf seine Person, übernahm selbst das Kriegsministerium und behielt sich die wichtigsten Entscheidungen vor.

Es kam Frankreich zugute, daß der Ausfall des verbündeten Rußland, wo die Sowjets am 7. und 8. November (25./26. 10. des russischen Kalenders) die Macht an sich gerissen hatten und zum Frieden bereit waren, zunächst auf wirtschaftlichem Gebiet mehr als ausgeglichen wurde durch den vorausgegangenen Kriegseintritt der USA am 6. April 1917. Die französische Wirtschaft erhielt in Amerika die notwendigen Kredite und der Kurs des Franken, der sonst stark gefallen wäre, wurde gestützt. Dies war umso notwendiger geworden, als in den Kriegsjahren 1914–1918 die französischen Exporte die Importe nur zu 29 Prozent deckten. Die Kriegskosten wurden in Frankreich vor allem durch Kreditaufnahme gedeckt, das neue Einkommenssteuersystem, das 1914 beschlossen worden war, wurde erst 1917 angewendet. 1918 nahm der Staat 6,8 Milliarden Franken ein – bei Ausgaben von 54,2 Milliarden! Die noch verdeckte Inflation mußte zu einer Schwäche der Währung führen, sobald die Kurse sich frei entwickeln konnten.

Auf militärischem Gebiet standen die Dinge zunächst weniger günstig für die Alliierten: Der unbeschränkte U-Boot-Krieg, den Deutschland Anfang 1917 erklärt hatte, zeigte Wirkung, die größten Verluste erlitt die alliierte Handelsmarine im April 1917. Die gescheiterte Nivelle-Offensive hatte in Frankreich, aber auch in England Eindruck gemacht. Die Kampfkraft der französischen Armee war durch die Meutereien geschwächt. Im Oktober erzielten die Mittelmächte einen Sieg über die italienische Armee (Caporetto) und drängten diese auf die Piave zurück. Engländer und Franzosen mußten mehrere Divisionen nach Italien entsenden. Zur Entlastung der Westmächte unternahm die bürgerliche Regierung Rußlands, nach dem Sturz des Zaren im März 1917, im Sommer desselben Jahres nochmals eine großangelegte Offensive, die aber nach Anfangserfolgen steckenblieb. Das Land war offenbar kriegsmüde und nach der Oktoberrevolution schloß die bolschewistische Regierung mit den Mittelmächten einen Waffenstillstand (15. 12. 1917). Wenige Tage später begannen die Friedensgespräche in Brest-Litowsk, bei denen die deutsche Seite ebenso unnachgiebig ihre Überlegenheit ausspielte wie es ein Jahr später die Alliierten gegenüber Deutschland tun sollten. In der Übergangszeit zwischen dem Ausfall Rußlands und dem Auftreten großer amerikanischer Verbände im Westen, womit erst ab Herbst 1918 zu rechnen war, besaßen die Mittelmächte noch einmal die Möglichkeit, im Westen die Entscheidung zu ihren Gunsten herbeizuführen. Dieser Möglichkeit waren sich die Beteiligten, insbesonders die deutsche Oberste Heeresleitung bewußt, die alles auf die eine Karte setzte, wohl wissend, daß es die letzte vor dem Zusammenbruch wäre, der sich bei Deutschlands Verbündeten bereits ankündigte.

Das letzte Kriegsjahr

Clemenceau gelang es, den Kampfgeist in Frankreich wieder aufzurichten. Kriegsgegner wie Malvy und Caillaux wurden verhaftet und vor Gericht gestellt (Caillaux allerdings erst 1920, wobei er zu drei Jahren Haft wegen »unvorsichtigen Verhaltens« *(imprudence)* verurteilt wurde). Mit diesem Vorgehen sollte jeder Anhänger eines Kompromißfriedens als Verräter gebrandmarkt werden. Auf wirtschaftlichem Gebiet erhielt Clemenceau das Recht, durch Notstandsverordnungen *(légiférer par décrets)* zu regieren. In der Hauptsache aber wurde er getragen von der öffentlichen Meinung, die nach der Kriegsmüdigkeit von 1917 wieder nach einer energischen Führung mit dem Ziel des Sieges über Deutschland verlangte. Es kam zwar auch 1918 noch zu großen Streikaktionen, insbesondere am 1. Mai in Saint-Etienne, und die Regierung antwortete mit Verhaftungen, aber die Gewerkschaftsführer wollten nicht den Frieden um jeden Preis, und ihr Argument war, daß Frankreich nicht dasselbe harte Los erleiden sollte, wie es Rußland in Brest-Litowsk von deutscher Seite erfahren hatte. Die Unmäßigkeit der deutschen Führung trug also indirekt dazu bei, den Widerstandswillen in Frankreich zu stärken.

Nach dem Ausfall des verbündeten Rußland erwarteten die Alliierten den Angriff Deutschlands im Frühjahr 1918, bevor die allmählich eintreffende amerikanische Armee das Kräfteverhältnis wieder zugunsten der Westmächte wenden würde. Als Oberbefehlshaber der Nord- und Nordostfront hatte Pétain eine neue Strategie der Verteidigung entwickelt, die sich statt auf die vorderste Linie auf ein tief gestaffeltes Abwehrsystem stützen sollte. Zudem waren die Verluste an Menschenleben durch den Einsatz von Materialüberlegenheit zu verringern. Neben den Flugzeugen ging es vor allem um die seit 1916 (von den Engländern zuerst eingesetzten) Tanks *(chars d'assaut)*. Die französische Armeeführung setzte nach den Erfahrungen mit den wenig beweglichen schweren Tanks auf die von Renault entwickelten und in großer Serie produzierten leichten, die zum Sieg im Sommer 1918 entscheidend beitragen sollten. Die

Kriegsführung entwickelte sich dadurch von dem reinen Stellungskrieg wieder zum Bewegungskrieg.

Die deutsche Offensive 1918

Die raffgierige Politik der deutschen Regierung im Osten band allerdings auch dort noch starke Kräfte. Über die im Frieden von Brest-Litowsk festgelegten Grenzen hinaus marschierten deutsche Truppen in der Ukraine bis Rostow am Don und auf die Krim. Auf diesen Erfahrungen beruhte die Vorstellung, Rußland sei schwach und besiegbar und es ließe sich im Osten ein deutsches Imperium gewinnen, eine Vorstellung, die später in den Fehleinschätzungen Hitlers sicherlich eine Rolle spielte. Jedenfalls lagen noch große Teile der deutschen Truppen im Osten und 28 Divisionen wurden erst im Verlauf der Offensive von dort nach Westen abgezogen. Insgesamt standen den 170 Divisionen der Westmächte 192 deutsche Divisionen mit etwa 3,5 Millionen Mann gegenüber. Allerdings war Deutschland noch stärker abgekämpft als Frankreich, und für den Bewegunskrieg fehlten weitgehend die Mittel, Gespanne und Tanks. Daß die Offensive im Westen Deutschlands letzte Karte darstellte, war allen Beteiligten bewußt; Ludendorff antwortete auf die Frage nach den Folgen eines Scheiterns: »Dann muß Deutschland eben zugrunde gehen!« Der Zynismus dieses Ausspruchs erinnert an einen vergleichbaren Adolf Hitlers im Jahr 1945, nachdem er das Land in eine noch desolatere Lage gebracht hatte.

Der deutsche Angriff im März 1918 an der Nahtstelle zwischen den englischen und den französischen Truppen erzielte tatsächlich den Durchbruch auf 50 Kilometer Breite, aber zur Verfolgung des Vorteils fehlten die Reserven. Die Alliierten unterstellten ihre Truppen dem gemeinsamen Oberbefehl von Foch; die Frontlücke konnte 60 Kilometer hinter der früheren Linie geschlossen werden. Am 5. April 1918 unternahmen die Deutschen einen weiteren Angriff, westlich von Lille, gegen die englische Armee, bei dem sie Erfolge, aber keinen entscheidenden Durchbruch erzielten. Eine dritte Offensive Ende Mai am

Chemin des Dames brachte die Deutschen von der Aisne bis über die Marne (östlich von Château-Thierry). Aber trotz großer Verluste an Menschen und Material gelang es den Alliierten, die aufgerissene Front wieder zu schließen. Ein vierter deutscher Angriff Mitte Juli bei Reims blieb sofort stecken. Damit stand fest, daß Deutschland nicht mehr in der Lage war, den Krieg zu seinen Gunsten zu entscheiden. Die weit gespannten und noch nicht genügend befestigten deutschen Linien boten der französischen Armee die Gelegenheit eines Flankenangriffs westlich von Château-Thierry, der so großen Erfolg hatte, daß die deutsche Armee fast das gesamte seit Ende Mai gewonnene Terrain wieder aufgeben mußte. Die Überlegenheit der Alliierten an Material wurde immer spürbarer. Als die Engländer bei Amiens am 8. August einen Sieg errangen, bezeichnete Ludendorff diesen Tag als »den schwarzen Tag« des deutschen Heeres. Vor den Angriffen der Alliierten mußte es sich immer mehr zurückziehen. Nachdem Österreich schon am 14. September Friedensverhandlungen angeboten hatte, Bulgarien am 29. September einen Waffenstillstand schloß, die Türkei Ende Oktober die Waffen niederlegte, mußte auch die deutsche Oberste Heeresleitung die Niederlage eingestehen.

Der Waffenstillstand

Da die deutsche Seite nach vier Jahren des mörderischen Kampfes von seiten Frankreichs und Englands wenig Verständnis erwarten konnte, wandte sie sich mit einem Gesuch um Waffenstillstand an den amerikanischen Präsidenten Wilson. Dabei berief sie sich auf dessen Botschaft an den Kongreß vom 8. Januar 1918, in der er in 14 Punkten die Grundlagen einer zukünftigen Friedensregelung umrissen hatte. Die Abtretung von Elsaß-Lothringen und der polnisch bewohnten Gebiete Preußens gehörte zu den Forderungen Wilsons. Die deutsche Oberste Heeresleitung erklärte die militärische Kapitulation zunächst für unannehmbar, mußte sich angesichts der aussichtslosen militärischen Lage aber schließlich beugen. Ludendorff wurde von Groener abgelöst; aber die Armee übernahm nicht die Ver-

antwortung für den verlorenen Krieg, zu den Waffenstill-
standsverhandlungen wurde vielmehr der Abgeordnete Erz-
berger entsandt, der am 11. November in Rethondes bei Compiègne unterzeichnete: In sehr kurzer Frist waren die noch
besetzten Gebiete, das Rheinland und drei rechtsrheinische
Brückenköpfe vor den nachrückenden alliierten Truppen zu
räumen. Die Flotte und eine große Menge des Kriegsmaterials
mußten übergeben werden. An einen weiteren Widerstand hinter dem Rhein war nicht mehr zu denken. Aus dem Widerspruch zwischen den Siegesmeldungen im Jahr 1918 und der
Tatsache der Unterzeichnung des Waffenstillstands durch die
Politiker und letztlich der am 4. November ausgebrochenen
Revolution bei der Flotte in Kiel entstand in Deutschland die
verhängisvolle »Dolchstoßlegende« *(le coup de poignard dans
le dos)*, derzufolge Deutschland nicht durch eine militärische
Niederlage, sondern durch Verrat im Lande besiegt worden
wäre.

Ein Sieg Frankreichs?

Nach allem, was Frankreich mitgemacht hatte in den Jahren des
Krieges, ist es verständlich, daß die Nachricht von der Unterzeichnung des Waffenstillstands mit einer Explosion der
Freude und der Erleichterung aufgenommen wurde. Vom 11.
bis zum 13. November wurde spontan gefeiert. Der Sieg, an
dem mancher lange Zeit gezweifelt hatte, war errungen und
schien vollständig zu sein, nachdem der Kaiser am 9. November abgedankt hatte und in Berlin die Republik ausgerufen
worden war. Frankreich hatte auf alliierter Seite die Hauptlast
des Krieges getragen, seine Soldaten und seine Heerführer hatten in erster Linie zum Sieg beigetragen; mit Recht erwarteten
die Franzosen, daß die Schäden im Land auf Kosten des deutschen Gegners repariert und daß die Möglichkeit der Wiederholung einer so brutalen Auseinandersetzung durch das Niederhalten des deutschen Machtpotentials ausgeschlossen
würde. Man wollte an die verklärte Zeit vor dem Krieg, aber
ohne die deutsche Bedrohung anschließen. Es sollte sich bald

zeigen, daß nicht nur die Kraft Deutschlands, sondern auch die des siegreichen Frankreich gebrochen war und daß Frankreich seine Vorstellungen bei der Friedensregelung nicht gegen die angelsächsischen Verbündeten durchsetzen konnte.

Auf die Einwohnerzahl gerechnet hatte Frankreich – nach Serbien – von allen kriegführenden Ländern die höchsten Verluste, höher selbst als die Deutschlands. Diese Zahl, 1 310 000 Tote oder Vermißte, war umso schlimmer, als die Geburtenrate in Frankreich schon vor dem Krieg sehr niedrig gewesen war. Die Verluste bei der aktiven männlichen Bevölkerung wogen schwerer noch als die großen Zerstörungen in den umkämpften oder besetzten Gebieten im Norden und Osten des Landes. Die Kohle- und Eisenerzproduktion hatte sehr gelitten, das Transportsystem war in diesen Gebieten weitgehend zerstört und eine Fläche von etwa drei Millionen Hektar mußte für die Landwirtschaft erst wieder gewonnen werden. Frankreichs außenwirtschaftliche Situation hatte sich grundlegend geändert: Vom zweitgrößten Kreditgeber der Welt – nach England – vor dem Krieg war Frankreich zu einem Schuldnerland geworden. Da der Staat einen großen Teil seiner Kriegskosten durch Anleihen und nur im geringen Maß durch Steuererhöhungen, aber auch weitgehend durch den Druck von Papiergeld gedeckt hatte, kam es zu einer Entwertung des Franken mit den damit verbundenen sozialen Folgen. Es war das Ende der Stabilität des *franc germinal*, der 100 Jahre seine Goldparität nicht geändert hatte. Ohne daß es sich im verständlichen Freudenrausch des Sieges dessen voll bewußt war, kam Frankreich ebenso geschwächt aus dem Krieg hervor wie Deutschland, und dadurch erklärt sich sein großes Sicherheitsverlangen, mit dem es in die Friedensverhandlungen ging.

Die Friedensverträge

Die Schwierigkeiten bei der Ausarbeitung der Friedensverträge zwischen den Alliierten und den Mittelmächten rührten nicht nur von der Zahl und den verschiedenen Interessen der Beteiligten her, sondern auch von den unterschiedlichen Vorstellungen der hart getroffenen europäischen Mächte und der Vereinigten Staaten, die sehr gestärkt aus dem Konflikt hervorgegangen waren. Während Wilson vom Selbstbestimmungsrecht der Völker ausging, einen »vernünftigen« Frieden anstrebte und sich vor allem für die Schaffung eines kollektiven Sicherheitssystems durch einen »Völkerbund« *(Société des Nations)* einsetzte, waren die Europäer von den Erfahrungen der Geschichte geprägt und richteten ihre Politik danach aus. Dies galt in besonderem Maß für Frankreich, wo die Nationalversammlung Clemenceau als dem Leiter der französischen Delegation eine große Handlungsfreiheit eingeräumt hatte. Um den Besiegten nicht die Möglichkeit zu geben, den Dissens unter den Siegern auszunutzen, hatten die Alliierten beschlossen, die Friedensverträge zunächst auszuarbeiten und dann den Unterhändlern der Mittelmächte vorzulegen.

Mit Wilson war zum ersten Mal ein amtierender amerikanischer Präsident nach Europa gekommen; die Hauptvorbereitung der Verträge wurde zwischen den vier Großmächten England (Lloyd George), Frankreich (Clemenceau), Italien (Orlando) und USA (Wilson) geleistet. Zunächst erreichte der Präsident der USA, daß seine Vorstellungen eines Völkerbundes ausgearbeitet und den Verträgen vorangestellt wurden. Nach einer kurzen Reise Wilsons in die USA (Februar/März 1919) kamen die territorialen Fragen zur Sprache. Clemenceaus Forderungen liefen auf die Grenzen Frankreichs von 1814, also mit Saarbrücken, Saarlouis und Landau hinaus, ferner auf die Abtrennung des Rheinlands und dessen ständige Besetzung durch alliierte Truppen. Da dies jedoch eine indirekte Annexion bedeutet hätte und im Widerspruch zu Wilsons 14 Punkten stand, mußte er sich mit einer zeitweiligen Besetzung und Räumung in fünf, zehn und 15 Jahren nach Zonen von Nord nach Süd begnügen. Er wurde von der extremen Rechten und dem Militär unter Foch, von denen deutsche Separatistenkreise im Rheinland unterstützt wurden, heftig kritisiert, konnte sich aber durchsetzen. Das Saargebiet, etwas kleiner als das heutige Bundesland – nach 1945 wurden noch einige Gebietsstreifen hinzugefügt – sollte von einer Kommission von fünf Mitgliedern des Völkerbundes verwaltet, die Kohlengruben Frankreich zum Ausgleich für die Verluste in den nordfranzösischen Bergwerken überlassen werden. Nach 15 Jahren konnten die Bewohner durch Volksentscheid über ihr Schicksal bestimmen. Durch Volksentscheid mußte Deutschland Nordschleswig an Dänemark abtreten, konnte aber das südliche Ostpreußen (Masuren) und den größeren Teil von Ostoberschlesien behalten. Nach Befragung der Bevölkerung mußte es an Belgien das Gebiet von Eupen-Malmédy abtreten, das Preußen beim Wiener Kongreß gewonnen hatte. Elsaß-Lothringen fiel an Frankreich, ohne Volksabstimmung, da diese nicht für nötig gehalten wurde, auch wenn die deutsche Delegation in Versailles als Alternative für die einfache Rückübertragung an Frankreich eine Abstimmung über ein Autonomiestatut verlangt hatte. Da während der deutschen Herrschaft nie ernsthaft angestrebt, konnte eine Autonomie der Provinzen auch nicht gut von dem siegreichen Frankreich erwartet werden.

Wenn die deutsche öffentliche Meinung bereit schien, sich mit dem Verlust von Elsaß-Lothringen angesichts der Haltung der dortigen Bevölkerung abzufinden, war dies im Osten nicht zu erwarten. Dort wurde die Schaffung des Korridors zwischen dem Reich und Ostpreußen und die erzwungene Bildung einer Freien Stadt Danzig ohne Befragung der Bevölkerung nicht hingenommen. Auch wenn Polens freier Zugang zum Meer zu den 14 Punkten Wilsons gehört hatte, auf die sich Deutschland 1918 beim Gesuch um Waffenstillstand berief, war hier die Ursache eines potentiellen Konfliktes in der Zukunft zu erkennen. Um die Macht des Besiegten nicht zu vergrößern, wurde den etwa drei Millionen Deutschen in der Tschechoslowakei der Beitritt zu dem entstehenden Deutsch-Österreich und diesem der Anschluß an Deutschland untersagt.

So verlor das Reich etwa ein Siebtel seines Gebietes und ein Zehntel seiner Bevölkerung, doch es blieb als solches, Frankreich an Einwohnerzahl und Wirtschaftskraft überlegen, erhalten und stellte weiterhin für Frankreich eine Bedrohung dar. Clemenceau hatte ein wichtiges Ziel seiner Politik nicht erreicht. Die USA und England versprachen zwar in Zusatzverträgen Frankreich gegenüber einer deutschen Invasion Hilfe, doch diese Verträge wurden nicht ratifiziert. Neben der zeitweiligen Besetzung des Rheinlands sollte dessen Entmilitarisierung – zusätzlich mit einem 50 Kilometer breiten rechtsrheinischen Streifen – und die Reduzierung der deutschen Streitkräfte auf 100 000 Mann ohne Tanks, schwere Artillerie, Luftwaffe und Kriegsmarine Frankreichs Sicherheit garantieren. Aber diese Garantie konnte nur dann Bestand haben, wenn an der Einhaltung des Vertrages von Versailles strikt festgehalten wurde!

Kriegsschuldthese und Reparationen

Mit der Unterzeichnung des Waffenstillstands hatte sich Deutschland verpflichtet, für die Schäden, die es bei der Gegenseite angerichtet hatte, aufzukommen. Um Deutschlands Verantwortung festzulegen, wurde die These seiner Schuld am Krieg durch den Artikel 231 in den Vertrag aufgenommen; in Deutschland entfachte die Kriegsschuldthese einen Sturm der Entrüstung. Nur unter dem Druck der militärischen Bedrohung und der Gefahr, auch die gerettete Einheit noch zu verlieren, ermächtigte die Nationalversammlung mit 237 zu 138 Stimmen die Regierung (22. 6. 1919), den Vertrag trotz der Kriegsschuldthese zu unterzeichnen.

Mit der Anerkennung der Kriegsschuld war die Wiedergutmachung der Schäden durch Reparationen verbunden. Wilsons vernünftiger Vorschlag, eine – maßvolle – Globalsumme festzulegen, wurde von seinen europäischen Verbündeten verworfen. Zu lange hatte man in Frankreich, dem Hauptgeschädigten, die finanziellen Folgen des Krieges mit dem Hinweis abgetan, Deutschland werde für alles aufkommen (*l'Allemagne paiera*). So konnten sich die Alliierten zunächst nicht auf feste Zahlen einigen. Da England vergleichsweise wenig Schäden im Krieg erlitten hatte, machte General Smuts, der Vertreter Südafrikas, den Vorschlag, auch die entstandenen Rentenansprüche (für Witwen, Waisen etc.) den Reparationsforderungen zuzuschlagen, die sich auf diese Weise fast verdoppelt hätten. Eine Aufstellung der Schäden war in der kurzen Zeit nicht möglich, und so beschlossen die Alliierten, zunächst einen Abschlag von 20 Milliarden Goldmark bis zum ersten Mai 1921 zu fordern. Bis zu diesem Datum hofften sie, genaue Zahlen vorlegen zu können. Tatsächlich kam die Reparationskommission 1921 auf eine Gesamtforderung von 132 Milliarden Goldmark. Frankreich hatte auf der vorangegangenen Konferenz von Spa im Juli 1920 erreicht, daß ihm 52 Prozent der Forderungen zugesprochen wurden, während der englische Anteil 22 Prozent, der italienische 10, der belgische 8 Prozent usf. betragen sollte. Die zunächst offenen, dann übermäßig hohen Reparationsforderungen ließen in Deutschland den Eindruck entstehen, daß sein Lebensstandard auf diese Weise absichtlich niedrig gehalten werden solle. Die nie gelöste Frage vergiftete die politische Atmosphäre der Weimarer Republik, bis schließlich im Sommer 1932 ein Schlußstrich unter dieses Kapitel gezogen wurde.

Die Neuordnung Europas

Es würde zu weit führen, die Veränderungen innerhalb der europäischen Völkerfamilie im einzelnen aufzuführen, wie sie durch die Friedensverträge mit den Verbündeten Deutschlands festgelegt wurden: im Vertrag von Saint-Germain-en-Laye mit Österreich (19. 9. 1919); im Vertrag von Neuilly mit Bulgarien (27. 11. 1919); im Vertrag von Trianon mit Ungarn (2. 6. 1920); im Vertrag von Sèvres mit der Türkei (10. 8. 1920). Die Alliierten hatten zunächst die Konterrevolution in Rußland unterstützt. Nach den Niederlagen der »Weißrussen« förderten sie die von Rußland 1917/18 abgefallenen neuen Staaten Finnland, Estland, Lettland und Litauen, deren Unabhängigkeit schließlich 1920 von Lenin anerkannt wurde. Zusammen mit Polen, das seine Grenzen im Osten erst durch einen mit französischer Unterstützung errungenen Sieg über die Rote Armee sichern konnte, und mit der neu geschaffenen Tschechoslowakei, mit dem stark vergrößerten Rumänien und mit dem zu Jugoslawien erweiterten Serbien bildeten diese Länder in der Vorstellung der französischen Politik einen Sperrgürtel *(cordon sanitaire)* gegen das befürchtete weitere Vordringen des Bolschewismus. Zugleich war ihnen (außer den baltischen Staaten und Finnland) die Aufgabe zugewiesen, Rußlands alte Rolle bei der Einkreisung Deutschlands zu übernehmen. Aus diesem Konzept heraus schloß Frankreich in den folgenden Jahren bilaterale Verträge mit diesen Staaten, denen damit aber eine zu schwere Last auferlegt wurde. Mit anderen Worten: Trotz der neuen, aber nicht starken Verbündeten in Osteuropa hatte sich Frankreichs strategische Lage gegenüber der Zeit vor 1914 verschlechtert. Es stand zwei mit Sicherheit nur zeitweise geschwächten feindlichen Großmächten auf dem Kontinent gegenüber und hatte nur eine Reihe kleinerer Länder zwischen diesen Großmächten zu Verbündeten. Es war zu erwarten, daß es sich, statt von diesen Hilfe zu erhalten, eher für deren Unterstützung einsetzen mußte. Was wogen gegenüber dieser entscheidenden Verschlechterung der Erwerb von fernen Mandatsgebieten aus der deutschen und türkischen Konkursmasse? In Afrika erhielt Frankreich das Mandat über den größeren Teil von Togo und von Kamerun, im Nahen Osten das über Syrien und den Libanon. Neben Elsaß-Lothringen, dem eigentlichen Grund für den deutsch-französischen Antagonismus und damit für den Krieg überhaupt, stellten diese Mandatsgebiete die französische Siegesbeute dar. Man muß zugeben, daß der »Ertrag« des Sieges gering war angesichts der großen inneren Schwächung Frankreichs durch den Krieg und seiner Gefährdung durch die neue Lage in Europa nach dem Sieg über Deutschland, das nicht bereit war, seine Niederlage anzuerkennen. So sehr sich die Zeitgenossen nach einer »Nachkriegszeit« des Friedens sehnten, es war vorauszusehen, daß es nur eine »Zwischenkriegszeit« würde.

16. Die Dritte Republik zwischen den Weltkriegen bis zu ihrem Ende 1940

Das Ende der Regierung Clemenceau

Die kriegsbedingten, außergewöhnlichen politischen Verhältnisse wurden auch über den Waffenstillstand hinaus bestehen gelassen: Der zu Beginn des Krieges ausgerufene Belagerungszustand *(état de siège)* blieb bis zum 12. Oktober 1919 in Kraft; die Abgeordnetenkammer, deren Mandat im Frühjahr 1918 ausgelaufen wäre, wurde erst im November 1919 neu gewählt; Clemenceau regierte weiter, gestützt auf die Mitte-Rechts-Koalition und auf die besonderen Vollmachten. Der am 28. Juni 1919 unterzeichnete Friedensvertrag mit Deutschland trug in vieler Hinsicht die Handschrift Clemenceaus, der von seinen Landsleuten als »Vater des Sieges« *(père la victoire)* bezeichnet wurde. Allerdings hatte Frankreich seine Kriegsziele in zwei wesentlichen Punkten nicht erreicht: in der Regelung der Reparationen, also des Schadensersatzes für Besetzung und Kriegsfolgen, und in dem zentralen Problem seiner Sicherheit; die Zusagen Wilsons und Lloyd Georges, Frankreich im Fall eines erneuten deutschen Angriffs sofort Hilfe zu gewähren, wurden hinfällig, nachdem der amerikanische Senat den Vertrag von Versailles nicht ratifizierte. Dennoch traf das Vertragswerk bei der Vorlage im französischen Parlament auf geringe Einwände: sie kamen im wesentlichen von den Sozialisten *(SFIO)*, nach deren Ansicht die Bedingungen zu hart für Deutschland waren, und von der nationalistischen Rechten, die eine strengere Aufsicht über den besiegten Gegner verlangte. Die Mehrheit stimmte mit 372 Stimmen bei 74 Enthaltungen und 53 Nein-Stimmen zu.

Um die Zeit des Schwebezustands zu beenden, mußten Neuwahlen auf allen Ebenen durchgeführt werden; zwischen dem 16. November 1919 (Wahlen zur Abgeordnetenkammer) und dem 21. Dezember (Wahl der Départements- und Arrondissementsräte) wurden die Wähler an fünf Sonntagen an die Urnen gerufen. Am 14. Januar 1920 waren schließlich noch zwei Drittel der Senatssitze zu besetzen. Die neue Abgeordnetenkammer und der neue Senat konnten dann über die Nachfolge von Raymond Poincaré befinden, dessen Präsidentschaft im Januar 1920 auslief. Das in den Jahren vor dem Krieg gültige Mehrheitswahlrecht in Wahlkreisen war wegen seiner Ungerechtigkeit gegenüber dem Wählerwillen schon vor dem Krieg, vor allem von seiten der Sozialisten, angegriffen worden; stattdessen sollte das Verhältniswahlsystem eingeführt werden, das dem Wählerwillen mehr entspricht. Die Kammer beschloß schließlich am 12. Juli 1919 ein Gesetz, das Listenwahl auf Départementsebene und Sitzverteilung nach dem Verhältnis vorsah. Diejenige Liste, die die absolute Mehrheit erreichte, sollte sämtliche Sitze erhalten. Diese letztgenannte Bestimmung war geeignet, die Zersplitterung der Parteien zu verhindern und größere Zusammenschlüsse zu fördern. Infolgedessen schlossen sich die Rechte und Teile der Mitte zu einem »Nationalen Block« (Bloc national) zusammen.

Die Wahlen vom 16. November 1919 waren durch eine geringe Wahlbeteiligung und durch ein hohes Durchschnittsalter der Wähler – das höchste der Dritten Republik – gekennzeichnet: 1 310 000 junge Männer waren im Krieg gefallen! Die Sozialisten, die »Republikanischen Sozialisten« (républicains-socialistes) und die Radikalsozialisten vereinigten etwa 3,5 Millionen Stimmen auf sich, der Nationale Block 4,3 Millionen. Durch den Wahlmodus wurde die Mehrheitsverschiebung nach rechts noch verstärkt: Mit 55 Prozent der Stimmen erhielt der Block 70 Prozent der Sitze, etwa 400, denen nur etwa 180 Sitze der Linken, darunter 68 der Sozialisten, gegenüberstanden. Die so gewählte Kammer war geprägt von den zahlreichen neu gewählten Abgeordneten, die den Krieg mitgemacht hatten, und wurde daher nach der »horizontblauen« Uniform der französischen Armee als Chambre bleu horizon bezeichnet. In dieser Legislaturperiode trat der seltene Fall ein, daß der Senat weniger rechts stand als die Abgeordnetenkammer.

Aufgabe beider Häuser des Parlaments war es, den Präsidenten der Republik zu wählen, da Poincaré sich durch die Wahl zum Senator erneut für die aktive Politik vorbereitete und für eine zweite Amtszeit als Präsident nicht zur Verfügung stand.

Trotz seines Alters von fast 80 Jahren besaß Clemenceau das höchste Ansehen unter den Politikern und wäre wohl vom Volk gewählt worden. Die Parlamentarier aber hatten seine oft geradezu diktatorische Regierungsweise nicht vergessen und wünschten sich lieber einen der Ihren an der Spitze des Staates: Bei der Vorwahl zur Gewinnung eines Stimmungsbildes erhielt der neue Präsident der Abgeordnetenkammer, Paul Deschanel, fast 30 Stimmen mehr als Clemenceau, der daraufhin sofort seine Kandidatur zurückzog. Er erlitt also das Schicksal, das nach dem Zweiten Weltkrieg auch Winston Churchill als Sieger erfuhr. Paul Deschanel wurde mit einer der größten bei Präsidentenwahlen der Dritten Republik erzielten Mehrheiten gewählt, mußte aber bereits im September 1920 aus gesundheitlichen Gründen sein Amt wieder niederlegen.

Clemenceau war von dem Mißerfolg tief getroffen und trat noch vor dem Ende der Präsidentschaft seines alten Gegners Poincaré zurück. In Deutschland steht er als der Mann da, der durch seine Härte den Sieg der Gegner herbeigeführt und der den Vertrag von Versailles diktiert hat. Er verkörpert sozusagen den Höhepunkt der Feindschaft zwischen den beiden Ländern. Für das französische Geschichtsbewußtsein aber gehört er zu den großen Figuren der nationalen Historie, er hat dem Eindringling am energischsten Widerstand geleistet und diente noch im Zweiten Weltkrieg als Modell für de Gaulle und die Résistance. Nach seinem Rücktritt zog Clemenceau sich in seine heimatliche Vendée zurück, um – im Gegensatz zu Bismarcks Verhalten in Friedrichsruh – nicht wieder in die politische Debatte einzugreifen, bis zu seinem Tod 1929, wenige Monate nach dem von Marschall Foch.

Der Nationale Block

Entgegen seiner Bezeichnung stellte der Nationale Block keineswegs eine rein rechte Formation dar: Millerand (1859 bis 1943), zunächst Ministerpräsident, 1920–1924 als Nachfolger von Paul Deschanel Präsident der Republik, kam von der linken Seite, auch wenn er immer mehr nach rechts neigte, Briand

(1862–1932), Ministerpräsident 1921–22, war von der sozialistischen Partei ausgegangen. In allen Kabinetten hatten die Radikalsozialisten wichtige Ministerien besetzt. Die Zeit des Blocks (1919–1924) zeichnete sich zudem durch eine bemerkenswerte Stabilität aus: Neben zwei kurzlebigen Kabinetten bestimmte nach Briand Raymond Poincaré (1860–1934, Ministerpräsident 15. 1. 1922 bis 22. 8. 1924) wieder die Politik, die nicht in jeder Hinsicht so reaktionär war, wie die Zusammensetzung der Kammer und der Kabinette vermuten lassen.

In der Innenpolitik beherrschten der wirtschaftliche Aufbau, die Beendigung der Auseinandersetzung mit der Kirche und die Entwicklungen innerhalb der sozialistischen und der Gewerkschaftsbewegung das Feld. Auf dem Gebiet der Wirtschaftspolitik stand die Frage des Geldwertes und der Verteidigung des Franken im Mittelpunkt, verbunden mit dem Problem der Reparationen. Die Außenpolitik wurde gänzlich von der Frage bestimmt, auf welche Weise die Sicherheit Europas gewährleistet werden könne.

Die Währungskrisen

Trotz der gewaltigen Ausgaben während des Krieges war der Kurswert des Franken unverändert geblieben; die Angelsachsen stützten ihn bis zum 13. März 1919; damit ging für Frankreich die lange Zeit der Geldwertstabilität seit Napoleon zu Ende: Sofort nach Wegfall der Kursstützung sank der Franken von fünf für einen Dollar vor dem Krieg auf elf für den Dollar und entsprechend gegenüber dem englischen Pfund von 25 vor dem Krieg auf 42. Diese erste Krise der Währung führte zu einer starken Teuerung und zugleich zu einer Meinungsmache gegen die früheren Verbündeten, die für die inflationäre Entwicklung verantwortlich gemacht wurden. Eine rückläufige Weltkonjunktur ab Herbst 1920 brachte jedoch einen Rückgang der Rohstoffpreise mit sich, die französische Außenhandelsbilanz stabilisierte sich und mit ihr auch der Kurs des Franken bei etwa elf für einen Dollar.

Daß dieser Stand der Dinge nicht lange anhalten konnte, ergab sich einmal aus der Tatsache, daß – nach der Vorstellung, Deutschland müsse für die angerichteten Schäden aufkommen – in den Haushalt Ausgaben eingeführt wurden, die »wieder gedeckt werden können« *(dépenses recouvrables)*; zum anderen war der Krieg vornehmlich mit Schatzanweisungen *(bons du Trésor)*, also Anleihen, finanziert worden, die kurzfristig eingelöst werden konnten. Bei der Größe der Kreditsumme mußte ein Vertrauensverlust in die Währungs- und Wirtschaftspolitik der Regierung zu schweren Folgen für die Währung führen.

Ein solcher Fall trat ein, als die Regierung Poincaré 1923 beschloß, das Ruhrgebiet zu besetzen: Der Franken fiel 1924 bis auf 28 für einen Dollar. Versuche der Regierung, das Haushaltsdefizit zu verringern und die ungedeckten *dépenses recouvrables* in den ordentlichen Haushalt zu integrieren, scheiterten im Senat, der erst nachgab, als das Bankhaus Morgan einen Kredit von 100 Millionen Dollar zusagte, den die Banque de France mit ihrem Goldbestand decken mußte. Erst daraufhin ließ die Spekulation gegen den Franken nach.

Die innenpolitische Entwicklung

Angesichts der finanzpolitischen Schwierigkeiten Frankreichs, das bei den Angelsachsen hoch verschuldet war und das von Deutschland die geforderten Reparationen nur zum Teil und mit großer Mühe eintreiben konnte, ist es erstaunlich und zeugt von der Vitalität der französischen Wirtschaft, daß der Wiederaufbau der verwüsteten Regionen im Norden und Osten des Landes in den zwanziger Jahren mit einer erstaunlichen Geschwindigkeit vor sich ging. In gewisser Weise vollzog sich hier ein »Wirtschaftswunder«, das diese Bezeichnung verdient. Schon im April 1919 hatte das Parlament beschlossen, daß alle den geschädigten Mitbürgern gemachten Zusagen eingehalten werden mußten: Jeder materielle Verlust war zu entschädigen aufgrund seines Wertes zu Kriegsbeginn; bei Wiederaufbau des zerstörten Gutes hatte der Geschädigte Anrecht auf zusätzliche Unterstützung. Allerdings mußte der Wiederaufbau dann in der gleichen Gemeinde geschehen und gleichen Zwecken dienen. Obwohl mancher Mißbrauch mit den vergebenen Rechtstiteln getrieben wurde, erlebten die im Krieg geschädigten Départements einen Aufschwung, der letztlich auf das ganze Land ausstrahlte: 1924 war die Produktion von 1913 wieder erreicht.

Auf zwei wichtigen Gebieten der Innenpolitik ergaben sich im Gefolge des Krieges Veränderungen, zum einen in dem Verhältnis von Staat und Kirche und zum anderen innerhalb der sozialistischen und der Arbeiterbewegung. Der gemeinsame Kampf hatte Katholiken und Nichtkatholiken, die sich vor dem Krieg feindlich gegenübergestanden waren, wieder einander nähergebracht. Die 1904 abgebrochenen Beziehungen zum Vatikan wurden 1921 wieder aufgenommen.

Das Bewußtsein von der Notwendigkeit der Versöhnung zwischen den beiden Lagern war so tief verwurzelt, daß während des Linkskartells 1924–26 Versuche antiklerikaler Politik nicht nur scheiterten, sondern noch die katholische Seite stärkten. Der Krieg hatte der laizistischen Bewegung offenbar den Schwung genommen, die französischen Katholiken blieben in die nationale Gemeinschaft integriert.

Während sich der alte Konflikt mit der Kirche im Gefolge des Krieges abschwächte, führte die Unzufriedenheit der Arbeiterschaft mit ihrer sozialen Lage zu verstärkten Spannungen, die 1920 in einer großen Streikbewegung ausbrachen. Die gut organisierten Eisenbahner machten den Anfang und drängten die Gewerkschaft CGT ab 1. Mai zum Generalstreik. Sie hatten allerdings nicht überall Erfolg und gegen Ende des Monats wurde die Arbeit wieder aufgenommen. Die – damals noch privaten – Eisenbahngesellschaften fühlten sich ihres Sieges so sicher, daß sie mehr als 15 000 Arbeiter auf die Straße setzten, von denen manche noch 1936 auf ihre Rehabilitierung warteten.

Der Mißerfolg, der nicht zuletzt durch die gute Organisation der Arbeitgeberseite bedingt war, führte innerhalb der sozialistischen Partei und der Arbeiterbewegung zu Diskussionen über den künftigen Weg. Anlaß bot der Blick nach Rußland, wo sich die Kommunisten gegen ihre Feinde durchgesetzt und ihre Herrschaft konsolidiert hatten. Das Versagen der Zweiten Internationale im Weltkrieg führte dazu, daß schon 1920 auf dem Kongreß der Sozialisten in Straßburg eine Mehrheit mit ihr brach. Im Sommer wurde eine Delegation nach Moskau entsandt, um über den Beitritt der sozialistischen Partei zur Dritten Internationale zu verhandeln. Frossard und Cachin, die beiden Verhandlungsführer ließen sich für den Beitritt gewinnen.

Spaltung der sozialistischen Partei und der Gewerkschaftsbewegung. Der Kongreß von Tours

Auf dem Sonderparteitag der sozialistischen Partei in Tours Ende Dezember 1920 stand die Frage des Beitritts zur Dritten Internationale im Mittelpunkt der Debatte. Sinowjew hatte den beiden französischen Abgesandten zunächst neun Bedingungen für den Beitritt vorgelegt, die später auf 21 erhöht wurden und letztlich auf eine bedingungslose Unterordnung der Partei unter die Moskauer Zentrale hinausliefen. Obwohl Jules Guesde vor der sich abzeichnenden Spaltung der Partei warnte, ließen sich viele Delegierte von der Hoffnung auf eine bevorstehende Weltrevolution unter sowjetischer Führung und aus der Enttäuschung über den mißlungenen Generalstreik verleiten: Die Abstimmung ergab eine Mehrheit von 3247 zu 1398 Stimmen für den Beitritt.

Daß sich die Gegner des Beitritts überhaupt zu einem entschlossenen Widerstand vereinen konnten, war in der Hauptsache das Verdienst des Mannes, der von da an aufgrund seiner intellektuellen Fähigkeiten und seiner persönlichen Integrität zur führenden Figur des französischen Sozialismus aufstieg: Léon Blum (1872–1950). Gutbürgerlicher Herkunft, Mitglied des Staatsrates *(Conseil d'Etat)* und Journalist, war er durch die Dreyfusaffäre zum Sozialismus gelangt. Trotz seiner hohen Intellektualität und seines Alters bewahrte er sich eine jugendliche Begeisterungsfähigkeit für eine größere soziale Gerechtigkeit und für die Einheit der sozialistischen Partei. Es war daher selbstverständlich, daß er 1936 zum unbestrittenen Führer der Volksfront aufstieg. Trotz der Abstimmungsniederlage gelang es Léon Blum, die Anhänger der SFIO zu sammeln, die Zeitung *Le Populaire* und eine Reihe von Provinzzeitungen für seine Gruppierung zu bewahren.

Die Mehrheit nahm zunächst die Bezeichnung »Französische Sektion der kommunistischen Internationale« *(Section française de l'Internationale communiste = SFIC)* und erst in der Mitte der dreißiger Jahre den noch heute gültigen Namen »Kommunistische Partei Frankreichs« *(Parti communiste français = PCF)* an. Sie behielt die 1904 von Jaurès gegründete Parteizeitung *L'Humanité.* In dieser Partei hatten sich Linke der verschiedensten Herkunft, von den Anarchisten bis hin zu den Pazifisten versammelt. Aber im Lauf der Jahre gelang es den Führern der Komintern, eine Partei von Berufsrevolutionären nach Lenins Vorbild daraus zu machen, also eine Partei neuer Art, unzugänglich für Außenstehende und kompromißlos in ihren Grundsätzen. Es entstand ein neues Element in der französischen Politik, das großen Einfluß auf diese ausüben sollte.

Während die kommunistische Partei bald bürokratisch verknöcherte und in dem ersten Jahrzehnt ihrer Existenz ständig Mitglieder verlor, blieb die Minderheit der Sozialisten um Blum eine lebendige Gruppierung, die viele alte Anhäger zurück- und neue hinzugewann. Wie bei verfeindeten Verwandten zu erwarten, verschlang der Kampf gegeneinander einen Großteil der politischen Energie, bis das Aufkommen der faschistisch-nationalsozialistischen Gefahr eine Rückbesinnung auf die gemeinsame Herkunft und die gemeinsamen Ziele erzwang. Der sogenannte demokratische Zentralismus bei den Kommunisten mit der Befehlsstruktur von oben, vom Politbüro, nach unten diente dem Ziel, die Kampfkraft der Partei zu erhöhen. Schon ab 1922 wurden »Säuberungen« durchgeführt, um unliebsame, weil freiheitliche Elemente wie die der Freimaurer, zu entfernen, 1923 hatte sich die Zahl der Mitglieder gegenüber 1921 halbiert.

Léon Blum organisierte die sozialistische Partei, die in Paris die meisten Anhänger an die Kommunisten verloren hatte, aber in Nordfrankreich und im Süden ihre Basis behielt. Die Zahl der Mitglieder, 1920 noch bei 30 000 stieg bis 1929 auf über 100 000. Das Parteiprogramm war eher reformistisch als revolutionär, die Partei trat für das Frauenwahlrecht, für die Abschaffung des Senats und für die Einführung des Verhältniswahlsystems ein. Der Laizismus der Republik sollte erhalten bleiben, auf wirtschaftlichem Gebiet wurde eine Besteuerung des Kapitals und Verstaatlichungen, die 40 Stunden-Woche, die Einführung einer Arbeitslosenversicherung gefordert. Ihre Ziele wollte die Partei auf dem legalen Weg des Parlamentarismus erreichen. Entsprechend diesen Vorstellungen nahm die Partei am Kongreß der Sozialistischen Internationale 1923 in Hamburg teil, der von der englischen Labourpartei und den deutschen Sozialdemokraten beherrscht wurde. Die Spaltung der alten sozialistischen Partei führte ein Jahr später auch zur Spaltung der Gewerkschaftsbewegung.

Die Außenpolitik.
Das Problem der Schulden und Reparationen.
Vorgehen gegenüber Deutschland bis zur Ruhrbesetzung

In der Zeit des Blocks wurde die Außenpolitik Frankreichs dominiert von dem schwierigen und ungeklärten Verhältnis zu den angelsächsischen Verbündeten und dem ehemaligen Kriegsgegner Deutschland. Die Bedeutung, die die vier Regierungschefs des Blocks den Außenbeziehungen beimaßen, kommt in der Tatsache zum Ausdruck, daß jeder von ihnen persönlich die Leitung der Außenpolitik übernahm und daß diese zum Streitgegenstand der innenpolitischen Debatte wurde. Wenn sich die Nation darin einig war, daß die Sicherheit Frankreichs und die Bewahrung des Friedens das oberste Ziel der französischen Politik sein müßten, so war sie tief gespalten in der Frage, wie dieses Ziel zu erreichen wäre. Seit dem Krieg von 1870/71 hatte das Problem die Debatte beherrscht, ob man gegenüber Deutschland mit Härte und unnachgiebig vorgehen solle, wie Gambetta, Delcassé, Clemenceau und Poincaré es vertreten hatten, oder ob man durch Kompromißbereitschaft die Konfliktschwelle herabsetzen könne, wie Thiers, Caillaux und Briand empfohlen hatten. Im allgemeinen und bedingt durch die aggressive deutsche Politik überwog die erste Linie, die sich durch den Weltkrieg bestätigt sah.

In den unmittelbaren Nachkriegsjahren wurde die Politik der Härte gegenüber Deutschland von Raymond Poincaré repräsentiert – auch wenn er später zu Konzessionen bereit war –, während Aristide Briand eine Verständigung mit dem Kriegsgegner suchte – auch wenn er als Ministerpräsident im Januar 1921 noch von einem energischen Vorgehen gegenüber Deutschland gesprochen hatte. Unterstützung fand seine Politik bei den Sozialisten und einem Teil der Radikalsozialisten, insbesondere bei Edouard Herriot (1872–1957). Es darf nicht übersehen werden, daß schon in jenen Jahren des heftigsten deutsch-französischen Antagonismus von einer kleinen Zahl Industrieller in den beiden Ländern und in Luxemburg der Versuch unternommen wurde, durch eine Zusammenarbeit der Schwerindustrie den Konflikt zu entschärfen, also einen Weg zu beschreiten, der mit dem Schumanplan von 1951 so erfolgreich zur Aussöhnung führen sollte.

In Deutschland war durch die Reichstagswahl vom 6. Juni 1920 die »Weimarer Koalition«, die die neue Verfassung getragen hatte, in die Minderheit geraten, Minderheitsregierungen oder breite, aber heterogene Koalitionen lösten sich ab, die Sozialdemokraten verloren für acht Jahre die Führung. Der bis 1924 gewählte Reichstag ermöglichte nur unstabile Regierungen. Diesen fiel es nicht leicht, auf die Reparationsforderungen der Alliierten, die vor allem von Frankreich mit äußerster Härte vorgebracht wurden, eine Antwort zu finden, die geeignet gewesen wäre, den aufziehenden Konflikt rechtzeitig zu entschärfen. Nachdem in Versailles die Höhe der Reparationen noch nicht festgelegt und nur eine Vorabzahlung von 20 Milliarden Goldmark bis zum 1. Mai 1921 gefordert worden war, wurde in einer Konferenz in Spa (Juli 1920) zunächst der Verteilerschlüssel unter den Alliierten aufgestellt. Die von den Alliierten mit weitreichenden Vollmachten ausgestattete Reparationskommission berechnete die Gesamtforderung schließlich auf die unsinnige Summe von 132 Milliarden Goldmark. Die Alliierten erzwangen die Annahme dieser Forderung im Mai 1921 mit der Drohung erneuter Blockade und einer Besetzung des Ruhrgebiets. Walter Rathenau hatte sich für die Annahme ausgesprochen, obwohl er das Londoner Ultimatum für irreal hielt. Für ihn wie für alle sogenannten »Erfüllungspolitiker« kam es darauf an, den Gläubigern zugleich den guten Willen und die Unmöglichkeit zu zeigen, den Forderungen nachzukommen.

Zwischen den Alliierten, Frankreich auf der einen, den Angelsachsen auf der anderen Seite, führte das Problem der Wiedergutmachung durch Reparationen zu einer ersten Entfremdung. Der Nationalökonom und Delegationsführer des britischen Schatzamtes bei der Friedenskonferenz, John Maynard Keynes (1883–1946), war schon 1919 zurückgetreten, weil er die Forderungen für weit überzogen hielt; er legte seine Meinung in der Schrift »Die wirtschaftlichen Folgen des Friedensvertrags« (1919) nieder. Das Werk fand ein äußerst ungünstiges Echo in Frankreich, ohne daß man der grundlegenden Frage von Keynes nachgegangen wäre, wie das ebenfalls und noch stärker als Frankreich ruinierte Deutschland diese Summen aufbringen könnte. Zudem forderten die USA, die Frankreich ab 1917 große Handelskredite eingeräumt hatten, die Rückzahlung dieser Gelder. Frankreich hatte also auf der einen Seite große, aber unsichere Forderungen gegenüber Deutschland und sah sich unabweislichen Forderungen der Angelsachsen gegenüber. Nach den enormen Verlusten, die das Land erlitten hatte, wurde diese Situation von der öffentlichen Meinung begreiflicherweise als absurd angesehen, zumal die Angelsachsen sich weigerten, zwischen ihren Forderungen an Frankreich und dessen Forderungen an Deutschland eine Verbindung herzustellen.

Die Höhe der Reparationen war schon deshalb volkswirtschaftlich unsinnig, weil die deutsche Wirtschaft, um die Summen aufzubringen, enorm hätte expandieren müssen. Die Angelsachsen fürchteten aber einen solchen Exportboom deutscher Waren, der letztlich auch auf ihre Kosten gegangen wäre. Als Rathenau im Oktober 1921 in Wiesbaden mit der französischen Seite ein Abkommen traf, das statt der Zahlungen eine Naturallieferung für die Geschädigten festlegte, fürchteten sie, wie auch französische Industrielle, eine Vorzugsstellung Deutschlands auf dem französischen Markt. Nach kurzer Laufzeit mußte das Experiment daher aufgegeben werden. In dieser Situation versuchte Ministerpräsident Briand, im Januar 1922 auf einem Treffen mit Lloyd George in Cannes, eine Konferenz mit der Sowjetunion und Deutschland einzuberufen, um mit diesen gemeinsam über die Schuldenregelung und den Wiederaufbau der europäischen Wirtschaft zu sprechen. Schon allein die Ankündigung der Konferenz ließ bei französischen Politikern wie Poincaré und Millerand den Verdacht aufkommen, Briand wolle einen von England vorgeschlagenen Beistandspakt mit teilweisem Verzicht auf seine Forderungen gegenüber Deutschland und der Sowjetunion erkaufen. Staatspräsident Millerand hielt in Abwesenheit des Ministerpräsidenten eine Kabinettssitzung ab und zwang diesen zum Rücktritt (12. 1. 1922).

Rapallo

Der Nachfolger Briands, Poincaré (Ministerpräsident 15. 1. 1922 bis 8. 6. 1924), ging nicht selbst zur Konferenz von Genua, die im April und Mai 1922 tagte, und auch die USA blieben der Konferenz fern, die infolgedessen keine Ergebnisse brachte. Aber wie ein Donnerschlag wirkte die Nachricht, daß sich die beiden Verlierer, Deutschland und die Sowjetunion, am 16. April in Rapallo vertraglich geeinigt hatten, gegenseitig keine Forderungen aus dem Krieg zu erheben und wieder diplomatische Beziehungen aufzunehmen. England und insbesondere Frankreich fühlten sich durch den Vertrag brüskiert und der Name Rapallo taucht in der Folgezeit und bis in die Gegenwart in den französischen Medien immer dann auf, wenn es gilt, auf die Gefahr einer allzu engen und bedrohlichen deutsch-sowjetischen Zusammenarbeit hinzuweisen. Nicht völlig zu Unrecht: Zwar gab es zu dem Vertrag keine militärischen oder politischen Geheimabkommen – die Zusammenarbeit zwischen der Reichswehr und der Roten Armee hatte sich schon 1920 angebahnt –, aber die Verständigung zwischen den beiden Mächten machte schlagartig die Schwäche des französischen Bündnissystems mit den kleineren osteuropäischen Staaten deutlich. Allerdings scheiterte die Konferenz von Genua nicht an diesem Vertrag der Verlierermächte, sondern an der Tatsache, daß Frankreich in der zentralen Reparationsfrage nicht mit sich reden lassen wollte.

Poincaré, dessen Regierung sich vor allem auf die Rechte im Parlament stützte, sah sich nicht nur durch einen von Briand abgeschlossenen Flottenvertrag, der Frankreich auf den Rang von Italien stellte, sondern auch durch die Gegnerschaft zu England im griechisch-türkischen Konflikt (Revision des Friedens von Sèvres in Lausanne, Juli 1923) in Opposition zu England und entschied, daß Frankreich allein gegen Deutschland vorgehen müsse, um es zur strikten Einhaltung der Vertragsbestimmungen zu zwingen. Die beiden Jahre seiner Ministerpräsidentschaft stellen daher den letzten Versuch dar, Frankreichs Hegemonialanspruch auf dem Kontinent durchzusetzen. Für das Verhältnis der beiden Nachbarländer hatte dieser Versuch auf die Dauer verheerende Folgen, da ihn die nationale und später die nationalsozialistische Propaganda für ihre Zwecke ausnutzten.

Die Ruhrbesetzung

Die Deutschland immer wieder gewährten Moratorien bei den Reparationszahlungen, das Bemühen der Reichsregierung um Revision auf diesem Gebiet und die zugleich immer schneller entwertete deutsche Währung ließen Frankreich fürchten, daß das ganze System des Friedensvertrags ins Wanken geriete. Da die Versailler Bündnisverträge mit England und den USA nicht ratifiziert wurden, stand auch das Problem der Sicherheit offen. Beides, Sicherheit und Entschädigung für die Kriegsverluste, hoffte man durch die Besetzung des Ruhrgebietes zu gewinnen. Obwohl die deutschen Rückstände bei einzelnen Lieferungen unbedeutend waren, ließ Poincaré durch die Reparationskommission feststellen, daß Deutschland seinen Verpflichtungen nicht nachkomme, und am 11. Januar 1923 rückte eine französisch-belgische Armee mitsamt Technikern und Ingenieuren für die Instandhaltung der Gruben ins Ruhrgebiet ein, die im Lauf des Jahres bis auf 100 000 Mann anwuchs. Da an eine militärische Reaktion nicht zu denken war, stellte die Reichsregierung alle Reparationslieferungen ein und verbot die Zusammenarbeit mit der Besatzungsmacht. Durch den »passiven Widerstand« wurden weite Bereiche der Industrie lahmgelegt.

Um die Bevölkerung unter diesem »passiven Widerstand« nicht zu sehr leiden zu lassen, unterstützte das Reich sie mit Lebensmittellieferungen und Geldzahlungen. Man hoffte, auf diese Weise die Besetzung zu entwerten. In Wirklichkeit entwertete man die deutsche Währung: Die Mark stand bei Beginn des Ruhrkampfes noch bei 1800 Mark für den Dollar, am Ende des Jahres bei 4,2 Billionen! Da es den Franzosen und Belgiern gleichzeitig gelang, mit eigenen Kräften die Eisenbahnen und Gruben in Gang zu bringen, ging der passive Widerstand an manchen Orten in aktive Sabotage über, um den Abtransport der Kohle nach Frankreich zu verhindern. Die Gewalt eskalierte auf beiden Seiten. Die Besatzungsmächte wiesen insbesondere die preußischen Beamten aus, verurteilten Saboteure wie Schlageter zum Tod, errichteten eine Zollgrenze zum übrigen Deutschland und erweiterten ihren Machtbereich durch Besetzung zusätzlicher Gebiete, auch um Koblenz und am Oberrhein. Die Alliierte Kommission für die Industrie und die Gruben versuchte, die Ruhrindustrie direkt mit der Wirtschaft Belgiens und Frankreichs zu vernetzen. Die Eisenbahn in allen besetzten Gebieten wurde zu einer eigenen Gesellschaft unter belgischer und französischer Beteiligung umgewandelt, man plante sogar die Ausgabe einer eigenen rheinischen Währung. Im Oktober 1923 kam es zur Ausrufung einer Rheinischen Republik und einer selbständigen Pfalz. Die Gefahr bestand, daß die Einheit des Reichs verlorenging.

Stresemann und das Ende des Ruhrkampfes

In dieser kritischen Situation entschloß sich die Reichsregierung unter Gustav Stresemann (1878–1929) zum Einlenken. In der kurzen Zeit von 13. August bis zum 23. November 1923, in der Stresemann Reichskanzler war, kamen zahlreiche innere Spannungen im Reich zum Ausbruch (Putsch von Ludendorff und Hitler am 9. 11.), Stresemann mußte sich auf drei verschiedene Koalitionen stützen, aber die Währung wurde umgestellt: 1000 Milliarden Mark ergaben eine Rentenmark, sie war durch eine Grundschuld auf dem industriellen und landwirtschaftlichen Grundbesitz gedeckt und wurde am 15. November eingeführt. Sie wäre aber schnell wieder entwertet worden, wenn die Zahlungen in das Ruhrgebiet fortgesetzt worden wären. Daher rühren die auch von dem Kölner Oberbürgermeister Konrad Adenauer angestellten Pläne, eine eigene rheinische Währung einzuführen, wenn die Zahlungen des Reiches nicht mehr fortgesetzt würden.

Wenn der Separatismus in den besetzten Gebieten des Rheinlands und der Pfalz letztlich keinen Erfolg hatte, so lag das einerseits an dem geschlossenen Widerstand der Bevölkerung, andererseits daran, daß diese Entwicklung den Interessen der Engländer zuwiderlief. Sie unterbanden die politischen und die Währungspläne in Köln und die Belgier schlossen sich ihnen an. Frankreich folgte erst, als es sah, daß die Separisten isoliert waren und sich nicht auf die Bevölkerung stützten.

Da die beiden Antagonisten Frankreich und Deutschland offenbar nicht in der Lage waren, zu einem beidseits annehmbaren Kompromiß zu gelangen, mußten wieder einmal die pragmatischen Angelsachsen eingreifen, um die verbissenen Gegner zu trennen. Eine Expertenkommission unter dem amerikanischen Bankier und General Dawes konstituierte sich am 30. November 1923 und nahm ihre Beratungen auf. Interessanterweise kehrten die Amerikaner, die sich 1919 von den politischen Angelegenheiten Europas abgewandt hatten, über das Problem der Reparationen und der internationalen Finanzen überhaupt an den europäischen Verhandlungstisch zurück.

Der Dawes-Plan

Nach drei Monaten Beratung legte Dawes den nach ihm benannten Plan vor, der auf der Londoner Konferenz von Juli bis August 1924 erörtert wurde und auf der Frankreich von Premierminister Herriot, Deutschland von Reichskanzler Marx, Finanzminister Luther und Außenminister Stresemann vertreten wurden. Der Gerechtigkeit willen muß aber erwähnt werden, daß Poincaré im April, also vor den Parlamentswahlen vom 11. Mai 1924, schon dem Plan zugestimmt hatte. Für manche seiner Anhänger bedeutete dies eine Kapitulation vor einer Politik internationaler Verhandlungen, die man hatte vermeiden wollen. Immerhin sah der Dawes-Plan Zahlungen in der 1921 festgelegten Höhe vor, 1925 und 1926 zunächst jeweils 1,220 Milliarden Goldmark, in den folgenden Jahren leicht ansteigend. Um dies zu ermöglichen, wurde die Reichsbahn und die Industrie Deutschlands mit Milliardenbeträgen belastet und auch bestimmte Einkünfte des Reiches verpfändet. Damit die Zahlungen überhaupt in Gang kommen konnten, erhielt Deutschland einen Kredit eingeräumt. Der Vorzug des Plans bestand darin, daß er die Fragen der Reparationen nicht mehr mit politisch-militärischer Gewalt, sondern mit wirtschaftlich möglichen Maßnahmen lösen wollte. Obwohl die neuen Männer des Linkskartells um Herriot es noch nicht wagen konnten, ohne Rücksicht auf die öffentliche Meinung im eigenen Land die Räumung des Ruhrgebiets zuzugestehen, stellten sie doch brieflich in Aussicht, dies innerhalb eines Jahres durchzuführen.

Die Besetzung des Ruhrgebiets hinterließ in beiden Ländern tiefe Spuren: In Deutschland diente sie den Nationalisten als Beweis für das französische Hegemonialbestreben: die Brutalitäten beim Kampf ums Ruhrgebiet wurden zu einem Mythos stilisiert, dessen Ausdruck Albert Leo Schlageter war und den die Nationalsozialisten (und Kommunisten) für ihre Zwecke gebrauchten. In Frankreich blieb der Gedanke, man könne die deutsche Gefahr nur entschärfen, wenn das Ruhrgebiet dem Machtbereich des Reiches entzogen würde, bis zu de Gaulle unmittelbar nach dem Zweiten Weltkrieg erhalten und lag letztlich auch dem Schuman-Plan Jean Monnets zugrunde. Es war Zeit, daß beide Länder dazu übergingen, ohne die Vermittlung der Angelsachsen direkt miteinander zu sprechen.

Das Kartell der Linken 1924–1926

Noch während der vorangegangenen Legislaturperiode hatte sich ein Teil der Radikalen vom Nationalen Block ab und den Sozialisten zugewandt. Die Wende wurde insbesondere von

Edouard Herriot, dem Bürgermeister von Lyon, betrieben. Radikale und Sozialisten hatten sich auf ihren Parteikongressen im Februar 1924 für eine Zusammenarbeit ausgesprochen, während die Kommunisten auf Anweisung von Sinowjew allein in die Wahl gingen. Obwohl das Wahlsystem, ähnlich dem von 1919, Listenwahl auf Départementsebene, also das Verhältniswahlrecht vorsah, fiel das Ergebnis am 11. Mai 1924 überraschend aus: Die zersplitterte Rechte erhielt zwar eine geringe Stimmenmehrheit, die geschlossener auftretende Linke aber eine deutliche Mehrheit an Sitzen in der Nationalversammlung. Mit Kommunisten und anderen linken Gruppierungen errang sie 360 der 581 Sitze.

Der Sieg des Linkskartells *(le Cartel des gauches)* brachte einen Wechsel im politischen Personal, mit Ausnahme von Briand, mit sich, der schon im folgenden Jahr wieder das Außenministerium übernahm. Der Erfolg des Kartells führte auch zum Rücktritt des Staatspräsidenten Millerand, der sich offen für die Rechte ausgesprochen hatte: Er fand keinen Politiker, der bereit gewesen wäre, unter ihm die Regierung zu bilden, und trat am 11. Juni entmutigt zurück. Der Kongreß aus beiden Kammern, in dem der konservative Senat den Ausschlag gab, wählte nicht den Kandidaten des Kartells, Painlevé, zum Staatspräsidenten, sondern den Senatspräsidenten Gaston Doumergue, einen gemäßigten Radikalen (1863–1937, Staatspräsident 1924–1931).

Eine zweite Enttäuschung für die Wahlsieger gab es bei der Regierungsbildung: Die Sozialisten unter Léon Blum waren nur bereit, die Regierung zu unterstützen, nicht aber, in sie einzutreten. So mußte Herriot eine Minderheitsregierung aus Radikalen und Gruppierungen der rechten Seite des Kartells bilden.

Dem Linkskartell waren aufgrund seiner inneren Schwäche nur wenig Erfolge beschieden. Eine Amnestie galt den politisch Verurteilen des Kriegs wie Caillaux, die 1920 entlassenen Eisenbahnarbeiter wurden wieder eingestellt. Herriot gab angesichts des Widerstands der Elsaß-Lothringer den Versuch auf, in den wiedergewonnenen Gebieten die Trennung von Staat und Kirche durchzusetzen, aber er ließ die Beziehungen mit dem Vatikan einfrieren. Die wesentlichen Veränderungen erfolgten auf dem Gebiet der Außenpolitik. Herriot erkannte 1924 die Sowjetunion de jure an. Von einem regelrechten Kurswechsel aber läßt sich gegenüber Deutschland sprechen. Die Annahme des Dawes-Plans zur Regelung der Reparationsfrage auf der Londoner Konferenz brachte Herriot mit der deutschen Delegation zusammen. Herriot konnte zwar die Räumung des Ruhrgebiets nicht offiziell zusagen, gab aber sein Einverständnis zur Räumung innerhalb eines Jahres. Tatsächlich wurde das Ruhrgebiet bis Juli 1925 freigegeben. Damit war die härteste Auseinandersetzung mit Deutschland beendet und es bahnte sich eine kurze Epoche der Zusammenarbeit an, die an die deutsch-französische Aussöhnung nach dem Zweiten Weltkrieg denken läßt. Sie wurde getragen von Briand und Stresemann, die bis zu ihrem Tod – Stresemann starb 1929, Briand 1932 – die Außenpolitik ihres Landes bestimmten. Allerdings waren die Ziele ihrer jeweiligen Politik durchaus nicht identisch. Briand ging es um ein kollektives Sicherheitssystem, Stresemann vor allem um die Wiedergewinnung der deutschen Stellung im Konzert der Mächte.

Locarno

Nach der angekündigten Freigabe des Ruhrgebiets blieb die Sicherheitsfrage das ungelöste Hauptproblem Frankreichs. Dies umso mehr, als Ende 1924 die alliierte Kontrollkommission feststellte, daß das Reich seinen Abrüstungsverpflichtungen keineswegs in vollem Umfang nachkam, sondern in der Sowjetunion verbotene Waffen wie Panzer, Flugzeuge und Gas erprobte. Wegen der gespannten Lage im Innern war nicht einmal die Truppenstärke auf die zugestandenen 100 000 Truppen herabgesetzt worden. Aufgrund dieser Beobachtungen kam es zu einer Annäherung Frankreichs an England; die durch Frankreichs Hegemonialpolitik im Ruhrgebiet zwischen den alten Alliierten aufgerissenen Gräben wurden wieder zugeschüttet. Frankreich geriet dadurch allerdings in eine gewisse Abhängigkeit von England, die sich in den dreißiger Jahren bei der Nichteinmischungspolitik in Spanien (1936) und während der Sudetenkrise (1938) verhängnisvoll auswirken sollte.

Der Versuch der beiden Alliierten, in Vorwegnahme moderner Bestrebungen den Völkerbund zu einem System kollektiver Sicherheit zu machen und eine obligatorische Schiedsgerichtsbarkeit einzuführen, scheiterte. Die englische Regierung konnte das vorbereitete Protokoll mit Rücksicht auf die Dominien nicht ratifizieren, da diese nicht bereit waren, so weitgehende Verpflichtungen in Europa zu übernehmen. Frankreich erlebte eine ähnliche Enttäuschung wie bei der Nichtratifizierung der Garantieverträge durch die Angelsachsen nach dem Frieden von Versailles.

Unter diesen Umständen lag es nahe, ein regionales Sicherheitssystem aufzubauen und mit der deutschen Regierung einen Ausgleich anzustreben, die aus dem Ruhrkampf ebenfalls die Erkenntnis gewonnen hatte, daß eine Verständigung mit Frankreich notwendig sei. Auf Vorschlag Stresemanns sollten Deutschland, Frankreich und Belgien ihre Grenzen unter Garantie dritter Mächte anerkennen. Im Vertrag von Locarno (Oktober 1925) verzichteten die drei Nachbarn auf eine gewaltsame Veränderung ihrer Grenzen, die von Italien und England garantiert wurden. Stresemann vermied allerdings die von Frankreich angestrebte Ausdehnung der Garantie auf die deutschen Ostgrenzen. Aus seiner Sicht hatte Deutschland im Westen den Rücken frei und behielt seine Optionen im Osten. Allerdings schloß Frankreich mit Polen und der Tschechoslowakei für den Fall eines deutschen Angriffs Beistandspakte ab. Wie groß die Friedenssehnsucht in Frankreich war, kommt in der Tatsache zum Ausdruck, daß die Kammer den Vertrag mit einer Mehrheit von 413 zu 71 Stimmen billigte. Locarno stellte »die wirkliche Trennungslinie zwischen den Jahren des Krieges und den Jahren des Friedens« (J. Austin Chamberlain, englischer Außenminister) dar.

Die Folgen von Locarno waren eine allgemeine Entspannung; Deutschland wurde 1926 in den Völkerbund aufgenommen; die Alliierten räumten um die Jahreswende 1925/26 die erste Zone des Rheinlands um Köln. Trotz der fortbestehenden Verstöße Deutschlands gegen die Abrüstungsbestimmungen von Versailles wurde Ende Januar 1927 die alliierte Militär-kommission zur Überwachung der Abrüstung aus Deutsch-land zurückgezogen. Warnungen mancher Kreise in Frank-reich, die die Aufrichtigkeit der deutschen Politik bezweifelten, wurden insofern entkräftet, als Poincaré, der im Juli 1926 Herriot und damit das Kartell ablöste, Briand auf seinem Posten be-ließ und die von diesem vertretene Politik unterstützte. Den Höhepunkt der Verständigungspolitik stellte – nach Locarno – der auf Initiative Briands und des amerikanischen Außenmini-sters Kellogg zustandegekommene Briand-Kellogg-Pakt (August 1928), in dem die Unterzeichner auf den Krieg als Mittel zur Lösung internationaler Streitfälle verzichteten. Dem Pakt traten über 60 Staaten, darunter auch die Sowjetunion, bei. Es kennzeichnet die euphorische Stimmung jener Jahre, daß Briand, Stresemann und J. A. Chamberlain für 1925, Kellogg für 1929 den Friedensnobelpreis erhielten.

Das Ende des Kartells der Linken

In die Zeit des Kartells fielen die ersten Auseinandersetzungen in den überseeischen Gebieten, die wie Wetterleuchten die auf-ziehenden Gefahren ankündigten: Im Frühjahr 1924 griff der Aufstand der Rifkabylen unter Abd El Krim (1882–1963) vom spanischen Teil Marokkos auf das französische Protektorat über und drohte, das ganze Land zu erfassen. Lyautey, der Ma-rokko »befriedet«und für Frankreich gewonnen hatte, wurde durch Pétain ersetzt, der mit großem Truppenaufgebot Abd El Krim zur Aufgabe zwang (1926). In ähnlicher Weise kam es in den neu gewonnenen Mandatsgebieten Syrien und Libanon im Gebiet der Drusen 1925 zum Aufstand, der erst nach harten Kämpfen und großem militärischen Einsatz 1927 beendet wer-den konnte.

Die öffentliche Meinung wurde von den Ereignissen in Über-see weniger berührt als von den Schwierigkeiten des Kartells in der Finanzpolitik und von dem Verfall des Franken. Dessen Stärke im Mai 1924 war nur von kurzer Dauer gewesen. Die Re-gierung Herriot selbst hatte schon im Januar 1925 den ihr von der Banque de France gesetzten Kreditrahmen – mit allerlei Tricks – überschritten. Auch der als Finanzminister wieder ins politische Leben zurückgekehrte Caillaux konnte unter der Regierung Painlevé – die Regierungen wechselten häufig in der Zeit des Kartells – und unter der zehnten Regierung Briand (1925–26) die Situation nicht retten. Immerhin gelang es ihm, mit den USA und mit England zu einer Regelung der Kriegsschulden zu gelangen (ratifiziert erst 1929). Für zwei Tage versuchte wieder Herriot, die Regierung zu bilden (17.7.–19.7.26), aber sein Finanzminister De Monzie mußte praktisch den Staatsbankrott zugeben. Die Preise waren enorm gestiegen, was vor allem die Lohn- und Gehaltsempfänger sowie die Staatsbediensteten traf. Der Franken war auf 243 für das englische Pfund – gegenüber 25 vor dem Krieg – gefallen. Mit dem Sturz der Regierung Herriot (19.7.26), die nicht das Vertrauen der Kammer erhielt, war das Kartell der Linken am Ende.

Poincaré und die wirtschaftliche Stabilisierung

In der schwierigen Situation des Landes wandte sich Staatspräsident Doumergue wieder an Raymond Poincaré. Bei der Rückkehr des integren, patriotischen Juristen zeigte es sich, daß die Krise eine solche des Vertrauens war: Bevor irgendeine währungspolitische Maßnahme ergriffen werden konnte, sank das Pfund innerhalb von drei Tagen um 18 Prozent. Poincaré bildete ein Kabinett der Nationalen Union (*Union nationale*), von dessen 13 Ministern sechs ehemalige Ministerpräsidenten waren. Die genau drei Jahre, in denen Poincaré im Amt blieb (23.7.1926–27.7.1929), stellten die beste Zeit der Republik zwischen den Kriegen dar. Die große Wirtschaftskrise in den USA brach erst am 24. Oktober 1929 aus und erreichte Frankreich mit einiger Verzögerung.

Poincaré stützte sich auf eine breite Mehrheit, vom rechten bis zum linken (Briand) Flügel der Kammer und setzte sofort energische wirtschaftliche Maßnahmen durch. Getragen von dem Vertrauen breiter Schichten (daher sein neuer Beiname *Poincaré-la-confiance*), ergriff er Sparmaßnahmen in der Verwaltung und

376

erhöhte die Einnahmen durch Heraufsetzen direkter und indirekter Steuern (darunter auch auf Fahrräder!). Die gesamte Bevölkerung mußte Opfer bringen. Die Mehreinnahmen wurden großenteils zur Minderung der Staatsschuld verwendet.

Der Franken stieg wieder auf seinen realen Wert von 125 für das englische Pfund. Obwohl die öffentliche Meinung in ihrem Prestigedenken dazu neigte, den Franken, wie es Churchill mit dem Pfund unternommen hatte, auf seinen Vorkriegswert anzuheben, entschied sich Poincaré nach zwei Jahren des Abwartens für eine dem tatsächlichen Wert entsprechende Abwertung auf ein Fünftel der Goldparität von 1914. Der *franc Poincaré* wurde von der neuen Kammer am 25. Juni 1928 beschlossen und blieb acht Jahre konvertibel und stabil, bis zur Abwertung unter der Volksfront im September 1936. Die Schulden der öffentlichen Hand verminderten sich durch die Abwertung beträchtlich, während die Gläubiger des Staates entsprechende Verluste erlitten. Mit der Stabilisierung der Währung im Jahr 1928 endete auf finanziellem Gebiet die Nachkriegsepoche. Wie groß das Vertrauen in die französische Währung in diesen Jahren war, zeigt die Tatsache, daß die Banque de France zwischen 1927 und 1930 nicht weniger als zwei Weltjahresproduktionen an Gold in ihre Reserven übernahm, 1200 Tonnen! Die Stabilität des Franken brachte das Kapital wieder ins Land, die Jahre Poincarés führten zu einem Wirtschaftsaufschwung, die Produktion erreichte 1929 ihren Rekordstand. Bis zum Oktober 1930 herrschte praktisch Vollbeschäftigung und auf vielen Gebieten Mangel an Arbeitskräften.

Die Wahlen 1928

Auf Vorschlag der Regierung hatte die Abgeordnetenkammer für die Wahlen im Frühjahr 1928 beschlossen, das 1919 und 1924 angewandte (modifizierte) Verhältniswahlsystem aufzugeben und zu dem vertrauten und bewährten Wahlmodus der Vorkriegszeit (1889 bis 1914) zurückzukehren, dem Mehrheitswahlsystem in Wahlkreisen bei zwei Wahlgängen *(scrutin uninominal par arrondissement à deux tours)*. Auch darin kommen das Ende der Nachkriegszeit und der Versuch, wieder an die Epoche vor dem Krieg anzuknüpfen, zum Ausdruck. Bei der Entscheidung für das Mehrheitswahlsystem spielte zusätzlich die Absicht eine Rolle, den Einfluß der Kommunisten, die keinerlei Wahlbündnis mit anderen Kandidaten der Linken eingehen wollten, zu beschränken. Tatsächlich sank die Zahl der kommunistischen Abgeordneten von 28 auf 12, obwohl die Stimmen für die Partei von etwa 870 000 auf über eine Million stiegen.

Das Ergebnis der Wahlen bedeutete eine Bestätigung der Mehrheit der Mitte und gemäßigten Rechten, die 1926 das Kartell der Linken abgelöst hatte: Etwa 390 Sitze konnte die Nationale Union erringen, während die Opposition nur auf etwa 220 Sitze kam. Bemerkenswert an den Wahlen war die Tatsache, daß die Sozialisten (*SFIO* = 1,708 Millionen) die Radikalen (1,682 Millionen) erstmals an Stimmenzahl überholten. Die Union nationale erwies sich immer mehr als das, was sie unter Poincaré von Anfang an war: Als eine Regierung der Rechten. Mit ihr konnte Poincaré die erwähnte Sanierung des Franken durchsetzen (Juni 1928). Poincaré schloß noch die Sitzungsperiode des Parlaments und trat dann aus gesundheitlichen Gründen am 26. Juli 1929 zurück. Ohne Zweifel hat Frankreich ihm die wenigen guten Jahre zwischen den Kriegen zu verdanken. Er starb 1934.

Die Jahre bis zur Wirtschaftskrise

Die im Oktober nach dem Börsenkrach an der Wallstreet in den USA ausgebrochene Wirtschaftskrise traf Frankreich nicht unmittelbar. Sie lenkte ganz im Gegenteil zunächst Fluchtkapital ins Land, das die Wirtschaftätigkeit belebte und die Franzosen in dem Gefühl einer falschen Sicherheit wiegte, als würden sie von der Krise verschont bleiben. Die Jahre 1929 und 1930 zeigten Frankreich auf dem Höhepunkt der Prosperität. Das Land erzeugte 55 Millionen Tonnen Steinkohle und stand mit der Produktion von 48 Millionen Tonnen Eisenerz auf dem ersten Platz in der Welt. Nach 1929/30 fiel dann die Inlandsproduktion und erreichte den Stand von 1929 erst wieder zehn Jahre später, im Jahr 1939!

1929–30 war die Zeit, in der der Young-Plan das Reparationsproblem lösen sollte, in der durch den Briand-Kellogg-Pakt der Krieg verbannt zu sein schien, in der das besetzte Rheinland vorzeitig geräumt wurde, in der Frankreich seine Sicherheit hinter der Maginot-Linie suchte, mit deren Bau 1929 begonnen wurde, während gleichzeitig die Wehrpflicht, an der Frankreich als einziges der größeren Länder festhielt, auf 12 Monate verkürzt wurde. Die Zahl der Arbeitslosen blieb minimal und stieg erst im November 1930 auf knapp 5000 Personen.

Nach dem Rücktritt Poincarés wurde die restliche Legislaturperiode von instabilen Regierungen gekennzeichnet: Bis 1932 hielten sich die sieben Kabinette oft nur wenige Wochen, aber die Kontinuität der Politik wurde gewährleistet durch die Kontinuität des politischen Personals, aus dem zwei Männer herausragten: André Tardieu (1876–1945, dreimal Ministerpräsident 1929–32) und Pierre Laval (1883–1945, Ministerpräsident 1931–32). Während Tardieu immer die bürgerliche Tradition vertrat und unter Clemenceau an den Verhandlungen des Friedensvertrags von Versailles teilgenommen hatte, kam Laval aus der Provinz und hatte sich parodoxerweise zunächst der extremen Linken angeschlossen, sein Name stand bei Kriegsbeginn in dem berüchtigten *Carnet B*. Gegenüber Deutschland vertrat Tardieu eher eine Politik der Härte, während Laval zu Kompromissen bereit war. Dieser Gegensatz spielte jedoch um 1930 kaum eine Rolle, da durch Briands und Stresemanns Politik die Spannungen zwischen den beiden Ländern nachgelassen hatten.

Briand konnte bis Anfang 1932 seine Politik als Außenminister weiterführen. Er versuchte in dieser Zeit weiterhin, durch Verhandlungen mit Deutschland in den Punkten übereinzukommen, in denen das Reich eine Revision des Vertrags von Versailles anstrebte: bei den Grenzen im Osten und beim Schutz der deutschen Minderheiten in den osteuropäischen Ländern, dann bei dem Problem der Reparationen und der damit verbundenen Räumung des Rheinlands. Das Verlangen Deutschlands nach Schutz und Garantien für die deutschen

Minderheiten in den osteuropäischen Ländern war geeignet, diese Verbündeten Frankreichs zu destabilisieren. Briands Vorschlag im Mai 1930, die europäische Zusammenarbeit zu institutionalisieren und das Sicherheitssystem von Locarno auch auf den Osten zu übertragen, zielte darauf ab, das deutsche Streben nach Revision des Friedensvertrags aufzufangen. Aber zu diesem Zeitpunkt war Stresemann bereits gestorben und Reichskanzler Brüning lehnte eine derartige Einschränkung der deutschen Möglichkeiten ab.

Der Young-Plan und die Räumung des Rheinlands

Nachdem es sich herausgestellt hatte, daß auch die im Dawes-Plan festgesetzten Jahreszahlungen von Deutschland nicht geleistet werden konnten, wurde unter dem Vorsitz des Amerikaners Young 1929 ein neuer Plan erarbeitet: Er sah über 59 Jahre Zahlungen von zunächst etwa zwei Milliarden, aber geringere Zahlen für die letzten 22 Jahre vor (insgesamt 34,9 Milliarden Goldmark). Mit der Annahme des Young-Plans am 21. August 1929 war die vorzeitige Räumung des besetzten Rheinlands verbunden. Tatsächlich wurden bis zum 30. November die Truppen aus der zweiten Zone abgezogen und das gesamte Rheinland am 30. Juni 1930, fünf Jahre vor der im Vertrag von Versailles festgelegten Frist, geräumt. Frankreich hatte damit das wichtigste Pfand gegenüber Deutschland aus der Hand gegeben, ohne daß es irgendwelche gleichwertigen Sicherheitsgarantien erhalten hätte. Die wenig später auf Europa übergreifende Wirtschaftskrise führte dann schon 1931 zur Aufgabe des Young-Plans und wurde zum Zahlungsaufschub im Hoover-Moratorium, das sowohl die Reparationen als auch die interalliierten Kriegsschulden betraf. Die in Lausanne 1932 vereinbarte Schlußzahlung von drei Milliarden durch Deutschland wurde nicht mehr geleistet. Die von manchen nationalen Kreisen gegen Briands Politik des friedlichen Ausgleichs mit dem Kriegsgegner erhobenen Anschuldigungen eines Ausverkaufs der in Versailles errungenen Sicherheiten und Garantien entbehrten nicht der Grundlage. Letztlich beruhte Briands Politik auf der Glaubwürdigkeit und dem Friedenswillen der deutschen Regierungen, auf der Bereitschaft zur Partnerschaft in Deutschland. Aber diese schwand umso schneller, je mehr sich im Gefolge der Wirtschaftskrise die nationalistische Stimmung ausbreitete und den demokratisch legitimierten Regierungen die Luft ausging. Im Grund blieb als letzte Garantie gegen eine deutsche Aggression die Entmilitarisierung des Rheinlands bestehen.

Tardieus Sozialpolitik

Das Ziel von Tardieu war es, in das System des französischen Parlamentarismus klare Fronten zu bringen und die Exekutive zu stärken. Er wollte die Rechte bis zu den Sozialisten und Kommunisten, also mit den Radikalen, einen und eine Art Zwei-Parteien-System durchsetzen, wobei allerdings der Rechten die Macht vorbehalten bleiben sollte. Um dieses Ziel zu erreichen und der Linken das Wasser abzugraben, betrieb er – und die Mehrheit Poincarés insgesamt – eine fortschrittliche Sozialpolitik: 1928 wurde das Gesetz über die Sozialversicherung *(loi sur les assurances sociales)* mit großer Mehrheit angenommen, das 1930 durch ein zweites erweitert und ergänzt wurde. 1932 führte die Regierung Tardieu die Familienbeihilfen *(allocations familiales)* ein, und in der letzten Regierung Tardieu zeugte die Schaffung eines Gesundheitsministeriums *(ministère de la Santé publique)* vom sozialen Interesse der rechten Mehrheit. Ab 1930 wurde der kostenlose Besuch höherer Schulen progressiv eingeführt. Das noch unter Poincaré beschlossene Gesetz zum Schutz der Mieter hatte allerdings verhängnisvolle Konsequenzen auf dem Immobilienmarkt, den das Kapital wegen der drohenden Unrentabilität der Immobilien mied. 1928 wurde daraufhin von der Kammer einstimmig ein Gesetz zur Schaffung von 200 000 Sozialwohnungen beschlossen. Insgesamt gesehen war die gesetzgeberische Arbeit der Legislaturperiode beachtlich, erleichtert von den durch die Konjunktur gefüllten Kassen. Der Erfolg der Bestrebungen Tardieus blieb allerdings gering, die Radikalen waren nicht für eine Stärkung der Exekutive zu gewinnen, sie tendierten wieder mehr nach links, und ein Versuch von Laval 1932, den zweiten Wahlgang bei der Mehrheitswahl abzuschaffen, durch den die Radikalen sich für eine der beiden Seiten hätten entscheiden müssen, verschreckte sie vollends. Der Senat lehnte das Gesetz ab und zwang den Ministerpräsidenten zum Rücktritt (Februar 1932). Danach kehrte nochmals Tardieu zurück, aber bei den Wahlen 1932 ging seine Mehrheit verloren.

Die Wahlen 1932.
Die Wirtschaftskrise

Zwischen den beiden Wahlgängen wurde am 5. Mai 1932 der erst 1931 gewählte Staatspräsident Paul Doumer ermordet. Das alte Parlament wählte den Senatspräsidenten Albert Lebrun (1871–1950) zum Staatspräsidenten, dem letzten der Dritten Republik (Staatspräsident 1932–1940). Bei den Wahlen standen auf der linken Seite Radikale und Sozialisten – die Kommunisten gingen wie 1924 ihre eigenen Wege – der aus einer Reihe von Parteien und Gruppierungen zusammengesetzten Rechten gegenüber. Im zweiten Wahlgang errang die Linke einen eindeutigen Erfolg, Radikale wie Sozialisten gewannen Stimmen und Sitze, während die bisherige Mehrheit über 80 Sitze verlor. Die Kommunisten mußten sich aufgrund des Wahlsystems und von Stimmenverlusten mit elf Sitzen in der Kammer begnügen.

Eine Wiederholung des Kartells der Linken von 1924 wäre also im Bereich des Möglichen gewesen. Aber die Sozialisten zeigten sich noch immer nicht fähig und willens, die für die Machtausübung erforderliche Verantwortung und die unumgänglichen Kompromisse zu akzeptieren: Unmittelbar nach den Wahlen stellten sie auf einem Kongreß Forderungen (Herabsetzung der Rüstungskosten, Einführung der 40-Stunden-Woche, Verstaatlichung der Eisenbahngesellschaften und der Rüstungsindustrie), von denen sie wußten, daß sie von den zum wirtschaftlichen Liberalismus neigenden Radikalen nicht vollständig mitgetragen werden konnten. So waren sie zwar bereit, eine Minderheitsregierung der Radikalen zu unterstützen, nicht aber, selbst Regierungsverantwortung zu übernehmen. Die Folge dieser Haltung war eine weitere Zeit der Instabilität: In zwanzig Monaten wechselten sich bis zur Krise vom Februar 1934 nicht weniger als sechs Regierungen ab: Herriot – Paul Boncour – Daladier – Sarraut – Chautemps – Daladier. Keiner von ihnen gelang es, die Unterstützung der Sozialisten für einen ausgeglichenen Haushalt zu gewinnen. Es gab praktisch keine handlungsfähige Mehrheit mehr! Diese Situation war umso tragischer, als sie gerade in die Zeit fiel, in der in Deutschland der Nationalsozialismus die Weimarer Republik beseitigte und sich daran machte, auf seine Weise die Revision des Vertrags von Versailles durchzusetzen. Eine starke Regierung in Frankreich wäre eher in der Lage gewesen, den Anfängen zu widerstehen, als die Minderheitenregierungen, die mit ihrem Überleben und mit den inneren Problemen des Landes beschäftigt waren.

Die Wirtschaftskrise traf Frankreich, wie gesagt, später als die anderen Industrieländer: Auch wenn die ersten Anzeichen sich schon Ende 1930 bemerkbar machten, wurde man sich im Lande erst 1931/32 der Krise bewußt. Während aber in den meisten betroffenen Ländern schon 1934/35 wieder eine allmähliche Belebung der Wirtschaft zu beobachten war, hielt in Frankreich die Depression bis 1938 an. Allerdings war sie nicht so heftig, da das Land weniger stark industrialisiert und exportabhängig war als etwa England oder Deutschland und da wegen der geringen Bevölkerungsdichte auch die Zahl der Arbeitslosen nicht in vergleichbarer Weise stieg.

Die französischen Regierungen standen dem Phänomen der Wirtschaftskrise ebenso hilflos gegenüber wie die Regierungen der anderen betroffenen Länder: Zunächst wurde die Landwirtschaft mit protektionistischen Mitteln geschützt, dirigistische Tendenzen verbanden sich mit dem Streben nach Autarkie, in die das Kolonialreich zum Teil eingebunden wurde. Während Außenhandel und Tourismus als Deviseneinnahmequellen verfielen, richtete sich die Aufmerksamkeit der Regierungen auf die Werterhaltung der Währung, die – unnötigerweise – zu einer Art nationalem Mythos erhoben wurde. Von 1932 bis 1935 stellten elf Regierungen vierzehn Pläne zu Haushaltseinsparungen auf. Die deflationistische französische Politik stand im Gegensatz zu der leicht inflationistischen der USA und verstärkte noch den Rückgang der wirtschaftlichen Tätigkeit, die 1935/36 ihren tiefsten Stand erreichte. Die Ursache für diese Fehlentwicklung lag zu einem nicht geringen Teil darin, daß in Frankreich die Erkenntnisse der modernen Volkswirtschaftslehre, wie etwa die von Keynes, kaum zur Kenntnis genommen wurden und die Regierenden immer wieder auf die angeblich bewährten Mittel bis hin zum Protektionismus und der Überbewertung des Goldes zurückgriffen.

Innenpolitische Auswirkungen der Wirtschaftskrise

Die Arbeitslosigkeit stieg als Folge des Rückgangs der Wirtschaftstätigkeit, aber die Arbeiter waren in sehr geringem Grad gewerkschaftlich organisiert und konnten der Arbeitgeberseite nur wenig Widerstand entgegensetzen. Mehr noch als die Arbeiter wurden die Angestellten und Beamten von der Rezession und von den Sparmaßnahmen der Regierung betroffen. Sie bildeten neben den Landwirten, die unter den nachgebenden Preisen litten, die Masse der Unzufriedenen. Es entstand in den Mittelschichten eine gefährliche Stimmung, »die Zeit des Hasses« *(le temps de la haine)* hatte Frankreich wie andere europäische Länder erfaßt.

Die permanenten Regierungskrisen und -wechsel und die Unfähigkeit der Politiker, eine Antwort auf die wirtschaftlichen Probleme zu finden, führten zu einer weit verbreiteten Verdrossenheit gegenüber dem parlamentarischen System, vergleichbar mit den antiparlamentarischen Strömungen in den Nachbarländern, insbesondere in Italien, Deutschland, Spanien. Im Gegensatz zu diesen war die Republik jedoch in Frankreich zu sehr im Bewußtsein verankert, als daß sie von den halbfaschistischen Gruppierungen hätte beseitigt werden können. Die Bezeichnung, die sich für derartige Gruppierungen, aber auch für nichtpolitische oder gar faschistische Organisationen einbürgerte, lautete: die »Ligen« *(les ligues)*. Sie unterschieden sich dadurch von politischen Parteien, daß sie nicht bei Wahlen auftraten.

Die dreißiger Jahre waren von Ligen gekennzeichnet, die sich mit heftigen Angriffen gegen das parlamentarische System wandten. Derartige rechtsextreme Ligen waren etwa die *Ligue de l'Action française*, 1905 von dem Royalisten Charles Maurras (1868–1952, als Anhänger Vichys wurde Maurras im Jahr 1945 zu lebenslänglicher Haft verurteilt) gegründet. Die royalistische und zunächst betont katholische *Action française* verlor allerdings an Einfluß, nachdem die Kirche Maurras wegen seines offenen Agnostizismus 1926 verurteilt hatte. Die *Jeunesses patriotes*, 1924 von Pierre Taittinger gegründet, waren zahlenmäßig groß, blieben aber im wesentlichen auf Paris beschränkt. 1933 gründete ein hochdekorierter Frontkämpfer, Marcel Bucard (1946 erschossen), eine von Mussolini unterstützte faschistische Bewegung, *les Francistes*. Ein Parfümhersteller, Coty, gründete 1933 eine *Solidarité française*, es gab einen *Front paysan*, ein *Comité de défense paysanne* und so fort. Ab 1934 nahmen unter allen diesen Organisationen den größten Aufschwung die »Feuerkreuzler« *(les Croix-de-Feu)*, eine Organisation, die aus dem Frontkämpfergeist hervorging. Sie wurde ab 1929 von dem Oberst Graf de La Rocque (1885–1946) geführt, der auf seine Anhänger einen großen Einfluß ausübte. Er strebte eine starke Regierung und soziale Reformen an. Die großen Aufmärsche der »Feuerkreuzler« ließen an faschistische Machtdemonstrationen denken, doch war La Rocque ein durchaus legalistisch denkender Nationalist, nicht auf eine Ebene zu stellen mit den faschistischen Führern in den Nachbarländern. Die Aggressivität dieser Formationen kam in zahlreichen Zusammenstößen mit der Linken zum Ausdruck, und es bedurfte nur eines Auslösers, um den angesammelten Sprengstoff zur Explosion zu bringen. Dieser Auslöser wurde die Stavisky-Affäre.

Die Stavisky-Affäre und der 6. Februar 1934

Der aus der Ukraine stammende Geschäftemacher Alexandre Stavisky war schon 1926 angeklagt gewesen, aber es stellte sich heraus, daß vermutlich seine guten Beziehungen ihn vor Verfolgung schützten. Ein erneutes Betrugsmanöver mit einer von ihm selbst gegründeten Bank in Bayonne wurde ihm im Dezember 1933 zum Verhängnis. Er floh in die Alpen und wurde nach Aussagen der Polizei in einem Chalet am 9. Januar 1934 sterbend aufgespürt. An sich war die Affäre nicht mit den großen Skandalen etwa um den Panamakanal zu vergleichen. Auch andere Skandale um die gleiche Zeit hatten größere Ausmaße. Aber die Stimmung in Paris war so aufgeheizt, daß es sofort zu Demonstrationen kam, die sich gegen die Parlamentarier im allgemeinen und gegen die immer wieder in Skandale verwickelten Radikalen insbesondere richteten. Die *Action française* und ihre *Camelots du roi* verdächtigten die Polizei, den Hauptschuldigen beseitigt zu haben, um den Skandal zu vertuschen. Ministerpräsident Chautemps (1885–1963) weigerte sich hartnäckig, den von der rechten Opposition geforderten parlamentarischen Untersuchungsausschuß einzusetzen, und mußte schließlich am 27. Januar zurücktreten.

In der kritischen Situation beauftragte Staatspräsident Albert Lebrun den für energisch und integer geltenden Ministerpräsidenten des Jahres 1933 Edouard Daladier (1884–1970) mit der Bildung der Regierung. Daladier versuchte eine Öffnung nach rechts, indem er zwei »Gemäßigte« *(modérés)* ins Kabinett aufnahm. Gleichzeitig setzte er den der Komplizenschaft bei der angeblichen Ermordung Staviskys verdächtigen Polizeipräfekten von Paris Chiappe ab. Diese und andere Maßnahmen heizten die durch Chautemps' Rücktritt etwas beruhigte Atmosphäre wieder auf: Die beiden »gemäßigten« Minister traten sofort zurück, Daladier war wieder auf die Linke allein angewiesen. Am Nachmittag des 6. Februar 1934 mußte er sich mit seiner Regierung im Parlament der Vertrauensfrage stellen.

Für diesen Zeitpunkt luden die rechtsextremen Organisationen ihre Anhänger zu einer Demonstration auf der Place de la Concorde ein. Auch der kommunistische Frontkämpferbund forderte seine Anhänger auf zu demonstrieren, so daß die beiden Extreme im Kampf gegen die Republik zusammen vorgingen, wenn auch aus durchaus unterschiedlichen Motiven: Die Rechte demonstrierte gegen die Entlassung Chiappes und gegen die korrupte Linke im Parlament, die Kommunisten für die Verhaftung von Chiappe und gegen den korrupten Kapitalismus schlechthin. Während Daladier gerade wegen des Druckes der Straße ohne Schwierigkeiten das Vertrauen der Kammer erhielt, kam es bei den Demonstrationen zu schweren Zusammenstößen, die bis Mitternacht anhielten. Es gab mehr als 15 Tote und mehr als 2000 Verletzte. Paris hatte derartige Gewalttätigkeiten seit der Kommune von 1871 nicht mehr gesehen. Der schwache Polizeikordon, der den Palais-Bourbon nach Süden schützte, wurde von den Feuerkreuzlern von La Rocque nicht angegriffen, obwohl er einem solchen Angriff vermutlich nicht hätte widerstehen können. Es zeigte sich, daß die Rechte zwar den Aufstand proben, aber diesen wegen der fehlenden Aktionseinheit nicht zu einem Erfolg führen konnte. Bis heute gibt es keine einheitliche Beurteilung des 6. Februar 1934: War es ein spontaner Aufschrei gerechter Empörung oder ein mißglückter Anschlag auf die Republik? Vermutlich spielte beides eine Rolle, und der Wunsch, diese Republik zu bekämpfen, war stärker als eine verbindliche Vorstellung dessen, was man an ihre Stelle setzen könnte.

Daladier trat unter dem Eindruck erneuter Unruhe am 7. Februar zurück, und Staatspräsident Lebrun berief seinen Vorgänger Gaston Doumergue (Staatspräsident 1924–31) zum Ministerpräsidenten. Doumergues Berufung ist der Poincarés im Jahr 1926 vergleichbar: Wieder sollte ein angesehener ehemaliger Staatspräsident die verfahrene Situation retten. Doumergue bildete eine rechtsgerichtete Koalition, in der die Radikalen umschwenkten und mit den »Gemäßigten« zusammenarbeiteten. Tardieu übernahm ein Ministerium mit der Aufgabe, die Institutionen zu reformieren, Laval repräsentierte die Rechte, Herriot die Radikalen; Außenminister Louis Barthou vertrat eine energische Außenpolitik gegenüber Hitler, doch er wurde im Oktober ein Opfer des Attentats kroatischer Nationalisten gegen den jugoslawischen König in Marseille. Zum Kriegsminister bestellte Doumergue Marschall Pétain, der sein großes Ansehen in die Regierung einbrachte. Die Regierung erhielt das Vertrauen des Parlaments gegen die Stimmen von Sozialisten und Kommunisten und zugleich das Recht, die Finanzen durch

Notverordnungen *(décrets-lois)* in Ordnung zu bringen. Wie 1926 hatte sich in der Mitte der Legislaturperiode der Wahlsieg der Linken zu einer Regierung der Rechten verwandelt. Aber die Linke hatte in den Ereignissen um den 6. Februar die Gefahr erkannt, vom Faschismus besiegt zu werden, wenn sie nicht bereit war, Einigkeit zu zeigen.

Die Übergangszeit bis zur Volksfront

Der Wechsel der Regierungsmehrheit von der Linken auf die Rechte führte sehr schnell zu einer Beendigung der rechtsextremen Agitation. Ab Ende Februar waren die Unruhen in sich zusammengefallen, und Doumergue hätte zu der Politik energischer Reformen auf dem Gebiet der Institutionen und der Wirtschaft schreiten können, die von ihm erwartet wurde. Statt einer Expansion zielten die im April 1934 beschlossenen Maßnahmen aber wiederum nur auf den Ausgleich des Haushalts mittels deflatorischer Sparmaßnahmen: Kürzungen beim Gehalt im öffentlichen Dienst, beim Militär, bei den Pensionen und Stellenstreichungen im Beamtenapparat. Trotz der Vergabe großer öffentlicher Arbeiten führten die Maßnahmen der Regierung zu einer noch stärkeren Depression. Bei dem Versuch, die Institutionen zu reformieren durch eine Stärkung der Stellung des Staatspräsidenten, scheiterte Doumergue am Widerstand der Radikalen und des Senats und trat am 8. November 1934 zurück.

Die Nachfolger Doumergues, der acht Monate regierende großbürgerlich-liberale Flandin und der nur fünf Tage sein Glück versuchende ehemalige sozialistische Kammerpräsident Bouisson, der wiederum sein Kabinett mit Pétain verstärken wollte, scheiterten ebenso wie ihr Vorgänger. Eine konsequente Wirtschaftspolitik konnte allein Pierre Laval (Ministerpräsident 1935–1936) führen, da ihm von der Kammer das seinen Vorgängern verweigerte Recht, durch Notverordnungen die Finanzen zu ordnen, eingeräumt worden war. Allerdings benutzte er dieses Vorrecht konsequent für die falsche, deflatorische Politik. Mit 400–500 derartigen Notverordnungen wurde auf allen Gebieten gekürzt, die öffentlichen Ausgaben sogar um 10 Prozent! Die in sich kohärente, aber eben falsche Politik Lavals hatte verheerende Folgen für die französische Wirtschaft. Ein sich ankündigender schwacher Aufschwung wurde gebrochen und eine neue Depression setzte ein. Es ist nicht ganz von der Hand zu weisen, daß die Auseinandersetzung mit Deutschland auf wirtschaftlichem Gebiet schon in dieser Zeit verloren wurde.

In der Außenpolitik gegenüber Deutschland schien sich zunächst ein gewisser Vorteil auf seiten Frankreichs herauszubilden. Man hatte hier wie allenthalben zwar noch nicht erkannt, daß schon in Hitlers Programm von 1924 (»Mein Kampf«) eine klare Linie von der Revision von Versailles zum Eroberungskrieg im Osten führte, aber Frankreich sah die Machtergreifung von 1933 ohnehin mit größter Skepsis. Es gab kaum einen Zweifel, daß mit diesem Ereignis Briands Versuche eines Systems kollektiver Sicherheit endgültig gescheitert waren. Dies wurde noch im Jahr 1933 klar, als Deutschland am 14. Oktober aus der Abrüstungskonferenz und dem Völkerbund austrat, mit dem erkennbaren und besonders von den Spitzen der Wehrmacht vertretenen Hintergedanken, möglichst schnell aufzurüsten. Als Polen – noch unter Pilsudski – im Januar 1934 einen Nichtangriffs- und Freundschaftspakt mit Deutschland schloß, schien Frankreichs Politik zunächst durchkreuzt. Es gelang ihr jedoch, die »Kleine Entente« der osteuropäischen Verbündeten durch die Schaffung eines ständigen Rates zu stärken. Daneben bildete sich auf Frankreichs Betreiben hin eine Balkanentente und eine Baltische Entente der drei baltischen Staaten. Als nach dem mißglückten Putsch der Nationalsozialisten in Österreich (Ermordung des Bundeskanzlers Dollfuß) im Juli 1934 Italien zum Schutz Österreichs Truppen am Brenner aufmarschieren ließ, war Deutschland praktisch von allen Seiten her isoliert, zumal im September 1934 auch die Sowjetunion dem Völkerbund beigetreten war, und sich die Gelegenheit bot, sie in ein Sicherheitssystem gegen Deutschland einzubinden. Laval, der nach dem Tod von Barthou (Oktober 1934) bis zum Sturz seines eigenen Kabinetts im Januar 1936 die Außenpolitik leitete, begab sich im Mai 1935 nach Moskau und schloß dort einen Beistandspakt (*pacte d'assistance*) mit Stalin ab, dem wenige Tage später ein gleicher Pakt mit der Tschechoslowakei folgte. Um mit Mussolini ins reine zu kommen, beendete er einen Grenzstreit zwischen den Kolonialgebieten Libyen und Tschad mit territorialen Konzessionen (*la bande d'Aozou* beim Tibesti-Gebirge). Der Pakt mit der bislang verteufelten Sowjetunion verlangte von der Rechten einige Überwindung, aber klarsichtige Männer wie der damalige Oberstleutnant Charles de Gaulle zögerten nicht, den Vertrag mit den folgenden Worten zu rechtfertigen: »Alles muß im Augenblick dem einen Ziel untergeordnet werden, alle, die aus welchen Gründen auch immer Deutschlands Gegner sind, zu sammeln, um Deutschland vom Krieg abzubringen oder es zu besiegen, wenn es den Krieg beginnt.«

Trotz der Rückgewinnung des Saarlandes durch die im Versailler Vertrag vorgesehene Volksabstimmung am 13. Januar 1935 – 91 Prozent der Bewohner stimmten für Deutschland –, die Hitlers Prestige erhöhte, war Deutschland nach zwei Jahren Nationalsozialismus von allen Seiten von Gegnern umgeben. Man kann also nicht sagen, daß die französische Politik jener Jahre dem Aufkommen der deutschen Gefahr untätig zugesehen und keine Erfolge erzielt hätte. Aber nach dem Sturz Lavals (22.1.1935) folgte unter Albert Sarraut die letzte Regierung dieser Legislaturperiode, die naturgemäß auf den Wahltermin im Frühjahr 1935 fixiert war. Damit war die kurze Zeit der Kontinuität in der Außenpolitik wieder vorüber: Die ständigen Kabinettskrisen in den dreißiger Jahren verhinderten eine entschlossene Außenpolitik Frankreichs gegenüber dem Deutschland Hitlers, der es gerade in dieser Vorwahlzeit in Frankreich und nach der Euphorie des Erfolges im Saargebiet wagen konnte, am 16. März 1935 die allgemeine Wehrpflicht wieder einzuführen. England, Frankreich und Italien verpflichteten sich daraufhin im Abkommen von Stresa, gemeinsam Deutschland entgegenzutreten, und der Völkerbund protestierte gegen diese Verletzung des Vertrags von Versailles, aber schon wenige Wochen später, am 18. Juni 1935, war England bereit, das Flottenabkommen mit Deutschland zu schließen, ein erster Schritt zu der verhängnisvollen appeasement-Politik.

Frankreich geriet mit seiner unnachgiebigen Politik gegenüber Deutschland ins Abseits, das seinerseits erkannt hatte, daß es ungestraft den Versailler Vertrag brechen konnte.

Die Volksfront 1936–1938

Obwohl Mussolini ein Jahrzehnt und Hitler schon länger als ein Jahr an der Macht waren, verfolgte die Kommunistische Partei Frankreichs auf Anweisung der Komintern noch weiter ihre aggressive Politik gegen die Sozialisten, die mit allen möglichen herabsetzenden Bezeichnungen belegt wurden, von denen der Vorwurf des »Sozial-Faschismus« *(social-fascisme)* der absurdeste war. Ziel dieser kurzsichtigen und dilettantischen Politik war es, die sozialistischen Arbeiter abzuwerben, also die Sozialisten zu »rupfen« *(plumer la volaille)*, wie es Thorez so eingängig formulierte. Der populäre kommunistische Bürgermeister des Arbeitervorortes Saint-Denis bei Paris, Jacques Doriot (1898–1945?), der mit den Sozialisten sowie den beiden linksgerichteten Gewerkschaften ein antifaschistisches Aktionskommittee gegründet hatte, wurde im Frühjahr 1934 aus der Partei ausgeschlossen.

Aber nachdem sich auch im Kreml herumgesprochen hatte, daß Hitler eine größere Gefahr darstellte als etwa Léon Blum, und die Internationale auf ihrem siebten Weltkongreß eine Richtungsänderung beschloß, stießen die französischen Kommunisten Ende Juni 1934 zu der antifaschistischen Front, ja, sie wurden geradezu deren Antriebsmotor. Léon Blum und anderen Führern der Sozialisten war der plötzliche Sinneswandel der Kommunisten zunächst verdächtig und der Druck zu einer Zusammenarbeit angesichts der auch in Frankreich immer deutlicher sich abzeichnenden faschistischen Gefahr kam in erster Linie von der Parteibasis. Nachdem am 14. Juli 1934 die beiden Parteiorganisationen beraten hatten, schlossen die nationalen Spitzenvertreter am 27. Juli 1934 einen förmlichen Pakt. Während die Sozialisten in ihm eher einen »Nichtangriffspakt« sahen, beschworen die Kommunisten, hellsichtig geworden, die Aktionseinheit gegen die Faschisten. Von ihrer

Seite gingen auch die ersten Appelle an den linken Flügel der Radikalen aus, sich dem Bündnis anzuschließen.

Eine der Folgen dieser Entwicklung war die – notwendig gewordene – Abkehr der Kommunisten von ihren bisherigen antimilitaristischen und pazifistischen Einstellungen. Nachdem Stalin bei dem Zusammentreffen mit Laval am 15. Mai 1935 ausdrücklich das Recht Frankreichs auf eine starke Verteidigung gebilligt hatte, schwenkten auch die französischen Kommunisten auf einen extremen Patriotismus und Nationalismus um, bei dem sie im und nach dem Zweiten Weltkrieg in verstärkter Form blieben. Die Partei, die bis dahin wie in einem Ghetto dahinvegetiert war, nahm nach diesem Richtungswechsel einen großen Aufschwung und aktivierte erst jetzt die Massen.

Die ersten Erfolge einer noch nicht institutionalisierten, eher spontanen Handlungsgemeinschaft zeigten sich bei den Kommunalwahlen im Mai 1935. Es galt nun, auch den linken Flügel der Radikalen um Daladier zu gewinnen, dem Herriot und die radikalen Minister im Kabinett Laval gegenüberstanden. Für den 14. Juli 1935 hatte das Exekutivkommitee der radikalen Partei beschlossen, an der gemeinsamen Demonstration von Sozialisten und Kommunisten in Paris teilzunehmen. Bei dieser Gelegenheit entstand das »Organisationskommitee der Sammlungsbewegung des Volkes« (Comité d'organisation du rassemblement populaire), dessen Präsident der Vorsitzende der Menschenrechtsliga war und in dem sich neben den Vertretern der drei Parteien und der beiden linken Gewerkschaften solche einer ganzen Reihe kleinerer linker oder auch nur republikanischer Parteien und Gruppierungen vereinigten. Dies war die eigentliche Geburtsstunde der Volksfront (le front populaire). Die Demonstration endete mit dem – für linke Demonstrationen üblich gewordenen – Zug von dem Platz der Bastille (place de la Bastille) zu dem der Nation (place de la Nation) im Osten von Paris. Die Anführer des linken Flügels der Radikalen, allen voran Daladier, marschierten neben denen der sozialistischen und kommunistischen Partei.

Der Zusammenarbeit der Parteien folgte der Zusammenschluß der beiden linken Gewerkschaften CGT, die 1920 weiter auf politischer Unabhängigkeit und der Charta von Amiens bestanden hatte, und CGTU, die sich 1920 abgespalten und dem Kommunismus zugewandt hatte. In der nun wieder vereinten CGT *(Confédération générale du travail)* wurden die Sekretärsposten im Verhältnis zwei (für die Unabhängigen) zu eins (für die Kommunisten) aufgeteilt. Mit der Vereinigung der beiden Gewerkschaften im März 1936 erfuhr die Volksfront, der mittlerweile etwa 100 Organisationen angehörten, eine Stärkung und Konsolidierung und konnte den Wahlen im April/Mai 1936 mit Zuversicht entgegensehen.

Die Legislativwahlen am 26. April und 3. Mai 1936

Das beibehaltene Mehrheitswahlsystem mit zwei Wahlgängen im Wahlkreis erlaubte es den Volksfrontparteien, im ersten Wahlgang mit ihren jeweils eigenen Programmen vor die Wähler zu treten. Entsprechend der sogenannten republikanischen Disziplin *(discipline républicaine)* hatten die im ersten Wahlgang schlechter plazierten Kandidaten der Volksfrontparteien im zweiten Wahlgang zugunsten des bestplazierten zurückzutreten *(désistement)*; die Volksfront selbst bildete sich also erst im entscheidenden zweiten Wahlgang.

Die Wahlbeteiligung war die höchste seit 1914: 84,3 Prozent. Aber der erwartete hohe Sieg der Volksfront fiel bescheiden aus: Sie erhielt 5,421 Millionen Stimmen gegen 4,233 Millionen für die Rechte (im ersten Wahlgang).

Der Sieg der Volksfront war aber im zweiten Wahlgang wegen des Wahlmodus vollständig: Etwa 380 Vertretern der Linken standen nur etwa 220 der Rechten gegenüber. Es kam nun wesentlich darauf an, daß die Radikalen nicht wieder umschwenkten. Die beiden Linksparteien waren zu vielen Konzessionen bereit, um dies zu verhindern. Nicht wenige radikale Abgeordnete, die mit den Stimmen der Rechten in ihren Wahlkreisen gewählt worden waren, standen der Volksfront aber kritisch gegenüber.

Juni 1936: Die Regierung Blum

Léon Blum, der sich schon seit langem auf die Übernahme der Regierungsverantwortung vorbereitet hatte, mußte angesichts der notwendigen Koalition mit den bürgerlichen Radikalen davon ausgehen, daß er eine Regierung in dem bestehenden kapitalistischen System zu führen hätte. Zudem lehnten die Kommunisten ab, mit in die Verantwortung zu gehen, und versprachen, wie die Gewerkschaft CGT, die »loyalste Unterstützung«. Blum konnte also nur auf die Radikalen und andere Linke wie die sogenannten Sozialrepublikaner und unabhängigen Sozialisten rechnen. Eine grundlegende Änderung der gesellschaftlichen Struktur war unter diesen Umständen nicht möglich. Blum hatte schon früher erkannt, daß bei einem sozialistischen Teilerfolg nur ein Programm verwirklicht werden konnte, bei dem möglichst große Vorteile und Erleichterungen für die arbeitenden Klassen erzielt würden. Nicht übersehen werden darf auch noch ein Handicap Léon Blums: Er war der erste Regierungschef jüdischer Herkunft in der Dritten Republik und seitens der antisemitischen Rechten schlug ihm eine Welle des Hasses entgegen.

Bei der Regierungsübernahme ging Blum streng legalistisch vor: Erst am 4. Juni konnte Präsident Lebrun ihn zur Bildung der Regierung auffordern, und am 5. Juni trat Léon Blum vor das Parlament. Zwischen dem zweiten Wahlgang am 3. Mai und der Regierungsbildung verging also ein voller Monat, in dem die alte Regierung die Geschäfte weiterführte und eine Art Machtvakuum entstand. In dieser Zeit kam es zu einer breiten Streikwelle im ganzen Land, die nicht von irgendeiner Seite organisiert war, sondern spontan ausbrach. Sie brachte insofern eine neue Qualität in den Arbeitskampf, als die Arbeiter nicht etwa die Tore der Unternehmen absperrten, sondern das Betriebsgelände besetzten, die Maschinen und das Gerät pflegten, für die Produkte sorgten. Zugleich breitete sich an manchen Orten geradezu eine Festatmosphäre aus, Urlaubsstimmung machte sich breit, alles schien möglich zu werden in der allgemeinen Euphorie. Die private Wirtschaft des Landes stand still, nur der öffentliche Sektor arbeitete weiter.

Unter solchen Bedingungen bildete Léon Blum seine Regierung, der am 6. Juni 1936 die Kammer mit 384 gegen 210 Stimmen das Vertrauen aussprach: Sein Vertreter wurde Daladier als Verteidigungsminister, Vincent Auriol erhielt das Finanzministerium; zum ersten Mal wurden Frauen in das Kabinett aufgenommen, drei Unterstaatssekretärinnen, darunter die Physikerin und Nobelpreisträgerin (1935) Irène Joliot-Curie. Vordringlichste Aufgabe der Regierung war es zunächst, die Streiks zu beenden.

Zeit der Reformen: Die Matignon-Abkommen

Wegen der wirtschaftlichen Anarchie drängten die Arbeitgeber auf Verhandlungen mit einem qualifizierten Gesprächspartner, was bei dem Umfang des Streiks und seiner Spontaneität nur unter Vermittlung der Regierung möglich war. Sofort nach der Regierungsbildung lud daher Léon Blum, unterstützt von seinem Arbeitsminister, Vertreter der Arbeitgeber und der CGT als einziger Gewerkschaft in das Hôtel Matignon, den neuen Sitz des Ministerpräsidenten, zu Verhandlungen ein. In der Nacht vom 7. zum 8. Juni 1936 wurden die nach dem Ort der Verhandlungen benannten Matignon-Abkommen *(les accords Matignon)* abgeschlossen, ein kollektiver Vertrag auf nationaler Ebene. Die Arbeitgeber erkannten das Recht auf freie gewerkschaftliche Tätigkeit und auf die Wahl von Betriebsvertretern *(délégués d'atelier)* in Unternehmen mit mehr als zehn Arbeitnehmern an. Die Arbeiter erhielten eine Lohnerhöhung zwischen sieben und 15 Prozent. In den folgenden Wochen (20.–24. 6. 1936) wurden die Abkommen durch zusätzliche Gesetze ergänzt, die noch einschneidendere Veränderungen brachten: Alle Angestellten und Arbeiter erhielten einen unverzichtbaren und bezahlten Jahresurlaub von zwei Wochen (12 Arbeitstage). Die Arbeitswoche wurde bei vollem Lohnausgleich auf 40 Stunden begrenzt. Damit die Arbeitgeber gezwungen würden, neue Arbeitskräfte einzustellen, durfte die Arbeitszeit nicht überschritten werden. Schließlich ermöglichte ein Gesetz den Abschluß kollektiver Tarifverträge nach Berufszweigen zwischen denjenigen Organisationen beider Seiten, die vom Arbeitsministerium für repräsentativ erklärt würden. – Tatsächlich wurden bis Ende des Jahres mehr als 5600 derartiger Verträge abgeschlossen. Eine Reihe weiterer Neuerungen durch staatliche Ferienprogramme, durch Sport- und Kulturförderung ergänzten die Verträge. Ihr Abschluß bedeutete einen Erfolg für die Gewerkschaften, die einen großen Zulauf erhielten, die Mitgliederzahl von CGT-CGTU, die 1934 noch bei 760 000 gelegen hatte, stieg auf vier Millionen.

Die Wiederaufnahme der Arbeit geschah jedoch nicht plötzlich und die Streikbewegung flaute erst allmählich bis zum Jahresende ab. Die Verkürzung der Arbeitszeit brachte nicht den erwünschten Erfolg einer Reduzierung der Arbeitslosigkeit, die weiter bei 300 000 Personen lag. So führten die Ereignisse vom Mai und Juni 1936 zu einem Rückgang der Produktion und der Exporte. Da zudem im Juli 1936 der Kreis der Generalversammlung der Banque de France über die 200 Großaktionäre (= »die 200 Familien«) hinaus erweitert wurde und im August Verstaatlichungen im Rüstungs- und Luftfahrtsektor erfolgten, wurde die Spekulation wie 1924 wieder lebendig. Das Kapital floh in das wertbeständige Gold oder in Devisen: Schon im Oktober 1936 mußte die Regierung den Franc-Poincaré abwerten. Dennoch verlor die Banque de France innerhalb eines Jahres ein Drittel ihres Goldbestandes. Das Vorurteil, die Linke könne mit den Finanzen nicht umgehen, schien sich wieder zu bestätigen.

Innen- und Außenpolitik unter der Regierung Blum

Wie sich denken läßt, wurde die Volksfrontregierung von der mehrheitlich rechten Presse aufs heftigste und oft mit unfairen Mitteln angegriffen. So warf die Wochenzeitschrift *Gringoire* beispielsweise dem Innenminister Salengro vor, er sei im Krieg desertiert, und brachte den integren Mann in eine solche Verzweiflung, daß er sich schließlich das Leben nahm. Die linke Presse stand der rechten in den Verleumdungen nicht nach und gab dem Grafen de La Rocque permanent den Vornamen Casimir, den er nie getragen hatte. Schließlich ließ die Regierung das

Gesetz von 1881 über die Pressefreiheit ergänzen und Verleumdungen unter Strafe stellen. Wie im Wahlkampf versprochen, ordnete sie schon Mitte Juni die Auflösung aller paramilitärischen Ligen an. La Rocque wandelte daraufhin die »Feuerkreuzler« in eine Partei, die »französische soziale Partei« *(Parti social français = PSF)* um, die einen gewaltigen Zulauf vornehmlich aus den Mittelklassen erhielt. Da die Partei als solche, mit Statuten, bei Wahlen, im Parlament etc. auftrat, »demokratisierte« sich auf diesem Weg ein Teil des rechtsextremen Potentials. Eine andere Parteigründung auf der rechten Seite erfolgte durch den ehemaligen kommunistischen Bürgermeister von Saint-Denis, Jacques Doriot: die »französische Volkspartei« *(Parti populaire français = PPF)*. La Rocques PSF mußte sich nicht nur gegen die Linke, sondern auch gegen die rechtsextreme PPF und die *Action française* von Charles Maurras zur Wehr setzen.

Den größten Gefahren stand die Volksfront außenpolitisch gegenüber: Im Jahr 1935 hatte Italien Äthiopien überfallen, und als der Völkerbund daraufhin Sanktionen gegen Italien verhängte, unterlief Deutschland diese Politik und lieferte die fehlende Kohle nach Italien. Frankreich und England führten die Sanktionen nur zögernd und halbherzig aus, um Mussolini nicht noch mehr in die Arme Hitlers zu treiben. Aber die Annäherung der beiden Diktatoren wurde enger, als der dritte auftauchte: Auch in Spanien war aus den Wahlen im Februar 1936 eine Volksfrontregierung an die Macht gekommen, gegen die am 18. Juli 1936 ein Teil des spanischen Militärs unter General Franco putschte. Für Blum bedeutete dies, wie er selbst sagte, einen Schlag ins Gesicht, denn an ein offenes Eingreifen zugunsten der legalen Regierung konnte er angesichts der Widerstände im eigenen Land nicht denken. Er spielte in dieser kritischen Lage sogar mit dem Gedanken an einen Rücktritt, ließ sich aber dann umstimmen und akzeptierte schweren Herzens eine Politik der Nichteinmischung *(politique de non-intervention)*. Wie immer in vergleichbaren Fällen sahen die beiden totalitären Staaten darin eine Schwäche der Demokratien und entsandten nahezu offen Truppen und Material zu den Rebellen. Für die Volksfront war die Nichteinmischungspolitik eine Zerreißprobe. Die internationale kommunistische Bewegung stellte sich ihrerseits offen auf die Seite der spanischen Republik.

Eine für Frankreichs außenpolitische Lage verhängnisvolle Folge des spanischen Bürgerkriegs war die Annäherung der Diktaturen zur »Achse Berlin-Rom«. Deutschland gelangte aus seiner Isolation, in die es durch Hitlers Politik geraten war. Am 7. März 1936 ließ dieser unter Bruch des Vertrages von Locarno deutsche Truppen in das Rheinland einrücken. Die Reaktion der französischen Regierung angesichts der Tatsache, daß damit der letzte vertragliche Schutz vor dem immer aggressiveren Nachbarn gefallen war, blieb erstaunlich schwach, erklärbar wohl nur aus der innenpolitischen Situation vor den Wahlen. Im November 1936 schloß Deutschland den Antikominternpakt mit Japan, dem ein Jahr später Italien beitrat. Bei seinem risikoreichen Vorgehen rechnete Hitler, wie er seinen obersten Militärs und dem Außenminister am 5. November 1937 auseinandersetzte, von vornherein mit der Schwäche Frankreichs aufgrund der inneren Spannungen.

So hatte der große, emotionale Aufschwung, den die Volksfront für einen Teil der Franzosen bedeutete, zugleich die Kehrseite, daß durch sie auch der Diktator in seiner Kriegslüsternheit noch bestärkt wurde. Vermutlich war die Rheinlandbesetzung der Augenblick der Wende, denn nun schwenkten auch kleinere europäische Länder um, die den Konflikt aufziehen sahen: Belgien, seit dem Überfall von 1914 und bis in die gemeinsame Ruhrbesetzung hinein der treueste Verbündete Frankreichs, kündigte im Oktober 1936 das 1920 geschlossene Militärbündnis mit Frankreich. Ungarn und auch zum Teil Jugoslawien orientierten ihre Politik stärker nach Deutschland hin aus. Im Jahr der Volksfront wendete sich das Schicksal in Europa und für die Klarsichtigen zeichnete sich die Konstellation des neuen Krieges ab.

Politik der Volksfront in Übersee

In der innen- wie außenpolitisch kritischen Lage gelang es der Volksfrontregierung nicht, die festgefahrene Situation in den Kolonien entsprechend ihren liberalen Vorstellungen zu verändern. In Indochina wurden alle Vorschläge von den bürgerlichen Kreisen wie von den Kommunisten bekämpft. Die Verhandlungen in Tunis mit Bourgiba und in Marokko brachten kein Ende der Unruhen. Die Verträge, die Syrien Unabhängigkeit in drei Jahren versprachen (*accords Viennot*, 9. 9. 1936), wurden von Frankreich nie ratifiziert. Am weitsichtigsten ging Léon Blum in Algerien vor, wo die linke Unabhängigkeitsbewegung von Messali Hadj an der Volksfront teilnahm: Um zu einer Verschmelzung der beiden Gemeinschaften zu gelangen, beabsichtigte die Regierung, etwa 50 000 gebildeten Eingeborenen oder Militärs die französische Staatsbürgerschaft – ohne Verlust ihres Status nach dem Koran – zu verleihen. Aber die Siedler und ihre Interessenvertreter in Frankreich erreichten es, daß das Projekt zurückgezogen wurde. Die blockierte Gesellschaft Frankreichs verhinderte jeden Ansatz einer Reform in den Kolonien, eine Kurzsichtigkeit, die sich nach dem Krieg rächen sollte. Léon Blum gebührt das Verdienst, wenigstens die Notwendigkeit einer neuen Politik in Übersee erkannt und die ersten Schritte in die Wege geleitet zu haben.

Das Ende der Regierung Blum

Es zeigte sich während der Volksfront, daß Reformen nur in der ersten Zeit nach dem Umschwung Erfolg haben; sobald sich die unterlegene Seite nach den Wahlen vom Schock erholt und wieder gesammelt hat, leistet sie Widerstand und der Schwung der Reformer läßt nach. Schon Anfang 1937 war die Situation der Regierung Blum deutlich schlechter geworden. Die Autorität war geschwunden angesichts der sozialen und wirtschaftlichen Schwierigkeiten. Am 13. Februar 1937 sah sich Léon Blum gezwungen, im Radio eine »Pause« bei der Verwirklichung von Reformen anzukündigen. Das war das Eingeständnis, daß die

Politik der Volksfront an ihre Grenzen gestoßen war. Ihre Anhänger waren entmutigt, der Elan der ersten Wochen verflogen. Als bei einem Zusammenprall in Clichy am 6. Februar 1937 extreme Rechte *(PSF)* und Linke *(CGT)* aneinandergerieten, griff die Polizei ein und schoß schließlich in die Menge. Es gab fünf Tote und zahlreiche Verletzte, und Léon Blum, ein zutiefst friedfertiger Humanist, dachte bereits an Rücktritt. Eine Blamage blieb ihm auch bei der Weltausstellung in Paris nicht erspart, da durch den Streik einiger Handwerkerinnungen Gebäude zur Eröffnung am 24. Mai 1937 nicht fertiggestellt waren. Den Ausschlag gab schließlich der konservative Senat. Léon Blum hatte das Parlament um Vollmachten auf dem Gebiet der Wirtschaft und der Finanzen gebeten; während ihm die Kammer diese gewährte, lehnte der Senat mit großer Mehrheit ab. Darauf trat Léon Blum am 21. Juni 1937 zurück. Die Zeit der eigentlichen Volksfront war, auch wenn die Koalition noch weiterbestand, vorbei. Sie hatte ihren Kredit und das Vertrauen des Volkes erschöpft. Es gab keine Bewegung in den Massen beim Rücktritt Blums, die inzwischen erkannt hatten, wie weit das Wünschenswerte vom Machbaren entfernt lag. Dennoch blieb, trotz aller Enttäuschung, der Mythos der Volksfront, nicht zuletzt getragen von der überragenden Persönlichkeit Léon Blums, erhalten als die Zeit eines Aufbruchs, einer Erneuerung des Landes und einer Befreiung der arbeitenden Massen.

Die Agonie der Volksfront

Nach Léon Blums Rücktritt bestand die Volksfront nominell weiter, nur der Geist, von dem sie getragen wurde, hatte sich verflüchtigt und wieder den Winkelzügen der Parteipolitiker Platz gemacht. Der Radikale Camille Chautemps, unter Blum Staatsminister, bildete die Regierung, in der Blum selbst bereit war, die Rolle des Vize-Ministerpräsidenten einzunehmen. Die Radikalen übernahmen im wesentlichen die Schlüsselstellungen. Die Regierung erhielt ohne Schwierigkeiten die Vollmachten, die der Senat Blum versagt hatte. Die Bindung des Franken an das Gold wurde aufgegeben und er »flottierte« nun frei, die

Goldreserven der Staatsbank sanken weiter. Auf das aktive Saldo der Regierung Chautemps ist zu buchen, daß der Staat die Mehrheit (51 Prozent) an der neu geschaffenen Staatsbahn *(SNCF)* übernahm, nachdem die bislang privaten Eisenbahngesellschaften immer größere Defizite erwirtschaftet hatten; es wurden also die Verluste sozialisiert! Angesichts der aufziehenden Gefahren nahm die Regierung auch ein Rüstungsprogramm in Angriff.

Die Volksfront zerbrach vollständig, als die Kommunisten in der Kammer gegen Chautemps stimmten, der daraufhin zurücktrat (15. 1. 1938) und wenige Tage später eine neue Regierung bildete, die wiederum am 10. März zurücktreten mußte. Just in diesem Augenblick des Verfalls der Staatsautorität Frankreichs, ließ Hitler die deutschen Truppen in Österreich einmarschieren (12. 3. 1938). Léon Blum rief in der Stunde größter Not wie Poincaré 1914 zu einer Regierung der nationalen Einheit auf und fand auch bei einigen Politikern der Rechten wie Paul Reynaud ein Echo. Aber die Mehrheit der Rechten lehnte weiterhin Blum ab, nach einer damals gebräuchlichen Wendung: »Lieber Hitler als Blum« *(Mieux vaut Hitler que Blum)*! So war er gezwungen, wiederum mit der Volksfrontmehrheit eine Regierung zu bilden, der zwar die Kammer das Vertrauen aussprach, der aber wiederum der Senat die erwünschten Vollmachten verweigerte. Am 8. April 1938 trat Léon Blum erneut zurück. Die Volksfront war nun endgültig am Ende; wie 1926 und 1934 löste eine rechte Regierung in der Mitte der Legislaturperiode die gewählte linke Mehrheit ab, ein Phänomen, das durch die Stellung der Radikalen mit einem Bein in jedem Lager möglich war. Außenpolitisch aber und militärisch war Frankreich zu diesem Zeitpunkt Deutschland bereits hoffnungslos unterlegen. Es konnte nur noch schwach reagieren und überließ dem Diktator die Initiative.

Die Regierung Daladier

Nach Léon Blums erneutem Rücktritt bildete der Radikale Edouard Daladier (1884–1970) die Regierung, der die Kammer mit 575 Stimmen gegen fünf Nein-Stimmen das Vertrauen aussprach. Während die Sozialisten der Regierung fernblieben, traten mehrere Persönlichkeiten der Rechten in das Kabinett ein wie Paul Reynaud und Georges Mandel, die sich durch eine besonders energische Widerstandshaltung gegen Hitlers Politik ausgezeichnet hatten. Allerdings wurde diese Politik nicht einheitlich vertreten im Kabinett, Außenminister Georges Bonnet glaubte noch, man könne Hitler durch Konzessionen zufriedenstellen. Angesichts der aufziehenden Gefahren sah die Regierung ihre Aufgabe darin, »Frankreich wieder an die Arbeit zu bringen« *(remettre la France au travail)*, also beispielsweise in den Rüstungsbetrieben eine längere Arbeitszeit als die 40 Wochenstunden zuzulassen. Es gelang Daladier, von der öffentlichen Meinung getragen, die Exekutive zu stärken: Dreimal wurde ihm das Recht eingeräumt, mit Notverordnungen zu regieren. Nach zehn Jahren ständiger Regierungswechsel hielt die Regierung, abgesehen von dreimaligem Auswechseln von Personen, fast zwei Jahre bis Mitte März 1940. Daladier, der wegen seiner unglücklichen Lage bei dem Münchener Abkommen in Deutschland oft abschätzig behandelt wurde, galt in Frankreich als ein starker Politiker, der das Land auf die kommende Auseinandersetzung vorbereitete.

Die Krise im Herbst 1938. Das Münchener Abkommen

Auf Blums Linie der versuchten Verständigung und der gleichzeitigen, allmählich verstärkten Aufrüstung blieben auch Chautemps und Daladier. Nach dem Anschluß Österreichs warf Hitler das Problem der Sudetendeutschen in der Tschechoslowakei auf. Die Tschechoslowakei aber war ihrem politischen Vorbild Frankreich durch einen 1937 erneuerten Vertrag verbunden. Seitdem nach der Besetzung des Rheinlandes deutsche Truppen wieder an der französischen Grenze standen, sah sich Frankreich für den Fall eines Konflikts noch mehr auf die Unterstützung durch England angewiesen. Dieses aber war unter der Regierung von Neville Chamberlain zu weitgehenden Konzessionen bereit. Der Premierminister traf Hitler in Bad Godesberg, und als dieser bei einem zweiten Treffen seine Forderungen noch erhöhte – vermutlich, weil er schon damals den Krieg wollte –, berief Frankreich 750 000 Reservisten ein.

In einem von Mussolini vorgeschlagenen Treffen in München am 29. September 1938 schlossen dann die vier Mächte Italien, England, Frankreich und Deutschland das Münchener Abkommen, durch das die Tschechoslowakei, der Verbündete Frankreichs, ohne befragt zu werden, zerstückelt wurde. Sie mußte das Sudetenland ohne Volksbefragung an Deutschland abtreten. Der Friede war zwar noch einmal gerettet, aber der Preis war hoch und Daladier war sich dessen bewußt. Als ihn, ähnlich wie Chamberlain in London, bei der Rückkehr in Paris eine begeisterte, von der Kriegsangst befreite Menge begrüßte, gab er beim Ausstieg aus dem Flugzeug seiner Skepsis deutlich Ausdruck. Er war sich wohl bewußt, was für ein unerhörter Vorgang die Zerstückelung eines Frankreich besonders eng verbundenen Landes bedeutete, ohne daß dessen Regierung oder gar Bevölkerung auch nur befragt worden wären.

Das ganze Land spaltete sich je nach politischer Grundüberzeugung in Anhänger und Gegner des Münchener Abkommens (*munichois et antimunichois*). Die Pazifisten, für die das Leben selbst den höchsten Wert darstellte, eine Art Friedensbewegung avant la lettre, feierten München als einen Erfolg für den Frieden. Naive Zeitgenossen, die die Entwicklung des Nationalsozialismus nicht verfolgt hatten, schenkten Hitlers Aussage Vertrauen, Deutschland habe keine weiteren territorialen Forderungen. Schließlich spielte bei denen, die das Abkommen von München bejahten, auch die nicht unbegründete Sorge eine Rolle, Frankreich sei für die Auseinandersetzung mit Deutschland nicht hinlänglich gerüstet. Die Gegner des Abkommens sahen Frankreichs Ehre verletzt, weil es ein befreundetes Land preisgegeben hatte. Bei dem in jedem Fall kommenden Krieg mit Deutschland habe man einen Verbündeten verloren; schließlich sahen alle Gegner des Faschismus dessen Fortschritte und Erfolge mit Empörung. Insbesondere die Kommunisten nahmen diese Haltung ein, während die Sozialisten in sich zerrissen waren.

Im Ergebnis hatte das Abkommen von München Frankreich

der »Kleinen Entente« beraubt, von der nur noch Polen übrig blieb, das sich mit der Besetzung von Teschen aber auch an dem Landraub gegenüber dem tschechoslowakischen Verbündeten beteiligte. Frankreich stand also ziemlich allein da und war noch stärker auf die Freundschaft und Hilfe Englands angewiesen. Dieses aber setzte noch immer auf die appeasement-Politik. Frankreich, vor allem repräsentiert von Außenminister Georges Bonnet, war trotz der Kristallnacht vom 9. November 1938 noch bereit, Reichaußenminister von Ribbentrop am 6. Dezember zu empfangen und eine gemeinsame Nichtangriffserklärung mit ihm zu unterzeichnen nach dem Vorbild einer in München vorangegangenen deutsch-englischen Erklärung. Dies aber sollte die letzte Konzession an den Diktator sein, für den Verträge nichts galten.

Die Republik auf dem Weg in den Krieg

Nach dem Abkommen von München war die Volksfront endgültig auseinandergefallen, denn die Kommunisten gingen nun in die Opposition und die Radikalen schwenkten nach rechts zu den »Gemäßigten«. Die Regierung wurde im November umgebildet, Paul Reynaud wechselte zu den Finanzen und setzte gegen den Widerstand Daladiers eine Umorientierung der Wirtschaft auf Liberalismus und Expansion durch. Spät, zu spät kam die französische Wirtschaft wieder in Gang.

Mit dem Einmarsch deutscher Truppen am 15. März 1939 in die Resttschechoslowakei zeigte Hitler, daß es ihm nicht um die Vereinigung aller Deutschen in einem Staat ging, sondern um die Macht in Europa. Nun wurde auch den letzten Beschwichtigungspolitikern klar, daß der Krieg nicht zu vermeiden war und daß sich Frankreich und England auf ihn vorzubereiten hatten. Auch wenn noch nicht geschossen wurde, wußten ab dem deutschen Einmarsch in Prag nahezu alle Politiker des Westens, daß bald geschossen werden müßte. In dieser kritischen Lage bewährten sich nach der Zerrissenheit der letzten Jahre noch einmal die Institutionen und die Politik der Republik. Gesetze, die jahrelang liegengeblieben waren, wie das »Gesetz über die Nation in Kriegszeiten« *(la loi sur la nation en temps de guerre)* wurden endlich verabschiedet. Staatspräsident Lebrun, dessen Mandat im Mai 1939 auslief, wurde im ersten Wahlgang am 5. April wiedergewählt. Mit Dekret vom 29. Juli wurde die Legislaturperiode der Kammer bis Juni 1942 verlängert. In beiden Fällen sollten Wahlkampagnen mit ihren unvermeidbaren Streitigkeiten vermieden werden. Als Folge der neuen Geschlossenheit angesichts der Gefahr gingen die antiparlamentarischen Bewegungen wie Doriots PPF zurück. Das Land begann, sich – viel zu spät – auf die neue Kraftprobe vorzubereiten und zu sammeln. Durch die großen Rüstungsanstrengungen setzte auch ein Wirtschaftsaufschwung ein, die Zahl der Arbeitslosen ging zurück, die über Jahre deflatorisch gedrückten Preise stiegen an.

Der Ausbruch des Krieges

Im Gegensatz zu 1914 gibt es für den Ausbruch des Zweiten Weltkriegs keine ernsthafte Kriegsschulddiskussion: Hitler suchte den Krieg, weil er seine Pläne der gewalttätigen »Landgewinnung« im Osten verwirklichen wollte, zu einer Zeit, da er Deutschland – und sich selbst – auf dem Höhepunkt seiner Kraft wähnte. Da ihm die Westmächte, wie er C. J. Burckhardt drei Wochen vor Kriegsbeginn darlegte, im Wege standen, mußte er sich zunächst mit Rußland verbünden und den Westen schlagen, um dann mit aller Macht Rußland anzugreifen, von dem er nach den Erfahrungen des Ersten Weltkriegs annahm, es könne geschlagen werden. Die beiden Westmächte erkannten wohl die Notwendigkeit, Rußland für den Kampf gegen Deutschland zu gewinnen. Aber ihre Abgesandten konnten Stalin im Sommer 1939 aus Achtung vor dem Völkerrecht nicht das gleiche bieten wie Hitler: die Teilung Osteuropas, durch die die Sowjetunion sich die drei baltischen Länder, die östliche Hälfte Polens, Bessarabien und 1940 von Finnland Karelien einverleiben konnte. Mit dem Hitler-Stalin-Pakt vom 23. August 1939 kam Hitler den Westmächten zuvor und besaß unter Preisgabe ganzer Völker und Länder die Ausgangsposition, um die Westmächte anzugreifen und dann über die neue gemeinsame Grenze auch Rußland. Da die Westmächte Polens Integrität garantiert hatten, löste Hitlers Angriff auf dieses Land die Kriegserklärungen Englands und Frankreichs am 3. September 1939 aus.

La drôle de guerre

Im Gegensatz zu 1914 wurden die Franzosen nicht von dem Kriegsausbruch überrascht. Seit der Krise von München war man vorbereitet auf den Gedanken, daß es mit Hitler zum Krieg kommen würde. Mobilisierung und Aufstellung der Streitkräfte, 1938 geprobt, verliefen ohne größere Schwierigkeiten. Doch die Art der Kriegsführung unterschied sich von der des Jahres 1914: Die französischen Streitkräfte blieben in den Stellungen der Maginot-Linie und die deutschen hinter den Befestigungen des sogenannten Westwalls liegen, es kam nicht zu mörderischen Grenzkämpfen wie 1914. Während Polen von den neuen Freunden Hitler und Stalin besiegt und wie schon im 18. Jahrhundert aufgeteilt wurde, blieben die französischen Streitkräfte – mit Ausnahme kleinerer Kämpfe an der Saar – inaktiv: Der »merkwürdige Krieg« *(la drôle de guerre)* sollte bis zum 10. Mai 1940 anhalten.

Die Ursache für die französische Inaktivität ist in der Erfahrung des Ersten Weltkriegs zu suchen, in dem über Jahre hinweg die Verteidigungsstrategie der Offensivstrategie überlegen gewesen war. Die französische Generalität hatte die Möglichkeiten des Bewegungskrieges, die sich 1918 bereits abzeichnete und auf die vor allem de Gaulle in seiner Schrift *Vers l'armée de métier* schon 1934 hingewiesen hatte, nicht erkannt und sich völlig auf die Verteidigung des Landes eingestellt. Es ist eine Ironie des Schicksals, daß de Gaulles Schrift, 1935 mit dem Titel »Frankreichs Stoßarmee« übersetzt, auf deutscher Seite intensiv studiert wurde. Albert Speer berichtet in seinen Erinnerungen von 1969, Hitler habe ihm gegenüber geäußert: »Ich habe immer wieder das Buch von Oberst de Gaulle über die Möglichkeiten der modernen Kampfweise vollmotorisierter

Einheiten gelesen und daraus viel gelernt.« De Gaulles Ideen trafen in Frankreich – mit Ausnahme enger Fachkreise und bei Paul Reynaud – weitgehend auf Unverständnis. Die französische Heeresführung ließ sich allerdings bei ihrer Defensivstrategie auch von dem verständlichen Argument leiten, daß Frankreich einen – bei Offensiven zu erwartenden – Blutverlust wie 1914–18 nicht mehr erleben dürfte. Es war indes nicht zu übersehen, daß der Krieg ohne Kriegsführung die Moral im Lande und die anfangs vorhandene politische Einheit schwächte. Zudem verließen die Kommunisten, deren Abgeordnete noch am 2. September 1939, also nach Abschluß des Hitler-Stalin-Paktes, den Kriegskrediten zugestimmt hatten, die Einheitsfront gegen Deutschland: Der Krieg wurde von ihnen zu einer imperialistischen Machenschaft gegen die Völker im Interesse des Kapitalismus erklärt. Auf Anweisung der Internationale desertierte Maurice Thorez, der Generalsekretär der kommunistischen Partei, von der Truppe und begab sich nach Moskau. Für viele Kommunisten bedeutete der Pakt Moskaus mit Hitler aber eine schwere Gewissensprüfung. Nachdem sowjetische Truppen in Ostpolen eingefallen waren, wurde die kommunistische Partei Frankreichs per Dekret aufgelöst (27.9.1939). Selbst in der Gewerkschaft mußten die Kommunisten die von ihnen eingenommenen Stellungen räumen.

Die Untätigkeit an der Front, die wieder auflebenden innenpolitischen Streitigkeiten, aber vor allem die Tatsache, daß das von der Sowjetunion angegriffene Finnland Mitte März einen Waffenstillstand abschließen mußte, ohne daß ihm von Frankreich Hilfe geleistet worden wäre, führten zu einer Schwächung der Regierung Daladier. In der Kammer wurde er kritisiert, viele Abgeordnete enthielten sich der Stimme. Daladier sah darin ein Mißtrauensvotum und trat am 20. März 1940 zurück. Staatspräsident Lebrun wandte sich für die Regierungsbildung an Paul Reynaud, den Finanzminister und starken Mann im Kabinett Daladier. Reynaud war in der französischen Politik eine Ausnahmeerscheinung: Er verstand – im Gegensatz zu der Mehrheit der Politiker – viel von der Wirtschaft und war seit 1935 in engem Kontakt mit de Gaulle, dessen Ansichten über die Notwendigkeit der Aufstellung von Panzerdivisionen er teilte. Da er jedoch die Kollegen seine geistige Überlegenheit spüren ließ, hatte er sich auch viele Gegner gemacht, und so fiel die Vertrauensabstimmung mit 268 Ja-Stimmen gegen 156 Nein-Stimmen bei 111 Enthaltungen in der Kammer äußerst knapp aus.

Wenige Tage nach der Regierungsbildung, am 28. März 1940, bekräftigten England und Frankreich, um ihre Entschlossenheit zu bekunden, daß sie nur im gemeinsamen Einvernehmen einen Waffenstillstand oder Frieden schließen würden. Außerdem wurde beschlossen, wenigstens an der Peripherie aktiv zu werden und durch Besetzung von Norwegen die deutsche Erzzufuhr aus Schweden zu unterbinden, die über den norwegischen Hafen Narvik lief. Vermutlich eher zufällig als in Kenntnis der bevorstehenden alliierten Operation kam die deutsche Wehrmacht am 9. April durch Besetzung von Dänemark und Landung in Norwegen den Engländern und Franzosen zuvor. Diese mußten sich von ihren Landungshäfen Anfang Juni zurückziehen und auch das nach hartem Kampf eingenommene Narvik wieder räumen, wo die deutschen Truppen in Bedrängnis geraten waren. Inzwischen hatte jedoch der Feldzug in Frankreich begonnen und alle Streitkräfte wurden auf diesem entscheidenden Kriegsschauplatz benötigt.

Der Feldzug in Frankreich

Bei der inzwischen notorischen Rücksichtslosigkeit der deutschen Kriegsführung erwarteten die Alliierten einen deutschen Angriff über die neutralen Länder Holland und Belgien und postierten ihre beweglichen Verbände an der französischen Nordgrenze, um den beiden Ländern zu Hilfe eilen zu können. Dabei gingen sie von einer deutschen Angriffsrichtung wie nach dem Schlieffenplan im Ersten Weltkrieg aus. Die deutschen Panzerdivisionen brachen aber ab dem 10. Mai 1940 durch die Ardennen und überrannten die um Sedan postierten Franzosen, die an dieser – von der Natur geschützten – Stelle oberhalb der Maginot-Linie nur schwache Verbände postiert hatten. Im sogenannten Sichelschnitt gelangten die deutschen Panzer innerhalb von zehn Tagen an die Somme-Mündung und schlossen das

Gros der alliierten Armee in Flandern ein. Immerhin konnten sich etwa 200 000 Engländer und 100 000 Franzosen aus Dünkirchen (bis 2. 6. 1940) auf die britischen Inseln retten. Für Frankreich aber war der Feldzug schon nach diesen wenigen Tagen verloren: Der Versuch des neuen Generalstabschefs Weygand, an der Somme eine durchgehende Front aufzubauen, konnte keinen Erfolg haben. Sämtliche Prophezeiungen des Obersten de Gaulle gingen in Erfüllung: Die motorisierten Verbände und die Luftwaffe bestimmten die Kriegsführung, und Frankreich war – weniger vom Material als von der Strategie her – darauf nicht vorbereitet. Was möglich gewesen wäre, bewies de Gaulle als Befehlshaber einer hastig zusammengestellten Panzerdivision bei Montcornet und Abbeville. Am 14. Juni besetzten die deutschen Truppen Paris, das die französische Regierung am 10. Juni verlassen hatte. An einen zusammenhängenden Widerstand der französischen Armee war nicht mehr zu denken, sie wurde von den Millionen Zivilisten, die in einem großen Exodus (l'exode) vor den deutschen Truppen flohen, noch zusätzlich behindert. Das Bild dieser Flüchtlingsweile sollte noch für lange Zeit im französischen Kollektivbewußtsein haften bleiben.

Paul Reynaud hatte am 18. Mai seine Regierung umgebildet und selbst anstelle von Daladier das Verteidigungsministerium übernommen; sein Stellvertreter wurde Marschall Pétain, der im Land Vertrauen verbreiten sollte. Am 5. Juni wurde de Gaulle zum Brigadegeneral und Unterstaatssekretär im Verteidigungsministerium ernannt. So waren für eine ganz kurze Zeit, bis zu de Gaulles Abflug nach London am 17. Juni, die beiden Männer im letzten Kabinett der Dritten Republik vereint, die für die härtesten Jahre des Krieges die Geschicke des Landes bestimmen sollten.

Der Waffenstillstand

Innerhalb der Regierung und in den politischen Kreisen, die sich in Bordeaux versammelt hatten, entbrannte ein heftiger Kampf darüber, wie man die militärische Auseinandersetzung beenden könne. Die Frage, vor der man stand, lautete: Sollte nur die Armee kapitulieren und die Regierung mit den ihr noch zur Verfügung stehenden Mitteln den Kampf von Nordafrika aus an der Seite Englands fortsetzen, oder sollte man versuchen, mit Deutschland einen Waffenstillstand auszuhandeln, durch den die legale Regierung weiter bestehen und – mit den vom Sieger verfügten Einschränkungen und Bedingungen – das Schicksal des Mutterlandes weiter mitbestimmen könnte.

Zunächst galt es jedoch, das am 28. März geschlossene Abkommen mit England aufzuheben, das ein einseitiges Abkommen mit dem Gegner verbot. London tat alles, um Frankreich bei der Stange zu halten, Churchill bot – auf Vorschlag von Jean Monnet – sogar eine englisch-französische Union mit gemeinsamer Staatsbürgerschaft an. De Gaulle, der mehrfach mit Churchill zusammengekommen war, drängte Reynaud in diese Richtung, aber der Regierungschef fand im Kabinett keine Mehrheit. In dieser Lage trat Reynaud am 16. Juni 1940 zurück und Staatspräsident Lebrun übertrug die Regierung Marschall Pétain, der sich mit dem Oberkommandierenden Weygand für den Waffenstillstand ausgesprochen hatte. Der gerade aus London eingetroffene de Gaulle beeilte sich, sofort nach England zurückzukehren und an dessen Seite zu bleiben. Als er in London erfuhr, daß Pétain am 17. Juni 1940 um Waffenstillstand gebeten hatte, richtete er seinen berühmten Appell des 18. Juni über BBC an die Franzosen.

Pétain ging in seiner kurzen Botschaft davon aus, daß die Armee heroisch gekämpft habe, wie es ihrer langen Tradition entsprach, und wandte sich an seine Landsleute mit den Worten: »Mit schwerem Herzen sage ich Ihnen heute, daß wir den Kampf einstellen müssen. Ich habe mich heute nacht an den Gegner gewandt und ihn gefragt, ob er bereit sei, mit mir, unter Soldaten, nach dem Kampf und in Ehren nach den Mitteln zu suchen, um die Feindseligkeiten zu beenden.«

De Gaulle dagegen hatte schon damals erkannt, daß es sich nicht nur um den Kampf zwischen den beiden Ländern handelte, sondern um einen neuen Weltkrieg, bei dem auf der Seite der Alliierten eines Tages die materielle Überlegenheit über die deutschen Anfangserfolge den Sieg davontragen würde.

Der eigentliche Grund für die entgegengesetzte Einstellung

der beiden Männer lag darin, daß Pétain – aus den Erfahrungen des Ersten Weltkriegs heraus – glaubte, es mit einem ebenbürtigen, in den Kategorien der Offiziersehre denkenden Gegner zu tun zu haben, während de Gaulle durch seine hervorragende Kenntnis der deutschen Verhältnisse das irrationale Wesen Hitlers und seiner Anhänger bekannt war.

Hitlers Bedingungen waren nicht härter, als erwartet. Er akzeptierte sogar, daß die französische Kriegsflotte nicht ausgeliefert wurde und daß die französische Regierung ihre Autorität über das gesamte Territorium ausüben könne. Allerdings kam ihm die französische Regierung darin entgegen, daß sie seinem Wunsch nach Auslieferung der deutschen Emigranten entsprach! Dies stand in Widerspruch zu allen Traditionen Frankreichs und zu seiner Ehre und wurde von vielen Zeitgenossen auch so empfunden.

Frankreich behielt – wie Deutschland nach 1918 – eine Armee von 100 000 Mann. Das Land wurde in eine besetzte Zone im Westen und Norden und eine freie Zone im Süden geteilt. Die Demarkationslinie verlief von den Pyrenäen nach Norden bis in die Gegend von Tours und von dort nach Osten an die schweizer Grenze. Der Verkehr über die Demarkationslinie war nur mit Genehmigung der Besatzungsmacht erlaubt. Selbst die französischen Minister hatten in der Folgezeit gelegentlich Schwierigkeiten, wenn sie sich nach Paris begeben wollten. Die besetzte Zone wurde später in mehrere Zonen gegliedert, auch Italien erhielt an seiner Grenze besetzte Gebiete. Niemals zuvor war Frankreichs Einheit so gefährdet, das Land so zerrissen.

Das Ende der Dritten Republik

Da Bordeaux besetzt wurde, zogen Regierung und Abgeordnete nach Vichy in der unbesetzten Zone. Von den 932 Abgeordneten beider Kammern waren 670 anwesend. Am 9. Juli stimmten sie mit großer Mehrheit dem Prinzip einer Verfassungsänderung zu und am nächsten Tag akzeptierten sie mit 569 gegen 80 Stimmen, daß alle Gewalt der Regierung des

Marschall Pétain übergeben wurde mit dem Ziel, eine neue Verfassung des französischen Staates zu veröffentlichen. Diese Verfassung sollte das »Recht auf Arbeit, Familie und auf das Vaterland« garantieren. Damit hatten sich die Abgeordneten, die – zumindest was die Kammer angeht – aus der Volksfrontwahl 1936 hervorgegangen waren, selbst ihrer Rechte beraubt. Die Dritte Republik hätte ein besseres Ende verdient. Sie ging nicht nur an der militärischen Überlegenheit ihres Gegners, sondern auch an der Unzulänglichkeit derer zugrunde, die die Republik repräsentierten.

17. Frankreich zwischen Collaboration und Résistance: Vom Etat Français Pétains zur Provisorischen Regierung de Gaulles (1940–1946)

Der Waffenstillstand trat am 25. Juni 1940 in Kraft und wurde trotz aller Härten, die er mit sich brachte, von der großen Mehrheit der Franzosen begrüßt. Der Zusammenbruch des Landes war zu vollständig, als daß man sich nicht nach Wiederherstellung von Ordnung und Sicherheit gesehnt hätte. Diese glaubte man durch Marschall Pétain, den hochangesehenen Sieger von Verdun, garantiert zu wissen. Er bildete in der Vorstellung der Menschen eine Art »Schutzschild« *(bouclier)* gegen die deutschen Besatzer. Bei aller Erleichterung über das Ende der Kriegshandlungen, der Bombenangriffe, der Flüchtlingsströme, kurz, des Chaos, in das das Land zu versinken drohte, darf aber der gelegentlich auch freundliche Empfang der deutschen Truppen nicht darüber hinwegtäuschen, daß die Bevölkerung »die Deutschen« nahezu einmütig ablehnte und ihre – zunächst wenig wahrscheinliche – Niederlage wünschte. Die von der Regierung in Vichy angebotene und durch die Begegnung Hitlers mit Pétain in Montoire (24. 10. 1940) gleichsam besiegelte »Zusammenarbeit« *(collaboration)* entsprang reinem politischen Pragmatismus, keineswegs – bei Pétain – auch nur dem geringsten Verständnis oder irgendwelcher Vorliebe für die nationalsozialistische Ideologie. Das gleiche gilt auch für die nächsten Mitarbeiter des Marschalls, General Weygand, Admiral Darlan, ja selbst für den Hauptverantwortlichen für die enge Anlehnung an Deutschland, Pierre Laval.

Es wäre auch höchst ungerecht, die unter der Schirmherrschaft des deutschen Botschafters Otto Abetz in Paris entstehende Welt der Künstler und Intellektuellen, in der sich Deutsche und Franzosen, darunter nicht wenige Träger großer Namen, begegneten, als Kollaboration zu bezeichnen. Kollaboration im engeren Sinn begann erst dort, wo Journalisten und

Politiker in die nazistischen Hetztiraden einstimmten und zumindest versuchten, die öffentliche Meinung für die Interessen und die Ideologie der Besatzer zu gewinnen. Die aktiven, politischen Kollaborateure bildeten stets nur eine sehr kleine Minorität; etwas größere Bedeutung erlangten allein Doriots PPF und das nach der Niederlage von Déat gegründete *Rassemblement national populaire (RNF)*. Aber selbst dieses kam kaum über 20 000 Anhänger hinaus, Déats Zeitung *l'Oeuvre* erreichte eine Auflage von 130 000 Exemplaren, das schlimmste Hetzblatt *Je suis partout* konnte seine Auflage zwischen 1941 und 1944 von 100 000 auf 300 000 Exemplare steigern. Insgesamt blieb die aktive Kollaboration eine Randerscheinung, Journalisten und Intellektuelle waren in ihr überrepräsentiert. Trotz aller Propaganda meldeten sich schließlich nur etwa 7000 Franzosen, um ab 1941 freiwillig in der Waffen-SS auf deutscher Seite »gegen den Bolschewismus« zu kämpfen.

Erst im Laufe der Jahre, nach der Zäsur des Einmarsches der deutschen Truppen in das unbesetzte Frankreich 1942, verschärften sich die Gegensätze, vor allem zwischen den Franzosen selbst, den Anhängern des Marschalls und denen der Widerstandsbewegung *(Résistance)*. Zunächst bildeten sowohl die Anhänger de Gaulles als auch die fanatischen Kollaborateure verschwindende Minderheiten gegenüber der Zahl der Franzosen, die dem Marschall ihr Vertrauen schenkten.

Die Verehrung, die Pétain im Volk erfuhr, beruhte auf seiner Vergangenheit als letzter der großen Heerführer des Weltkriegs: Foch war 1929, Joffre 1931 verstorben. Pétain vertrat die politischen Vorstellungen der durch die Volksfront verdrängten konservativen Rechten: eine tiefe Abneigung gegen die extreme Linke, ja sogar einen ausgeprägten Antiparlamentarismus. Damit verband er die Vorstellung, gegenüber dem Materialismus und der Anerkennung von Sinnenfreiheit und Genuß durch die Volksfront müsse die Moral in Frankreich wiederhergestellt werden. So erklärt sich der ständig moralisierende Ton seiner Ansprachen. Die alte republikanische Idee der Gleichheit der Menschen sollte zugunsten einer hierarchischen Gliederung der Gesellschaft aufgegeben werden, einer Gesellschaft, die von einer Elite gelenkt würde, an deren Spitze schließlich als Autorität der Chef steht, der regiert.

Trotz aller Nähe zum Faschismus läßt sich jedoch das Regime nicht mit diesem gleichsetzen: Eine der deutschen oder italienischen vergleichbare Einheitspartei, auf die sich die Herrschenden stützten und mit der sie Andersdenkende terrorisierten, konnte es bei einem Mann wie Pétain nicht geben, den selbst sein Gegenspieler de Gaulle immer als einen »Ausnahmemenschen« (homme d'exception) anerkannte.

Daß es schon sehr bald zu Maßnahmen gegen die Juden (und Freimaurer, Gewerkschaftler etc.) kam, lag in der eigenen, französischen Tradition des Antisemitismus und hatte keineswegs die Ausrottung durch Genozid als Ziel. Es war vielmehr eine Revanche an Dreyfus, an Léon Blum, an Georges Mandel, die die Rechte nun endlich nehmen konnte. Im Oktober 1940 wurde – ohne Druck von deutscher Seite – ein Sonderstatut für die französischen Juden erlassen, das, ein Jahr später verschärft, diese von den öffentlichen Funktionen und – mit Ausnahme der ehemaligen Frontkämpfer – von der Armee ausschloß, ihnen den Einfluß im Kulturleben und den Medien nahm und sie nur in beschränkter Zahl zur Universität zuließ. Als Juden wurden diejenigen Franzosen angesehen, die drei oder vier jüdische Großeltern hatten. Die nichtfranzösischen Juden wurden in die berüchtigten Lager verfrachtet, nach Gurs, Rivesaltes etc. Die ganzen Aktionen leitete ein eigenes »Generalkommissariat für Judenfragen« (Commissariat général aux questions juives). Je mehr allerdings das Land unter deutschen Einfluß geriet, umso brutaler entwickelte sich auch die Judenverfolgung.

Die Stützen des Regimes bildeten das mehrheitlich reaktionäre Militär, die bürgerlichen Notabeln und die katholische Kirche, die sich eine Korrektur der Trennung von Staat und Kirche erhoffte. Die Ende August 1940 gegründete »Französische Frontkämpferlegion« (Légion française des combattants), aufgegliedert in Legionen der einzelnen Départements, war zunächst – ohne eigentliche Ideologie – zur Unterstützung des Marschalls gedacht. Die aus ihr Anfang 1943 gebildete Miliz (Milice française) wurde dann zu dem gefürchteten Repressionsinstrument.

Was alle diese Kräfte mit dem Marschall verband, war die Ablehnung der parlamentarischen Demokratie, des Systems der Dritten Republik. Daher sahen es die um Pétain versammelten Politiker, allen voran Pierre Laval, als ihre erste Aufgabe an, die Republik auch formal abzuschaffen. Es gelang Laval, wie schon erwähnt, die Reste des Parlaments, also beider Versammlungen, im Juli 1940 zur Selbstaufgabe zu überreden. Nur aus der allgemeinen Entmutigung unter dem Eindruck des so schnellen und unerklärlichen Zusammenbruchs ist zu erklären, daß die Parlamentarier der Regierung Pétain das Recht einräumten, eine neue Verfassung zu veröffentlichen. Um keinerlei Irrtum über diesen Umsturz aufkommen zu lassen, erhielt die Regierung Pétain die volle exekutive und legislative Macht. Allein das Recht der Kriegserklärung war an die Zustimmung von neu zu bildenden Kammern gebunden.

Tatsächlich wurden sehr bald »Verfassungsakte« *(actes constitutionnels)* veröffentlicht, die die Macht weitgehend bei Pétain konzentrierten und deren Legalität zu jener Zeit in Frankreich kaum angezweifelt wurden. Einer dieser Verfassungsakte gab Pétain das Recht, einen Nachfolger als Staatschef zu benennen. Trotz seines hohen Alters (geb. 1856) hatte Pétain zumindest anfänglich keineswegs die Absicht, andere für sich regieren zu lassen. Jeden Morgen versammelte er eine kleine Mitarbeiterversammlung *(Petit Conseil)* um sich und gab die Direktiven der Politik. Wenn ein Mann wie Laval in seinem Machtanspruch zu weit ging, wurde er kurzerhand abgesetzt (13. 12. 1940). Flandin wurde für drei Monate Außenminister, bevor ihn Admiral Darlan, auch als Vertreter des Marschalls, im Februar 1941 ersetzte. Erst im August 1942 trat Darlan zurück und Laval wurde Regierungschef. Auch bei den Regierungsumbildungen, allein sieben in den Jahren 1940–1942, gab es Bewegung. In Vichy herrschten unter dem alten Personal der politischen Rechten Intrigen wie zuvor in der Republik. Die Notabeln und – das war etwas Neues – das hohe Militär gaben den Ton an.

Die »nationale Revolution«

Zu den verschiedenen Maßnahmen der sogenannten »Erneuerung« gehörten solche gegen den Alkoholkonsum, gegen die Scheidung und vor allem die Abtreibung. Um eine Elite zu schaffen, wurden in den Gymnasien vornehmlich die alten Sprachen gelehrt und in der Oberstufe die Schulgeldfreiheit wieder abgeschafft. Die Elite wurde dann nochmals in besonderen »Führungsschulen« *(écoles de cadres)* herangebildet, von denen diejenige von Uriage bei Grenoble insofern eine besondere Berühmtheit gewann, als sie sich bald von einer Kaderschule Vichys zu einem Zentrum des Widerstands entwickelte.

Das Regime hatte in erster Linie ein Interesse daran, die Jugend für sich zu gewinnen. Neben die halboffiziellen Organisationen traten die sogenannten »Jugendlager« *(chantiers de la jeunesse)*, in denen jeweils ein Jahrgang der jungen Männer der unbesetzten Zone eine Art sozialen Dienstes von acht Monaten absolvieren mußte. Militärische Disziplin, Arbeiten von öffentlichem Nutzen, vor allem in den Wäldern, fern der Städte, Verbreitung der katholischen Lehre usw. sollten die jungen Männer zu Staatsbürgern im Sinn des Regimes formen. Es lag in der Natur der Sache, daß auch die öffentliche Meinung durch streng zensierte Medien, insbesondere das Radio, beeinflußt wurde. Der korporative Aufbau der Gesellschaft begann schon im Dezember 1940 mit einem Gesetz für die Landwirtschaft, während die 29 Berufszweige ordnende »Arbeitscharta« *(Charte du travail)* erst etwa ein Jahr später (4. 10. 1941) erlassen wurde. Wenn die Ergebnisse der begonnenen gesellschaftlichen Veränderungen hinter den Erwartungen ihrer Urheber weit zurückblieben, so lag das einfach an dem Fortgang des Krieges, der mit dem Zwang zur dirigistischen Wirtschaft bei gleichzeitiger kräftiger Ausbeutung des Landes durch die Besatzungsmacht Reformen unmöglich machte. Nach der Besetzung der freien Zone (11. 11. 1942) war dann eine eigenständige Gesellschaftspolitik im Sinn einer nationalen Revolution gänzlich unmöglich geworden.

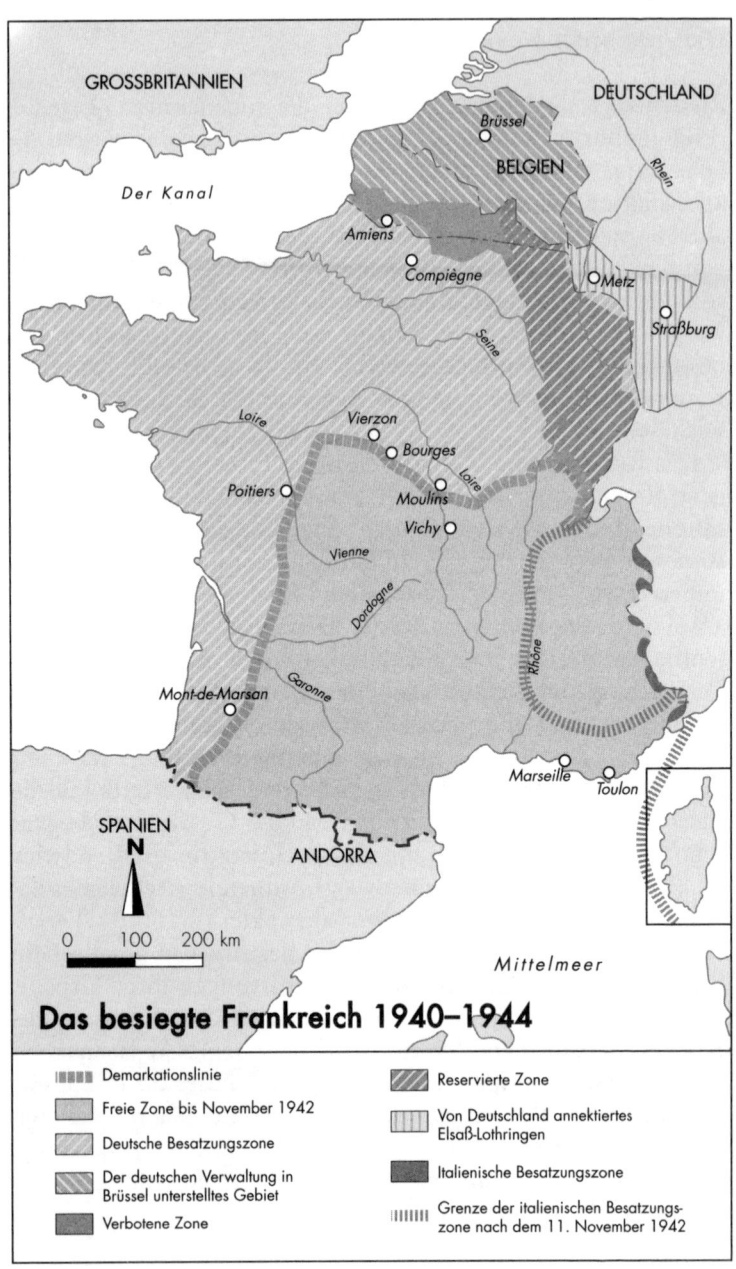

GROSSBRITANNIEN

DEUTSCHLAND

Der Kanal

Brüssel ○

BELGIEN

Rhein

Amiens ○

Compiègne ○

○ Metz

Straßburg

Seine

Loire

Vierzon ○

Bourges ○

Poitiers ○

Moulins ○

Loire

Vichy ○

Vienne

Dordogne

Rhône

Garonne

Mont-de-Marsan ○

Marseille ○

Toulon ○

SPANIEN

N

ANDORRA

0   100   200 km

Mittelmeer

Das besiegte Frankreich 1940–1944

▦ Demarkationslinie	▨ Reservierte Zone
▦ Freie Zone bis November 1942	▥ Von Deutschland annektiertes Elsaß-Lothringen
▨ Deutsche Besatzungszone	
▨ Der deutschen Verwaltung in Brüssel unterstelltes Gebiet	▦ Italienische Besatzungszone
▦ Verbotene Zone	▦ Grenze der italienischen Besatzungszone nach dem 11. November 1942

Der grundsätzliche Irrtum Vichys

Wenn man mit einem Sieger einen Waffenstillstand geschlossen und dessen Bedingungen erfüllt hatte, wenn man obendrein – wie es Pétain in Montoire getan hatte und seine Anhänger weiter taten – eine enge Zusammenarbeit auf staatlicher Ebene anbot, dann geschah dies in der historisch berechtigten Erwartung, der Sieger werde einen Friedensvertrag schließen und man könne durch Entgegenkommen günstigere Bedingungen erreichen. Pétain und seine Anhänger gingen davon aus, daß eine solche Politik auch für den Sieger, der ja noch mit England Krieg führte, Vorteile brächte und infolgedessen ernsthaft aufgenommen würde. »Das Bemerkenswerte ist, daß diese Möglichkeiten ›eines Friedens mit Frankreich und seinen kleineren Verbündeten‹ in Hitlers Gedankengängen und Planungsentwürfen in den zwölf Monaten von Juni 1940 bis Juni 1941 nachweislich nicht die geringste Rolle gespielt haben. Er zog sie nicht einmal in Erwägung, um sie dann zu verwerfen; sondern der Gedanke einer solchen Politik kam ihm überhaupt nicht« (Sebastian Haffner). Hitler hatte, seit er sie in seinem Buch offen ausgesprochen hatte, allein die Wahnideen des Judenmords und der Ausdehnung des deutschen »Lebensraumes« im Osten auf Kosten der noch verbündeten Sowjetunion im Auge: »Alles, was ich unternehme, ist gegen Rußland gerichtet«, hatte er Carl J. Burckhardt, dem Völkerbundkommissar von Danzig, drei Wochen vor Kriegsausbruch, als das Bündnis mit Rußland de facto schon feststand, erklärt. In seinem von Großdeutschland beherrschten Europa war für Frankreich kein Logenplatz vorgesehen; besiegt, spielte es eine Rolle als Ausbeutungsobjekt, es galt dem Diktator als »dekadent«, Vichy samt Pétain bedeuteten ihm – so hart es klingt – vermutlich nichts mehr als »nützliche Idioten«.

Diesen hätte allerdings schnell klar werden können, wie wenig Recht und Vertrag dem deutschen Diktator wert waren: Von der besetzten Nordzone Frankreichs wurden die Départements Nord und Pas-de-Calais der deutschen Kommandantur Brüssel zugeschlagen. Ein südlich davon gelegener Streifen von der Küste bis Mézières wurde zur »Verbotenen Zone« (*zone interdite)*, ein breites Land von den Ardennen über die Champagne bis zur schweizer Grenze zur »Reservierten Zone« *(zone réservée)* deklariert.

Elsaß-Lothringen

Besonders rechtswidrig war das Vorgehen in Elsaß-Lothringen. Schon Anfang Juli 1940 wurde das Elsaß von Gauleiter Wagner mit Baden zum Gau »Oberrhein«, Lothringen von Gauleiter Bürckel mit Saar-Pfalz zum Gau »Westmark« zusammengeschlossen. Wider alles Völkerrecht wurden die Bewohner dieser ostfranzösischen Départements zu Deutschen (»Volksdeutschen«) erklärt und kamen als solche anfangs noch in gemäßigter Form, später zwangsweise, in den »Genuß« des Systems: Hitlerjugend, Arbeitsdienst, Kriegshilfsdienst auch für Mädchen, schließlich Wehrpflicht, 1942 für Männer ab Jahrgang 1920, ab Januar 1943 für die Jahrgänge ab 1908! Aufgrund ihrer begreiflichen »Unzuverlässigkeit« wurden die Elsässer nicht im Westen, sondern an der Ostfront eingesetzt. Von etwa 130 000 Eingezogenen kehrten 40 000 nicht mehr zurück, zumal die Rote Armee keinen Unterschied zwischen den in deutscher Uniform Gefangenen machte. Das Schicksal dieser »Gegen-unseren-Willen« *(les malgré-nous)*, ihre Schwierigkeiten um Anerkennung bei der – oft sehr späten – Rückkehr in die Heimat, die ewig sich dahinziehenden Verhandlungen um ihre Entschädigung von deutscher Seite, denen erst Bundeskanzler Schmidt ein Ende setzte, stellt eine in Deutschland wie Frankreich wenig beachtete Tragödie des Grenzlandes dar. Daß die Elsässer nach der Befreiung 1944/45 den Deutschunterricht in der Volksschule abschafften, um auch sprachlich vollgültig Franzosen zu sein, eine verständliche, wenn auch kurzsichtige Entscheidung, ist die direkte Folge von Adolf Hitlers Annexionspolitik. Der Rückgang des Deutschen im Elsaß, der rapide fortschreitet, wurde also direkt von den Nazis bewirkt. Auf das tragische Schicksal der zwangseingezogenen elsässer SS-Leute, die an dem Gemetzel von Oradour teilnehmen mußten und deshalb 1953 (!) vor Gericht kamen, soll in diesem Zusammenhang nur kurz hingewiesen werden. Den so malträtierten Elsaß-Lothringern ist nicht zu verdenken, daß sie nun endlich als Franzosen *à part entière* angesehen werden wollten, selbst wenn der Verlust der Muttersprache und der mit ihr verbundenen bodenständigen Kultur manchen Älteren schmerzt. Auch für den Westen Deutschlands gilt eben, was sich im Osten in größerem Maß vollzog: Kein anderer Politiker hat die Geschichte Europas so geprägt wie Hitler, keiner hat aus dem Nichts mit so ungeheurer Willenskraft so viel bewirkt, keiner ist in seinen Zielen so vollständig gescheitert.

Charles de Gaulle in England

Während nur wenige Franzosen 1940 ahnten, was mit dem Waffenstillstand auf sie zukam, gab sich – neben einigen anderen – ein Mann von vornherein nicht den geringsten Illusionen über das »neue« Deutschland und seine Verführer hin: Frankreichs erster Widerstandskämpfer Charles de Gaulle. Sein ganzes Leben stellt eine Auseinandersetzung mit dem deutschen Nachbarn dar. Aus streng katholischem Elternhaus stammend, war er 1909 in die Armee eingetreten, weil er den Krieg mit Deutschland kommen sah. Er hatte die deutsche Sprache intensiv gelernt, konnte sie während der langen Gefangenschaft noch vervollkommnen, so daß er keine Mühe hatte, die Vorgänge in Deutschland in der Presse und später am Radio zu verfolgen. Als Kommandant eines Jägerbataillons in Trier (1927–1929) sah er vor Ort, wie der Nationalismus ins Extreme umschlug. Seine militärtechnischen Publikationen zeigten die Wege auf, die Frankreich einschlagen mußte, um der Bedrohung aus dem Osten zu widerstehen. Insbesondere durch das regelmäßige Abhören von deutschen Radiosendungen mit den sich überschlagenden Haßtiraden war ihm, wie wir aus seinen persönlichen Briefen und Aufzeichnungen wissen, bald bewußt geworden, daß die Ideologie des Nationalsozialismus eine ganz andere Art der Auseinandersetzung erwarten ließ als eine Wiederholung des Krieges von 1914, auch wenn der neue Krieg in seinen Augen nichts anderes als eine Fortsetzung des vorangegangenen war. In seinem umfangreichen Werk läßt sich keine Andeutung finden, daß er auch nur ein einziges Mal in seiner Überzeugung schwankend geworden wäre, daß es mit dem nazistischen Deutschland keine Kompromisse geben konnte.

Die Karriere des Generals wäre wohl auch weiterhin nur langsam verlaufen – mit 44 Jahren wurde er Oberstleutnant, mit 47 endlich Oberst –, wenn ihm nicht 1940 die ungewöhnliche Rolle zugefallen wäre, das freie Frankreich in seiner Person zu verkörpern: »Mit 49 Jahren trat ich in das Abenteuer ein, als ein Mann, den das Schicksal aus allen Bahnen des Normalen geschleudert hat!« So beschrieb er in seinen Memoiren die Situation, als er, allein und mit nahezu leeren Händen, am 17. Juni 1940 nach London flog, um dort den Widerstand gegen Hitler aufzubauen und – mit der äußersten Unnachgiebigkeit auch gegenüber den angelsächsischen Protektoren – Frankreichs Stellung in der Welt zu verteidigen und seinen Beitrag zur Rettung der Freiheit zu leisten. Seine Gegner bezeichneten ihn spöttisch als eine Mischung von Don Quijote und Jeanne d'Arc. Tatsächlich liegt darin ein Kompliment, und es wäre schwierig, auf andere Weise der Größe der Person gerecht zu werden, wenn man noch die ganz ungewöhnliche politische Weitsicht hinzunimmt. Zu den Paradoxien der Geschichte gehört es, daß Charles de Gaulle ohne Deutschland und ohne Hitler kaum zu seiner großen Rolle gekommen wäre, er »verdankt« sie Deutschland, und die Auseinandersetzung mit Deutschland war – bis zu der Begegnung mit Adenauer – sein Leben.

Während der letzten, stürmischen englisch-französischen Beratungen vor dem Waffenstillstand waren sich Churchill und de Gaulle als Hauptverfechter der Forderung nach Fortsetzung des Kampfes selbst nach dem Verlust des französischen Mutterlands nähergekommen. Am 16. Juni hatte de Gaulle noch in London mit Churchill über eine englisch-französische Union verhandelt. Als er bei seiner Rückkehr nach Bordeaux am späten Abend erfuhr, daß Pétain vom Staatspräsidenten mit der Bildung der Regierung beauftragt worden war, wußte er, daß dies den Waffenstillstand bedeutete. Er beschloß, am nächsten Morgen mit General Spears nach London zurückzukehren.

Paul Reynaud stattete ihn noch mit einer – bescheidenen – Summe Geldes aus, es gelang seiner Familie, das letzte nach England auslaufende Schiff in Brest zu erreichen. Sein Flug führte über die von der Luftwaffe in Brand geschossenen Schiffe in La Rochelle und Rochefort zunächst nach Jersey und dann nach London, wo seine Meldung von der französischen Botschaft bereits sehr kühl aufgenommen wurde: »Ich kam mir selbst allein und völlig verlassen vor, wie ein Mann, der am Rand eines Ozeans behauptet, er wolle diesen schwimmend überqueren.«

Der Appell des 18. Juni

Während die französische Regierung in Bordeaux die deutschen Bedingungen erwartete, stellte der englische Informationsminister Duff Cooper im britischen Kriegskabinett den Antrag, General de Gaulle die Erlaubnis zu geben, über BBC einen Text zu verlesen, des Inhalts, daß Frankreich nicht besiegt sei und daß alle französischen Soldaten in Großbritannien mit ihm in Verbindung treten sollten. Das Kabinett, das die Beziehungen zu der neuen, immer noch verbündeten Regierung Pétain nicht belasten wollte, lehnte zunächst ab, aber es gelang Duff Cooper mit Churchills Unterstützung, durch Bearbeitung jedes einzelnen Mitglieds des Kabinetts nachträglich die Genehmigung einzuholen. So konnte am Abend des 18. Juni de Gaulle seine berühmte Ansprache halten, die allerdings von BBC nicht aufgezeichnet wurde.

In kurzen Sätzen voll verhaltener Leidenschaft wies der General darauf hin, daß die Regierung des von der Übermacht der deutschen Panzer und der Luftwaffe überfluteten Landes um Waffenstillstand gebeten habe. Aber, so de Gaulle, noch sei nichts endgültig verloren: Frankreich könne mit denselben Mitteln siegen, denn es stehe nicht allein, es habe noch sein weites Kolonialreich, England an seiner Seite und könne auf die Unterstützung der gewaltigen amerikanischen Industrie rechnen. Der Krieg sei mit dem Kampf um das französische Mutterland nicht beendet, sondern er werde ein Weltkrieg, und in diesem werde Frankreich mit seinen Verbündeten der Stärkere sein. De Gaulle forderte alle französischen Soldaten und Techniker in England auf, sich mit ihm in Verbindung zu setzen, und schloß mit den Worten: »Was auch geschieht, die Flamme des französischen Widerstands (hier tauchte das Wort *Résistance* zum ersten Mal in diesem Zusammenhang auf) soll und wird nicht erlöschen. Morgen werde ich, wie heute, vom Sender London aus sprechen.«

Der Aufruf bedeutete noch nicht den definitiven Bruch mit der Regierung in Bordeaux, de Gaulle blieb zunächst auf seinem, dem militärischen Gebiet, aber seine Worte ließen seine einzigartige Fähigkeit erkennen, die kommende Entwicklung vorauszusehen: Wenn Pétain und seine Anhänger, und nicht nur diese allein, mit dem Feldzug in Frankreich den Krieg praktisch für beendet und Deutschlands Sieg – auch über England – als feststehend ansahen, so wußte er, daß dies ein Weltkrieg war, in dem der Westen durch seine Überlegenheit den Sieg davontragen würde, und daß alles darauf ankam, daß Frankreich nicht zu den Verlierern gehören, sondern im Lager der Sieger stehen würde.

Das Echo auf den Aufruf blieb zunächst gering. Immerhin gaben neben englischen auch Zeitungen im noch nicht besetzten Südfrankreich Auszüge des Textes wieder. Aber die Versuche des Generals, unter den französischen Soldaten in England, die von Norwegen dorthin gelangt waren, zur Marine gehörten oder als Verletzte von Dünkirchen dort lagen, Anhänger für eine eigene Truppe zu finden, hatten zunächst nur geringen Erfolg. Die meisten Franzosen wollten in ihre Heimat zurück. Nach einer Woche hatten sich nur einige Hundert für ihn erklärt, am 14. Juli 1940 waren es gerade 7000. Dabei hatte der – letztlich abtrünnige – General, der deshalb von einem Militärgericht in Frankreich auch zum Tode verurteilt wurde, keineswegs die Absicht, den Engländern, die täglich den deutschen Angriff erwarteten, eine Art Hilfstruppe zur Verfügung zu stellen: Er wollte Frankreich weiter im Krieg halten und war, wie sein Briefwechsel mit höherstehenden Generälen wie Weygand oder Noguès in Afrika zeigt, bereit, sich deren Befehl zu unterstellen, sofern sie das Kolonialreich im Krieg hielten. Aber als er nur Absagen erhielt, ließ er sich schließlich am 28. Juni (endgültiger Vertrag am 7.8.1940) von der britischen Regierung als »Führer der freien Franzosen« *(Chef des Français libres)* anerkennen. Seine Stellung wurde allerdings verschlechtert, als die englische Flotte wenige Tage später, am 3. Juli 1940, die in dem Stützpunkt Mers el-Kébir bei Oran ankernden französischen Kriegsschiffe, um sie nicht den Deutschen in die Hände fallen zu lassen, zusammenschoß, wobei 1300 französische Matrosen den Tod fanden. Mers el-Kébir bot der Propaganda von Vichy lange Zeit hinweg Anlaß, die latente Englandfeindlichkeit zu schüren.

Die ersten Erfolge in Afrika und der Fehlschlag vor Dakar

Nachdem alle Versuche, die Generäle Weygand und Noguès in Nordafrika zu gewinnen, gescheitert waren, erkannte de Gaulle die ersten Möglichkeiten, französische Territorien zum Abfall von Vichy zu bewegen, in Schwarzafrika und zwar in Äquatorialafrika *(Afrique équatoriale française = AEF)*. Im Tschad hatte der von den Antillen stammende Gouverneur Félix Eboué als erster schon im Juli mit de Gaulle Kontakt aufgenommen; Kamerun, der Kongo, Oubangui, das heutige Zentralafrika, schlossen sich an. Nur in Gabun hatte Vichy genügend Streitkräfte stationiert, um dem Versuch der Machtübernahme durch die Anhänger de Gaulles Widerstand zu leisten. Bis Ende August hatten diese aber in Äquatorialafrika außer Gabun eine erste, schwache Machtbasis gewonnen.

Von diesem Erfolg beflügelt, versuchte de Gaulle mit englischer Unterstützung in einer Art Handstreich auch Dakar, die Hauptstadt Französisch Westafrikas *(Afrique occidentale française – AOF)*, zu gewinnen. Die Anhänger Vichys in der Stadt unter dem Gouverneur Boisson leisteten aber so starken Widerstand, daß das Unternehmen – nach schweren Verlusten auf beiden Seiten – scheiterte (23.–25.9.1940) und abgebrochen werden mußte. Für de Gaulle waren dies sehr schwere Tage. In London gab man ihm die Schuld, die Lage falsch eingeschätzt zu haben, und der Vorwurf dilettantischen Vorgehens, der in der amerikanischen Presse erhoben wurde, sollte noch lange bestehen bleiben und auch zu den Vorurteilen Roosevelts gegenüber dem General beitragen. Immerhin gelang es, nach Dakar Gabun – wenn auch unter Blutvergießen – als letzte Kolonie Äquatorialafrikas zu gewinnen.

Fern gelegene französische Besitzungen schlossen sich dem Freien Frankreich an. Alle anderen Kolonien und Protektorate, Djibouti, Madagaskar, Indochina, Nordafrika, Westafrika, die Antillen, Guayana, Libanon und Syrien, folgten dem Ruf des Generals nicht. Insgesamt gesehen, blieb der bedeutendere Teil des französischen Kolonialreichs Vichy und dem Marschall treu. Auf seinem Gebiet aber gründete de Gaulle am 27. Oktober 1940 in Brazzaville den »Verteidigungsrat des Reiches« *(Conseil de défense de l'Empire)*, dem unter anderen der hochangesehene Jurist René Cassin, der später mit de Gaulle zerstrittene Admiral Muselier und der im Rang höher als de Gaulle stehende, sich ihm aber unterordnende General Catroux angehörten.

Während Roosevelt weiterhin auf Pétain setzte und seinen persönlichen Vertrauten, Admiral Leahy, als Botschafter nach Vichy entsandte, hatte de Gaulle, im November wieder nach London zurückgekehrt, oft große Schwierigkeiten mit seinen englischen Gastgebern, die gewisse Verbindungen mit Vichy ebenfalls noch aufrecht erhielten in der Hoffnung, Pétain zu einer Wiederaufnahme des Kampfes gegen Deutschland zu bewegen.

Der Kampf um Syrien
und die Folgen für das französisch-englische Verhältnis

Das Kapitel seiner Memoiren, das dem Eingreifen des Freien Frankreichs im Mittleren Osten gewidmet ist, leitet de Gaulle mit dem Satz ein: »In den komplizierten Orient flog ich mit klaren Vorstellungen« *(Vers l'Orient compliqué, je volais avec des idées simples)*. Die klaren Vorstellungen seiner Aufgabe in Syrien und die durch seine englischen Verbündeten komplizierte Lage dort sollten zu den härtesten Auseinandersetzungen mit England und Winston Churchill persönlich führen. Das Mißtrauen de Gaulles gegenüber den Angelsachsen, das bis zum Ende seines Lebens eine Konstante in seinem politischen Denken bildete, wurde in weitem Maß von den Auseinandersetzungen zwischen England und dem Freien Frankreich um Syrien bestimmt. Schon im Herbst 1940 hatte de Gaulle die ersten Pläne entworfen, wie das isolierte und von britisch beherrschtem Gebiet weitgehend umschlossene Syrien für das Freie Frankreich zu gewinnen sei. Alle Versuche, die in Alexandria nach einem Abkommen mit den Engländern tatenlos ankernden französischen Kriegsschiffe oder die unter General Dentz in Syrien und dem Libanon stationierten und gut ausgerüsteten französischen Truppen zum Übertritt zu bewegen, scheiterten. Der General mußte erkennen, daß es ohne eine kriegerische Auseinandersetzung nicht abgehen könne, und der Gedanke, daß Franzosen gezwungen sein würden, auf Landsleute zu schießen, bedrückte ihn sehr. Für die Engländer unter Wavell, die sich im Frühjahr 1941 aus Griechenland und sogar von Kreta zurückziehen mußten und zudem in Libyen von Rommel bedrängt wurden, bestand zunächst kein Anlaß, sich auch noch mit den Truppen von Dentz anzulegen.

Den Anlaß zum Eingreifen brachte der Aufstand der Iraker unter Ministerpräsident Raschid Al Gailani (Ende April/Anfang Mai 1941) gegen England, den die Deutschen zu unterstützen versuchten, indem sie Dentz veranlaßten, den Aufständischen Kriegsmaterial zu senden, und indem sie selbst mit Genehmigung von Dentz, der von Admiral Darlan dazu befugt wurde, von syrischen Flugplätzen aus mit der Luftwaffe die Iraker unterstützten. Das Eingreifen Deutschlands im Mittleren Osten veranlaßte schließlich Wavell, die Operation gegen Syrien auszulösen.

Bei dem Einmarsch in Syrien am 8. Juni 1941 stellten die Freien Franzosen de Gaulles etwa ein Viertel der Streitkräfte, während die meist aus dem Commonwealth stammenden englischen Truppen den Rest ausmachten. Was de Gaulle am meisten gefürchtet hatte, trat ein: Während die Truppen von Dentz gegenüber den Engländern langsam zurückwichen, leisteten sie gegenüber den Freien Franzosen erbitterten Widerstand; diese hatten trotz ihres geringen Anteils an der Gesamtarmee die

Hälfte der Verluste zu beklagen. Alle Versuche von Catroux, durch abgeworfene Erklärungen die Soldaten Vichys zum Überlaufen zu bewegen, blieben vergeblich. Am 21. Juni fiel dennoch Damaskus, am 14. Juli wurde in Saint-Jean d'Acre ein Waffenstillstand geschlossen, bei dem Catroux zwar anwesend war, das Freie Frankreich aber nicht unterzeichnete. In dem Abkommen übergab Dentz den Engländern Syrien und den Libanon, dafür erhielten die Truppen Vichys und die französischen Verwaltungsbeamten freien Abzug auf Schiffen, die von der Regierung in Vichy gestellt wurden. Von dem Freien Frankreich war keine Rede: Das Kriegsmaterial war den Engländern zu übergeben, die Möglichkeit von Kontakten des Freien Frankreich mit den Landsleuten mit dem Ziel, diese zum Überlaufen zu bewegen, wurden nicht erwähnt.

De Gaulle war aufs äußerste empört über diese Behandlung. Er sah sich um den Erfolg gebracht, den das Freie Frankreich aufgrund seines Einsatzes und der Verluste im Kampf mit den eigenen Landsleuten nach seiner Ansicht verdient hätte. Während seiner Auseinandersetzungen mit dem englischen Staatsminister Lyttelton gelang es ihm zwar, eine »Revision« des Waffenstillstandsabkommens zu erreichen: Das Gebiet wurde der Verwaltung und der Oberhoheit des Freien Frankreichs unterstellt, blieb aber unter militärischem Oberbefehl der Engländer. Dennoch kam es zu ständigen Reibereien zwischen den Alliierten, und in dem General setzte sich der Verdacht fest, daß England letztlich hier die Stelle Frankreichs einnehmen wollte. Im übrigen erklärten sich von den Truppen des Generals Dentz nur etwa ein Fünftel für das Freie Frankreich, wie der General mit Bitterkeit in seinen Memoiren bemerkt, die anderen ließen sich nach Frankreich zurücktransportieren.

Am 1. September 1941 nach London zurückgekehrt, hatte de Gaulle am 12. September eine stürmische Aussprache mit Churchill. Sie endete zwar mit einem Vergleich, ihre Folgen aber, die Erbitterung des englischen Premiers, bekam de Gaulle noch zu spüren; nicht zuletzt dadurch, daß ausgerechnet General Spears, der sich vom Anhänger zum Gegner de Gaulles gewandelt hatte, zum ersten britischen Botschafter in den – beschränkt – unabhängigen Ländern Syrien und Libanon ernannt wurde. Die Frage, die sich de Gaulle aufgrund dieser Vorkommnisse stellte, lautete: Würden bei der Landung in Frankreich die Angelsachsen eines Tages nicht in ähnlicher Weise versuchen, unter dem Vorwand des militärischen Oberbefehls und der daraus sich ergebenden Notwendigkeiten, das Land unter ihre eigene Verwaltung zu nehmen und das Freie Frankreich auszuschalten? Vieles von de Gaulles Härte und Unnachgiebigkeit ist zu verstehen aufgrund solcher von den Angelsachsen erlebten Demütigungen. Aus den »Kriegsmemoiren« spricht oft die Bitterkeit desjenigen, der erfahren hat, daß »Gewalt und List auch unter Verbündeten herrschen, daß die Interessen der Nationen über den Ideologien stehen und daß demjenigen, der gezwungen ist, aus der Position des Schwächeren zu handeln, nur das Mittel der äußersten Intransigenz zur Verfügung steht«.

Die Wende im Krieg

Ein Jahr nach dem Appell des 18. Juni 1940 war die Lage für das Freie Frankreich nicht sehr günstig. Nur in Äquatorialafrika konnte de Gaulle sich eine feste Basis verschaffen, während in Syrien ständige Auseinandersetzungen mit der Schutzmacht England zu erwarten waren. Die Beziehungen zu den USA hatten sich kaum entwickelt, da Roosevelt und das State Departement ganz auf Marschall Pétain setzten und hofften, ihn für die Sache der Alliierten gewinnen zu können. Hitlers Überfall auf die Sowjetunion am 22. Juni 1941, einen Tag, bevor de Gaulle in das am 21. Juni genommene Damaskus einzog, veränderte aber die Machtkonstellation unter den Alliierten und stärkte die Stellung des Freien Frankreich.

De Gaulle erkannte sehr schnell die Chance, trotz aller ideologischen Differenzen in der bedrängten Sowjetunion einen Verbündeten und ein Gegengewicht zu der Dominanz der Angelsachsen zu gewinnen. Dies gelang um so leichter, als Vichy auf Drängen der Deutschen bald die Beziehungen mit Moskau abbrach. Die Sowjetunion erkannte de Gaulle als Chef des Freien Frankreichs an, und dieses entsandte zunächst eine Fliegerstaffel zur Unterstützung der Sowjetunion nach Rußland, aus der sich das Jagdfliegerregiment *Normandie-Niémen* entwickelte, übrigens die einzige Einheit der Alliierten, die in die Sowjetunion gesandt wurde und dort auf sowjetischer Seite kämpfte.

Eine weitere Perspektive eröffnete sich noch durch die immer stärkere Unterstützung, die die USA den Alliierten zukommen ließen: Das Pacht-Leih-Gesetz *(lend and lease, prêt-bail)* vom 11. März 1941 erleichterte England den Waffenkauf und wurde am 11. November 1941 auch auf das Freie Frankreich ausgedehnt. Am 12. August 1941 beschlossen Churchill und Roosevelt die Atlantik-Charta, die an die Vorstellungen Wilsons vom Selbstbestimmungsrecht der Völker anknüpfte und den Menschen ein »Leben frei von Furcht und Mangel« in Aussicht stellte. Als de Gaulle schließlich die Nachricht vom Überfall der Japaner auf Pearl Harbour (7. 12. 1941) erhielt, war ihm sofort klar, daß sich seine prophetischen Worte vom 18. Juni 1940 erfüllt hatten, daß sich der deutsch-französische Krieg zu einem Weltkrieg ausgeweitet hatte und daß ihn die Alliierten definitiv gewinnen würden.

Allerdings sollte sich das Verhältnis des Freien Frankreichs zu den USA nicht in vergleichbarer Weise verbessern, wie dies bei der Sowjetunion geschehen war. Die Vorurteile Roosevelts und des State Departements gegenüber de Gaulle beruhten auf den Schilderungen Churchills über seine Schwierigkeiten mit de Gaulle und auf der Überzeugung des Präsidenten, daß Frankreich in der künftigen Weltordnung keinen Platz im ersten Rang mehr zukomme. Gerade dies aber, Frankreich den Rang unter den Großmächten zu bewahren, war das oberste Ziel der Politik de Gaulles! Hinzu kam, daß Frankreichs Größe für de Gaulle damals noch ganz wesentlich auf seinem Kolonialreich beruhte, Roosevelt aber Gegner jedes Kolonialismus war und für die Befreiung der Kolonialvölker eintrat. Ganz allgemein gab es für Roosevelt keine Großmacht Frankreich mehr, und über dieses Land hatten nach seiner Befreiung die Alliierten zu verfügen.

Auseinandersetzungen mit den Alliierten und Einigung der Résistance

In dem Jahr nach dem Kriegseintritt der USA kam es zu erheblichen Spannungen zwischen den Angelsachsen und dem Freien Frankreich, das im Herbst 1941 (24. 9.) als Vorstufe für eine Regierung das »Französische Nationalkomitee« (*Comité national français = CNF*) gebildet und die Bezeichnung »Kämpfendes Frankreich« (*France combattante*) angenommen hatte. Kurz nach Pearl Harbour kam es mit den USA, dem nunmehr mächtigsten Verbündeten, zu einem sehr ernsten Konflikt um die beiden kleinen Inseln Saint-Pierre und Miquelon vor der kanadischen Küste, letzter Rest des französischen Kolonialreichs in Nordamerika. Auf Befehl de Gaulles, aber entgegen den strikten Anweisungen des (englischen) Oberbefehlshabers der Flotte, besetzte Admiral Muselier die Inseln für das Kämpfende Frankreich (24. 12. 1941). Der amerikanische Außenminister Cordell Hull protestierte energisch gegen diese Eigenmächtigkeit, und es bedurfte des ganzen diplomatischen Geschicks von Anthony Eden, um die Angelegenheit zu bereinigen. Die Verstimmung der Amerikaner aber blieb bestehen, und der General sollte sie zu spüren bekommen. Im übrigen muß festgehalten werden, daß die Haltung der USA gegenüber dem Freien Frankreich von ganz persönlichen Vorurteilen herrührte, die Roosevelt gegenüber de Gaulle hegte und in denen er von den wichtigsten Mitarbeitern bestärkt wurde. Gegen diese Vorurteile konnten auch Interventionen von René Pleven, Pierre Mendès France und sogar ein Brief, den Léon Blum aus dem Gefängnis an Roosevelt richtete, nichts erreichen.

De Gaulle mußte bald bemerken, daß auch die Engländer unter dem amerikanischen Einfluß die Zusammenarbeit mit dem »Kämpfenden Frankreich« einschränkten: Durch den japanischen Vormarsch in Südostasien war auch das immer noch unter der Herrschaft Vichys stehende Madagaskar bedroht, und de Gaulle hatte seinem englischen Partner schon Anfang 1942 einen Plan für eine Landung auf der Insel und ihre Übernahme durch das Freie Frankreich vorgelegt. Um so größer mußte seine Empörung sein, als er am 5. Mai 1942 durch eine Presseagentur erfuhr, daß die Engländer in Diégo-Suarez gelandet waren, ohne ihn auch nur zu informieren. Obendrein beließen die Engländer die Verwaltung der Insel bei den bisherigen Anhängern Vichys. Erst sechs Monate später konnte das »Kämpfende Frankreich« die Insel übernehmen (20. 1. 1943).

Während die Situation de Gaulles und seiner Anhänger auf diplomatischem Gebiet prekär blieb, bekam der General Rückenstärkung durch die hartnäckige Verteidigung des Wüstenforts Bir Hakeim, wo General König mit einer Brigade der Streitkräfte des Freien Frankreichs *(Forces françaises libres = FFL)* vom 27. Mai bis zum 11. Juni 1942 den Angriffen überlegener deutscher Verbände standgehalten hatte. Die Kampfbereitschaft der französischen Soldaten wurde in der angelsächsischen Presse sehr beachtet. Wichtiger noch als dieser militärische Erfolg war die Anerkennung, die de Gaulle durch die Résistance in Frankreich erfuhr. Die Verbindungen zwischen den verschiedenen Widerstandsbewegungen und den Gaullisten in London waren zunächst nur lose. Als nach dem deutschen Einmarsch in die Sowjetunion die Kommunisten in Frankreich Attentate auf deutsche Offiziere ausübten und es daraufhin zu Geiselerschießungen kam – 47 Geiseln wurden am 22. Oktober 1941 in Châteaubriant, 50 in der Nähe von Bordeaux erschossen –, gab de Gaulle die Anweisung, derartige Anschläge nicht mehr durchzuführen. Aber erst im Jahr 1942 kam es zu der engen Verbindung zwischen Gaullisten und der Résistance.

Jean Moulin

Diese Verbindung zustande gebracht zu haben ist das Verdienst von Jean Moulin (1899–1943). Der frühere Präfekt war im Herbst 1941 nach London gelangt und wurde von de Gaulle mit der Aufgabe betraut, die Bewegungen der Résistance in dem nicht besetzten Teil Frankreichs zu einer Aktionsgemeinschaft zusammenzufassen. Angesichts der gegensätzlichen Ansichten innerhalb der Résistance erwies sich die Arbeit von Moulin als sehr schwierig, aber es gelang ihm allmählich, gemeinsame Organisationsformen durchzusetzen. In der bedeutsamen Frage, welche Rolle den Parteien und Gewerkschaften der Dritten Republik in der Widerstandsbewegung zukomme, entschied sich de Gaulle für Moulins Vorschlag, diese in die Résistance einzubinden. Moulin war am 1. Januar 1942 mit dem Fallschirm über Südfrankreich abgesprungen. Neun Monate später konnten sich auf einer Konferenz in London die Führer der wichtigsten Widerstandsgruppen auf die Koordinierung ihrer Bewegungen einigen und einen Führer der Geheimarmee benennen, den General Delestraint. Er, Jean Moulin und Pierre Brossolette sollten ihren Einsatz in der Résistance mit dem Leben bezahlen. Das wesentliche Ergebnis der Konferenz war die Anerkennung der Autorität des Londoner Nationalkomitees *(CNF)* durch die Widerstandsbewegung. Gegenüber seinen Widersachern konnte sich de Gaulle nun auf die Résistance stützen, die ihn als Chef der für ihr Land kämpfenden Franzosen anerkannte, ein Trumpf im Kampf um die Macht, dem während der Auseinandersetzungen in Algier 1943 und bei der Landung in Frankreich 1944 eine entscheidende Rolle zufiel. Am 27. Mai 1943 kam es schließlich in Paris zur Konstituierung des »Nationalrats der Widerstandsbewegung« *(Conseil national de la Résistance = CNR)*, dem acht Vertreter von Widerstandsgruppen, sechs Repräsentanten der Parteien und zwei der Gewerkschaften angehörten. Nachdem Jean Moulin einen Monat später durch den Gestapo-Chef von Lyon, Klaus Barbie, festgenommen worden war, wurde nach einer Übergangszeit der Christdemokrat Georges Bidault Vorsitzender des CNR.

1942: Die politische Entwicklung in Frankreich

In Frankreich war die Autorität Marschall Pétains durch die größer werdenden Entbehrungen der Bevölkerung geschwächt, aber im wesentlichen ungebrochen. Daran änderte auch die Tatsache wenig, daß der große Prozeß von Riom gegen die »Verantwortlichen der Niederlage«, von den Hauptangeklagten Blum und Daladier zu einer Anklage gegen die

Generalität umgedreht, ergebnislos abgebrochen wurde (April 1942). Wie gering Pétains Spielraum wurde, hatte sich schon gezeigt, als er im November 1941 den Generaldelegierten von Nordafrika, General Weygand, auf deutschen Druck hin abberufen mußte. Auf Weygand hatten die Hoffnungen der Alliierten, insbesondere der USA, Frankreich auf ihrer Seite wieder in den Krieg zu führen, wesentlich beruht. Auch die Versuche des Stellvertreters von Pétain, des Admirals Darlan, von Hitler gegen Vorleistungen in Afrika und Syrien größere Konzessionen zu erlangen, erfüllten sich nicht. Darlan trat im April 1942 zurück, und auf Drängen Deutschlands übernahm Laval am 18. April 1942 die neu geschaffene Stellung des Regierungschefs. Darlan blieb allerdings Chef der Streitkräfte und designierter Nachfolger des Staatschefs. Mit Lavals Rückkehr nach Vichy begann die Phase verstärkter Zusammenarbeit mit Deutschland. Immer mehr Franzosen mußten als Arbeiter nach Deutschland gehen, immer größere Mengen an Produkten von Landwirtschaft und Industrie Frankreichs nahmen dieselbe Richtung. Gleichzeitig verschärfte sich die Judenverfolgung, nachdem der berüchtigte Darquier de Pellepoix »Generalkommissar für die Judenfragen« (*commissaire général aux questions juives*) geworden war (Mai 1942): Am 16. und 17. Juni 1942 fand die Razzia des *Vel' d'hiver* in Paris statt. War der Spielraum Pétains und seiner Regierung im Verlauf des Jahres immer enger geworden, so wurde er geradezu zu einer Art Gefangenschaft – der Marschall bezeichnete sich selbst einmal als Gefangenen –, nachdem am 8. November 1942 die Alliierten die militärische Initiative ergriffen hatten und im französischen Nordafrika landeten.

Algier 1942–1944

Bei den Planungen für die Befreiung Europas hatten sich die Angelsachsen für Churchills Vorstellung eines Angriffs auf die Achsenmächte von Süden und damit gegen den amerikanischen Plan einer Landung in Frankreich schon für 1943 entschieden. Die Operation sollte im französischen Nordafrika stattfinden, wo man aufgrund der Vorbereitungsarbeit des amerikanischen Generalkonsuls und »persönlichen Vertreters« Roosevelts, Robert Murphy, keinen Widerstand von den Anhängern Vichys erwartete. Als die Amerikaner in der Nacht vom 7. zum 8. November landeten, hatten in Algier einige hundert junge Männer, darunter zahlreiche Anhänger de Gaulles, die Stadt in ihre Gewalt gebracht, um den amerikanischen Truppen den Weg zu erleichtern. Dennoch kam es zu Gefechten, denn durch Zufall war Admiral Darlan in Algier anwesend und lehnte eine Zusammenarbeit mit Murphy zunächst ab. Auch an anderen Punkten, in Casablanca und in Oran wurde gekämpft – in Marokko gab es zahlreiche Opfer auf beiden Seiten. Erst am 9. schloß Darlan eine Waffenruhe für Algier und am 11. für Algerien und Marokko ab.

Die Anwesenheit von Darlan in Algier hatte die Pläne der Amerikaner durchkreuzt, denn sie hatten zunächst mit einem anderen Repräsentanten gerechnet: General Giraud. Dieser kommandierende General der 7. Armee war im Mai 1940 in deutsche Gefangenschaft geraten, hatte aber 1942 aus der Festung Königstein in Sachsen entkommen und sich bis Vichy durchschlagen können. Trotz seiner betonten Treue zu Pétain ließ er sich von der Widerstandsbewegung auf ein alliiertes Unterseeboot und nach Gibraltar bringen, um im französischen Nordafrika den Oberbefehl zu übernehmen. Allerdings kam er erst am 9. November in Blida bei Algier an, als die Amerikaner am Ort schon mit Darlan verhandelten. Trotz der engen Kontakte, die der Admiral mit Hitler gehabt hatte, und trotz seines Anspruchs, weiterhin im Auftrag Pétains zu handeln, wurde er von den Amerikanern als »Hochkommissar« der weiterhin arbeitenden französischen Verwaltung anerkannt, während Giraud den Oberbefehl über die französischen Truppen in Nordafrika erhielt. Damit blieben die Strukturen Vichys unter dem ehemaligen Kronprinzen Pétains erhalten, während de Gaulle und das »Kämpfende Frankreich« von jeder Mitwirkung ausgeschlossen waren. Selbst die Landung in Nordafrika hatte man dem General verheimlicht.

Das Problem, das sich mit Darlan in Nordafrika stellte, fand dadurch ein Ende, daß ein Zwanzigjähriger, der an dem Aufstand in Algier bei der Landung der amerikanischen Truppen teilgenommen hatte, Fernand Bonnier de La Chapelle, am 24. Dezember 1942 den Admiral erschoß. Der Attentäter wurde in einem auffallend eiligen und geheimen Gerichtsverfahren zum Tode verurteilt und am 26. Dezember hingerichtet. Giraud war nun alleiniger »Oberbefehlshaber auf zivilem und militärischem Gebiet in Nordafrika«. Da er nicht kompromittiert war wie Darlan, nahm de Gaulle unmittelbar nach dessen Ermordung den Dialog mit Giraud auf. Aber es dauerte noch fünf Monate, bis de Gaulle endlich am 30. Mai 1943 in Algier landen konnte. Dazwischen lag eine Zeit der Demütigungen und Herabsetzungen, die eine weniger starke Natur als den General leicht hätten veranlassen können, alles aufzugeben, und die diesen kurz nach der Ankunft in Algier veranlaßten, seiner Frau zu schreiben: »Man muß schon ein sehr gut verankertes Herz und Frankreich vor Augen haben, um nicht alles hinzufeuern« *(Il faut avoir le cœur bien accroché et la France devant les yeux pour ne pas tout envoyer promener).*

Während die deutschen Truppen in den bis dahin unbesetzten Teil Frankreichs einmarschierten (11. 11. 1942) und mit Unterstützung der vichytreuen Behörden in Tunis landeten, wobei sich die französischen Kriegsschiffe in Toulon selbst versenkten (27. 11. 1942), die im Hafen von Bizerta in Tunesien ankernden aber unversehrt in deutsche Hand fielen, spielte sich zwischen den Amerikanern, speziell Roosevelt, und de Gaulle ein Machtkampf ab, der, wäre die Lage der auf alliierter Seite kämpfenden Franzosen nicht so dramatisch gewesen, nur als grotesk bezeichnet werden kann. Unter äußerstem Druck von seiten Churchills ließ sich de Gaulle bewegen, in Anfa bei Casablanca (Konferenz der Angelsachsen 14.–26. 1. 1943) mit Roosevelt und Giraud zusammenzutreffen. Das berühmte Bild, der Händedruck der beiden stehenden französischen Generäle vor ihren Protektoren Roosevelt und Churchill im Sessel, ein Bild, das der Öffentlichkeit eine Übereinstimmung der Franzosen vorspiegeln sollte, konnte nicht darüber hinwegtäuschen, daß die Spannungen fast zum Bruch geführt hätten. Während Giraud bereit war, die These Roosevelts zu akzeptieren, daß Frankreich bis zum Ende des Krieges keine staatliche Existenz mehr hätte und daher dem alliierten militärischen Oberbefehl unterstellt würde, konnte de Gaulle nicht die Grundlage seines politischen Handelns in Frage stellen lassen. Da Churchill sehr wohl erkannte, in welche Lage er seinen Verbündeten von 1940 durch seine Nachgiebigkeit gegenüber Roosevelt gebracht hatte, ließ er ihn sein Mißfallen um so mehr spüren. De Gaulle durfte nicht seine in Libyen kämpfenden Truppen besuchen, sondern wurde mit dem Flugzeug nach London zurückbefördert, während Giraud in Algier weiter den Oberbefehl führte. Den nach außen eher unverständlichen Streitigkeiten lag eine grundsätzliche Meinungsverschiedenheit zugrunde: Während Roosevelt Europa, also auch Frankreich, wie er Anthony Eden im März 1943 darlegte, als ein Objekt ansah, über dessen Schicksal die drei Siegermächte nach Kriegsende zu bestimmen hätten, kam es de Gaulle auf die Wiederherstellung der Ordnung des alten Kontinents an, dessen Kern Frankreich sein würde. Deshalb erstrebte er die Anerkennung Frankreichs als einer der Siegermächte neben den anderen.

Während der Kampf in Tunesien, bei dem auf alliierter Seite sowohl französische Truppen aus dem befreiten Nordafrika als auch die Verbände des Kämpfenden Frankreichs teilnahmen, mit der Kapitulation der deutsch-italienischen Armee am 13. Mai 1943 endete, zogen sich die Verhandlungen zwischen Giraud in Algier und de Gaulle in London hin; de Gaulle hatte wohl erkannt, daß er nicht Giraud, sondern die Regierung der USA zum Gegner in dieser Auseinandersetzung hatte. Durch die weite Anerkennung, die das Kämpfende Frankreich in den französischen Besitzungen und selbst in Nordafrika fand, und durch die Gründung des »Nationalrats der Résistance« (CNR) am 10. Mai 1943 wurde de Gaulles Stellung jedoch so gestärkt, daß ihn sein Widersacher Giraud am 17. Mai 1943 nach Algier einlud. Zum gleichen Zeitpunkt drängte Churchill seine Regierung – vergeblich – dazu, um des Einverständnisses mit den USA willen die Beziehungen zu de Gaulle, »diesem eingefleischten Feind Englands« abzubrechen!

De Gaulle in Algier.
Das Französische Komitee der nationalen Befreiung

Bevor Charles de Gaulle England verließ, wollte er sich von der britischen Regierung verabschieden. Da Churchill abgereist war – ebenfalls nach Algier – wurde er von dem stets auf Ausgleich bedachten Anthony Eden empfangen. Die letzten Sätze ihrer Aussprache gab der General auf folgende Weise in seinen »Kriegsmemoiren« wieder: »Wissen Sie, sagte Eden gutgelaunt zu mir, daß Sie uns mehr Schwierigkeiten bereitet haben als alle europäischen Verbündeten? Ja, antwortete ich, ebenfalls lächelnd, Frankreich ist eine Großmacht!« Nach der langen Zeit des Wartens und des Ausgeschlossenseins gab es für de Gaulle endlich die Möglichkeit, seine Vorstellungen zu verwirklichen: Sofort nach seiner Landung in Algier am 30. Mai 1943 wurde das CFLN *(Comité français de libération nationale)* gegründet, das von den beiden Generälen als gleichberechtigten Präsidenten geleitet werden sollte und für das jeder der beiden zwei Kommissare bestimmte, während sie sich auf General Catroux als siebtes Mitglied einigten. Es sollte nicht unerwähnt bleiben, daß der spätere Vater der europäischen Einigung, Jean Monnet, von Giraud als Kommissar benannt wurde. Monnet hatte bei der Koordinierung der amerikanischen Belieferung der Verbündeten – wie schon im Ersten Weltkrieg – Großes geleistet und dadurch das Vertrauen Roosevelts gewonnen. De Gaulle hat ihm aber die Stellung als Verbindungsmann zwischen Roosevelt und Giraud nie verziehen! Mitte Juni wurde dann die Zahl der Kommissare auf 14 erhöht.

Während Giraud im Juli in die USA reiste und dort die Zusage für die Ausrüstung von acht französischen Divisionen erhielt, gelang es de Gaulle, die Situation im CFLN sehr schnell zu seinen Gunsten zu verändern und Giraud in den Hintergrund zu drängen, der in seinen Erinnerungen selbst bestätigt, er sei »auf politischem Gebiet von unbegreiflicher Inkompetenz, Ungeschicklichkeit und Schwäche« gewesen. Dagegen konnten auch die Leistungen der Truppen Girauds bei der Befreiung von Tunis und bei der Landung auf Korsika (August

1943) nicht viel ausrichten. Er wurde von de Gaulle immer stärker in rein militärische Funktionen abgeschoben, bis er schließlich im August 1944 resigniert seine Ämter niederlegte.

Um dem CFLN, das de facto als eine Art Regierung arbeitete, eine Versammlung als Gegengewicht und als Vorstufe einer Nationalversammlung zu geben, berief de Gaulle im September eine »Beratende Versammlung« *(Assemblée consultative)* ein, der Vertreter der Résistance, der Anhänger de Gaulles, des Parlamentes von 1940 und der Generalräte der nordafrikanischen Départements, aber nur ein Muslim und eine Frau, die Widerstandskämpferin Lucie Aubrac, angehörten. Lucie Aubrac hatte sich dadurch ausgezeichnet, daß sie mit Waffengewalt in Lyon ihren Mann, Raymond Aubrac, aus den Händen der Gestapo befreit hatte.

Die Konferenz von Brazzaville.
Selbständigkeitsbestrebungen in Übersee

Während die Franzosen, die einen bedeutenden Anteil an dem Sieg über das Afrikakorps in Tunesien gehabt hatten, bei der Landung der Alliierten in Sizilien (10.7.1943) nicht herangezogen und auch von der Unterzeichnung des Waffenstillstands mit Italien (8.8.1943) ausgeschlossen wurden, griff das alliierte Oberkommando ab Dezember 1943 für die Kämpfe in Mittelitalien auf mehrere französische Divisionen zurück. Im Mai 1944 leisteten diese einen entscheidenden Beitrag beim Durchbruch durch die deutschen Linien, der schließlich Anfang Juni 1944 zur Einnahme von Rom führte. So wuchs der Anteil Frankreichs an der Befreiung Europas und de Gaulle suchte das – mit Ausnahme des japanisch besetzten Indochinas – unter dem CNLF wieder vereinigte Kolonialreich neu zu ordnen.

Er begab sich nach Besuch verschiedener afrikanischer Städte, wo er – auch in Dakar – von den Eingeborenen freundlich empfangen wurde, nach Brazzaville, das so lange die »Hauptstadt« des Freien Frankreichs gewesen war, und eröffnete dort am 30. Januar 1944 die Konferenz der Gouverneure der Kolonien mit dem Ziel, den Kolonialvölkern die Perspektive einer größeren Selbstverantwortlichkeit zu eröffnen: »... im französischen Afrika wird es keinen wahren Fortschritt geben, wenn die Menschen auf ihrem Heimatboden nicht moralisch und materiell davon profitieren, wenn sie nicht allmählich auf ein Niveau gelangen, wo sie in der Lage sind, in ihrem eigenen Land an der Verwaltung ihrer Angelegenheiten teilzuhaben.« Wenn das Ergebnis der Konferenz auch mager ausfiel, »jede Möglichkeit einer Entwicklung außerhalb des französischen Kolonialreichs«, ja sogar die Selbstverwaltung im Abschlußkommuniqué ausdrücklich abgelehnt wurden, so hatte das Erscheinen des Generals doch solche Erwartungen geweckt, daß die Schwarzafrikaner mit erhöhtem Selbstvertrauen in die Zukunft sahen. Brazzaville wurde bei den Kolonialvölkern zu einer Legende.

In Algerien hatte die Landung der Alliierten zu einer Verstärkung der Unabhängigkeitsbestrebungen geführt; in einem Manifest wurde 1943 die »politische Unabhängigkeit Algeriens als souveräne Nation« verlangt. Das CFLN antwortete mit halbherzigen Maßnahmen, allerdings erreichte es General Catroux, daß von den Algeriern die Frontkämpfer und die Gebildeten die vollen Bürgerrechte erhielten. Während die Europäer und die ihnen Gleichgestellten das »Erste Wahlkolleg« bildeten, wurde das »Zweite Wahlkolleg« *(deuxième collège électoral)* für die Masse der Moslems eine Art politisches Ghetto. Trotz des zahlenmäßigen Übergewichts der Moslems wählten beide Kollegs die jeweils gleiche Anzahl Vertreter. Unter den Algeriern führte Ferhat Abbas die »Freunde des Manifests« *(amis du manifeste)* an und trat für eine enge Anlehnung des zukünftigen unabhängigen Algeriens an Frankreich ein; sein Widersacher Messali Hadj, Führer der »Bewegung für den Triumph der demokratischen Freiheiten« (ab 1946: »Algerische Nationalbewegung« = *Mouvement nationaliste algérien)* betonte den islamischen Charakter des Landes stärker. Während alle Reformversuche von den einflußreichen Kreisen der Kolonisten verhindert wurden, gab sich der General schon damals wenig Illusionen über das zukünftige Schicksal des Landes hin und erklärte Maurice Schumann, einem seiner engsten Mitarbeiter: »Wer meint, nach einem Krieg wie diesem könne der Status quo fortgeführt werden und Algerien so bleiben, wie man uns das beigebracht hat, der täuscht sich schwer!« Tatsächlich war es de Gaulle, der als Wiederhersteller der Größe Frankreichs auftrat, wohl nicht möglich, jetzt, nachdem das Kolonialreich und Nordafrika endlich wieder vereint waren und alle Kräfte zusammengefaßt werden mußten, die ersten Schritte zu einer realen Liberalisierung zu tun.

Die Provisorische Regierung

Das CFLN leistete auf manchen Gebieten Vorarbeit für die Umwandlung Frankreichs nach der Befreiung, von denen hier nur die längst überfällige Gewährung des Stimmrechts für die Frauen und die Erlasse über die Einrichtung der Staatsorgane erwähnt werden sollen. Diese Erlasse sollten sich als sehr weitreichend erweisen, denn in ihnen wurde festgelegt, daß jedes befreite Gebiet von einem Vertreter des CFLN verwaltet würde. Am 10. Januar 1944 wurden 18 »Kommissare der Republik« *(commissaires de la République)* ernannt, die für eine Übergangszeit die Verantwortung für eine bestimmte Region übernehmen sollten. Die Stadtversammlungen und Generalräte der Départements von 1939 sollten wieder zusammentreten. Eine Nationalversammlung war zu wählen, sobald es die Umstände erlauben würden. Schließlich nahm das CFLN die Bezeichnung »Provisorische Regierung der Republik Frankreich« *(Gouvernement provisoire de la République française = GPRF)* an (3. 6. 1944). Schon zuvor hatte de Gaulle das CFLN um kommunistische Vertreter erweitert. Damit waren die Weichen gestellt für die Übergangszeit, in der die Autorität Vichys zerfiel und in der zu erwarten war, daß die alliierten Militärbefehlshaber den Versuch unternehmen würden, de facto die Macht auszuüben. Daß dies bei der Feindschaft Roosevelts gegenüber dem General befürchtet werden mußte, war diesem durchaus bewußt, auch wenn die Angelsachsen ihn von der bereits weit fortgeschrittenen Planung zur »Verwaltung des besetzten Frankreichs« sorgfältig ferngehalten hatten. Der Konflikt sollte während der wenigen Tage zwischen der Bildung der Provisorischen Regierung und der Landung der Alliierten in der Normandie (6. 6. 1944) ausbrechen.

Die Landung in der Normandie und die Befreiung Frankreichs. Der Verfall Vichys

Das besetzte Frankreich erlebte bis zur Befreiung eine ständige Verschlechterung seiner Lage. Wirtschaftlich wurde es von Deutschland ausgepreßt und lieferte Lebensmittel, Rohstoffe und Waren in immer größeren Mengen. Dies konnte um so leichter geschehen, als der Staat von Vichy unter dem Motto der Kollaboration dem Aussaugen des Landes den Anstrich der Legalität verlieh. Pétain und seine Anhänger versuchten, die Zusammenarbeit mit Deutschland dadurch zu rechtfertigen, daß der weiter bestehende französische Staat für die Franzosen eine Art Schutzwehr gegen die Besatzungsmacht darstelle und daß ohne diesen Schutz die Rechtlosigkeit und Unsicherheit noch viel größer wären. Tatsächlich aber gingen Hitlers Überlegungen beim Waffenstillstand 1940 insofern auf, als der französische Staat gezwungenermaßen immer mehr zum Helfershelfer der Besatzungsmacht wurde.

Durch das Weiterbestehen des französischen Staates konnten die Widerstandskämpfer als gesetzlose Verräter von diesem Staat selbst verfolgt werden. Nach dem Übertritt Italiens ins alliierte Lager befürchtete Berlin ähnliches von Pétain. Man verlangte die vollständige Unterwerfung unter die Befehle aus Deutschland und untersagte ihm sogar, im Radio zu sprechen. Für einen Monat (November–Dezember 1943) weigerte sich der Marschall daraufhin, seine Funktionen wahrzunehmen, dann fügte er sich nach einer Unterredung mit Botschafter Abetz: Alle Gesetze mußten nun von der Besatzungsmacht genehmigt werden; in das Kabinett traten ein für die Propaganda Henriot und für die »Aufrechterhaltung der Ordnung« der gefürchtete Chef der Miliz, Darnand. Die Miliz wütete gegen die Widerstandskämpfer oft mit einer Härte, die der der Deutschen nicht nachstand. Sowohl Laval als auch Pétain leisteten keinen Widerstand gegenüber diesen Untaten. Sie versuchten allerdings, mit den Alliierten Kontakt aufzunehmen, um ihr Regime zu retten. Aber dieses Regime war längst ausgehöhlt und hatte im eigenen Land immer weniger Anhänger. Der Marschall konnte zwar in Paris noch im April 1944 zu einer großen Menschenmenge reden, aber in der Provinz, vor allem im Süden, war das Echo gering, wenn er erschien. Zum gleichen Zeitpunkt sprach er sich in einer Botschaft gegen die Résistance aus und warnte vor der »sogenannten Befreiung«. Für den Fall der Landung der Alliierten hatten die Deutschen noch eine Ansprache Pétains aufgenommen, in der er die Franzosen zur Neutralität aufrief. Vichy war ein Satellitenstaat geworden, der sich nur noch auf Polizeigewalt und die Besatzungsmacht stützte.

De Gaulle in der Normandie

Über die unter dem Decknamen *Overlord* vorbereitete Landung der Alliierten in der Normandie und die für wenig später geplante Landung in der Provence unter der Bezeichnung *Anvil* wurde de Gaulle nur insoweit informiert, als es den französischen Beitrag anging. Roosevelt hatte dem Oberbefehlshaber der Alliierten, General Eisenhower, die Anweisung gegeben, nach eigenem Ermessen über die französischen Streitkräfte zu verfügen und in den umkämpften und den befreiten Gebieten die volle militärische und politische Gewalt auszuüben, mit anderen Worten: Die Provisorische Regierung Frankreichs sollte in Frankreich von der Macht ferngehalten werden! Nach Roosevelts Anweisungen war Frankreich, wie die übrigen europäischen Länder, unter direkte alliierte Verwaltung zu stellen mit der Bezeichnung AMGOT *(Allied Military Government of Occupied Territories)*. Diese alliierte Militärregierung hätte demnach eigenes Geld herausgeben, Recht sprechen, das Transportsystem verwalten, Beamte ab- oder einsetzen dürfen usf. Die Politik de Gaulles seit 1940 wäre nach diesen sehr konkreten Plänen – das Geld für das noch von den Deutschen besetzte Frankreich war schon gedruckt und wurde bei der Landung in der Normandie auch von den Alliierten in Umlauf gebracht – hinfällig geworden.

In der kritischen Lage vor der Landung erwies es sich als Vorteil, daß de Gaulle gut informiert und vorbereitet war, obwohl die Alliierten im Frühjahr den verschlüsselten Funkverkehr zwischen London und Algier gesperrt hatten. Auch mußte Eisenhower die Leistungen der französischen Truppen in Italien, die durch die Résistance gewonnenen Informationen, den Beitrag des Freien Frankreichs überhaupt anerkennen. Nach sehr harten Verhandlungen konnte de Gaulle bei dem Einsatz der französischen Verbände insofern ein Mitspracherecht gewinnen, als das Gros des in Italien kämpfenden französischen Expeditionskorps bei der Landung in der Provence eingesetzt werden sollte. Für die Befreiung von Paris war bei der Landung im Norden eine französische Panzerdivision vorgesehen, die *2ᵉ division blindée* unter General Leclerc. Mit diesem Ergebnis und im Vertrauen auf die schon getroffenen Entscheidungen für den Fall des Machtwechsels konnte sich der General zunächst zufrieden geben, auch wenn er über das Datum der Landung nicht informiert wurde.

Am 2. Juni 1944 erhielt de Gaulle eine Botschaft von Churchill, der ihn einlud, unverzüglich von Algier nach London zu fliegen. Dort kam es am Vorabend und am Tag der Landung selbst zu den wohl heftigsten Auseinandersetzungen zwischen Churchill und de Gaulle, der aus Eisenhowers Aufruf an die Franzosen erkennen konnte, daß Frankreich unter des Oberkommandierenden Befehlsgewalt gestellt werden sollte. De Gaulle weigerte sich zunächst, zu seinen Landsleuten zu sprechen und den landenden alliierten Truppen die vorgesehene militärische Verbindungsmission beizugeben. In einer Explosion des Hasses ging Churchill so weit, de Gaulle ausweisen zu wollen; durch Edens Einfluß wurde dieser Brief nicht abgesandt und der General sagte schließlich zu, am Nachmittag des 6. Juni über BBC zu den Franzosen zu sprechen. Die eigentliche Streitfrage, die Stellung Frankreichs bei seiner Befreiung, blieb allerdings bestehen.

Nachdem die Landung der Alliierten in der Normandie geglückt war, nachdem Eisenhower und am 12. Juni 1944

Churchill die Truppen besichtigt hatten, »genehmigte« letzterer, daß de Gaulle nach Frankreich übersetzte, allerdings mit ausdrücklichen, den Kontakt zu Landsleuten einschränkenden Anweisungen. Am 14. Juni 1944, auf den Tag genau vier Jahre nach dem Einmarsch der deutschen Truppen in Paris, betrat der General wieder französischen Boden, fest entschlossen, die Bevormundung durch die Angelsachsen nicht hinzunehmen, aber unsicher, was die Reaktion der befreiten Landsleute ihm gegenüber anging. In dem kaum zerstörten Bayeux und in anderen Ortschaften, die stärker unter den Kämpfen gelitten hatten, war der Empfang jedoch so, daß de Gaulle seiner Begleitung gegenüber äußern konnte: »Meine Herren, die Anerkennung ist erfolgt!« Der von de Gaulle als Kommissar der Republik eingesetzte Coulet nahm wie die anderen Vertreter der Provisorischen Regierung unverzüglich die Arbeit auf, der Unterpräfekt von Bayeux und die gesamte Verwaltung traten zu de Gaulle über. Die Angelsachsen waren angesichts der Zustimmung, die de Gaulle in Frankreich fand, endlich bereit, die durch die Provisorische Regierung vertretene Souveränität Frankreichs ohne Unterordnung unter den alliierten militärischen Oberbefehlshaber anzuerkennen.

De Gaulle in den USA

De Gaulle flog am 16. Juni zurück nach Algier, um seiner Regierung von den Ereignissen in der Normandie zu berichten. Er besichtigte anschließend die französischen Truppen in Italien und nahm mit der neuen italienischen Regierung und mit dem Papst Kontakt auf. Roosevelt, der über die ganze Zeit hinweg der entschiedenste Gegner de Gaulles gewesen war, hatte angesichts der allgemeinen Anerkennung, die die Provisorische Regierung international, aber auch in der amerikanischen Presse fand, den General nach Washington eingeladen. Ohne seine persönliche Meinung über de Gaulle zu ändern, sah der Präsident, der im Herbst 1944 zum dritten Mal wiedergewählt werden wollte, wohl ein, daß er mit diesem unbequemen Verbündeten auskommen müsse. Er empfing de Gaulle (6.–10.6.1944) freundlich, ließ aber zugleich seine Vorstellungen einer zukünftigen Weltordnung erkennen, in der Frankreich nur eine untergeordnete Rolle zugedacht war. In seinen »Kriegserinnerungen« gibt de Gaulle ein anschauliches Bild dieser Ideen: »(...) Seine (sc. Roosevelts) Konzeption erscheint mir ebenso großartig wie für Europa und Frankreich besorgniserregend. In der Tat ist der Isolationismus der USA, wie der Präsident meint, ein großer Irrtum der Vergangenheit. Er fällt jedoch von einem Extrem ins andere und möchte durch das Völkerrecht ein ständiges System der Intervention einrichten. Nach seinen Vorstellungen soll ein Viererdirektorium, bestehend aus den USA, der Sowjetunion, China und Großbritannien, die Probleme der Welt regeln. Ein Parlament der Vereinten Nationen würde der Macht der »Großen Vier« einen demokratischen Anschein verleihen. Aber um nicht den anderen Dreien gleichsam die ganze Erde auszuliefern, sollte es nach seiner Meinung zu einer solchen Organisation gehören, daß die Macht Amerikas auf Basen verteilt über alle Weltgegenden, also auch in Frankreich, eingerichtet würde.« Am 10. Juli flog de Gaulle nach New York, wo ihm von Bürgermeister La Guardia und der Menge ein großartiger Empfang bereitet wurde; am 11. und 12. Juli besuchte er Kanada, auch Québec und Montréa. Am 13. Juli 1944 kehrte er nach Algier zurück und fand dort die offizielle Erklärung Washingtons vor, daß »die USA das CFLN als berufen *(qualifié)* anerkenne, die Verwaltung Frankreichs zu übernehmen«. Damit war das politische Ziel de Gaulles endlich erreicht, auch wenn seine Regierung noch nicht als »Provisorische Regierung der Republik Frankreich« anerkannt wurde.

Der Aufstand der Résistance in Frankreich

Nach der erfolgreichen Landung der Alliierten in der Normandie hatten die Widerstandskämpfer in Frankreich den Befehl zum Aufstand erhalten, ein Befehl, der wegen der Schwierigkeiten in den der Landung folgenden Tagen von General Koenig, dem Chef der »Streitkräfte im Inneren des Landes« *(Forces françaises de l'intérieur = FFI)*, am 10. Juni eingeschränkt werden mußte: Angesichts des harten Widerstands der deutschen Truppen geriet der alliierte Vormarsch ins Stocken, Caen konnte nicht genommen werden und die überall in Frankreich zusammenströmenden Partisanen liefen Gefahr, von überlegenen deutschen Verbänden aufgerieben zu werden. Während der sieben Wochen, bis es den Alliierten gelang, bei Avranches (Ende Juli 1944) die deutschen Linien zu durchbrechen, spielten sich im Hinterland viele Tragödien ab: In den Alpen, wo schon im März 500 Alpenjäger bei Les Glières vernichtet worden waren, sammelten sich im Gebiet des Massivs Vercors bei Grenoble fast 4000 Partisanen, die von deutschen Truppen Ende Juli aufgerieben wurden. Auch im Massif Central, im Jura und in der Bretagne kam es zu größeren Aufständen, wobei in der Bretagne weite Gebiete befreit werden konnten. Noch heute ist umstritten, ob den Partisanenverbänden, besonders denen des Vercors, mit größerer Unterstützung auf dem Luftweg besser hätte geholfen werden können.

Da die deutschen Militärbefehlshaber die Partisanen als illegale Kämpfer ansahen, gingen sie bei der Niederschlagung der Aufstände oft mit großer Brutalität vor: In Tulle, das schon befreit war, marschierte wieder eine Einheit der Waffen-SS ein und ließ 99 Geiseln unter grauenvollen Umständen erhängen. Symbol der unmenschlichen Grausamkeit ist das Dorf Oradoursur-Glane (im Département Haute-Vienne), wo am 10. Juni 648 Einwohner ermordet wurden, darunter 240 Frauen und Kinder, die man in der Kirche zusammentrieb und bei lebendigem Leib verbrannte. Das Drama ist für die Franzosen insofern noch schwerer zu ertragen, als sich die Waffen-SS-Division »Das Reich«, deren blutige Spur sich durch den Südwesten des Landes zog, vor allem aus Freiwilligen und sogenannten Volksdeutschen zusammensetzte. Bei dem Prozeß gegen 21 Beteiligte im Jahr 1953 stammten mehr als die Hälfte von ihnen aus dem Elsaß, so daß angesichts der Unruhe in dieser Region nach dem Richterspruch eine Amnestie die Sühne ersetzen mußte. Je verzweifelter die Lage für sie wurde, umso mehr wüteten in diesen Wochen einzelne deutsche Verbände und die Miliz Vichys. Die Lage vieler Partisanenverbände blieb bis Mitte Juli verzweifelt. Nachdem die Gegenangriffe der deutschen Truppen in der

Normandie bei Mortain gescheitert waren, kam es ab dem 17. August dann zu deren Rückzug. Am 15. August landeten die Alliierten, größtenteils französische Divisionen, die aus Italien abgezogen worden waren, in der Provence und marschierten durch das Rhônetal nach Norden. Nun wurden ganze Départements durch die Partisanen befreit, wobei nicht selten alte Rechnungen mit Anhängern Vichys beglichen wurden.

Mit dem Rückzug der Deutschen brach auch die Regierung von Vichy zusammen. Versuche von Laval und Pétain, mit den Alliierten und sogar mit de Gaulle ins Gespräch zu kommen, um »die Gefahr eines drohenden Bürgerkriegs abzuwenden«, blieben ohne Antwort. Am 17. August zwangen die Deutschen Laval und drei Tage später auch Pétain, nach Deutschland zu kommen, wo sie in Sigmaringen eine Art Exilregierung bildeten. Doriot mit seinem PPF richtete sich am Bodensee ein, wurde aber im Februar 1945 das Opfer eines Tieffliegerangriffs. Bis zum April 1945 fristete diese Regierung der Kollaboration in Sigmaringen ein Schattendasein. Ihre verirrten Anhänger kämpften in der »Division Charlemagne« noch im Frühjahr an der deutschen Ostfront und gehörten zu den letzten Verteidigern des Schlupfwinkels von Hitler unter der Reichskanzlei im April 1945. Sie erlitten furchtbare Verluste als Statisten der »Götterdämmerung«.

Die Befreiung von Paris

Je schneller die Alliierten vorrückten, um so drängender wurde das Problem der Stadt Paris. Eisenhower hatte, um einen Straßenkampf mit den unter General von Choltitz stehenden deutschen Truppen in der Stadt zu vermeiden, geplant, Paris großräumig im Norden und im Süden zu umgehen und erst dann die eingeschlossenen Deutschen zur Kapitulation zu zwingen. Die Leitung der Résistance in Paris unter Georges Bidault und der von de Gaulle entsandte Beauftragte für die noch nicht befreiten Gebiete, Alexandre Parodi, und die Kommandanten der unter dem Oberbefehl des Kommunisten Rol-Tanguy stehenden Verbände der FFI wollten jedoch in dieser Situation nicht nur von außen befreit werden, sondern selbst zur Befreiung der Stadt beitragen. So wurden am 19. August die Streitkräfte der Résistance zum Aufstand aufgerufen. In den Tagen bis zum 22. August gelang es ihnen, die Polizeipräfektur, das Hôtel de Ville und die Rathäuser der Stadtviertel in ihre Gewalt zu bringen. In den verschiedenen Ministerien konnten sich die Beauftragten de Gaulles einrichten.

Da die Résistancekämpfer über die Pläne der alliierten Oberkommandos nicht informiert waren und nicht wußten, wann mit dem Eintreffen der Truppen zu rechnen war, ließen sie sich durch die Vermittlung des schwedischen Generalkonsuls Nordling auf einen Waffenstillstand mit den Deutschen ein, der aber nicht allgemein eingehalten und am 22. August aufgehoben wurde. Nun entstanden überall in der Stadt Barrikaden; die deutschen Truppen und Dienststellen verschanzten sich, so gut es ging, in einer Reihe von Stützpunkten. In dieser kritischen Situation – Hitler hatte, wie zu erwarten, auch für Paris den Befehl zur größtmöglichen Zerstörung gegeben – erwies es sich von Vorteil, daß die Zweite Panzerdivision unter General Leclerc als einziger größerer französischer Truppenteil in der Normandie gelandet war. De Gaulle hatte von Eisenhower die Zusage erhalten, daß diese Division, ausschließlich französische Truppen, zur Befreiung von Paris eingesetzt würde. Sie gelangte in Eilmärschen bis zum 24. August an den Stadtrand von Paris, eine Abteilung konnte bis zum Hôtel de Ville vordringen.

De Gaulle war den Truppen unmittelbar gefolgt und hatte genaue Vorstellungen über seine Aufgaben für den Tag der Befreiung von Paris am 25. August 1944 entwickelt: Einerseits sollten »die Herzen der Menschen in einem gemeinsamen nationalen Elan vereint werden«, andererseits sofort »das Antlitz und die Autorität des Staates in Erscheinung treten« *(... rassembler les âmes en un seul élan national (...), faire paraître tout de suite la figure et l'autorité de l'Etat).* Beides gelang ihm in den beiden folgenden Tagen der Befreiung (25./26. 8. 1944). Während die Führung der Widerstandsbewegung ihn im Hôtel de Ville erwartete, traf sich de Gaulle – von der Bevölkerung begeistert empfangen – mit General Leclerc verabredungsgemäß im Bahnhof Montparnasse. Dort konnte ihm Leclerc die Kapitulation des Stadtkommandanten von Choltitz überbringen. Indessen hatte sich der Nationalrat der Widerstandsbewegung *(CNR)* in einer Proklamation zur »französischen Nation« erklärt und in der Verlautbarung kein Wort über die Regierung de Gaulle verloren. Nach dem Kampf mit den Alliierten um die Besetzung von Paris, nach den militärischen Auseinandersetzungen mit den deutschen Truppen, die noch nicht überall beendet waren, sah de Gaulle also den Machtkampf mit der durch den Erfolg bestätigten Résistanceführung kommen.

Aus diesem Grund suchte der General die Fortdauer des legitimen Staates in seiner Person zu demonstrieren: Er begab sich zunächst nicht zum Hôtel de Ville, wo der Nationalrat auf ihn wartete, sondern ins Kriegsministerium in der Rue Saint-Dominique, das er als Unterstaatssekretär am 10. Juni 1940 verlassen hatte und wo er mit Befriedigung feststellen konnte, daß alles in dem alten Zustand verblieben war. Dort richtete er sich zunächst ein, besprach den Zug vom Triumphbogen nach Notre-Dame, der für den nächsten Tag geplant war, und besuchte am Abend die Polizisten in der Präfektur, die sich auf der Seite der Widerstandsbewegung am Aufstand beteiligt und nicht geringe Verluste erlitten hatten. Schließlich begab er sich zum Hôtel de Ville, wo ihn die Mitglieder des Nationalrats der Widerstandsbewegung und des Pariser Befreiungskomitees erwarteten. Nach dem ersten enthusiastischen Empfang forderte Georges Bidault, der Chef des Nationalrats, den General auf, vor dem versammelten Volk die Republik auszurufen. Dies aber hätte bedeutet, daß die Regierung de Gaulles nicht die legitime Regierung Frankreichs gewesen wäre, und der General lehnte die Aufforderung mit den Worten ab: »Die Republik hat niemals aufgehört zu bestehen. Sie wurde jeweils verkörpert von dem Freien Frankreich, von dem Kämpfenden Frankreich und von dem Französischen Komitee der nationalen Befreiung. Vichy war und bleibt für immer null und nichtig. Ich selbst bin der Präsident der Regierung der Republik. Warum sollte ich sie ausrufen?« Er nahm noch den Beifall der Versammelten entgegen und begab sich wieder zurück ins Kriegsministerium.

Der 26. August 1944

Obwohl die Lage in der Stadt noch nicht völlig bereinigt war und in den Außenbezirken die Kämpfe mit abziehenden deutschen Verbänden weitergingen, die versuchten, den Flughafen von Le Bourget als Stützpunkt zu sichern, hielt de Gaulle an seinem Plan fest, am 26. August mit seinen Anhängern vom Triumphbogen über die Champs-Elysées bis zur Kathedrale Notre-Dame zu ziehen. Die Soldaten Leclercs waren dabei zur Absperrung und zum Schutz des Zuges vorgesehen, obwohl der amerikanische Vorgesetzte Leclercs verlangte, daß die Division seinen und nicht de Gaulles Anweisungen zu folgen habe und nicht für den geplanten Zweck eingesetzt werden dürfe. Gegen 15 Uhr setzte sich der Zug in Bewegung. Eine gewaltige Menschenmenge säumte die Straßen, erleichtert und beglückt, daß der Alpdruck vorüber war, und dem General dankbar, der die Szene in seinen Kriegserinnerungen mit den Worten schildert: »In diesem Augenblick ereignete sich eines jener Wunder des nationalen Bewußtseins, eine jener Gesten Frankreichs, wie sie im Lauf der Jahrhunderte gelegentlich unsere Geschichte erleuchteten.« Bilder dieses Triumphzuges der Befreiung haben sich begreiflicherweise tief in das französische Kollektivbewußtsein eingegraben. Auf das Risiko des Zuges durch die bedrohte Stadt angesprochen, fand der General die Antwort: »Das Defilee wird die politische Einheit der Nation herstellen!«

Aber zwei Ereignisse machten deutlich, wie nahe die Gefahr noch war: In dem Augenblick, in dem de Gaulle vor Notre-Dame den Wagen verließ, in den er an der rue de Rivoli gestiegen war, kam es zu einer heftigen Schießerei, die sich sogar noch im Inneren der Kirche fortsetzte. Der General, der im Gegensatz zu den meisten Anwesenden im Kirchenschiff nicht in Deckung, sondern auf seinen Platz zugegangen war, wies in seinen Kriegsmemoiren die Hypothese zurück, deutsche Soldaten oder Angehörige der Vichymiliz hätten von den Dächern aus das Feuer eröffnet, und lenkte den Verdacht auf die linksgerichteten Befreiungskomitees. Als alles vorüber war, schickte gegen Mitternacht die deutsche Luftwaffe das, was ihr an Bombern übrig geblieben war, zerstörte Hunderte von Häusern und tötete und verletzte etwa 500 Menschen in Paris.

Von der Befreiung Frankreichs
bis zum Ende des Krieges in Europa

Nach dem Durchbruch von Avranches und der Landung in der Provence wurde Frankreich in wenigen Wochen befreit. Bis auf das Elsaß und einige angrenzende Gebiete, ein paar Alpenpässe und die deutschen Stützpunkte am Meer, Pointe de Grave und Royan vor Bordeaux, La Rochelle, Saint-Nazaire, Lorient, Brest und Dünkirchen wurden Frankreich und mit ihm der größte Teil Belgiens bis Ende September befreit. Aber durch die Bombardements und die Kampfhandlungen waren vor allem im Norden schwere Zerstörungen angerichtet worden; die Häfen, soweit sie nicht von der deutschen Armee besetzt blieben, waren nahezu unbrauchbar, die zahllosen zerstörten Brücken und Eisenbahnlinien erschwerten die Kommunikation und die Versorgung der Städte, auch wenn die Unterversorgung aufgrund der Jahreszeit nicht so extrem spürbar wurde. Da Hilfe von außen nicht zu erwarten war – »die eiserne Regel der Staaten lautet, für nichts auch nichts zu geben« (de Gaulle) –, mußte die Regierung unverzüglich die dringendsten Aufgaben in Angriff nehmen. Sie bestanden in den Augen des Generals darin, zunächst die öffentliche Gewalt überall zu installieren, die Verbände der Résistance mit den regulären Truppen zu einer einsatzbereiten Armee zu verschmelzen und schließlich das Land ohne soziale Konflikte wieder an die Arbeit zu bringen.

De Gaulle ging unverzüglich daran, diese Aufgaben einer Lösung näher zu bringen: Er bildete bereits am 9. September 1944 die Regierung um und nahm acht Männer in das Kabinett auf, die sich im Kampf ausgezeichnet hatten. Georges Bidault, Vorsitzender des Nationalrats der Résistance, erhielt das Außenministerium. Wenige Tage nach der Regierungsumbildung begann der General eine Reihe von Reisen in die wichtigsten Städte der Provinz, um die allenthalben entstandenen »Befreiungskomitees«, die unter dem Einfluß der Kommunisten eigenständig handelten, in den Rahmen der neu entstandenen Staatsgewalt zu integrieren. Er traf dabei vor allem im Süden, in Marseille und Toulouse, auf ungeordnete Verhältnisse und nicht geringen Widerstand, den er zum Teil durch Entsendung regulärer Truppen überwinden mußte. In Lille wurde ihm deutlich, daß »die Befreiung des Landes von einer tiefen Veränderung der Gesellschaft« begleitet sein müßte. Die Überzeugung von der Notwendigkeit einer Neuverteilung der Reichtümer des Landes und die Erkenntnis, daß die »Sicherheit und die Würde« der Arbeiter Anerkennung verdienen, bildeten fortan eine Grundkomponente der Sozialpolitik des Generals. Er erwies sich in diesem Punkt bis ans Ende seiner zweiten Amtszeit im Jahr 1969 als fortschrittlicher als die meisten seiner Anhänger, gegen deren Widerstand er nur einen Teil seiner Ideen verwirklichen konnte.

Für die Wiederherstellung der staatlichen Ordnung war es unerläßlich, daß die Säuberungsaktionen allenthalben spontan entstandener »Revolutionsgerichte«, die viele Kollaborateure und Verräter verurteilten – die Zahl der Opfer ist unsicher und schwankt je nach Standpunkt des Autors –, durch legale Gerichte und geregelte Verfahren ersetzt wurden. Diese sprachen 4783 Todesurteile aus, von denen 786 auch vollzogen wurden. Die Säuberung traf besonders hart die Intellektuellen, weniger spürbar den öffentlichen Dienst und fiel am mildesten im Bereich der Wirtschaft aus. Zu den Säuberungsmaßnahmen zählte auch das Verbot derjenigen Zeitungen, die nach dem Waffenstillstand in der besetzten nördlichen Zone Frankreichs und nach der Besetzung des südlichen Teils des Landes (11. 11. 1942) dort weiter erscheinen konnten. Ihr Besitz wurde auf die aus der Widerstandsbewegung hervorgegangenen Organe übertragen. Zwischen de Gaulles Auffassung von der Wiedererrichtung der staatlichen Ordnung und den Kräften der Résistance, die, wie insbesondere das *Comac (Comité d'action militaire du Conseil national de la Résistance)*, eine revolutionäre Veränderung des Landes anstrebten, mußte es zwangsläufig zum Konflikt kommen. Unter dem Vorwand des Kampfes gegen den Faschismus hatten manche der sogenannten »patriotischen Milizen« *(milices patriotiques)* des *Comac* wider der

Regierungsanweisung die Waffen behalten. Gegen mehrere Minister setzte de Gaulle im Kabinett die Auflösung der Milizen durch (28. 10. 1944).

Reformmaßnahmen nach der Befreiung

»Ein wesentlicher Zug der Résistance ist der Wille zur gesellschaftlichen Erneuerung« (de Gaulle); dieser Wille war schon vor der Befreiung des Landes zum Ausdruck gekommen und wurde in der ersten Zeit danach in die Tat umgesetzt, allerdings nicht nach einem konsequenten Gesamtplan, sondern häufig unter spezifischen politischen Gesichtspunkten. Noch 1944 wurde die *Agence France-Presse* geschaffen, die Kohlengruben im Norden wurden verstaatlich, aus denen dann 1946 die *Charbonnages de France* hervorgingen. Da Louis Renault wegen Zusammenarbeit mit den Deutschen verhaftet und 1944 im Gefängnis gestorben war, wurden Anfang 1945 die Renault-Werke in eine staatliche *Régie* umgewandelt. Aus den Flugzeugwerken *Gnôme et Rhône* entstand die S.N.E.C.M.A., im Juni '45 wurde die *Air France* gegründet, 1946 die Elektrizitätsversorgung in der EDF und die Gasversorgung in dem GDF zusammengefaßt. Um die Investitionen besser zu lenken, verstaatlichte man schließlich die *Banque de France*, die vier größten Depotbanken und einen Teil der Versicherungen. Als Instrument der Wirtschaftslenkung wurde im Januar 1946 das staatliche Planungskommissariat geschaffen und von Jean Monnet geleitet. Am Beginn der gezielten staatlichen Erforschung der Atomenergie stand das im Oktober 1945 gegründete Kommissariat für Atomenergie. Nicht zuletzt wurden noch unter de Gaulle die sozialen Leistungen erheblich verbessert durch die Einführung eines obligatorischen Sozialversicherungssystems bei Krankheit, Unfall, Alter und Arbeitslosigkeit. Die schon vom Vichy-Staat eingeführten Familienunterstützungen wurden ausgebaut. Im Februar 1945 entstanden schließlich in allen Betrieben mit mehr als 50 Beschäftigten Betriebsräte *(comités d'entreprise)*, die zwar nicht entscheidungsbefugt waren, aber vor Entscheidungen angehört werden mußten. Eine wichtige

Neugründung bildete schließlich die im August 1945 geschaffene Nationale Verwaltungshochschule *(Ecole nationale d'administration = ENA)*, aus der die Führungskräfte des Landes hervorgehen sollten.

Nahezu alle erwähnten Maßnahmen dienten dem Ziel, den staatlichen Einfluß in Wirtschaft und Gesellschaft zu vergrößern, ohne die kapitalistische Marktwirtschaft gänzlich in Frage zu stellen. Bei der Verwaltung des Mangels waren – wie in den meisten vom Krieg verheerten Ländern Westeuropas – dirigistische Maßnahmen unausweichlich. Durch die Institutionalisierung des staatlichen Dirigismus ging Frankreich jedoch einen Schritt weiter als seine Nachbarn und schuf sich eine gemischte Wirtschaft, in der – ganz in der Tradition Colberts – die staatliche Lenkung dominierte. Wie nicht anders zu erwarten, konnte die allgemeine Not angesichts des Mangels an Gütern nicht gemindert werden. Eine sofort nach der Befreiung von Paris verkündete Erhöhung der Löhne um 40 Prozent und eine Anhebung der Familienunterstützung um 50 Prozent im Oktober konnten weder die blockierten offziellen noch die freien Preise, die viel stärker angestiegen waren, ausgleichen. Durch die Erhöhung des Geldumlaufs wirkten sie eher noch preissteigernd. Während die Wirtschaftätigkeit im September 1944 auf 40 Prozent des Niveaus von 1938 gefallen war, hatte sich der Geldumlauf verdreifacht. Um diesen zu verringern, legte die Regierung im November 1944 eine »Befreiungsanleihe« *(emprunt de la libération)* auf, die die Summe von 164 Milliarden Franken erbrachte. Die galoppierende Inflation wurde dadurch kurzfristig gedämpft, aber das Problem blieb wegen des Warenmangels weiter bestehen und führte im Januar 1945 zu Meinungsverschiedenheiten zwischen Wirtschaftsminister Pierre Mendès France und Finanzminister René Pleven. Dabei vertrat Mendès France die Position, durch einen rigorosen Eingriff den Geldumlauf zu verringern und zu blockieren, während Pleven mit den Methoden des wirtschaftlichen Liberalismus, durch Anleihen, aber ohne Zwangssparen vorgehen wollte. Angesichts der Not im Lande konnte sich der General nicht für die von seinem Wirtschaftsminister vorgeschlagenen einschneidenden Maßnahmen entschließen und entschied sich für die Vorschläge von Pleven. Mendès France bot daraufhin seinen Rücktritt an, der zunächst nicht angenommen wurde, und verließ dann im April das Kabinett. Langfristig war damit eine schwerwiegende Entscheidung getroffen; was Mendès France bei seiner Demission in einem Brief darlegte, sollte sich als prophetisches Wort erweisen: Frankreich hatte sich auf eine laxe Geldpolitik und damit auf eine permanente Entwertung des Franken festgelegt, und die Inflation wurde zur ständigen Begleiterin der Vierten Republik, die sich nur gelegentlich und für kurze Zeit von ihr freimachen konnte.

Die wirtschaftliche Misere Frankreichs war umso spürbarer geworden, als der General alles tat, um Frankreich als kriegführende Macht an dem Kampf gegen Deutschland zu beteiligen und um an den Entscheidungen über das Schicksal Europas ein Mitspracherecht zu gewinnen. Soweit es die Lieferung der Alliierten ermöglichte, wurden neue Truppen aufgestellt, in die ein großer Teil der Widerstandskämpfer eingegliedert wurde. So konnte die französische Armee gegen Ende des Krieges mit 18 Divisionen und 1,3 Millionen Soldaten fast ein Viertel der Truppen stellen, die Eisenhower auf dem Kriegsschauplatz zur Verfügung standen. Diese ungeheure Anstrengung schwächte das erschöpfte Land noch zusätzlich, sie sollte sich aber, auf die Dauer gesehen, auszahlen.

Die französische Armee im Kampf gegen Deutschland

In dem letzten, harten Kriegswinter 1944/45 hatten die französischen Streitkräfte den rechten Flügel der Alliierten inne, von der schweizer Grenze bis an den Nordrand der Vogesen. Eine Mitte November gestartete Offensive führte französische Truppen bei Mülhausen als erste an den Rhein. Weiter nördlich gelang es der Zweiten Panzerdivision Leclercs, die unter amerikanischem Oberbefehl stand, am 23. November Straßburg zu befreien. Nur um Kolmar hielten sich bis Anfang Februar deutsche Verbände. Die Kämpfe dort waren für beide Seiten sehr verlustreich.

Während der deutschen Ardennenoffensive um Weihnachten 1944 kam es zu ernsten Auseinandersetzungen zwischen de Gaulle und dem Oberkommandierenden Eisenhower. Um die Südflanke zu schützen, hatte dieser entschieden, das Elsaß wieder zu räumen und die Widerstandslinie auf den Vogesenkamm zurückzunehmen. Da zugleich eine deutsche Offensive gegen den Norden des Elsaß anlief, war zu befürchten, daß Straßburg wieder in deutsche Hände fiele. Was für die Amerikaner eine taktische Bewegung darstellte, bedeutete für die Franzosen, die gerade befreiten elsässischen Landsleute wieder der Willkür eines rachsüchtigen Gegners auszusetzen. In dieser Situation befahl de Gaulle seinen Truppen um Straßburg, entgegen den Anweisungen des militärischen Oberbefehls, die Stadt mit allen Mitteln und notfalls das Elsaß allein zu verteidigen. In einer sehr bewegten Aussprache in Eisenhowers Hauptquartier, zu der auch Churchill gekommen war, beugte sich dieser schließlich de Gaulles Argument, daß »für das französische Volk und für die französischen Soldaten das Schicksal von Straßburg die größte moralische Bedeutung hat«. Die Anhänglichkeit des Elsaß an de Gaulle und die gaullistische Partei bis in die Gegenwart beruht nicht zuletzt auf der Festigkeit, mit der der General die Provinz gegen den deutschen Angriff schützte.

Bei der Besetzung Deutschlands sollte der französischen Armee nach Plänen Eisenhowers eine defensive Rolle zukommen. Die Überquerung des Rheins durch die französische Erste Armee war nicht vorgesehen. Eine solche erzwungene Passivität widersprach den Vorstellungen de Gaulles von der aktiven Rolle Frankreichs im Krieg gegen Deutschland. Da ein direkter Rheinübergang vom Elsaß aus vor dem schwierigen Gelände des Schwarzwalds keine günstigen Aussichten eröffnete, drangen die französischen Truppen schließlich Mitte März 1945 in die Südpfalz ein und konnten bei Speyer und Germersheim (31.3.1945) den Rhein überqueren. Sie sollten den Schwarzwald bei Pforzheim nördlich umgehen und zunächst Stuttgart einnehmen, das von de Gaulle als Pfand für seine Ansprüche auf eine Besatzungszone ausersehen war. Um den Besitz von Stuttgart kam es zu Streitigkeiten mit den Amerikanern, die erst nach einiger Zeit gelöst wurden. Die französische Armee mußte Stuttgart wieder räumen, konnte aber schließlich den Südwesten Deutschlands bis Ulm und Kempten besetzen und drang in Österreich zum Arlberg vor. Ihr Erscheinen war, wie beispielsweise die unnötige Zerstörung von Freudenstadt zeigte, nicht selten mit unerfreulichen Begleitumständen verbunden, die im Bewußtsein der deutschen Bevölkerung dieser Gebiete lange lebendig blieben. Sie sind weitgehend aus der bunten Zusammensetzung der Truppen zu erklären und standen – wie noch zu zeigen sein wird – im Gegensatz zu den Intentionen de Gaulles.

Während die Erste Armee in Deutschland vorrückte, setzte de Gaulle neben den vor Ort liegenden Streikräften der Résistance reguläre Truppen ein, um im April 1945 die deutschen Stützpunkte am Atlantik zu erobern. Das gelang gegen zum Teil noch immer harten Widerstand an der Girondemündung und bei La Rochelle, während der Angriff auf Lorient und Saint-Nazaire wegen der Kapitulation Deutschlands unterblieb. Weitere Kämpfe der französischen Armee in den Alpen führten zur Besetzung von kleineren italienischen Gebieten (um Tende), die später an Frankreich abgetreten wurden. Bei dieser Gelegenheit kam es wiederum zu Schwierigkeiten mit den USA, die eigenmächtige Annexionen (Aosta-Tal) nicht hinnehmen wollten.

Nach dem Selbstmord Hitlers kapitulierte das Reich zunächst am 7. Mai 1945 in Reims, wo die Alliierten einen französischen General als Mitunterzeichner akzeptierten. In der auf sowjetischen Wunsch in Berlin am 9. Mai wiederholten Zeremonie hatte de Lattre zunächst Schwierigkeiten, seine Teilnahme gegen sowjetischen Widerstand durchzusetzen. Schließlich gelang dies, und die Anwesenheit des französischen Generals entlockte Feldmarschall Keitel den erstaunten Ausruf: »Was? Die Franzosen auch noch?!«, durch den deutlich wurde, wie wenig die deutsche Führung mit dem wiedererstandenen Gegner Frankreich rechnete. Durch seinen militärischen Beitrag zum Sieg hatte dieses, so wie es de Gaulle erreichen wollte, ein Mitspracherecht in Deutschland gewonnen. Auch bei der Kapitulation Japans auf dem Schlachtschiff »Missouri« am 2. September 1945 nahm als Frankreichs Vertreter General Leclerc teil, der als Oberkommandierender des französischen

Expeditionskorps die Aufgabe hatte, Indochina wieder für Frankreich zu gewinnen.

Die Deutschlandpolitik de Gaulles 1944–1946[1]

Die Härte des Kampfes gegen das Reich und die Auseinandersetzungen mit den eigenen Verbündeten ließen die Ausarbeitung einer zukünftigen Ordnung in Europa und einer französischen Nachkriegspolitik gegenüber dem besiegten Deutschland lange Zeit in den Hintergrund treten. Noch bei seinem Besuch in den USA im Juli 1944 mußte de Gaulle eine große Unsicherheit der Alliierten bei ihren Plänen zur Lösung der Nachkriegsprobleme feststellen. Aber es hat den Anschein, als hätten sich seine eigenen Vorstellungen über das Schicksal Deutschlands auch erst allmählich herausgebildet: In seinen Anweisungen und in einem Brief an Roosevelt kurz nach der Reise in die USA brachte er die Sprache ganz allgemein auf den Rhein; mit der belgischen Exilregierung hatte er nach der Landung in der Normandie eine gemeinsame Politik »für die rheinisch-westfälische Region« ins Auge gefaßt. Auf der Pressekonferenz vom 10. Juli 1944 in Washington meldete de Gaulle Sicherheitsansprüche auf das Rheinland an, ohne dessen Annexion zu fordern.

Nach allen Erfahrungen in der Vergangenheit sollte die günstige Konstellation der Schwächung, ja Hilflosigkeit Deutschlands zu einer definitiven Regelung der Sicherheitsfrage genutzt werden. Da de Gaulle, wie erwähnt, mehrfach und ausdrücklich versicherte, daß das Rheinland seinen deutschen Charakter behalten solle, blieb dessen Status zunächst ungewiß. Während Truman dem wirtschaftlichen Anschluß des Saargebietes an Frankreich zustimmte, blieb er »reserviert« gegenüber de Gaulles sonstigen Vorstellungen über Deutschland. Ähnlich verhielt sich Stalin.

Hauptziel zu jener Zeit war die Besetzung des gesamten Rheinlands, einschließlich Aachens und Kölns, das nach de

[1] Dieses Kapitel wurde zum Teil bereits an anderer Stelle veröffentlicht.

Gaulles Vorstellungen nicht den Engländern in die Hände fallen sollte, weil weder 1914 noch 1940 die Hilfe Englands Frankreich vor der Invasion geschützt hätte. Dagegen wäre de Gaulle durchaus bereit gewesen, auf Südwürttemberg zu verzichten. Alle Äußerungen machen klar, daß de Gaulles Deutschlandpolitik im Kern von den Erfahrungen der Vergangenheit und dem Verlangen nach Sicherheit bestimmt war. Der General mußte sich schließlich mit der zusammengestückelten, zweigeteilten Besatzungszone begnügen, ohne Köln, aber er nahm sie in Besitz mit der Absicht, sich hier nicht hereinreden zu lassen: »(...) unsere Zone geht nur uns allein an.« Die Gespräche mit Roosevelt hatten ihn 1944 gelehrt, daß letztlich nur die Macht zählt. Für Restdeutschland sprach sich der General entschieden gegen einen Einheitsstaat aus, wie er noch in Potsdam vorgesehen war und wie er ihn immer abwertend »le Reich« nannte. Stattdessen sollten östlich des Rheins deutsche Länder geschaffen werden, die gemeinsam Fragen in der alliierten Kontrollmission vorbringen dürften. Die Vorstellung, diese Länder könnten sich zu einem Staatenbund zusammenschließen, taucht erst sehr viel später, 1948, bei de Gaulle auf. In jedem Fall sollte das Ruhrgebiet nicht der Souveränität eines dieser deutschen Länder unterstehen, sondern einen eigenen Status erhalten. Das von Deutschland abgetrennte, aber von Frankreich nicht annektierte Rheinland fände in seinen einzelnen Territorien Selbständigkeit. Dies alles waren schon die Pläne der separatistischen Bewegungen im Rheinland nach 1918, und die Deutschlandpolitik de Gaulles lag auf der Linie der damaligen französischen Politik, ging aber in der Forderung nach Auflösung des Reiches über sie hinaus.

Was de Gaulle jedoch von den französischen Politikern der Zeit nach 1918 gänzlich unterschied, war das Interesse für das Befinden der deutschen Bevölkerung in seinem Machtbereich, wobei sich die Sorge um ihr moralisches und wirtschaftliches Wohlergehen mit dem Bemühen verband, sie für Frankreich einzunehmen. Die Kürze der dem General noch verbliebenen Regierungszeit und das Eigengewicht der Militärherrschaft in der Zone mit den damit verbundenen Nöten der Bevölkerung haben verhindert, daß dieser Aspekt in Deutschland in das öffentliche Bewußtsein gelangte: In Erinnerung blieb nur die besonders große Drangsal in der französischen Zone. De Gaulle aber hatte eine andere Entwicklung angestrebt:

Dreimal kam er 1945 persönlich an und über den Rhein, nicht nur, um seine Truppen zu inspizieren, sondern auch, um die Lage der deutschen Bevölkerung kennenzulernen, und bei seinem letzten Besuch sogar, um mit ihr Kontakt aufzunehmen – was keinem anderen Staatsmann der Siegermächte zu jener Zeit eingefallen wäre. Wenige Tage, nachdem die französiche Armee bei Speyer den Rhein überschritten hatte, war de Gaulle ihr gefolgt und hatte bei dieser Gelegenheit auch Karlsruhe besucht, »das schrecklich verwüstet war«. Er verlangte im Juni von seinen Generälen Juin und de Lattre tägliche Auskunft über die Lage im besetzten Gebiet, »insbesondere hinsichtlich der Verwaltung der von den unter ihrem Oberbefehl stehenden Truppen besetzten deutschen und österreichischen Gebiete, über die politische, wirtschaftliche und moralische Lage der Bevölkerung, über ihre Beziehungen zu den Truppen ...«. Im Mai unternahm der General eine zweite Inspektionsreise zu seinen Soldaten bis nach Augsburg und Vorarlberg und erschrak vor dem Ausmaß des Elends und der Zerstörungen in Deutschland: »... ich fühlte, wie sich mein Herz als Europäer zusammenschnürte.« Er spürte aber auch, daß der Zusammenbruch die Mentalität der Deutschen verändert hatte und daß sich dadurch neue Perspektiven einer Zusammenarbeit ergaben: »Inmitten der Ruinen, der Trauer, der Erniedrigungen, die nun über Deutschland kamen, empfand ich, wie Härte und Mißtrauen in meinem Denken schwächer wurden. Ja, ich glaubte sogar Möglichkeiten der Verständigung zu erkennen, die sich in der Vergangenheit niemals dargeboten hatten.« Gewiß, dieser Text wurde Ende der fünfziger Jahre abgefaßt und könnte unter dem Aspekt der veränderten Gegebenheiten konzipiert worden sein. Die authentischen Ansprachen während der dritten und wichtigsten Reise nach Deutschland im Oktober 1945 lassen jedoch die Versöhnungsbereitschaft de Gaulles bereits in der ersten Nachkriegszeit erkennen.

Der Text der Reden in Trier, Koblenz und Freiburg enthält in der Substanz die gleiche Aussage: »Wir sind hier unter Europäern, unter Menschen des Westens, und es gibt Gründe dafür, daß wir uns in besonderer Weise verstehen. ... Frankreich ist nicht hier, um etwas zu nehmen, sondern um etwas neu aufleben zu lassen und damit Sie mit ihm wieder aufleben!« Die deutschen Teilnehmer dieser Treffen – neben den genannten Städten noch in Saarbrücken, Mainz und Neustadt – waren offenbar sehr überrascht, von der Besatzungsmacht und noch dazu ihrem Regierungschef solche ermutigenden, Hoffnung einflößenden Worte zu hören zu bekommen, denn in seinen »Kriegsmemoiren« erwähnte de Gaulle, daß manchen von ihnen die Tränen gekommen seien! Der Eindruck der ersten Rede in Saarbrücken muß so stark gewesen sein, daß trotz der damals kaum bestehenden Kommunikationsmöglichkeiten Konrad Adenauer von de Gaulles Auftreten hörte und in seinen »Erinnerungen« vermerkte: »Diese Worte de Gaulles erfüllten mich mit großer Hoffnung für ein vereintes Europa.« Gegenüber englischen Journalisten hat er auf de Gaulles Rede angespielt und das Fehlen ähnlicher Töne aus England vermerkt: »... ich wollte, daß einmal ein englischer Staatsmann von uns als Westeuropäern gesprochen hätte.« Derartige Worte waren aber auch in Frankreich selbst ungewohnt, denn Michel Debré erwähnt, daß sie in Paris lebhaften Protest erregten.

Zum Abschluß seiner Reise hat de Gaulle am 5. Oktober 1945 noch einmal vor den Offizieren der französischen Militärregierung die Ziele seiner Deutschlandpolitik erläutert und sie aufgefordert, die deutsche Bevölkerung nicht zu unterdrücken, sondern für sich einzunehmen. Selbst die einfachen Soldaten seien »Botschafter unseres Landes«. Es verdient Erwähnung, daß französische Augenzeugen der Begegnungen berichteten, wie sich die Beziehungen zwischen Besatzern und Besetzten ab diesem Augenblick tatsächlich verbesserten; zum Erstaunen der Besatzungsoffiziere war de Gaulle bei den verschiedenen Empfängen den Deutschen entgegengetreten und hatte ihnen, was bis dahin absolut verpönt war, die Hand gereicht. Erst ab diesem Moment waren die Offiziere zu der gleichen Geste bereit.

Wenn es noch eines Beweises für die Menschlichkeit des Generals gegenüber den Besiegten auch in jener von Haß und

Rachegefühlen erfüllten Zeit bedurft hätte, so liegt dieser in einem Brief vom 27. September 1945 an Kriegsminister Diethelm vor, in welchem der General, von der elenden Lage der deutschen Kriegsgefangenen in Frankreich informiert, von Diethelm nachdrücklich sofortige Abhilfe verlangte und diesem schrieb: »Ich bitte Sie, diese Angelegenheit sofort in Angriff zu nehmen. Es geht darum, allen Nahrung und medizinische Versorgung zukommen zu lassen; die unheilbar Kranken sind in ihre Heimat zu entlassen.« Alle Zeugnisse beweisen, daß de Gaulle sich auch in der unmittelbaren Nachkriegszeit nie von Rachegefühlen gegenüber den Deutschen leiten ließ, sondern im Gegenteil für das Leiden der Menschen Mitgefühl empfand. Er suchte die Deutschen in dem französischen Einflußbereich für Frankreich zu gewinnen. Oberstes Ziel seiner Politik aber war, durch die Zerstörung des deutschen Einheitsstaates die französische Sicherheit für eine möglichst lange Zeit gewährleisten zu können.

Frankreichs »Rang« in der Welt

Auch nach dem Tod Roosevelts bedurfte es noch einiger Zeit, bis die drei Hauptsiegermächte die »Provisorische Regierung der Republik Frankreich« am 23. Oktober 1945 in aller Form anerkannten. Auf die Frage eines Journalisten nach seinen Empfindungen bei diesem Schritt begnügte sich der General mit der sarkastischen Antwort: »Die französische Regierung stellt mit Befriedigung fest, daß man sie freundlicherweise bei ihrem Namen nennt.« Um die Abhängigkeit von den Angelsachsen zu verringern, suchte de Gaulle – wie schon während des Krieges – ein Gegengewicht in Rußland, zumal bei einem Besuch Churchills in Paris im November 1944 keine feste Allianz zustande gekommen war.

Die Reise, die der General noch während des letzten Kriegswinters nach Moskau unternahm und deren Ergebnis der französisch-sowjetische Sicherheitspakt vom 10. Dezember 1944 darstellte, hinterließ bei ihm nach der viertägigen Fahrt im Zug über Stalingrad durch die gespenstigen und für schwächere

Naturen bedrückenden Begegnungen mit Stalin im Kreml einen zwiespältigen Eindruck. De Gaulle erkannte de facto die russischen Ansprüche in Osteuropa und damit auch die Oder-Neiße-Grenze an, ohne daß Stalin Frankreichs Ansprüche auf die Rheingrenze hinnahm; er hielt aber dem russischen Druck, das kommunistische Regime von Lublin als Polens Regierung anzuerkennen, zum Erstaunen der russischen Vertreter und Stalins selbst stand. Stalin blieb trotz aller Freundschaftsbeteuerungen skeptisch gegenüber de Gaulle, wie Bemerkungen zu Roosevelt in Jalta belegen. Nicht nach Jalta eingeladen – es widersetzten sich nur die USA der Einladung –, sah sich der General mit dem Wunsch Roosevelts konfrontiert, ihn bei seiner Rückreise in Algier zu treffen. »Trotz des augenblicklichen Kräfteverhältnisses« hielt es de Gaulle für unangemessen, der Einladung des Präsidenten, der sich seiner Anwesenheit in Jalta widersetzt hatte und der ihn auf französisches Territorium einlud, zu entsprechen (21. 2. 1945). Dieser Affront gegenüber dem mächtigsten Mann der Welt rief eine große Erregung in der Öffentlichkeit hervor.

Auch von der letzten Konferenz der Großmächte in Potsdam (17. 7.–2. 8. 1945) ausgeschlossen, erhielt Frankreich immerhin einen Sitz im Alliierten Kontrollrat in Berlin sowie eine Besatzungszone in Deutschland und damit das Mitspracherecht über das Schicksal des besiegten Nachbarn. Auf die Dauer erwiesen sich die Ergebnisse der Konferenz von San Francisco (25. 4.–26. 6. 1945) zur Gründung der UNO als noch bedeutsamer für die Weltgeltung Frankreichs und der französischen Sprache, obwohl die französische Regierung es abgelehnt hatte, mit den vier anderen Großmächten zusammen einzuladen. Es gelang der französischen Delegation unter Georges Bidault und später Joseph Paul-Boncour, das Französische als eine der drei offiziellen Sprachen der Vereinten Nationen durchzusetzen. Zudem erhielt Frankreich einen ständigen Sitz im Sicherheitsrat und das damit verbundene Vetorecht. Angesichts der Schwäche des Landes läßt sich die Anerkennung als eine der fünf Großmächte und der vier für Deutschland verantwortlichen Siegermächte nur als ein großer Erfolg der französischen Politik bezeichnen.

Die Säuberungsmaßnahmen.
Das Wiedererstarken der Parteien
und der Rücktritt de Gaulles

Zwischen den verschiedenen politischen Kräften in Frankreich bestand bei der Aufarbeitung der Vergangenheit noch längere Zeit Übereinstimmung. Während zahlreiche Vichy-Anhänger desto besser davonkamen, je weiter die Zeit vorrückte, wurden die Hauptverantwortlichen 1945 vor Gericht gestellt: Pétain, der sich bei Kriegsende zunächst in die Schweiz geflüchtet, dann aber freiwillig den französischen Behörden gestellt hatte, wurde zum Tode verurteilt (15. 8. 1945), aber von de Gaulle begnadigt. Er starb im Juli 1951 im Alter von 95 Jahren in Festungshaft. Pierre Laval, der sich mit dem Flugzeug nach Spanien gerettet hatte, wurde von Franco ausgeliefert und nach einem nicht immer fairen Verfahren zum Tode verurteilt. Nach einem Selbstmordversuch wieder ins Leben gerufen, wurde er schließlich am 15. Oktober 1945 erschossen. Den Chef der gefürchteten Miliz, Joseph Darnand, traf ebenfalls die Todesstrafe. Zahlreiche Intellektuelle setzten sich für den zum Tod verurteilten Schriftsteller Robert Brasillach ein, konnten aber nicht erreichen, daß de Gaulle ihn begnadigte – ein sehr umstrittener Fall, der noch heute die Gemüter bewegt. Charles Maurras, der Chefideologe der nationalistischen und antisemitischen *Action française*, kam mit lebenslänglicher Haft davon und starb 1952. Abgesehen von den spektakulären Prozessen fiel die Bestrafung der Kollaborateure weniger hart aus als in manchen anderen europäischen Ländern; de Gaulle und seine Nachfolger machten häufig Gebrauch von ihrem Begnadigungsrecht. Dennoch hinterließ die »Säuberung« (*épuration*) einen bitteren Nachgeschmack, da sich viele Anhänger Vichys von der nationalen Gemeinschaft ausgestoßen fühlten.

Bei aller Geschlossenheit der politischen Kräfte gegenüber den gemeinsamen Gegnern bildeten sich innerhalb des neu entstandenen Parteienspektrums 1945 wieder Gegensätze und Spannungen heraus, die bei den Wahlen zum Ausdruck kamen. Da die Gemeindevertreter zum letzten Mal 1937 demokratisch gewählt worden waren, hatte die Provisorische Regierung noch vor Kriegsende beschlossen, Kommunalwahlen durchzuführen (29. 4. und 13. 5. 1945). Obwohl bei derartigen Wahlen örtliche Gegebenheiten eine nicht geringe Rolle spielen, war doch an dem Ergebnis abzulesen, daß die Kommunisten *(PCF)*, Sozialisten *(SFIO)* und die Ende 1944 gegründeten »Volksrepublikaner« *(Mouvement républicain populaire = MRP)*, die in etwa den Christdemokraten anderer westeuropäischer Länder entsprachen, auf Kosten der rechtsgerichteten »Gemäßigten« *(modérés)* und Radikalen *(radicaux)* Einfluß gewonnen hatten. Die extreme Rechte der Vorkriegszeit war mit dem Vichyregime verschwunden.

Während die Kommunisten die Wirtschaftspolitik der Provisorischen Regierung bei vielen Anlässen unterstützten, suchten sie gleichzeitig für den anstehenden Machtkampf alle linke Kräfte zu sammeln: In der *Délégation des gauches* (23. 8. 1945) waren Kommunisten, Sozialisten, Radikale, Anhänger der Liga der Menschenrechte und Gewerkschaftler vereint. Aber bei der Debatte um die Verfassung brachen wieder die jeweiligen Eigeninteressen hervor. Die Verfügung vom 21. April 1944 hatte vorgesehen, daß spätestens ein Jahr nach der Befreiung des Landes eine Verfassunggebende Versammlung zu wählen sei. Nach der deutschen Kapitulation und der Rückkehr der Kriegsgefangenen war der Zeitpunkt gekommen, die Debatte zu eröffnen.

Es standen sich drei Vorstellungen gegenüber: Radikale und Unabhängige wünschten die Rückkehr zur Dritten Republik, also zu den Verfassungsgesetzen von 1875. Die anderen Parteien traten für eine starke Versammlung ein, bei der die Macht konzentriert wäre. De Gaulle dagegen, der die Schwäche der Dritten Republik vor Augen hatte und die demagogische Vorherrschaft der Kommunisten in einem Einkammersystem fürchtete, schlug entgegen der republikanischen Tradition eine Volksabstimmung[1] mit zwei Fragen vor: 1. »Soll die gewählte Versammlung verfassunggebend sein?« und 2. »Wenn ja, stimmen Sie den Vorschlägen der Regierung zur provisorischen Organisation der Staatsorgane zu?«. Die Vorschläge der Regie-

---

[1] Ich gebrauche diese Bezeichnung für das französische *référendum.*

rung liefen darauf hinaus, daß die Versammlung innerhalb von sieben Monaten eine Verfassung auszuarbeiten und dem Volk zur Abstimmung vorzulegen hätte. Während dieser Zeit sollte zugleich ein Sturz der Regierung nur mit absoluter Mehrheit möglich sein. Obwohl die Beratende Versammlung de Gaulles Projekt ablehnte, setzte dieser seine Vorstellungen in der Regierung durch. Zugleich stellte sich die Frage des Wahlmodus. Während die Anhänger der Dritten Republik auch für deren Mehrheitswahlrecht in zwei Wahlgängen plädierten, setzten sich die anderen Parteien für ein reines Verhältniswahlsystem auf nationaler Ebene ein. De Gaulle bestand auch hier auf seinem Vorschlag des Verhältniswahlsystems auf Départementsebene.

Entsprechend den jeweiligen Stellungnahmen und Interessen traten die Kommunisten dafür ein, auf die erste Frage der Volksabstimmung mit »Ja«, auf die zweite mit »Nein« zu antworten. Die Radikalen riefen zu einem zweifachen »Nein« auf, während die anderen Parteien für de Gaulles doppeltes »Ja« waren. Wie vorherzusehen, stimmten 96 Prozent der Wähler am 21. Oktober 1945 mit »Ja« dafür, daß die zu wählende Versammlung verfassunggebend sein solle. Auf die zweite Frage, die die Aufgaben der Verfassunggebenden Versammlung festlegte, antworteten 12,3 Millionen Wähler mit »Ja«, 6,2 Millionen mit »Nein«, bei fünf Millionen Enthaltungen und einer Million ungültiger Stimmen. De Gaulle und die Mehrheit der Parteien, die seinen Vorschlag unterstützten, hatten sich durchgesetzt, aber die Macht der Kommunisten war deutlich geworden.

Bei den gleichzeitig mit der Volksabstimmung stattfindenden Wahlen zur – nunmehr Verfassunggebenden – Versammlung hatten zum ersten Mal die Frauen und die Soldaten ein Stimmrecht. Von 19,170 Millionen abgegebenen Stimmen (Wahlbeteiligung 77 Prozent) entfielen auf die Kommunisten (PCF) und Anhänger etwa 5,01 Millionen = 26,1 Prozent, auf die Volksrepublikaner (MRP) 4,93 Millionen = 25,6 Prozent, auf die Sozialisten (SFIO) 4,7 Millionen = 24,6 Prozent, auf die Gemäßigten (modérés) 2,78 Millionen = 14,4 Prozent und auf die Radikalen (radicaux) 1,7 Millionen = 9,3 Prozent. Es ergab sich die folgende Sitzverteilung (in Klammern die Sitze von 1936): PCF = 148 Sitze (72), MRP = 143 Sitze (–), SFIO = 135 Sitze (153), *modérés* = 65 Sitze (228), *radicaux* = 31 Sitze (145). Die drei großen Parteien, Kommunisten, Sozialisten und Volksrepublikaner hatten zusammen also mehr als drei Viertel der Stimmen und 80 Prozent der Sitze erhalten, während die rechten Parteien tief eingebrochen waren.

Sehr schnell sollte es sich zeigen, welches Selbstbewußtsein die Parteien gegenüber de Gaulle gewonnen hatten. Die Versammlung trat am 6. November zusammen und wählte Félix Gouin (*SFIO*, Präsident der Beratenden Versammlung) zu ihrem Präsidenten. Ohne daß sich der General sehr bemüht hätte, wurde er am 13. November 1945 einstimmig zum Regierungschef gewählt. Als bei der Regierungsbildung jedoch die Kommunisten eines der Schlüsselministerien für sich forderten (Äußeres, Inneres, Verteidigung), lehnte der General ab »aus klaren nationalen und internationalen Gründen«. Die Kommunisten gaben nach und begnügten sich mit fünf Ministerien vornehmlich wirtschaftlicher Natur.

Trotz dieser Erfolge wuchsen die Spannungen zwischen Regierung und Parlament. Zum Bruch kam es, als die Sozialisten mit Unterstützung der Kommunisten am 30. Dezember 1945 unvermutet eine Reduzierung des Militärhaushaltes um 20 Prozent beantragten. De Gaulle erkannte, daß er seine Vorstellungen auf die Dauer nicht mehr gegen die Parteien durchsetzen konnte. In zwei kurzen Interventionen drohte er mit dem Rücktritt seiner Regierung und fügte in einem wenig beachteten Satz hinzu, daß »er vermutlich zum letzten Mal in dieser Runde das Wort ergreife«. Ohne weitere Aussprache stimmte die Versammlung daraufhin über die Haushaltsvorlage im Sinne des Generals ab.

De Gaulle wurde in seiner Entscheidung zum Rücktritt bestärkt durch die Erkenntnis, daß der vom Verfassungsausschuß der Versammlung vorbereitete Entwurf genau dem widersprach, was er für richtig hielt: Es sollte ein Einkammersystem eingerichtet werden, durch das die Macht beim Parlament lag und die Exekutive dementsprechend schwach war. Nach dem Jahreswechsel nahm der General – zum ersten Mal seit mehr als sieben Jahren – einige Tage Urlaub, bevor er am 19. Januar 1946 sein Kabinett für den folgenden Tag zusammenrief. Ohne jede Schuldzuweisung teilte er den Ministern seinen Rücktritt mit und zog sich, vielleicht in der Erwartung, wieder zurückgerufen zu werden, nach Paris und später nach Colombey-les-deux-Eglises zurück. Seine prophetischen Worte bei dem letzten Auftritt im Palais Bourbon gegenüber den Abgeordneten sollten später als von ihm erwartet, aber umso vollständiger in Erfüllung gehen. »Wenn Sie beim Aufbau der Republik unsere politische Geschichte der vergangenen fünfzig Jahre verkennen, wenn Sie nicht berücksichtigen, daß Autorität, Würde und Verantwortlichkeit für die Regierung eine absolute Notwendigkeit sind, dann werden Sie früher oder später in eine Lage geraten, wo Sie, wie ich Ihnen voraussage, es bitter bereuen werden, diesen Weg eingeschlagen zu haben!«

18. Die Vierte Republik (1946–1958)

Zum Erstaunen vieler Beobachter verlief der Übergang der Regierungsgewalt von de Gaulle an seinen Nachfolger reibungslos. Fast möchte man sagen, daß die politische Klasse in ihrer überwiegenden Mehrheit froh war, den Druck nicht mehr zu spüren, der von der Person des Generals ausging. Die drei großen Parteien – Kommunisten, Sozialisten und christdemokratische Volksrepublikaner –, vereint durch den gemeinsamen Kampf in der Résistance, getrennt durch das Mißtrauen eines jeden gegenüber den Machtansprüchen des anderen, waren sich schnell einig, daß sie sich zu dritt die Verantwortung teilen sollten: Ein allgemeines Abkommen – kein eigentliches Regierungsbündnis – vom 24. Januar 1946 war die Geburtsstunde der sogenannten »Dreiparteienherrschaft« *(le tripartisme)*, die bis zum Mai des nächsten Jahres die Geschicke des Landes bestimmen sollte und die für die Ausarbeitung und Annahme der Verfassung der Vierten Republik die Verantwortung trug. Zunächst bildete der Sozialist und Präsident der Verfassunggebenden Versammlung Félix Gouin die Regierung aus sieben Sozialisten, sechs Kommunisten und sechs Volksrepublikanern. Der von den Kommunisten zuvor als Regierungschef abgelehnte Vincent Auriol wurde zum neuen Präsidenten der Versammlung gewählt.

Der erste Verfassungsvorschlag

Der von dem dazu berufenen Ausschuß vorgelegte Verfassungsentwurf beruhte im wesentlichen auf den Vorstellungen der Kommunisten und – in geringerem Maße – der Sozialisten und fand nicht die Zustimmung der Volksrepublikaner: Ohne hinreichende Berücksichtigung des Prinzips der Gewaltenteilung war alle Macht in die Hand einer einzigen Kammer *(monocamérisme)* gelegt, deren nach dem Verhältniswahlsystem auf fünf Jahre gewählten Abgeordneten sowohl den mit geringen Rechten ausgestatteten Staatspräsidenten als auch den Ministerpräsidenten zu wählen hatten. Die Exekutive war bewußt schwach gehalten worden. Mit den Stimmen der Kommunisten und Sozialisten wurde der Verfassungsvorschlag von der Versammlung angenommen (19. 4. 1946), mußte aber, wie bei der Abstimmung vom Oktober des vorangegangenen Jahres festgelegt worden war, dem Volk zur Entscheidung vorgelegt werden.

Während Sozialisten und Kommunisten für den Entwurf eintraten, sprachen sich neben den rechten Parteien auch die Volksrepublikaner gegen ihn aus. Obwohl de Gaulle sich jeder Stellungnahme enthielt, waren seine Vorstellungen über eine derartige Vorherrschaft der Abgeordnetenkammer mit den damit verbundenen Gefahren der Demagogik und der Unregierbarkeit des Landes bekannt. Am 5. Mai 1946 lehnten die Franzosen mit 10,6 Millionen Nein-Stimmen (53 Prozent) gegen 9,45 Ja-Stimmen (47 Prozent) den Verfassungsentwurf ab.

Eine neue Verfassunggebende Versammlung mußte gewählt werden. Bei ihrer Wahl am 2. Juni 1946 wurden die Ergebnisse der Volksabstimmung des Vormonats bestätigt: Die Volksrepublikaner als hauptsächliche Vertreter einer Ablehnung des Verfassungsentwurfs überholten die Kommunisten und wurden stärkste Partei mit 28,2 Prozent der Stimmen und 161 Sitzen, während Kommunisten (26,4 Prozent und 146 Sitze) und vor allem Sozialisten (21,3 Prozent und 115 Sitze) Stimmen verloren. Die übrige Rechte, Radikale und Unabhängige, gewannen geringfügig an Einfluß (zusammen 24,1 Prozent und 100 Sitze). Die absolute Mehrheit der beiden Linksparteien war damit gebrochen, Rechte und Linke hielten sich die Waage.

Die Rede von Bayeux

Wenige Tage nach dieser Wahl griff Charles de Gaulle, der sechs Monate geschwiegen hatte, in die Debatte um die Verfassung ein: Am 16. Juni 1946, dem zweiten Jahrestag der Befreiung der Stadt Bayeux, hielt er dort eine Ansprache und entwickelte seine Vorstellungen einer Verfassung für die Republik. Er sah eine strikte Trennung der Gewalten, ein Zweikammersystem und die Verantwortung der Regierung gegenüber dem Parlament vor. Eine herausragende Bedeutung sollte dem von einem erweiterten Wahlkollegium zu wählenden Präsidenten zukommen, der als oberster Schiedsrichter über die dauernden Interessen des Landes zu wachen hätte. Er sollte über das Recht verfügen, in besonders kritischen Situationen sich direkt an das Volk wenden zu können. Der Entwurf de Gaulles stand in direkter Opposition zu dem abgelehnten Vorschlag der ersten Verfassunggebenden Versammlung; er sollte 12 Jahre später die Grundlage für die – bis heute – stabile Verfassung der Fünften Republik abgeben. Die Verschiebungen bei der Wahl der zweiten Verfassunggebenden Versammlung und die Rede von Bayeux beeinflußten die Ausarbeitung der Verfassung für die Vierte Republik allerdings nur wenig.

Die Verfassung der Vierten Republik

Schon wenige Tage nach den Wahlen konnte Georges Bidault als Chef der stärksten Fraktion, der Volksrepublikaner, eine neue Regierung bilden. Aber der Verfassungsentwurf, der der Versammlung schließlich vorgelegt wurde, enthielt gegenüber dem vorangegangenen nur Veränderungen, die das Äußere, nicht den Kern der Sache, das Übergewicht der Kammer, betrafen: Die Rechte des Präsidenten wurden etwas verstärkt, eine zweite Kammer, der *Conseil de la République*, wurde eingerichtet, wenn auch mit geringen Rechten, so daß nur der Anschein eines Zweikammersystems gegeben war; schließlich verlieh die Frankreich mit dem Kolonialreich verbindende *Union française* den Kolonien weniger Möglichkeiten einer Emanzipation vom Mutterland. Obwohl die Erwartungen der Volksrepublikaner nur zum geringen Teil erfüllt waren, stimmte die Versammlung, um der Nation einen dritten Wahlgang in dieser Notzeit zu ersparen, mit 440 gegen 106 Stimmen dem Entwurf zu. De Gaulle allerdings lehnte ihn in einer Rede in Epinal am 29. September 1946 kategorisch ab.

Das Ergebnis der Volksabstimmung über den Verfassungsentwurf (13. 10. 1946) ließ erkennen, in welchem Maß die Nation verunsichert war: 31,2 Prozent der Wähler enthielten sich der Stimme, 31,3 Prozent stimmten mit »Nein«, 36,1 Prozent mit »Ja« (1,4 Prozent ungültige Stimmen)! Nur neun von 24,9 Millionen eingeschriebenen Wählern gaben schließlich der Verfassung der Vierten Republik ihre Zustimmung, die damit nicht jene breite Basis besaß, auf der eine Verfassung ruhen sollte. Aber sie war legitim angenommen und wäre in weniger entscheidungsfordernden Zeiten und bei geringerem Einfluß der diese Form der Demokratie ablehnenden Kräfte im Parlament selbst ein brauchbares Instrument geworden: Die für fünf Jahre gewählte Versammlung übte allein die gesetzgebende Gewalt aus; der indirekt, von den Gemeinde-, Stadt- und Départementsräten sowie der Nationalversammlung, ab 1948 für sechs Jahre gewählte *Conseil de la République* besaß im Gesetzgebungsverfahren nur beratende Funktion. Die 619 Abgeordneten (davon 544 aus Frankreich selbst, die übrigen von den überseeischen Gebieten) und die zunächst 315 Mitglieder des *Conseil de la République*, die bald wieder die Bezeichnung ›Senatoren‹ *(sénateurs)* (wie in der Dritten Republik) übernahmen, wählten, im Kongreß *(Congrès)* versammelt, gemeinsam den Staatspräsidenten *(Président de la République)* für sieben Jahre. Dieser präsidierte dem Kabinett, veröffentlichte die Gesetze, wandte sich mit Botschaften an die Versammlung. Die beiden Präsidenten der Vierten Republik, Vincent Auriol (Präsident 1947–54) und René Coty (Präsident 1954–58), sollten aber vornehmlich dadurch politischen Einfluß ausüben, daß ihnen das Recht zustand, bei den häufigen Regierungswechseln den möglichen Kandidaten für die Ministerpräsidentschaft auszuwählen. Der – im Gegensatz zu den Verfassungsgesetzen der Dritten Republik von 1875 – ausdrücklich erwähnte Ministerpräsident mußte sich zunächst persönlich – erst ab 1954 mit seinem Kabinett – der Versammlung zu einer öffentlichen Vertrauensabstimmung stellen *(investiture)*. Dabei bedurfte er der absoluten Mehrheit der Abgeordneten, nach der Verfassungsreform von 1954 genügte die Mehrheit der anwesenden Abgeordneten. Die Auflösung der Versammlung war insofern sehr schwierig, als sie in den ersten 18 Monaten der Legislaturperiode überhaupt nicht und danach nur dann vom Kabinett angeordnet werden konnte, wenn innerhalb von 18 Monaten zweimal eine Regierung gestürzt wurde. Nur ein einziges Mal kam es, durch Edgar Faure am 1. Dezember 1955, zu einer derartigen Auflösung der Nationalversammlung und zu Neuwahlen. Die Verfassung der Vierten Republik behielt also das Übergewicht der Versammlung *(régime d'assemblée)* bei, das schon im ersten Verfassungsentwurf enthalten war. Das Ergebnis waren die zahlreichen Regierungskrisen; in den 12 Jahren von 1946 bis 1958 gab es nicht weniger als 25 Regierungen! De Gaulles Befürchtungen wurden also weitgehend bestätigt.

Die Wahlen zur Nationalversammlung und die Regierungsbildung

Die Parlamentswahlen fanden am 10. November 1946 nach dem Verhältniswahlsystem statt mit Listen auf Departementsebene und der Möglichkeit, die Reihenfolge der Kandidaten auf der Liste zu ändern *(vote préférentiel)*. Der hohe Prozentsatz der Enthaltungen (22 Prozent) gab zu erkennen, wie müde die Wähler der ständigen Befragungen waren. Die Kommunisten wurden mit 28,8 Prozent der Stimmen und 165 Sitzen wieder die stärkste Partei, wogegen die Volksrepublikaner mit 26,3 Prozent und 158 Sitzen geringe, die Sozialisten mit 18,1 Prozent und 91 Sitzen größere Verluste erlitten. Auf der rechten Seite gewannen die Unabhängigen *(indépendants)* mit 15,4 Prozent (76 Sitze) und die Radikalen mit 11,4 Prozent (54 Sitze) erheblich hinzu. Zu diesen Abgeordneten des Mutterlands kamen noch Abgeordnete aus der *Union française* hinzu.

Das Drei-Parteien-System war erhalten geblieben, und in ihm fiel dem schwächsten Partner in der Mitte, den Sozialisten, die Schlüsselrolle zu. Wie so häufig in der Geschichte der Sozialisten schwankte die Partei zwischen einer eher gemäßigten, sozialdemokratischen Linie, die vornehmlich der alte Léon Blum vertrat, und einer »guesdistischen«, marxistischen Linie, die ab 1946 der neue Generalsekretär, Guy Mollet, repräsentierte. Da für die Wahl des Staatspräsidenten zunächst der *Conseil de la République* in einem komplizierten Verfahren gewählt werden mußte, bildete Léon Blum ein nur aus Sozialisten bestehendes Übergangskabinett (16. 12. 1946–21. 1. 1947), das in der kurzen Zeit seiner Existenz energische Maßnahmen gegen den Preisanstieg ergriff.

Die Wahlen zum *Conseil de la République.*
Die Wahl des Staatspräsidenten
und die Bildung der ersten legalen Regierung

Am 24. November und am 8. Dezember erfolgten nach einem komplizierten Verfahren die Wahlen zum *Conseil de la République.* Volksrepublikaner (62 Sitze) und Kommunisten (61 Sitze) lagen im Ergebnis weit vor den Sozialisten (37 Sitze). Durch die beiden Wahlen zu Nationalversammlung und *Conseil de la République* war das Wahlkollegium für die Wahl des Staatspräsidenten komplett, und die Abgeordneten beider Kammern wählten am 16. Januar 1947 in Versailles im ersten Wahlgang Vincent Auriol (1884–1966) zum Staatspräsidenten, den ersten Sozialisten, der das höchste Amt im Staate innehatte. Finanzminister 1936 unter Léon Blum, hatte er im Juli 1940 den Vollmachten für Pétain nicht zugestimmt und war deshalb inhaftiert worden. 1943 gelangte er nach London und übernahm ab 1944 in Algier Aufgaben innerhalb der Provisorischen Versammlung. Nach de Gaulles Rücktritt war er Félix Gouin als Präsident der ersten Verfassunggebenden Versammlung gefolgt. Auriol hatte eine hohe Vorstellung von seinem Amt, das er keineswegs auf die reine Repräsentation beschränkt wissen wollte. So übernahm er eine aktive Rolle bei den Kabinettssitzungen, als Präsident der *Union française* und vor allem bei der Auswahl derjenigen Persönlichkeiten, die ihm für die Bildung einer Regierung geeignet erschienen. Mit Vincent Auriol als erstem Staatspräsidenten hatte der Kongreß keine schlechte Wahl getroffen.

Aus ihrer Stellung zwischen den beiden einander mißtrauenden Koalitionspartnern, Kommunisten und Volksrepublikanern, heraus fiel den Sozialisten die führende politische Rolle zu und sie mußten diese Übernahme von Verantwortung angesichts der kurzfristig nicht zu bewältigenden Probleme mit einem ständigen Rückgang an Wählerstimmen bezahlen. Der erste Regierungschef der Vierten Republik, Paul Ramadier, hatte eine lange politische Laufbahn hinter sich. Er war 1938 als Arbeitsminister unter Daladier zurückgetreten und gelangte im Krieg sehr früh zur Widerstandsbewegung. Gebildet und integer, ein Freimaurer und Humanist, besaß er Anhänger und Freunde in allen Parteien. Nach seiner – einstimmigen – Investitur (21.1.1947) bildete er eine Regierung, in der neben den drei Parteien auch »Radikale« und »Gemäßigte« vertreten waren. Er beging allerdings – wie schon Félix Gouin vor ihm – den Fehler, einige Tage nach seiner eigenen Investitur auch sein Kabinett einer Vertrauensabstimmung durch die Versammlung zu unterwerfen. Dieses in der Dritten Republik übliche, aber von der Verfassung der Vierten Republik nicht gedeckte Vorgehen übernahmen dann auch die Nachfolger – mit Ausnahme von Mendès France 1954 – und verstärkten dadurch die Prävalenz der Versammlung und die Schwäche der Exekutive. Mit der Wahl der Regierung Ramadier war das Provisorium beendet, das mit der Selbstauflösung der Dritten Republik im Juli 1940 begonnen hatte!

Spannungen im Kolonialreich

Die Niederlage von 1940, die Spaltung des Kolonialreiches in vichytreue und zu de Gaulle übergegangene Territorien, die Besetzung Indochinas durch japanische Truppen, nicht zuletzt auch die dezidiert antikolonialistische Einstellung Roosevelts hatten dazu beigetragen, das Selbstbewußtsein der kolonisierten Völker zu stärken. Die an sich eher widersprüchlichen Ergebnisse der Konferenz von Brazzaville im Januar 1944 verstärkten noch ihre Erwartungen. Die Idee einer »Französischen Union« *(Union française)*, die das Mutterland mit seinen überseeischen Besitzungen verbinden sollte, setzte sich allmählich durch und wurde von einer Reihe vorbereitender Maßnahmen in der Zeit bis zur Bildung der Vierten Republik begleitet. So erhielten in Algerien (März 1944) und in den anderen überseeischen Territorien (September 1945) die Eingeborenen das Recht, in einem eigenen, zweiten Wahlkollegium für die örtlichen Versammlungen bis zu 40 Prozent der Vertreter zu wählen. Im März 1946 bekamen die Inseln Martinique, Guadeloupe, Réunion und das südamerikanische Guayana den Status von Überseedépartements. In allen Übersee-Gebieten wurde die Zwangsarbeit abgeschafft und eine Abänderung des Kolonialrechts in Aussicht gestellt.

Bei der Ausarbeitung der Verfassung konnten zwar 64 Abgeordnete aus den überseeischen Besitzungen mitarbeiten, aber nicht verhindern, daß neben allgemeinen Beteuerungen der Gleichheit wieder die Idee der »traditionellen Mission« Frankreichs, mit der die koloniale Herrschaft begründet wurde, auftauchte. Die je zur Hälfte aus Abgeordneten des Mutterlands und der überseeischen Gebiete zusammengesetzte Versammlung der Union hatte nur beratende Funktion, der französische Staatspräsident war zugleich Präsident der »Französischen Union«. In der Verfassungswirklichkeit blieb die gesetzgebende Gewalt bei dem französischen Parlament. Die überseeischen Gebiete erhielten weder die Selbstverwaltung noch die Selbständigkeit und blieben, einschließlich der Protektorate wie Tunesien und Marokko und der Mandatsgebiete Togo und Kamerun, Frankreich unterstellt. Der Rahmen war sehr eng gefaßt und eine Weiterentwicklung zur Unabhängigkeit unter diesen Gegebenheiten kaum möglich.

Es konnte nicht ausbleiben, daß es zum Konflikt kam zwischen den aufstrebenden nationalen Kräften und der Kolonialmacht, die vor Ort vornehmlich von einer privilegierten Verwaltung, vom Militär, von den Vertretern des in den Kolonien angelegten Kapitals und nicht zuletzt von den angesiedelten Kolonialfranzosen selbst repräsentiert wurde. Die hinhaltenden Rückzugsgefechte dieser an der Aufrechterhaltung der bestehenden Verhältnisse interessierten konservativen Kräfte begleiteten die Geschichte der Vierten Republik und waren der direkte Anlaß ihres Endes 1958. Mit Großzügigkeit und Weitsicht hätte die Republik sich und den Völkern in Übersee viel Blut, viel Haß und nicht zuletzt viel Geld ersparen können. Aber ein Land, das durch die Niederlage von 1940 und die erniedrigende Besatzungszeit so stark in seinem Selbstwertgefühl getroffen und daher auf die Wiederherstellung seiner früheren Macht fixiert war, konnte sich wohl nicht von dem Kolonialreich als Symbol vergangener Größe trennen, ohne selbst in inneren Konflikten zerrissen zu werden. Mit Ausnahme von Syrien und dem Libanon hatte de Gaulle der Nation 1945 den integren Bestand ihres Reiches erhalten, aber schon während der Übergangszeit hatte es Zeichen gegeben, daß das Gebäude hinter der wiedererrichteten Fassade brüchig zu werden drohte.

Die Enttäuschung über die »Französische Union« bewirkte, daß sich die schon 1945–46 in der Elfenbeinküste gegründete, rein afrikanische Sammlungsbewegung um Houphouët-Boigny nach einem Kongreß in Bamako im Oktober 1946 auf ganz Westafrika ausweitete. Die Kongreßteilnehmer hatten sich gegen den zweiten Verfassungsentwurf gewandt und erklärt: »Wir lehnen die Assimilierung ab und fordern einen freien Bund im Rahmen der Französischen Union.« Für das Unverständnis gegenüber den afrikanischen Unabhängigkeitsbestrebungen ist es bezeichnend, daß nur die kommunistische Presse in Frankreich über den Kongreß von Bamako und die Gründung der »Demokratischen afrikanischen Sammlungsbewegung« *(Rassemblement démocratique africain = RDA)* berichtete. Infolgedessen galt die Bewegung für lange Zeit als kommunistisch gesteuert.

Neben Westafrika war Madagaskar, wo es aufgrund der selbständigen geschichtlichen Entwicklung ein starkes Bewußtsein nationaler Identität gab, ein »Unruheherd«. Schon im Februar 1946 hatten madegassische Intellektuelle in Paris eine »Demokratische Bewegung zur madegassischen Erneuerung« *(Mouvement démocratique de la rénovation malgache = MDRM)* gegründet, der unter anderen auch der Dichter Rabemananjara angehörte. In ihrem Manifest forderte die Bewegung ganz entschieden die Unabhängigkeit der Insel. Im Frühjahr 1947 kam es zu einem regelrechten Aufstand, bei dem zahlreiche französische Pflanzer ermordet wurden. Die anschließende Unterdrückung durch Fremdenlegion und Kolonialtruppen fiel entsprechend blutig aus: Die Angaben über die

Zahl der Opfer schwanken zwischen 12 000 und fast 90 000. Durch eine rigorose Pressezensur drang nicht viel von diesen Ereignissen in das Bewußtsein der Weltöffentlichkeit, aber der madegassische Nationalismus vergaß das Blutbad nicht.

Das Augenmerk der französischen Politik war in erster Linie auf den Maghreb gerichtet, auf die beiden Protektorate Tunesien und Marokko und auf die drei französischen Départements, in die Algerien aufgeteilt war. In Tunesien war der Gründer (1934) und Leiter der Neo-Destur-Partei, Habib Burgiba, von den Italienern 1943 nach Tunis zurückgeführt worden und entfaltete nach der Besetzung des Landes durch die Alliierten eine politische Aktivität, bei der er vor allem von der Gewerkschaft UGTT *(Union générale des travailleurs tunisiens)* unterstützt wurde. In Marokko hatte die Begegnung des Sultans Ben Jussef mit Roosevelt anläßlich der Konferenz von Anfa (Casablanca) den nationalen Bestrebungen Auftrieb gegeben. Im Jahr darauf (Januar 1944) kam es dort zu dem Zusammenschluß der nationalen Kräfte in der Unabhängigkeitspartei *Istiqlal*, deren Leiter nach blutigen Unruhen bald nach der Gründung verhaftet wurden.

In Algerien bestanden schon seit den zwanziger Jahren Unabhängigkeitsbestrebungen, die, immer wieder verboten und aufgelöst, zwei Richtungen vertraten: Die mehr städtisch und islamistisch ausgerichtete »Partei des algerischen Volkes« *(Parti du peuple algérien = PPA)* unter der Führung von Messali Hadj und die später entstandene Bewegung um Ferhat Abbas, die sich 1944 nach einer im Jahr davor übergebenen Denkschrift über eine neue Struktur Algeriens »Vereinigung der Freunde des Manifestes und der Freiheit« *(Union des amis du manifeste et de la liberté)* nannte. Ihr gehörten vor allem Angehörige des Bürgertums an, die eine Assimilierung Algeriens an Frankreich anstrebten. Aber schon sehr bald forderten auch sie die politische Selbständigkeit. Die Zugeständnisse, die General Catroux den Algeriern 1944 machte, und die Rede de Gaulles in Constantine im gleichen Jahr konnten wenig ausrichten gegen das Erstarken des nationalen Selbstbewußtseins.

Unter den Führern der algerischen Unabhängigkeitsbewegung war Messali Hadj zu dem größten Ansehen gelangt; ohne die Konsequenzen ihres Vorgehens ganz zu ermessen, verhafteten die französischen Behörden ihn Ende April 1945 und schickten ihn ins Exil. Am 1. Mai kam es darauf zu ersten Demonstrationen; bei den Siegesfeiern am 8. Mai 1945 brachen in mehreren Städten, vor allem in Sétif, regelrechte Aufstände aus. Spruchbänder mit nationalistischen Parolen und die grüne Fahne des Islam machten deutlich, daß es sich um vorbereitete Aktionen handelte. In Sétif wurden bei dieser Gelegenheit 29 Europäer und in der Umgebung noch etwa 100 Personen ermordet. Bei der bald einsetzenden Niederschlagung des Aufstands kam es von französischer Seite zu einem grausamen Blutvergießen, dem vermutlich – die Zahlenangaben schwanken je nach Standpunkt – 6000 (R. Aron) bis 10 000 (J. Lacouture) Algerier zum Opfer fielen. Die sogenannte Ordnung war wieder hergestellt und wurde durch Druck auf die Nationalisten in den folgenden Jahren auch aufrechterhalten. Aber nach ihrer Entlassung nahmen sowohl Ferhat Abbas als auch Messali Hadj ihre politische Arbeit wieder auf, und ihre Bewegungen erzielten 1946 gute Ergebnisse bei den Wahlen zur zweiten Verfassunggebenden Versammlung bzw. zur Nationalversammlung. Die durch Gesetz 1947 geschaffene algerische Versammlung, die »in Einvernehmen« mit dem Generalgouverneur handeln sollte, vermittelte bei den Wahlen 1948 ein falsches Bild, da die Hälfte der Kandidaten, Anhänger Messali Hadjs, verhaftet worden waren. In den Jahren bis 1954 mehrten sich die Zeichen, daß Ruhe und Ordnung in Algerien rein äußerlich waren und daß sich hinter der trügerischen Fassade eines zu Frankreich gehörigen Landes ein grausamer Bürgerkrieg vorbereitete.

Der vermeidbare Konflikt in Indochina

Das von einem Generalgouverneur verwaltete Indochina bestand 1939 aus der Kolonie *Cochinchine* (Kotschinchina), dem Gebiet um Saigon, und den vier Protektoraten *Tonkin*, dem nördlichen Teil des Landes um Hanoi und Haiphong am Roten Fluß, *Annam* mit der alten Kaiserstadt Hué, *Cambodge* (Kam-

bodscha) und *Laos*. Die beiden letzten Länder hatten ihre
Königsherrschaft behalten, in Annam war seit 1932 Bao Dai
Kaiser. Die nationalistischen Bestrebungen in den ersten drei
Ländern waren sehr früh unter kommunistischen Einfluß geraten durch die Person von Ho Chi Minh (1890–1969), der als
junger Mann in Frankreich zunächst den Sozialisten, nach dem
Kongreß von Tours den Kommunisten beigetreten war. Er war
später in Moskau geschult worden, hatte für die Komintern in
China und Siam gearbeitet und 1930 die Kommunistische Partei Indochinas gegründet. Als 1940–41 Japan im Einverständnis
mit Vichy seinen militärischen Einfluß auf Indochina aus-
dehnte, gründete Ho Chi Minh im September 1941 die Freiheitsbewegung Vietminh (Abkürzung für »Liga für die Unabhängigkeit Vietnams«), die sich sowohl gegen die japanischen
Besatzer als auch gegen die französischen Kolonialherren richtete und die auch nichtkommunistische Nationalisten umfaßte.

Im Frühjahr 1945, am 9. März, griffen die Japaner die französischen Garnisonen an, weil sie ihnen nach der Befreiung
Frankreichs nicht vertrauten. Für die Alliierten wurde dadurch
der Vietminh zum Verbündeten, der die Unterstützung der
USA und Chinas fand. Nach der japanischen Kapitulation am
15. August 1945 wurde das Land am 16. Breitengrad in eine von
China besetzte nördliche und eine englische Zone im Süden geteilt. Bevor die chinesischen Truppen einmarschierten, rief jedoch Ho Chi Minh in Hanoi die Volksrepublik Vietnam aus.
Kaiser Bao Dai dankte ab und wurde ›Ratgeber‹ in der neuen
Regierung. Während auf diese Weise vollendete Tatsachen
geschaffen wurden, blieb dem abwesenden Frankreich nichts
anderes übrig, als seine Ansprüche durch die Ernennung von
Thierry d'Argenlieu zum Hochkommissar von Indochina an-
zumelden. Zu seiner Unterstützung wurde General Leclerc mit
der Zweiten Panzerdivision nach Indochina gesandt.

Da die Engländer sich kooperativ verhielten, konnte Leclerc
Anfang Oktober 1945 in Saigon einziehen und sehr schnell den
Süden des Landes wieder für Frankreich in Besitz nehmen,
während Laos und Kambodscha mit Frankreich Verbindung
aufnahmen. Dabei machte Kambodscha, wo seit 1941 Sihanuk
Norodom als König herrschte, die geringsten Schwierigkeiten.

In Laos hatte sich dagegen unter der japanischen Besetzung eine Bewegung der nationalen Unabhängigkeit gebildet, Frankreich war gezwungen, dem Land 1946 die innere Autonomie zu gewähren.

Leclerc erkannte wohl, daß sich im Norden ein so schneller Sieg wie im Süden nicht erreichen ließe, und forderte Verhandlungen mit Ho Chi Minh und den chinesischen Besatzungstruppen. Deren Abzug wurde erreicht durch die Aufgabe der alten französischen »Konzessionen« in Schanghai, Kanton, Tientsin und Hankau. Leclercs Truppen konnten so in die Stellungen der Chinesen in Tonkin einziehen. Gleichzeitig führte der französische Bevollmächtigte Sainteny Verhandlungen mit Ho Chi Minh, der unter dem Eindruck der französischen Erfolge zu Konzessionen bereit war: Am 6. März 1946 wurde ein Abkommen geschlossen, nach dem die Regierung Vietnams sich bereit erklärte, die französische Armee »freundlich« zu empfangen, die sich ihrerseits verpflichtete, das Land innerhalb von fünf Jahren zu räumen. Die Frage des Zusammenschlusses von Tonkin, Annam und Kotschinchina sollte durch Volksabstimmung geregelt werden. Mit den beiden anderen Ländern Indochinas hätte Vietnam einen Staatenbund innerhalb der *Union française* gebildet. Mit diesem Abkommen standen Frankreich alle Möglichkeiten offen, um seinen Einfluß in Indochina zu bewahren und nicht das Gesicht zu verlieren, falls Vietnam eines Tages seine vollständige Unabhängigkeit erstreben würde.

Aber denjenigen Kräften in Frankreich, die wie de Gaulle an dem Ziel festhielten, die alten Verhältnisse in den Kolonien wiederherzustellen, gingen die Zugeständnisse von Sainteny, die Leclerc deckte, zu weit. Hochkommissar Thierry d'Argenlieu (1889–1964), ein Mitkämpfer de Gaulles seit 1940, Admiral und Karmelitermönch, sah in dem Abkommen vom 6. März eine Kapitulation, die er durch die Ausrufung einer selbständigen Republik Kotschinchina (1.6.1946) zu unterlaufen suchte. Dies geschah, während Ho Chi Minh als Präsident Vietnams zu einer Konferenz über die Zukunft des Landes nach Frankreich flog. Dort war, nach Félix Gouin, Georges Bidault Regierungschef (19.6.1946) geworden, der nicht bereit war, dem Vietminh

Konzessionen zu machen. Die Konferenz von Fontainebleau mußte folglich scheitern, und nach drei Monaten kehrte Ho Chi Minh, enttäuscht von der französischen Unnachgiebigkeit, nach Indochina zurück. Die Rechte in Frankreich, Volksrepublikaner und Radikale entfachten im Verein mit den Kolonialfranzosen und dem Militär eine Pressekampagne gegen die »Verzichtspolitik« *(politique d'abandon)*. Gegenüber dieser nationalistischen Welle wagte es die Linke nicht, für eine Politik der Vernunft einzutreten.

Angesichts zunehmender Spannungen und einer Reihe von Anschlägen auf Europäer und französische Militäreinrichtungen entschied sich die Führung der Streitkräfte mit Unterstützung der Regierung schließlich im Herbst 1946 zum »energischen Durchgreifen«: Ende November bombardierte die Flotte die Hafenstadt Haiphong und richtete dort ein Blutbad an. Ein Telegramm Ho Chi Minhs an seinen alten Parteifreund Léon Blum, der in der Zwischenzeit ein Übergangskabinett gebildet und sich für neue Verhandlungen auf der Grundlage der Unabhängigkeit Vietnams ausgesprochen hatte, erreichte den Adressaten zu spät. Am 19. Dezember schlugen die Truppen des Vietminh unter General Giap in Hanoi und anderen Garnisonsstädten zurück und töteten zahlreiche Franzosen. Ho Chi Minh und Giap zogen sich aus der Ebene wieder in die umliegenden Gebirge zurück, und Léon Blum war zu seinem größten Bedauern gezwungen, Verstärkungen nach Indochina zu entsenden. Ab jetzt galt für die französische Seite die verhängnisvolle Maxime, daß erst nach dem Sieg wieder verhandelt werden könne. Eine derartige Vorbedingung verhinderte in den beiden Kolonialkriegen der Vierten Republik, in Indochina und Algerien, eine Lösung des Problems und führte im ersten Fall zur militärischen Niederlage und im zweiten zum Sturz des Regimes selbst. Das Militär und die Kolonialfranzosen vor Ort zwangen schon zu diesem frühen Zeitpunkt der politischen Führung des Landes eine Politik auf, die die des vergangenen Jahrhunderts und inzwischen völlig überholt war.

Die französische Deutschlandpolitik
nach dem Rücktritt de Gaulles

Um die Hartnäckigkeit zu verstehen, mit der die französischen Regierungen nach dem Rücktritt de Gaulles dessen Deutschlandpolitik fortführten, erscheint es notwendig, sich vor Augen zu halten, daß Frankreich unter den vier Alliierten, die die Verantwortung über Deutschland nach dessen Kapitulation übernommen hatten, durch die Niederlage von 1940 am stärksten in seinem Selbstbewußtsein getroffen worden war. Frankreich sah in dem deutschen Zusammenbruch eine einzigartige Gelegenheit, die Gefahr an seiner Ostgrenze durch sein Mitspracherecht über Deutschland »endgültig« zu beseitigen. Daß de Gaulle dabei Konzepte vergangener Jahrhunderte wieder aufnahm, die zum Teil auf Richelieu, auf Ludwig XIV., auf Napoleon und vor allem auf den von ihm verehrten Clemenceau zurückgingen, darf nicht verwundern. Wenn Clemenceaus Politik nach dem Ersten Weltkrieg das schnelle Wiedererstarken Deutschlands nicht verhindert hatte, so lag dies nach de Gaulle – nicht ganz zu Unrecht – daran, daß Frankreich nicht konsequent an dieser Politik festhielt.

Die französischen Vorstellungen trafen bei Stalin (1944) und Truman (1945) auf taube Ohren, weil sie weder den russischen Interessen, die auf eine Expansion im gesamten Restdeutschland abzielten und dafür das Mitspracherecht zur Voraussetzung hatten, noch den angelsächsischen entsprachen, die auf der Verantwortung beruhten, die Mitte Europas vor der Verelendung zu bewahren. Um keine deutsche Staatlichkeit entstehen zu lassen, verhinderte der französische Vertreter im Alliierten Kontrollrat die Einrichtung von zentralen Stellen, wie sie auf der Potsdamer Konferenz für bestimmte Bereiche vorgesehen worden waren. Die französische Politik trug auf diese Weise dazu bei, die – vermutlich unvermeidbare – Aufteilung Deutschlands nach den Machtbereichen zu beschleunigen. Durch die sich bald anbahnende Zusammenarbeit der Angelsachsen bildeten sich vier deutsche Gebiete verschiedener Struktur heraus: das noch gemeinsam von den Siegern verwaltete Berlin, die systematisch kommunistisch umstrukturierte sowjetische Besatzungszone, die bald in einer Bi-Zone zusammengefaßten Gebiete der englischen und amerikanischen Zone und die von diesen streng getrennte französische Zone; wobei noch als fünftes Gebiet das Saargebiet zu erwähnen ist, das Frankreich wirtschaftlich im Dezember 1946 in den Geltungsbereich des Franken aufnahm. Es erhielt Ende 1947 eine Verfassung und eine die Abtrennung von Deutschland bejahende eigene Regierung unter Johannes Hoffmann.

Da der Kontrollrat durch die Gegensätze zwischen den Mächten gelähmt war, ging Frankreich in seiner Zone nach dem Vorbild de Gaulles vor, der in seinen Memoiren nicht ohne Befriedigung feststellte, daß für dieses Gebiet Frankreich allein zuständig sei. Diese politische Linie hatte zur Folge, daß die französische Zone nicht der anglo-amerikanischen Bi-Zone angeschlossen, sondern von dieser sehr strikt getrennt wurde. An den Übergängen zu den anderen Zonen wurden Grenzkontrollen wie an nationalen Grenzen geschaffen. Flüchtlinge aus den Ostgebieten nahm man nicht auf. Allerdings erwies es sich für die französische Politik der Separierung der Besatzungszone vom übrigen Deutschland als nachteilig, daß die Gebiete keine historische Einheit besaßen: Die nördliche Zone, das heutige Rheinland-Pfalz, war zusammengefügt aus ehemals preußischen, hessischen (Hessen-Darmstadt) und bayerischen (Pfalz) Gebietsteilen, die südliche bestand aus der jeweiligen Südhälfte der Länder Baden und Württemberg, wobei die Trennungslinie von den nördlichen Teilen dieser Länder durch die Autobahn Karlsruhe–Stuttgart gebildet wurde, die die Amerikaner für den Nachschub nach Süddeutschland und Österreich beanspruchten.

Das oberste Ziel der Besatzungspolitik, wie es de Gaulle vorschwebte, nämlich die Bewohner der Zone für Frankreich zu gewinnen, war schon deshalb nicht zu erreichen, weil die Besatzungsmacht arm war und »vom Land« lebte und weil die Besatzungspolitik vom Militär betrieben wurde. In einer im Vergleich zu den beiden anderen westlichen Zonen unverhältnismäßig großen Zahl lebte dieses auf anspruchsvolle Weise, vermied aber weniger den Kontakt mit der deutschen Bevölkerung als die Angelsachsen.

Die Not war groß in der französischen Zone, die im Vergleich mit der amerikanischen und der britischen schlecht abschnitt. Es war daher nicht verwunderlich, daß die Besatzungsmacht Frankreich bei den Deutschen nur geringes Ansehen besaß. Allerdings wurde dieser negative Eindruck zumindest bei den oberen Schichten durch die französische Kulturpolitik ausgeglichen, die von aktiven Intellektuellen in der Baden-Badener Militärregierung, darunter zahlreichen ehemaligen Widerstandskämpfern, getragen wurde. Hier ist nicht zuletzt durch die Förderung der Jugendbegegnung viel für die spätere Annäherung beider Völker geleistet worden. Auch war es ein Verdienst der *Affaires culturelles* in Baden-Baden, das Schul- und Hochschulwesen sehr bald wieder in Gang zu bringen; bei den Schulen wurde manches von dem französischen System übernommen. Da in der nördlichen Zone und im Saargebiet keine Hochschuleinrichtungen bestanden, hat die Besatzungsmacht in einer für die damalige Zeit sehr großen Anstrengung nicht nur Hochschulen für die Ausbildung von Dolmetschern und Übersetzern in Germersheim und – nach dem Vorbild der ENA – für Verwaltung in Speyer, sondern auch Universitäten in Mainz und Saarbrücken aufgebaut; heute können diese Hochschulen aus der deutschen Universitätslandschaft nicht mehr weggedacht werden. Die Erinnerung an Männer wie den Leiter der Unterrichtsabteilung in Baden-Baden Raymond Schmittlein wird noch heute an manchen Orten seines Wirkens wachgehalten.

Die politische Entwicklung in der französischen Zone spiegelte die Vorstellungen wider, die die Regierungen der Vierten Republik von de Gaulle übernommen hatten: In der Hauptsache ging es darum, die Eigenständigkeit der Länder zu verstärken und möglichst wenig Verbindungen zum restlichen deutschen Gebiet, aber auch zwischen den Ländern selbst zuzulassen, dafür aber die Beziehungen zu Frankreich zu verstärken. Das Saargebiet, das nicht mehr der Besatzungszone zugerechnet wurde, nahm durch den wirtschaftlichen Anschluß an Frankreich und die strikte Abtrennung gegenüber den deutschen Gebieten eine Sonderstellung ein. Frankreich ging es hier vor allem um die Saarkohle.

In den drei Ländern seiner Zone ermöglichte Frankreich das politische Leben, Parteien und Gewerkschaften, mit einer gewissen zeitlichen Verzögerung gegenüber der amerikanischen Zone. Auf der Ebene der Länder ließ man Parteien erst im Frühjahr 1946 zu, untersagte jedoch die Zusammenarbeit über die Ländergrenzen hinaus. Die ersten Wahlen für Gemeinden und Landkreise fanden im Herbst 1946 statt, die ersten Landesregierungen wurden im Dezember des gleichen Jahres eingesetzt, wobei die Militärregierung mit Carlo Schmid, dem späteren Vizepräsidenten des Bundestages, mit Theodor Eschenburg in Süd-Württemberg (Tübingen) und mit Leo Wohleb in Südbaden (Freiburg) ein bemerkenswertes Geschick bei der Auswahl der deutschen Politiker bewies. Die ersten Landtagswahlen fanden im Mai 1947 statt (in der amerikanischen Zone im Dezember 1946). Aber auch dann wurde eine Zusammenarbeit der neuen Regierungen über die Ländergrenzen hinaus nicht erlaubt; die Ministerpräsidenten der drei Länder durften erst im Frühjahr 1948 zu einer gemeinsamen Konferenz zusammenkommen!

Die französische Politik in Deutschland stand von Anfang an in Opposition zu der amerikanischen, die an der Einheit Deutschlands festhielt und diese Grundhaltung gegenüber Absonderungstendenzen in Bayern nicht aufgab. Aber auch Englands politische Linie in Deutschland widersprach der französischen: In der britischen Zone wurde ein zentraler »Zonenbeirat« geschaffen und das Ruhrgebiet in ein größeres Land (Nordrhein-Westfalen) eingefügt, so daß die französischen Vorstellungen einer Abtrennung dieses Gebietes kaum noch zu verwirklichen waren.

Auf wirtschaftlichem Gebiet konnte Frankreich ebenfalls nicht seine Ziele erreichen: Die Engländer lieferten die Ruhrkohle nur in begrenzten Mengen, da sie auch für die Versorgung Deutschlands die Verantwortung hatten. Die allgemeinen Reparationen, die Frankreich aus Deutschland erwartete, fielen geringer, als erhofft, aus. Wie hätten auch aus dem zerstörten Land große Mengen von Gütern und Maschinen genommen werden können?! Die Wunschvorstellungen, die nach dem Ersten Weltkrieg aufkamen und die auf den vollen Ersatz der durch Deutschland verursachten Schäden hinausliefen, hegte 1945 niemand mehr. Im wesentlichen war Frankreich, wie schon erwähnt, auf Entnahmen aus seiner Zone angewiesen, die bei etwa 43 000 Quadratkilometern, knapp sechs Millionen Einwohnern und einer geringen Industrialisierung ihre Grenzen hatten. Es wird daher aus späterer Sicht verständlich, daß sowohl Besatzer wie Besetzte unzufrieden waren, die einen, weil sie keinen ausreichenden Ersatz für die angerichteten Schäden erhielten, die anderen, weil sie sich zu allem Elend und aller Not auch noch zusätzlich ausgeplündert fühlten und immer das Beispiel der amerikanischen Zone vor Augen hatten, in der die Besatzungsmacht von sich aus dazu beitrug, die größte Not zu lindern.

Trotz aller dieser schweren Handicaps wurden die Beziehungen zwischen beiden Völkern nicht in dem Maße belastet, wie nach den Erfahrungen von 1870/71 und 1914/18 zu erwarten gewesen wäre. Es bildete sich nach 1945 im Gegensatz zu den wahren Siegern, zu denen sich die Mehrheit der Franzosen trotz de Gaulle nicht rechnete, eine Art Solidarität der Besiegten zwischen Deutschen und Franzosen, die von dem Wunsch nach einem Ende der Konflikte zwischen ihren Völkern erfüllt waren. Man hatte sich in der Kriegs- und Nachkriegszeit besser kennengelernt – und zwar im Bösen wie im Guten. So paradox es klingen mag – trotz Oradour und Tulle und Vélodrome d'Hiver –, nicht alle Franzosen hatten während der Besatzungszeit nur schlechte Erfahrungen mit den Deutschen gemacht, und umgekehrt lehnten die Franzosen in ihrer Zone den Kontakt mit den Deutschen nicht ab; auf der Ebene der Intellektuellen suchten ihn sogar beide Seiten. Selbst die Millionen französischer Kriegsgefangener brachten bei ihrer Heimkehr neben unerfreulichen Erinnerungen auch gute Eindrücke aus Deutschland zurück, vor allem dann, wenn sie bei deutschen Bauern in die Familie aufgenommen worden waren. Das gleiche gilt für die deutschen Soldaten nach 1945: Nach dem entsetzlichen und unverständlichen Elend in den Rheinwiesenlagern der Amerikaner und vergleichbarer Not in den französischen Lagern 1945 änderte sich ihre Lage, sobald sie zur Arbeit eingesetzt wurden und bei den französischen Bauern tätig waren: Hier fand – wie zuvor in Deutschland – ein breiter Prozeß intensiven gegenseitigen Kennenlernens statt, der zum Abbau von Vorurteilen beitrug. Viele Franzosen und noch viel mehr Deutsche – angeblich 40 000 – blieben im Land des Gegners und schlugen dort Wurzeln. So kam bei den erschöpften Deutschen und Franzosen eine engere menschliche Beziehung zustande als etwa zwischen Deutschen und Engländern, und der Wunsch nach Verständigung und Versöhnung zwischen beiden Völkern war nicht mehr zu überhören.

Die Republik übersteht das Jahr 1947.
Das Ende der »Dreiparteienherrschaft«

Nicht nur in Frankreich, sondern auch in anderen westlichen Ländern wie Dänemark, Belgien und Italien waren Kommunisten an der Regierungsverantwortung beteiligt; die Veränderungen in der Weltpolitik bewirkten, daß innerhalb weniger Monate diese auf der Zeit unmittelbar nach der Befreiung beruhende Zusammenarbeit beendet wurde. Die Gegensätze zwischen den Westalliierten und der Sowjetunion, die durch den gemeinsamen Sieg für einige Zeit verdeckt waren, brachen 1947 unverhüllt aus. Churchill hatte im März das Wort vom »Eisernen Vorhang« gebraucht, der in Europa niedergegangen war, und der amerikanische Präsident Truman verkündete am 12. März 1947 die nach ihm benannte »Doktrin«, mit der er Griechenland und der Türkei Unterstützung gegen die kommunistische Subversion zusagte. Daß die Außenministerkonferenz von Moskau wenig später (10.3.–24.4.1947) ergebnislos auseinanderging, war unter dem Eindruck des Machtkampfes zwischen Ost und West kaum anders zu erwarten. Der »Kalte Krieg« hatte begonnen, der Europa bis zum Zerfall des Ostblocks trennte.

Die Verantwortung für eine Politik mitzutragen, die in Madagaskar (30.3.–12.4.1947) den Aufstand der Einwohner blutig niederschlagen ließ, die neue Kredite für den Kolonialkrieg in Indochina forderte (22.3.1947), verlangte zuviel Selbstverleugnung von den französischen Kommunisten: Bei der Abstimmung über diese Kredite stimmten die kommunistischen

Minister in der Vertrauensfrage für die Regierung, aber die kommunistischen Abgeordneten enthielten sich der Stimme. Schon zuvor hatte Maurice Thorez die Sozialpolitik der Regierung immer schärfer angegriffen. Die große Not im Lande und die sozialen Spannungen brachten die Kommunisten zunehmend in Rechtfertigungsnot gegenüber ihren Wählern. Als sie dann am 4. Mai 1947 die Wirtschaftspolitik der Regierung nicht unterstützten, entließ Ramadier am folgenden Tag die kommunistischen Regierungsmitglieder aus ihren Ämtern. Die Überraschung war groß, vor allem bei den Betroffenen selbst, die wohl nicht damit rechneten, daß erst viel später, 1981, in einer anderen Republik, kommunistische Minister wieder Regierungsverantwortung übernehmen würden. Die Sozialisten entschieden sich nur schweren Herzens und mit geringer Mehrheit für eine Regierung ohne die Kommunisten.

Die Rückkehr de Gaulles auf die politische Bühne

Wenn die Regierung, wie sich bald zeigen sollte, durch den Hinauswurf der kommunistischen Minister auf dem linken Flügel in Bedrängnis geriet, so erwuchsen ihr auf der rechten Seite ebenfalls erhebliche Schwierigkeiten, als General de Gaulle im Frühjahr 1947 wieder in die Politik zurückkehrte. Überzeugt von der Gefahr verschärfter Spannungen und vielleicht sogar kriegerischer Auseinandersetzungen zwischen West und Ost, sah er den Moment gekommen, die Kräfte der Nation zu sammeln und auf den Widerstand vorzubereiten. Am 7. April 1947 gründete er in Straßburg die »Sammlungsbewegung des französischen Volkes« *(Rassemblement du peuple français = RPF)*. Der RPF sollte nach de Gaulles Vorstellungen keine neue Partei sein, sondern eine überparteiliche Bewegung, in der auch Anhänger der anderen Parteien, sofern sie mit den Zielen des RPF einverstanden waren, Platz hatten. Da jedoch ein Hauptziel des RPF die Abschaffung der Parteienherrschaft war, untersagten Sozialisten wie Volksrepublikaner ihren Anhängern die Doppelmitgliedschaft, ja sie setzten sich sogar in ihrer Mehrheit energisch zur Wehr. Auf diese Weise wurde der

RPF gegen den Willen seines Gründers im Verlauf der Entwicklung immer stärker nach rechts gedrängt.

Die Regierungsparteien, Sozialisten und Volksrepublikaner, die allein nicht mehr die Mehrheit im Parlament besaßen, gerieten nun zwischen den Kommunisten, der bisher stärksten Partei des Landes, und den Gaullisten des RPF, dessen Anhängerschaft auf etwa die gleiche Stärke geschätzt wurde, in die Zange. Neuwahlen, wie sie der General forderte, hätten eine Regierung aus der Mitte wohl unmöglich gemacht. Die Gemeindewahlen im Oktober machten die neuen Machtverhältnisse deutlich und dienten den Regierungsparteien als Warnung: Die Kommunisten kamen nahe an 30 Prozent der Stimmen, aber die Gaullisten fast an 40 Prozent! In den meisten Stadträten der größeren Städte wurden sie zur stärksten Fraktion, der Bruder des Generals, Pierre de Gaulle, saß dem Stadtrat von Paris vor. Das Ende der Regierung schien in Sicht.

Die »Dritte Kraft«

Um eine Mehrheit im Parlament zu erhalten, mußten sich die Sozialisten und Volksrepublikaner um die Unabhängigen und die Radikalen, also die Parteien der rechten Mitte bemühen. Tatsächlich erhielt Ramadier bei einer Regierungsumbildung Ende Oktober eine knappe Mehrheit von 20 Stimmen. Aber diese Regierung hielt nicht lange. Der Versuch von Léon Blum, ein Kabinett zu bilden, scheiterte bei der Investitur an neun Stimmen (21. 11. 1947); schließlich erhielt der Finanzminister unter Ramadier, der Volksrepublikaner Robert Schuman, am 22. November 1947 eine breite Mehrheit bei der persönlichen Investitur, von der allerdings bei der Vertrauensabstimmung über sein Kabinett (27. 11.) 90 Stimmen fehlten. Der in Luxemburg geborene Robert Schuman (1886–1963), im damals deutschen Lothringen aufgewachsen, seit 1919 Abgeordneter in der Nationalversammlung, perfekt zweisprachig, persönlich ein Ehrenmann und hochgebildet, besaß den politischen Sachverstand, um in der schwierigen Lage eine gerade Linie zu verfolgen und die Achtung der Öffentlichkeit zu gewinnen. Zwischen Kommunisten und Gaullisten sammelten sich die Kräfte der Mitte unter der – von Léon Blum geprägten – Bezeichnung »Dritte Kraft« *(troisième force)* und verteidigten die Republik, die sich den schwersten Angriffen ausgesetzt sah.

Die miserable wirtschaftliche Lage und die Knappheit an Lebensmitteln hatten zu einer äußerst gespannten Lage geführt: Im August 1947 mußte die tägliche Brotration auf 200 Gramm reduziert werden – selbst während des Krieges waren 275 Gramm die niedrigste Ration gewesen! Seit Jahresbeginn war es zu Streiks in verschiedenen Sektoren gekommen, die sich im Herbst immer weiter ausbreiteten. Oft konnten die Sicherheitskräfte der Situation nicht mehr Herr werden. Von den Kommunisten angeheizt, arteten die Streiks an manchen Orten zum regelrechten Aufstand aus, in dem die Staatsautorität unterging. Als am 15. November 1947 auch noch die Bergarbeiter streikten, war die damals fast gänzlich von der Kohle abhängige Energieversorgung des Landes in Gefahr. An den Grubentoren kam es zu schweren Zusammenstößen zwischen Streikbrechern, die den christlichen Gewerkschaften angehörten, und Rollkommandos der kommunistischen CGT. Nach und nach traten auch die von den Kommunisten beherrschten Eisenbahn-, Metall- und Textilarbeiter in den Streik, der von einem zentralen Streikkommando der CGT geleitet wurde. Der Streik drohte in einen Umsturz auszuarten.

Der energische Innenminister, der Sozialist Jules Moch, setzte in dieser Situation alle Machtmittel des Staates ein. 80 000 Rekruten erhielten ihre Einberufung, die Polizei und vor allem die 1944 gegründeten »Republikanischen Sicherheitskompanien« *(Compagnies républicaines de sécurité = CRS)* gingen oft sogar mit Unterstützung von Panzerwagen vor, um die Unversehrtheit der Arbeitswilligen zu garantieren. Bei den Arbeitern und selbst innerhalb der CGT wuchs der Widerstand gegen den einseitig von der Partei diktierten Streik. Man forderte eine geheime Urabstimmung vor der Ausrufung des Streiks. Angesichts der Not in der Arbeiterschaft und der geringer werdenden Streikbereitschaft gab die CGT schließlich nach und blies die Aktion am 9. Dezember ab. Am folgenden Tag wurde allgemein die Arbeit wieder aufgenommen.

Der schwere Rückschlag für die Gewerkschaftsbewegung führte zur Spaltung der CGT: Nichtkommunistische Mitglieder um den angesehenen Generalsekretär Léon Jouhaux (1879–1954), der diesen Posten schon 1909 innegehabt hatte, gründeten die CGT-Force ouvrière *(FO)*, die neben der christlichen Gewerkschaft CFTC und der Gewerkschaft der Unterrichtenden FEN das Gewerkschaftswesen in Frankreich mit der CGT bestimmen sollte.

Die Republik und ihre Regierung hatten dem Ansturm standgehalten, sie waren stärker und fester als de Gaulle und seine Anhänger erwartet hatten. Die Frage, zu welchem der beiden Lager in der Welt Frankreich gehöre, war damit entschieden, und diese Entscheidung hatte erhebliche Auswirkungen auf die französische Außen- und Deutschlandpolitik.

Eine neue Außen- und Deutschlandpolitik

Die Hinwendung Frankreichs zum Westen hatte sich schon angedeutet, als nach einer Initiative von Léon Blum im März 1947 in Dünkirchen ein Freundschaftsvertrag zwischen Frankreich und England geschlossen wurde. Entscheidend für die europäische Politik war das von dem amerikanischen Außenminister George Marshall in einer Rede an der Harvard-Universität (5.6.1947) verkündete Hilfsprogramm für die europäischen Länder, das auch an die Sowjetunion und die Länder Osteuropas gerichtet war. Während diese, auch wenn sie wie die Tschechoslowakei die Hilfe zunächst angenommen hatten, auf Druck Moskaus absagen mußten, hatten die Amerikaner von vornherein die westlichen Besatzungszonen Deutschlands in den Empfängerkreis einbezogen. Daß dies ein Mindestmaß an Staatlichkeit voraussetzen würde, war den Beteiligten, also auch Frankreich, wohl klar. Aber die Wirtschaftslage war zu diesem Zeitpunkt in Frankreich sehr schlecht, es fehlten die Devisen für den Einkauf von Rohstoffen, so daß die Regierung die politischen Konsequenzen der amerikanischen Hilfe hinnehmen mußte: Die Forderung nach Abtrennung beziehungsweise Autonomie des Rheinlands und des Ruhrgebiets wurde fallengelassen, Frankreich begnügte sich mit dem Saargebiet. Da die Hilfsaktion der USA erst im Jahr 1948 anlaufen sollte, schob die amerikanische Regierung für 1947 ein Soforthilfe-programm ein, von dem Frankreich etwa 60 Prozent erhielt. Dadurch konnte Frankreich die Zeitspanne bis zum Anlaufen des Marshall-Plans überbrücken.

Mit der Ablehnung des Marshall-Plans durch die Sowjet-union, die durch Gründung des Kominform (5. 10. 1947) ihre Aufsicht über die kommunistischen Parteien verstärkte, war der entscheidende Schritt zur Spaltung Europas und zur Ent-stehung der beiden Machtblöcke getan. Frankreich war mit dem westlichen Teil Deutschlands im westlichen Empfänger-kreis vereint, und das änderte die französische Deutschlandpo-litik. Die Aufgabe der territorialen Forderungen an Rhein und Ruhr war der erste Schritt. Größere Schwierigkeiten bereitete den französischen Regierungen der Beginn der von den Angel-sachsen geförderten westdeutschen Staatlichkeit.

Bei der einzigen Konferenz der deutschen Ministerpräsiden-ten am 6. Juni 1947 in München, die mit der vorzeitigen Abreise der Teilnehmer aus der Sowjetzone endete, hatte Frankreich den Ministerpräsidenten seiner Zone noch ausdrücklich ver-boten, über politische Fragen zu sprechen. Aber der Marshall-Plan und die mit ihm entstandene europäische Wirtschafts-organisation OEEC (16. 4. 1948) machten ein Umdenken notwendig. Nach dem Scheitern einer Außenministerkonfe-renz in London im Dezember 1947 hatten die Angelsachsen zunächst ihren beiden Besatzungszonen, der sogenannten Bi-Zone, den Rahmen einer Staatlichkeit gegeben (Februar 1948). Noch im gleichen Monat Februar fand zwischen ihnen und Frankreich sowie den Benelux-Ländern eine Konferenz in London statt, die die Konstituierung eines westdeutschen Staa-tes, also mit Einschluß der französischen Besatzungszone (da-her die spöttische Bezeichnung »Trizonesien«), zum Ziel hatte. Um Frankreich die Ängste gegenüber einem neuen deutschen Staat zu nehmen, schlossen die beteiligten Europäer den Pakt von Brüssel (*pacte de Bruxelles*, 17. 3. 1948), die spätere West-europäische Union (WEU). Zusätzlich zu dieser Garantie der französischen Sicherheitsinteressen wurden die französischen

Vorbehalte noch mit dem Ende 1948 verkündeten Ruhrstatut berücksichtigt, das die Kontrolle der Kohle- und Stahlproduktion ermöglichte. Erst nach längerem Verhandeln und erneuter Konferenz konnten sich schließlich die drei Westmächte einigen und die wichtigsten Entscheidungen über Westdeutschland bekanntgeben (7. 6. 1948).

Die von den Vertretern der drei Westmächte und der Benelux-Staaten für ihre Regierungen ausgearbeiteten Vorschläge liefen im wesentlichen hinaus auf die Einberufung einer Verfassunggebenden Versammlung in Westdeutschland, die für die drei Westzonen gemeinsame politische Institutionen ausarbeiten sollte. Die Sowjetunion, die schon während der Beratungen in London von dem Ziel der Schaffung eines deutschen Teilstaates Wind bekommen hatten, protestierte mit dem Auszug aus dem Alliierten Kontrollrat. Die französischen Kommunisten folgten der Linie der Bruderpartei und bekämpften den westdeutschen Staat schon vor seiner Geburt. Ebenso eindeutig war die Kritik durch de Gaulle, der bereits am 9. Juni 1948 zu den Vorschlägen Stellung nahm, wobei er die Gefahr nicht nur in dem neuen »Reich«, wie er zu sagen pflegte, im Westen, sondern in dem Entstehen eines weiteren im Osten erblickte, von denen beide die Vereinigung anstreben würden.

Die erwarteten Konflikte brachen bald aus, nachdem das westliche Deutschland und wenig später auch Westberlin die Währungsreform erlebten (20. 6. 1948) und die Sowjetunion auf ihrem Gebiet die Ostmark einführte. Fast zum gleichen Zeitpunkt (1. 7. 1948) übergaben die drei westlichen Militärgouverneure den Ministerpräsidenten ihrer Länder die »Frankfurter Dokumente«, die die Ergebnisse von London enthielten und zu denen die Ministerpräsidenten einige Veränderungen vorschlugen. Daß mit dem Aufbau eines westlichen Deutschlands auch die von de Gaulle befürchteten Gefahren auftauchen würden, zeigte sich sehr eindringlich bei der bald nach Einführung des neuen Geldes ausgebrochenen Blockade von Berlin. Zu der Versorgung der Stadt konnte Frankreich wenig beitragen; die Angelsachsen trugen die Last und gewannen das Vertrauen der deutschen Bevölkerung.

Auswirkungen des Kalten Krieges
auf die französische Politik.
Die Montanunion

Die durch den Marschall-Plan und die damit verbundene europäische Wirtschaftsorganisation OEEC (*Organization for European Economic Cooperation*; franz.: *Organisation européenne de coopération économique* = *OECE*), durch den Vertrag von Dünkirchen und die WEU (*Western European Union*; franz.: *Union de l'Europe occidentale* = *UEO*) auf militärischem Gebiet bewirkte Einbindung Frankreichs in europäische Strukturen wurde in der Folgezeit systematisch weiter verstärkt – gegen schärfsten kommunistischen Widerstand. Die kommunistische Propagandawelle unter dem Zeichen der Friedenstaube von Picasso richtete sich in erster Linie gegen den amerikanischen ›Imperialismus‹ und fand bei den französischen Intellektuellen bis hin zu Sartre ein breites Echo. Allerdings wurde die kommunistische Friedensbewegung immer wieder von der aggressiven Politik der Sowjetunion und ihrer Satelliten bei dem Umsturz in Prag (Februar 1948), bei der Berliner Blockade (Juni 1948–Mai 1949) und bei der Entfesselung des Krieges in Korea (Juni 1950) widerlegt.

Die militärische Schwäche Westeuropas gegenüber der Sowjetunion und ihren Verbündeten ließ jedoch erkennen, daß ohne amerikanischen Schutz Europa nicht zu retten gewesen wäre. Die Antwort des Westens auf die Bedrohung aus dem Osten war die Gründung der NATO (frz. *Organisation du traité de l'atlantique nord* = *OTAN*, 4. 4. 1949), der zunächst neben den fünf Staaten der WEU die USA und Kanada sowie Norwegen, Dänemark, Island, Portugal und Italien angehörten. Durch die NATO verlor die WEU wieder an Bedeutung, denn die USA waren letztlich alleiniger Garant der europäischen Sicherheit. Frankreichs Einbindung in diese neuen übernationalen Strukturen wurde dadurch erleichtert, daß von 1948 (22. 1.) bis 1954 (18. 6.) seine Außenpolitik von Georges Bidault und Robert Schuman gelenkt wurde. Beide gehörten den Volksrepublikanern an und waren dezidiert westlich und europäisch orientiert. Mit der Unterzeichnung des Nordatlantikpaktes und der fast

496

gleichzeitigen Annahme des Grundgesetzes durch den Parlamentarischen Rat am 8. Mai 1949 tauchte allerdings ein Problem auf, das die französische Politik für längere Zeit in Anspruch nehmen sollte: die Integration des westdeutschen Staates in die westliche Gemeinschaft und damit auch der Beitrag der Bundesrepublik zur Verteidigung Europas. Daß zwischen beiden Ereignissen ein Zusammenhang bestand, wagten nur wenige so deutlich zuzugeben, wie es der Gründer der Zeitung *Le Monde*, Hubert Beuve-Méry, kurz nach Unterzeichnung des Vertrages tat. Den meisten Politikern in Frankreich und Deutschland lag dieser Gedanke angesichts des vom deutschen Militär angerichteten Unheils und des Elends in Westdeutschland fern, auch wenn Konrad Adenauer, Bundeskanzler seit dem 15. September 1949, sehr bald vorsichtig auf die – auch militärische – Integration der Bundesrepublik in den Westen hinarbeitete. Zunächst nahmen die Bestrebungen um ein politisches und wirtschaftliches Zusammenrücken Europas Formen an.

Die Bemühungen um eine engere Zusammenarbeit der Europäer führten nach einem Treffen in Den Haag im Mai 1948 zur Gründung des Europarates in Straßburg (5. 5. 1949), dem neben den fünf Ländern der WEU zunächst Dänemark, Norwegen, Schweden, Irland und Italien, bis 1951 noch Griechenland, Island, die Türkei, das Saargebiet und die Bundesrepublik beitraten. In der nur halbsouveränen jungen Bundesrepublik bereitete die Einladung zum Beitritt (1951) erhebliche Schwierigkeiten, da gleichzeitig das von Deutschland abgetrennte Saarland Mitglied des Europarates wurde. Durch diesen Schachzug wollte Frankreich die Souveränität des Gebietes aufwerten und seine Abtrennung sichern.

Um das Problem des Saarlandes zu umgehen und dem Prozeß der europäischen Einigung neuen Schwung zu geben, hatte Jean Monnet den Gedanken konzipiert, die damals wichtigsten Grundprodukte Kohle und Stahl aus der nationalen Verantwortung zu nehmen und einer Hohen Behörde zu unterstellen. Außenminister Robert Schuman nutzte eine günstige politische Konstellation und verkündete am 9. Mai 1950 im Quai d'Orsay die französischen Vorschläge. Sie enthielten im Kern schon die

Idee des Gemeinsamen Marktes, da der Handel mit Kohle und Stahl zollfrei verlaufen sollte. Nur die »kerneuropäischen« Länder, neben der Bundesrepublik und Frankreich noch die Beneluxstaaten und Italien, schlossen sich den Vorschlägen von Robert Schuman an. Die im Juni 1950 aufgenommenen Verhandlungen führten am 18. April 1951 zur Gründung der Montanunion *(Communauté européenne du charbon et de l'acier = CECA)*, die im August 1952 in Kraft trat. Während England abseits blieb, die Sowjetunion und die Kommunisten allgemein das Projekt heftig bekämpften, fand es die volle Unterstützung der Vereinigten Staaten. In Frankreich selbst traf die Regierung auf den Widerstand der Stahlindustrie, der Kommunisten und der Gaullisten, aber sie setzte sich in der Nationalversammlung mit 377 zu 233 Stimmen durch, ein Ereignis, das die Handlungsfähigkeit der »troisième force« unter Beweis stellte. Im August 1952 nahm die Hohe Behörde der Montanunion unter ihrem »Erfinder« und erstem Präsidenten Jean Monnet in Luxemburg ihre Arbeit auf.

Ein Irrweg: Die Europäische Verteidigungsgemeinschaft

Der Ausbruch des Koreakrieges (25. 6. 1950) machte der freien Welt und insbesondere den Staaten Westeuropas deutlich, daß auch sie nicht in der Lage wären, sich selbst zu schützen. Die USA, die die Last des Krieges in Korea fast allein tragen mußten, verlangten von ihren europäischen Verbündeten mit immer größerem Nachdruck, daß diese der Aufstellung westdeutscher Truppen zustimmten. Für die Westeuropäer und insbesondere für Frankreich hatte der Gedanke an eine deutsche Wiederaufrüstung, die auch in Westdeutschland selbst auf großen Widerstand traf, etwas Beklemmendes. Konrad Adenauer allerdings hatte weniger Bedenken als die Mehrzahl der deutschen Politiker. Er erkannte die Chance, durch das Angebot der Aufstellung deutscher Truppen ein Stück Souveränität zu gewinnen und übergab den Besatzungsmächten 1950 ein »Sicherheitsmemorandum« mit diesem Angebot und verlangte zugleich die Aufhebung des Besatzungsstatuts.

Um die mit einer deutschen Wiederaufrüstung verbundenen Schwierigkeiten zu umgehen, schlug der damalige französische Regierungschef René Pleven am 26. Oktober 1950 der Nationalversammlung die Schaffung einer europäischen Armee vor. Die Idee stammte wiederum von Jean Monnet und war in Analogie zum Schuman-Plan entwickelt worden: Die europäische Armee sollte unter gemeinsamer, von einer Versammlung kontrollierter Führung stehen, bei gemeinsamem Militärhaushalt und Rüstungsprogrammen. Die Truppen sollten in möglichst kleinen Einheiten integriert werden. Auf diese Weise hofften die Väter des Gedankens, das Gespenst einer deutschen Nationalarmee vertreiben zu können.

Die Aufnahme des Projekts war sehr zurückhaltend: Kommunisten und Gaullisten bekämpften es von Anfang an, die in der Hauptsache betroffenen Deutschen zögerten zunächst und schwenkten, wie die Amerikaner, erst nach zusätzlichen Erläuterungen ein, England lehnte die Teilnahme ab. Erst im Februar 1952 kam es zu einem unsicheren vorläufigen Abkommen; nunmehr sollten die nationalen Einheiten sehr viel größer sein, so daß eher eine Koalition als eine Integration vorgesehen war. In Paris wurde der Vertrag am 27. Mai 1952 geschlossen.

Neben allen anderen Kritikpunkten an der nicht konsequenten Struktur des neuen Gebildes stieß in Frankreich der Umstand auf Widerspruch, daß die Europäische Streitmacht in die NATO eingebaut und infolgedessen amerikanischem Oberbefehl unterstellt werden sollte.

Während die öffentliche Meinung in Frankreich die Montanunion als ein Mittel der deutsch-französischen Verständigung mit Wohlwollen aufnahm, traf die Verteidigungsgemeinschaft das durch die Erfahrung der Vergangenheit besonders empfindliche Nationalbewußtsein. Über zwei Jahre hinweg stand die Europäische Verteidigungsgemeinschaft (EVG), für die nur die Volksrepublikaner geschlossen eintraten, im Mittelpunkt der Debatte, ohne daß eine Regierung es wagte, den Vertrag dem Parlament vorzulegen. Die »Leiche im Schrank« vergiftete die innenpolitische Diskussion und belastete die Außenpolitik.

Die Wahlen 1951

Die Parteien der »Dritten Kraft« mußten erkennen, daß sie bei Beibehaltung des reinen Verhältniswahlsystems von 1946 von den Kommunisten links und den Gaullisten rechts in die Zange genommen, die notwendige Mehrheit verlieren würden. Es war abzusehen, daß die beiden Parteien an den Flügeln des Spektrums jeweils etwa ein Viertel der Wählerstimmen erhalten würden. Da mit den Kommunisten niemand eine Koalition eingehen wollte, die Gaullisten aber schon die Vorstellung einer Koalition, also eines Kompromisses innerhalb des Systems ablehnten, stand sogar zu befürchten, daß keinerlei Regierungsmehrheit zustande kommen könnte. Es war also nicht nur der reine Machterhaltungstrieb der »Dritten Kraft«, wenn sie durch eine Manipulation am Wahlgesetz eine solche Mehrheit – natürlich für sich selbst – zu erreichen suchte.

Als Mittel, den Verantwortung tragenden Parteien auch eine parlamentarische Mehrheit zu verschaffen, diente die Einführung der Listenverbindung *(apparentement)* durch Gesetz vom 9. Mai 1951. Selbständige Parteien mit eigenem Programm konnten sich demnach, ohne eine Einheitsliste aufzustellen, für »listenverbunden« *(apparenté)* erklären. Wenn die derart verbundenen Listen im Département die absolute Stimmenmehrheit erhielten, fielen ihnen sämtliche Sitze zu, andernfalls wurden diese unter den verbundenen Parteien nach den Stimmenverhältnissen aufgeteilt. Da die Kommunisten keine Partner für ein derartiges *apparentement* finden und die Gaullisten das ganze Vorgehen ablehnen würden, war zu erwarten, daß die Parteien der »Dritten Kraft« eine Mehrheit in der Kammer fänden.

Die Ergebnisse der Wahl vom 17. Juni 1951 gaben diesen Erwartungen recht: Bei etwa 23 Prozent Enthaltungen und ungültigen Stimmen erhielten die Kommunisten *(PCF)* mit fünf Millionen Stimmen 95 Sitze, die Gaullisten *(RPF)* mit 4,1 Millionen Stimmen 106 Sitze, wodurch sie die stärkste Fraktion wurden. Die vier Parteien der Mitte aber erreichten etwa vergleichbar große Zahlen: Die Sozialisten *(SFIO)* 2,9 Millionen und 95 Sitze, die Unabhängigen und Gemäßigten *(indépen-*

dants et modérés) 2,6 Millionen und 87 Sitze, die Volksrepublikaner *(MRP)* 2,5 Millionen und 84 Sitze, die Radikalen und ihre Anhänger *(RGR = Rassemblement des gauches républicaines)* 1,9 Millionen und 77 Sitze; (die Zahlenangaben schwanken, da sich eine Reihe von unabhängigen Abgeordneten den verschiedenen Fraktionen anschlossen). Die vier Gruppierungen der Mitte konnten und mußten also weiter die Verantwortung tragen. Ihre Lage hatte sich sogar insofern gebessert, als nicht zu erwarten war, daß sich die – meist bürgerlichen – Abgeordneten des RPF für weitere fünf Jahre mit der sterilen Opposition begnügen würden, die der General von ihnen verlangte. Insgesamt gesehen bedeutete das Wahlergebnis einen deutlichen Ruck nach rechts. Schon im folgenden Jahr kam dies auch bei der Regierungsbildung zum Ausdruck.

Das Ende der »Dritten Kraft«

Nicht die großen ungelösten Probleme der Politik, der Kolonialkrieg in Indochina oder die Europäische Verteidigungsgemeinschaft führten zu dem Ende der »Dritten Kraft«, sondern die Frage nach der Finanzierung des katholischen Schulwesens durch den laizistischen Staat, also ein Problem, das, in der Zweiten Republik mit der *loi Falloux* geschaffen, trotz der Trennung von Staat und Kirche zu Beginn des Jahrhunderts, mit einer gewissen Regelmäßigkeit in Frankreich auftaucht. Weil das Regime von Vichy die katholischen Gymnasien *(l'enseignement libre)* unterstützt hatte, wurden diese Subventionen nach der Befreiung des Landes wieder abgeschafft. Je schwieriger in der Folgezeit die Lage des *enseignement libre* wurde, desto stärker wuchs der Druck auf die Abgeordneten der Volksrepublikaner, die sich für die Unterstützung der katholischen Schulen einsetzen sollten, während die Sozialisten auf der anderen Seite das Prinzip der Laizität des Schulwesens vertraten. Mit MRP und SFIO standen sich die Hauptstützen der Vierten Republik in dieser Frage unversöhnlich gegenüber, und nur der Zwang, gegenüber den gemeinsamen Gegnern zusammenzuhalten, verhinderte die offene Auseinandersetzung. Die Wahlen

1951 hatten aber bewirkt, daß jede der beiden Parteien auch mit den Unabhängigen und Radikalen zusammen eine knappe Mehrheit im Parlament erreichen konnte. Als nach einmonatiger Debatte schließlich die Unterstützung der katholischen Schulen beschlossen wurde (*lois Marie et Barangé*, 21.9.1951), geschah dies mit den Stimmen der Volksrepublikaner, der Unabhängigen, der Gaullisten und – erstaunlicherweise – eines Teils der Radikalen gegen Sozialisten und Kommunisten. Die Höhe der Subventionen war sehr gering, aber die »Dritte Kraft« war gesprengt und zwar mit Hilfe der Gaullisten. Es zeigte sich, daß die Regierungsmehrheit sich nach rechts verschoben hatte.

Immerhin hielt sich die Regierung Pleven, die Anfang August gebildet worden war, noch über das Jahresende, und so konnte der Vertrag über die Montanunion von allen vier Parteien außer Gaullisten und Kommunisten ratifiziert werden (13.12.1951). Am 7.Januar 1952 entzogen dann die Sozialisten der Regierung das Vertrauen und diese stürzte über eine Frage der Finanzen.

Antoine Pinay 1952

Schließlich beauftragte Präsident Vincent Auriol einen Mann mit dem Versuch einer Regierungsbildung, der sich 1950–52 als Minister für öffentliche Arbeiten bewährt hatte: Antoine Pinay (geb. 1891). Pinay war im Gegensatz zu seinen Vorgängern nicht in der Widerstandsbewegung gewesen, er hatte keine der Eliteschulen des Landes besucht, nicht einmal das Abitur gemacht, sondern als Leiter eines Gerbereibetriebs die Wirtschaft direkt kennengelernt. Insofern stellte er unter den französischen Politikern eine Ausnahme dar; allerdings verkörperte er auch wieder mit seinem gesunden Menschenverstand, mit seiner nüchternen und redlichen Art modellhaft den Durchschnittsfranzosen, und so war es nicht erstaunlich, daß er, trotz der kurzen Zeit seiner Regierung (6.3.–23.12.1952), populärer als jeder andere Politiker der Vierten Republik wurde. Zu einem günstigen Augenblick an die Regierung gelangt, konnte er der Republik eine kurze Erholungspause verschaffen, ohne die großen Probleme Indochina und Europäische Verteidigungsgemeinschaft anzugehen. Bei seiner Investitur am 6. März 1952 stimmten nur 324 Abgeordnete für ihn, und unter diesen waren 27 Abgeordnete des RPF, die dem Willen des Generals zuwiderhandelten. Die Wahl des dezidiert rechten Pinay, der zu den »Unabhängigen« (oder »Gemäßigten«) zählte, bedeutete einen Einschnitt in der Geschichte der Vierten Republik und zugleich die beginnende Auflösung des politischen Gaullismus, der, in das bestehende Parteiensystem integriert, schnell an Kraft verlor und dessen Abgeordnete dann am 6. Mai 1953 von de Gaulle ihre Entscheidungsfreiheit zurückerhielten.

Pinay, der sich selbst in seinem Kabinett das Finanzministerium vorbehielt, konnte das Vertrauen seiner Mitbürger vor allem durch den sparsamen, hausväterlichen Umgang mit den Staatsfinanzen gewinnen: Reduzierung der Staatsausgaben, Steueramnestie, um das Fluchtkapital zurückzuholen, Verteidigung des Geldwertes *(défense du franc)* – alles Mittel klassischer liberaler Wirtschaftspolitik. Tatsächlich gelang es, die Inflation für mehrere Jahre aufzuhalten, wobei allerdings das Nachlassen der Weltwirtschaftskonjunktur Pinays Politik zugute kam. Den sozialen Frieden konnte Pinay erreichen durch Einführung der gleitenden Lohnskala *(échelle mobile)*; die Löhne erhöhten sich demnach, sobald der Preisindex um 5 Prozent gestiegen war. Die Koppelung der Löhne an die Preise stellte an sich einen Verstoß gegen die Prinzipien des Wirtschaftsliberalismus dar, brachte aber eine gewisse Entspannung in die Tarifauseinandersetzungen.

Den größten Erfolg erzielte Pinay mit der Wiederbelebung der Sparbereitschaft der Franzosen. Er legte eine Anleihe auf (26. 5. 1952), die mit 3,5 Prozent zwar nur gering verzinst, aber an den Goldkurs des *napoléon d'or* gebunden war *(emprunt Pinay)* und zudem den für die Kapitalgeber unschätzbaren Vorzug besaß, von jeder Besteuerung, auch von der Erbschaftssteuer befreit zu sein. Es versteht sich von selbst, daß die Anleihe bei kleinen Sparern und großen Kapitalgebern höchst beliebt war; sie erbrachte bei der Zeichnung nicht weniger als 428 Milliarden Franken.

Gestützt auf das ihm entgegengebrachte Vertrauen, konnte Pinay am 27. Mai 1952 den Vertrag über die Europäische Verteidigungsgemeinschaft unterzeichnen, ohne ihn allerdings dem Parlament zur Ratifizierung vorzulegen.

Pinays Ansehen beim liberalen und konservativen Bürgertum blieb nach seinem Sturz über Jahre erhalten. Außenminister unter Edgar Faure 1955–56, Finanz- und Wirtschaftsminister unter Charles de Gaulle 1958–60, wurde sein Rat auch in der Folgezeit immer wieder eingeholt und oft angenommen.

Probleme der Innenpolitik.
Die Neuwahl des Staatspräsidenten

Pinays Erfolge auf wirtschaftlichem Gebiet überdeckten die weiterhin schwelenden Konflikte in Tunesien und Marokko, den Krieg in Indochina und auch die durch die Dämpfung der Wirtschaftätigkeit entstandene soziale Unzufriedenheit. Die Nachfolger hatten innen- wie außenpolitisch mit den offen ausbrechenden Konflikten die größte Mühe und ließen deshalb den Vertrag über die Europäische Verteidigungsgemeinschaft ohne Ratifizierung weiter ruhen. Der Bundestag hatte den Vertrag, der gleichzeitig mit dem erweiterte Rechte verschaffenden Deutschlandvertrag unterzeichnet worden war, im März 1953 ratifiziert. Das Verfahren blieb also weiterhin über das Jahr 1953 hinweg in der Schwebe, ein Zustand, der von amerikanischer, deutscher und zunehmend auch französischer Seite als belastend empfunden wurde.

Wie schwach die Basis des Regimes geworden war, zeigte sich bei dem großen Streik 1953 (7.–24. 8.), der mit der Post begann und binnen weniger Tage den gesamten öffentlichen Dienst erfaßte. Mitten im Sommer brachen das öffentliche Verkehrswesen, die Post und andere Bereiche zusammen. Die Regierung, die zunächst jede Verhandlung strikt abgelehnt hatte, gab schließlich doch nach und gewährte fast alles, was die Streikenden verlangt hatten. Das Ansehen des Staates litt beträchtlich unter der Entscheidungsschwäche der Exekutive, und die lange Suche nach einer neuen Regierung im Juni und Juli des

Jahres trug noch dazu bei, das parlamentarische System in Mißkredit zu bringen. Vergeblich hatte Staatspräsident Vincent Auriol zunächst Paul Reynaud, dann Pierre Mendès France, Georges Bidault, schließlich André Marie und wieder Antoine Pinay, der sofort abwinkte, vorgeschlagen, bis man sich auf den unauffälligen Joseph Laniel einigte. Aufsehen erregte bei der Kür der Kandidaten die Rede, die Mendès France bei dieser Gelegenheit hielt und in der er Entscheidungen vom Parlament verlangte: »Regieren bedeutet eine Wahl treffen!« (gouverner c'est choisir). Noch schien den Abgeordneten die Lage nicht so verzweifelt und der Zwang, sich zu entscheiden, nicht gegeben zu sein, und so fehlten Mendès France schließlich 13 Stimmen zur Regierungsbildung.

Ein trauriges Schauspiel bot schließlich noch die Neuwahl des Staatspräsidenten durch die beiden Kammern in Versailles. Nach endlosen Verhandlungen hinter den Kulissen und 12 ergebnislosen Wahlgängen einigte man sich schließlich auf einen Kompromißkandidaten, den Unabhängigen René Coty (23. 12. 1953), nicht die schlechteste Wahl, was die Person anging, aber eine jämmerliche Selbstdarstellung der Republik bei der Wahl ihres obersten Repräsentanten.

Die Konflikte in Tunesien, Marokko und Indochina. Dien Bien Phu

Als die tunesische Regierung 1951 in einem Memorandum innere Autonomie verlangte, bestand die französische Regierung auf der Anerkennung des definitiven Charakters der gegenseitigen Beziehungen, also des Protektorats. Zunächst lösten sich Repression und Widerstand ab, wobei die 1934 von dem an der Spitze der tunesischen Unabhängigkeitsbewegung stehenden Habib Burgiba gegründete Neo-Destur-Partei von der starken tunesischen Gewerkschaft UGTT unterstützt wurde. Die französischen Truppen töteten Ende Januar 1952 mehr als 200 Tunesier am Cap Bon, Burgiba wurde verhaftet, schließlich sogar die Regierung. Als am 5. Dezember 1952 der Gewerkschaftsführer Ferhat Hached ermordet wurde, kam die Auseinandersetzung vor die Vereinten Nationen, wo Frankreich in die Rolle des Angeklagten geriet. Mit einer gewissen Folgerichtigkeit entwickelten sich der Terror der »Roten Hand« *(main rouge)* auf der Seite der französischen Siedler und der Gegenterror der tunesischen »Fellaghas« und das Land drohte Anfang 1954 in ein Chaos zu versinken.

Auf der anderen Seite des Magreb, in Marokko, verlief die Entwicklung nicht günstiger für Frankreich. Alle Versuche des Sultans Mohammed V., mit der französischen Regierung und mit Staatspräsident Vincent Auriol ins Gespräch zu kommen über eine Änderung des Protektorat-Statuts, wurden von französischer Seite abgelehnt. Die französischen Residenten, die Generäle Juin (1947–1951) und Guillaume (1951–1954), zeichneten sich nicht durch großes politisches Verständnis aus und konspirierten mit anderen Mächtigen wie dem Pascha von Marrakesch, El Glaoui, gegen den Sultan. Die Ermordung von Ferhat Hached in Tunesien führte in Marokko zu heftigen Unruhen. Im Sommer 1953 setzte der Pascha mit seinen Anhängern den Sultan ab und General Guillaume deckte den Staatsstreich; Mohammed V. wurde zunächst nach Korsika, später nach Madagaskar gebracht. Die französische Regierung, vor vollendete Tasachen gestellt, gab nach und nahm aus Furcht vor Unruhen die Maßnahmen des Residenten hin; nur Staatsminister François Mitterrand protestierte und trat zurück. Wie nicht anders zu erwarten, begannen im Herbst wieder die Attentate und Unruhen in Marokko.

Am kritischsten wurde die Lage Frankreichs in Indochina. Schon 1950 erkannte Rotchina Ho Chi Minh an und unterstützte ihn. Die Grenzstädte Cao Bang und Lang Son mußten von den Franzosen aufgegeben werden, so daß der Vietminh ungehindert Nachschub über die Grenze erhalten konnte. Die Ernennung de Lattres zum Hochkommissar und Oberkommandierenden des Expeditionskorps brachte eine zeitweilige Stabilisierung der Lage mit sich. Er holte sich Unterstützung von dem unter Bao Dai auf französischer Seite kämpfenden Vietnam, das – ebenso wie Laos und Kambodscha – alle die Konzessionen erhalten hatte, die zuvor Ho Chi Minh abgeschlagen worden waren. Obendrein bekam de Lattre in verstärktem

Maße amerikanische Unterstützung im Rahmen der durch den Korea-Krieg zum Programm erhobenen »Eindämmung« (containment) des Kommunismus. Letztlich geriet Frankreich in immer stärkere Abhängigkeit von der amerikanischen Globalstrategie. Von dieser paradoxen Situation her wird die geringe Aufmerksamkeit verständlich, die der ferne Krieg in Frankreich fand. Sie ist auch insofern zu erklären, als keine eingezogenen Wehrpflichtigen in Indochina eingesetzt wurden, die französischen Familien also die Folgen des Kampfes kaum verspürten – ganz im Gegensatz zu dem, was sich später in Algerien ereignete. Schon 1950 hatte Mendès France klar die Alternative gestellt, entweder den Einsatz von Soldaten und Material zu verdreifachen oder aber zu verhandeln.

Nach dem Tod de Lattres am 11. Januar 1952 verschlechterte sich die Lage der französischen Truppen, der Vietminh kämpfte sich den Weg nach Laos frei. In dieser Situation beschlossen die französischen Militärs 1953, 300 Kilometer von Hanoi entfernt in dem von bewaldeten Höhenzügen umstandenen Dien Bien Phu eine – allein aus der Luft zu versorgende Sperrfestung zu errichten. Elitetruppen, Fallschirmjäger wurden eingeflogen, Sperrforts angelegt, alles an Menschen und Material herangeschafft. Aber bei dem im Frühjahr 1954 einsetzenden Angriff des Vietminh, der unter größtem Einsatz auch schwere Waffen in Stellung gebracht hatte, zeigte sich bald, wie verwundbar die Festung wurde, nachdem die Landebahn zerstört worden war. Einen Monat lang hielt die Garnison, ging immer wieder zum Gegenangriff über; als aber die Amerikaner und Engländer ein Eingreifen ablehnten, war ihr Schicksal besiegelt: Am 7. Mai 1954 kapitulierten die Eingeschlossenen. Mehr als die Hälfte der etwa 10 000 Gefangenen überlebte die Lager nicht. In der einzigen großen Schlacht des Kolonialkrieges hatte General Giap den Sieg davongetragen. Die Auswirkungen der Niederlage auf Frankreich und seine Armee waren niederdrückend, doch gelang es dem fähigsten Politiker der Vierten Republik, Pierre Mendès France, während seiner kurzen Regierungszeit die Probleme des Landes zu lösen.

Pierre Mendès France
oder die Möglichkeiten einer entschlossenen Politik

Der Fall von Dien Bien Phu besiegelte die Niederlage Frankreichs nach einem siebenjährigen Krieg in Indochina. Er löste aber auch eine Rückbesinnung auf die Kräfte und die Werte der Republik aus, versammelt um die Person von Pierre Mendès France (1907–1982), den seine zahlreichen Anhänger unter den jüngeren Politikern hochachtungs- und liebevoll mit der Abkürzung PMF bezeichneten und der in der kurzen Zeit seiner Regierung (18. 6. 1954–5. 2. 1955) bewies, daß ein entschiedener Politiker auch in dieser Republik größte Probleme lösen konnte.

Mendès France war ein Mann der Aufklärung, der der Macht der Vernunft vertraute, der sich aber durch die Schärfe seiner Analysen und seiner Forderungen auch viele Gegner unter den Politikern machte. Er fand Unterstützung bei der öffentlichen Meinung, vor allem in dem 1953 von Jean-Jacques Servan-Schreiber gegründeten politischen Wochenmagazin *L'Express*. Für einige Jahre ruhte die Hoffnung einer Erneuerung und Modernisierung der Republik auf diesem ungewöhnlichen Mann.

Am 12. Juni 1954 wurde die Regierung Laniel nicht zuletzt durch die Angriffe von Mendès France gestürzt, und es war ein Brauch der Republik geworden, daß der Staatspräsident denjenigen zum Nachfolger vorschlug, der zum Sturz der Regierung wesentlich beigetragen hatte. Mendès France wich von der üblichen Linie langer Verhandlungen mit den Parteien ab und stellte ein Kabinett nach eigener Wahl vor. Zugleich präsentierte er den Abgeordneten eine politische Vorgabe »aus einem Guß«, in der sich die Erneuerung des Landes mit einer neuen Politik in den Kolonien verband. Für die Lösung des Indochinaproblems, über das seit dem 26. April 1954 von den Vertretern der beteiligten Mächte in Genf verhandelt wurde, setzte er eine Frist: Wenn innerhalb eines Monats nicht ein Ergebnis der Verhandlungen zustande käme, wollte er vom Parlament die Ermächtigung einholen, die notwendigen Mittel und regulär eingezogene Truppen *(le contingent)* einzusetzen. Erstaunlicherweise gingen die Abgeordneten auf diese »Wette«

ein und sprachen ihm mit der großen Mehrheit von 419 zu 47
Stimmen bei 143 Enthaltungen das Vertrauen aus. Fast alle
Fraktionen stimmten für ihn, mit Ausnahme der Volksrepublikaner, von denen nur einige wenige ihm das Vertrauen aussprachen; die Mehrheit des MRP bildete während der Regierungszeit von Mendès France den Kern der Opposition.

Die Beendigung des Indochinakrieges

Mendès France, der selbst das Außenministerium übernommen
hatte, konnte in Genf auf der Vorarbeit von Bidault aufbauen,
aber zugleich auf die Vertreter der Großmächte, Eden (U. K.),
Dulles (USA), Molotow (UdSSR) und Chou En-lai (Rotchina)
Druck ausüben mit der Drohung eines erhöhten Einsatzes der
französischen Macht und damit der Ausweitung des Krieges.
Nach Stalins Tod und der Beendigung des Koreakrieges lag allen Beteiligten an einer Verminderung der Spannungen, und so
konnte Mendès France schließlich in der Nacht vom 20. zum
21. Juli 1954, also in letzter Minute, ein Ergebnis erzielen, das
es Frankreich erlaubte, sich ohne allzu großen Gesichtsverlust
aus dem Krieg zurückzuziehen: Kambodscha und Laos erhielten ihre Unabhängigkeit; die französischen Truppen zogen sich
innerhalb von 300 Tagen aus dem Norden Vietnams zurück.
Wie Korea wurde das Land geteilt, wobei der 17. Breitengrad
zur Grenze gewählt wurde. Innerhalb von zwei Jahren sollten
in beiden Landeshälften freie Wahlen mit dem Ziel der Wiedervereinigung stattfinden. Bis April 1956 hatte die französische
Armee Vietnam geräumt.   .
  In Frankreich wurde das Abkommen trotz der harten
Bedingungen mit Erleichterung aufgenommen, da niemand
eine Alternative erkennen konnte. Die Nationalversammlung
stimmte mit der Mehrheit von 462 gegen 13 Stimmen bei 134
Enthaltungen zu. In dem über siebenjährigen Krieg hatten die
französischen Streitkräfte fast 100 000 Tote zu verzeichnen, neben 28 000 Vietnamesen, 15 000 Afrikanern, 12 000 Fremdenle-
gionären, darunter vielen Deutschen, 21 000 Franzosen selbst.
Zahlreiche Gefangene kehrten nicht zurück. Trotz der ameri-

kanischen Unterstützung hatte Frankreich beträchtliche Summen für den Krieg aufgebracht, die unmittelbar nach 1945 für den Aufbau des Landes dringend benötigt worden wären. Besonders verhängnisvoll wirkte sich die Niederlage auf die französische Armee aus, deren Verbitterung von der nicht unbegründeten Überzeugung herrührte, ihre große Opferbereitschaft sei in der Heimat nicht angemessen gewürdigt worden. In Indochina entstand bei den Soldaten jener Überdruß an den Politikern der Republik, der sich während des Algerienkrieges so verhängnisvoll auswirkte und zum Ende des Regimes beitrug.

Die Rede von Karthago

Schon wenige Tage nach Abschluß des Genfer Abkommens ging Mendès France daran, eine neue Politik für Tunesien einzuleiten, wo inzwischen fast chaotische Verhältnisse eingetreten waren. Er flog mit zwei Vertretern der Rechten, dem Gaullisten Christian Fouchet und Marschall Juin, nach Tunis und entwarf vor dem Bey in dessen Palast von Karthago *(Carthage)* die Grundzüge einer neuen Politik (31. Juli 1954). Frankreich gewährte dem Land die innere Autonomie und behielt sich nur dessen Vertretung nach außen vor. Der Widerstand der – auch in der Nationalversammlung präsenten – Kolonialisten brach auf diese Entscheidung hin ebenso zusammen wie die Anschläge der Fellaghas. Burgiba kehrte im folgenden Jahr nach Tunis zurück. Tunesien konnte sich konsolidieren, weil die französische Regierung unter Mendès France die unumgänglichen Konzessionen gerade noch rechtzeitig gemacht hatte, bevor zuviel Blut vergossen war.

Obwohl in Marokko eine vergleichbare Lösung zu erwarten gewesen wäre, hat Mendès France sich dieses Problems nicht angenommen, sei es, daß er wegen der Exilierung des legitimen Herrschers und der Ersetzung durch eine eindeutige Marionette keinen geeigneten Gesprächspartner vorfand, oder aber, weil er es für vordringlicher ansah, zunächst die Frage der Europäischen Verteidigungsgemeinschaft anzugehen.

Das Ende der Debatte
um die Europäische Verteidigungsgemeinschaft

Mendès France hatte sich in dieser Frage nicht festgelegt; schon sein Versuch, Gegner und Befürworter an einen Tisch und zu einer gemeinsamen Stellungnahme zu bringen, führte zum Auszug der gaullistischen Minister aus dem Kabinett (13. 8. 1954).

In dieser kritischen Lage bemühte sich der Ministerpräsident, durch Verhandlungen mit den Partnerländern in Brüssel (19.–24. 8. 1954) Verbesserungen an dem Vertrag zu erreichen, wie sie die Nationalversammlung 1952 gefordert hatte. Er traf aber auf eine geschlossene Front der Ablehnung. In der verfahrenen Situation beschloß Mendès France, den Vertrag dem Parlament vorzulegen, ohne daß die Regierung an der Abstimmung teilnahm. Die Debatte sollte am 29. August 1954 eröffnet werden und die Stimmung hatte ihren Siedepunkt erreicht, als die Gegner des Vertrags den Verfahrensantrag einbrachten, sich mit dem Projekt nicht mehr zu befassen. Am 30. August stimmte eine Mehrheit von 319 gegen 264 Stimmen dem Antrag zu. Bei den Gegnern der EVG herrschte großer Jubel, die Anhänger aber verziehen dem Ministerpräsidenten seine Enthaltung nicht. Die ausgetretenen gaullistischen Minister kehrten ins Kabinett zurück. Die öffentliche Meinung in Frankreich aber war mehrheitlich Mendès France dankbar, daß diese Frage endlich vom Tisch war und nicht mehr die politische Entwicklung blockierte.

In ungewöhnlich kurzer Zeit kam es nach dem Scheitern der EVG zu Verhandlungen und einem Abkommen zwischen den Westmächten und der Bundesrepublik mit dem paradoxen Ergebnis, daß nunmehr gerade das verwirklicht wurde, was man mit der EVG vermeiden wollte: die Aufstellung einer Bundeswehr und die Aufnahme Westdeutschlands in die NATO! Dazu gehörte die Aufnahme der Bundesrepublik (und Italiens) in die Westeuropäische Union WEU, die 1948 ja als Pakt von Brüssel gegen eine mögliche deutsche Gefahr geschlossen worden war. Die Nationalversammlung stimmte den Verträgen mit 287 gegen 260 Stimmen zu. Mendès France, der schwierige Gespräche mit dem nach der Entscheidung gegen die EVG sehr

mißtrauischen Adenauer führte, kam es darauf an, die Bundesrepublik, wenn ihr militärisches und politisches Erstarken
schon nicht zu verhindern war, möglichst eng in das westliche
Bündnis einzubinden.

Immerhin erhielt er auch einige deutsche Konzessionen, den
Verzicht auf atomare und chemische Waffen und die Zustimmung zu einer Regelung der Saarfrage. Für die Saar wurde ein
eigenes »europäisches« Statut entwickelt, unter einem Kommissar der WEU und bei Erhalt der wirtschaftlichen Anbin-
dung an Frankreich. Ein Jahr später, am 23. Oktober 1955,
wurde dieses Statut den Saarländern in einer Volksabstimmung
vorgelegt und von diesen mit Zweidrittelmehrheit abgelehnt.
Die französische Regierung (Edgar Faure) respektierte diese
Entscheidung, und das Saargebiet wurde, nach Einräumung
einiger deutscher Konzessionen wie der Kanalisierung der
Mosel, als neues Land in die Bundesrepublik aufgenommen
(1. 1. 1957).

Der Aufstand in Algerien und der Sturz von Mendès France

Wenn man von den Unruhen in Marokko absieht, war die
Vierte Republik nur in der kurzen Zeitspanne zwischen dem
Waffenstillstand in Indochina und dem Ausbruch der Anschläge in Algerien am 1. November 1954 nicht in militärische
Auseinandersetzungen verwickelt. In Pressekampagnen gegen
Mendès France vermischten sich Minderwertigkeitsgefühle
gegenüber dem intellektuell Überlegenen mit rassistischen An-
deutungen, wobei sich Pierre Poujade, der damals gerade aufkommende Anführer der Kleinhändler und Geschäftsleute, un-
rühmlich hervortat.

Zähen Widerstand bekam Mendès France nicht nur bei seinen Bemühungen, die Mentalität zu verändern, zu spüren, sondern auch bei dem Versuch, durch eine Verfassungsreform die
Institutionen effizienter zu machen. Insgesamt verdiente das
am 7. Dezember 1954 beschlossene Gesetz nicht die Bezeichnung Reform und wurde deshalb auch abschätzig als »Reförm-
chen« *(réformette)* bezeichnet.

Das Ende der Regierung Mendès France wurde durch die Schwierigkeiten in Nordafrika herbeigeführt. Die Lage in dem bis zu diesem Zeitpunkt ruhigen Algerien veränderte sich plötzlich: Am 1. November 1954 wurde das Land, vor allem in der Kabylei und im Aurès-Gebirge, von zahlreichen Anschlägen erschüttert, die auch einige Tote forderten. Den bis dahin desinformierten französischen Sicherheitsbehörden wurde bald klar, daß es sich um einen organisierten Aufstand handelte, hinter dem eine »Nationale Befreiungsfront« *(Front de libération nationale = FLN)* stand. Die Regierung entsandte sofort militärische Verstärkung nach Algerien und ließ Verhaftungen vornehmen. Im Gegensatz zu Tunesien und Marokko bildete Algerien staatsrechtlich einen Teil des Mutterlandes und unterstand dem Innenministerium. Nur so ist es zu erklären, daß sich angesichts der neuen Bedrohung in Frankreich eine Einheitsfront des Widerstandes bildete. Mendès France selbst lehnte jegliche Verhandlungen ab, sein Innenminister François Mitterrand erklärte: »Algerien ist Frankreich.«

Aber trotz aller von Mendès France bei dieser Gelegenheit bekundeter Entschiedenheit wurde das Mißtrauen gegen ihn immer stärker. Am 5. Februar 1955 wurde seine Regierung nach einer Debatte über die Lage in Nordafrika von dem MRP, der Rechten, den Kommunisten und einigen Gaullisten und sogar Radikalsozialisten gestürzt. Völlig überraschend eilte Mendès France nach seinem Sturz nochmals zur Rednertribüne und erklärte unter den Schreien der Kommunisten und der Rechten: »Die Menschen kommen und gehen, aber die nationalen Notwendigkeiten bleiben« *(Les hommes passent, les nécessités nationales demeurent)*.

Die Männer der Vierten Republik konnten seine Überlegenheit und seine Warnungen nicht ertragen, und die Gegnerschaft zu de Gaulle schloß ihn aus den Entscheidungen der Fünften Republik aus. Seine politischen Vorstellungen und seine faszinierende Gestalt blieben dennoch, bis in die Gegenwart, nicht ohne Wirkung: Zahlreiche junge Politiker wurden von ihm beeinflußt und bildeten eine Art Schule, die man mit seinem Namen »Mendesismus« *(le mendésisme)* nannte. Sie vertraten, auch wenn sie entgegengesetzten Lagern wie dem Gaullismus oder dem Sozialismus beitraten, gemeinsam eine Politik der energischen Problemlösung in der Demokratie. Insofern läßt sich sagen, daß die Regierung von Mendès France die fruchtbarste und folgenreichste Zeit der Vierten Republik darstellte.

Das Ende der Legislaturperiode

Nach langwierigen Verhandlungen mit den einzelnen Gruppierungen wurde der Radikalsozialist Edgar Faure am 25. Februar 1955 mit 369 gegen 210 Stimmen zum Ministerpräsidenten gewählt. Das Kabinett Faure wurde getragen von den Volksrepublikanern, mit Pflimlin als Finanz- und Schuman als Justizminister, von den Gaullisten, bei denen General Koenig das Verteidigungsministerium übernahm, von den Radikalen und von der Rechten (»Gemäßigte«), für die Pinay das Außenministerium erhielt. Insgesamt gesehen, war die Regierung, ohne die Sozialisten, gegenüber ihrer Vorgängerin mehr nach rechts gerückt.

Edgar Faure führte die Politik der wirtschaftlichen Expansion fort und nahm den Vorschlag engerer europäischer Zusammenarbeit, der von den Benelux-Ländern ausging, auf. Bei der Konferenz von Messina Anfang Juni 1955 zeichneten sich die ersten Umrisse dessen ab, was als Gemeinsamer Markt 1956 in Venedig weiterentwickelt und 1957 in Rom beschlossen wurde. Zugleich wurde die europäische Zusammenarbeit bei der friedlichen Nutzung der Atomenergie gefördert. Begünstigt wurde diese Politik von der internationalen Entspannung und dem wirtschaftlichen Aufschwung in Frankreich.

Durch eine geschickte Politik gelang es Edgar Faure zudem, mit Tunesien zu einem definitiven Abkommen zu gelangen, das den Weg zur völligen Unabhängigkeit offen hielt und Burgiba die Rückkehr nach Tunis erlaubte. Mit vergleichbarem Geschick löste der Ministerpräsident auch das Problem der Beziehungen mit Marokko. Trotz des Druckes von Aufständen, bei denen im August 1955 nochmals zahlreiche Europäer umgebracht wurden, und trotz der Pressionen von Seiten der Kolonialkreise, die ihre privilegierte Stellung nicht aufgeben wollten, gelang es, den Pasha El Glaoui zurückzuhalten und den von diesem eingesetzten Sultan Arafa zum Rücktritt zu bewegen. Schließlich konnte die Regierung mit dem exilierten Sultan Mohammed V. einen Vertrag über die »Unabhängigkeit in der gegenseitigen Abhängigkeit« *(l'indépendance dans l'interdépendance)* abschließen (6.11.1955). Mit Mohammed V. kehrte die Symbolfigur des Widerstandes triumphal nach Marokko zurück, und die Verhältnisse dort beruhigten sich sehr schnell. Im März des folgenden Jahres erkannte Frankreich unter Guy Mollet die Unabhängigkeit der beiden Protektorate an.

Diese Lösung galt allerdings nicht für Algerien, welches als integraler Bestandteil Frankreichs angesehen wurde und wo sich eine nationale Identität erst durch den Widerstand gegen Frankreich entwickelte. Zwar konnten die 1955 auf 100 000 Mann verstärkten französischen Truppen tagsüber das Land einigermaßen kontrollieren und militärische Erfolge des FLN verhindern, aber als dieser die Strategie wechselte und zum Terror griff, zeigten sich bald die Grenzen einer rein militärischen Repression: Nachdem die Aufständischen am 20. August 1955 im Gebiet von Constantine über 100 Europäer niedergemetzelt hatten *(le massacre de Philippeville)*, erhöhte sich die Brutalität des französischen Gegenschlags; die Angaben über die Zahl der Opfer schwanken zwischen 1200 und 12 000. Damit hatten die »Rebellen« ihr Ziel erreicht und eine Versöhnung der beiden Bevölkerungsgruppen unmöglich gemacht. Ferhat Abbas schloß sich dem FLN an, die Bevölkerung des Landes trat weitgehend zu ihm über. Die sterile Forderung der französischen Politik: »Erst Frieden *(pacification)*, dann Verhandlungen«, die schon in Indochina eine politische Lösung verhindert hatte, festigte die Prädominanz des Militärs, das nun seiner »Arbeit« nachgehen konnte.

Der Poujadismus

Der Inhaber eines Schreibwarengeschäftes in Saint-Céré im Département Lot, also einer Gegend im Massif Central, die wirtschaftlich sehr zurückgeblieben war, Pierre Poujade (geb.

1920), hatte mit einem benachbarten Tischler einen der fliegenden und überall einsetzbaren, also ortsfremden Steuerprüfer aus dem Ort gejagt und sehr schnell bei anderen kleinen Händlern Beifall gefunden. Im Dezember 1953 gründete Poujade die »Union zur Verteidigung der Händler und Handwerker« *(Union de défense des commerçants et artisans = UDCA)* und in der Folgezeit eine Reihe vergleichbarer Organisationen für andere Berufsgruppen. Bezeichnenderweise unterstützten die Kommunisten anfangs – wie alle Protestaktionen – auch den Poujadismus, ohne dessen zutiefst reaktionären Kern zu erfassen.

Im wirtschaftlich schwachen Süden Frankreichs fand Poujade die meisten seiner Anhänger, die er, ein geschickter Demagoge, auf Massenveranstaltungen mitreißen konnte. Um auch in Erwartung der 1956 anstehenden Parlamentswahlen politischen Einfluß nehmen zu können, gründete Poujade 1955 die UFF *(Union et fraternité française)*. Außer der Forderung auf Einberufung der Generalstände ohne festes Programm, gründete sich die Bewegung auf einen reaktionären, autoritären Nationalismus mit fremdenfeindlichen und antisemitischen Zügen. Auch antiparlamentarische Elemente waren in der Bewegung zu erkennen. Ordnung und Sicherheit traten in den Vordergrund und es versteht sich, daß die Anhänger Poujades, unter denen sich auch ein gewisser Jean-Marie Le Pen befand, der als Fallschirmjäger in Indochina gekämpft hatte, einen Verbleib Algeriens bei Frankreich forderten.

Die Parlamentswahlen 1956

Edgar Faure sah seine Regierung sowohl von dem Anwachsen des Poujadismus als auch von Mendès France bedroht, der bei dem Versuch, die radikalsozialistische Partei zu erneuern und für seine Vorstellungen zu gewinnen, nicht erfolglos geblieben war. Um beiden Gegnern keine Zeit zur Verstärkung ihrer Position zu lassen, schlug Faure am 20. Oktober 1955 der Nationalversammlung eine Vorverlegung der im Juni 1956 fälligen Parlamentswahlen vor. Die Abgeordneten stimmten zwar zu, nahmen sich aber vor, die Regierung spüren zu lassen, daß sie so bald schon ihren Wählern ins Auge sehen mußten. Am 29. November 1955 wurde die Regierung Faure mit 318 gegen 218 Stimmen gestürzt. Für das Parlament, das den Wahltermin hinauszögern wollte, hatte der Regierungssturz völlig unerwartete, gegenteilige Folgen. Faure griff auf den weder vor noch nach ihm gebrauchten Artikel 51 der Verfassung zurück, der die Möglichkeit eröffnete, die Versammlung aufzulösen, wenn innerhalb von 18 Monaten die Regierung zweimal mit absoluter Mehrheit, also mehr als 314 Stimmen gestürzt wurde. Die Gegner Faures hatten ihm die Auflösung des Parlaments selbst ermöglicht. Mit Erlaß vom 2. Dezember 1955 wurde – zum ersten Mal seit Mac Mahon (1877) – die Nationalversammlung aufgelöst und Neuwahlen für den 2. Januar 1956 ausgeschrieben.

Das Verschwinden der Gaullisten und die Polarisierung der Wähler der linken Mitte um Mendès France und um dessen Gegner auf der rechten Seite machten die politische Entscheidung sehr kompliziert. Obwohl das Wahlsystem von 1951 mit den *apparentements* beibehalten worden war, wurde viel weniger als bei der letzten Wahl davon Gebrauch gemacht, so daß das Ergebnis dem einer reinen Verhältniswahl nahekam: Die Kommunisten konnten sich mit 25,8 Prozent der Stimmen und 146 Sitzen erstaunlich gut behaupten, auch die Sozialisten hielten sich und kamen auf 15,8 Prozent und 89 Sitze, die Volksrepublikaner hatten mit 11,3 Prozent und 71 Sitzen Verluste, die Radikalen gewannen Stimmen hinzu (14,3 Prozent und 70 Sitze), ebenso die Rechte, Unabhängige und Gemäßigte (16,8 Prozent und 100 Sitze), die Gaullisten verloren ohne die Unterstützung des Generals fast ihre gesamte Anhängerschaft und wurden nur noch von 4,4 Prozent der Wähler (17 Sitze) benannt. Die große Wahlüberraschung stellte der Erfolg der Poujadisten dar, die aus dem Stand heraus fast 2,5 Millionen Stimmen (11,6 Prozent) und 51 Sitze erhielten, von denen allerdings elf durch Annulierung der Wahl wieder verlorengingen an die etablierten Parteien.

Bedingt durch die Spaltung der Radikalen läßt sich an dem Parteienspektrum nicht die tatsächliche Kräfteverteilung ablesen. Die bis dahin regierende Rechte aus Volksrepublikanern, Unabhängigen, einigen Radikalen und Gaullisten konnte ihre Position besser als erwartet halten, mit etwa 200 Abgeordneten aber keine Mehrheit gewinnen. Der *Front républicain*, die Anhänger von Mendès France, vereinigten etwa 170 Sitze auf sich. Da Kommunisten und Poujadisten von vornherein bei der Regierungsbildung ausschieden und die algerischen Abgeordneten fehlten – wegen der Lage konnte dort nicht gewählt werden –, hatte das Wahlergebnis keine Möglichkeit einer tragfähigen Mehrheit erbracht. Das Spiel der Parteien konnte weitergehen.

Die Regierung Guy Mollet

Entgegen den allgemeinen Erwartungen benannte Staatspräsident René Coty nicht Mendès France, den Hoffnungsträger des *Front républicain*, zum neuen Ministerpräsidenten, sondern den Generalsekretär der Sozialisten, Guy Mollet. Er ging dabei von der Überlegung aus, daß die Sozialisten innerhalb des *Front républicain* die stärkste Fraktion stellten. Guy Mollet war in der sozialistischen Partei ein Vertreter des Apparates, scharfzüngig in der Debatte, Gegner einer Zusammenarbeit mit den Kommunisten und überzeugter Anhänger einer europäischen Zusammenarbeit. Er bildete eine Minderheitsregierung mit Ministern des *Front républicain*, die aber von den Volksrepublikanern und der gemäßigten Rechten unterstützt wurde. Mendès France übernahm das Amt eines Staatsministers ohne Portefeuille, machte sein Verbleiben im Kabinett aber von Erfolgen in der Algerienpolitik abhängig und trat, als diese ausblieben, im Mai zurück. Am 5. Februar 1956 sprach die Versammlung der Regierung mit der breiten Mehrheit von 420 gegen 71 Stimmen, bei 83 Enthaltungen, das Vertrauen aus, wobei die Kommunisten sich für die Regierung, Poujadisten und extreme Rechte sich gegen sie aussprachen oder sich enthielten.

Das Votum stellte einen großen Vertrauensvorschuß dar in der Erwartung, daß es Mollet gelingen werde, das Algerienproblem im Sinn einer bleibenden Verbindung beider Länder zu lösen. Dabei sollten die Besonderheit Algeriens *(la personnalité algérienne)* anerkannt, die »Ordnung« wiederhergestellt und danach Verhandlungen mit den durch Wahl legitimierten Vertretern der Algerier aufgenommen werden; im Grunde also das gleiche Vorgehensschema »Waffenruhe – Wahlen – Verhandlungen«, das schon in Indochina versagt hatte, weil es für die Aufständischen von vornherein unannehmbar war. Ein Mißerfolg in Algerien war also abzusehen, aber niemand konnte ahnen, wie schnell die politischen Widersprüche der Regierung zu Tage treten sollten.

Der 6. Februar 1956

Guy Mollet beabsichtigte, ähnlich wie zwei Jahre zuvor Mendès France in Tunis, durch einen Besuch in Algier ein Zeichen für seine Politik zu setzen. Der neue Minister für Algerien *(ministre-résident)*, General Georges Catroux, sollte bei dieser Gelegenheit in sein Amt eingeführt werden. Catroux, einer der ersten Anhänger de Gaulles 1940, ein Kenner der arabischen Welt, 1945 Generalgouverneur von Algerien, besaß Verständnis für die Algerier und galt als liberal. Seine Ernennung löste bei den Algerienfranzosen Beunruhigung aus. Als Guy Mollet am 6. Februar 1956 in Algier eintraf, war er über die Stimmung, die ihn dort erwartete, schlecht informiert. Während die Algerier selbst sich auffallend zurückhielten, wurde er bei der Kranzniederlegung am Ehrenmal für die Gefallenen von den dort versammelten Algerienfranzosen niedergeschrieen, angerempelt und mit Tomaten beworfen. Nur mühsam konnte er sich mit seinem Gefolge den Weg in den Sommerpalast des Gouverneurs bahnen.

Nach diesem Erlebnis änderte Mollet, unter Einfluß der Beamten und Politiker vor Ort, seine Linie: Telefonisch wurde Catroux in Paris beschworen, das gerade erst erhaltene Amt wieder aufzugeben, was der General, loyal wie immer, auch tat. Mollet ernannte stattdessen seinen Wirtschaftsminister Robert Lacoste, einen alten Gewerkschaftler und Sozialisten, der sich wie sein Vorgänger Soustelle sehr bald zum entschiedenen Vertreter des französischen Algeriens wandeln sollte. Der 6. Februar 1956 stellte eine Kapitulation der Pariser Regierung vor den Algerienfranzosen und den sie stützenden Kräften dar, die zum ersten, aber nicht zum letzten Mal der Regierung ihre Politik aufzwangen.

Mollet mußte seine neue harte Linie am 16. Februar vor der Nationalversammlung vertreten: Jeder Gedanke an eine eventuelle Unabhängigkeit Algeriens wurde ausgeschlossen; der Kampf gegen die Aufständischen sollte mit Entschiedenheit fortgeführt werden, und die Nationalversammlung gewährte die dazu notwendigen Mittel mit der überwältigenden Mehrheit von 455 zu 76 Stimmen. Der 6. Februar 1956 war praktisch der Anfang der Staatskrise, die erst von dem Begründer der Fünften Republik gelöst wurde.

Zunächst freilich zeigte man Entschlossenheit: Die Nationalversammlung übertrug der Regierung und Lacoste als deren Vertreter das Recht, mit Erlassen vorzugehen und »die Ordnung wiederherzustellen«. Die Zahl der Soldaten in Algerien wurde von 200 000 auf 400 000, die Dauer des Wehrdienstes allmählich bis auf 27 Monate erhöht. Und nicht mehr – wie in Indochina – nur Berufssoldaten, sondern nahezu alle Wehrpflichtigen mußten ihren Dienst in Algerien ableisten. Eine derartige Machtentfaltung außerhalb des Mutterlandes hatte Frankreich seit über 100 Jahren nicht mehr erlebt. Im Grunde waren Frankreich und Guy Mollet Gefangene der republikanischen Ideologie, nach der die Republik, zu der Algerien ja gehörte, »eine und unteilbar« *(une et indivisible)* sei.

Der Kampf um Algier

Je länger die Auseinandersetzung anhielt und je höher der Einsatz auf beiden Seiten wurde, um so mehr entfernte sich der Kampf in Algerien von einem konventionellen Krieg: Um Aussagen von den Gefangenen zu erlangen, verwendete man auf französischer Seite bald Mittel, die nichts anderes als Folter darstellten. Henri Alleg hat sie in einem aufsehenerregenden Buch *(La question)* beschrieben. Die Grausamkeit der Algerier richtete sich nicht nur gegen die Franzosen, sondern in erster

Linie gegen die nicht kooperationswilligen Landsleute oder gegen konkurrierende Organisationen wie die von Messali Hadj. Allmählich gelang es der »Armee der nationalen Befreiung« *(Armée de libération nationale = ALN)*, das Land und seine Bevölkerung in den Griff zu bekommen. Auch die politische Führung der algerischen Freiheitsbewegung konnte sich konstituieren und fand trotz der Bemühungen der französischen Diplomatie im Ausland Anerkennung. Die Algerienfrage gelangte auf die Tagesordnung der UNO, die Führer der Dritten Welt, Nasser, Nehru und Tito, sprachen den Algeriern das Recht auf Unabhängigkeit zu.

Dagegen verschlechterte sich die französische Position trotz des großen Einsatzes und auch der militärischen Erfolge. Das Vorgehen in Algerien wurde sowohl von Moskau als auch von Amerika und seinen Verbündeten mit Zurückhaltung und vorsichtiger Kritik beurteilt, einer Kritik, die sich verstärkte, je rücksichtsloser Frankreich vorging: Am 22. Oktober befolgte die französische Besatzung eines marokkanischen Flugzeugs die Anweisungen der französischen Luftwaffe und landete auf dem Flug von Marokko nicht in Tunis, sondern in Algier. An Bord befanden sich vier der höchsten algerischen Führer, darunter Ben Bella und Boudjaf, die zu einer Solidaritätsveranstaltung mit Sultan Mohammed V. und Burgiba nach Tunis flogen. Bei dem Vorgehen des Militärs in Algier handelte es sich um einen klaren Fall von Luftpiraterie! Schlimmer noch als die Tatsache selbst wog der Umstand, daß die erst im nachhinein informierte französische Regierung das Verbrechen deckte.

Je länger der Kampf dauerte, um so mehr wuchs die Zahl der Attentate in Algerien, und es gelang den Aufständischen, nach dem Land auch in die Städte und insbesondere in Algier selbst einzudringen und dort die eigenen Machtstrukturen aufzubauen. Auf schwere Bombenattentate in Europäerlokalen hin antworteten die französischen Truppen mit brutalen Vergeltungsmaßnahmen *(ratonnades)* zum Ende des Jahres 1956, und Robert Lacoste griff schließlich zu dem letzten Mittel und gab der 10. Fallschirmjägerdivision unter General Massu den Auftrag, »die Ordnung wiederherzustellen«, und die Vollmacht, dabei alle Mittel anzuwenden. Es kam zur Schlacht um die Kasba, die Altstadt von Algier, zu Beginn des Jahres 1957. Die Fallschirmjäger, gerade von Sues zurückgekehrt, wandten alle Methoden des Verhörs und der Folter an. Es gelang ihnen zwar, das Rebellennest »auszuräuchern«, aber das brutale Vorgehen ließ sich nicht verheimlichen und erregte in der Welt und bei den Intellektuellen in Paris Empörung, vergleichbar nur mit der Dreyfus-Affäre um die Jahrhundertwende. Selbst in der Armee regte sich Widerstand.

Das Sues-Abenteuer

Nur aus der verzweifelten und aussichtlosen Lage im Algerienkrieg heraus, den sie nicht mehr beherrschte, ist die Leichtfertigkeit zu verstehen, mit der die Regierung Mollet Frankreich in ein militärisches Abenteuer stürzte, das mit einem Fiasko endete. Nachdem Nasser im Juli 1956 den Sueskanal verstaatlicht hatte, bereiteten England und Frankreich als Gründer oder Besitzer der Kanalgesellschaft im Verein mit Israel einen Schlag gegen Ägypten vor, obwohl Nasser den Anteilseignern der Gesellschaft eine Entschädigung zugesagt hatte. Frankreichs Kriegsziel bestand in erster Linie darin, in und mit Ägypten die dort residierende Führung des Algerienaufstandes zu treffen. Es war bekannt, daß Ägypten die Aufständischen unterstützte, und als im Oktober 1956 die französische Marine ein mit Waffen für die Aufständischen beladenes Schiff vor der Küste Algeriens aufbrachte, bot dies den willkommenen Anlaß zum militärischen Eingreifen.

Nach dem nicht ohne Perfidie ausgeheckten und sorgfältig geheimgehaltenen Plan sollte Israel auf der Sinai-Halbinsel angreifen in Richtung auf den Kanal, zu dessen »Schutz« dann England und Frankreich ihrerseits in der Kanalzone landen würden. Von dort beabsichtigte man, nach Kairo zu marschieren und Nasser zu stürzen. Die Aggression Ägyptens durch die beiden westeuropäischen Mächte fiel zeitlich mit der Niederschlagung der ungarischen Freiheitsbewegung durch sowjetische Truppen (4. 11. 1956) zusammen, so daß für die Weltöffentlichkeit eine Parallelität des Geschehens vorzuliegen schien. Außerdem ging man in London und Paris davon aus, daß der amerikanische Präsident Eisenhower sich nicht einmischen würde, da am 6. November seine Wiederwahl anstand.

Die Israelis griffen am 30. Oktober 1956 auf der Sinai-Halbinsel an, und England und Frankreich richteten daraufhin ein »Ultimatum« an Ägypten und Israel mit der Aufforderung, die Truppen zurückzuziehen. Nachdem Ägypten dieses Ultimatum, wie erwartet, abgelehnt hatte, setzten zunächst die Bombenangriffe der beiden Westmächte auf die Kanalzone ein, und erst am 5. November sprangen die Fallschirmjäger dort ab und begannen ihren Vormarsch. Entgegen den Erwartungen in Paris und London übten aber die USA über den Weltsicherheitsrat schon am 2. November erheblichen Druck aus und verlangten die sofortige Einstellung der Feindseligkeiten. Die sowjetische Regierung besaß die Unverfrorenheit, zwei Tage nach Einmarsch ihrer Panzer in Budapest, Paris und London mit »neuen furchtbaren Waffen«, also Atomraketen, zu drohen. Auf diesen Druck der beiden Weltmächte hin brachen England und Frankreich das mißglückte Unternehmen ab und zogen ihre Truppen zurück. Während Premierminister Eden nach dem Debakel sofort zurücktrat (6. 11. 1956), sprach die Nationalversammlung der Regierung Mollet mit 325 zu 210 Stimmen das Vertrauen aus, als wäre das Unternehmen ein Erfolg gewesen. Die französischen Truppen, Eliteeinheiten wie die Fallschirmjäger, kehrten verbittert über die politische Führung des Landes nach Algerien zurück. Das Ansehen der Regierung war bei ihnen noch stärker gesunken als zuvor, und es war zu befürchten, daß die Regierung einer Koalition der Algerienfranzosen und der Armee in Algerien wenig entgegenzusetzen hätte.

Erfolge der Regierung Mollet

Die Regierung Mollet hätte sich in der Vierten Republik nicht lange gehalten, wenn ihr nicht Erfolge vergönnt gewesen wären, die auf einem breiten Grundkonsens unter den politischen Parteien – immer mit Ausnahme der Kommunisten und Poujadisten – beruhten. Hier ist in erster Linie die Deutschland- und Europapolitik zu erwähnen, die Guy Mollet zu seiner persönlichen Sache machte. Nach der Volksabtimmung im Saargebiet (23. 10. 1955) bestätigten die Landtagswahlen vom 18. Dezember 1955 deren Ergebnis. Im folgenden Jahr wurde die politische Rückgliederung des Saarlandes in die Bundesrepublik zum 1. Januar vertraglich geregelt (5. 6. 1956). Die Saar-Frage stand nicht mehr zwischen den beiden Ländern.

Im Juli 1956 nahm die Nationalversammlung das Projekt einer gemeinsamen friedlichen Nutzung der Atomkraft (Euratom) an. Frankreich behielt sich aber das Recht vor, selbständig seine Atombombe zu bauen. Das Versuchsgelände von Reggane in der algerischen Sahara wurde 1957 ausgewählt. Trotz mancher Widerstände gelangten die sechs europäischen Staaten am 25. März 1957 in Rom zur Unterzeichnung der Römischen Verträge über den Gemeinsamen Markt (Europäische Wirtschaftsgemeinschaft und Euratom). Die Nationalversammlung ratifizierte die Verträge (10. 7. 1957) mit 342 zu 239 Stimmen.

Am 23. März wurde von dem Bürgermeister von Marseille und Überseeminister Gaston Defferre (1910–1986) ein Rahmengesetz *(loi-cadre)* für die Überseegebiete vorgelegt, das die Perspektive einer Selbständigkeit auch für die französischen Gebiete in Schwarzafrika eröffnete. Das am 23. Juni 1956 in Kraft getretene Rahmengesetz räumte den afrikanischen Ländern, die auf der Basis der Kolonien entstanden, weitgehende Selbständigkeit ein; sie durften Parlamente nach allgemeinem und gleichen Wahlrecht wählen; die Regierungen hatten mit der Kolonialverwaltung zusammenzuarbeiten, die sich bestimmte wichtige Bereiche zur Entscheidung vorbehielt. Bis Ende März 1957 wurden die Parlamente in den 15 Territorien gewählt. Im Gegensatz zu dem, was gleichzeitig in Algerien geschah, traf das Rahmengesetz weder in der Nationalversammlung noch bei den Kolonialfranzosen auf nennenswerten Widerstand. Auch wenn juristische Hindernisse in der Verfassung die volle Autonomie verhinderten, war der Weg zu einer politischen Lösung eröffnet.

Der Sturz der Regierung Mollet

Trotz der Entwicklung in Algerien gelang es der Regierung Mollet, eine Reihe sozialer Maßnahmen durchzusetzen wie die dritte Urlaubswoche, eine bessere Altersversorgung, die Förderung des sozialen Wohnungsbaus usf. Dies alles, und der Krieg in Algerien, trug aber dazu bei, die Staatsfinanzen zu belasten; das Loch im Haushalt wuchs, die Inflation setzte wieder ein und die Stabilität des Franken war bedroht. Am 21. Mai 1957 wurde die Regierung Mollet von Kommunisten und Poujadisten sowie einigen Unabhängigen und Radikalen wegen ihrer finanzpolitischen Vorhaben gestürzt. Hinter diesen vordergründigen Motiven war das Versagen der Regierung Mollet bei ihrer wichtigsten Aufgabe ausschlaggebend, in Algerien eine andere Lösung zu finden als die Ausweitung und Verschärfung des Krieges.

Das Ende der Vierten Republik

Nach dem Sturz Guy Mollets wurde dessen Politik noch von zwei Regierungen weitergeführt, ohne daß diese in der Lage gewesen wären, große Initiativen zu entfalten. Zunächst konnte der Radikale Maurice Bourgès-Maunoury eine Regierung bilden, die sich auf die gleichen politischen Formationen stützte wie die seines Vorgängers und die am 12. Juni 1957 mit 240 gegen 194 Stimmen bei 150 Enthaltungen im Parlament ein Ergebnis erzielte, das wenig Gutes für ihre Dauer vermuten ließ. Die Regierung nahm zunächst eine de facto-Abwertung des Franken um 20 Prozent vor und erreichte ohne größere Schwierigkeiten im Juli die Ratifizierung der Römischen Verträge. Über den Versuch, auch für Algerien ein »Rahmengesetz« zu erarbeiten, das konsensfähig gewesen wäre, scheiterte Bourgès-Maunoury nach wenig mehr als 100 Tagen am 30. September 1957.

Erst nach langen Verhandlungen, die über einen Monat anhielten, gelang es, wieder eine Regierung zu bilden, die sich auf die gleichen republikanischen Parteien stützte wie ihre Vorgängerin: Der »Gemäßigte« Félix Gaillard erhielt am 5. November 1957 das Vertrauen ausgesprochen mit 337 gegen 173 Stimmen. Daß Lacoste seine Stellung in Algier behielt, ließ keine Änderung in der Algerienpolitik erwarten: Zwar wurde ein sehr vorsichtiges Rahmengesetz ausgearbeitet und im Januar 1958 auch vom Parlament gebilligt, aber da es erst drei Monate nach dem Ende der Feindseligkeiten in Kraft treten sollte, war es von vornenherein tot geboren. Die Regierung geriet, je länger der Krieg in Algerien anhielt, desto mehr in wirtschaftliche Schwierigkeiten. Jean Monnet mußte nach Washington fliegen und um Hilfe bitten. Der Anstoß zum Sturz Gaillards aber ging von einem Ereignis in Algerien aus. Durch die große Machtentfaltung und den ›erfolgreichen‹ Kampf um die Altstadt von Algier war es dort gelungen, die Befreiungsarmee ALN zurückzudrängen. Viel beigetragen hatte zu diesem Erfolg auch die auf dem Vorbild des Vietminh beruhende psychologische Kriegsführung der Franzosen, die versuchten, die Algerier für sich zu gewinnen, Selbstverteidigungsgruppen zu bilden und die sogenannten »Harkis«, in den eigenen Reihen kämpfen zu lassen. Zudem hatte die französische Armee die algerischen Gegner von ihren Nachschubbasen abgeschnitten durch Befestigung der Grenzen gegenüber Marokko und Tunesien.

Als besonders wirksam erwies sich die mit Minen, elektrisch geladenem Stacheldraht, Laufhunden, Wachttürmen usf. gesicherte *ligne Morice* gegenüber Tunesien, die tatsächlich ein großes Hindernis für die in Tunesien stationierten Algerier darstellte. In Algier machte sich die Hoffnung breit, daß doch noch eine militärische Lösung möglich sei. Aber gerade die *ligne Morice* zog die Auseinandersetzung an und verschärfte sie: Eine Einheit der ALN drang von Tunesien aus auf algerisches Gebiet vor und verwickelte französische Soldaten in heftige Kämpfe. Die französische Regierung gab daraufhin den Militärs in Algier freie Hand und diese bombardierten nicht nur das Ausbildungslager der ALN, sondern zugleich auch das daneben liegende tunesische Dorf Sakhiet Sidi Youssef (8.2.1958), wo unter den 70 Opfern zahlreiche Frauen und Kinder waren.

Die militärisch sinnlose und moralisch verwerfliche Strafaktion läutete praktisch das Ende des Regimes in Frankreich ein; denn nunmehr konnte die Fiktion, daß es sich bei dem Krieg in Algerien um eine rein innerfranzösische Angelegenheit handele, nicht mehr aufrechterhalten werden. Die internationale Öffentlichkeit mischte sich ein, die Auseinandersetzung drohte auf Tunesien überzugreifen, mit dem keine diplomatischen Beziehungen mehr bestanden, die Amerikaner entsandten ausgerechnet Robert Murphy, der bei der Landung in Nordafrika 1942 eine unglückliche Rolle gespielt hatte und der zwischen den streitenden Parteien vermitteln sollte. Dieser Versuch wiederum führte zu einer Woge der Amerikafeindlichkeit in Frankreich. Angesichts der aussichtslosen Lage trat die Regierung am 15. April 1958 zurück.

Der 13. Mai 1958. Die Staatskrise

Staatspräsident Coty beauftragte zunächst Bidault, dann Pleven mit der Regierungsbildung, aber beide fanden nicht die ausreichende Unterstützung. Schließlich wandte er sich an den Volksrepublikaner Pierre Pflimlin (geb. 1907, 1959–1983 Bürgermeister von Straßburg), einen erfahrenen Politiker und überzeugten Europäer, der schon mehrmals Minister gewesen war und sich für Verhandlungen in Algerien ausgesprochen hatte. Schon allein die Vorstellung, daß in Paris ein liberaler und verhandlungsbereiter Mann an die Spitze der Regierung treten könne, löste in Algier eine Reaktion der Empörung aus. Robert Lacoste, der von seinem Posten nach Frankreich zurückberufen wurde, warnte die Militärs vor einem »diplomatischen Dien Bien Phu«, und schon am folgenden Tag (9. 5. 1958) sandte der Oberbefehlshaber, General Salan, ein Telegramm an den Staatspräsidenten, in dem er diesen unverhüllt vor den möglichen »verzweifelten Reaktionen« der Armee warnte; ein unerhörter Vorgang. Die Armee drohte praktisch damit, die loyale Unterordnung unter die zivile politische Macht aufzugeben.

Alles, was sich in Algier an Anhängern eines »französischen Algeriens« versammelte, bereitete sich auf den 13. Mai vor, um gegen eine Regierung Pflimlin zu demonstrieren, die sich an diesem Tag dem Parlament zur Vertrauensabstimmung stellen sollte. Zugleich wollte man damit drei französische Soldaten ehren, die in die Hände der Fellaghas gefallen waren und deren Ermordung für diesen Tag angekündigt worden war. Eine ungeheure Spannung lag über Algier, als sich die Menge um das Kriegerdenkmal versammelte, von dem aus der Studentenführer Pierre Lagaillarde seine Ansprache hielt. Einige junge Männer erstürmten am Ende der Kundgebung das Regierungsgebäude, und in dem Tumult bildeten Militärs und Zivilisten einen »Wohlfahrtsausschuß« *(Comité de salut public)*; General Massu ergriff in der allgemeinen Unordnung die Initiative, verlas die Liste der Mitglieder des in Erinnerung an den Wohlfahrtsausschuß der Revolution so benannten Komitees und ein an den Staatspräsidenten gesandtes Telegramm, in dem eine Regierung des »Allgemeinwohls« *(gouvernement de salut public)*, also eine Notstandsregierung, gefordert wurde.

Die Nachricht von den Ereignissen in Algier hatte bei den Abgeordneten eine nicht erwartete Wirkung: Während Pflimlin zunächst nur eine geringe Mehrheit hätte erwarten können, erhielt er nun 274 gegen 120 Stimmen, da sich die Kommunisten und einige andere der Stimme enthalten hatten, um seine Wahl zu sichern. Noch in der Nacht ergriff die neue Regierung energische Maßnahmen, sperrte die Verbindungen mit Algier und übertrug dem dortigen Oberbefehlshaber General Salan weitgehende Vollmachten. Guy Mollet trat zur Verstärkung der Regierung in diese ein, und Jules Moch, der 1947 die Streiks bekämpft hatte, wurde wiederum Innenminister.

In den folgenden Tagen blieb die Situation blockiert; die Aufständischen in Algier hatten nicht mit einer Regierungsbildung in Paris und noch weniger mit energischem Widerstand gerechnet. So gab es in Algier und in Paris zwei Machtzentren. In diesem Moment griff Charles de Gaulle ein, der sich 1953 aus der aktiven Politik zurückgezogen hatte und seine »Kriegsmemoiren« in Colombey verfaßte. Während dieser Jahre hatte kaum noch jemand an seine Rückkehr an die Macht geglaubt. Aber je aussichtsloser die Lage der Republik wurde, um so öfter wurde der Ruf nach dem Mann laut, der schon einmal Frankreich gerettet hatte. Nachdem Salan am 15. Mai eine Rede mit dem Ruf »Es lebe de Gaulle« geschlossen hatte, ließ dieser eine Erklärung von zehn Zeilen veröffentlichen, die mit dem Satz endete: »Das Land soll wissen, daß ich mich bereit halte, in der Republik die Verantwortung zu übernehmen.« Ohne die Putschisten in Algier zu verurteilen, ließ er die Zeit für sich arbeiten und die Krise heranreifen.

Am 19. Mai hielt de Gaulle eine Pressekonferenz im Palais d'Orsay ab, seine erste nach drei Jahren des Schweigens, wobei er sich gegen die Unterstellung verwahrte, er habe mit 67 Jahren die Absicht, eine Karriere als Diktator zu beginnen, und zugleich für seinen Wiedereintritt in die Politik des Landes auch ein außergewöhnliches Verfahren forderte, also nicht die übliche Investitur durch das Parlament. Danach zog er sich wieder nach Colombey zurück, wo er mehr oder weniger geheim von verschiedenen Politikern wie Pinay, Guy Mollet, Vincent Auriol aufgesucht oder angeschrieben wurde.

Für die Regierung verschärfte sich die Lage, als am 24. Mai 1958 Fallschirmjäger von Algier aus in Korsika landeten und die Insel für die Putschisten besetzten. Die Gefahr schien groß, daß die Einnahme von Korsika wie 1943 das Vorspiel zu einer Landung in Frankreich selbst darstellte. Ministerpräsident Pflimlin bat daher de Gaulle um eine Unterredung, die am 26. Mai 1958 in Saint-Cloud stattfand, aber ohne Ergebnis verlief. Dennoch veröffentlichte de Gaulle am folgenden Tag ein Kommuniqué, dessen erster Satz lautete: »Ich habe gestern das erforderliche ordentliche Verfahren zur Bildung einer republikanischen Regierung eröffnet, die die Einheit und Unabhängigkeit des Landes sicherstellen soll.« Gegen diese Entwicklung zog am 28. Mai noch einmal ein großer Demonstrationszug mit Mitterrand, Mendès France und Daladier an der Spitze durch Paris. Am gleichen Tag trat die Regierung Pflimlin zurück.

Während der Krise hatte sich de Gaulle wohl gehütet, für die Putschisten in Algier einzutreten, auch wenn er den Stabschef Salans in Colombey empfing und sich dessen Pläne erläutern ließ, ohne die seinen zu verraten. Angesichts der Gefahr eines Bürgerkriegs sandte Staatspräsident Coty eine Botschaft an das Parlament, in der er darlegte, daß er sich an den »berühmtesten Franzosen« (le plus illustre des Français) wenden werde, aber zurücktrete, wenn die Nationalversammlung seine Meinung nicht teile. Noch am Abend empfing er de Gaulle und beauftragte ihn mit der Regierungsbildung.

Der General bildete nach Gesprächen mit allen politischen Gruppierungen außer den Kommunisten und den Poujadisten eine breite Regierung, in der nur Michel Debré und André Malraux zu seinen direkten Anhängern zählten, in der aber auch Pinay, Guy Mollet, Pflimlin, Houphouët-Boigny vertreten waren. Am 1. Juni 1958 trat de Gaulle dann doch vor die Nationalversammlung, um die Investitur seiner Regierung zu erlangen, die er am Abend mit 329 zu 224 Stimmen erhielt.

An den beiden folgenden Tagen hatte die Nationalversammlung über drei Texte zu entscheiden, die de facto das Ende der Vierten Republik einläuteten: Der erste Text enthielt die Verlängerung der Sondervollmachten für die Beendigung der Algerienkrise, die schon die vorangegangenen Regierungen erhalten hatten und die ohne Schwierigkeit verlängert wurden. Der zweite Text, den de Gaulle persönlich vor den Abgeordneten vertrat, gab der Regierung während der Zeit, in der das Parlament nicht arbeitete, das Recht, mittels Erlassen die notwendigen Maßnahmen zu ergreifen, also die Gesetzgebung zu übernehmen. Der dritte, bei weitem wichtigste Text beauftragte die Regierung, einen Verfassungsvorschlag auszuarbeiten, der einem beratenden Verfassungsausschuß vorzulegen wäre, welcher sich zu zwei Dritteln aus Abgeordneten beider Kammern zusammensetzen sollte. Der Verfassungsvorschlag wäre danach dem Volk zum Entscheid vorzulegen. Die drei Texte wurden mit wachsenden Mehrheiten angenommen.

Da die Nationalversammlung normalerweise wieder Anfang Oktober zusammentreten würde, mußte die neue Verfassung bis zu diesem Zeitpunkt ausgearbeitet und vom Volk angenommen sein. Bis zu der Entscheidung blieb die Verfassung der Vierten Republik formell in Kraft. De Gaulle war auf dem verfassungsrechtlich vorgeschriebenen Wege zum Ministerpräsident gewählt worden und sollte dieses Amt bis zum Ende des Jahres ausüben. Vielleicht hatten manche Parlamentarier gehofft, de Gaulle würde das Algerienproblem lösen und könne dann, wie 1954 Mendès France, wieder nach Colombey heimgeschickt werden. De Gaulle hatte jedoch nicht vor, das Regime als solches zu belassen. Er war seit der Rede von Bayeux (1946) für eine andere, handlungsfähige Republik eingetreten und legte daher den größten Wert auf eine neue Verfassung. Die Debatten vom 1. bis zum 3. Juni 1958 und die Übertragung der weitgehenden Rechte auf die Regierung de Gaulle bedeuteten also faktisch das Ende der Vierten Republik. Sie war nicht zugrunde gegangen, weil die Politiker zu schwach gewesen wären – die große Zahl ausgezeichneter Staatsmänner und Parlamentarier spricht dagegen –, sondern weil die Verfassung von 1946 für ruhigere Zeiten wohl geeignet war, aber nicht für ein Problem wie den innerstaatlichen Religions- und Bürgerkrieg in Algerien.

19. Die Fünfte Republik unter de Gaulle

Eine neue Verfassung für einen neuen Staat

Auch wenn die Beteiligten – und in erster Linie der General selbst – sich in der Zeit des Übergangs von einer Republik zur anderen um strikte Legalität bemühten, bedingten die ungewöhnlichen Umstände ein ungewöhnliches Verfahren bei der Ausarbeitung der Verfassung: Diese Aufgabe fiel nicht einer Verfassungsgebenden Versammlung zu, die ausführlich debattieren und schließlich eine Verfassung als Ergebnis der Debatte beschließen würde, sondern der Regierung selbst, der eine beratende Kommission *(Comité consultatif constitutionnel)*, in der Parlamentarier zu zwei Dritteln vertreten waren, beigegeben wurde; der so erarbeitete Verfassungstext war dem Volk zur Entscheidung vorzulegen. Ungewöhnlich war auch der Zeitdruck, dessen sich de Gaulle wie seinerzeit Mendès France bediente: Um nicht wieder vor die Nationalversammlung treten zu müssen, waren innerhalb eines halben Jahres die Verfassung auszuarbeiten und dem Volk vorzulegen und danach die Verfassungsorgane bis zum Präsidenten der Republik zu wählen. Das Ziel war nur zu erreichen, weil die Schwäche der letzten Verfassung bekannt und der Gegenentwurf in der Rede von Bayeux schon 1946 entwickelt war. Nicht zuletzt lag es an den Fachleuten, dem General selbst, seinem Justizminister Michel Debré, den Staatsministern Mollet, Pflimlin, Houphouët-Boigny, Jacquinot, dem Staatsrechtler und frühen Anhänger de Gaulles René Cassin, daß die am 19. Juni 1958 begonnenen Arbeiten schon einen Monat später zu einem Vorentwurf führten, der der beratenden Kommission vorgelegt wurde.

In der Kommission unter dem Vorsitz von Paul Reynaud, die sich während des Monats August mit der Vorlage befaßte, kam es zu heftigen Diskussionen insbesondere um den späteren Artikel 16, der dem Präsidenten im Fall schwerer Gefahr besondere Vorrechte unter Ausschluß des Parlamentes verlieh. De

Gaulle mußte selbst zur Klarstellung eingreifen und zahlreiche Einwände berücksichtigen. Der Text wurde dem Kabinett am 3. September 1958 vorgelegt und von diesem gebilligt. De Gaulle war manche Kompromisse eingegangen, aber es war doch seine Verfassung, die dem Volk vorgelegt wurde.

Die Volksabstimmung vom 28. September 1958

Um zu demonstrieren, daß die neue Republik in der Folge ihrer Vorgängerinnen stand, wurde vor dem Denkmal am Platz der Republik im Osten von Paris am 4. September, dem Tag, an dem 1870 nach der Niederlage von Sedan die Republik ausgerufen worden war, von de Gaulle in einer feierlichen Zeremonie die Verfassung vorgestellt und um Zustimmung bei der Volksabstimmung am 28. September 1958 geworben. Neben den Kommunisten, die prinzipiell beim Nein verharrten, sprachen sich nur Minderheiten bei der Rechten, bei den Radikalen und bei den Sozialisten gegen den Entwurf aus.

Die Kampagne vor der Volksabstimmung war geprägt von dem Einsatz des Generals, der nicht nur in Frankreich selbst, sondern auch im französischen Afrika für die Verfassung auftrat. Zum ersten Mal spielte das Fernsehen eine Rolle – es gab etwa eine Million Empfänger zu dieser Zeit in Frankreich. Bei einer Beteiligung von etwa 85 Prozent, der höchsten seit Einführung des allgemeinen Wahlrechts im Jahr 1848, sprachen sich in Frankreich selbst etwa 80 Prozent der Wähler für die Verfassung aus – in den überseeischen Gebieten lag die Zustimmung, mit Ausnahme von Guinea, noch höher. In keinem Département konnten die Gegner des Verfassungsentwurfs die Mehrheit erlangen.

Die Verfassung von 1958

Was war die Hauptursache für diesen überwältigenden Sieg des Generals? In erster Linie vermutlich der Wunsch der Franzosen, wieder regiert zu werden und den Algerienkrieg beendigt zu sehen. Die neue Verfassung mit ihren Institutionen bot die

Möglichkeit dazu: Zwar blieb die Regierung weiterhin vor der Nationalversammlung verantwortlich, konnte aber nur von der absoluten Mehrheit der Abgeordneten gestürzt werden *(motion de censure)*, wenn die Initiative vom Parlament ausging; stellte die Regierung selbst die Vertrauensfrage, genügte die einfache Mehrheit. Um die Macht des Parlaments einzuschränken, kann der Präsident nach Rücksprache mit dem Premierminister und den Präsidenten von Nationalversammlung und Senat die Nationalversammlung auflösen.

Einen Kernpunkt der Verfassung bildet die starke Stellung des Präsidenten der Republik. Er sollte nicht mehr von den Abgeordneten beider Häuser des Parlamentes gewählt werden, sondern von einem Wahlkollegium, das neben den Abgeordneten die Bürgermeister, die Generalräte der Départements, die Stadträte, insgesamt etwa 80 000 gewählte Amtsinhaber umfaßt. Zu den Rechten des Präsidenten gehört die Ernennung des Regierungschefs, der den Amtstitel Premierminister erhielt, und der Minister auf dessen Vorschlag. Der Präsident leitet die Kabinettssitzungen, er verkündet die Gesetze; er kann sich unter bestimmten Voraussetzungen direkt ans Volk wenden. Im Fall höchster Gefahr für die Republik weist ihm der Artikel 16 der Verfassung Ausnahmerechte zu.

Gegenüber der des Präsidenten ist die Stellung des Premierministers weniger stark, obwohl es zu seinen Aufgaben gehört, »die Politik der Nation zu bestimmen und zu leiten«. Er kann, wie es in einer Zeit der sogenannten *cohabitation* (1986–88 und seit 1993) der Fall ist, durchaus auch eine Politik verfolgen, die der des Präsidenten nicht entspricht. Das Problem der Herrschaft zweier Personen *(dyarchie)* gehört allerdings zu den nicht völlig gelösten Problemen der Verfassung.

Die zweite Kammer, die wieder ihre alte Bezeichnung »Senat« erhielt, wird indirekt gewählt von Wahlkollegien auf Départementsebene, zu denen die jeweiligen Abgeordneten, Generalräte, Stadträte usw. gehören. Die Senatoren werden für neun Jahre gewählt, wobei alle drei Jahre ein Drittel erneuert wird. Der Senat hat bei der Bestätigung der Gesetze eine begrenzte Rolle, letztlich entscheidet die Nationalversammlung, deren Legislaturperiode fünf Jahre beträgt.

Als etwas Neues im französischen Verfassungsrecht führten die Väter der Fünften Republik einen Verfassungsrat (*Conseil constitutionnel*) von neun Mitgliedern ein, jeweils drei benannt vom Präsidenten der Republik und den Präsidenten beider Häuser. Er hat über die ordentliche Durchführung der Wahlen zu wachen und die Verfassungsmäßigkeit der Gesetze zu achten. Im Gegensatz zur deutschen Verfassungsgerichtsbarkeit trifft er seine Entscheidungen, wenn er vom Präsidenten, vom Premierminister oder einem Präsidenten beider Häuser angerufen wird, vor der Verkündung der Gesetze. Einmal verkündete Gesetze können in Frankreich nicht mehr auf ihre Verfassungsmäßigkeit überprüft werden.

Die Verfassung von 1958 betont die Gewaltentrennung und die Stärke der Exekutive. Das Übergewicht des Präsidenten schien so groß, daß die Kritiker von einer für de Gaulle maßgeschneiderten Verfassung sprachen. Wie immer suchte man in der Historie nach vergleichbaren Vorläufern und wies auf Napoléon Bonaparte als Konsul und auf Louis Napoléon als Präsidenten der Zweiten Republik hin (*bonapartisme*). Solange der Kampf in Algerien anhielt, überdeckte er die latenten Kritiken an der Verfassung. Der Konflikt brach aber mit voller Stärke aus, als der General 1962 die Volkswahl des Präsidenten vorschlug. Erst bei dieser Gelegenheit bestand die Verfassung ihre Feuerprobe. Zunächst aber galt es, die Staatsorgane wählen zu lassen, nachdem die Verfassung am 4. Oktober 1958 verkündet worden war.

Die Parlamentswahlen 1958

Da die Verfassung keine Aussage über den Wahlmodus machte, mußte zunächst in dieser Frage eine Entscheidung getroffen werden. Das Verhältniswahlrecht, das zu Recht als eine der Ursachen für die Parteienzersplitterung und die Schwäche der Regierungen der Vierten Republik angesehen wurde, schied von vornherein aus. Michel Debré trat für das zwar nicht gerechte, aber klare Mehrheiten schaffende Mehrheitswahlrecht in einem Wahlgang nach englischem Vorbild ein. Aber das Kabinett und der General entschieden sich für die Mehrheitswahl in zwei Wahlgängen *(scrutin uninominal à deux tours)*, das System der Dritten Republik, mit leichten Veränderungen: Zum zweiten Wahlgang *(ballotage)*, der eine Woche nach dem ersten zu erfolgen hatte, wird nur zugelassen, wer im ersten mindestens 12 Prozent der Stimmen erhielt. Frankreich wurde in 465 Stimmkreise eingeteilt, die im Schnitt je etwa 93 000 Einwohner umfaßten. Für die Politiker der Vierten Republik bedeutete die Abkehr vom gewohnten Wahlmodus eine große Umstellung, die durch die Kürze der Zeit noch verschärft wurde: Die Neueinteilung der Wahlkreise wurde erst zehn Tage vor dem ersten Wahlgang bekanntgegeben.

Die Anhänger des Generals, denen dieser den Gebrauch seines Namens untersagt hatte, traten unter der Bezeichnung »Union für die neue Republik« (*Union pour la nouvelle République* = *UNR*, ab 1962 *UNR – UDT*, ab 1967 *UDVe* ab 1968 *UDR*, ab 1976 *RPR*) auf. Sie erhielten beim ersten Wahlgang (23.11.1958), der die Kräfteverhältnisse widerspiegelt, auf Anhieb fast 18 Prozent der abgegebenen Stimmen. Dagegen sanken die Stimmen der Kommunisten auf etwa 19 Prozent. Die gemäßigte Rechte und die gemäßigte Linke konnten sich gut halten; die Parteien, die für die Verfassung eingetreten waren, wurden vom Wähler belohnt. Der zweite Wahlgang (30.11.1958) brachte für die Linke einen verheerenden Einbruch: Die Kommunisten konnten nur zehn Sitze retten, die Sozialisten gerade 44, die Radikalen 39. Die stärkste Fraktion *(groupe)* bildete die UNR mit 198 Abgeordneten, denen sich aus Übersee noch einige anschlossen; danach kamen die »Unabhängigen« (*Centre national des indépendants*) mit 118 Sitzen, zu denen noch einige Abgeordnete aus Algerien stießen. Insgesamt hatte die Rechte in der Kammer eine Mehrheit wie seit 1871 nicht mehr.

Die Wahl des Staatspräsidenten 1958

Um den Präsidenten der Republik, den obersten Vertreter der Exekutive, nicht mehr von der Wahl durch das Parlament, die

Legislative, abhängig zu machen, also um der Gewaltentrennung willen, war in der Verfassung ein Wahlkollegium von ungefähr 80 000 Amtsträgern vorgesehen, das in etwa dem für die Wahl zum Senat entsprach. Erst kurz vor der Wahl, am 2. Dezember 1958, gab General de Gaulle seine Kandidatur, an der niemand gezweifelt hatte, bekannt. Und da jedermann mit de Gaulle gerechnet hatte, waren angesehene Politiker gar nicht erst als Gegenkandidaten aufgetreten, sondern nur, um Flagge zu zeigen, der kommunistische Senator Marrane und der Dekan der naturwissenschaftlichen Fakultät von Paris Chatelet, der die demokratische Linke – ohne die an der Regierung beteiligten Sozialisten – vertrat. Wie zu erwarten, siegte de Gaulle mit der überwältigenden Mehrheit von 78,5 Prozent gegenüber 13,1 Prozent für Marrane und 8,4 Prozent für Chatelet (21.12.1958). Als dann am 8. Januar 1959 der letzte Präsident der Vierten Republik, René Coty, den ersten Präsidenten der Fünften Republik, Charles de Gaulle, im Elyséepalast zur Amtsübergabe empfing, war die Zeit des Übergangs von einem Regime zum anderen, die am 13. Mai begonnen hatte, zu Ende und die Fünfte Republik installiert.

Am Tag nach seinem Amtsantritt als Staatspräsident beauftragte de Gaulle seinen bisherigen Justizminister Michel Debré, der wesentlich zu der Ausarbeitung der Verfassung beigetragen hatte, mit der Bildung der Regierung. Da die Sozialisten auf Grund der restriktiven wirtschaftlichen Maßnahmen vom Herbst 1958, von denen noch zu sprechen sein wird, nicht mehr bereit waren, die Regierungsverantwortung mitzutragen, bildete Debré seine Regierung mit den bisherigen politischen Kräften ohne die SFIO, verstärkte aber den Einfluß der Gaullisten. Antoine Pinay blieb Minister für Wirtschaft und Finanzen, Couve de Murville, der frühere Botschafter in Bonn, behielt das Außenministerium.

Im März fanden die Gemeinderatswahlen statt, die wiederum die Voraussetzung für die Wahlen zum Senat am 26. April 1959 darstellten. Zahlreiche Politiker, die bei den Wahlen zur Nationalversammlung unterlegen waren, fanden bei dieser Gelegenheit einen Sitz im Senat und eine Tribüne für ihre Politik: Duclos, Defferre, Edgar Faure, Mitterrand. Die in der Nationalversammlung geschwächte Linke bildete im Senat eine starke Opposition.

Die Vollmachten, die das Parlament ihm als Ministerpräsidenten verliehen hatte, um mit Verordnungen *(ordonnances)* zu regieren, waren bis vier Monate nach Verkündung der Verfassung, also bis zum 4. Februar 1959 gültig. In dieser Zeit leitete die Regierung auf dem Verordnungsweg zahlreiche Reformen in die Wege, von denen einige als sogenannte *lois organiques* die Verfassung ergänzten. Andere regelten dringend erforderlich gewordene Änderungen auf gesellschaftlichem Gebiet, wie zum Beispiel die medizinische Ausbildung, die Gerichtsorganisation, die Organisation des Verteidigungswesens usf. Auf diese Weise änderte sich manches in Frankreich, ohne daß im einzelnen viel Aufhebens davon gemacht wurde.

Wirtschaftliche Reformen

Am stärksten blieben im Bewußtsein der Franzosen die finanzpolitischen und wirtschaftlichen Maßnahmen lebendig, die von einer Kommission unter Leitung des Wirtschaftswissenschaftlers Jacques Rueff (1896–1978) ausgearbeitet und im Dezember 1958 als Plan Pinay-Rueff umgesetzt wurden. Es war die erklärte Absicht de Gaulles, die Inflation, die durch Pinay 1952–1955 gestoppt worden war, aber danach wegen der Ausgaben für den Algerienkrieg verstärkt ausbrach, zu beenden und den Franken wieder zu einer starken Währung zu machen. Die Wahl von Pinay zum Finanzminister diente dazu, eine Vertrauensbasis zu schaffen, die in Währungsfragen erforderlich ist. Zugleich wurde eine Reihe von Maßnahmen getroffen, die der Stabilität der Währung und der Reduktion des Geldumlaufs dienten: Eine neue Anleihe, mit Pinays Namen verbunden, Verschiebung des Anstiegs der Beamtengehälter und der Preise für landwirtschaftliche Produkte, gewisse Steuererhöhungen für Unternehmen, Verteuerung des Treibstoffs, Beendigung der Zinssubventionen für Kredite usf. Erstaunlicherweise wurden diese Maßnahmen, die von breiten Bevölkerungsschichten Opfer verlangten, ohne großen Widerstand hingenommen.

Um die Inflation zu bekämpfen, wurden nicht nur energische Kürzungen im Haushalt, sondern auch am Gesundheitsdienst *(Sécurité sociale)* vorgenommen; die Preise für staatliche Leistungen wie Gas, Strom, Posttarife etc. stiegen an, ebenso, durch erhöhte Steuern, für Alkohol und Tabak. Die Regierung scheute nicht einmal davor zurück, für 1959 die Pensionen für die Frontkämpfer, soweit sie nicht Invalide waren, auszusetzen! Um den Geldwert stabil zu halten, schaffte die Regierung alle Indexbindungen mit Ausnahme des staatlich garantierten Mindestlohnes *(SMIG)* ab.

Die entscheidendste, wenn auch eher psychologische Maßnahme stellte neben der Abwertung um 17,5 Prozent – der einzigen unter de Gaulle! – die Schaffung des »Neuen Franken« *(nouveau franc)* dar, der 100 »alten« Franken entsprach. Dadurch änderte sich vom Wert der Währung her zwar nichts, aber der neue Franken stand etwa gleichwertig neben der Deutschen Mark und dem Schweizer Franken, den »festen« Währungen in Europa. In der Konsequenz aller dieser Maßnahmen wurde die französische Wirtschaft der freien Konkurrenz ausgesetzt, indem 90 Prozent des Handels mit Europa und 50 Prozent desjenigen mit der Dollarzone freigegeben wurden. Nach der langen Zeit des Protektionismus wählte Frankreich den Weg des Freihandels, und es sollte sich zeigen, daß die Ergebnisse für diese Entscheidung sprachen: Frankreich galt gegen Ende der Vierten Republik wirtschaftlich als ›der kranke Mann‹ unter den sechs Partnerländern Europas, der nicht in der Lage wäre, mit den anderen Schritt zu halten. Die entschlossene Politik des Generals und seiner Mannschaft befreite das Land, bevor ein Ende des kostspieligen Krieges in Algerien in Sicht war, aus dieser demütigenden Situation und versetzte es in die Lage, an der europäischen Entwicklung gleichberechtigt teilzunehmen. In kurzer Zeit war die Zahlungsbilanz wieder ausgeglichen. Allerdings mußte der Erfolg erkauft werden mit Unzufriedenheit bei den betroffenen Schichten. Zudem waren die Sozialisten unter diesen Umständen nicht mehr bereit, die Verantwortung mitzutragen; in der Regierung Debré waren sie nicht mehr vertreten.

Die Begegnung zwischen de Gaulle und Adenauer in Colombey

Schon bald nach seinem Amtsantritt hatte Charles de Gaulle dem neuen Botschafter in Bonn, François Seydoux, die Weisung gegeben: »Herr Botschafter, ich wünsche, daß Frankreich mit allen Völkern der Erde herzliche Beziehungen unterhält; aber mit einem Volk wünsche ich besonders herzliche Beziehungen, nämlich mit dem deutschen. Wohl verstanden, viel wird von Kanzler Adenauer abhängen, aber wenn ich bei diesem großen Mann ein Denken vorfinde, das meinem entspricht, dann werden wir gemeinsam Großes unternehmen können.« Die von dem Botschafter selbst überlieferten Worte machen deutlich, daß de Gaulle von vornherein den Ausgleich mit Deutschland in seine politischen Überlegungen einbezogen hatte, ja, daß dieser geradezu die Grundlage seiner Europapolitik bildete. Eingezwängt zwischen dem Machtanspruch des angelsächsischen Lagers und der Bedrohung durch den kommunistischen Block fand das durch den Algerienkrieg geschwächte Frankreich eine vergleichbare Interessenlage in der Bundesrepublik, wo Adenauer immer wieder Nachteile für Deutschland wegen der Kompromißbereitschaft der Angelsachsen gegenüber den sowjetischen Machtansprüchen befürchtete.

Im dritten Band seiner »Erinnerungen« (1955–1959) erwähnt Adenauer, daß ihn im Verlauf des Sommers 1958 wiederholt französische Politiker baten, de Gaulle in Paris einen Besuch abzustatten. So besuchte ihn schon am 17. Juli der Präfekt Maurice Picard, der »enge Beziehungen zu de Gaulle besaß«, und brachte den Wunsch nach einem Besuch in Paris vor. Adenauer erkannte wohl zu Recht, daß de Gaulle bei ihm vorfühlen ließ. Picard warb nach Adenauers Aussage direkt um Unterstützung des Generals: »Die Freunde Frankreichs müßten (…) bereit sein, de Gaulle in jeder Weise und bis zum äußersten zu unterstützen.« De Gaulles Stellung war durch die Entwicklung in Algerien sehr unsicher, die Bundesrepublik wurde in dieser Zeit immer stärker durch die Forderungen Chruschtschows nach Anerkennung der DDR, also der endgültigen Teilung Deutsch-

540

lands bedroht. Geht es zu weit zu behaupten, daß vor allem in
dem Wunsch nach Absicherung durch gegenseitige Unterstützung eine Interessennähe zwischen Deutschland und Frankreich bestand und daß diese die Annäherung zwischen den beiden leitenden Staatsmännern bewirkte? Zumindest läßt sich
sagen, daß ohne die bedrohte Lage beider Länder das Treffen in
Colombey, wohin de Gaulle schließlich Adenauer einlud, wohl
nicht so erfolgreich verlaufen wäre.

Aber es kam gewiß auch das tiefe persönliche Verständnis
hinzu. Adenauer hatte sich bei einem Gespräch mit Pinay in
Cadenabbia, seinem italienischen Urlaubsort, über die Person
und die politischen Vorstellungen de Gaulles informiert. Die zu
jenem Zeitpunkt schon erschienenen ersten beiden Bände der
»Kriegsmemoiren« de Gaulles, die einen Einblick in dessen politische Vorstellungen vermitteln, hatte er zwar selbst nicht gelesen, sich aber darüber berichten lassen: »… Äußerungen eines
starken Nationalgefühls und Erinnerungen an eine Vergangenheit, die für de Gaulle anscheinend noch Gegenwart wären: Be-
griffe wie ›Grande Nation‹, ›Gloire française‹ und so weiter kä-
men immer wieder darin vor. Auch gäbe es Anhaltspunkte, die
de Gaulle als antiamerikanisch und antideutsch erscheinen lassen konnten.« Die auf einer sehr oberflächlichen Lektüre beruhenden und sehr vereinfachenden Vorstellungen scheinen auf
Adenauer Eindruck gemacht zu haben. Zudem löste – wie aus
den dem Zitat folgenden Überlegungen in Adenauers »Erinnerungen« hervorgeht – der Gedanke an die Möglichkeit eines engeren Zusammengehens Frankreichs mit der Sowjetunion alte
Ängste bei den Deutschen aus. Nur so läßt es sich erklären, daß
Adenauer und seine Begleitung mit einem starken Vorurteil am
14. September 1958 nach Colombey zu de Gaulle reisten: »Ich
war von großer Sorge erfüllt, denn ich befürchtete, die Denkweise von de Gaulle wäre von der meinigen so grundverschie-
den, daß eine Verständigung zwischen uns beiden außerordentlich schwierig wäre.«

Schon sehr bald nach der Vorstellung bemerkte Adenauer allerdings, daß »de Gaulle in keiner Weise den Auffassungen entsprach, die man in den vergangenen Wochen aus der Lektüre
der Presse erhalten mußte«. Im Verlauf ihrer Gespräche, die die

beiden Staatsmänner allein führten – die Begleiter wurden nach dem nahe gelegenen Chaumont geschickt –, verstärkte sich der positive Eindruck der Übereinstimmung in den wichtigsten Grundpositionen, und die beiden alten Herren gelangten zu einem vertrauensvollen Meinungsaustausch; de Gaulle bezeichnet Adenauer am Ende der dieser Begegnung gewidmeten Darstellung als *mon illustre ami*, eine Auszeichnung, die kaum einem anderen ausländischen Staatsmann zuteil wurde, wie ja auch die Tatsache für sich spricht, daß Adenauer als einziger Staatsgast je in La Boisserie, de Gaulles Besitz in Colombey, empfangen wurde. Wie er hochmütig und brüsk sein konnte, so besaß de Gaulle auch die Gabe, andere durch Liebenswürdigkeit und ein gewinnendes Wesen für sich einzunehmen, und er verstand es, von diesem Mittel den rechten Gebrauch zu machen. Adenauer war jedenfalls von dem freundlichen Empfang sehr angetan: »Ich war von dem Besuch sehr befriedigt. Ich war glücklich, einen ganz anderen Menschen vorgefunden zu haben, als ich befürchtet hatte. Ich war sicher, daß de Gaulle und ich eine gute und vertrauensvolle Zusammenarbeit haben würden.«

Der Inhalt der Gespräche wird in den »Erinnerungen« der beiden Staatsmänner als ein Überblick über die Welt- und besonders die Europapolitik und über die deutsch-französischen Beziehungen, aber doch mit sehr unterschiedlichem Akzent dargestellt. Adenauer, der die Sowjetunion als »eine asiatische Diktatur« betrachtete, sah die Gefahr eines Rückzugs der USA aus Europa und riet – nach seiner eigenen Darstellung – zu dem Versuch, »Europa von den Vereinigten Staaten unabhängig zu machen«. Dies aber setzte die Freundschaft und Zusammenarbeit zwischen Deutschland und Frankreich, und zwar einem starken Frankreich, voraus. De Gaulle habe dieser Sicht zugestimmt, der sich ebenfalls keine Illusionen über die Sowjetunion und die USA gemacht habe und England, das »eine Insel bleibe«, als »zweitrangiges Problem« bezeichnete. Deshalb gebe es »in Europa für Frankreich nur einen möglichen Partner, ja sogar wünschenswerten Partner, (...) Deutschland, das Deutschland von heute«. In de Gaulles Darstellung stellte die Aussöhnung mit Deutschland seine freie Entscheidung dar:

»Ich meine, man solle versuchen, den Lauf der Geschichte um-zuwenden, unsere beiden Völker zu versöhnen und ihre An-strengungen und ihre Fähigkeiten zu vereinen.« Aber de Gaulle wies auf die Verschiedenheit der Situation hin: Im Gegensatz zu dem besiegten und mit der Hypothek seiner Vergangenheit be-lasteten Deutschland benötigte Frankreich weder den Schutz der NATO, auf den Adenauer nicht verzichten könne, noch den Aufbau *(l'organisation)* Westeuropas oder gar dessen Inte-gration. Frankreichs Ziel ist die Selbständigkeit, um wieder eine international bedeutende Rolle spielen zu können. Frankreich sollte nach de Gaulle Deutschland in seiner schwierigen Lage Hilfe gewähren, beim Schutz vor der sowjetischen Bedrohung und zum Erreichen der Wiedervereinigung. Der General stellte allerdings vier Bedingungen für Frankreichs Unterstützung, von denen in Adenauers Darstellung nicht die Rede ist, die für de Gaulle aber eine zentrale Bedeutung besaßen: »Die Hin-nahme der Grenzen, so wie sie sind, eine Haltung des guten Willens gegenüber dem Osten, den vollständigen Verzicht auf Atombewaffnung und schließlich große Geduld bei der Wie-dervereinigung *(une patience à toute épreuve pour la réunifica-tion)*.« Rückblickend nehmen die Bedingungen des Generals sich prophetisch aus für den Weg, den die deutsche Politik – oft nur widerwillig – bis zum 3. Oktober 1990 genommen hat.

Bei aller Unterschiedlichkeit in der Beurteilung der Situation des eigenen Landes fanden sich die beiden alten Herren in dem Willen, die Aussöhnung zwischen ihren Völkern bis zu einer gemeinsamen Politik fortzuführen. Für Adenauer stellte dieses Ergebnis – wie er auch erwähnte – die Fortsetzung der Zusam-menarbeit mit Schuman und Monnet dar. Er sah mit spürbarer Erleichterung, daß die Rückkehr des Generals auf die politische Bühne Frankreichs keinen Einschnitt für die deutsch-französi-sche Annäherung bedeutete, die für ihn eine Grundkonstante seit Gründung der Bundesrepublik bildete. Aus der Euphorie, die aus der Befreiung von Befürchtungen entsprang, ist ver-mutlich zu erklären, daß er den Differenzen weniger Bedeu-tung beimaß als den Gemeinsamkeiten. De Gaulles Darstellung der Begegnung von Colombey erscheint geprägt von größerer zeitlicher Distanz zum Geschehen und von den in der Zwischenzeit entstandenen Desillusionen. Dennoch ist ein großes persönliches Engagement bei ihm nicht zu übersehen, ein Bemühen um den alten Bundeskanzler, das über das rein politische Kalkül hinausgeht. Gerechterweise muß zugegeben werden, daß die deutsch-französische Verständigung, die schon seit fast einem Jahrzehnt von den Vorgängern de Gaulles begründet wurde, erst durch seine Autorität jene Konsekration erfuhr, die erforderlich war, um die beiden Völker zu gegenseitigem gelassenen Verständnis füreinander zu bringen. Der Vertrag von 1963 brachte dann nur noch die Fixierung dessen, was in Colombey 1958 in die Wege geleitet wurde.

Es läßt sich noch heute dem nicht widersprechen, was de Gaulle am Ende seiner Darstellung der Begegnung mit Adenauer in die Worte gekleidet hat: »Durch uns werden sich die Beziehungen zwischen Frankreich und Deutschland auf Grundlagen und in einer Atmosphäre entwickeln, wie sie sie in ihrer Geschichte niemals gekannt haben.«

Die Auflösung des Kolonialreichs.
Die *Communauté*

Die Entwicklung in den schwarzafrikanischen Kolonien wurde beschleunigt durch den Algerienkrieg. Die Erfahrung dieses scheinbar unlösbaren Konfliktes hatte Gaston Defferre 1956 veranlaßt, durch das »Rahmengesetz« einer vergleichbaren Entwicklung südlich der Sahara vorzubeugen. De Gaulle ließ bei der Ausarbeitung der Verfassung der Fünften Republik von vornherein die afrikanischen Politiker zu Wort kommen: Die *Union française* wurde durch eine *Communauté* ersetzt, die bei Selbstverwaltung der einzelnen Länder die Außenpolitik, die Verteidigung und die Wirtschafts- und Währungspolitik bestimmte. Der Präsident der Republik Frankreich war zugleich Präsident der *Communauté*, die als Organe einen *Conseil exécutif*, einen *Sénat* und eine *Cour arbitrale* besaß. Schwierigkeiten sollte die Bestimmung machen, daß ein unabhängiger Staat nicht Mitglied der *Communauté* sein könne. Nachdem die afrikanischen Länder – mit Ausnahme Guineas – zum Teil mit

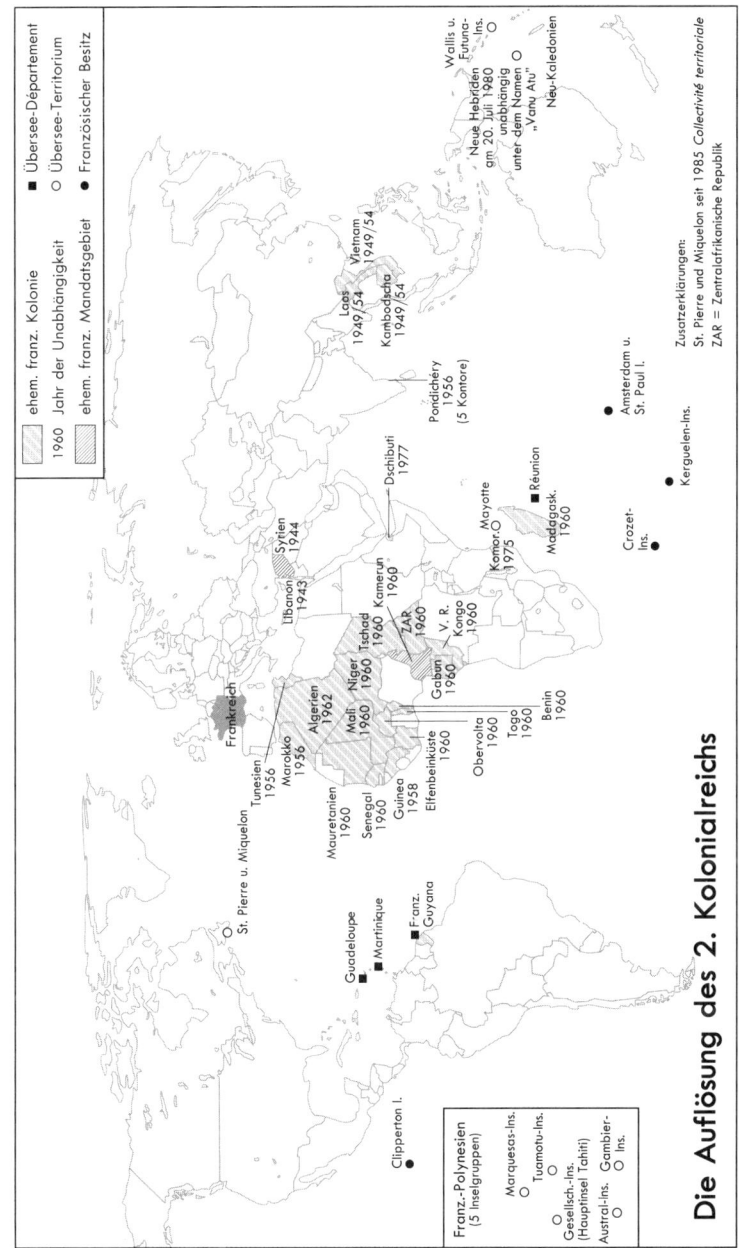

Die Auflösung des 2. Kolonialreichs

Legend:
- ▨ ehem. franz. Kolonie
- 1960 Jahr der Unabhängigkeit
- ▨ ehem. franz. Mandatsgebiet
- ■ Übersee-Département
- ○ Übersee-Territorium
- ● Französischer Besitz

Wallis u. Futuna-Ins. ○
Neue Hebriden am 20. Juli 1980 unabhängig unter dem Namen "Vanu Atu" ○
Neu-Kaledonien ○

Vietnam 1949/54
Laos 1949/54
Kambodscha 1949/54

Pondichéry 1956 (5 Komtore)

Amsterdam u. St. Paul I. ●
Kerguelen-Ins. ●
Crozet-Ins. ●

Dschibuti 1977

Syrien 1944
Libanon 1943

Kamerun 1960
Komor. ○ 1975
Mayotte
Réunion ■
Madagask. 1960

Tschad 1960
ZAR 1960
V. R. Kongo 1960

Frankreich

Marokko 1956
Tunesien 1956
Algerien 1962
Niger 1960
Mali 1960
Gabun 1960
Benin 1960
Togo 1960
Obervolta 1960

Mauretanien 1960
Senegal 1960
Guinea 1958
Elfenbeinküste 1960

St. Pierre u. Miquelon

Guadeloupe ■
Martinique ■
Franz. Guyana ■

Clipperton I. ●

Franz.-Polynesien (5 Inselgruppen)
- Marquesas-Ins. ○
- Tuamotu-Ins. ○
- Gesellsch.-Ins. (Hauptinsel Tahiti) ○
- Austral-Ins. ○
- Gambier-Ins. ○

Zusatzerklärungen:
St. Pierre und Miquelon seit 1985 *Collectivité territoriale*
ZAR = Zentralafrikanische Republik

großen Mehrheiten in der Volksabstimmung vom 28. September 1958 der Verfassung zugestimmt hatten, entschieden sich zwölf von ihnen für den Status eines Mitglieds der *Communauté*. Französisch Somaliland *(la Côte française des Somalis)*, die Komoren, Neukaledonien, Französisch-Polynesien, Saint-Pierre-et-Miquelon blieben zunächst in direkter Abhängigkeit vom Mutterland.

Obwohl die verschiedenen Organe der Gemeinschaft sich im Frühjahr 1959 konstituierten, am 14. Juli ein großes Fest der französisch-afrikanischen Staatengemeinschaft gefeiert wurde und der General am folgenden Tag feierlich die Eröffnungssitzung des Senats der *Communauté* leitete, hielt das Gebäude nur noch wenige Monate: Die Afrikaner sahen, daß das »abtrünnige« Guinea gut mit seiner Unabhängigkeit zurechtkam und bald wieder Verbindung mit Frankreich aufnahm, daß die ehemaligen Mandatsgebiete Kamerun und Togo im Januar beziehungsweise April 1960 die Unabhängigkeit erhielten und auch andere Kolonien wie Belgisch-Kongo (1959) (Zaïre) und das italienische Somalia (1959) sich freimachten.

Die *Communauté* löste sich schnell auf, als zunächst Madagaskar und Mali (28. 9. 1959) die Selbständigkeit, aber zugleich den Verbleib in der *Communauté* beantragten. Andere Länder folgten und am Ende des Jahres waren 15 selbständige Staaten entstanden. Neben Guinea, Togo und Kamerun: Senegal, Mali, Elfenbeinküste, Dahomey (heute Bénin), Obervolta (heute: Burkina Faso), Niger, Mauretanien, Zentralafrikanische Republik, Kongo-Brazzaville, Gabun, Tschad und Madagaskar. Die 1959 erst geschaffenen Organe der *Communauté* verschwanden sang- und klanglos im Jahr 1961. Allerdings blieben besonders enge Beziehungen vieler dieser Länder zu dem früheren Mutterland auf dem Gebiet der an den Franken gekoppelten Währung und der Verteidigung bestehen. In gewisser Weise sind die Bindungen der Kolonialzeit, nicht zuletzt durch die gemeinsame offizielle Sprache, erhalten geblieben.

Erstaunlich an dem Prozeß ist die geringe Reaktion der Kolonialfranzosen und der Rechten in Frankreich. Auch hier war vermutlich die Erfahrung des Algerienkrieges bestimmend: Die Mehrheit der Franzosen und ihr Präsident in erster Linie wollten nach Indochina und Algerien nicht noch einmal die Erfahrung einer kriegerischen Entkolonialisierung machen. So akzeptierte man das Geschehen und die französische Diplomatie verstand es, daraus einen Gewinn zu ziehen: Frankreich selbst führte – mit Ausnahme des schon 1958 aufgenommenen Guineas und des 1961 nachkommenden Mauretaniens – die neuen Länder 1960 in der UNO ein, wo sich durch das Erscheinen der afrikanischen Staatsmänner die Zahl der französischsprachigen Vertreter und das Ansehen des Französischen überhaupt sehr erhöhten.

Immer noch: Der Algerienkrieg

Die Vierte Republik scheiterte wegen ihrer Unfähigkeit, den Konflikt in Algerien zu lösen. De Gaulle war wieder an die Macht gelangt, weil man von ihm erwartete, er werde den Krieg dort beenden. Die Militärs und die Kolonialfranzosen in Algerien erhofften von ihm eine militärische »Lösung«, den endgültigen Sieg über die »Rebellen«; nicht wenige der Politiker, die in Paris den General unterstützten, dachten aber an eine politische Lösung, an Verhandlungen mit dem FLN; doch unter den alten Mitkämpfern de Gaulles überwogen wohl diejenigen, die wie Debré und Soustelle an dem französischen Algerien festhalten wollten. Die Umfragen zeigten an, daß eine Mehrheit in Frankreich diese Meinung teilte, während eine starke Minderheit für Verhandlungen eintrat und sich zum Teil auch mit einer Unabhängigkeit Algeriens als deren Ergebnis abfand. Aber welches Ziel verfolgte de Gaulle? Hatte er schon damals einen festen Plan, den er im Verlauf der Zeit systematisch verfolgte, wie es aus seinen »Memoiren der Hoffnung« (*Mémoires d'espoir*) hervorzugehen scheint? Vermutlich war dies nicht der Fall, und erst allmählich wurde ihm vor Ort klar, daß nur eine politische Lösung, die zur Selbstbestimmung der Algerier führen mußte, noch möglich war. Er hat sich aber sorgsam gehütet, seine Erkenntnisse und Entscheidungen frühzeitig bekannt werden zu lassen, um nicht den Widerstand derjenigen zu provozieren, durch die er wieder an die Macht gekommen war. Nur allmählich ließ er Formulierungen in seinen Reden erscheinen, die den Stand seiner Erkenntnisse und Absichten deutlich machten. Ein Journalist fand für diese Methode des Vorgehens die Bezeichnung »Regierung durch das Wort« *(le gouvernement de la parole)*.

Die quälende Länge der Auseinandersetzung – der Krieg dauerte mit de Gaulle noch etwas länger als in der Zeit zuvor – steht im Widerspruch zu den an ihn gestellten Erwartungen einer schnellen Lösung des Problems und auch zu seiner eigenen Zielsetzung, das algerische Hindernis aus dem Weg zu räumen, um bald zu dem großen Plan einer Neugestaltung der europäischen Politik und zur Wiederherstellung von Frankreichs Rolle in der Welt zu gelangen. Zunächst erwies sich für eine schnelle Lösung sein eigener, aus langer und bitterer Erfahrung im Krieg gewonnener Grundsatz als hinderlich, nie aus der Position der Schwäche zu verhandeln, dann aber auch die Irrationalität der algerischen Gegner, deren Reaktionen nicht immer nach den Vorstellungen eines westlichen Politikers erfolgten und für die die Zeit ein im Wert steigender Machtfaktor war. Schließlich mußte erst die öffentliche Meinung in Frankreich selbst mehrheitlich zu einem Vertragsfrieden bereit sein. Aus allen diesen Hindernissen erklärt sich die ganz augenscheinliche, gegen Ende des Konflikts zunehmende Ungeduld des Generals, der sich schließlich schneller zu Konzessionen bereit fand, als dies von ihm zu erwarten war.

De Gaulle in Algier

Wie seinerzeit Guy Mollet kurz nach seinem Amtsantritt, flog de Gaulle schon am 4. Juni 1958 nach Algier, am Tag nach der letzten Debatte im Rat der Republik. Aber im Gegensatz zu Mollet wurde ihm ein triumphaler Empfang bereitet. Die Algerienfranzosen waren davon überzeugt, de Gaulle werde nun mit starker Hand die Politik der Integration Algeriens und seiner Bewohner betreiben und die Rebellen besiegen. Vom Balkon des Generalgouvernements wandte sich de Gaulle an die begeisterte Menge, die er mit den »in der Formulierung scheinbar spontanen, aber in Wirklichkeit wohl berechneten Worten« (»Memoiren der Hoffnung«) vollends für sich gewann: »Ich habe euch verstanden« *(Je vous ai compris)*. In dem allgemeinen Enthusiasmus drang der Grundgedanke der Ansprache, die Gleichheit der Rechte und Pflichten für alle Bewohner Algeriens, wohl nicht mit seinen möglichen Folgen ins Bewußtsein der Zuhörer, die an die Folgenlosigkeit derartiger Beteuerungen aus der Vierten Republik gewöhnt waren. Dabei sagte de Gaulle ganz klar die Gleichberechtigung durch gleiches Stimmrecht für die Algerier zu, was der eingeborenen Mehrheit die Möglichkeit eröffnet hätte, ihren politischen Willen durchzusetzen. Er vermied es auch peinlich – mit Ausnahme eines Ausrutschers (?) in Mostaganem –, das Schlagwort der Algerienfranzosen, »französisches Algerien« *(Algérie française)*, zu gebrauchen.

Die Ergebnisse der Volksabstimmung vom 28. September 1958, an dem die Algerier teilnahmen und mit großer Mehrheit (76,10 Prozent) für die Annahme der Verfassung stimmten, schienen ebenso ein Erfolg der neuen Politik zu sein wie die Wahl der 67 Abgeordneten zur Nationalversammlung im November, die allerdings ausnahmslos für die Integration Algeriens eintraten.

Bei einer seiner insgesamt fünf Reisen nach Algerien im Jahr 1958 verkündete der General einen großen Fünfjahresplan der Erneuerung des Landes *(plan de Constantine)*, dessen Ziel es war, den Lebensstandard der Algerier anzuheben. Bei einem Inspektionsflug zu den inzwischen auf 500 000 Mann angewachsenen Streitkräften entwickelte er für das Militär eine neue, offensive Strategie: Es sollte nicht mehr allein durch Durchkämmen der Städte und ihrer Umgebung das Gebiet in Besitz halten, sondern die Aufständischen in ihren Hochburgen und Schlupfwinkeln im Aurès-Gebirge, in der Kabylei usf. bekämpfen. Tatsächlich geriet der FLN bald in Schwierigkeiten, die durch inneren Streit noch verschärft wurden.

Die Wiederherstellung der Autorität des Staates

Die Ereignisse des 13. Mai, durch die letztlich de Gaulle wieder an die Macht kam, hatten es mit sich gebracht, daß das Militär in Algier und anderen algerischen Städten politische Funktionen übernommen hatte. In den »Wohlfahrtsausschüssen« *(Comités de salut public)* saßen Offiziere und Zivilisten Seite an Seite und versuchten, selbständig politische Aufgaben zu übernehmen. Der General erkannte sehr bald, daß er als erstes die Autorität des Staates wiederherstellen und die Armee in den Griff bekommen mußte. Da er sich im Kabinett die »algerischen Angelegenheiten« selbst vorbehalten hatte, unterstellte er sich zunächst direkt den Oberkommandierenden der Streitkräfte in Algerien, General Salan, und berief ihn, da er sich als nicht völlig vertrauenswürdig erwies, im Dezember auf einen dem Anschein nach ehrenvollen, aber wenig einflußreichen Posten in Paris. Bei seiner zweiten Reise nach Algier im Juli lehnte es de Gaulle schlichtweg ab, die Mitglieder des dortigen *Comité de salut public* zu empfangen. Im Oktober gab er die Anweisung, daß das Militär in keiner politischen Organisation tätig sein dürfe und sich sofort aus diesen zurückziehen müsse. Das traf den ihm ergebenen General Massu hart, der der Präsident des *Comité* von Algier war. Schließlich teilte de Gaulle die von Salan gemeinsam wahrgenommenen Funktionen des – zivilen – Generaldelegierten *(délégué général)* für die algerischen Départements (Paul Delouvrier) und des militärischen Oberbefehls, der dem Luftwaffengeneral Challe übertragen wurde.

Die Situation schien gegen Jahresende einigermaßen geklärt zu sein. Am 9. September 1958 hatte der FLN die »Provisorische Regierung der algerischen Republik« *(Gouvernement Provisoire de la République algérienne = GPRA)* in Kairo unter Ferhat Abbas konstituiert. Ein Gesprächspartner für den politischen Dialog bot sich also an, aber de Gaulle war noch nicht bereit, diese Regierung als solche anzunehmen: In seiner Pressekonferenz vom 23. Oktober 1958 nannte er den FLN: »Die Organisation, von der Sie sprechen«, und verwies darauf, daß die »Ordnungskräfte« langsam das Land wieder in den Griff bekommen hätten. Die Rebellen, die »tapfer gekämpft haben«, sollten zu ihren Familien heimkehren und dann käme es zum »Frieden der tapferen Kämpfer« *(la paix des braves)*. Da dieses Angebot nicht viel mehr darstellte als eine Aufforderung zur Kapitulation vor Verhandlungen, erteilte der FLN keine Antwort und es kam nicht zu einem Dialog zwischen den Gegnern.

Das Recht auf Selbstbestimmung

Nach dem ersten Versuch einer Annäherung bemühten sich beide Seiten im Jahr 1959 zunächst, eine bessere Ausgangsposition zu gewinnen: Die Provisorische Regierung der Algerier fand Anerkennung bei den anderen selbständigen Staaten Afrikas und ein nicht geringes Echo in der UNO, wo Frankreich immer stärker in die Verteidigung gedrängt wurde. De Gaulle verstärkte die Streitkräfte und gab Challe die Mittel in die Hand, um die Aufständischen bis in ihre letzten Schlupfwinkel zu verfolgen. Gegenüber dem Direktor der Zeitung *L'Echo d'Oran* hatte er schon im April 1959 erklärt, daß das »Algerien von Papa« tot sei *(l'Algérie de papa est morte)*. Ende August traf er zu einer Truppeninspektion in Algerien ein und besuchte General Challe in seinem Hauptquartier in der Großen Kabylei. Überall versuchte das Militär, die Zivilbevölkerung zu einem freundlichen Empfang de Gaulles zu veranlassen. Aber dieser durchschaute das Spiel, zumal ihm ein Gemeindesekretär in einem Dorf zuflüsterte: »Lassen Sie sich nicht täuschen, General, wir wollen alle hier die Unabhängigkeit!« Vor den höchsten Offizieren und dem Generaldelegierten entwickelte de Gaulle zunächst den Gedanken, daß die Fremdbestimmung der Algerier nicht mehr möglich sei. Wenig später, in der Rundfunk- und Fernsehsendung vom 16. September 1959, sprach er ausdrücklich den Algeriern das Recht zu, über sich selbst zu bestimmen *(le droit de disposer d'eux-mêmes)*. Dafür schuf er den Ausdruck *autodétermination*. Allerdings setzte er wiederum das Ende der Kämpfe und eine Übergangszeit von etwa vier Jahren voraus. Dieser entscheidende Schritt fand zwar ein positives Echo in Frankreich und in der Weltöffentlichkeit, aber noch keine dirkte Antwort von algerischer Seite.

Die Woche der Barrikaden

Durch die Ansprache vom 16. September 1959 mußte auch dem letzten Anhänger eines »französischen Algeriens« klarwerden, daß de Gaulle eine politische Lösung anstrebte mit gleichen Rechten für die Algerier. Die Unruhe unter den Politikern wuchs, die de Gaulle unterstützt hatten in der Hoffnung, er werde Algerien als einen Teil Frankreichs erhalten.

Die Enttäuschung über die Politik de Gaulles fand ihren Ausdruck in einem Interview, das General Massu am 18. Januar dem Chefreporter der »Süddeutschen Zeitung« Hans Ulrich Kempski gab, das diese am 18. Januar 1960 veröffentlichte und das, da der Haudegen Massu seine Kritik ungeschminkt formulierte, wie eine Bombe einschlug. Massu wurde sofort nach Paris beordert und am 23. Januar als Kommandant von Algier abgesetzt.

Daraufhin riefen die fanatischen Anhänger des »französischen Algeriens« wie der Studentenführer Lagaillarde und der Caféhausbesitzer Ortiz den Generalstreik in Algier für den 24. Januar 1960 aus. Die große Demonstration an diesem Tag endete mit einem Blutvergießen und dem Bau von Barrikaden um die Universität. In ihrer Verteidigungsstellung erfuhren die Demonstranten Zeichen der Solidarität von seiten der Zivilbevölkerung und des Militärs. Ein Appell de Gaulles blieb unbeachtet. Bis in das Kabinett reichte das Verständnis für die Aufständischen, vor allem Premierminister Debré war zerrissen zwischen seiner Sympathie für das französische Algerien und der Loyalität gegenüber dem General. Den Umschwung brachte schließlich dessen Auftreten in einer Fernsehansprache am 29. Januar, in der de Gaulle in Uniform erschien und seine Politik der Selbstbestimmung der Algerier gegen die Extremisten auf beiden Seiten mit Nachdruck vertrat und vom Militär in Algier Gehorsam verlangte. Erst daraufhin kapitulierten die Aufständischen, die von den Offizieren ehrenvoll empfangen und in kämpfende Einheiten eingegliedert wurden oder in den Untergrund gingen.

In Frankreich selbst fand de Gaulle jede Unterstützung und erhielt auch von der linken Seite – mit Ausnahme der Kommunisten – die Vollmacht, mit Erlassen zu regieren. Dagegen lehnte eine neu formierte Rechte dies ab, Jacques Soustelle wurde aus der Regierung entlassen. Die Fronten hatten sich geklärt.

Erfolglose Kontakte

In der Zeit nach dem Aufstand von Algier und bis spät in den Herbst des Jahres 1960 schien die Entwicklung zu stagnieren. Im März 1960 unternahm de Gaulle nochmals eine Inspektionsreise zu den Truppen in Algerien (*la tournée des popotes* = Besuchsfahrt zu den Offizierskasinos) und hielt Ansprachen, die von den Medien als ein Rückschritt in seinen Ansichten dargestellt wurde, wie er verärgert in den Memoiren bemerkt.

Nicht in den Memoiren erwähnt wird eine Affäre, die ein Schlaglicht auf die Ungeduld des Generals wirft und zugleich zu erkennen gibt, wessen er in einer angespannten Lage fähig war: Der Chef der Wilaya IV, des von dem FLN aufgebauten Militär- und Verwaltungsbezirks Algier und Umgebung, Si Salah, hatte mit Justizminister Edmond Michelet, einem langjährigen engen Anhänger de Gaulles, im März 1960 Verbindung aufgenommen. Gespräche in Algerien – de Gaulle hatte dazu neben einem Mitarbeiter des Premierministers seinen Berater im Elysée-Palast Bernard Tricot entsandt – verliefen unter absoluter Geheimhaltung. Schließlich wurde Si Salah mit zwei Mitarbeitern nach Paris gebracht und am 10. Juni 1960 gegen 22 Uhr durch einen Seiteneingang ins Elysée geführt, wo sie der General persönlich empfing. Da die nächtlichen Gäste nicht gut auf Waffen untersucht werden konnten, versteckten sich der Adjutant des Generals und die Wache so, daß sie alles beobachten und notfalls hervorstürzen konnten. De Gaulle blieb hinter seinem Schreibtisch stehen, ohne den Gästen die Hand zu reichen. Doch der Verlauf des Gesprächs, den Tricot berichtet, ließ Hoffnung auf Erfolg aufkommen. Eine Feuerpause sollte zunächst in Wilaya IV beginnen und dann auf die anderen Gebiete ausgedehnt werden. Eine Fortsetzung der Gespräche wurde vereinbart und der Kontakt aufrechterhalten. Aber unter den Algeriern gab es Unstimmigkeiten; zwei der Unterhändler wurden ermordet, Si Salah selbst fiel am 21. Juli im Kampf mit französischen Truppen. Das Ereignis blieb ohne Folgen, zeigt aber, wie groß das Interesse de Gaulles an einem Gespräch mit den Kämpfern auf seiten der Algerier war, deren Tapferkeit er mehrfach anerkannt hatte.

Bei dem Gespräch mit Si Salah hatte de Gaulle eine Erklärung angekündigt, in welcher er am 14. Juni seine Bereitschaft erklärte, die »Führer des Aufstandes hier (das heißt in Frankreich) zu empfangen, um mit ihnen nach einem ehrenvollen Ende der Kämpfe zu suchen, die sich immer noch dahinziehen …« Auf dieses Angebot hin entsandte die Provisorische Regierung zwei Unterhändler nach Frankreich, die sich mit französischen Vertretern am 29. Juni 1960 in der Präfektur von Melun trafen. Aber die beiderseitigen Positionen waren noch zu weit entfernt für einen Kompromiß: Die Algerier forderten, daß ihr Präsident Ferhat Abbas offiziell von de Gaulle zu Gesprächen empfangen werden sollte, während die französische Seite noch immer darauf beharrte, daß ein Waffenstillstand den Verhandlungen vorangehen müsse. So konnten die Gespräche von Melun zu keinem Ergebnis führen. Aber man ging auseinander mit der erklärten Absicht, sich wieder zu treffen. Zunächst führte der Abbruch der Gespräche zu einer erneuten Verhärtung der Standpunkte beider Seiten.

Die Gewalttätigkeiten in Algerien nahmen wieder zu, und es war zu erkennen, daß die Bevölkerung des Landes sich in immer stärkerem Maß dem FLN anschloß. Dagegen sammelten sich in Algier selbst die Anhänger eines französischen Algeriens, die im Mutterland Unterstützung fanden in dem von rechten Politikern wie Bidault und Soustelle gegründeten *Comité de Vincennes*. Wie zur Zeit der Dreyfus-Affäre äußerten die linken Intellektuellen in Frankreich ihre politische Meinung und traten für ein unabhängiges Algerien ein: Neben der Studentenunion UNEF, die energisch gegen die in Algerien angewandten Foltermethoden auftrat, erregte vor allem das »Manifest der 121« Aufsehen, in dem offen zum Widerstand gegen den Krieg und zum Desertieren aufgefordert wurde. Die Polarisation zwischen den Anhängern eines französischen und denen eines selbständigen Algeriens nahm immer mehr zu. Schließlich ergriff de Gaulle erneut die Initiative.

Die Volksabstimmung vom 8. Januar 1961

In einer Radio- und Fernsehansprache (4.11.1960) erläuterte der Staatspräsident ausführlich seine Algerienpolitik. Dabei zog er eine Linie von den bereits selbständigen Protektoraten Marokko und Tunis über die Staaten Afrikas, die gerade ihre Selbständigkeit erhielten, zu Algerien und machte durch die Analogie des Geschehens deutlich, wohin der Weg führte: »Dieser Weg führt nicht mehr zu einem vom französischen Mutterland regierten, sondern zu einem algerischen Algerien (*l'Algérie algérienne*), das seine Regierung, seine Institutionen, seine Gesetze hat«. Wie zu erwarten, erhob sich bei allen Anhängern eines französischen Algeriens heftiger Widerstand. Auf seiner – letzten – Reise nach Algerien (9.–13.12.1960) konnte sich der General davon überzeugen, daß die Zeit eines Kompromisses zwischen den beiden Volksgruppen vorbei war: Nicht mehr nur die französischen Algerier demonstrierten für ihre Ziele, sondern auch die Eingeborenen gingen massenweise auf die Straße, wobei es zu blutigen Zusammenstößen kam.

Am 16. November hatte de Gaulle eine Volksabstimmung für den Januar 1961 angekündigt, um seine Politik vom Volk billigen zu lassen. Die Wähler waren aufgerufen, über die Selbstbestimmung für Algerien zu entscheiden. Der General wurde von den Sozialisten *(SFIO)*, den Volksrepublikanern *(MRP)* und natürlich seinen Anhängern *(UNR)* unterstützt. Gegen seine Politik sprachen sich die Kommunisten, die »Vereinigten Sozialisten« *(PSU)*, die Radikalen und die extreme Rechte aus, während die »Unabhängigen« gespalten waren und ihren Anhängern die Entscheidung freistellten. Die Wähler in den Überseeterritorien und -départements entschieden ebenso wie die Algeriens, die zum letzten Mal an einer französischen Wahlentscheidung teilnahmen.

Das Ergebnis der Volksabstimmung war eindeutig: Von 23,26 Millionen abgegebenen gültigen Stimmen sprachen sich 17,45 Millionen für die Politik des Generals aus, fast 75 Prozent. In Algerien waren über 40 Prozent der Wähler den Urnen ferngeblieben, wie der FLN empfohlen hatte; in den vornehmlich von Europäern bewohnten Städten Algeriens lag der Anteil der Nein-Stimmen besonders hoch. Die Zustimmung im Mutterland war ebenso deutlich wie die Ablehnung bei den Algerienfranzosen; die Mehrheit mußte also gegen die Minderheit entscheiden.

Der Putschversuch des Militärs

Während der dramatischen Zeit des Winters 1960/61 hatten sich die französischen Extremisten in Algerien zu einer geheimen Organisation OAS *(Organisation armée secrète)* zusammengeschlossen, um den Widerstand gegen die politische Entwicklung vorzubereiten. Er richtete sich mit terroristischen Methoden sowohl gegen die Anhänger des FLN als auch gegen diejenigen, die für Verhandlungen mit dem FLN eintraten. Hunderte, wenn nicht Tausende sollten den hinterhältigen Anschlägen dieser rechten Terroristen zum Opfer fallen. Sie machten durch ihr Vorgehen allerdings deutlich, wie notwendig es war, den Krieg schnell zu beenden.

Widerstand kam auch von der Armee. Eine Reihe von Obersten – bekannt wurde in Deutschland Argoud, der als Flüchtling später auf deutschem Boden von dem französischen Geheimdienst gekidnappt wurde – bereitete einen Putsch vor, um die Armee auf ihre Seite zu ziehen und mit ihrer Hilfe die französische Politik zu bestimmen. Sie weihten die Generäle Salan, Challe, Jouhaud und Zeller in ihre Pläne ein, die bereit waren, an der Spitze des Putsches aufzutreten. In der Nacht vom 21. zum 22. April 1961 besetzte ein Fallschirmjägerregiment die strategischen Plätze in Algier, andere Fallschirmjäger, also die Elitetruppe, schlossen sich an und nahmen den Generaldelegierten, die Oberbefehlshaber der Armee, den Polizeipräfekten und den Minister für öffentliche Arbeiten Buron in Haft. Ohne auf Widerstand zu treffen, hatten sie Algier in ihrer Hand. Da Challe und Salan Oberbefehlshaber in Algerien gewesen waren, Zeller und Johaud als Generalstabschefs von Heer und Luftwaffe Ansehen genossen, Jouhaud obendrein aus Oran stammte, konnten die Putschisten mit Anerkennung unter ihren militärischen Kollegen und bei der französischen Bevölkerung rechnen.

Tatsächlich wurde der Aufstand von den Algerienfranzosen mit Begeisterung aufgenommen, aber die Offiziere der Armee blieben zurückhaltend und die Wehrpflichtigen, die die Ereignisse im Land durch ihre Transistorgeräte verfolgt hatten, setzten sich zum Teil energisch gegen den Putsch und für die legale Regierung in Paris ein. In Frankreich stellten sich – mit Ausnahme einiger Vertreter auf der rechten Seite des Parteienspektrums – nahezu alle politischen Kräfte auf die Seite der Regierung und des Generals. Da eine Landung der Fallschirmjäger zu drohen schien und nur noch wenige Truppen im Mutterland zur Verfügung standen, rief Ministerpräsident Debré am 23. April gegen Mitternacht die Bevölkerung auf, die Flugplätze zu besetzen, ein Aufruf, der tatsächlich weitgehend befolgt wurde. Aber die Entscheidung hing wieder einmal von der Person des Generals ab.

Charles de Gaulle erschien am 23. April 20.00 Uhr auf den Fernsehschirmen, in Generaluniform, und hielt eine kurze Rede, eine der bedeutendsten und entscheidendsten nach dem Aufruf des 18. Juni 1940. Er verurteilte mit größter Entschiedenheit die vier Generäle *(quarteron de généraux)*, hinter denen die wirklich Verantwortlichen standen, »eine Gruppe von voreingenommenen, ehrgeizigen und fanatischen Offizieren, … Männer, deren Pflicht, deren Ehre, deren Daseinsberechtigung es war, zu dienen und zu gehorchen«. »Im Namen Frankreichs« ordnete der General an, daß »alle, wohlgemerkt, alle Mittel angewandt werden, um diesen Männern den Weg zu versperren.« Niemand durfte ihren Befehlen gehorchen. Als letztes berief sich der General auf den Notstandsartikel 16 der Verfassung, durch den ihm die Vollmacht zu direktem Eingreifen verliehen wurde, und er versprach der Nation, daß er »bis zum Ende seines Mandats oder bis ihn die Kräfte oder das Leben verließen« die Legitimität der Nation aufrechterhalten werde. Er schloß seine Rede mit dem dramatischen Appell an die Nation: »Französinnen und Franzosen! Helfen Sie mir!«

Der entschlossene Ruf an die Nation aus dem Mund dieses Mannes führte dazu, daß der Putsch innerhalb weniger Stunden zusammenbrach: Schon am 25. April stellte sich Challe, wenig später Zeller; Salan, Jouhaud und die Oberste tauchten unter und setzten ihren aussichtslosen Kampf in den Reihen der OAS fort. In seinen Memoiren vergißt de Gaulle nicht zu bemerken, daß die letzten Fremdenlegionäre, die am Putsch teilgenommen hatten, aus der Stadt zogen mit dem Chanson von Edith Piaf auf den Lippen: »Nein, ich bereue nichts!« *(Non, rien de rien, non, je ne regrette rien)*. – Die Solidarität der Nation mit dem Staatspräsidenten hatte den letzten Versuch aus Algier, der Metropole den eigenen politischen Willen aufzuzwingen, scheitern lassen. Der Weg zu Verhandlungen war nun endlich frei.

Der lange Weg bis zum Abkommen von Evian

Über ein Jahr sollte vergehen zwischen den ersten Kontakten, die französische und algerische Unterhändler im Februar 1961 aufnahmen, und dem Waffenstillstand, der am Tag nach dem Abkommen von Evian (18. 3. 1962) in Kraft trat. Diese Zeit gehört zu den blutigsten Epochen der französischen Geschichte; das Morden hielt noch nach dem Abkommen an, de Gaulle selbst entging im September 1960 und im August 1962 nur knapp den Anschlägen der OAS. Vergleichbar der Zerrissenheit Frankreichs während des Krieges zwischen Vichy und der Résistance, erlebte die Nation nochmals einen mit großer Unerbittlichkeit ausgetragenen Konflikt zwischen den rechten Anhängern eines französischen Algeriens und der Mehrheit der Nation, die von der Last des Krieges befreit sein wollte. In beiden Fällen sind die Wunden aus dem Krieg zwischen den Bürgern der Nation bis in die Gegenwart nicht verheilt.

Die schon im Februar 1961 durch Georges Pompidou neu angeknüpften Kontakte führten zu keinem Ergebnis, da die französischen Unterhändler immer noch den Waffenstillstand vor Beginn der Verhandlungen und bestimmte Garantien für die Algerienfranzosen, die algerischen Vertreter aber die Überlassung der Saharagebiete im Süden Algeriens forderten. Dort hatte Frankreich sein Atomversuchsgelände in Reggane gebaut und am 13. Februar 1960 seine erste Atombombe gezündet. Außerdem war das Saharagebiet zum Zankapfel geworden, weil man dort 1956 (in Hassi Messaoud) große Erdöllagerstätten entdeckt hatte. Erst nachdem de Gaulle die Vorbedingung eines Waffenstillstandes aufgegeben hatte, konnte die Verhandlungsrunde in Evian am Genfer See beginnen. Sie wurde am 13. Juni unterbrochen wegen der Frage der Zugehörigkeit der Sahara zu Algerien. Wiederum mußte eine Konzession des Generals im September 1961 die festgefahrenen Verhandlungen flottmachen.

Es bedurfte noch längerer geheimer Gespräche, bis schließlich am 7. März 1962 die offiziellen Verhandlungen erneut in Evian aufgenommen wurden. Der Bürgermeister dieser Stadt hatte seine Gastfreundschaft ein Jahr zuvor (31. 3. 1961) teuer bezahlen müssen: Er wurde von der OAS ermordet. Er war nur eines der Opfer dieser Zeit: Während der Verhandlungen versuchte die OAS mit letzter Brutalität in Algerien und im Mutterland durch Terror den Friedensschluß zu verhindern. Der FLN antwortete mit gleicher Münze gegen die französische Zivilbevölkerung, die größtenteils auf seiten der OAS stand, und die französische Armee mußte sich gegen beide Seiten verteidigen. Die Bombenanschläge trafen auch in Paris viele Intellektuelle.

Auf dem Höhepunkt der Auseinandersetzung griff der tunesische Präsident Burgiba den französischen Flottenstützpunkt Bizerta an, vermutlich um hinter den Kämpfern des FLN nicht zurückzustehen. Nach dem Eingreifen der französischen Verbände hatten die Tunesier 700 Tote zu beklagen, ohne etwas erreicht zu haben. Am 8. Februar 1962 wurden nach einer Demonstration gegen die OAS an der Metrostation Charonne in Paris neun Menschen erdrückt, da die Massen vor der eingreifenden Polizei in Panik geraten waren. Dies hatte erneute Demonstrationen zur Folge. Andererseits ließ auch der FLN seine Anhänger in Frankreich auftreten. Bei einer Demonstration von 30 000 Menschen am 17. Oktober 1961 führte das Eingreifen der Polizei zu etwa 100 Toten. Frankreich schien in dieser Zeit in ein Chaos zu versinken.

Das Ende des Algerienkrieges

Das Abkommen von Evian (18.3.1962) erweckte den Anschein, als habe de Gaulle sein Ziel, ein mit Frankreich weiterhin eng verbundenes Algerien, erreicht: Garantien für seine Bürger, die weiterhin in Algerien bleiben wollten; enge wirtschaftliche Bindung des neuen Landes an Frankreich durch Beibehaltung des Franken als Währung und durch französische Entwicklungshilfe; Erhalt der französischen Rechte in der Sahara für fünf Jahre, und des Flottenstützpunkts Mers el-Kébir für 15 Jahre. Es sollte sich bald zeigen, daß dieser Teil des Abkommens durch den überstürzten Auszug fast aller Algerienfranzosen schnell gegenstandslos wurde – mit Ausnahme der militärischen Vereinbarungen. Dagegen hatte die Provisorische Regierung Algeriens nahezu alles erreicht: Waffenstillstand erst nach Abschluß einer Vereinbarung, Anerkennung als alleiniger Vertreter des algerischen Volkes, Anerkennung der algerischen Souveränität, auch über die Sahara.

Die Verträge selbst sollten getrennt durch Volksabstimmungen in Frankreich und Algerien gebilligt werden. In Frankreich wurde am 8. April, in Algerien am 1. Juli 1962 abgestimmt. Für die Übergangszeit wurde eine Provisorische Exekutive *(Exécutif provisoire)* aus neun Muslims und drei Europäern gebildet. Auch wenn beide Vertragspartner mit Schwierigkeiten bis zum Übergang der Souveränität und mit der Auswanderung nicht weniger Algerienfranzosen gerechnet hatten, nahm nach der Unterzeichnung des Abkommens der Terror der OAS Ausmaße an, die nicht vorherzusehen waren: Salan und seine Leute hatten für diesen Fall die Machtübernahme vorgesehen; die französischen Offiziere wurden aufgefordert überzuwechseln, Stadtviertel in Algier sollten als aufständische Gebiete von OAS-Kommandos besetzt werden. Wo die Armee Widerstand leistete, wurde geschossen, es kam zu einem Blutbad, dem auch französische Wehrpflichtige zum Opfer fielen. Mit Gewalt drohte die OAS, die Ausreise der Algerienfranzosen zu verhindern.

Die französischen Streitkräfte waren schließlich gezwungen, mit schweren Waffen, Panzern und Flugzeugen gegen die fanatischen Terroristen vorzugehen. Bei einem Feuergefecht im Anschluß an eine Demonstration kamen am 26. März nicht weniger als 46 Menschen ums Leben, über 200 wurden verletzt. Als die OAS erkannte, daß ein Aufstand keinen Erfolg bei der Armee und der Mehrzahl der Europäer hatte, änderte sie ihre Strategie und ging zum blinden Terrorismus über, um Algerien in den Zustand zurückzubomben, in dem es die Franzosen 1830 vorgefunden hatten: Überall wurde Feuer gelegt, nichts sollte den Algeriern erhalten bleiben. Die blutigen Ereignisse hatten schwerwiegende Folgen für das in Evian vorgesehene Zusammenleben von Algeriern und Franzosen: Obwohl die OAS die Abreise der Landsleute zu verhindern suchte, deren Möbelwagen und Gepäck in Brand steckte, beschleunigte sie dadurch nur die überstürzte Flucht. Innerhalb weniger Wochen verließen fast alle Algerienfranzosen ihre Heimat und ließen das, was Generationen in Afrika aufgebaut hatten, zurück; von über einer Million blieben nicht einmal Hunderttausend. Die meisten dieser »Schwarzfüße« *(pieds-noirs)* ließen sich in Südfrankreich und Korsika nieder, wo sie durch ihr Kapital und ihre Arbeitskraft zur Modernisierung des Landes beitrugen.

Jouhaud wurde am 25. März in Oran gefangengenommen und von dem Militärgericht in Paris zum Tode verurteilt. Obwohl de Gaulle angesichts der von der OAS begangenen Verbrechen zunächst nicht bereit war, eine Begnadigung auszusprechen, stimmte ihn dann doch die Tatsache um, daß der am 20. April festgenommene Salan von dem gleichen Gericht nur zu lebenslänglicher Freiheitsstrafe verurteilt wurde. Die beiden Generäle rieten der OAS schließlich zur Aufgabe des Kampfes und Ende Mai 1962 kam es zu Verhandlungen zwischen der OAS unter Susini und dem Präsidenten der provisorischen Exekutive Farès, die im Juni zu einem regelrechten Waffenstillstand führten. Die Spannungen in Frankreich waren damit noch nicht beendet. Georges Bidault, der den Vorsitz der Widerstandsorganisation in Frankreich übernommen hatte, floh nach Brasilien. Erst 1968 wurden er und die anderen Führer der OAS begnadigt.

Le Petit Clamart

Je aussichtsloser der Kampf der OAS wurde, desto mehr verstärkte sich bei den ins Ausland ausgewichenen Führern der Bewegung, Bidault, Soustelle, Oberst Argoud, General Gardy, Oberst Godard usw., das ohnmächtige Bedürfnis nach Rache an dem Mann, von dem sie ihre Sache verraten meinten, Charles de Gaulle. Ein Attentat in Pont-sur-Seine (8. 9. 1961) war gescheitert, weil der Sprengsatz nicht zündete. Der Leiter dieses Unternehmens, Oberstleutnant Jean-Marie Bastien-Thiry, übernahm auch die Organisation bei dem gefährlichsten von den zahlreichen Anschlägen auf de Gaulle.

Schon am 8. August war ein Attentat auf den fahrenden Wagen des Generals nur durch das Dazwischenkommen eines anderen Autos mißlungen. Überlegungen, de Gaulle in Colombey von der Luft aus anzugreifen, wurden aufgegeben, nachdem das Gelände von Fliegerabwehrbatterien geschützt wurde. Am 22. August fuhr de Gaulle, trotz der Warnungen vor einem Attentat nur von einem zweiten Wagen und zwei Motorrädern eskortiert, gegen 20 Uhr zum Flughafen von Villacoublay im Südwesten von Paris, um von dort nach Colombey zu fliegen. An der Straßenkreuzung von Le Petit Clamart lauerten ihm elf Attentäter in vier Autos, bewaffnet mit automatischen Waffen und Sprengladungen auf. Bastien-Thiry gab das verabredete Zeichen, als die Wagen auftauchten. Man zählte später nicht weniger als 187 verschossene Patronen, das Auto, in dem de Gaulle mit seiner Frau im Fond und vorne neben dem Fahrer ihr Schwiegersohn de Boissieu saßen, wurde von 14 Kugeln getroffen, aber sämtliche Insassen blieben unversehrt. Mit zerschossenen Reifen, die Insassen von Glassplittern übersät, gelangte der Wagen zum Flughafen. Bastien-Thiry, der sich in seiner Verteidigungsrede vor Gericht auf das Vorbild des Grafen von Stauffenberg berief, wurde zum Tode verurteilt und hingerichtet. De Gaulle hatte zwei andere Attentäter, die geschossen hatten, begnadigt, aber nicht Bastien-Thiry, weil er kein Risiko auf sich genommen habe.

Nach fast acht Jahren ging der Krieg in Algerien zu Ende und ein selbständiger Staat entstand, dessen Bindungen an Frankreich mit der Zeit schwächer wurden, bis schließlich 1990 auch der Unterricht arabisiert wurde. Auch wenn viel Blut vergossen war und das Trauma des Bürgerkriegs Frankreich noch lange verfolgte, war es das Verdienst de Gaulles, gegen seine eigene Nation und gegen diejenigen, die ihm wieder zur Macht verholfen hatten, das nicht Vermeidbare zu ermöglichen. Die zwar national denkende, aber nicht unbedingt kolonialistische Mehrheit der Franzosen hat sich in den kritischen Situationen hinter ihn gestellt und die Befreiung von der Last des letzten Kolonialkrieges ermöglicht. Erleichtert wurde den Franzosen ihre Entscheidung durch das Geschick de Gaulles, sein Nachgeben gegenüber den Forderungen der Algerier immer wieder als freien Entschluß in einer konsequent verfolgten Politik der Vernunft und politischen Einsicht darzustellen. Die spürbare Ungeduld de Gaulles in den letzten Phasen der Verhandlungen rührte sicher daher, daß er den Algerienkrieg beenden wollte, um zu den zukunftsweisenden Veränderungen in der französischen Innen- und Außenpolitik zu gelangen.

Eine neue Regierung: Georges Pompidou

Eine Woche nach der Volksabstimmung vom 8. April 1962 wechselte de Gaulle seinen Premierminister aus. Michel Debré, der mit bewundernswerter Selbstverleugnung die Algerienpolitik de Gaulles gegen seine eigenen Überzeugungen vertreten hatte, wurde von de Gaulle veranlaßt, von seinem Amt zurückzutreten. Obwohl die Verfassung ihm nur das Recht der Ernennung des Premierministers zusprach, nahm sich der Staatspräsident in Analogie dazu auch das Recht der Entlassung des Regierungschefs. Mit dem Regierungswechsel sollte eine Erneuerung nach dem Ende des Krieges und die Abhängigkeit der Regierung von dem Staatschef demonstriert werden.

Georges Pompidou (1911–1974) war schon 1944 und während der Zeit des RPF Mitarbeiter de Gaulles gewesen, hatte aber 1954–1958 für das Haus Rothschild gearbeitet und war nach einem Intermezzo als Kabinettschef *(directeur de cabinet)* in der Regierung de Gaulle (1. 6. 1958–8. 1. 1959), wieder zu Rothschild zurückgekehrt. Seine Regierung, in der neben den Gaullisten *(UNR)* drei »Unabhängige« und fünf Volksrepublikaner, darunter Pflimlin, vertreten waren, erhielt bei der Vertrauensabstimmung in der Nationalversammlung nur die knappe Mehrheit von 259 Stimmen bei 128 Ablehnungen und 119 Enthaltungen.

Die Regierung Pompidou wurde weiter geschwächt durch den geschlossenen Rücktritt von fünf volksrepublikanischen Ministern nach der Pressekonferenz de Gaulles vom 15. Mai 1962, in der er die integrationistischen Anhänger Europas mit abfälligen Bemerkungen kritisiert hatte. Auch die Abgeordneten der »Unabhängigen« verlangten den Rücktritt ihrer Minister. Diese, darunter der Finanz- und Wirtschaftsminister Valéry Giscard d'Estaing, weigerten sich jedoch und bildeten eine eigene parlamentarische Gruppe der »Unabhängigen Republikaner«, die die Politik de Gaulles weiterhin unterstützten.

Die Verfassungsänderung
und der Konflikt mit der Nationalversammlung

Das Attentat von Petit-Clamart hatte dem General vor Augen geführt, wie gefährdet das System der Fünften Republik bei seinem plötzlichen Ableben wäre. Er zog daraus die Folgerung, daß der Präsident der Republik nicht mehr von dem Wahlkollegium der Politiker, die voraussichtlich einen ihresgleichen wählen würden, sondern vom Volk gewählt werden müsse: »Er benötigt das ausdrückliche Vertrauen des Volkes«. Als er diese Gedanken am 20. September 1962 in einer Ansprache in Rundfunk und Fernsehen entwickelte und eine Volksabstimmung darüber ankündigte, ob nach Vollendung seiner Amtszeit, also 1965, der Präsident vom Volk gewählt werden sollte, erhob sich in den Medien ein Sturm der Entrüstung, *»une frénétique campagne«* nach den Worten des Generals. Vordergründig ging es um die Frage, ob de Gaulle verfassungsmäßig vorging, wenn er sich bei diesem Vorschlag auf Paragraph 11 der Verfassung stützte, der dem Präsidenten das

Recht gab, »jedes Gesetz über die Organisation der Staatsgewalten« dem Volk zum Entscheid vorzulegen. Nach Paragraph 89 der Verfassung müßte ein verfassungsänderndes Gesetz zunächst von den beiden Häusern des Parlaments wortgleich gebilligt werden, bevor es dem Volk vorgelegt werden könnte. Auf diesen Paragraphen beriefen sich die Gegner de Gaulles, fast alle politischen Kräfte und insbesondere natürlich die Parlamentarier selbst. Es kam zu einem ernsten Konflikt zwischen de Gaulle und dem Senatspräsidenten Gaston Monnerville, der dem General »Verletzung der Amtspflicht« (*forfaiture*) vorwarf; selbst Paul Reynaud, der schon vor 1940 die Ideen de Gaulles vertreten und diesen in den kritischen Tagen des Zusammenbruchs 1940 in sein Kabinett aufgenommen hatte, schloß sich den Gegnern an. Mit Ausnahme seiner direkten Anhänger sah sich de Gaulle der geschlossenen Front aller Parteien gegenüber. Er war umso erbitterter, als er schließlich der Vater der Verfassung war; für ihn ging es um die direkte Demokratie im Gegensatz zu der indirekten, parlamentarischen, und dies war der eigentliche Gegensatz zwischen ihm und den Parteien. Diese verwiesen auf die unguten Erfahrungen, die Frankreich mit den Volksabstimmung und mit der Wahl des Präsidenten Louis-Napoléon Bonaparte durch das Volk 1848 gemacht hatte. Der Vorwurf des »Bonapartismus«, der gegen de Gaulle erhoben wurde, enthielt letztlich den Verdacht des Strebens nach kaum noch demokratisch kontrollierter Alleinherrschaft!

In der Folge dieser Auseinandersetzung wurde am 5. Oktober 1962 in der Nationalversammlung ein Mißtrauensantrag (*motion de censure*) gegen die Regierung Pompidou gestellt und mit 281 Stimmen angenommen, der bislang einzige erfolgreiche Regierungssturz durch das Parlament in der Fünften Republik. De Gaulle beließ jedoch die Regierung im Amt und löste stattdessen die Nationalversammlung auf. Die Neuwahlen wurden wie schon 1958 auf ein Datum kurz nach der Volksabstimmung (28. 10. 1962) gelegt.

Die Volksabstimmung
und die Parlamentswahlen 1962

In seinen Ansprachen zur Volksabstimmung machte de Gaulle den Wählern deutlich, daß es bei dieser Gelegenheit letztlich um den Fortbestand der Fünften Republik oder um die Rückkehr zu dem alten parlamentarischen System mit allen seinen Schwächen ging. Ein Mißerfolg oder eine geringe *(faible, médiocre et aléatoire)* Mehrheit würde seinen Rücktritt bewirken.

Bei dieser vierten Volksabstimmung (nach 1958, 1961 und am 8. 4. 1962), die letztlich eine Entscheidung über die Verfassung, also die Fünfte Republik selbst, bedeutete, sank die Zahl der Enthaltungen (23,03 Prozent) gegenüber 1961 (26,24 Prozent) und April 1962 (24,66 Prozent). Trotz der Kampagne der Parteien und der Presse stimmten 62,25 Prozent der Wähler (der abgegebenen Stimmen!) der Verfassungsänderung zu, nur 37,75 Prozent waren dagegen. Immerhin überwogen zum ersten Mal in 15 Départements (im Süden und in der Mitte Frankreichs) die Nein-Stimmen. Diese hatten in keiner der drei vorangegangenen Volksabstimmungen einen vergleichbaren Prozentsatz erreicht. Trotz des eindeutigen Sieges über seine Gegner soll de Gaulle zunächst geschwankt haben, ob er die Mehrheit nicht als zu gering ansehen und zurücktreten solle. Schließlich stürzte er sich aber entschlossen in den Kampf der Parlamentswahlen.

Das Ergebnis der Wahlen geriet zu einem Sieg, geradezu zu einem Triumph des Gaullismus: Im ersten Wahlgang (18. 11. 1962) erhielten die Anhänger des Generals über 32 Prozent der gültigen Stimmen und die mit ihnen verbündeten Gruppierungen nochmals vier Prozent. Während sich die Kommunisten (21,87 Prozent) einigermaßen halten konnten, verloren die anderen Parteien, die gegen de Gaulle angetreten waren, durchweg einen großen Teil ihrer Anhängerschaft. Die Unsicherheit vieler Wähler kam in der extrem hohen Zahl der Enthaltungen (31,31 Prozent) zum Ausdruck, der höchsten bei Parlamentswahlen seit 1881. Im zweiten Wahlgang (25. 11. 1962), bei dem die Gegner des Generals nicht geschlossen für ihren ersten Kandidaten stimmten, denn zwischen Volksrepublikanern beispielsweise und Kommunisten gab es außer dem Nein zu de Gaulle nichts Gemeinsames, verstärkte sich noch die Tendenz des ersten Wahlgangs: Mit 42,37 Prozent erreichten die Anhänger de Gaulles (233 Sitze) fast die absolute Mehrheit der Sitze (242) und überschritten diese Linie gemeinsam mit den 36 Abgeordneten der »Unabhängigen Republikaner« *(républicains indépendants)* Giscard d'Estaings. Während sich die Sozialisten (66 Sitze) und Kommunisten (41 Sitze) durch den Rücktritt des jeweils schwächeren Kandidaten vor der Stichwahl einigermaßen halten konnten, brach die Rechte geradezu ein. Extreme Rechte und Poujadisten gingen bis zur Bedeutungslosigkeit zurück. De Gaulle betraute Pompidou wieder mit der Regierungsbildung, und die neue Nationalversammlung billigte am 3. Dezember 1962 dessen Regierungserklärung mit 268 zu 116 Stimmen.

Nach der Beendigung des Algerienkrieges hatte der General auch über seine innenpolitischen Gegner einen vollständigen Sieg errungen. Die – 1965 zum ersten Mal erfolgte – Wahl des Staatspräsidenten durch das Volk wurde in der Folgezeit nie wieder in Frage gestellt. Sie stärkte dessen Stellung im Kräftespiel der Verfassungsorgane und festigte zugleich das System der Fünften Republik insgesamt. Mit diesem Erfolg und einer sicheren Mehrheit in der Nationalversammlung hatte de Gaulle nunmehr die Hände frei, um seine Vorstellungen von einer Erneuerung Frankreichs und einer unabhängigen, eigenständigen Außenpolitik umzusetzen.

Frankreich und die NATO

De Gaulle hatte nicht das Ende des Algerienkrieges abgewartet, um seine Vorstellungen umzusetzen, sondern schon als Ministerpräsident die Weichen neu gestellt. Nachdem zwischen England und den USA eine enge Zusammenarbeit auf dem Gebiet der Atomwaffen vereinbart worden war, die Angelsachsen also ein Monopol innerhalb der NATO besaßen, richtete er am 17. September 1958, wenige Tage nach der Begegnung mit Adenauer, ein Memorandum an die beiden Mächte. Er schlug ein Dreierdirektorium, USA, Großbritannien und Frankreich, für die gemeinsame Strategie, die Kontrolle der Atomwaffen usf. vor. Zugleich stellte er Frankreichs Zugehörigkeit zur NATO in Frage, »die nicht mehr den Erfordernissen unserer Verteidigung entspricht.« Der Vorschlag hätte als ein Affront gegenüber der Bundesrepublik aufgefaßt werden können, wenn de Gaulle nicht, wie er selbst bemerkt hat, von vornerein eine negative Antwort erwartet hätte, die dann auch erfolgte.

Bei den späteren Vorschlägen der USA (1962), eine Multilaterale Atomstreitmacht *(MLF)* zu schaffen, eine Art Pool der Atomwaffen, über deren Einsatz letztlich doch wieder der Präsident der USA zu entscheiden hätte, wurde der Widerstand de Gaulles noch stärker, denn er erkannte darin den Versuch, die gerade im Entstehen begriffene Atomstreitmacht Frankreichs der nationalen Verfügung zu entziehen. Für die deutsch-französischen Beziehungen stellte die Auseinandersetzung um die MLF eine schwere Belastung dar, zumal Bundeskanzler Erhard (Bundeskanzler 1963–1966) ein Anhänger dieser Idee war. Für de Gaulle hatte die amerikanische Politik, eine gleichberechtigte Partnerschaft innerhalb der NATO nicht zuzulassen, die Folge, daß er die französischen Streitkräfte stufenweise dem Oberbefehl der NATO entzog: zunächst die Mittelmeerflotte (März 1959), dann die Flotte im Atlantik und im Ärmelkanal (Juni 1963); schließlich vollzog er am 7. März 1966 den Austritt Frankreichs aus der militärischen Organisation des Atlantikpaktes, dem Frankreich aber politisch weiter angehörte. Frankreich hatte damit seine militärische Unabhängigkeit wiedererlangt und konnte – im Schutz des amerikanischen Atomschirmes – seine eigene Atomstreitmacht *(force de frappe)* aufbauen.

Die Abwendung Frankreichs von der militärischen Integration des Atlantikpakts bedeutete nicht die Abkehr vom Westen: Während der Berlinkrisen ab November 1958 und während der Kubakrise im Oktober 1962 trat Frankreich entschlossen für die westliche Position ein. Eine gewisse militärische Zusammenarbeit mit der NATO wurde ebenfalls aufrechterhalten. So blieb Frankreich im westlichen System, gewann aber seine Handlungsfreiheit zurück.

Die Politik gegenüber Europa und Deutschland

Die Partner de Gaulles erinnerten sich mit Schrecken des langen Kampfes, den de Gaulle in den Jahren 1950–54 gegen das Projekt einer europäischen Verteidigungsgemeinschaft geführt hatte. Die Europäer fürchteten 1958, daß auch die bisherigen Ergebnisse ihrer Politik, EWG, Euratom, Montanunion, in ihrem Bestand gefährdet wären. Diese Furcht war nur teilweise berechtigt, denn der General hatte sich schon während des Krieges, wie zahlreiche Bemerkungen bezeugen, als einen Vertreter auch der Interessen Europas angesehen. Allerdings lehnte er immer alle Bestrebungen auf Integration Westeuropas ab, wie sie die Gründerväter schon in den Römischen Verträgen vorgesehen hatten und wie sie Walter Hallstein, von 1958 bis 1967 Präsident der Kommission der EWG, nachdrücklich vertrat.

Während seiner Ministerpräsidentschaft 1958 hatte de Gaulle durch die Reformen von Pinay und Rueff alles getan, um Frankreich auf das Inkrafttreten der Europäischen Wirtschaftsgemeinschaft am 1. Januar 1959 vorzubereiten. Im Interesse der französischen Bauern, die ab etwa 1956 Überschüsse in einigen Bereichen produzierten und im Februar 1960 in Massen für ihre Interessen demonstriert hatten, setzte er eine gemeinsame Landwirtschaftspolitik durch, die ab dem 1. April 1962 allmählich und mit vielen Marathonsitzungen in Brüssel Gestalt annahm und im Verlauf der Jahre mit Marktordnungen für immer weitere Erzeugnisse ausgedehnt wurde.

Während also auf wirtschaftlichem Gebiet Frankreich und sein Präsident die europäische Entwicklung im Rahmen der sechs Signatarstaaten der Römischen Verträge vorantrieben, blieben die Konflikte auf politischem Gebiet angesichts des grundsätzlichen Gegensatzes von Integration und Nationalstaat nicht aus. Die Anhänger der europäischen Integration beabsichtigten, durch Übertragung nationaler Rechte auf die Kommission in Brüssel und durch die Zwänge von Mehrheitsentscheidungen im Ministerrat, ihr Ziel zu erreichen, das letztlich auf einen Bundesstaat hinauslief.

Die französische Politik unter de Gaulle hielt dagegen die Integration der durch die Geschichte so unterschiedlich gewordenen Staaten für eine Illusion *(intégration-illusion)*, weil dadurch gerade das Wertvollste, die eigenständige Kultur der einzelnen Länder gefährdet würde. In diesem Sinn argumentierte de Gaulle auf seiner Pressekonferenz vom 15. Mai 1962, wenn er zunächst den ihm zu Unrecht in den Mund gelegten Begriff eines »Europas der Vaterländer« zurückwies und dann fortfuhr: »(...) ich glaube nicht, daß Europa eine lebendige Wirklichkeit werden kann, wenn es nicht Frankreich mit seinen Franzosen, Deutschland mit seinen Deutschen, Italien mit seinen Italienern und so fort umfaßt. Dante, Goethe und Chateaubriand gehören ganz Europa, eben weil sie zunächst ein Italiener, ein Deutscher, ein Franzose sind. Sie hätten Europa keinen großen Dienst erwiesen, wenn sie ohne Vaterland gewesen wären und in einem integrierten *Esperanto* oder *Volapük* gedacht und geschrieben hätten.«

Dagegen stellte der General bei der gleichen Gelegenheit seine Vorstellung einer engen Zusammenarbeit von souveränen Staaten vor: »Ich habe es schon gesagt und wiederhole es hier: Es kann kein anderes Europa geben als das der Staaten.« Die Idee eines Staatenbundes wurde 1961 von einem engen Mitarbeiter de Gaulles, Christian Fouchet (1911–1974), entwickelt als sogenannter »Fouchet-Plan« *(plan Fouchet)*, der in einer Kommission und zwischen den Regierungen in zwei Fassungen erarbeitet wurde. Im Frühjahr 1962, zur gleichen Zeit, als in Evian um den Frieden in Algerien gerungen wurde, setzte de Gaulle alles daran, seine Partner von seinen Vorschlägen zu überzeugen. Dies gelang ihm auch bei Adenauer und Fanfani, nicht aber bei Spaak und Luns, den Vertretern Belgiens und der Niederlande.

Der Widerstand der Belgier und Niederländer war insofern überraschend, als de Gaulle große Konzessionen gemacht hatte. Der Fouchet-Plan sah die folgenden Institutionen vor: einen Rat der Staats- beziehungsweise Regierungschefs oder der Außenminister der sechs Länder, der nur einstimmige Beschlüsse fassen konnte, eine palamentarische Versammlung aus Vertretern der nationalen Parlamente, die allerdings nur beratende Funktion haben sollte, und schließlich eine politische

Kommission aus hohen Beamten der Mitgliedsstaaten mit Sitz in Paris. Neue Mitgliedsstaaten wären nur aufzunehmen, wenn sie zuvor Mitglieder der EWG geworden wären und die Ziele der Union, vornehmlich eine gemeinsame Außenpolitik *(l'éta-blissement d'une politique étrangère unifiée)*, anerkennen würden. Neben der gemeinsamen Außenpolitik waren eine gemeinsame Verteidigungspolitik und eine Zusammenarbeit auf kulturellem Gebiet vorgesehen. Nach dem Urteil eines der besten Kenner der europäischen Nachkriegspolitik, Ernst Weisenfeld, »enthielt das ganze Projekt mehr als alles, was später an politischer Zusammenarbeit in Europa langsam zurechtgeleimt wurde«. Als Bestätigung für diese Tatsache kann das Urteil von Jean Monnet dienen, der der Hauptvertreter der europäischen Integration war und doch den Fouchet-Plan nicht ablehnte. Er fand vor allem bei Konrad Adenauer ein offenes Ohr.

Wenn der Fouchet-Plan dennoch scheiterte, so lag dies letztlich an der Frage des englischen Beitritts zur EWG. De Gaulle war sich mit Adenauer einig in dem Verdacht, daß England den Beitritt, den Premierminister Macmillan mit einer gewissen Überzeugung vertrat, nur suchte, um die Europäische Wirtschaftsgemeinschaft in eine lose Freihandelszone aufzulösen. Zudem sah de Gaulle in England das »Trojanische Pferd« der USA, die auf diese Weise ihren Einfluß in Europa zu vergrößern suchten. Paradoxerweise – und der General versäumte nicht, mit Sarkasmus darauf hinzuweisen – waren es die sonst auf größere Integration drängenden Niederländer mit Luns, die für den Beitritt Großbritanniens eintraten.

Das endgültige Scheitern des Fouchet-Plans, das de Gaulle in der erwähnten Pressekonferenz vom 15. Mai 1962 feststellte, legte zunächst die europäische Entwicklung lahm: Der General lehnte ganz ausdrücklich am 14. Januar 1963 den Beitritt Englands zur EWG ab; Frankreich praktizierte (1. 7. 1965) in Brüssel eine Politik des »leeren Stuhls«, indem es an den Beratungen nicht mehr teilnahm, bis es sich im Januar 1966 mit seinen Forderungen durchsetzte: die Finanzierung der gemeinsamen Agrarpolitik und die Einstimmigkeit der Beschlüsse im Ministerrat, was praktisch auf ein Vetorecht jedes Mitgliedsstaates hinauslief. Die drei Exekutivorgane der Montanunion, der

Wirtschaftsgemeinschaft EWG und von Euratom wurden zu einer 14-köpfigen Kommission zusammengelegt. Walter Hallstein, ein entschiedener Anhänger der europäischen Integration und politischer Rechte der Kommission, mußte 1967 seinen Stuhl räumen und dem Belgier Jean Rey Platz machen. Dieser Kompromiß von Luxemburg (30. Januar 1966) veränderte die EG nach den Vorstellungen de Gaulles, indem das Gewicht der Entscheidungen wieder ganz eindeutig bei den jeweiligen Vertretern der nationalen Regierungen lag.

Der deutsch-französische Vertrag

Als Außenminister Couve de Murville in einer Kabinettssitzung einmal von den »mit Frankreich befreundeten Staaten« sprach, unterbrach ihn sein Präsident mit der Bemerkung: »Herr Außenminister, ein Staat, der diesen Namen verdient, hat keine Freunde!«, und ein Historiker der Zeit de Gaulles (Serge Berstein) findet für die Außenpolitik des Generals die Formulierung: »Der kälteste Realismus soll die französische Haltung gegenüber den anderen Nationen bestimmen.« In Deutschland wurde dem von Adenauer und de Gaulle am 22. Januar 1963 unterzeichneten deutsch-französischen Vertrag aber die affektive Bezeichnung »Freundschaftsvertrag« gegeben, obwohl es sich offiziell nur um den »Vertrag zwischen der Bundesrepublik Deutschland und der Französischen Republik über die deutsch-französische Zusammenarbeit« handelt, den man in Frankreich zumeist als *traité de l'Elysée* bezeichnet.

Zunächst lagen dem Vertrag ganz handfeste politische Interessen zugrunde und zwar, wie es sich bei einem solchen Schulterschluß zweier schwächerer Partner in einer von Supermächten beherrschten Welt versteht, im wesentlichen aus gemeinsamen Sorgen heraus, um nicht von Ängsten zu sprechen.

Schon bald nach dem Treffen von Colombey hatte das Berlin-Ultimatum Chruschtschows vom November 1958 dem Westen und der Bundesrepublik die Gefährdung ihrer vorgeschobenen Position vor Augen geführt. Während der vier Jahre von diesem Ultimatum an, über den Bau der Mauer im Jahr 1961 bis zu der Kubakrise im Oktober 1962, hatte de Gaulle die Bundesrepublik unter Adenauer immer in ihrer harten Haltung gegenüber Moskau unterstützt. Während die Angelsachsen, vor allem Macmillan, vor der gescheiterten Viererkonferenz vom Mai 1960 zu einem Kompromiß mit den Sowjets neigten, vertrat Frankreich die Bonner Linie, daß ein Nachgeben in Berlin nur zu neuen Forderungen Moskaus führe und daß der Osten keine kriegerische Auseinandersetzung anstrebe. Wie schon erwähnt, verband Adenauer und de Gaulle auch ein tiefes, aus jeweils persönlicher Erfahrung rührendes Mißtrauen gegenüber der englischen Europabereitschaft und der englischen Politik überhaupt. Mit der Wahl Kennedys zum Präsidenten 1960 hatten sich zudem Spannungen in den Beziehungen der Bundesrepublik mit Washington ergeben, die beim Bau der Mauer in Berlin zu Tage traten, als Adenauer meinte, von den USA nicht ausreichend Unterstützung zu erfahren. Das Scheitern des Fouchet-Plans und die damit verbundene Ablehnung der Aufnahme Englands in die Verhandlungen machten die Annäherung zwischen der Europapolitik de Gaulles und Adenauers deutlich, auch wenn das Problem ›Integration oder Staatenbund‹ vermutlich nicht mit letzter Bestimmtheit ausgeräumt worden war. Das gemeinsame Mißtrauen gegenüber den angelsächsischen Mächten und die harte Haltung gegenüber den sowjetischen Expansionsversuchen verband die deutsche und die französische Politik derart, daß ein enges Bündnis für beide Teile nahelag.

De Gaulle hatte die deutsch-französische Annäherung sorgfältig geplant: Nach der Begegnung mit Adenauer 1958 hatten sich die beiden Staatsmänner mehrfach getroffen und in den Zeiten der Berlinkrisen ständig Verbindung gehalten. Im Juni 1961 war zunächst Bundespräsident Lübke zu einem Staatsbesuch nach Paris eingeladen worden. Nach dem Scheitern des Fouchet-Plans erfolgten die groß inszenierten offiziellen Besuche Adenauers in Frankreich (2.–8. 7. 1962) und de Gaulles in Deutschland (4.–9. 9. 1962, zwischen beiden Ereignissen lag das Attentat von Petit-Clamart).

Adenauer wurde zunächst in Paris empfangen, dann in Versailles, Rouen, Bordeaux, bevor de Gaulle im Militärlager von Mourmelon deutsche und französische Truppen, nicht weniger als 600 Panzer, gemeinsam üben und paradieren ließ. Den Höhepunkt bildete der Gottesdienst in der Kathedrale von Reims, sorgfältig ausgesucht als Symbol, die Stätte, an der die französischen Könige gesalbt wurden und die im Ersten Weltkrieg durch deutschen Beschuß schwere Schäden erlitten hatte und in der nun die Versöhnung der beiden Völker feierlich besiegelt wurde. Diesen Wandel beschwor de Gaulle in seiner Ansprache vom 3. Juli 1962 mit den Worten: »... die ungeheure Veränderung unserer beiden Länder, die früher Erbfeinde waren und jetzt entschiedene Freunde sind« (... *l'immense transformation qui a changé nos deux pays, jadis ennemis héréditaires, en amis déterminés*).

Wenn der Besuch Adenauers in Frankreich ein großer Erfolg war, so stellte die Reise de Gaulles durch die Bundesrepublik einen wahren Triumphzug dar: Nach Bonn, Köln und Düsseldorf besuchte de Gaulle die Thyssenwerke in Duisburg und hielt seine Ansprachen immer auf deutsch. Vor den Offizieren der Bundeswehrhochschule in Hamburg sprach er französisch, in München auf dem Odeonsplatz und im Hof des Ludwigsburger Schlosses vor den Jugendlichen wieder auf deutsch. Der Enthusiasmus, der dem General von der deutschen Bevölkerung entgegenschlug und der zeitweise die Form eines politischen Votums annahm, beruhte nicht allein auf der Anerkennung der Deutschen als eines »großen Volkes«, sondern auch auf dem Gefühl der Befreiung von einem kollektiven Schuldkomplex durch den früheren Gegner. In jedem Fall war zu erkennen, daß de Gaulle um die Deutschen warb und daß die deutsch-französische Partnerschaft an die Stelle der mit dem Fouchet-Plan mißglückten europäischen Konstruktion treten sollte.

Die Vorbereitungen zu den deutsch-französischen Vereinbarungen waren schon länger getroffen; während de Gaulle ihnen die Form eines Memorandums geben wollte, bestand Adenauer auf einem Vertrag, der beide Seiten binden sollte, der aber auch durch die Parlamente ratifiziert werden mußte.

Der schließlich am 22. Januar 1963 im Elysée unterzeichnete

Vertrag umfaßt drei Teile: die Organisation, das Programm und die Schlußbestimmungen. Im ersten Teil werden regelmäßige Treffen der Staats- und Regierungschefs, der Minister, der Generalstabschefs und anderer Behörden festgelegt und die Bildung einer interministeriellen Kommission in beiden Ländern erwähnt. Diese Treffen wurden auch im allgemeinen genau eingehalten, selbst in der Zeit, als de Gaulle seiner Enttäuschung über die Verwirklichung des Vertrags deutlichen Ausdruck verlieh. Im eigentlichen Programm des Vertrags werden die Gebiete, auf denen zusammengearbeitet werden sollte, in der gleichen Reihenfolge aufgezählt wie im Kapitel »Organisation«: Zuerst werden die »Auswärtigen Angelegenheiten« erwähnt, dann die »Verteidigung« und als letztes schließlich die »Erziehungs- und Jugendfragen«. Der Nachdruck lag auf den Bereichen der Politik und der Verteidigung, und die Reihenfolge der Vertragsteile spiegelt diese Priorität wider. Die Einsicht, daß eine Zusammenarbeit auf kulturellem Gebiet ebenso notwendig, wenn nicht noch notwendiger und vor allem fruchtbarer sein könnte als eine solche auf wirtschaftlichem, militärischem, politischem Gebiet, ergab sich erst im Verlauf der Zeit: So soll Jean Monnet, der »Inspirator« (de Gaulle) des integrierten Europas, gesagt haben: »Wenn ich es noch einmal zu tun hätte, würde ich mit der Kultur beginnen.«

Die Widersprüche zwischen den Forderungen des Vertrags und den Möglichkeiten ihrer Erfüllung durch die Vertragspartner traten sehr bald auf außen- und sicherheitspolitischem Gebiet zutage. Nach den Erfahrungen um Berlin war die deutsche Öffentlichkeit nicht gewillt, den allein Sicherheit verbürgenden Schutz der USA in Frage zu stellen zugunsten der Option für das dazu noch nicht fähige Frankreich. Die parlamentarische Opposition und auch Teile der Koalitionsparteien, insbesondere Außenminister Schröder, der den Vertrag mit unterzeichnet hatte, und der populäre Vizekanzler Erhard lehnten jede Wendung der deutschen Politik gegen die USA ab, die in dem Vertrag immanent enthalten war. Die deutsche Politik wurde gespalten in »Atlantiker« und »Gaullisten«, die von dem Kanzler selbst angeführt wurden. Aber Adenauer war 87 Jahre alt, sein politisches Ansehen hatte durch die Wahlen von 1961 gelitten und er hatte bei dieser Gelegenheit die Zusage der erstarkten FDP zur Koalition nur erlangt mit dem Versprechen, zur Mitte der Legislaturperiode, also 1963, zurückzutreten (15. 10. 1963). Seine Stellung war also geschwächt und so kam es, daß der Bundestag bei der Ratifikation dem Vertrag eine Präambel voranstellte, in der die Aufrechterhaltung der bestehenden Beziehungen zu den USA, zu England und zur EWG betont wurde; im Grund ein unerhörter Vorgang: Durch die Präambel wurde der Vertrag selbst weitgehend entwertet.

De Gaulle hat diese Niederlage als solche empfunden und vor seiner Abreise zu dem letzten offiziellen Besuch bei Adenauer die resignierte Formulierung getroffen: »Verträge sind wie die Mädchen und wie die Rosen, sie haben ihre Zeit. Wenn der deutsch-französische Vertrag nicht verwirklicht würde, so wäre es nicht das erste Mal in der Geschichte« *(Les traités, voyez-vous, sont comme les jeunes filles et comme les roses: ça dure ce que ça dure).* Adenauer als Kenner und Züchter von Rosen hat ihn zwar auf die Langlebigkeit eines Rosengartens hingewiesen, aber die von den beiden alten Staatsmännern angestrebte politische Wirkung des Vertrages mußte unter diesen Umständen ausbleiben.

Der Vertrag also ein Fiasko, »überflüssig« (Ziebura), »eine Formalie, ein Lippendienst« (Chefdolmetscher Kusterer)? Zunächst muß gesehen werden, daß der Vertrag – bei allen Schwächen in seiner Verwirklichung – von keinem deutschen oder französischen Staatsmann in verantwortlicher Stellung je in Zweifel gezogen wurde. Selbst Mitterrand, der ihn als Gegner de Gaulles ablehnte und noch Ende der siebziger Jahre und 1980, als sein Vorgänger Giscard d'Estaing und Bundeskanzler Helmut Schmidt ihn neu beleben wollten, deutliche Vorbehalte äußerte, hat sich seit 1981 als Staatspräsident entschieden zu dem Vertrag bekannt. Wichtiger noch als die Zustimmung der Politiker erscheint die der Völker. Trotz aller Ängste, die zu beiden Seiten des Rheins noch gegen den Nachbarn bestehen – Ängste der Franzosen vor der größeren wirtschaftlichen Macht Deutschlands, Ängste der Deutschen vor der Überlegenheit der französischen Diplomatie, die allein den Vorteil für ihr Land im Auge behalte und die Deutschen überspiele –, haben sich die beiden Völker für den Vertrag und das Ende der »Erbfeind-schaft« entschieden: Die immer wieder vorgenommenen Um-fragen ergeben in dieser Hinsicht ein eindeutiges Bild: Deut-sche und Franzosen empfinden sich als nahe Nachbarn, ja oft sogar als Freunde – auch wenn sie sich in ihrer Eigenart keines-wegs sehr gut kennen. Der Stimmungsumschwung gegenüber der Vergangenheit ist gewiß nicht das Ergebnis des deutsch-französischen Vertrages, da ein Vertrag zwischen Staaten nur wenig Einfluß auf die Denkweise der beteiligten Völker haben kann, aber es darf doch bemerkt werden, daß die Autorität der beiden alten Staatsmänner zu diesem wichtigen Ergebnis der Nachkriegspolitik erheblich beigetragen hat. Ohne die Unter-schrift de Gaulles, des ersten Widerstandskämpfers seines Lan-des, hätte sich die Mehrheit der Franzosen nicht zu einer engen Verbindung ihres Landes mit Deutschland bereitgefunden.

Die Präsidentschaftswahlen 1965

Während de Gaulle weiterhin das Hauptgewicht auf seine un-abhängige Außenpolitik legte, im Juni 1963 die französischen Seestreitkräfte im Atlantik aus der NATO abzog, im Januar 1964 das noch weitgehend verfemte kommunistische China an-erkannte und ab Juli 1965 gegenüber der EWG die »Politik des leeren Stuhls« betrieb, gruppierten sich die politischen Kräfte in Frankreich für die erste Präsidentschaftswahl durch das Volk im Dezember 1965.

François Mitterrand war es gelungen, die gesamte Linke, ne-ben den Sozialisten und der PSU *(Parti socialiste unifié)* um Mendès France auch die Kommunisten und selbst die Radi-kalen, hinter seiner Kandidatur zu vereinen, eine Meisterlei-stung des gewieften Taktikers, der am 9. September 1965 seine Kandidatur bekanntgab. Die liberale und dezidiert proeuropäi-sche Rechte sammelte sich dagegen um den Präsidenten der Volksrepublikaner Jean Lecanuet, der mit dem Image der Ju-gendlichkeit als »französischer Kennedy« für sich warb. Bei dem sehr mediatisierten und personalisierten Wahlkampf, aus dem sich de Gaulle weitgehend heraushielt, spielte der Altersunterschied zwischen dem 75jährigen General und seinen beiden jüngeren Konkurrenten (Mitterrand war 49, Lecanuet 45 Jahre alt) tatsächlich eine nicht zu unterschätzende Rolle.

Während die Umfragen Ende Oktober dem General noch einen glatten Sieg mit 66 Prozent, Mitterrand nur 23 Prozent und Lecanuet gerade fünf Prozent der Stimmen versprachen, änderte sich das Verhältnis in den Wochen vor der Wahl; ab Mitte November schien de Gaulle die absolute Mehrheit nicht mehr sicher, und das Ergebnis am 5. Dezember 1965 bestätigte die Vorhersagen: De Gaulle erhielt – bei einer hohen Wahlbeteiligung von 85 Prozent – nur 43,7 Prozent der abgegebenen Stimmen, Mitterrand 32,2 und Lecanuet 15,8 Prozent. Was bis Ende Oktober kaum für möglich gehalten wurde, trat ein: Bei der ersten, von ihm mit so großem Einsatz durchgesetzten Präsidentschaftswahl durch das Volk war der General von zwei Vertretern der von ihm seinerzeit zurückgedrängten Parteien zur Stichwahl gezwungen worden!

De Gaulle war zunächst tief getroffen, nahm aber nach wenigen Tagen den Kampf wieder auf, wobei er vor allem auf sein Erscheinen auf den Fernsehschirmen setzte. Er zeigte sich an drei Abenden im Interview mit dem Journalisten Michel Droit aufgeschlossen, direkt und witzig. Mitterrand – die Stichwahl hatte nach dem Wahlgesetz zwischen den beiden bestplazierten Kandidaten zu erfolgen – gab sich dagegen eher zurückhaltend und staatsmännisch. Bei der Stichwahl am 19. Dezember konnte sich de Gaulle bei einer immer noch hohen Wahlbeteiligung von fast 85 Prozent mit 54,6 Prozent gegen 45,4 Prozent für François Mitterrand durchsetzen. Offenbar hatten diejenigen Wähler, die sich im ersten Wahlgang für Lecanuet entschieden hatten, in der Mehrheit ihre Stimme de Gaulle gegeben, obwohl Lecanuet nur eine Wahlempfehlung »für Europa und den Atlantikpakt«, also gegen de Gaulle, abgegeben hatte. Trotz des Sieges hatte das Ansehen des Generals gelitten, denn sein Herausforderer hatte ihn gezwungen, von den Höhen seiner politischen Gedanken in die Niederungen der täglichen Sorgen der Franzosen herabzusteigen.

Eine unabhängige Außenpolitik

Um Europa und insbesondere Frankreich aus den Fesseln der durch Jalta entstandenen »Ordnung« zu befreien und das System der beiden feindlichen Blöcke aufzuweichen, hatte de Gaulle schon bald nach 1958 begonnen, der französischen Außenpolitik eine neue Wendung zu geben, um zu den beiden Supermächten auf gleiche Distanz zu gelangen. Von seinen Gegnern wurde dies oft als Antiamerikanismus und als Anbiederung an die Sowjetunion angesehen. Tatsächlich aber bedeutete eine Politik der Mitte zwischen den USA und der Sowjetunion, daß Frankreich, das bis dahin eng in das westliche Bündnis integriert war, sich aus diesem, soweit es die Integration betraf, löste und zugleich versuchte, zu der Sowjetunion ein besseres Verhältnis zu gewinnen. Eine solche Politik bedeutete aber nicht, daß Frankreich sich in Krisen wie denen um Berlin oder um Kuba nicht ganz eindeutig und energisch zum Westen bekannte.

Im Verhältnis zur NATO ging de Gaulle schrittweise vor, entzog zunächst die Flotte dem NATO-Kommando bevor er im März 1966 die gesamten Streitkräfte des Landes wieder dem nationalen Oberbefehl unterstellte, ohne seinen Platz in den politischen Gremien der NATO zu räumen. Nach einem Gespräch, das der de Gaulle-Biograph Jean Lacouture mit General de Boissieu, dem Schwiegersohn de Gaulles, geführt hat, wurde de Gaulle zu dieser Entscheidung schon im September 1958 veranlaßt; auf seine Frage nach dem Ort der Lagerung der amerikanischen Atomwaffen auf französischem Boden hatte ihm damals der Oberbefehlshaber der NATO-Streitkräfte, General Norstad, schlichtweg die Antwort verweigert, und de Gaulle hatte daraufhin bemerkt: »Merken Sie sich das gut, Herr General, dies ist das letzte Mal, daß ein französischer Staatschef eine solche Antwort erhält!«

Die Politik gegenüber Deutschland und England war bestimmt von dem Ziel, mit der Bundesrepublik einen europäischen Kern zu bilden und dadurch Frankreichs Potential zu stärken. Die Ablehnung des britischen Beitritts zur EWG 1963, die 1967 erneuert wurde, gehörte in die gleiche Linie. Die Kohäsion der europäischen Gemeinschaft wäre durch Großbritannien als Mitglied ebenso geschwächt worden wie Frankreichs dominierende Rolle. Nicht immer hatte der General mit seiner Politik Erfolg: Die Anerkennung Rotchinas im Januar 1964 – entgegen der Politik der Ächtung des Landes durch die USA – brachte zunächst wenig ein. Auch die Reisen nach Lateinamerika im gleichen Jahr, die dazu dienen sollten, im »Hinterhof« der USA Flagge zu zeigen, konnten angesichts der Machtverhältnisse nicht zu einer grundlegenden Änderung der Politik dieser Länder führen: Nach dem triumphalen Empfang im März 1964 in Mexiko unternahm de Gaulle vom 20. September bis zum 16. Oktober eine Reise durch die zehn südamerikanischen Länder. Seine unverhüllte Aufforderung zu größerer nationaler Selbständigkeit wurde bei den Südamerikanern mit Begeisterung aufgenommen und in den USA als Provokation empfunden; an der Dominanz der USA änderte sich nichts. Im Osten erwiesen sich die Verhältnisse als nicht weniger verfestigt: Während der Besuch Chruschtschows 1960 die Spannungen in Europa nicht vermindern half, brachte die Politik der friedlichen Koexistenz ab 1963 auch eine gewisse Annäherung zwischen Frankreich und der Sowjetunion. Vom 20. bis zum 30. Juni 1966 unternahm de Gaulle eine Reise in die Sowjetunion, die ihn bis zum Raumfahrtzentrum von Baikonur führte. Eine Reihe von Abkommen wurde unterzeichnet und eine ständige sowjetisch-französische Kommission eingerichtet. An der sowjetischen Politik änderte sich allerdings wenig. Der Ostblock schien ein Monolith zu bleiben. Dies wurde dem General bei einem Besuch im September 1967 in Polen deutlich, als seine Aufforderung zu größerer politischer Selbständigkeit von Gomulka brüsk zurückgewiesen wurde. Die durch die Unruhen in Paris abgekürzte Reise nach Rumänien im Mai 1968 sollte ebenfalls die unabhängige Politik dieses Landes bestärken.

Wie gering der Spielraum der Länder des Ostens gegenüber ihrer Vormacht war, machte das Ende des »Prager Frühlings« und der Einmarsch der Truppen des Ostblocks in der Tschechoslowakei im August 1968 deutlich. An der prinzipiellen Richtigkeit der politischen Vorstellungen de Gaulles besteht heute trotz dieses Rückfalls in die Zeit des Kalten Krieges kein

Zweifel: Es zeigt sich nur, daß der General seiner Zeit voraus war.

Gegenüber der amerikanischen Vietnampolitik war de Gaulle immer skeptisch gewesen. Er hatte schon Eisenhower und Kennedy – vergeblich – vor einem militärischen Eingreifen gewarnt. Zu Kennedys Nachfolger Johnson (Präsident 1963–1968) konnte de Gaulle kein Verhältnis entwickeln. Die durch diesen noch verstärkte Verstrickung der USA in den Konflikt nach dem dubiosen Tonkin-Zwischenfall (August 1964) führte zu immer dezidierteren Stellungnahmen de Gaulles, die schließlich bei einem Besuch in Kambodscha in der Rede im Stadion von Phnom-Penh gipfelten, wo der General den USA den Rat gab, ihre Truppen abzuziehen und Verhandlungen aufzunehmen.

In der französischen Öffentlichkeit traf de Gaulle auf Verständnis, wenn es um die Aussöhnung mit Deutschland, um die Ablehnung der Übermacht der Angelsachsen, um Verständigung mit der Sowjetunion und ihren Verbündeten, um die Beendigung des Vietnam-Krieges usf. ging. Aber im Jahr 1967 führten Stellungnahmen des Generals zu schweren Verstimmungen in Israel und Kanada, alten Verbündeten Frankreichs, und zur Mißbilligung dieser Politik durch die Franzosen.

Bei einem offiziellen Besuch in Kanada (23.–25.7.1967) wurde de Gaulle in Québec begeistert empfangen. Zu diesem Empfang trugen die Selbständigkeitsbestrebungen der Frankokanadier viel bei, die offen versuchten, den General für ihre Sache zu gewinnen. Von der Erinnerung an die große Rolle Frankreichs in Kanada und ganz Nordamerika getragen, rief de Gaulle vom Balkon des Rathauses von Montréal schließlich der Menge zu: »Es lebe das freie Québec« (Vive le Québec libre)! Die begreiflicherweise über diese direkte Aufforderung zum Separatismus nicht erfreuten Gastgeber veranlaßten ihren Gast, die Reise abzubrechen und nach Europa zurückzureisen. Die unverhohlene Einmischung in die inneren Angelegenheiten eines befreundeten Landes, dessen Bürger in beiden Weltkriegen Frankreich unter großen Opfern zur Seite gestanden waren, konnte den politisch denkenden Franzosen bei allem Sinn für die Geschichte nicht verständlich gemacht werden.

Israel war in der jüngsten Vergangenheit, während des Algerienkrieges, der natürliche Verbündete Frankreichs gewesen und hatte mit diesem politisch und militärisch aufs engste zusammengearbeitet. Nachdem Algerien seine Freiheit erlangt hatte, suchte Frankreich sein Verhältnis zu den arabischen Staaten zu verbessern, und als im Mai 1967 Nasser den Golf von Akaba für israelische Schiffe sperrte, bestand die französische Regierung angesichts der wachsenden Spannung auf dem Versuch einer friedlichen Regelung des Konflikts. Im Sechstagekrieg Anfang Juni 1967 konnte Israel zwar seine arabischen Nachbarn besiegen, verlor aber die Unterstützung Frankreichs, das der Forderung nach Rückzug aus den besetzten Gebieten in der UNO zustimmte und am 2. Juni ein Waffenembargo für den Nahen Osten aussprach. Während die Länder der Dritten Welt sich auf die Seite der Araber stellten und die Staaten des Ostblocks fast ausnahmslos die Beziehungen mit Israel abbrachen, traten die USA ganz massiv auf dessen Seite und nahmen bei den Waffenlieferungen den Platz ein, den bislang Frankreich innegehabt hatte.

Die Entwicklung lief den Vorstellungen de Gaulles entgegen, und da der General nicht gewillt war, aus seinem Herzen eine Mördergrube zu machen, gab er seinem Unwillen auf einer Pressekonferenz (27.11.1967) mit einer ausführlichen Darstellung der Verwicklungen in diesem Gebiet Ausdruck, wobei er zugleich sein Verhalten in Kanada zu rechtfertigen suchte. Es waren aber seine – mit Sicherheit sorgfältig bedachten – Formulierungen über die Juden als eines »elitären, selbstsicheren und beherrschenden Volkes« *(un peuple d'élite, sûr de lui-même et dominateur)*, die ihm Vorwürfe einbrachten bis zu dem ganz unsinnigen des unterschwelligen Antisemitismus. De Gaulle hatte während und nach dem Krieg hinlänglich gezeigt, daß ihm nichts ferner lag als eine derartige Haltung, doch der Vorwurf blieb, und die Bemerkung des Generals, es handele sich bei den inkriminierten Bezeichnungen um positive Attribute, wurde nicht ernstgenommen. Zwischen de Gaulle und der durch die Zuwanderung aus Nordafrika stark angewachsenen jüdischen Gemeinschaft in Frankreich entstand eine Entfremdung.

Welche Ergebnisse hatte nun die Außenpolitik de Gaulles

hervorgebracht? Auf den ersten Blick hat es den Anschein, als wäre es ihm nicht gelungen, das System der beiden Blöcke aufzulösen oder zumindest abzuschwächen. Die Besetzung der Tschechoslowakei und die Breschnew-Doktrin von der begrenzten Souveränität der sozialistischen Staaten hatten die Hoffnung auf mehr Freiheit für die Länder Osteuropas zunichte gemacht. Im Westen blieb trotz aller Begeisterung, mit der de Gaulle in Lateinamerika empfangen wurde, Frankreichs Rolle bescheiden im Vergleich zu der Übermacht der USA. Und in Europa hatte Frankreich nach dem Scheitern der Fouchet-Pläne die Entwicklung nicht vorangetrieben, sondern eher als Bremser gewirkt. Der deutsch-französische Vertrag brachte keinen direkten politischen Ertrag und das Verhältnis zu England blieb durch de Gaulles ablehnende Haltung gestört. Muß man also von einem Scheitern der Außenpolitik de Gaulles sprechen? Gewiß hat de Gaulle vieles nicht erreicht, was er erstrebte, aber er hat mit einer erstaunlichen Weitsicht die Entwicklung aufgezeigt, die die Geschichte nehmen sollte. Ob es das amerikanische Engagement in Vietnam oder die sowjetische Herrschaft in Osteuropa, ob es die Vereinigung Deutschlands oder die europäische Zusammenarbeit auf der Grundlage der Nationalstaaten betraf, sogar hinsichtlich der Rechte der Frankokanadier auf Bewahrung ihrer Eigenheit oder der Notwendigkeit eines friedlichen Ausgleichs zwischen Arabern und Israelis, immer schien er seiner Zeit voraus zu sein.

Eine gewisse Ungeduld, besonders in den letzten Jahren, war oft spürbar bei ihm, die Furcht, nicht mehr die Zeit und die Kraft zu finden, um die Revision der als Ergebnis des Krieges entstandenen Ordnung zu erreichen. Schon gegenüber Adenauer hatte der General auf die geringe Zeit hingewiesen, die ihm für seine Pläne zur Verfügung stand. Kein Wunder also, daß man seiner Außenpolitik Unruhe und sogar eine gewisse Hektik nachsagte. Selbst nach seinem Rücktritt hat ihn noch der Gedanke verfolgt, die »Memoiren der Hoffnung«, in denen die Zeit von 1958–1969 dargestellt werden sollte, nicht mehr vollenden zu können.

Neben der Kürze der ihm noch verbleibenden Jahre verhinderten die Kräfteverhältnisse in der Welt größere sichtbare Erfolge der Außenpolitik de Gaulles. Frankreichs erlebte zwar einen großen wirtschaftlichen Aufschwung und seine militärische Kraft nahm zu; durch die wachsende Atomstreitmacht im Januar 1968 stellte ihr de Gaulle die Aufgabe, nach allen Himmelsrichtungen *(tous azimuts)* einsatzbereit zu sein; im August des gleichen Jahres wurde die erste französische Wasserstoffbombe gezündet. Frankreich war jedoch mit dem Aufbau der Atomstreitmacht überfordert, es mußte die konventionellen Streitkräfte vernachlässigen; es konnte nicht hoffen, eine mit den Supermächten vergleichbare Stärke zu erlangen. Und vor allem: Die Mehrheit der Franzosen fühlte sich auch überfordert durch die Politik der *grandeur* und wünschte sich weniger politische Höhenflüge und mehr soziale Gerechtigkeit. Zwischen de Gaulles Politik und den Vorstellungen vieler Franzosen öffnete sich ein Graben.

Die Wahlen zur Nationalversammlung 1967

Die Präsidentschaftswahlen 1965 hatten François Mitterrand, der de Gaulle zur Stichwahl zwang, einen großen Achtungserfolg eingebracht. Durch die Personalisierung bei dieser Wahl stieg er, anstelle von Guy Mollet, zur führenden Figur des demokratischen Sozialismus auf. Im Mai 1966 gelang es ihm, diese Linke, Sozialisten, Teile der Radikalen, Vertreter politischer Clubs etc. zu einer »Förderation der demokratischen und sozialistischen Linken« *(Féderation de la gauche démocratique et socialiste = FGDS)* zu vereinen, die mit den Kommunisten und der kleinen, aber politisch sehr aktiven »Vereinigten sozialistischen Partei« *(PSU)* ein »Wahlrücktrittsbündnis« *(désistement)* schloß, durch das bei der Stichwahl im zweiten Wahlgang die Stimmen auf den bestplazierten linken Kandidaten vereinigt werden sollten.

Die oppositionelle politische Rechte, Volksrepublikaner *(MRP)*, die »Unabhängigen und Bauern« *(indépendants et paysans)* und einige Radikale, sammelte sich um Jean Lecanuet in dem Anfang 1966 gegründeten »Demokratischen Zentrum« *(Centre démocrate)*. Neben der Sammlung der gemäßigten Linken erwies sich die fortschreitende Separierung einer gemäßigten, liberalen, proeuropäischen Rechten von den Gaullisten als folgenreich und zukunftsträchtig. Sie ist verbunden mit dem Namen von Valéry Giscard d'Estaing, Wirtschafts- und Finanzminister unter Pompidou bis Januar 1966. Bei der Neubildung des Kabinetts nach der Präsidentschaftswahl 1965 von Michel Debré ersetzt, lehnte er ein anderes Ministerium ab und organisierte 1966 die »Unabhängigen Republikaner« *(républicains indépendants)*, zu einer »Nationalen Föderation«. Zugleich nahm er vorsichtig Abstand von den Gaullisten mit der berühmtem Formel »Ja, aber …« *(oui, mais …)*, blieb aber mit ihnen für die Wahl 1967 verbunden in dem »Aktionskomitee für die 5. Republik« *(Comité d'action pour la Ve République)*. Es zeichnete sich hier die Spaltung der Rechten in eine eher konservative, gaullistische und eine liberale, dem europäischen Gedanken aufgeschlossene Richtung ab, eine Spaltung, die bis in die Gegenwart eine entscheidende Schwäche der demokratischen Rechten ausmacht.

De Gaulle hatte aus den Präsidentschaftswahlen gelernt, daß sich eine Zurückhaltung seinerseits in einem schlechten Ergebnis niederschlagen konnte, und er ergriff im Fernsehen die drei oppositionellen Gruppierungen, Kommunisten, die demokratische Linke Mitterrands und Lecanuets Zentrum direkt an. Der Erfolg seiner Anhänger im ersten Wahlgang (5. 3. 1967), die 37,7 Prozent der gültigen Stimmen erhielten, schien ihm Recht zu geben. Die Kommunisten erzielten 22,4 Prozent, die demokratische Linke 18,7, der PSU 2,2 und Lecanuets Zentrum 13,4 Prozent. Während also die Kommunisten sich gut behaupten konnten, wurden die Erwartungen Mitterrands und insbesondere Lecanuets enttäuscht.

Im zweiten, für die Sitzverteilung in der Nationalversammlung entscheidenden Wahlgang (12. 3, 1967) wurde ein Sieg der Gaullisten erwartet, da Lecanuets Anhänger ihre Stimmen wohl eher ihnen als der Linken geben würden. Zur allgemeinen Überraschung war dies aber nicht der Fall, und de Gaulles Anhänger erzielten nur durch die Abgeordneten aus Übersee eine hauchdünne Mehrheit von 244 (davon 44 Anhänger Giscards) bei 487 zu vergebenden Sitzen. Die Kommunisten verstärkten sich um 32 auf 73 Sitze, die Anhänger Mitterrands gewannen insgesamt 121 Sitze. Das demokratische Zentrum Lecanuets mußte sich mit enttäuschenden 41 Sitzen begnügen. Die Anhänger de Gaulles verfügten also nur noch über eine sehr knappe Mehrheit und waren in der Nationalversammlung entschlossenen Angriffen der Opposition ausgesetzt.

Trotz dieser Schwächung seiner Anhänger behielt de Gaulle Georges Pompidou als Premierminister und, in souveräner Mißachtung des Wahlergebnisses, Couve de Murville als Außenminister und Pierre Messmer für die Streitkräfte, die beide ihren Abgeordnetensitz verloren hatten. Auch änderte er seine außenpolitische Linie in keiner Weise, überließ aber Pompidou die Aufgabe, mittels »Verordnungen« *(ordonnances)* wirtschaftliche und soziale Reformen durchzuführen: In diesen Jahren endete die – seit dem Kriegsende herrschende – Zeit des Mangels an Arbeitskräften und es setzte allmählich die Arbeitslosigkeit ein. Zur Vermittlung, Beratung, Weiterbildung von Arbeitslosen wurde 1967 die ANPE *(Agence nationale pour l'emploi)* gegründet. Weitere Reformen betrafen die Landwirtschaft und das Gesundheitswesen. Die von de Gaulle schon seit langer Zeit geforderte Beteiligung der Arbeiter am Ertrag der Unternehmen führte 1967 zu einem Abkommen, das eine solche Beteiligung *(participation)*, ohne das Element der Mitbestimmung, in Betrieben mit mehr als 100 Beschäftigten einführte. Alle diese sozialen Maßnahmen wurden aber ohne Beteiligung der Betroffenen vorgenommen, die sich aus dem sozialen Wandel ausgeschlossen fühlten.

1968

In seiner Neujahrsansprache hatte der General das Jahr 1968 mit Hoffnung, Gelassenheit *(sérénité)* und Zufriedenheit begrüßt und neben anderen Zielen eine neue soziale Ordnung durch die direkte Beteiligung der Arbeiter an den Erträgen, dem Kapital und der Verantwortung in den französischen Unternehmen genannt, also die Verwirklichung seines alten Wunsches, die Lohnabhängigen besser in die französische Gesellschaft zu integrieren. Wirtschaftlich und politisch war vieles erreicht worden, nun sollte ein wichtiger Schritt *(une importante étape vers un ordre social nouveau)* zur Erneuerung der französischen Gesellschaft folgen. Trotz der Schwierigkeiten bei den Wahlen 1965 und 1967 schien das Regime stabilisiert zu sein, und nichts deutete auf die Erschütterungen hin, denen es im Mai 1968 ausgesetzt sein sollte. Allgemein heben die Historiker bei diesen Ereignissen die Überraschung und das Unerwartete des Geschehens hervor.

Erst im nachhinein lassen sich Vorzeichen des Unwetters erkennen: In den USA gab es schon 1967 Studentenproteste, die sich vor allem gegen den Vietnamkrieg richteten; in Deutschland war es wegen der Notstandsgesetze, gegen den Vietnamkrieg und aus Anlaß des Schah-Besuchs schon vor 1968 zu Demonstrationen gekommen. Aber in Frankreich war die öffentliche Meinung von den Gewalttätigkeiten auf den Straßen von Berlin und Frankfurt wenig berührt worden. Das Land blieb ruhig; der Wirtschaft ging es gut, der Lebensstandard stieg, Arbeitslosigkeit und Inflation verharrten auf einem niedrigen Niveau. Vor allem: Die Autorität des Staates und seines obersten Repräsentanten war ungebrochen. Der Wettersturz erfolgte gleichsam aus heiterem Himmel.

Die Studentenrevolte

Die Unruhen nahmen ihren Ausgang bei den Studenten. Durch die wachsenden Bedürfnisse an gut ausgebildeten Absolventen und den allgemein höheren Lebensstandard, der breiten Schichten ein Studium ermöglichte, war die Zahl der Studierenden zwischen 1960 und 1968 von etwa 200 000 auf etwa 500 000 gewachsen. Um diese Studenten auszubilden, wurden nicht nur zahlreiche neue Universitätsbauten errichtet, oft in wenig solider Schnellbauweise, sondern auch ganze Universitäten am Rand der Städte gegründet. Eine dieser Neugründungen, die philosophische Fakultät in Nanterre, einem Vorort von Paris, die zur Entlastung der Sorbonne errichtet worden war, wurde der Ausgangspunkt der Unruhen.

Innerhalb der Studentenschaft richtete sich die Kritik sowohl gegen die bürgerlich-kapitalistische Gesellschaft als auch gegen die verkalkten stalinistischen Kommunisten des PCF. Die sogenannte »neue Linke«, deren Umrisse sich abzeichneten, forderte die radikaldemokratische Erneuerung von Staat und Gesellschaft und sprach – da die Arbeiterschaft das revolutionäre Bewußtsein verloren hätte – gerade Randgruppen wie den Studenten die Aufgabe zu, durch Provokationen die Herrschaftsregeln des bestehenden Systems zu »entlarven« und zu brechen. Die Leitbilder der Studentenbewegung waren Mao, Ho Chi Minh, Che Guevara und Fidel Castro, die repressiven Aspekte der Herrschaft in China, Cuba und Nordvietnam wurden nicht zur Kenntnis genommen. Insgesamt bildeten die linken Gruppierungen unter den Studenten nur eine kleine Minorität, der es jedoch gelang, die große Masse zu revolutionärem Handeln zu bringen.

Zunächst waren Forderungen der Studenten nach freiem Zugang zu den damals noch streng getrennten Heimen der Studentinnen als Zeichen des allgemeinen Verfalls der Sitten abgetan worden, aber am 22. März besetzten Studenten, darunter Daniel Cohn-Bendit, den Fakultätssaal in Nanterre und forderten damit die Autorität der Universität heraus. Die Aufrührer schlossen sich zur »Bewegung des 22. März« zusammen, die nicht Reformen, sondern die Gesellschaftsveränderung durch Revolution anstrebte. Die Universität als eine auf Autorität beruhende Institution erwies sich gegenüber den fortgesetzten Angriffen als völlig hilflos. Am 2. Mai 1968 schloß der Dekan schließlich die Fakultät in Nanterre. Die Studenten verlagerten daraufhin den Schauplatz ihrer Aktivitäten nach Paris und es begann die zweite Phase der Unruhen.

Für die linken Gruppierungen kam es darauf an, durch gezielte Provokation und anschließende Gegenmaßnahmen der Polizei die Solidarität der oft unpolitischen, aber begeisterungsfähigen Masse der Studenten zu bewirken. Dies gelang ihnen schon am folgenden Tag: Sie besetzten den Hof der Sorbonne, der Rektor rief die Polizei, die mehrere hundert Studenten festnahm, worauf die Menge der nichtbeteiligten Studenten solidarisch deren Befreiung forderte; Tausende demon-

strierten in den Straßen des Quartier latin, die ersten Barrikaden wurden errichtet, Pflastersteine flogen, weil die gefürchteten Sondereinheiten der Polizei *(Compagnies républicaines de
sécurité = CRS)* mit geübter Härte vorgingen. Das Geschehen
wiederholte sich in den nächsten Tagen regelmäßig bei gleichem
Szenario: Gegen Demonstrationszüge der Studenten ging die
Polizei mit Gummiknüppeln und Tränengas vor. Zahlreiche Re-
porter sorgten in den Medien für eine Berichterstattung aus
größter Nähe zu den Ereignissen und heizten dadurch die öffentliche Meinung an. Den Höhepunkt dieser Phase der »Mai-
ereignisse« bildete die »Nacht der Barrikaden« vom 10. auf den
11. Mai. 60 Barrikaden wurden von der Polizei gestürmt, die
Straßenschlacht hielt die ganze Nacht an, die betroffenen Viertel machten den Eindruck eines Bürgerkrieges. Man zählte über
400 Verletzte; glücklicherweise waren jedoch keine Toten zu beklagen.

Premierminister Pompidou, der am 2. Mai zu einem Staatsbesuch nach Iran und Afghanistan geflogen war, kehrte am
11. Mai zurück und versuchte, die Situation durch Entgegenkommen zu entschärfen: Er ließ die am 5. Mai geschlossene
Sorbonne wieder öffnen und versprach, die nach dem 3. Mai in-
haftierten Studenten freizulassen. Aber die zu spät gemachten
Konzessionen wurden nicht zu Unrecht als Zeichen der
Schwäche gewertet und fanden kein Echo. Ganz im Gegenteil:
Die bisher auf die Studenten beschränkten Unruhen griffen auf
die Arbeiterschaft über. Die Krise weitete sich zu einer Gesell-
schaftskrise aus.

Die Krise der Gesellschaft

Die Gewerkschaften waren bis zu diesem Zeitpunkt gegenüber
den spontan und provokant handelnden Studenten zurückhaltend geblieben. Nachdem aber in einigen Betrieben Unruhe
entstanden war und die Beschäftigten die Arbeit niedergelegt
hatten, versuchten die Zentralen der Gewerkschaften, die Bewegung in den Griff zu bekommen, und riefen zu einem Proteststreik und einer Demonstration für den 13. Mai auf, also ge-

nau den Tag, an dem vor zehn Jahren die Unruhen in Algier die Rückkehr de Gaulles an die Macht ausgelöst hatten. Bei dem riesigen Demonstrationszug, in dem sich Arbeiter und Studenten solidarisierten, lautete daher die Parole: »Zehn Jahre sind genug!« *(dix ans, ça suffit)*.

Der Proteststreik vom 13. Mai, einem Montag, löste in kürzester Zeit eine Welle von Arbeitsniederlegungen im ganzen Land aus. Nicht nur Privatfirmen, sondern auch der öffentliche Dienst waren betroffen. Bis zum Ende der Woche hatte der Ausstand seinen Höhepunkt erreicht, die Zahl der Streikenden wurde auf fast zehn Millionen geschätzt. Die gesamte Aktivität des Landes war gelähmt. Erst nachträglich übernahmen die Gewerkschaften die spontan an der Basis ausgebrochenen Streiks und versuchten, sie in die gewohnten, geregelten Bahnen zu lenken. Dies gelang ihnen nur in begrenztem Maß, denn wie die Studenten lehnten auch die Arbeiter die Hierarchien, das Regelwerk der Gesellschaft ab. Bei Studenten wie Arbeitern kam das bislang latente Bewußtsein zum Vorschein, in dieser von ökonomischen Zwängen gelenkten Gesellschaft beherrscht und entfremdet zu sein. Gemeinsam war beiden Bewegungen, daß sie einer emotional bedingten Auflehnung entsprangen, aber kein festes Programm entwickelt hatten.

Die Antwort der Regierenden auf das Anwachsen der Krise erfolgte zunächst mit den »bewährten« Mitteln, die sich gegenüber der Neuartigkeit der Situation als untauglich erwiesen: De Gaulle hatte auf die Nachrichten aus Paris hin seinen Staatsbesuch in Rumänien (14.–18. 5. 1965) um einen Tag abgekürzt. Er zeigte sich zu Reformen bereit in einer seiner berühmten Formulierungen: »*La réforme oui, la chienlit, non*«, die mit der Übersetzung: »Reformen, ja, Durcheinander, nein!« nur unvollkommen wiedergegeben wird. In der Nationalversammlung hatte ein Mißtrauensantrag der Opposition am 22. Mai zwar keinen Erfolg, aber es zeigten sich Risse in der Regierungsmehrheit: Edgar Pisani, Minister von 1961 bis 1967, stimmte gegen die Regierung, die nur eine Mehrheit von elf Stimmen rettete.

Schließlich wandte sich de Gaulle in einer kurzen Ansprache über Radio und Fernsehen an die Nation. Seine Worte zeigten, in welchem Maße er sich der Notwendigkeit gesellschaftlicher Veränderungen bewußt war, denn er sprach davon, daß man die Strukturen verändern, das heißt, Reformen durchführen müsse. Das geeignete Mittel zu derartigen Reformen stellte für ihn die *participation* dar: »... alles deutet darauf hin, daß diese Veränderung unserer Gesellschaft eine größere Beteiligung eines jeden an dem Gang und den Ergebnissen der ihn direkt betreffenden Tätigkeit einschließt.« Er schlug der Nation also eine Volksabstimmung über die Einführung der *participation* an der Universität und in den Betrieben für den Monat Juni vor und verband sein politisches Schicksal mit der Antwort. Aber dieser Versuch, mit der Nation direkt Kontakt aufzunehmen, mißlang vollständig. Die Ansprache fand kein Echo, und in der Nacht danach kam es wieder zu heftigen Unruhen.

Premierminister Georges Pompidou nahm in den folgenden Tagen das Gespräch mit den Gewerkschaften auf, um den sozialen Frieden wiederherzustellen. Er versammelte im Arbeitsministerium in der rue de Grenelle Vertreter der Arbeitgeber und der wichtigsten Gewerkschaften um sich. Es erwies sich als vorteilhaft, daß die größte, kommunistische Gewerkschaft CGT ein Interesse daran hatte, den Streik zu beenden, damit die Bewegung nicht völlig unkontrollierbar würde. In dem Wunsch nach Wiederherstellung des Arbeitsfriedens trafen sich die Kommunisten mit den Arbeitgebern und der Regierung, die zu großen Konzessionen bereit war. Nach endlosen Verhandlungen vom Samstag, 25. Mai, bis in die frühen Morgenstunden des 27. Mai einigte man sich in den (nicht unterzeichneten) »Vereinbarungen von Grenelle« *(accords de Grenelle)*: Der garantierte nationale Mindestlohn SMIG wurde um nicht weniger als 35 Prozent heraufgesetzt, die Löhne in zwei Etappen um zehn Prozent, eine Herabsetzung der Wochenarbeitszeit um eine Stunde wurde in Aussicht gestellt, die ausgefallenen Löhne für die Streiktage sollten zu 50 Prozent gezahlt werden, eine Reihe weiterer sozialer Maßnahmen wurde vereinbart. Insgesamt konnte das Ergebnis als ein Erfolg der Gewerkschaften angesehen werden, aber als der Generalsekretär der CGT Georges Séguy den Streikenden des Renault-Werkes in Boulogne-Billancourt das Ergebnis überbrachte, stieß er auf heftige

Ablehnung. Die Basis hatte andere Ziele im Auge als Lohnerhöhung und flankierende Sozialmaßnahmen im Rahmen des bestehenden Systems: Sie wollte eine andere Gesellschaft. Der Streik ging weiter; die Gewerkschaften hatten die Situation in den Fabriken nicht mehr in der Hand.

Die Krise des Regimes

Nachdem der Staatchef mit dem Vorschlag der Volksabstimmung und der Premierminister mit seinen Konzessionen an die Gewerkschaften ihr Pulver verschossen hatten, war klar, daß der Regierung die Kontrolle des Landes entglitten war. Es ging jetzt um die Frage, ob das Regime de Gaulle und die Fünfte Republik überhaupt noch Bestand haben könnten. Die Auflösungserscheinungen waren nicht zu übersehen, und die Linke schickte sich an, die Macht zu übernehmen. Eine große Demonstration wurde noch am 27. Mai von dem Studentenbund UNEF und der »Vereinigten sozialistischen Partei« PSU mit Unterstützung der Gewerkschaft CFDT und unter Anwesenheit von Pierre Mendès France veranstaltet. Am folgenden Tag forderte Mitterrand die Bildung einer provisorischen Regierung unter Mendès France und die Wahl eines Staatspräsidenten im Juli, zu der er seine Kandidatur anmeldete. Auch die Kommunisten forderten eine Volksregierung.

Die Krise erreichte am 29. Mai ihren Höhepunkt. Die für diesen Termin – wie an jedem Mittwoch – angesetzte Kabinettssitzung wurde kurzfristig abgesagt, de Gaulle teilte seinem Premierminister am Telefon mit, daß er etwas Abstand gewinnen wolle, bestieg den Hubschrauber und flog mit unbekanntem Ziel davon. Erst nach den Ereignissen wurde bekannt, daß er an diesem Tag zu General Massu, dem Oberkommandierenden der französischen Streitkräfte in Deutschland, nach Baden-Baden geflogen war, um sich dort der Unterstützung durch die Armee zu versichern.

Das Verschwinden des Generals schien das Ende seiner Herrschaft zu bedeuten. Sowohl bei der Opposition wie bei den Gaullisten bereitete man sich auf den Machtwechsel vor:

Mendès France erklärte sich bereit, eine Übergangsregierung der linken Kräfte zu bilden. Fast allein hielt Pompidou noch die Stellung. Am Abend erreichte ihn ein Anruf de Gaulles aus Colombey, wohin dieser, von Massu gestärkt, geflogen war. Für den nächsten Tag wurde der Ministerrat einberufen. Kurz vor dieser Sitzung gelang es Pompidou, dem General die Idee einer Volksabstimmung auszureden und ihn von der Notwendigkeit zu überzeugen, die Nationalversammlung aufzulösen und Neuwahlen anzusetzen. Am Nachmittag des 30. Mai 1968 sprach de Gaulle über das Radio zur Nation und erklärte ihr in jenem Ton höchster Autorität, den er in kritischen Lagen beherrschte, seine Absichten: »(...) Ich habe meine Entschlüsse gefaßt. Unter den augenblicklichen Umständen werde ich nicht zurücktreten. Ich habe ein Mandat des Volkes, ich werde es ausfüllen. Ich werde den Premierminister nicht auswechseln ... Ich löse heute die Nationalversammlung auf ...« Das Referendum wurde verschoben. Die Schuld für das Geschehen gab der General »einer Partei, die ein totalitäres Unternehmen ist, auch wenn sie in dieser Hinsicht schon Rivalen hat«. Damit wurden Kommunisten und linksextreme Gruppierungen als Drahtzieher des versuchten Umsturzes hingestellt. Und de Gaulle schloß seine Ansprache mit dem Ausruf: »Nein! Die Republik wird nicht abdanken! Das Volk wird sich wieder fangen! Der Fortschritt, die Unabhängigkeit und der Frieden werden mit der Freiheit den Sieg davontragen!«

Die Ansprache de Gaulles bewirkte schlagartig einen Umschwung der Lage. Am Abend des gleichen Tages versammelte sich ein schon seit mehreren Tagen geplanter Demonstrationszug der Anhänger des Generals auf den Champs-Elysées hinter Michel Debré, François Mauriac, André Malraux. Die schweigende Mehrheit zeigte Flagge, und in den nächsten Tagen kam es in vielen Städten des Landes zu ähnlichen Demonstrationen. Die Wirkung der Worte des Generals und der machtvollen Demonstrationen seiner Anhänger zeigte sich sehr schnell: Obwohl die linken Studenten mit dem Slogan »Wahlen sind Verrat« (élection-trahison) die Entwicklung beeinflussen wollten, wandten sich Parteien und politische Kräfte sofort den Wahlen zu. Das Land hatte wieder ein Ziel. Der Premierminister bildete sein Kabinett um und verstärkte den Einfluß der Anhänger des Generals. Die Polizei konnte ohne allzu großen Widerstand die Zentren des Aufruhrs, die Sorbonne und das Odéon-Theater räumen. Die revolutionäre Welle war gebrochen und flutete allmählich zurück, die Ausstände in den Fabriken und Unternehmen brachen zusammen, auch wenn es noch an manchen Orten zu Zusammenstößen kam, bei denen sogar Tote zu beklagen waren.

Die Parlamentswahlen 1968

Die Ausgangspositionen für die Wahlen zur Nationalversammlung waren klar abgesteckt: auf der einen Seite die Gaullisten und ihre Anhänger, die für die Wiederherstellung der Ordnung eintraten, auf der anderen all jene Kräfte, die sich für eine Veränderung der Gesellschaft einsetzten. Pompidou hatte die Gaullisten unter der neuen Bezeichnung »Union für die Verteidigung der Republik« *(Union pour la défense de la République = UDR)* gesammelt und den Wahlkampf unter das Motto der Auseinandersetzung mit dem totalitären Kommunismus gestellt. An der Seite der UDR kämpften die »Unabhängigen Republikaner« *(republicains-indépendants)* Giscard d'Estaings und einige Anhänger der Mitte *(Centre)*. Um auch die Anhänger der Rechten zu gewinnen, die sich für das »Französische Algerien« eingesetzt hatten und nach 1962 geflohen oder verurteilt worden waren, wurde General Salan begnadigt, Georges Bidault und Jacques Soustelle die Rückkehr nach Frankreich gestattet.

Die Opposition war in ihrem Vorgehen sehr gespalten: Nur die »Vereinigte sozialistische Partei« *(PSU)* bekannte sich offen zu den Zielen des Mai '68. Kommunisten *(PCF)*, Sozialisten und Radikale *(FGDS)* versuchten, zur Beruhigung der Wähler zugleich ein Bekenntnis zur Legalität und zu Reformen abzugeben. Besonders schwierig war die Lage des Zentrums PDM *(= Progrès et démocratie moderne)* von Lecanuet: Es mußte seine meist bürgerlichen Wähler durch ein Bekenntnis zur Ordnung gewinnen, zugleich aber auch mehr Reformen verlangen als die Gaullisten.

Die Antwort der Wähler wurde von der Furcht vor dem erlebten Chaos diktiert und fiel eindeutig aus: Schon im ersten Wahlgang (23.6.1968) zeichnete sich ein Sieg der Regierungsparteien ab, während die Linke – mit Ausnahme des PSU, der von 2,2 auf 3,9 Prozent stieg – und das Zentrum deutliche Stimmenverluste erlitten. Nach dem zweiten Wahlgang am 30. Juni hatten die Gaullisten allein 293 von insgesamt 487 Sitzen und damit die absolute Mehrheit in der Nationalversammlung gewonnen. Dieser Erfolg war erstmalig in der Geschichte der Republik. Die »Unabhängigen Republikaner« Giscards erhielten 61 Sitze. Der Regierungsmehrheit von insgesamt 364 Sitzen standen in der Opposition nur 34 (−39!) Kommunisten, 57 Abgeordnete der FGDS (−64!) und 33 (−8) des Zentrums PDM (bei 9 Fraktionslosen = *non-inscrits*) gegenüber.

Seit 1919 hatte es keine derartig starke rechte Mehrheit mehr gegeben. Aber jetzt waren es die Angst vor der Anarchie und das Bekenntnis zu den Institutionen der Republik, die das Votum der Wähler bestimmt hatten. Insofern glich die Reaktion, die zum großen Teil von der Provinz ausging und gegen das unruhige Paris erfolgte, dem Ergebnis der Wahlen nach der Revolution von 1848 und nach dem deutsch-französischen Krieg 1871. Für de Gaulle selbst stellte das Wahlergebnis eine große Genugtuung dar. In der schwersten Krise seiner Regierungszeit war es ihm durch entschlossenes Handeln im richtigen Zeitpunkt wieder einmal gelungen, die Mehrheit der Nation hinter sich zu bringen. Er war sich aber, wie Bemerkungen von ihm zeigen, der durch den überwältigenden Sieg entstehenden Schwierigkeiten bewußt: Die von ihm entworfene Politik sozialer Reformen konnte mit der konservativen Mehrheit kaum gelingen. Die Gaullisten waren sehr viel weniger auf Veränderung der Gesellschaft bedacht als ihr Namensgeber, und dieser hatte von ihnen eher Schwierigkeiten als Unterstützung bei seinen geplanten Sozialreformen zu erwarten.

Für die französische Gesellschaft brachte der Mai 1968 weniger offensichtliche Veränderungen, als man hätte erwarten können. Er bewirkte aber eine tiefe Zäsur im Bewußtsein der Franzosen. Sie wurden sich der Gefährdung ihrer politischen Struktur, des Staates, der kulturellen Institutionen, insbesondere der Universität, der Wirtschaft und des gesamten öffentlichen Dienstes bewußt, denn die »68er« stellten jede Art der Herrschaft von Menschen über Menschen und jede Autorität in Frage. Nach 1968 war gegenüber der Zeit davor vieles im Zusammenleben der Menschen verändert. Insofern stellte der Mai 1968 tatsächlich einen tiefen Einschnitt in der französischen Geschichte dar.

Das Ende der Präsidentschaft de Gaulles

Die Regierungsneubildung nach der Wahl brachte eine große Überraschung: Trotz der Feststellung in seiner Ansprache vom 30. Mai, er werde den Premierminister nicht auswechseln, ersetzte de Gaulle Pompidou durch Maurice Couve de Murville. Pompidou trat als Abgeordneter des Départements Cantal in die Reihen der UDR zurück, wo er ein hohes Ansehen genoß und seine Rückkehr an die Macht vorbereiten konnte.

Während die meisten Minister auf ihrem Posten blieben, machten zwei Ernennungen deutlich, auf welchen Gebieten die Reformen einsetzen sollten: Edgar Faure, als Ministerpräsident 1955 Nachfolger von Mendès France, mehrfach Minister und von de Gaulle mit delikaten Missionen wie der Vorbereitung der Anerkennung Rotchinas betraut, wurde zum Minister für Erziehung *(Education nationale)* ernannt, mit dem Auftrag, die Universität zu reformieren. Der de Gaulle sehr nahestehende Jean-Marcel Jeanneney erhielt als Staatsminister den Auftrag, allgemein die Reform der Institutionen und die dafür vorgesehene Volksabstimmung vorzubereiten.

Das Universitätsgesetz *(loi d'orientation universitaire)* Edgar Faures wurde von seinen meist »fortschrittlichen« Mitarbeitern in kurzer Zeit ausgearbeitet, dem Kabinett und dem Parlament bereits Ende September vorgelegt und von der Nationalversammlung im November 1968 mit großer Mehrheit beschlossen, obwohl die rechtsgerichteten Gaullisten und an ihrer Spitze der konservative Pompidou Vorbehalte hatten. Die Universität und die Institute wurden nicht mehr von den Professoren allein, sondern von Vertretern aller Gruppen von Universitätsangehörigen gelenkt; diese Idee der »Gruppenuniversität« sollte die Teilhabe *(participation)* aller an der Verantwortung bewirken.

Weniger dringend als die Universitätsreform, aber wegen der vorgesehenen Veränderungen der politischen und administrativen Struktur Frankreichs nicht weniger wichtig erschien die von Jeanneney ausgearbeitete Regionalreform. Die übermäßige Zentralisierung seit der Revolution und der Herrschaft Napoleons, die Aufteilung der alten Provinzen in Départements war im 19. Jahrhundert nur von liberaler Seite in Frage gestellt worden. In der Dritten Republik hatte die Linke als Erbin der Revolution das Prinzip der Zentralisierung vertreten. Für Charles de Gaulle gehörte die Stärkung der französischen Provinz zu den wesentlichen Punkten seines politischen Programms: 1960 wurden 21 *circonscriptions d'action régionale* – neben Paris – geschaffen, die 1964 einen Präfekten und einen Verwaltungsrat *(Conférence administrative régionale)* und einen Wirtschaftsbeirat *(CODER)* erhielten. Der Plan von Jeanneney sah eine größere Selbständigkeit der Regionen vor; ein Regionalpräfekt sollte an der Spitze der Region stehen.

So vorsichtig dieser Versuch einer Verwaltungsreform auch angelegt war, für de Gaulle hatte er eine große Bedeutung: Wie er in einem Interview (10. 4. 1969) betonte, sah er in den Regionen die alten Provinzen Frankreichs, die immer ihr Eigenleben bewahrt hatten und die, im Gegensatz zu den Départements, in der Lage wären, größere Aufgaben zu übernehmen. In seinen fortschrittlichen Ideen traf sich de Gaulle mit der Linken, die unter Mitterrand 1982 das nachholte, was de Gaulle nicht mehr gelang: Die Schaffung von 22 Regionen, mit direkt gewählten Regionalräten und einem von diesen gewählten Präsidenten als Chef der Exekutive.

Während die Regionalreform trotz ihrer großen Bedeutung für die Zukunft des Landes in Frankreich wenig Beachtung fand, erhitzten sich die Gemüter an der ebenfalls geplanten Reform des Senats. Er sollte nach den Vorschlägen Jeanneneys keine Gesetzgebungsfunktion mehr behalten und nicht mehr zu der Kontrolle der Regierung beitragen können. De Gaulle hatte offenbar die Welle des Unmuts unterschätzt, die sich ge-

gen diesen Vorschlag und seine Verbindung mit der Regionalreform erhob. 1968 war der von ihm wegen seines Widerstands
gegen die Verfassungsreform 1962 rücksichtslos behandelte
Gaston Monnerville als Senatspräsident durch Alain Poher,
einen überzeugten Europäer des Zentrums, ersetzt worden, der
den Widerstand gegen die Pläne de Gaulles anführte.

Bevor de Gaulle die beiden verfassungsändernden Projekte
der Regionalisierung und der Umwandlung des Senats dem
Volk zur Abstimmung vorlegen konnte, hatte Frankreich im
November 1968 eine wirtschaftliche Krise zu überstehen. Die
Abkommen von Grenelle führten zu einer Expansion des
Geldumlaufs und zu einer erhöhten Inflationsgefahr, der der
Finanzminister mit fiskalischem Druck zu begegnen suchte.
Um das Vertrauen in den Franken wiederherzustellen, wurde
im September 1968 die Devisenkontrolle aufgehoben. Darauf
ergriff das verunsicherte Kapital die Flucht in fremde Währun-
gen, und eine wilde Spekulation gegen den Franken setzte ein.
Sie erreichte ihren Höhepunkt, als bei der Eröffnung der Wirt-
schaftskonferenz in Bonn im November 1968 der deutsche
Finanzminister Franz-Josef Strauß eine Aufwertung der Deutschen Mark strikt ablehnte. Auf den Rat von Jeanneney, Edgar
Faure und anderen Ministern hin beschloß de Gaulle in einer
außerordentlichen Kabinettssitzung am 23. November 1968,
den Franken nicht abzuwerten, sondern mit drakonischen
Sparmaßnahmen zu verteidigen. Es verdient erwähnt zu werden, daß die Regierung die Militärausgaben bis hin zu den
Atomversuchen im Mururoa-Atoll sehr beschnitt, so daß sie
erstmals von den Ausgaben für das Kultusministerium über-
troffen wurden! Der Kurs des Franken wurde durch den energischen Widerstand stabilisiert und erst unter de Gaulles Nachfolger Pompidou im August 1969 um 12,5 Prozent abgewertet.

Zwei außerordentliche Ereignisse des Jahres 1969 verdienen
noch Erwähnung, weil sie deutlich machen, in welchem Maß
der General bereit war, auch die Beziehungen zu den Angelsachsen zu verbessern. Das eine Ereignis waren die Gespräche,
die de Gaulle am 4. Februar 1969 mit dem britischen Botschafter Soames im Elysée-Palast führte und die von dem anglophi-
len Außenminister Debré zur Verbesserung der britisch-fran-

zösischen Beziehungen angeregt worden waren. Bei den Gesprächen schlug de Gaulle eine Reorganisation der westlichen Allianz vor, und Soames versäumte es nicht, seiner Regierung von diesen überraschenden Gedanken des Generals Mitteilung zu machen. Im Foreign Office wurde den Bemerkungen de Gaulles aber eine antiamerikanische und antibritische Wendung gegeben, so daß nach der Veröffentlichung eine Woge des Unmuts entstand. Der Versuch, mit England zu einer gewissen Annäherung zu gelangen, war zunächst gescheitert.

Mehr Erfolg war de Gaulle bei dem Versuch beschieden, das Verhältnis zu den USA zu verbessern: Der 1968 neu gewählte Präsident Richard Nixon war ebenso wie sein außenpolitischer Berater Henry Kissinger ein großer Bewunderer des Generals und brachte dies bei seinem Besuch in Paris im Februar 1969 zum Ausdruck. Daß es bei den langen Gesprächen zwischen den beiden Staatsmännern auch zu einem Einvernehmen über die Notwendigkeit kam, den Krieg in Vietnam politisch zu lösen, ist zumindest sehr wahrscheinlich. In jedem Fall war das Verhältnis zu den USA 1969 so entspannt, daß de Gaulle, der am 30. März an der Trauerfeier für Eisenhower teilgenommen hatte, am 4. April sein Einverständnis zur Verlängerung des Atlantikpaktes gab.

Die Volksabstimmung vom 27. April 1969

Der von Jeanneney ausgearbeitete Plan einer Regionalreform und einer Reform des Senats sollte am 27. April 1969 dem Volk zur Entscheidung vorgelegt werden. Aber im Gegensatz zu den früheren Volksabstimmungen war die Ausgangslage jetzt ausgesprochen ungünstig: Nach den Maiunruhen hatte sich die wirtschaftliche Lage verschlechtert, die hohen Lohnsteigerungen heizten die Inflation an; die Maßnahmen im Gefolge der Spekulation gegen den Franken vom November 1968 brachten die französischen Unternehmen in eine schwierige Lage. In der Politik ging Giscard d'Estaing immer deutlicher von der versteckten zur offenen Opposition über.

Für zahlreiche Wähler, die bei den Parlamentswahlen 1968

aus Furcht vor dem Chaos die Gaullisten gewählt hatten, fiel dieses Motiv 1969 insofern weg, als Georges Pompidou im Januar während eines Aufenthaltes in Rom seine Bereitschaft erklärte, für die Präsidentschaft zu kandidieren. Obwohl aus dem Elysée-Palast sofort die Mitteilung kam, der General werde sein Amt bis zu dessen Ende ausüben, stellte die Aussicht, notfalls auf Pompidou, der sich während der Krise des Mai 1968 durch seine Ruhe und Umsicht bewährt hatte, zurückgreifen zu können, eine Beruhigung für die rechten Wähler dar. De Gaulles Hauptargument, außer ihm gäbe es nur das Chaos *(moi ou le chaos)* zog nicht mehr!

Die Meinungsumfragen vor der Volksabstimmung ließen erkennen, daß der Prozentsatz der Zustimmung sank und die Opposition anstieg auf über 50 Prozent. Am 10. April gab der General sein letztes großes Interview im Fernsehen und machte die Folgen einer Ablehnung ganz deutlich, als ihn Michel Droit fragte, ob er in einem solchen Fall persönliche Konsequenzen zöge: »Darüber kann nicht der geringste Zweifel bestehen: Von der Antwort des Landes auf meine Frage wird es in der Tat abhängen, ob ich mein Amt fortführe oder aber sofort zurücktrete.« Obwohl die Verfassung eine Verbindung des Amtes mit der Zustimmung des Volkes bei einer Volksabstimmung nicht vorsah, de Gaulle also im Fall der Ablehnung keineswegs gezwungen gewesen wäre zurückzutreten, gab es für ihn diesen Zusammenhang, denn er fügte hinzu: »(...) was für ein Mann wäre ich denn, wenn ich nicht unverzüglich die Konsequenzen aus einem so tiefen Bruch zwischen mir und dem Volk zöge und auf lächerliche Weise an meinem Amt festhielte!« Für die Nation war es also klar, daß es nicht nur um die Reformen ging, sondern um Charles de Gaulle selbst.

Die Volksabstimmung am 27. April 1969 fiel eindeutig aus: 47 Prozent Ja-Stimmen standen 53 Prozent Nein-Stimmen gegenüber. Kurz nach Mitternacht am 28. April veröffentlichte die Nachrichtenagentur *Agence France-Presse* die letzte offizielle Verlautbarung de Gaulles: »Ich lege mein Amt als Präsident der Republik nieder. Diese Entscheidung tritt heute mittag in Kraft.« *(Je cesse d'exercer mes fonctions de Président de la République. Cette décision prend effet aujourd'hui à midi.)*

Der Tod des Generals

De Gaulle zog sich tief enttäuscht auf seinen Landsitz La Boisserie in Colombey zurück. Zu dem politischen Geschehen gab
er keine Kommentare ab. Um sich auch aus dem Wahlkampf
um die Nachfolge herauszuhalten, unternahm er vom 10. Mai
bis 19. Juni 1969 eine Reise nach Irland. Er sandte Georges
Pompidou nach dessen Wahl am 15. Juni ein angemessenes
Glückwunschschreiben, empfing ihn aber nie mehr. Im Juni des
folgenden Jahres unternahm der General eine längere Reise
(4.–26. 6. 1970) nach Spanien, das er noch nicht kannte und dessen karge Landschaft ihn sehr beeindruckte. Seine treuen Anhänger wie Malraux und Mauriac brachten kein Verständnis
dafür auf, daß er dabei Franco im Pardo-Palast einen Besuch
abstattete (8. 6. 1970).

Die Zeit in Colombey verbrachte de Gaulle mit dem Abfas-
sen seiner Memoiren. Täglich saß er viele Stunden an seinem
Schreibtisch im Eckraum von La Boisserie, von wo aus der
Blick weit über die Landschaft geht, ohne auf ein Werk von
Menschenhand zu treffen. Er hatte noch die Genugtuung, daß
der erste Band am 23. Oktober 1970 im Verlag Plon erschien
und durch den Überraschungseffekt ein großes Aufsehen erregte, auch wenn das Urteil der französischen Presse zurückhaltend ausfiel.

Bei der Arbeit am zweiten Band, *L'effort 1962 ...*, ereilte ihn
am 9. November 1970 gegen 19 Uhr der Tod durch ein
Aneurysma der Bauchschlagader. Als der Arzt aus dem 13 Kilometer entfernten Chaumont eintraf, gleichzeitig mit dem
Priester, lag de Gaulle schon im Koma und schlief kurz danach
ein. Fast 14 Stunden dauerte es, bis die Öffentlichkeit informiert wurde. 1952 hatte der General bestimmt und später
mehrfach bestätigt, daß seine Beisetzung in Colombey ohne
jede öffentliche Zeremonie, in äußerster Schlichtheit stattfinden solle. So geschah es auch am 12. November 1970, während
am gleichen Tag die Staatsmänner der Welt in Notre-Dame an
einem Gedenkgottesdienst zu seinen Ehren teilnahmen.

Sein Ansehen als bedeutendster französischer Staatsmanns
des 20. Jahrhunderts und vielleicht nicht nur dieses Jahrhun-

derts hat dazu geführt, daß sich alle Welt auf ihn beruft: »Jeder war, ist oder wird Gaullist« *(tout le monde a été, est ou sera gaulliste).* Dennoch bleibt die Frage offen, ob er die Nation mit seinem Anspruch auf gleichberechtigte Mitsprache mit den Supermächten nicht überfordert hat; ob sein Anspruch auf eine heroische Rolle, die »weiten Unternehmungen« *(de vastes entreprises)* dem Bedürfnis der Franzosen entsprach, unter »normalen« Bedingungen die gesellschaftlichen Probleme gelöst zu sehen; ob der Bruch vom 27. April 1969 über alle politischen Manöver einzelner Gegner nicht dem tatsächlichen Willen des Volkes entsprach, dem Mann die Macht zu nehmen, dem es soviel verdankte: Er hatte 1940 fast als einziger und in einer hoffnungslosen Lage nicht an Frankreich und an der Freiheit gezweifelt. Ihm war es zu verdanken, daß die Republik bei Kriegsende im Lager der Sieger stand und die 1940 so tief gedemütigte Nation wieder ihren Platz unter den anderen Nationen des Westens einnehmen konnte. Er hatte das durch die Kolonialkriege zerrüttete Land 1958 vor dem Bürgerkrieg gerettet, seine Wirtschaft und seine Finanzen geordnet, die Kolonien und, spät genug, 1962 auch Algerien freigelassen. Sein Hauptverdienst aber dürfte wohl gewesen sein, der Nation – gegen den Widerstand der Politiker – solide Institutionen gegeben zu haben, die sich über die Jahrzehnte hinweg so bewährten, daß auch seine politischen Gegner sich ihrer ohne Zögern bedienten, wie sie auch die Sonderrolle Frankreichs im westlichen Bündnis und seine eigenständige Atomstreitmacht übernahmen. Entgegen den Vorstellungen der Anhänger einer europäischen Integration hat sich sein Gedanke vom Fortbestand der Nationen, auch gegenüber den umfassenden Ideologien, als richtig erwiesen. Dadurch, daß er die Verständigung mit Deutschland zu seiner eigenen Sache machte, söhnte sich die Nation mit dem Nachbarn am Rhein aus. So hinterließ er Frankreich zum ersten Mal seit Jahrhunderten nur von befreundeten Nachbarn umgeben.

Zu alledem war er ein großer Schriftsteller, der, ganz in der literarischen Tradition seines Landes stehend, dem Höhenflug seiner Gedanken den angemessenen Ausdruck verlieh. Um von der Kraft seines lyrisch-pathetischen Stils einen Eindruck zu gewinnen, genügt die Lektüre der ersten und besonders der letzten Seiten seiner Kriegsmemoiren. Durch das Wort blieb er über sein Leben hinaus Schöpfer seiner eigenen Legende und der seiner Nation in schwieriger Zeit. Noch mit seinem brüsken Rücktritt hatte er ein Zeichen gesetzt und nach der Maxime gehandelt, die er seinem Sohn gegenüber als Erklärung zum ersten Rücktritt 1946 so formuliert hatte: »Man muß wählen: Man kann nicht gleichzeitig der Mann der großen Stürme und der niedrigen Mauscheleien sein!« *(Il faut choisir et l'on ne peut être à la fois l'homme des grandes tempêtes et celui des basses combinaisons).*

20. Die Fünfte Republik nach de Gaulle

Die Präsidentschaft Pompidous

Der plötzliche und für manchen Beobachter, der die Person des Generals nicht gut kannte, überraschende Rücktritt de Gaulles bedeutete das Ende einer Ära. Mit dem Mann verschwanden auch die »großen Stürme«, und Frankreich trat in eine Epoche der ruhigen Entwicklung, der Normalität ein. Dies zeigte sich beim Übergang der Macht. Die während de Gaulles Regierungszeit oft gehörte Frage, ob die Institutionen ihren Schöpfer überleben würden, erwies sich im Augenblick der Bewährung als unnötig. Die Mechanismen, die die Verfassung *(article 7)* vorsah, arbeiteten, ohne daß es zu Schwierigkeiten gekommen wäre. Von de Gaulle informiert, hatte Premierminister Couve de Murville den Verfassungsrat *(Conseil constitutionnel)* benachrichtigt, der daraufhin erklärte, daß Senatspräsident Alain Poher provisorisch die Geschäfte des Staatspräsidenten wahrnehme und daß die Frist (20–35 Tage) bis zur Neuwahl laufe.

Poher (geb. 1909), der als Präsident des Senats dessen Sieg über de Gaulle verkörperte, kam von den Volksrepublikanern und gehörte zu dem betont europafreundlichen Zentrum *(Centre démocrate)*. Seinen Amtssitz, den Elysée-Palast, fand er ohne Schriftstücke und Anweisungen vor. Die Regierung, deren Sitzungen er präsidierte, begegnete ihm mit Mißtrauen, aber Poher erfüllte seine Aufgabe mit Würde und traf einige nicht unwichtige Entscheidungen.

Die Präsidentschaftswahlen 1969

Georges Pompidou, der im Januar seine Bereitschaft für die Nachfolge de Gaulles kundgetan hatte, erklärte seine Kandidatur schon am 29. April, dem Tag nach de Gaulles Rücktritt. Er fand die Unterstützung der Gaullisten und, nach kurzem Zögern, auch die der Anhänger Giscard d'Estaings. Alain Poher trat als Kandidat für das Zentrum auf. Nachdem François Mitterrand wegen der Ereignisse von 1968 vom Vorsitz der FGDS (*Fédération de la gauche démocratique et socialiste*) zurückgetreten war, konnte sich die Linke nicht wie 1965 auf einen gemeinsamen Kandidaten verständigen. Pompidou erhielt im ersten Wahlgang (1. 6. 1969) 44,47 Prozent, Poher 23,31 Prozent. Die große Überraschung bildete das hervorragende Abschneiden des Kommunisten Duclos, der mit 21,27 Prozent nur knapp von Poher überflügelt werden konnte.

Bei der Stichwahl am 15. Juni 1969 kam die Unlust der linken Wahlberechtigten, die nur die Wahl zwischen zwei »bürgerlichen« Kandidaten hatten, in dem nochmals auf 31,15 Prozent erhöhten Anteil der Enthaltungen zum Ausdruck, denen noch 4,42 Prozent ungültige Stimmen zuzurechnen sind. Pompidou gewann die Wahl mit 58,21 Prozent der abgegebenen gültigen Stimmen, bei 41,79 Prozent für Poher. Mit dem Sieg Pompidous hatten die Institutionen ihre Bewährungsprobe bestanden; der Präsident konnte sich weiterhin auf die Mehrheit von 1968 in der Nationalversammlung stützen.

Premierminister Chaban-Delmas

Bald nach seiner Wahl ernannte Pompidou Jacques Chaban-Delmas zum neuen Premierminister, einen Widerstandskämpfer und früheren Anhänger de Gaulles. Seine Regierungszeit stellte den Versuch dar, die beiden Republiken zu versöhnen: In der sehr breit angelegten Regierungsmannschaft hatten neben dem Altgaullisten Debré (Verteidigung) auch wieder Maurice Schumann (Außenminister), Giscard d'Estaing (Finanzen) und ab 1971 Jacques Chirac (Beziehungen zum Parlament) Platz. Als einen seiner Ratgeber (für soziale und kulturelle Angelegenheiten) holte sich Chaban-Delmas Jacques Delors in den Matignon-Palast. Der Premierminister war aufgeschlossen für gesellschaftliche Reformen und für die Öffnung der Regierungsmehrheit zur linken Mitte hin. Er machte dies in einer aufsehenerregenden Regierungserklärung über die »neue Gesellschaft« am 16. September 1969 deutlich. Da der Text offenbar nicht zuvor mit Pompidou abgesprochen war, kam es zu einer Verstimmung des konservativen Staatspräsidenten, der die bestehende Gesellschaft belassen und »die Franzosen nicht ins Träumen« *(ne pas faire rêver les Français)* bringen wollte. Der sehr realistisch denkende Pompidou war der Ansicht, »die Gesellschaft sei, was sie ist«, und aus diesem grundsätzlichen Gegensatz zwischen ihm und dem Premierminister kam es zu einer Entfremdung.

Sehr bald nach der Wahl war der Regierung klar geworden, daß sich de Gaulles Weigerung, den Franken abzuwerten, nicht mehr halten lassen würde. Am 8. August 1969 wurde die französische Währung um 12,5 Prozent abgewertet. Eine weitere, indirekte Abwertung um etwa fünf Prozent gegenüber der D-Mark mußte die französische Währung unter Pompidou im Frühjahr 1974 hinnehmen.

Die Regierung Chaban-Delmas korrigierte die Maßnahmen, die 1968 nach den Mai-Unruhen gegenüber den Medien, in Reaktion auf den langen Streik bei Funk und Fernsehen, ergriffen worden waren. Für die Arbeitnehmer war ein Gesetz von großer Bedeutung, das ihnen das Recht auf berufliche Weiterbildung zusprach (Juli 1971). Eine für die am stärksten benachteiligten Personen wichtige Neuerung stellte die Umstellung des Mindestlohnes SMIG *(salaire minimum national interprofessionnel garanti)* auf den SMIC *(salaire minimum interprofessionnel de croissance)* dar.

Mit Vorsicht ging die Regierung das Problem der Regionalisierung an, also der Stärkung der größeren Verwaltungseinheiten. Zunächst wurde Korsika 1970 aus der Region Provence-Alpes-Côte d'Azur gelöst und erhielt den Status einer eigenen Region. Die dann durch Gesetz vom 5. Juli 1972 geschaffenen 22 Regionen des Mutterlandes wurden aber nicht autonome Gebietskörperschaften *(collectivité territoriale)*, sondern nur öffentlich-rechtliche Anstalten *(établissement public)*, ohne große politische Autonomie und mit nur geringen Rechten und finanziellen Mitteln. Der »Regionalrat« *(conseil régional)* ging nicht aus allgemeinen Wahlen hervor, sondern setzte sich aus bereits gewählten Vertretern zusammen. Erst der Sieg der Sozialisten 1981 brachte den tatsächlichen Durchbruch bei der Regionalisierung des Landes.

Die Stellung des wegen seiner Vergangenheit und seines konzilianten Wesens hochangesehenen Premierministers wurde geschwächt, als die satitirische Wochenschrift *Le Canard en chaîné* 1972 seine Einkommensteuererklärung veröffentlichte, aus der hervorging, daß Chaban-Delmas aufgrund der bereits entrichteten Kapitalertragsteuer praktisch keine Einkommensteuer mehr zahlte, und das seit Jahren. Zwar völlig legal, schadete dieses Vorgehen doch seinem Ruf als integrer Politiker und trug zu seinem Mißerfolg bei den Präsidentschaftswahlen 1974 bei.

Die Volksabstimmung über den EG-Beitritt Englands

Auf dem Gebiet der Außenpolitik blieb Pompidou, was die Unabhängigkeit Frankreichs in der westlichen Allianz angeht, auf dem Kurs de Gaulles. Aber in Europa verlagerte er das Gewicht von der engen Bindung an Deutschland auf ein besseres Verhältnis mit England hin. Während de Gaulle als Kenner Deutschlands immer von der Überlegenheit über den Nachbarn ausging, war Pompidou von Mißtrauen gegenüber diesem und seiner wachsenden Macht erfüllt. Als sich Willy Brandt mit Breschnew im Herbst 1971 zu vertraulichen Gesprächen in dessen Urlaubsort Oreanda am Schwarzen Meer traf, ohne zuvor die französische Regierung von dieser Zusammenkunft informiert zu haben, sah man sich in Paris in seinem Mißtrauen gegenüber der deutschen Ostpolitik bestätigt und suchte nach einem Gegengewicht gegenüber dem allzu selbständigen östlichen Nachbarn.

Die Volksabstimmung über Englands Beitritt zur EG bot die Gelegenheit, die europafreundlichen Sozialisten und das Zentrum, also einen großen Teil der Opposition, von den aus Prinzip europafeindlichen Kommunisten zu trennen. Pompidou konnte also eine breite Zustimmung der Bevölkerung und, im Hinblick auf die 1973 anstehenden Legislativwahlen, die Spaltung der Opposition erwarten. Allerdings zeigte es sich, daß eine Volksabstimmung in einer Frage, die allgemein breite Zustimmung fand, nicht die Massen mobilisieren konnte. So brachte die Volksabstimmung am 23. April 1972 zwar die erwünschte Zustimmung zur Erweiterung der EWG, bereitete dem Staatspräsidenten aber insofern eine Enttäuschung, als nicht weniger als 39,5 Prozent der Wähler sich der Stimme enthielten und zusätzlich 7,1 Prozent ungültige Stimmen abgaben. Von den abgegebenen gültigen Stimmen entfielen 67,71 Prozent (= 10,5 Millionen) auf das Ja, 32,29 Prozent (= 5 Millionen) auf das Nein. Das politische Ziel war mit diesem Ergebnis zwar erreicht, aber die Politik des Staatspräsidenten hatte nicht den Auftrieb erfahren, den dieser sich erhofft hatte.

Der Rücktritt von Chaban-Delmas

Es läßt sich nicht genau erkennen, aus welchen Gründen sich der Premierminister entschloß, eine Grundsatzdebatte im Parlament und eine Vertrauensabstimmung für seine Regierung anzustreben. Nach zweitägiger Debatte erklärte ihm die Nationalversammlung mit der großen Mehrheit von 368 zu 96 Stimmen das Vertrauen. Trotzdem verfolgte der Staatspräsident seine Absicht, den Premierminister auszuwechseln. Mit der Annahme des Entlassungsgesuches von Chaban-Delmas durch den Präsidenten am 5. Juli 1972 endete die Zeit dieser rechtsliberalen Regierung und zugleich die Möglichkeit einer Öffnung der Gaullisten zur Mitte hin. Die Polarisierung in Rechte und Linke war die unvermeidliche Folge.

Nach dem Rücktritt von Chaban-Delmas beauftragte Pompidou Pierre Messmer (geb. 1916) mit der Regierungsbildung. Seine Ernennung bedeutete gegenüber dem Liberalismus von Chaban-Delmas eine Rückkehr zur strengen Lehre der Gaullisten. Das zeigte sich schon beim Vorgehen gegenüber dem Parlament: Als dieses aus den Ferien zurückgekehrt war, stellte sich die schon Monate zuvor gebildete Regierung nicht einer Vertrauensabstimmung. Messmer erklärte, daß er sein Mandat allein vom Präsidenten herleite und daß es Sache der Opposition sei, einen Mißtrauensantrag gegen die Regierung zu stellen. Die Zusammensetzung der neuen Regierung machte den Rechtsruck deutlich, auch wenn die meisten Schlüsselpositionen in den gleichen Händen blieben.

Die Parlamentswahlen 1973

Das Hauptaugenmerk der politischen Kräfte war naturgemäß auf die Legislativwahlen im Frühjahr 1973 gerichtet. Die Linke war dabei in einer sehr viel besseren Lage als 1968, da die damals verbreitete Angst der Bevölkerungsmehrheit vor dem Chaos inzwischen einer nüchternen Betrachtung gewichen war und da sich 1972 (26. 6.) Sozialisten und Kommunisten auf ein »Gemeinsames Regierungsprogramm« geeinigt hatten.

Die Regierungsparteien erhielten im ersten Wahlgang (4. 3. 1973) 36,98, die unabhängige Mitte 16,67 und die Linke insgesamt 45,84 Prozent, wobei die Kommunisten sich mit 21,41 Prozent vor den Sozialisten mit 19,10 plazieren konnten. François Mitterrand hatte damit sein Ziel, die sozialistische Partei gleich stark wie die Kommunisten zu machen, fast erreicht. Im zweiten Wahlgang am 11. März 1973 klärten sich die Fronten insofern, als die Wähler der Mitte sich mehrheitlich für die Kandidaten der Regierungsmehrheit entschieden, die dadurch ein leichtes Übergewicht gegenüber der Linken erlangte. Die Regierungskoalition konnte mit 268 Sitzen von 490 Abgeordneten (einschließlich Überseegebiete) wieder die absolute Mehrheit erlangen, das Zentrum erhielt nur 30 Sitze, während die Linke auf 175 Abgeordnete, davon 102 Sozialisten und 73 Kommunisten anwuchs. Sie blieb damit weiter von der Macht ausgeschlossen. Aber der stimmenmäßige Abstand zu den Regierungsparteien war auf knapp ein Prozent zusammengeschrumpft, und nur das Wahlsystem sorgte für eine klare Regierungsmehrheit.

Das Ende der Präsidentschaft

Am 27. März reichte Messmer seinen Rücktritt ein und wurde sofort wieder mit der Regierungsbildung beauftragt. In der gestrafften Regierung fiel vor allem der Wechsel von Jacques Chirac, der das besondere Vertrauen des Staatspräsidenten genoß, vom Landwirtschafts- in das Außenministerium auf. Am 2. April 1974 wurde gegen 22.00 Uhr die Nachricht vom Tod des Staatspräsidenten Georges Pompidou verbreitet, dessen Erkrankung schon seit einiger Zeit zu erkennen war.

Der zweite Präsident der Fünften Republik hatte sich als Regierungschef unter de Gaulle den Ruf eines fähigen und entschlossenen Politikers erworben. Als Staatspräsident war er weniger vom Glück begünstigt. Aber er hat als Fachmann der französischen Wirtschaft Impulse zur Modernisierung gegeben, und die Erfolge blieben nicht aus, bevor die Ölkrise sie in den letzten Monaten seiner Präsidentschaft in Frage stellte. Nicht ins Vergessen sollte sein Sinn für die moderne Kunst geraten, der in dem Centre Georges Pompidou *(Centre Beaubourg)*, dem am stärksten besuchten kulturellen Zentrum Frankreichs, seinen Ausdruck fand, das zu Recht seinen Namen trägt.

Die Erneuerung der Linken

Während der Präsidentschaft von Georges Pompidou war es zu einem Aufschwung der linken Parteien gekommen, der seinen sichtbaren Ausdruck in dem »Gemeinsamen Regierungsprogramm« *(Programme commun de gouvernement)* von Kommunisten und Sozialisten fand (26. 6. 1972), dem sich ein Teil der Radikalen anschloß. Wie war dieser Schulterschluß zwischen den verfeindeten Parteien möglich geworden? Sie hatten erkannt, daß bei der durch de Gaulle bewirkten Polarisierung in Rechte und Linke Erfolge nur durch ein Zusammengehen möglich waren. Dabei hatte jeder der beiden Partner immer den – zum Teil auch offen ausgesprochenen – Hintergedanken, den anderen in der gemeinsamen Politik zu dominieren. Der Mangel an Aufrichtigkeit und Kompromißbereitschaft führte später wieder zu dem Bruch der Zusammenarbeit.

Mit dem Geschick des erfahrenen Politikers war es Mitterrand auf dem Kongreß von Epinay im Juni 1971 gelungen, den

Generalsekretär Alain Savary an der Spitze der SFIO abzulösen, die zwei Jahre zuvor in »Sozialistische Partei« *(Parti socialiste = PS)* umbenannt worden war.

Die Sozialistische Partei wandte sich in Epinay von der Mitte
weg und den Kommunisten zu und lehnte den Kapitalismus
entschieden ab. Mitterrand, der aus einer streng katholischen
Familie stammte, war viel zu erfahren, um mit dieser Taktik
Überzeugungen zu verbinden. Er hatte sicher vor, die Kommunisten, die seit 1947 aus den demokratischen Prozessen
nahezu ausgeschlossen waren, wieder in das politische Spiel
zurückzuführen, aber es ging ihm nicht darum, ihnen weitgehende Machtbefugnisse einzuräumen, sondern vielmehr
darum, mit ihrer Hilfe selbst die Macht zu erlangen. Diese Strategie konnte nur Erfolg haben, wenn die Sozialistische Partei
stärker als die Kommunisten wurde.

Die Verhandlungen zwischen den beiden Parteien dauerten
etwa ein Vierteljahr, dann hatte man sich in den wichtigsten Punkten geeinigt. Erst nach großem Druck erklärten die Kommunisten sich bereit, bei einer verlorenen Wahl auch wieder den Wählerwillen zu beachten und den Machtwechsel zuzulassen. Neun
große Konzerne sollten verstaatlicht werden und dazu die Banken und Versicherungen, die noch privat waren. Die Zugehörigkeit Frankreichs zur NATO wurde von den Kommunisten
respektiert, auch wenn sie für die Auflösung der Militärblöcke
eintraten. Die Europäische Gemeinschaft sollte mit Frankreich
fortbestehen. Unklarheiten blieben in der Außen- und Militär-
politik. Dennoch hätte es sich um ein historisches Ereignis handeln können, da die beiden Parteien zum ersten Mal in ihrer Geschichte ein festes Regierungsbündnis schlossen mit der erklärten
Absicht, die französische Gesellschaft zu ändern. Zu erwähnen
bleibt noch, daß ein Teil der Radikalen sich als Linksbewegung
(Mouvement des radicaux de gauche = MRG) dem Bündnis anschloß. Die Polarisierung der politischen Kräfte war unübersehbar.

Der Erfolg zeigte, daß diese Strategie, sofern sie ohne die erwähnten Vorbehalte beachtet worden wäre, beim Wähler Anklang fand. Bei den Parlamentswahlen im März 1973 errang die
Linke nach Stimmen das beste Ergebnis seit 1956, auch wenn

das Wahlrecht den Niederschlag bei den Parlamentssitzen verhinderte. Die eigentliche Bewährungsprobe aber stellten die Präsidentschaftswahlen nach dem Tod Pompidous dar.

Die Präsidentschaftswahlen 1974

Die Linke hatte bei den Wahlen nach Pompidous Tod die besten Aussichten, den Sieg zu erringen. Die Kandidatur von Mitterrand fand nicht nur die Unterstützung seiner eigenen Partei, sondern auch die der Kommunisten, der Linksradikalen *(MRG)*, der »Vereinigten sozialistischen Partei« *(PSU)* und der mächtigsten Gewerkschaften *(CGT, CFDT, FEN)*.

Die Lage bei der Rechten stellte sich viel weniger klar dar. Chaban-Delmas erklärte seine Kandidatur. Zwar konnte er den Parteiapparat und die Mehrheit der Gaullisten hinter sich vereinigen, aber 43 Minister und Abgeordnete der Rechten, darunter der gaullistische Innenminister Chirac, sprachen sich für eine »abgestimmte Lösung«, indirekt also gegen Chaban-Delmas aus. Dagegen gewann als weiterer Kandidat der Finanzminister und Chef der »Unabhängigen Republikaner« *(RI)* Valéry Giscard d'Estaing die Unterstützung seiner Partei, des Zentrums und der zahlreichen Clubs *Perspectives et Réalités*, die im ganzen Land verbreitet waren.

Zwischen Mitterrand und den beiden Kandidaten der Rechten mußte die Entscheidung fallen, denn den anderen neun Kandidaten wurden keine großen Chancen eingeräumt. Die Umfragen während des Wahlkampfes ergaben, daß Mitterrand die Stimmen der Linken weitgehend auf sich vereinigen würde, daß aber auf der rechten Seite die Unterstützung für Chaban-Delmas im Lauf der Kampagne von 29 Prozent auf 15 fiel, während sein Konkurrent Giscard auf über 30 Prozent kam.

Die Ergebnisse des ersten Wahlgangs (5. 5. 1974) bestätigten weitgehend die Voraussagen: Bei ungewöhnlich hoher Beteiligung (84,23 Prozent) errang Mitterrand 43,25 Prozent der Stimmen, Giscard 32,60, während Chaban-Delmas nur 15,11 Prozent gewinnen konnte. Keiner der übrigen Kandidaten konnte mehr als 3,17 Prozent der Stimmen (Royer) auf sich ver-

einigen, der Kandidat der »Nationalen Front« *(FN)* Le Pen gewann mit 191 000 Stimmen gerade 0,75 Prozent.

Der entscheidende zweite Wahlgang (19.5.1975) erbrachte
eine Rekordbeteiligung von 87,33 Prozent; das zeigte, in welchem Maße die Spaltung des Landes in eine Rechte und eine
Linke die Wähler mobilisierte. Das Ergebnis, 50,81 Prozent für
Giscard, 49,19 Prozent für Mitterrand, machte zugleich deutlich, daß das Land in zwei gleich große Blöcke zerfiel. Der geringe Abstand von etwa 400 000 Stimmen zwischen Giscard
(13,396 Millionen) und Mitterrand (12,971 Millionen) zeigte
aber auch, daß eine geeinte Linke über ein Wählerreservoir verfügte, das über die Gesamtstimmenzahl der linken Parteien hinausging, und daß es darauf ankam, diese Wähler aus der linken
Mitte zu gewinnen.

Die Präsidentschaft Giscard d'Estaings

Der neue Präsident Valéry Giscard d'Estaing (geb. 1926 in Koblenz) trat am 27. Mai 1974 sein Amt an mit dem Ausspruch,
daß von diesem Tag eine neue Ära der französischen Politik be-
ginne. Aber das Neue lag zunächst in der Normalität: Er war
der erste vom Volk gewählte Präsident, der sein Mandat in der
vollen Länge von sieben Jahren innehatte. Er löste weder die
Nationalversammlung auf noch wandte er sich direkt an das
Volk, um eine Entscheidung herbeizuführen. Die Wahlen fanden zu den festgesetzten Terminen statt. Mit anderen Worten:
Die Institutionen bewährten sich.

Der gute Wille und die Absicht zu Reformen waren dem Präsidenten nicht abzusprechen, und er hat zu Beginn seiner
Amtszeit auch einiges erreicht und durchgesetzt, aber seine
Möglichkeiten blieben von Anfang an beschränkt durch die
ungünstige Kräftekonstellation in der Nationalversammlung:
Seine direkten Anhänger, die »Unabhängigen Republikaner«,
hatten bei den Wahlen im März 1973 gerade 51 Sitze gewonnen,
55 mit den listenverbundenen Abgeordneten *(apparentés)*; dagegen verfügten die Gaullisten über insgesamt 183 (davon
21 *apparentés*) Sitze. Es war zu erwarten, daß sie den Macht-

verlust nur schwer verwinden und versuchen würden, ihnen nicht genehme Initiativen abzublocken. Zwar konnte sich der Präsident auf die »Reformatoren« *(réformateurs)* des Zentrums um Lecanuet stützen (34 Abgeordnete), aber die von ihm angestrebte Öffnung zu den Sozialisten blieb – mit wenigen Ausnahmen wie bei der Frage der Schwangerschaftsunterbrechung – ohne Erfolg. Durch das Gemeinsame Regierungsprogramm waren die Sozialisten eng mit den Kommunisten verbunden und dachten nicht daran, den greifbar nahen Erfolg bei den nächsten Wahlen durch eine Öffnung zur Mitte zu gefährden. Zunächst allerdings hatte der neue Präsident eine gewisse Schonfrist und konnte seine glänzenden Fähigkeiten entfalten.

Als *polytechnicien* und Absolvent der »Nationalen Verwaltungshochschule« ENA hatte Giscard sich den Ruf eines hervorragenden Fachmannes auf wirtschaftlichem Gebiet verschafft. Die brillante Art, mit der er jährlich in der Nationalversammlung den Haushalt vorstellte, brachte ihm Bewunderung und Ansehen ein. Von der Überzeugung her zutiefst liberal und für den Dialog auch mit dem politischen Gegner aufgeschlossen, zeigte er aufgrund seiner intellektuellen Überlegenheit oftmals einen gewissen Hochmut und bestand auf seiner Stellung als Präsident. Die Überzeugung, daß Sachverstand und Intelligenz alle Probleme lösen könnten, verführte ihn gelegentlich zu allzu großem Optimismus und zur Verkennung der auch ihm gesetzten Grenzen.

Die Regierung Chirac

Der Präsident wählte seinen Premierminister aus den Reihen der Gaullisten und beauftragte Jacques Chirac (geb. 1932) mit der Regierungsbildung. Chirac hatte wie Giscard d'Estaing die Elitehochschule ENA besucht und war durch Pompidou zu den ersten Ämtern gelangt. Ein Vollblutpolitiker von großen Fähigkeiten und hohem Ansehen bei Mitarbeitern und Untergebenen, bildete Chirac eine weitgehend neue Regierung. Nur drei Minister, darunter er selbst, wurden von der vorausgegangenen Regierung übernommen. Im ganzen war die Regierungsmannschaft verjüngt und der Einfluß der Frauen etwas vergrößert worden.

Reformen und Reformversuche

Eine ganze Reihe von Reformen, darunter auch solche, deren Tragweite erst später deutlich wurden, konnte erfolgreich auf den Weg gebracht werden: Durch eine Änderung der Verfassung, die der Kongreß aus beiden Kammern am 21. Oktober 1974 beschloß, erhielten auch die Parlamentarier das Recht der Anrufung des Verfassungsrates *(Conseil constitutionnel)*, sofern mindestens 60 Abgeordnete oder Senatoren davon Gebrauch machten. Die Auswirkungen dieser Änderung wurden erst mit der Zeit deutlich, als der Verfassungsrat immer häufiger angerufen wurde. Allerdings besitzen Einzelpersonen oder Gerichte noch heute nicht das Recht, sich an den Verfassungsrat zu wenden, wie dies in Deutschland der Fall ist.

Um zu verhindern, daß sich immer mehr Kandidaten um das Amt des Staatspräsidenten bewerben, wurden als Bedingung für die Aufstellung der Kandidatur 500 Unterschriften von Volksvertretern (von den Gemeinderäten bis zu den Abgeordneten und Senatoren) aus 30 Départements verlangt (zuvor waren es 100 Unterschriften aus 10 Départements).

Zu den großen und einschneidenden Änderungen gehört die Einführung der Volljährigkeit ab 18 Jahren (bisher 21) im Jahr 1974; dadurch erhielten viele junge Franzosen das Wahlrecht, und diese Verjüngung der Wählerschaft wirkte sich bei den folgenden Wahlen zugunsten der Opposition aus.

Im Zuge der allgemeinen Liberalisierung nach 1968 wurde nicht nur die Empfängnisverhütung neu geregelt (1974) und das Scheidungsrecht angepaßt (1975), sondern auch die Schwangerschaftsunterbrechung *(interruption volontaire de grossesse)*, die seit 1923 als Verbrechen galt, ermöglicht. Sie wurde erlaubt bis zur zehnten Schwangerschaftswoche (bei sozialer Notlage). Das Gesetz (17. 1. 1975) galt zunächst nur für fünf Jahre, wurde aber 1979 erneuert. Gesundheitsministerin Simone Veil konnte ihre Vorlage nur mit 284 zu 184 Stimmen durchbringen, weil sie die Unterstützung der Linken fand, während alle Gegenstimmen aus dem Regierungslager kamen. 77 von ihnen riefen – vergeblich – den Verfassungsrat an. Daß sich die Regierung in dieser zentralen Gewissensfrage der wechselnden Mehrheit und der Stimmen der Opposition bediente, führte zu schweren Spannungen im Regierungslager.

Eine andere wichtige Neuerung stellte die Änderung des Status der Hauptstadt durch Gesetz vom 31. Dezember 1975 dar. Mit Ausnahme einer längeren Zeit in der Revolution 1789 und kürzerer in den Revolutionen von 1848 und 1871 (Kommune) hatte Paris keinen Bürgermeister gehabt. Die Regierungen wollten die Kontrolle über die unruhige Stadt nicht aufgeben. Erst jetzt erhielt der (für sechs Jahre gewählte) Stadtrat von Paris *(Conseil de Paris)* das Recht, für den gleichen Zeitraum einen Bürgermeister *(Maire de Paris)* zu wählen, dem naturgemäß eine bedeutende politische Rolle zufiel. Zugleich wurden die das erweiterte Paris umfassenden drei Départements in acht neue aufgegliedert, wie zuvor auch schon Korsika in zwei Départements aufgeteilt worden war.

Auch wenn einige Projekte Giscards am Widerstand in den eigenen Reihen scheiterten, ist es ihm doch gelungen, die Liberalisierung der französischen Gesellschaft und die soziale Absicherung breiter Schichten voranzutreiben. Die Schwierigkeiten des Präsidenten, seine Vorstellungen durchzusetzen, verstärkten sich, nachdem es zum Bruch mit dem Premierminister gekommen war.

Der Rücktritt von Jacques Chirac

Die Politik des Präsidenten entfremdete diesen auch der stärksten Regierungspartei. Der Premierminister gewann den Eindruck, daß er nicht genügend Unterstützung bei dem Präsidenten fand. Er richtete daher ein Entlassungsgesuch an diesen und erklärte am 25. August 1976: »Ich verfüge nicht über die Mittel, die ich heute für notwendig halte, um meine Funktionen als Premierminister wahrzunehmen.« Zum ersten Mal hatte ein

Premierminister der Fünften Republik von sich aus sein Amt niedergelegt. Er und seine Partei gewannen damit wieder ein Stück Handlungsfreiheit gegenüber dem Präsidenten und seinen Anhängern zurück und ließen ihn dies in den folgenden fünf Jahren seiner Amtszeit auch spüren.

Die Regierung Barre
bis zu den Parlamentswahlen im März 1978

Giscard d'Estaing ernannte den Professor für Volkswirtschaft Raymond Barre (geb. 1924) zum Premierminister. Er war 1967–1972 Vizepräsident der EG-Kommission in Brüssel gewesen und hatte im Januar 1976 das Ministerium für Außenhandel übernommen. Barre war ein überzeugter Vertreter der Marktwirtschaft und der europäischen Einigung.

Wie Antoine Pinay 1952 übernahm Barre mit dem Amt des Regierungschefs zugleich das Ministerium für Wirtschaft und Finanzen. Da Giscard dem Kampf gegen die Inflation Priorität einräumte, gab er dem Fachmann Barre auf diesem Gebiet die nötige Unterstützung und ließ ihn »voll seine Funktionen ausüben«, wie dieser es gefordert hatte. Er zog damit die Lehre aus dem Zerwürfnis mit Chirac und hielt sich etwas von den Geschäften der Regierung zurück. Ernsthafte Meinungsverschiedenheiten mit Barre drangen, falls es sie je gegeben hat, nicht an die Öffentlichkeit. Im übrigen bildete Barre die Regierung nur unwesentlich um.

Die Berufung eines Wirtschaftsfachmanns war nicht zuletzt auch die Folge der sich seit dem ersten Ölpreisschock ständig verschlechternden Lage des Landes. Die Inflation war 1974 und 1975 jeweils über zehn Prozent gestiegen, Frankreichs Arbeitslosenzahl erreichte 1976 fast eine Million. Barres Ziel war es daher, die Zahlungsbilanz zu einem Ausgleich zu bringen, dadurch den Franken zu stärken und die Inflation zu bekämpfen. Er zögerte nicht, auf dirigistische Mittel wie das Einfrieren von Preisen, Mieten, öffentlichen Tarifen und eine Begrenzung der Lohnerhöhungen zurückzugreifen. Tatsächlich gelang es ihm, die Inflation in den beiden folgenden Jahren unter die psychologisch wichtige Schwelle von zehn Prozent zu drücken, bevor der zweite Ölpreisschock von 1979 alle seine Bemühungen vereitelte.

Die Gemeinderatswahlen 1977

Den für 1977 anstehenden Gemeinderatswahlen kam insofern eine besondere Bedeutung zu, als zum erstenmal nach dem Gesetz von 1975 auch in Paris ein Bürgermeister zu wählen war: Der Posten versprach Prestige und Einfluß. Der Präsident ermutigte einen seiner Anhänger, Michel d'Ornano, offen zur Kandidatur. Einen Monat später erklärte sich auch Jacques Chirac zum Kandidaten. Chirac hatte sich nach seinem Rücktritt intensiv der Erneuerung der gaullistischen UDR gewidmet, die im Dezember 1976 die Bezeichnung »Sammlungsbewegung für die Republik« *(Rassemblement pour la République = RPR)* angenommen und Chirac zu ihrem Präsidenten gewählt hatte. Mit seiner Partei im Rücken konnte Chirac die Konfrontation mit dem Präsidenten und seinem Kandidaten wagen. Unter dem Slogan, die Hauptstadt dürfe nicht in die Hände der »Sozialo-Kommunisten« fallen, führte er einen intensiven Wahlkampf und gewann mit 50 Vertretern vor d'Ornano mit 15 von insgesamt 109 Vertretern im Stadtrat. Am 25. März 1977 wurde er mit 67 gegen 40 Stimmen für den Kommunisten Fiszbin zum Bürgermeister von Paris gewählt, eine Machtstellung, die er seitdem besetzt hält. Er fügte damit dem Präsidenten und seinem Kandidaten eine schwere Niederlage bei. In den anderen Städten hatte dagegen die Linke große Gewinne erzielt und in zwei Dritteln aller Städte über 30 000 Einwohnern die Mehrheit gewonnen. Ganz offenbar war dieser Erfolg dem Erstarken der Sozialisten zu verdanken, die auch auf die Wählerschaft der Mitte des Parteienspektrums eine große Anziehungskraft ausübten.

Der Bruch des Linksbündnisses
und die Parlamentswahlen 1978

Das Ergebnis der Gemeinderatswahlen vom März 1977 hatte deutlich gemacht, wie groß die Chancen der Linken bei den Parlamentswahlen im folgenden Jahr sein würden, vorausgesetzt, daß das Bündnis nicht nur ein taktisches Lippenbekenntnis wäre. Die Kommunisten mußten allerdings erkennen, daß ihr Partner, die Sozialisten, den größeren Gewinn aus dem Bündnis zog, während ihr Stimmenanteil stagnierte oder sogar leicht sank. Um dieser Entwicklung entgegenzusteuern und sich den Wählern wieder als die »fortschrittlichere« Partei darzustellen, erhoben sie im Frühjahr 1977 gänzlich übertriebene Forderungen zur »Aktualisierung« des gemeinsamen Regierungsprogramms: Die Nationalisierungen und die Sozialleistungen sollten derart erweitert werden, daß es zu einer qualitativen Veränderung der französischen Gesellschaft gekommen wäre. Da die Sozialisten auf so weitgehende Forderungen, die die Wähler abgeschreckt und den möglichen Sieg des Linksbündnisses vereitelt hätten, nicht eingehen konnten, zerfiel das Bündnis im September 1977.

Auf der rechten Seite des politischen Spektrums hatte sich Chirac mit der Organisation der Gaullisten im RPR im Dezember 1976 und mit der Stellung als Bürgermeister von Paris eine solide Machtbasis geschaffen. Staatspräsident Giscard d'Estaing ging seinerseits daran, die Parteien, die liberal-rechts standen und seine Politik unterstützten, in einer Sammlungsbewegung zu vereinen. Nach dem von Giscard 1976 veröffentlichten Werk *Démocratie française* nahm sie die Bezeichnung »Union für die französische Demokratie« (*Union pour la démocratie française* = UDF) an. Die Zersplitterung der Linken bot den beiden Regierungsparteien das beste Argument gegen einen Wechsel der Mehrheit.

Während aber im ersten Wahlgang am 12. März 1978 die Stimmenzahl der Linken die der Rechten leicht übertraf, hatte sich das Verhältnis im zweiten Wahlgang am 19. März umgekehrt; Gaullisten (154 Abgeordnete) und UDF (123 Abgeordnete), zu denen noch 13 fraktionslose Abgeordnete zu zählen waren, hatten mit 290 Sitzen die Mehrheit der insgesamt 491 Abgeordneten errungen. Die Kommunisten erhielten 86 Sitze – ihr bestes Ergebnis in der Fünften Republik – die Sozialisten 115.

Die Gaullisten hatten ihren Erfolg zu einem nicht geringen Teil dem energischen Einsatz von Jacques Chirac zu verdanken, während die UDF vom »Präsidentenbonus« profitierte. Die Niederlage der Linken rührte hauptsächlich von dem Zerwürfnis der beiden Parteien her.

Die Wahlen zum Europäischen Parlament

1975 hatte der Europäische Rat der Staats- und Regierungschefs *(Conseil européen)* die Direktwahl zum Europäischen Parlament beschlossen, die schon in den Römischen Verträgen von 1958 vorgeschrieben war. Da man sich auf einen gemeinsamen Wahlmodus nicht einigen konnte, stand es den einzelnen Ländern frei, nach welchem System sie ihre Abgeordneten gewählt wissen wollten. Die meisten entschieden sich für den national üblichen Wahlmodus, aber Frankreich nahm die Wahl nach dem Verhältniswahlsystem auf Landesebene vor *(scrutin de liste national à la proportionnelle)*, mit einer Klausel von fünf Prozent, um die Zahl der Listen zu beschränken.

Der Wahlmodus führte zu einer sehr aufschlußreichen Polarisierung der Parteien. Sowohl die Regierungsmehrheit als auch die Opposition waren in der Haltung zu Europa gespalten. Die Kommunisten sagten aus Prinzip zu der europäischen Zusammenarbeit nein und benutzten dabei nationalistische Argumente. Die Gaullisten wurden von Debré zur Ablehnung gedrängt, und Jacques Chirac richtete vom Cochin-Krankenhaus einen polemischen Appell an die Öffentlichkeit, dessen Argumente ebenfalls aus der nationalistischen Mottenkiste gegriffen waren. Auf der Seite der Befürworter Europas bildeten die Sozialisten unter Mitterrand eine Liste und traten ebenso uneingeschränkt für Europa ein wie die UDF, bei der Simone Veil den ersten Listenplatz einnahm. Entgegen der Teilung des Landes in einen Rechts- und einen Linksblock wandten sich die äußeren Flügel der Blöcke, rechte Nationalisten und Kommunisten, gemeinsam gegen die gemäßigten Gruppen der Mitte, Sozialisten und liberale Bürgerliche.

Bei einer geringen Wahlbeteiligung (10. 6. 1979) von 60,71 Prozent konnten die von Georges Marchais geführten Kommunisten sich mit 20,52 Prozent (19 Sitze) halten, während die Sozialisten gegenüber den Parlamentswahlen geringfügig verloren mit 23,73 Prozent der Stimmen und 22 Sitzen. Der Rückgang ging wohl auf den Erfolg der Umweltschützer *(Ecologistes)* zurück, die mit 4,39 Prozent der Stimmen aufgrund der Fünfprozentklausel keinen Abgeordnetensitz erringen konnten, aber aus dem Stand heraus einen Achtungserfolg errangen. Die größeren Verschiebungen gab es auf der rechten Seite. Die ablehnende Haltung gegenüber Europa durch Jacques Chirac führte zu einem schweren Einbruch der von ihm geführten Liste der Gaullisten, die nur noch 16,31 Prozent der Stimmen und 15 Sitze im Europäischen Parlament erhielten. Die Befürworter Europas der Anhänger Giscards konnten dagegen unter der Listenführerschaft von Simone Veil mit 27,61 Prozent der Stimmen und 25 Sitzen, von denen sich acht der Gruppe der Christlichen Demokraten und 17 den Liberalen anschlossen, einen wahren Triumph feiern. Die Befürworter Europas auf seiten der gemäßigten Linken und der liberalen Rechten besaßen im Land eine Mehrheit, wobei sich diese offenbar auf weite Bereiche des rechten Spektrums erstreckte und Teile der gaullistischen Anhängerschaft umfaßte. Eine zusätzliche Genugtuung erfuhren Präsident Giscard und seine Mitstreiter für Europa durch die Wahl von Simone Veil zur Präsidentin des Europäischen Parlaments (Präsidentin 1979–1982).

Die Europapolitik Giscard d'Estaings

Die Europapolitik gehörte zu den Prärogativen des Präsidenten und Giscard nutzte seine Rechte intensiv aus. Schon wenige Tage nach seinem Amtsantritt im Mai 1974 hatte er den zwei Wochen zuvor zum Bundeskanzler gewählten Helmut Schmidt nach Paris eingeladen, um mit ihm die deutsch-französische Zusammenarbeit neu zu beleben. Beide kannten sich seit Jahren als Finanz- und Wirtschaftsminister und hatten gut zusammengearbeitet. Sie schätzten an dem anderen die Sachkenntnis und Entschlußfähigkeit. Die Freundschaft zwischen den beiden Männern belebte auch die deutsch-französische Zusammenarbeit wieder, und diese trieb den Prozeß der europäischen Einigung voran, soweit es die beiden Regierungen gezeigten Grenzen erlaubten. Um mögliche Mißverständnisse zu vermeiden, beschlossen beide Staatsmänner, vor Gesprächen mit der Sowjetunion einander zu konsultieren und zu der anderen Supermacht, den USA, keine Spannungen aufkommen zu lassen.

Während der vorangegangene »Gipfel« der europäischen Staats- und Regierungschefs in Kopenhagen ergebnislos verlaufen war, kam es im Dezember 1974 bei der Konferenz von Paris zu dem weitgehenden Beschluß, die Zusammenkünfte zu institutionalisieren und wenigstens dreimal im Jahr als Europäischer Rat zusammenzutreten. Zugleich wurden die sogenannten Luxemburger Beschlüsse von 1966, durch die Einstimmigkeit verlangt und daher jedem Land ein Vetorecht verliehen wurde, dahingehend geändert, daß nicht mehr über jede Frage die Entscheidung von der einstimmigen Billigung durch die Mitgliedstaaten abhängig gemacht wurde. In der Folgezeit wurden dann auch tatsächlich zahlreiche Beschlüsse in Wirtschaftsfragen durch Mehrheitsentscheidungen erreicht.

Das Europäische Parlament erhielt das Recht, die eigenen Einnahmen der Gemeinschaft ab 1975 zu kontrollieren. Um den strukturschwachen Gebieten zu helfen, wurde ein europäischer Regionalfonds gebildet, auf dem vor allem England bestand. Einige Erfolge waren auch auf dem Gebiet der »Europäischen Politischen Zusammenarbeit« (EPZ) zu verzeichnen, und schließlich wurde die sogenannte Währungsschlange von 1973 *(le serpent monétaire)* im Januar 1979 durch das »Europäische Währungssystem« *(Système monétaire européen = SME)* ersetzt, das die verschiedenen Währungen noch enger aneinander band. Unter Giscard stimmte Frankreich auch der Erweiterung der Europäischen Gemeinschaft durch Einbeziehung Griechenlands zu (Mai 1979). Je näher allerdings die Präsidentschaftswahlen heranrückten, desto weniger war Giscard bereit, Initiativen zu ergreifen, die seine Chancen mindern konnten. So wurden die Anträge Portugals und Spaniens, deren Landwirtschaft in Konkurrenz zur französischen treten konnte, auf Aufnahme in die EG hinhaltend behandelt und erst in der Mitte der achtziger Jahre entschieden.

Die französische Afrikapolitik unter Giscard

Um seinen Einfluß in Afrika zu bewahren und die Stabilität der jungen Länder zu sichern, hatte Frankreich neben der eigenen erheblichen Entwicklungshilfe eine gemeinsame Aktion der Europäischen Wirtschaftsgemeinschaft vorgeschlagen. Diese Politik führte 1963 zu einem ersten Abkommen zwischen der EWG und 18 afrikanischen Staaten, das nach dem Tagungsort in Kamerun »Jaunde I« und 1969 »Jaunde II« benannt wurde. Nach dem Beitritt Großbritanniens zur EG im Jahr 1973 wurde der Teilnehmerkreis um die ehemaligen Commonwealthgebiete erweitert und grundsätzlich neu überdacht. Seitdem wurden, jeweils für einen Zeitraum von fünf Jahren, die Abkommen in Lomé (Togo) zwischen einer ständig wachsenden Zahl von Teilnehmerstaaten abgeschlossen und systematisch ausgebaut.

Frankreich hat darüberhinaus durch eine Reihe von Militärabkommen versucht, neben der wirtschaftlichen auch die politische Stabilität der frankophonen Staaten zu sichern. Dies gelang im allgemeinen, auch wenn von der französischen Hilfe sogar ein so blutrünstiger Diktator wie »Kaiser« Bokassa von Zentralafrika für einige Zeit profitierte, bis er schließlich 1979 mit Unterstützung französischer Fallschirmjäger gestürzt wurde. Die französische Öffentlichkeit nahm Anstoß daran, daß Giscard über Jahre gute Beziehungen mit Bokassa unterhalten und von ihm auch Diamanten als persönliche Geschenke angenommen hatte. Die Affäre um die Diamanten Bokassas schadete dem Ansehen Giscards bis in den Präsidentenwahlkampf hinein. Dagegen gewann er allgemein Achtung, als er 1978 Fallschirmjäger der Fremdenlegion nach Zaire in die Südprovinz Shaba entsandte.

Das Ende der Präsidentschaft Giscards.
Die Präsidentschaftswahlen 1981

Insgesamt konnte Giscard nur am Anfang seiner Amtszeit die Initiative ergreifen und die Reformen durchsetzen, die von einem liberalen Präsidenten zu erwarten waren. Seit dem Bruch mit Chirac gingen die Gaullisten, die stärkste Regierungspartei, zur verdeckten und nicht selten sogar offenen Opposition über. Der Handlungsspielraum des Präsidenten wurde dadurch erheblich eingeschränkt. Zwar konnte er auf dem Gebiet der europäischen Zusammenarbeit einige Erfolge erzielen und das deutsch-französische Verhältnis zu einer engen Zusammenarbeit ausbauen, aber auch bei dieser Gelegenheit wurde er durch das Mißtrauen der Gaullisten gegenüber jedem Anschein von Integration behindert.

Waren es auf dem Gebiet der Außenpolitik innere Widerstände, die einer Weiterentwicklung im Wege standen, so erzielte der Fachmann Barre auf dem Gebiet der Wirtschaft nicht die erhofften Erfolge, weil die große Ölpreiserhöhung von 1979 alle Erfolge liberaler Wirtschaftspolitik vereitelte. Von 400 000 im Jahr 1973, vor Giscards Amstantritt, bis 1981, dem Ende seines Mandats, stieg die Zahl der Arbeitslosen auf 1,8 Millionen! Aber zugleich ging die Inflation nicht, wie man hätte erwarten können und wie es von Barre in Aussicht gestellt worden war, zurück, sondern stieg nach einem Tief von 8,8 Prozent im Jahr 1978 auf 13,1 Prozent im Vorwahljahr 1980! Das Rezept der Wirtschaftsregulierung durch den Markt, die Basis aller liberaler Wirtschaftspolitik, schien versagt zu haben. Paradoxerweise sollte die Bändigung der Inflation, allerdings bei einem weiteren Anstieg der Arbeitslosenzahlen, erst den Sozialisten in der Mitte der achtziger Jahre gelingen. Trotz der Schwierigkeiten im zweiten Teil seiner Amtszeit konnte Giscard den Präsidentschaftswahlen 1981 mit einer gewissen Gelassenheit entgegensehen, denn die Umfragen sprachen ihm noch im Herbst 1980 einen nicht geringen Vorsprung vor seinen potentiellen Mitbewerbern zu. Da sein Mandat am 24. Mai 1981 auslief, wurde schon im Sommer 1980 der Termin für den ersten Wahlgang auf den 26. April 1981 gelegt.

Obwohl de Gaulle die Wahl des Präsidenten durch das Volk eingeführt hatte, um den Einfluß der Parteien einzudämmen, hatten diese sich von Abstimmung zu Abstimmung mehr dem System angepaßt. So wurden auch bei diesem Termin die Hauptkandidaten von den vier großen Parteien gestellt: Die Kommunisten benannten ihren Generalsekretär Georges Marchais schon im Oktober 1980. Mitterrand erbat und erhielt die Zustimmung der sozialistischen Partei und wurde bei einem außerordentlichen Parteikongreß im Januar 1981 mit 83,64 Prozent der Stimmen als Kandidat der Sozialisten nominiert. Für Mitterrand bedeutete dies nach 1965 und 1974 die dritte Kandidatur.

Auf der rechten Seite meldete Jacques Chirac seine Kandidatur an, die von einem außerordentlichen Kongreß des RPR mit großer Mehrheit bestätigt wurde. Als letzer wartete der Staatspräsident bis zum 2. März, um seine Kandidatur, die jedermann erwartet hatte, bekanntzugeben.

Der Wahlkampf konzentrierte sich in erster Linie auf die wirtschaftlichen Schwierigkeiten, die die Bürger zu spüren bekamen, weniger auf die Außenpolitik. Im ersten Wahlgang (26. 4. 1981) schien alles noch offen zu sein: Giscard erhielt 28,32 Prozent der Stimmen, Mitterrand 25,85, Chirac 18,00 und Marchais 15,35 Prozent.

Im zweiten Wahlgang (10. 5. 1981) errang Mitterrand bei der hohen Wahlbeteiligung von 85,85 Prozent mit 51,76 Prozent der Stimmen gegenüber 48,24 für Giscard einen eindeutigen Sieg über diesen. Er hatte mit dem Schlagwort »Die ruhige Kraft« *(la force tranquille)* zum ersten Mal in der Fünften Republik die Linke zum Erfolg geführt; eine Rechtfertigung seiner Strategie der Führerschaft der Sozialisten in der Linken, ein persönlicher Erfolg nach so vielen Niederlagen! Der Mann, der am konsequentesten de Gaulle und seine Republik bekämpft hatte, stand nun an deren Spitze, und es zeigte sich bald, daß er keineswegs vorhatte, die von ihm bekämpften Institutionen und die von de Gaulle geschaffenen Grundlagen der französischen Politik in Frage zu stellen. Für Mitterrand und die nach 1969 wie ein Phönix aus der Asche emporgestiegene Sozialistische Partei war der Sieg ein wahrer Triumph, der sich am Abend des 10. Mai in spontanen Feiern am Bastille-Platz zeigte und nach dem Amtsantritt elf Tage später in – von Jack Lang organisierten – Feierlichkeiten fortsetzte. Unter großer Beteiligung der Bevölkerung schritt Mitterrand zum Panthéon, um dort an den Grabmalen von Victor Schoelcher, Jean Jaurès und Jean Moulin eine rote Rose niederzulegen; die rote Rose in der Faust war zum Symbol der Sozialisten geworden.

Die erste Präsidentschaft Mitterrands

Noch am Tag seines Amtsantritts (21. 5. 1981) ernannte Mitterrand Pierre Mauroy (geb. 1928) zum Premierminister. Mauroy kam von der SFIO, er hatte seine Machtbasis im Département Nord um Lille, dessen Bürgermeister er ab 1973 war. Zugleich machte Mitterrand von seinem Recht, die Nationalversammlung aufzulösen, Gebrauch und ließ Neuwahlen ausschreiben. Diese Maßnahme stellte einen geschickten Schachzug dar, denn es stand zu erwarten, daß die Sozialisten von der Sogwirkung der Präsidentschaftswahl profitierten. Die Kommunistische Partei schloß mit den Sozialisten ein Abkommen, daß im zweiten Wahlgang der schlechter plazierte Kandidat der Linken zugunsten des besser plazierten zurücktrete (*désistement*). Auf der rechten Seite übernahm Chirac nach der Niederlage Giscards die Führung; die Gaullisten schlossen mit der UDF ein Wahlbündnis unter der Bezeichnung »Union für die neue Mehrheit« (*Union pour la nouvelle majorité = UNM*).

Beim ersten Wahlgang am 14. Juni 1981 blieben über zehn Millionen Wähler (29,14 Prozent) den Urnen fern, vermutlich in erster Linie bisherige Wähler der Rechten, denn die Linke erlebte einen wahren Durchbruch, da die Stimmen aller – also auch der kleinen – linken Gruppierungen zusammen fast 56 Prozent ergaben; die Sozialisten errangen allein über 36 Prozent der Stimmen, während sich die Kommunisten mit weniger als der Hälfte davon (16,13 Prozent) begnügen mußten. Die demokratische Rechte, also ohne den *Front national* erlitt mit insgesamt knapp 43 Prozent der Stimmen eine schwere Niederlage. Durch die Mehrheitswahl verstärkte sich diese Tendenz noch im zweiten Wahlgang am 21. Juni 1981: Die Kommunisten verloren fast die Hälfte der Sitze und erhielten (mit angeschlossenen Abgeordneten = *apparentés*) 44 Sitze (1978 = 86). Die Sozialisten errangen mit insgesamt 285 der 491 Sitze (1978 = 115) die absolute Mehrheit, was zuvor nur der gaullistischen UDR bei den Angstwahlen von 1968 geglückt war. Die beiden Parteien der Rechten erlitten schwere Rückschläge: Die Gaullisten *(RPR)* mußten sich mit 88 Sitzen (1978 = 154) und die Parteien des Wahlbündnisses UDF mit 63 (1978 = 123) Abgeordneten begnügen. Elf Abgeordnete waren Unabhängige *(non-inscrits)*. Die Mehrheit für den Präsidenten war nun mit der Mehrheit in der Nationalversammlung identisch. Mitterrand konnte darangehen, seine Ziele zu verwirklichen.

Der Staatspräsident betraute wiederum Pierre Mauroy mit der Regierungsbildung, und dieser nahm vier Kommunisten in sein Kabinett auf. Sie waren dadurch in die Regierungsverantwortung einbezogen – anders als 1936 –, konnten aber wegen der absoluten Mehrheit der Sozialisten diesen durch einen Wechsel in die Opposition nicht gefährlich werden. Die Zahlen machen die Gewichtung der Koalition deutlich: Neben Michel Jobert und zwei Linksrepublikanern standen den vier Kommunisten nicht weniger als 37 Sozialisten in der Regierung gegenüber!

Das Reformprogramm der Sozialisten

Die lange Zeit der Entfernung von der Macht hatte innerhalb der Sozialistischen Partei nicht wenig Illusionen aufkommen lassen über die Möglichkeit, in einem seit 1945 immer enger geknüpften Verbund westlicher Länder mit freier Markt- und Geldwirtschaft als einzelnes Land »den Kapitalismus zu überwinden«. Die 110 Vorschläge *(propositions)* von Mitterrand, die vor den Wahlen als Programm für die sozialistische Politik ausgearbeitet worden waren, enthielten nicht wenige Punkte, die eine »Systemüberwindung« darstellten. Bei der immer sehr kryptischen Art des Präsidenten läßt sich nur schwer beurteilen, ob dieser von der Möglichkeit überzeugt war, eine solche

Politik zu verwirklichen, oder ob ihm das Programm nicht vielmehr dazu diente, allein die Macht zu erlangen. Nach nicht wenigen verwirklichten Reformvorhaben stießen die Sozialisten jedenfalls bald an die Grenzen, die einer Volkswirtschaft in Europa bei Einzelgängen gesetzt sind, und waren gezwungen, eine ihrer ursprünglichen Wirtschaftspolitik entgegengesetzte Linie der Restriktion einzuschlagen. Sehr bald nach der Regierungsbildung und einer schwungvollen programmatischen Rede des Premierministers ging das zu Sondersitzungen einberufene Parlament daran, mit neuen Gesetzen und Erlassen, den früher so heftig bekämpften *ordonnances*, die Reformvorhaben umzusetzen.

Wesentliche Änderungen im Justizwesen gingen von dem liberal gesonnenen Justizminister Robert Badinter aus: In Frankreich bestand immer noch die Todesstrafe und auch unter der Fünften Republik wurden, wenn auch immer seltener, Exekutionen vollzogen, die letzten 1977 unter Giscard d'Estaing. Auch wenn Umfragen eine Mehrheit innerhalb der Bevölkerung für die Todesstrafe anzeigten, beschloß die Nationalversammlung am 9. Oktober 1981 mit 369 zu 113 Stimmen bei fünf Enthaltungen deren Abschaffung; Frankreich konnte 1985 das entsprechende Zusatzprotokoll zur Europäischen Menschenrechtserklärung ratifizieren.

Während auf den Gebieten der Justiz und der Meinungsbildung eine Liberalisierung angestrebt wurde, sollte im Bereich der Wirtschaft der Staatseinfluß erheblich vergrößert werden. Die größten Industriekonzerne und die meisten der 1945 nicht vom Staat übernommenen Banken und Kreditanstalten wurden verstaatlicht. Die Pariser Börse verlor ein Fünftel ihrer notierten Werte. Die Aktionäre wurden allerdings mit großzügig aus dem vorangegangenen Jahresmittelwert der Aktiennotierungen berechneten Schuldverschreibungen entschädigt. Nachdem auch die praktisch bankrotte Stahlindustrie vom Staat übernommen worden war, waren die Sozialisten ihrem Ziel einen großen Schritt nähergekommen, durch die staatliche Industrie und die Banken die gesamte Wirtschaft dem Einfluß des privaten Kapitals zu entziehen, um sie nach ihren eigenen Vorstellungen zu lenken. Sie gingen bei den Verstaatlichungen von der

Vorstellung aus, daß es Aufgabe des Staates sei, durch das ihm unterstellte Banken- und Kreditwesen die Investitionen so zu leiten, daß sie dem Gemeinwohl von Nutzen sind und nicht dem individuellen Gewinnstreben.

Obwohl Jacques Delors vor einer hundertprozentigen Übernahme der Aktien gewarnt und darauf hingewiesen hatte, daß 51 Prozent für eine entscheidende Einflußnahme des Staates ausgereicht hätten, setzten sich die Doktrinäre innerhalb der Sozialistischen Partei mit Unterstützung des Staatspräsidenten durch, ohne Rücksicht auf die Finanzen. Man glaubte, ungestraft aus dem Vollen schöpfen zu können, und führte in wenigen Monaten zahlreiche soziale Veränderungen ein, die zwar verständlich waren, die aber die Wirtschaft verunsicherten. Um die Arbeitslosigkeit zu verringern, wurden viele Tausende von unproduktiven neuen Stellen im Staatsdienst geschaffen. Die Wochenarbeitszeit wurde von 40 auf 39 Stunden gesenkt, gegen Delors' Widerstand bei vollem Lohnausgleich, das Rentenalter auf 60 Jahre herabgesetzt. Die Gesetze zum Schutz der Mieter verbesserten zwar deren Rechte, verminderten aber auf längere Frist das Angebot an Wohnraum. Die von dem Arbeitsminister Jean Auroux (geb. 1942) vorgeschlagenen und nach ihm benannten Gesetze regelten das Mitspracherecht der Belegschaften und trugen zur Verminderung der sozialen Spannungen bei. Die gleiche Wirkung erbrachten zahlreiche Erhöhungen von Sozialleistungen gleich zu Beginn der sozialistischen Regierungszeit, so die der Behindertenrenten um 20 Prozent, der Familienbeihilfen *(allocations familiales)* um 25 und der Wohnungsbeihilfen *(allocations de logement)* um 25 Prozent sofort und um weitere 25 Prozent im Dezember 1981.

Die Großzügigkeit der Sozialisten zu Beginn ihrer Herrschaft hatte für die französische Volkswirtschaft zwei Folgen: Erstens floh das verunsicherte Kapital ins Ausland und zweitens wurde der Haushalt des Landes und damit der Geldumlauf enorm ausgeweitet. Die Devisen mußten bewirtschaftet werden. Der Franken, der seit dem Austritt aus dem Europäischen Währungssystem (Januar 1974 – Wiedereintritt 1975) und der damit verbundenen Neubewertung nicht mehr abgewertet worden war, mußte in kurzer Zeit, von Oktober 1981 bis März

1983, nicht weniger als drei Abwertungen hinnehmen, deren Ausmaß noch dadurch verstärkt wurde, daß die Deutsche Mark, die Währung des Haupthandelspartners, gleichzeitig ihren Außenwert erhöhte. Schon im Herbst 1981 verlangte der Wirtschaftsminister Delors eine Reformpause, zumal die Inflation immer noch zweistellig wuchs. Im Juni 1982 mußte sich die Regierung zu energischen Sparmaßnahmen und der zweiten Abwertung entschließen *(plan de rigueur)*. Selbst die Sozialversicherung *(Sécurité sociale)* mußte Abstriche hinnehmen. Preise und Löhne wurden bis 1. November 1982 eingefroren. Die Kehrtwende in der Wirtschaftspolitik wurde mit dem folgenden *plan de rigueur accrue* fortgesetzt und führte allmählich zu einer Stabilisierung der Wirtschaft. Das Land hatte allerdings für das volkswirtschaftliche Lehrjahr der Sozialisten einen teuren Preis gezahlt.

Die Dezentralisierung

Auf dem Gebiet der Regionalisierung, das heißt der Verstärkung größerer territorialer Einheiten zu Lasten der Autorität des Zentralstaates, führten die Sozialisten die überfälligen Reformen durch, an denen de Gaulle bei seiner letzten Volksabstimmung 1969 gescheitert war. Der Staat gab seine Aufsicht über die Beschlüsse der Gemeinde- und Départementsräte auf. Statt des Präfekten, der die Bezeichnung »Kommissar der Republik« *(commissaire de la République)* erhielt, wurde der Präsident des Generalrates Chef der vollziehenden Gewalt im Département. Der Kommissar der Republik hat nur noch das Recht, nachträglich Akte vor den Verwaltungsgerichten anzufechten. Das Département erhielt eine echte Finanzhoheit. Durch das im August/September von Gaston Defferre, dem Minister für Inneres und Dezentralisierung, eingebrachte Gesetz wurden die Regionen zu echten Gebietskörperschaften aufgewertet.

Die 22 Regionen des Mutterlandes sind inzwischen fest im Kollektivbewußtsein und in der politischen Landschaft Frankreichs verankert. Die vier Überseedépartements *(DOM)* Guayana, Martinique, Guadeloupe und Réunion erhielten mit Gesetz von 1982 ebenfalls den Status von Regionen. Die Sozialisten, von ihrer Tradition eher dem zentralistischen Einheitsstaat verpflichtet, haben durch die Schaffung dieser neuen territorialen Einheiten, die von der Größe her den deutschen Ländern vergleichbar sind, eine bedeutende Leistung für die politische Entwicklung Frankreichs vollbracht. Die Oppositionsparteien, die das Projekt zunächst bekämpft hatten, behielten die Regionalisierung unverändert bei, als sie 1986–1988 die Mehrheit im Parlament besaßen.

Grenzen der Reformen

Im gemeinsamen Programm der Sozialisten und Kommunisten war die französische Atomstreitmacht als eine »gefährliche Illusion« bezeichnet worden. Aber schon 1980, vor Mitterrands Amtsantritt, hatten sich die Sozialisten zur Enttäuschung mancher pazifistischer Anhänger zu der Erkenntnis durchgerungen, daß sie unabdingbar sei. Sie wurde infolgedessen planmäßig weiter ausgebaut. Mauroy gab angesichts der Machtverhältnisse in Europa sehr schnell die Vorstellung auf, die zwölfmonatige Wehrpflicht auf die Hälfte zu verkürzen. Auch der Ausbau der Atomkraftwerke wurde fortgesetzt mit Ausnahme des Projekts von Plogoff in der Bretagne. Angesichts des Widerstandes der Bevölkerung – im Januar 1980 war es dort zu heftigen Zusammenstößen gekommen – wurde der Bau dieses Atomkraftwerks aufgegeben.

Die Vielfalt und Freiheit der veröffentlichten Meinung stellte eine Forderung der Sozialisten dar. Das Problem war um so brennender, als in der Provinz schon vielerorts einzelne Zeitungen ein Meinungsmonopol besaßen und Pressegruppen wie die des Großverlegers Robert Hersant sich über das ganze Land ausbreiteten. Das Pressegesetz, das seine Macht beschränken sollte, wurde vom Verfassungsgericht 1984 in mehreren Punkten beanstandet und von dem Nachfolger Mauroys, Laurent Fabius, zunächst auf Eis gelegt.

Ein Versuch, die Universität, die durch die Reform von Edgar Faure (1968) schon eine neue Struktur erhalten hatte, durch ein Rahmengesetz von neuem zu reformieren, brachte zwar Veränderungen, aber nicht immer Verbesserungen.

Eine unleugbare Niederlage erlitten die Sozialisten und Minister Savary bei dem Versuch, das katholische Schulwesen in das staatliche zu integrieren. Zu den 110 »Vorschlägen« Mitterrands im Wahlkampf hatte die Forderung nach einem »einheitlichen, laizistischen nationalen Bildungssystem« gehört. Es ist nicht leicht zu erkennen, was einen so erfahrenen und verschlagenen Politiker wie François Mitterrand dazu veranlaßt haben mag, dieses Problem wieder aufzunehmen. Vermutlich war er der Gefangene der Ideologie seiner Anhänger, denn er selbst konnte die mit dieser Frage verbundenen Emotionen nicht verkennen. Kultusminister Savary ging ab Ende 1982 mit einem ersten Plan vor, der die »Einfügung der privaten Schulen in das öffentliche Unterrichtswesen« vorsah. Die Verhandlungen über diesen Plan mit dem »Nationalkomitee für das katholische Unterrichtswesen« brachten wenig Erfolg, da dieses zwar zu Konzessionen bereit war, aber auf der freien Wahl der Eltern und der Lehrer und der pädagogischen Vorhaben bestand. Die Debatte zog sich über das ganze Jahr 1983 hin, bis Savary im Oktober einen neuen Plan vorbrachte und diesen im Januar 1984 revidierte. Schließlich kam es ab diesem Zeitpunkt zu Demonstrationen sowohl der laizistischen Gegner als auch der Anhänger des katholischen Schulwesens. Dabei zeigte es sich, daß letztere in viel größerem Maße motiviert waren und ungeahnte Stärke zeigten. Bei der größten Massenkundgebung in Paris seit 1968 sollen am 24. Juni 1984 nicht weniger als 1 000 000 bis 1 400 000 Menschen, vor allem Eltern und Schüler der katholischen Schulen, für diese demonstriert haben. Angesichts einer so mächtigen Willenskundgebung kündigte Mitterrand die Rücknahme des Gesetzes an; Alain Savary trat zurück, und seinem Nachfolger Jean-Pierre Chevènement, einem überzeugten Anhänger des laizistischen Schulwesens, blieb es überlassen, die Regelungen zu treffen, die weitgehend den alten Zustand fixierten. Die Linke hatte sich völlig unnötig den Vorwurf zugezogen, daß sie die freie Entscheidung der Bürger in den Fragen der Erziehung nicht oder nur unter Druck respektiere.

Europawahlen und Regierungswechsel 1984

Die wirtschaftlichen Schwierigkeiten mit der immer noch hohen Inflation und der steigenden Arbeitslosigkeit, die Politik »verstärkter Sparsamkeit« *(rigueur accrue)*, die so wenig zu der anfänglichen Spendierfreudigkeit der Sozialisten nach der Machtübernahme 1981 paßte, kurzum: Die Enttäuschung nach den allzu hochgeschraubten Erwartungen bewirkten, daß das Ansehen der Sozialisten und ihres Präsidenten sank. Nicht wenig hatte zu dem Stimmungstief beigetragen, daß sie in der Schulfrage doktrinär auf ihrem Standpunkt beharrten und den Willen der Schüler und ihrer Eltern mißachteten.

Ein Indiz für die Stimmung im Land boten die Wahlen zum Europäischen Parlament vom 17. Juni 1984. Sie erfolgten wiederum nach dem Verhältniswahlsystem mit Liste auf Landesebene und einer Fünfprozentklausel, an der 1979 alle Listen außer denen der vier großen Parteien gescheitert waren. Gaullisten und UDF gingen eine Listenverbindung mit Simone Veil an der Spitze ein, die Sozialisten stellten eine Liste unter Lionel Jospin, die Kommunisten eine andere unter Marchais auf. 13 weitere Listen, darunter eine des *Front national* unter Le Pen und zwei Listen der Umweltschützer, nahmen an der Wahl teil.

Die Wahlbeteiligung war sehr gering, bei über 43 Prozent Enthaltungen und zwei Prozent ungültigen Stimmen brachten nur etwa 55 Prozent der Wähler ihren politischen Willen zum Ausdruck. Während die Liste von Frau Veil mit 43 Prozent der Stimmen 41 von 81 der zu vergebenden Sitze erhielt, mußte die Linke schwere Verluste hinnehmen: Die Sozialisten erhielten mit 20,75 Prozent der Stimmen 20 Sitze, die Kommunisten fielen von den 1979 erreichten 16,31 auf 11,20 Prozent der Stimmen. Die eigentliche Überraschung aber bildete die unerwartete Stärke der extremen Rechten Le Pens: Der *Front national* kam mit 10,95 Prozent der Stimmen an die Kommunisten heran und erhielt wie diese zehn Sitze im Europäischen Parlament. Die Europawahl 1984 brachte damit dem FN den Durchbruch in Frankreich; bei den Parlamentswahlen 1981 hatten seine 53 Kandidaten nicht einmal 0,2 Prozent der abgegebenen gültigen Stimmen erhalten!

Bei der Rückkehr von einer Auslandsreise ergriff Präsident Mitterrand am 12. Juli 1984 die Initiative: Er zog das Gesetz über das private Schulwesen zurück – ohne das Parlament in die Entscheidung einzubeziehen. Daraufhin reichte Premierminister Mauroy seinen Rücktritt ein (17. 7. 1984), der sofort angenommen wurde. Zu seinem Nachfolger ernannte Mitterrand den Minister für Industrie und Forschung Laurent Fabius (geb. 1946), der mit gerade 38 Jahren der jüngste französische Regierungschef wurde. Im Gegensatz zu seinem Vorgänger war Fabius ein Absolvent der französischen Elitehochschule ENA.

Die Kommunisten nahmen die Ernennung von Fabius zum Premierminister zum Anlaß, aus der Regierungsverantwortung auszutreten. Sie hatten die »Politik der Sparsamkeit« seit 1983 nur noch zähneknirschend mitgetragen und sahen in den Wahlergebnissen ein Menetekel für den Preis, den sie für die Mitverantwortung zahlen mußten. Damit endete die zweite Regierungsbeteiligung der Kommunisten nach dem Krieg – die erste, von 1944–1947, hatte ebenfalls drei Jahre gedauert. Die Partei fand, frei von den Verpflichtungen, die die Zusammenarbeit mit den Sozialisten innerhalb der Regierung mit sich brachte, schnell wieder den Weg in die Oppostion zurück, und die Sozialisten mußten, gestützt auf ihre absolute Mehrheit in der Nationalversammlung, allein regieren.

Die Regierung, die Fabius vorstellte, brachte wenige, aber nicht unbedeutende Veränderungen. Jacques Delors (geb. 1925), der 1985 die Präsidentschaft der EG-Kommission übernehmen sollte, wurde als Minister für Wirtschaft und Finanzen ersetzt durch Pierre Bérégovoy (geb. 1925), der nicht aus dem Milieu der Eliteschulen kam, sondern als Schlosser und bei der Bahn gearbeitet hatte, bevor er in der französischen Gasgesellschaft *Gaz de France* hochkam. Mitterrand hatte ihn als Generalsekretär in den Elyseepalast genommen, ab 1982 war er Minister für Soziales und nationale Solidarität.

Die Regierung Fabius bedeutete das Ende der Reformen und die Rückkehr zu einer pragmatischen Politik des Möglichen. Die Ideologie mußte in den Hintergrund treten; dies galt vor allem für die Wirtschaft. Delors hatte im März 1983 eine Umorientierung der Wirtschafts- und Finanzpolitik *(plan Delors)* durchgesetzt mit einer restriktiven Geld- und Ausgabenpolitik und mit einer Abkoppelung der Lohnerhöhungen von den Preisen. Tatsächlich ging die französische Inflationsrate ab diesem Zeitpunkt zurück. Gegenüber einer Rate von fast zehn Prozent im Jahr 1983 auf 5,8 Prozent im Jahr 1985, ein großer Erfolg der besonnenen und kompetenten Politik von Delors und Bérégovoy. Der anscheinend nicht zu umgehende Preis für diese Stabilitätspolitik war der unaufhaltsame Anstieg der Arbeitslosenzahl; 1984 überstieg sie die Höhe von 2,5 Millionen, fast zehn Prozent der aktiven Bevölkerung.

Die restriktive Wirtschaftspolitik brachte den Sparern und Geldanlegern Sicherheit und Gewinne. Die Kurse an der Börse stiegen während der ersten Hälfte der achtziger Jahre in Frankreich wie zur gleichen Zeit in Deutschland. Ganz allgemein setzte eine Epoche der Harmonisierung der Wirtschaftspolitik zu beiden Seiten des Rheins ein, bis schließlich nach der deutschen Wiedervereinigung die französische Geldentwertungsrate unter der deutschen lag, ein seit Kriegsende bzw. Währungsreform noch nie eingetretener Zustand. Die Kehrseite dieser wirtschaftlichen Entwicklung lag in der Krise mancher Wirtschaftszweige wie des Schiffbaus, der Kohlenbergwerke und der Stahlindustrie, einer Krise, die besonders hart den Norden Frankreichs und Lothringen traf. Neben den Arbeitslosen brachte die Wirtschaftsentwicklung breitere Randgruppen der Gesellschaft in Schwierigkeiten, und es kam das Schlagwort von der »Neuen Armut« und den »Neuen Armen« (*nouveaux pauvres*) in Gebrauch.

Beginn des Konflikts in Neukaledonien. »Rainbow Warrior«

Ein letztes Wetterleuchten der Kolonialkonflikte ereignete sich auf den Inseln Neukaledoniens, fast bei den Antipoden zu Frankreich im Pazifik gelegen. Frankreich hatte sich dort 1853 festgesetzt und neben Kolonisten bis 1897 Sträflinge abgesetzt, zu Tausenden nach der Kommune. Sehr bald war es zu Aufständen der melanesischen Kanaken gekommen, die von den

Europäern, heute über ein Drittel der Bevölkerung (sog. *caldoches*), verdrängt wurden; diese wurden vor allem von dem durch die großen Nickelvorkommen entstandenen Reichtum angezogen. Die zum Teil blutigen Auseinandersetzungen zogen sich über die Jahre hin. Die Situation verschärfte sich nach Gründung der Unabhängigkeitsbewegung FLNKS unter Tjibaou im November 1984, die nach dem seinerzeitigen algerischen Vorbild eine provisorische Regierung bildete. Der früher gaullistische Minister und später sozialistische Politiker Edgar Pisani (geb. 1918) wurde im Dezember 1984 als Delegierter nach Neukaledonien entsandt und legte einen Plan vor, der eine Verbindung von Unabhängigkeit und Assoziation an Frankreich vorsah *(indépendance-association)*. Die blutigen Anschläge und Demonstrationen nahmen aber eher noch zu, und es hatte angesichts der Unnachgiebigkeit von Kolonisten und Kanaken den Anschein, als würde Frankreich erneut in einen Kolonialkrieg geraten. Auch als Minister für Neukaledonien (ab Mai 1985) hatte Pisani keinen Erfolg mit seinen Bemühungen um eine friedliche Lösung. Die Unruhen nahmen noch zu, als 1986 nach den Parlamentswahlen wieder die Rechte die Regierung bildete, die sich mehr auf die Seite der auf den Inseln ansässigen Franzosen stellte. Erst 1988 sollte das Problem eine zumindest zeitweilige Lösung finden.

Ein Ereignis, das eher eine Episode darstellte, aber doch die Machtpolitik und ihre Methoden beleuchtet, die die linke Regierung anwandte, war die Versenkung des Greenpeace-Schiffes »Rainbow Warrior« im Hafen von Auckland/Neuseeland. Mit dem Schiff wollte Greenpeace zum Mururoa-Atoll auslaufen, um dort gegen die französischen Atomversuche zu protestieren, die die sozialistische Regierung ohne Hemmungen fortsetzte. Ein unbeteiligter Journalist fand den Tod, als das Schiff durch eine Explosion im Hafen versenkt wurde (11.7.1985). Was jedermann vermutete, traf zu: Das dilettantisch ausgeführte Attentat war vom französischen Geheimdienst unternommen worden. Offenbar wußten in Paris auch manche Politiker Bescheid: Verteidigungsminister Charles Hernu, ein enger Vertrauter des Präsidenten, mußte zurücktreten, vermutlich um diesen zu decken. Bei einem Besuch in Neuseeland im April 1991 entschuldigte sich Premierminister Rocard für den Anschlag und unterzeichnete einen Freundschaftsvertrag. Wenige Tage später erhielt der beteiligte Oberst Mafart eine hohe Auszeichnung. Der neuseeländische Minister nannte die Auszeichnung »abstoßend« und protestierte. Die Atomversuche wurden fortgesetzt.

Die Außen- und Deutschlandpolitik 1981–1986

Die Außenpolitik der Sozialisten unter ihrem Präsidenten und seinen Außenministern Cheysson und Dumas blieb weitgehend geprägt von Kontinuität, bei einigen Akzentverschiebungen. So setzte Mitterrand der Gewaltpolitik Breschnews stärkeren Widerstand entgegen als sein Vorgänger. Auch versuchte er, das Verhältnis zu Israel zu entkrampfen, und besuchte als erstes französisches Staatsoberhaupt 1982 demonstrativ dieses Land. Von einem Umschwung in der Sache ließ sich allerdings nicht reden, da die Beziehungen zu den arabischen Ländern Rücksicht verlangten. Vor allem in der Dritten Welt traten die Sozialisten als deren Sachwalter gegen den Imperialismus auf; daß es sich dabei um rein ideologische Bekenntnisse handelte, bemerkten die Betroffenen sehr bald, die in der französischen Politik keine Alternative zu den beiden Weltmächten sahen. Die französische Politik gegenüber der Dritten Welt nahm einen deklamatorischen Zug an. So wurde der Mitkämpfer Che Guevaras, Régis Debray zum Berater des Präsidenten berufen. Unter dem Eindruck der Realität entwickelte sich der Guerillakämpfer allerdings zum überzeugten Anhänger de Gaulles und seiner Politik, der er eine eigene Schrift widmete.

Obwohl Schmidt und Mitterrand der gleichen politischen Richtung angehörten, waren die Beziehungen zu Giscard schon so gut gewesen, daß sie nach dem Wechsel im Präsidentenamt kaum verbessert werden konnten. Mit Helmut Kohl, der am 10. Oktober 1982 Helmut Schmidt ablöste, kam ein Mann an die Spitze der Bundesregierung, der wie Konrad Adenauer eine seiner Hauptaufgaben darin sah, die Aussöhnung und Zusammenarbeit zwischen Deutschland und Frankreich zu verstärken.

Diese Zusammenarbeit brachte zunächst keine spektakulären Ergebnisse, doch bot die Auseinandersetzung in der Bundesrepublik um den NATO-Doppelbeschluß Präsident Mitterrand die Gelegenheit, seine Solidarität zu beweisen.

Der Eindruck, daß Mitterrand mehr Härte gegenüber den Einschüchterungsversuchen der Sowjets zeigte als sein Vorgänger, blieb in Deutschland erhalten. Es war gewiß kein Zufall, daß sich 1984 Präsident Mitterrand und Bundeskanzler Kohl zu einer symbolischen Versöhnungsgeste in Verdun trafen. Obwohl aus verschiedenen politischen Lagern kommend, fanden die beiden Staatsmänner zu einem guten Verhältnis miteinander.

Die Parlamentswahlen 1986

Die Ergebnisse von Nachwahlen, die Kantonalwahlen vom März 1985 und die häufigen Meinungsumfragen ergaben, daß das Ansehen der regierenden Sozialisten ab 1984 ständig sank. Es war zu erwarten, daß sie bei den Wahlen zur Nationalversammlung im März 1986 nicht nur die absolute Mehrheit verlieren, sondern sogar in die Minderheit geraten würden; aufgrund des Mehrheitswahlrechtes der Fünften Republik wäre der Sieg der Opposition sehr deutlich ausgefallen.

Um das Ausmaß der zu erwartenden Niederlage zu beschränken, kamen die Sozialisten auf die Idee, den Wahlmodus zu ändern und das Verhältniswahlsystem einzuführen. Damit kam wieder das System der Vierten Republik, das die Zersplitterung der Parteienlandschaft begünstigt hatte, zur Geltung, die Listenwahl auf Départementsebene in einem Wahlgang.

Die Zahl der Enthaltungen und ungültigen Stimmen lag am 16. März 1986 bei 24,9 Prozent. Die Linke erlitt eine Niederlage, die Kommunisten erhielten nur noch 9,7 Prozent der Stimmen, während sich die Sozialisten (mit Linksrepublikanern – *MRG*) mit 31,6 Prozent verhältnismäßig gut hielten. Die demokratische Rechte, die zum Teil mit getrennten Listen, zum Teil gemeinsam angetreten war, erreichte zwar insgesamt 44,6 Prozent, aber mit diesem Ergebnis nicht den erwarteten großen

Sieg. Der Grund für das Ausbleiben des Erfolges lag darin, daß die extreme Rechte, der *Front national* mit zehn Prozent rechte Stimmen band; zum ersten Mal konnte er die Kommunisten übertreffen. Die demokratische Rechte hatte mit insgesamt 291 Sitzen bei einer notwendigen Mehrheit von 289 ganz knapp ihr Ziel erreicht. Wäre nach dem alten Mehrheitswahlsystem gewählt worden, so wären ihr von den 491 Sitzen eine Mehrheit von 301 Sitzen zugefallen! Mitterrand konnte also mit der Änderung des Wahlsystems der Rechten den Sieg beschneiden, aber ihn nicht verhindern, um den Preis einer Fraktion von 35 rechtsradikalen Abgeordneten in der Nationalversammlung.

Gleichzeitig mit den Wahlen zur Nationalversammlung fanden die ersten Regionalratswahlen, ebenfalls nach dem Verhältniswahlsystem, statt. Bei etwa gleichen Stimmenanteilen konnte die Linke nur in zwei Regionen den Präsidenten des Regionalrats stellen, in allen anderen 20 Regionen des Mutterlandes – die vier Regionen in Übersee wählten Sozialisten beziehungsweise einen Vertreter einer Linksunion (Réunion) – war es ein rechter Präsident, der gewählt wurde, in fünf dieser Regionalräte nur mit den Stimmen des *Front national*. Dadurch wurde die extreme Rechte zum Zünglein an der Waage, und die demokratische Rechte mußte sich den Fehler, daß sie sich auf den *Front national* gestützt hatte, noch bei den Regionalratswahlen 1992 vorhalten lassen.

Die Kohabitation

Schon am Tag nach der Wahl vom 16. März 1986 stellte Präsident Mitterrand fest, daß die rechte Mehrheit in der Nationalversammlung zwar »numerisch schwach sei, aber existiere« und daß er aus ihren Reihen eine Persönlichkeit mit der Regierungsbildung betrauen werde. Nach mehreren Gesprächen nahm Jacques Chirac den Auftrag an.

Da die Rolle des französischen Staatspräsidenten der Fünften Republik nicht auf bloße Repräsentation beschränkt ist, sondern Vorrechte gegenüber der Regierung und aktive Teilnahme auf festgelegten Gebieten einschließt, entwickelte sich das Zusammenspiel zwischen der bürgerlichen Regierung und dem sozialistischen Präsidenten erst allmählich und nicht ohne Reibungen. So präsidierte Mitterrand den Kabinettssitzungen, vertrat Frankreich im Ausland, mußte dabei aber die Anwesenheit von Premierminister Chirac hinnehmen, wenn dieser es zum Beispiel bei internationalen Konferenzen für richtig befand. In einem solchen Fall wurde Frankreich im Gegensatz zu den anderen Teilnehmerstaaten von zwei Personen vertreten.

Bei der Gesetzgebung, bei der ein Widerspruch zwischen den Ansichten des Präsidenten und denen der Mehrheit zu erwarten war, entwickelte sich ein Verfahren, das beiden Teilen gerecht und durch das eine Lücke in der Verfassung geschlossen wurde: Mitterrand weigerte sich bei drei Erlassen, darunter dem über die Privatisierung, seine Unterschrift zu geben, und die Regierung war gezwungen, den umständlicheren Gesetzgebungsweg über das Parlament zu nehmen. Auch wenn der Prozeß der Klärung der Kompetenzen mühselig war und von beiden Seiten Kompromißbereitschaft verlangte, trug er doch dazu bei, die Arbeit der Institutionen in der Kohabitation zu klären. Die Verfassung der Fünften Republik hatte damit eine weitere Probe bestanden.

Die Reformpolitik der Regierung Chirac

Angesichts der in zwei Jahren bevorstehenden Präsidentschaftswahlen gingen Regierung und Parlamentsmehrheit mit Nachdruck daran, ihre in einem Programm *(plate-forme)* niedergelegten Reformvorhaben zu verwirklichen. Sie beabsichtigte, innerhalb von fünf Jahren 65 Unternehmen, darunter auch unter der Provisorischen Regierung de Gaulles zum Kriegsende verstaatlichte Banken, zu privatisieren. Große Gesellschaften, wie *Saint-Gobain, Paribas, Assurances Générales de France, CGE* etc. wurden auf diese Weise privatisiert, und es entstand eine breite Streuung des Aktienbesitzes in der Bevölkerung, so wie es seinerzeit Ludwig Erhardt mit den »Volksaktien« in Deutschland unternommen hatte. Ein Teil der 50 Milliarden Franken, die der Staat einnahm, wurde zur Schuldentilgung verwandt. Da in diesen Jahren zugleich die Börsen-

kurse eine Hausse erlebten, liefen die Privatisierungen in einem
– angesichts der technischen Schwierigkeiten – erstaunlich
schnellen Rhythmus weiter, bis ihnen ein äußeres Ereignis ein
plötzliches Ende bereitete: der weltweite Börsenkrach vom
19. Oktober 1987.

Da entscheidende Veränderungen sich meist nur im Anschluß an den Wahlerfolg vornehmen lassen, ging die Regierungsmehrheit sehr bald daran, wieder das alte Mehrheitswahlrecht in zwei Wahlgängen einzuführen.

Andere Reformen betrafen die Schaffung zweier neuer Fern-
sehanstalten (die 5 und die 6), die an schon bestehende Me-
dienriesen, Hersant, Berlusconi und RTL vergeben wurden,
während der staatliche Sender TF1 an den Bauunternehmer
Bouygues ging. Daß in allen diesen Fällen statt einer Diversifi-
kation eine Konzentration auf schon bestehende Kapitalmacht
erfolgte, wurde von der Öffentlichkeit mit Erstaunen und Unwillen aufgenommen.

Eine Reihe anderer Maßnahmen, die die Entlastung der von
den Sozialisten zur Zahlung herangezogenen »Besserverdie-
nenden« zum Ziel hatten, trafen in der breiten Bevölkerung
ebenfalls auf ein geteiltes Echo: Wegfall der Vermögenssteuer,
Amnestie für aus dem Ausland zurückgeführtes Fluchtkapital,
Wegfall der Meldepflicht bei Goldtransaktionen, Herabsetzung
der Steuerprogression, teilweise Freigabe der Mieten usf. Auch
wenn dies alles eine Liberalisierung und eine Rückkehr zur
freien Marktwirtschaft bedeutete, erweckte die Regierung auf
wirtschaftlichem Gebiet den Eindruck, sie begünstige die
wohlhabenderen Schichten der Bevölkerung, ohne die Interessen der breiten Masse genügend zu berücksichtigen.

Das Land wurde 1986 von einer Reihe politisch-ideologi-
scher Anschläge erschüttert, von denen die Ermordung des Ge-
neraldirektors von Renault, Georges Besse, und das Attentat
vor der FNAC in der rue de Rennes (sechs Tote und über 60
Verletzte) das meiste Aufsehen erregten. Der sehr energische
Innenminister Charles Pasqua versuchte, mit einigen Gesetzen
dagegen anzugehen und die Einwanderung zu beschränken,
unter anderem durch Wiedereinführung der Ausweispflicht.
Das Gesetz *Liberté et sécurité* geriet in das Kreuzfeuer der Lin-

ken, die die Einschränkung der persönlichen Freiheiten kritisierte. Auch diese Debatte verminderte die Popularität der Regierung.

Wie die Kraft der sozialistischen Regierung zu Reformen nach der Demonstration am 24. Juni 1984 gebrochen war, so erging es in vergleichbarer Weise der Regierung Chirac im November–Dezember 1986, als sie versuchte, das Gesetz über die Universitätsreform von 1983 *(loi Savary)* abzuändern. Es kam in Paris zu schweren Zusammenstößen, bei denen am 5. 12. 1986 ein aus Nordafrika stammender Student von Polizisten so zusammengeschlagen wurde, daß er noch am Ort selbst starb. Chirac war über diesen Vorfall sehr betroffen; obwohl seine Ratgeber ihm empfahlen, durchzuhalten, zog er das Projekt zurück und entließ Staatssekretär Devaquet.

Die Regierung wurde durch diese Ereignisse in ihrem Elan getroffen; weitere Reformvorhaben wie die Privatisierung der Gefängnisse, ein neues Gesetz über die Staatsbürgerschaft, eine geplante Änderung des Statuts der staatlichen Regie Renault, blieben liegen. Die Regierung versuchte nur noch, bis zur Präsidentschaftswahl im Mai 1988 ohne allzu große Blessuren über die Runden zu kommen.

Auf wirtschaftlichem Gebiet, wo der Liberalismus der Regierung am ehesten Erfolg versprach, blieb dieser nicht aus, hielt sich aber in Grenzen, schon weil bis zu den Präsidentschaftswahlen 1988 zu wenig Zeit für langfristige Entwicklungen blieb. Unter der Regie von Edouard Balladur wurden der Franken sofort (6. 4. 1986) ab- und die Mark jeweils um drei Prozent aufgewertet, am 11. Januar 1987 erfolgte nochmals eine Aufwertung der DM um drei Prozent, die den Franken entlastete. Durch kräftige Streichungen im Haushalt wurde das Defizit verringert; die Freigabe der noch gebundenen Preise führte nicht zu inflationären Tendenzen.

Eine größere Belebung der Wirtschaft, wie die Rechte sie von ihrer Amtsübernahme erhofft hatte, blieb aber aus. Zwar war 1986 zum ersten Mal seit 1978 die Außenhandelsbilanz positiv, aber in den folgenden Jahren ergaben sich wieder größere Defizite. Auch das Krebsübel der modernen westlichen Wirtschaften, die Arbeitslosigkeit, ließ sich kurzfristig nicht bekämpfen: Die Zahl der Arbeitsuchenden lag mit etwas über zehn Prozent der Erwerbstätigen leicht unter der offiziellen italienischen von etwa elf Prozent, aber weit über der deutschen, die in diesem Zeitraum zwischen 7,8 und 8,9 Prozent (1987) schwankte. Die kurze Zeit, die der Rechten zur Verfügung stand, und der ausbleibende Wirtschaftsaufschwung verhinderten ein besseres Ergebnis. Die Bevölkerung gewann nicht den Eindruck, daß die Rechtsregierung eine erfolgreichere Wirtschaftspolitik betreibe als zuvor die Sozialisten.

Der Konflikt in Neukaledonien

Wie die Sozialisten zuvor scheiterte auch die Rechte bei dem Versuch, eine Lösung für den politischen Status von Neukaledonien zu finden. Eine Abstimmung auf den Inseln über die Frage, ob diese unabhängig oder innerhalb der Republik Frankreich verbleiben sollten, ergab zwar 98,3 Prozent für Frankreich, aber bei über 40 Prozent Stimmenthaltung hatte das Ergebnis vom 13. September 1987 nur einen begrenzten Aussagewert. Bis zur Abstimmung über dieses neue Statut kam es zu weiteren mörderischen Anschlägen gegen französische Gendarmen oder kanakische Eingeborene und zu Verhaftungen bei deren Anführern. Schließlich eskalierte die Auseinandersetzung kurz vor der Präsidentschaftswahl, als am 22. April 1988 ein Kommando der kanakischen Unabhängigkeitsbewegung FLNKS auf der Insel Ouvéa einen Gendarmerieposten angriff, vier Gendarmen tötete und 27 als Geiseln verschleppte. Nach dem ersten Wahlgang der Präsidentschaftswahl am 24. April gelang es, zwölf Gendarmen zu befreien, aber sieben andere und ein Richter, die verhandeln wollten, wurden ihrerseits gefangengenommen.

Es war vermutlich kein Zufall, daß am 4. Mai 1988, vier Tage vor dem entscheidenden Wahlgang für die Präsidentschaft, die drei, zum Teil seit Jahren festgehaltenen französischen Geiseln im Libanon freigelassen wurden, wofür Premierminister Chirac ausdrücklich der iranischen Regierung dankte. Ebenso wenig war es ein Zufall, daß einen Tag später mit militärischer Gewalt die Höhle auf der Insel Ouvéa gestürmt wurde, in der die französischen Gefangenen festgehalten wurden. Die Bilanz war niederdrückend: 19 Kanaken und zwei Gendarmen waren getötet worden, und ab dem 9. Mai wurden Gerüchte laut, die besagten, manche der eingeborenen Opfer seien nach der Gefangennahme getötet worden. Die Unnachgiebigkeit der rechten Regierung war zum Teil verantwortlich für die Verschärfung der Situation auf den fernen Inseln; so jedenfalls mußten die Franzosen die Berichte aus Neukaledonien aufnehmen.

Die Präsidentschaftswahlen 1988

Die Regierungsmehrheit ging gespalten in die Wahl, denn sowohl der amtierende Premierminister Jacques Chirac für den RPR als auch der letzte Premierminister unter Giscard, Raymond Barre, für die UDF, erklärten ihre Kandidatur. Für die Sozialisten war der Staatspräsident Kandidat, für die Kommunisten André Lajoinie. Reformkommunisten innerhalb der Partei, die sich schon lange um einen eigenen Weg bemüht hatten, stellten einen ihrer prominentesten Vertreter, Pierre Juquin, auf, der unverzüglich aus der Partei ausgeschlossen wurde. Neben diesen Vertretern der großen Parteien traten noch auf als Kandidaten: für den *Front national* Jean-Marie Le Pen, für die Grünen *(les verts)* Antoine Waechter, ferner Arlette Laguiller für die trotzkistische *Lutte ouvrière* und schließlich noch der chancenlose Pierre Boussel *(mouvement pour un parti des travailleurs)*.

Das Ergebnis des ersten Wahlgangs brachte, nachdem Meinungsumfragen bereits ein Absinken der Chancen des anfangs favorisierten Raymond Barre hinter Chirac hatten erkennen lassen, eine große Überraschung insofern, als Le Pen nicht weniger als 14,39 Prozent der Stimmen erhalten und dadurch zu Barre (16,54 Prozent) und Chirac (19,94 Prozent) aufgeschlossen hatte. Mitterrand lag mit 34,09 Prozent weit an der Spitze, während die Kommunisten mit 6,76 Prozent für Lajoinie den tiefsten Stand ihrer Geschichte erreicht hatten. Es tröstete sie wenig, daß der abtrünnige Juquin nur 2,10 Prozent,

Frau Laguiller 1,99 Prozent erhalten hatten. Antoine Waechter lag mit 3,78 Prozent unter den Erwartungen; Boussel erhielt 0,38 Prozent. Nur 18,62 Prozent der Stimmberechtigten übten Wahlenthaltung aus. Die Stichwahl mußte zwischen Mitterrand und Chirac entscheiden.

Der Ausgang der Wahl am 8. Mai 1988 machte deutlich, daß die offensichtlich für den Wahltag angelegten Aktionen der Regierung Chirac auf die Wähler nicht den gewünschten Eindruck machten: Bei nur 15,94 Prozent Wahlenthaltung wurde Mitterrand mit 54,01 Prozent der Stimmen gegenüber nur 45,98 Prozent für Chirac zum Staatspräsidenten wiedergewählt. Am 10. Mai erklärte Chirac den Rücktritt seiner Regierung gegenüber Mitterrand, der Michel Rocard mit der Bildung einer neuen Regierung betraute.

Die zweite Präsidentschaft Mitterrands. Die Regierung Rocard

Nach seiner erneuten Wahl zum Staatspräsident hatte Mitterrand nicht wieder das Bündnis mit den Kommunisten gesucht, sondern den neuen Premierminister Michel Rocard um den Versuch einer Öffnung zur Mitte gebeten. Es gelang diesem aber nur, zwei – von 27 – Minister aus den Reihen der UDF zu gewinnen, als er am 12. Mai 1988 seine Regierung vorstellte. In einer Fernsehansprache am 14. Mai bedauerte Mitterrand, daß die Öffnung zur Mitte nicht möglich war und daß die Regierung daher nicht über die notwendige Mehrheit in der Nationalversammlung verfügte. Er sah es daher als notwendig an, diese aufzulösen und Neuwahlen auszuschreiben, die auf den 5. und 12. Juni festgesetzt wurden.

Die beiden bisherigen Regierungsparteien RPR und UDF schlossen ein Wahlbündnis unter der Bezeichnung *Union du rassemblement et du centre (URC)*. Beim ersten Durchgang der Wahlen (5. 6. 1988) erhielten die Sozialisten mit den Linksradikalen und anderen Anhängern der »Mehrheit des Präsidenten« *(majorité présidentielle)* zusammen 37,52 Prozent der Stimmen, die bürgerliche URC und einige weitere rechte Kandidaten

40,52 Prozent der Stimmen, also 4,4 Prozent weniger als im März 1986. Die Kommunisten erzielten mit 11,32 Prozent Zugewinne, während die extreme Rechte *(FN)* mit 9,65 Prozent leichte Verluste hinnehmen mußte. Die Wahlbeteiligung lag mit 65 Prozent außerordentlich niedrig.

Nach dem zweiten Wahlgang (12. 6. 1988) kam es durch die Wahlbündnisse und das Mehrheitswahlsystem zu Verschiebungen bei der Sitzverteilung in der Nationalversammlung: Die Kommunisten erhielten nur noch 27 Sitze, die Sozialisten dagegen mit ihren Anhängern insgesamt 276 Sitze. Während die Gaullisten *(RPR)* nur noch 131 Sitze gewinnen konnten, errang die liberale Parteienunion UDF 132 Sitze. Daneben gab es noch 16 unabhängige rechte Abgeordnete, die extreme Rechte *(FN)* aber wurde bis auf einen Abgeordneten aus der Nationalversammlung abgewählt.

Mitterrand hatte durch sein geschicktes Vorgehen fast wieder das gleiche Ergebnis erreicht wie sieben Jahre zuvor: Durch seinen persönlichen Wahlerfolg wurden die Sozialisten wiederum mitgerissen und hatten, wenn schon nicht mehr die absolute, so doch eine gute relative Mehrheit errungen. Da eine Koalition der Rechten mit den Kommunisten nicht vorstellbar war, fiel die Regierungsverantwortung wieder den Sozialisten zu. Zwei Tage nach der Wahl betraute Mitterrand Rocard mit der Weiterführung der Geschäfte.

Eine vorläufige Lösung für das Neukaledonienproblem

Premierminister Rocard hatte schon kurz nach seiner ersten Ernennung im Mai keinen Zweifel daran gelassen, daß er gewillt war, das zuletzt zu blutigen Auseinandersetzungen eskalierte Problem Neukaledonien durch weitgehende Konzessionen einer Lösung zuzuführen. Er versammelte am 26. Juni in seinem Amtssitz die Hauptkontrahenten. Man gelangte zu einer Übereinkunft, in der die Direktverwaltung Neukaledoniens durch Frankreich für ein Jahr und eine Volksabstimmung im Herbst 1988 über das Schicksal der Inselgruppe in den nächsten zehn Jahren festgelegt wurden. 1998 sollte eine zweite

Volksabstimmung in Neukaledonien über die Selbstbestimmung stattfinden.

Die Beteiligung bei der Volksabstimmung über das Schicksal Neukaledoniens war die niedrigste aller Referenden der Fünften Republik: Nur 37 Prozent der Berechtigten gingen zur Wahl. Das Problem Neukaledonien lag der Mehrheit der Franzosen offenbar zu fern; aber die politische Minderheit entschied sich mit 79,99 Prozent für den Gesetzentwurf der Regierung. Auf der umstrittenen Inselgruppe selbst beteiligten sich 63,24 Prozent der eingeschriebenen Wähler an der Entscheidung; 57 Prozent stimmten mit »Ja«. In der Hauptstadt Nouméa und anderen Ansiedlungen, in denen die französischen Einwanderer *(caldoches)* in der Mehrheit sind, überwogen die Neinstimmen. Wenige Tage nach der Entscheidung amnestierte die französische Regierung 51 einsitzende kanakische Unabhängigkeitskämpfer, darunter auch diejenigen, die wegen der Geiselnahme von Ouvéa in Haft waren.

Die Politik der Regierung Rocard

Im Gegensatz zu 1981, als die Regierung Mauroy, gestützt auf die absolute Mehrheit im Parlament, versuchte, die französische Gesellschaft zu verändern, ging Michel Rocard, wie seine Politik in Neukaledonien zeigte, pragmatisch und mit Augenmaß vor. Eine erneute Verstaatlichung der unter Chirac und Balladur privatisierten Unternehmen stand nicht auf dem Programm. Mitterrand hatte offenbar schon während der Zeit der Kohabitation erkannt, daß die Industrie und das Kreditwesen nicht bei jedem Mehrheitswechsel verstaatlicht oder privatisiert werden durften. Rechtzeitig vor seiner Wahl formulierte er diesen Gedanken mit der Formel »Weder Verstaatlichung noch Privatisierung« *(ni privatisation, ni nationalisation)*. Das sozialistische Dogma von der starken Einflußnahme des Staates auf die Wirtschaft durch Verstaatlichung der großen Unternehmen wurde aufgegeben. Die Wirtschaft nahm die Bekehrung des Sozialisten dankbar zur Kenntnis. Die Arbeitslosigkeit ging 1988 leicht zurück, die Preissteigerungsrate verharrte wie im Jahr zuvor bei 3,1 Prozent, die Börse erlebte nach dem Einbruch vom Oktober 1987 einen großen Aufschwung, der bis zum Jahresende 1988 anhielt – ein Zeichen des Vertrauens der Wirtschaft in die bekehrten Sozialisten, auch wenn der Ministerrat im Juli wieder ein Gesetz über die Besteuerung der großen Vermögen beschloß.

Die nüchterne Politik Rocards ohne Reformen und Visionen wurde im Land offenbar mit Verständnis aufgenommen, zumal auch die Person des Premierministers, wie die Meinungsumfragen ergaben, Glaubwürdigkeit ausstrahlte. Bei den Kantonalwahlen zu den Generalräten der Départements, die am 25. September und 2. Oktober 1988 stattfanden, gewannen die Sozialisten – allerdings bei ungewöhnlich hoher Wahlenthaltung – Stimmen hinzu. Bei der Wahl der Präsidenten der Generalräte blieb das Verhältnis zwischen der Rechten mit 71 Präsidenten und der Linken mit 30 bestehen. Generell hatte die Rechte auf lokaler Ebene, in den Départements (Generalräte) und Regionen die Mehrheit inne, während die Linke auf nationaler Ebene die Macht behielt.

Die deutsch-französischen Beziehungen verliefen in einer Atmosphäre der problemfreien Freundlichkeit. Die Stürme, die sich im folgenden Jahr in Osteuropa erhoben, sollten allerdings zeigen, was von einer nur auf Schönwetter beruhenden Harmonie zu halten war. Zunächst konnten sich die Politiker in den Umfragen sonnen (12. 11. 1988, *Figaro – SOFRES*), nach denen zwischen Mai 1983 und Oktober 1988 der Anteil der Westdeutschen, die Frankreich »für den besten Freund hielten« von 53 auf 67 Prozent und der der Franzosen, die Deutschland als »besten Freund« nannten, von 48 auf 54 Prozent gewachsen war.

Vor der großen Umwälzung in Osteuropa

Frankreich schien im Jahr 1989, als sich mit dem Fall der Mauer in Berlin am 9. November der Zerfall des ganzen Ostblocks abzeichnete, selbstbewußt seinen politischen Weg ohne allzu große Veränderungen zu nehmen. Bei den Gemeinderatswahlen, bei denen die Wahlbeteiligung im allgemeinen wegen der unmittelbaren Betroffenheit der Bürger groß ist, enthielten sich 27,18 Prozent der Wähler ihrer Stimme, beim zweiten Wahlgang (19. 3.) immer noch 26,90 Prozent. Im ganzen erzielten die Sozialisten Erfolge, die Kommunisten erlitten Verluste; während auch die Rechte Verluste hinnehmen mußte, erreichten die »Grünen« *(les verts)* einen wahren Durchbruch.

Die Europawahlen vom 18. Juni 1989 machten – trotz Enthaltungen von über 51 Prozent – deutlich, daß sich die Aufteilung der politischen Macht zwischen den beiden linken *(PS – PCF)* und rechten *(RPR* und *UDF)* Parteien um zwei zusätzliche Anwärter erweiterte: die Grünen und die »Nationale Front« *(FN)*. Bei den Wahlen zum Europäischen Parlament hatte sich neben einer gemeinsamen Liste von RPR und UDF mit Giscard d'Estaing an der Spitze eine »Zentrumsliste« mit Frau Veil präsentiert. Sie erzielte 8,42 Prozent der Stimmen, die Liste RPR–UDF 28,8 Prozent, die Sozialisten unter dem ehemaligen Premierminister Fabius bekamen 23,61, während die Kommunisten (Herzog) auf 7,71 Prozent zurückfielen. Sie wurden, ebenso wie die »Zentrumsliste« von der »Nationalen Front« (Le Pen) mit 11,73 Prozent und von den »Grünen« (Antoine Waechter) mit 10,59 Prozent überflügelt. Es war augenscheinlich, daß sich das klassische Vierparteiensystem der Fünften Republik auf sechs Parteien erweitert hatte, wobei Rechtsradikale *(FN)* wie »Grüne« ein großes Echo bei der Bevölkerung fanden.

Frankreichs Haltung gegenüber dem Prozeß der deutschen Einigung

Während der Zeit vor dem Fall der Mauer waren die Beziehungen zwischen Deutschland und Frankreich von einer engen Zusammenarbeit, aber auch immer wieder auftauchenden Erinnerungen an die dunklen Seiten der Vergangenheit geprägt. Der Prozeß gegen Klaus Barbie, den Chef der Gestapo von Lyon, hatte bis zu dessen Verurteilung zu lebenslänglicher Haft am 4. Juli 1987 noch einmal die Zeit der deutschen Besatzung wachgerufen. Mißtrauen gegenüber dem deutschen Nachbarn blieb bei der Erinnerung an die Kriegszeit nicht aus, aber die große Mehrheit der Franzosen zeigte weder Furcht vor Deutschland noch Abneigung gegenüber den Deutschen: Bei einer für *Le Monde* und den Sender TF1 veranstalteten Umfrage bezeichneten die Befragten die Bundesrepublik mehrheitlich (44 Prozent) als sichersten Verbündeten Frankreichs, vor den USA (40 Prozent), England (26 Prozent) und Spanien (11 Prozent). 67 Prozent der Befragten sprachen sich dafür aus, daß Frankreich der Bundesrepublik zu Hilfe kommen solle, falls diese gefährdet sei. 53 Prozent sahen in einer Wiedervereinigung Deutschlands keine politische Gefahr für Europa (gegenüber 29 Prozent, die dies bejahten). Eine solche Einstellung beruhte allerdings mehr auf dem Bild, das in den Medien von Deutschland entworfen wurde als auf Erfahrung und Kenntnissen.

Bevor durch den Fall der Mauer am 9. November die deutsche Frage ganz aktuell wurde und auf eine schnelle Lösung zudrängte, betonten die offiziellen Sprecher wie der Staatspräsident, daß die Wiedervereinigung ein »berechtigtes Anliegen« sei, die »deutsche Frage aber ohne Zustimmung derer, die heute für die Anwendung der Verträge und die Sicherheit der Bundesrepublik sorgen« nicht gelöst werden könne (27.7.1989). Den gleichen Tenor hatte eine Erklärung von Außenminister Dumas, der als Sprachrohr des Staatspräsidenten galt (15.9.) und der auf die Notwendigkeit hinwies, die Bundesrepublik eng in der EG zu verankern (8.10.). Im Gegensatz zu den eher zurückhaltenden Stellungnahmen von Regierungsseite sprach sich die französische Bevölkerung offen für die deutsche Sache aus: Eine Umfrage (*IFOP-Libération* vom 4.10.) ergab, daß 63 Prozent der Befragten die Wiedervereinigung für die Europäische Gemeinschaft als eine »eher gute Sache« hielten.

Je weiter der Zerfall der DDR voranschritt, desto differenzierter wurden die Stellungnahmen. Vom 6. bis 8. Oktober hatte Erich Honecker noch als Staats- und Parteichef den 40. Jahrestag der Gründung der DDR gefeiert, am 18. Oktober mußte er nach Massenprotesten zurücktreten und wurde von Egon Krenz ersetzt. Mitterrand sandte dem neuen Mann ein Glückwunsch-telegramm und bestätigte seine Absicht, demnächst Ost-Berlin zu besuchen. Sein Außenminister Dumas erklärte noch am 9. November, dem Tag, an dem die Mauer durchbrochen wurde, daß der Wunsch nach Wiedervereinigung zwar legitim sei, daß diese aber durch die internationalen »Realitäten«, die das Schicksal Deutschlands bestimmen, verzögert werde. Unschwer ist aus den Worten der Politiker, die die französische Außenpolitik bestimmten, ein Umschwung der Meinung zu erkennen. Es galt jetzt, wo das Problem Deutschland aktuell wurde, offenbar, Zeit zu gewinnen, die Schwierigkeiten aufzuzeigen, die sich für die Wiedervereinigung ergeben würden, und vor allem Frankreichs – und der anderen Siegermächte – Recht auf Mitbestimmung über Deutschland zu betonen. Nicht, als wollte man die Wiederverei-nigung offen verhindern, aber zumindest war zu erkennen, daß die französische Politik die Möglichkeiten auslotete, den Prozeß zu verzögern, um ihn mitzusteuern.

Die Furcht vor der destabilisierenden Macht eines geeinten Deutschlands erschien wieder in der Diskussion. Aber am häu-figsten wurde als Bedingung für eine Vereinigung beider deut-scher Staaten die Anerkennung der polnischen Ostgrenze vor-gebracht, bei der die Bundesregierung zögerte, um nicht eine gesamtdeutsche Entscheidung zu präjudizieren und einen ihrer wesentlichen Trümpfe aufzugeben. Mitterrand wies auf diese anstehende Anerkennung hin (22.11.) und war sich in einem Interview mit der Zeitschrift *Paris-Match* sicher, daß der Pro-zeß der deutschen Wiedervereinigung »langsamer sein wird, als gewisse Leute es sich vorstellen« (23.11.). Wer konnte mit den gewissen Leuten anders gemeint sein als die Bundesregierung?

Während Premierminister Rocard sein Unverständnis über die Unruhe und Panik »in gewissen Kreisen« gegenüber einer eventuellen deutschen Wiedervereinigung äußerte und das in Frankreich zu beobachtende Mißtrauen zurückwies (3.12.), flog Staatspräsident Mitterrand am 6. Dezember nach Kiew, um sich mit Gorbatschow zu treffen und die Politik gegenüber der Entwicklung in Mitteleuropa abzusprechen.

Dem Versuch, die sich schnell entwickelnden Ereignisse mit-zubestimmen, diente auch der Besuch Mitterrands in Ostberlin

(20.–22. 12. 1989); der Staatspräsident fand dort nicht mehr das Gespann Stoph–Krenz vor, sondern den am 13. November zum neuen Regierungschef gewählten Hans Modrow und Manfred Gerlach als amtierenden Staatsratsvorsitzenden. Neben Vertretern der Opposition empfing Mitterrand auch den neuen Vorsitzenden der SED Gregor Gysi. Obwohl er bei dieser Gelegenheit Ministerpräsident Modrow als einen der Männer bezeichnete, auf denen das europäische Gleichgewicht ruhe, und trotz der Unterzeichnung von sechs Abkommen mit der DDR wird ihm bei dieser Gelegenheit bewußt geworden sein, daß dieser Staat in Europa keine bedeutende Rolle mehr spielen werde. Weder die Sowjetunion noch die DDR selbst waren noch willens oder in der Lage, die Stabilität der bestehenden Verhältnisse zu garantieren. Mitterrands in die Silversteransprache eingebrachter Vorschlag einer »Europäischen Konföderation« aller europäischen Länder trat bei der Begegnung mit dem Bundeskanzler am 4. Januar 1990 in den Hintergrund gegenüber der vorrangigen Bedeutung der EG-Integration. Ziel der französischen Politik war nunmehr die Einbindung der beiden deutschen Staaten oder notfalls des geeinten Deutschlands in das westliche Staatensystem. Auf jeden Fall sollte die zu diesem Zeitpunkt durchaus noch vorstellbare Gefahr eines durch Deutschlands Neutralisierung entstehenden Machtvakuums in Mitteleuropa gebannt werden.

Während Gorbatschow eine Ausdehnung der NATO auf ein vereintes Deutschland noch kategorisch ablehnte (in einer Botschaft an Modrow vom 12. 2. 1990), Mitterrand sich ebenfalls gegen eine solche Ausdehnung aussprach (14. 2. 1990), Giscard die Zuschauerrolle Frankreichs gegenüber den Initiativen von Bundeskanzler Kohl beklagte (14. 2. 1990), die Kommunisten die Einigung Deutschlands als »große Gefahr« darstellten, Außenminister Dumas es als »unvernünftig« bezeichnete, die Oder-Neiße-Grenze erst von einem geeinten Parlament vertraglich garantieren zu lassen (1. 3. 1990), was auch Mitterrand gegenüber Jaruselski betonte (9. 3. 1990), brachte das Ergebnis der ersten und letzten freien Volkskammerwahlen in der DDR am 18. März 1990 mit dem Sieg der »Allianz für Deutschland« eine Klärung: Es ging für die französische Politik nicht mehr darum, den Prozeß der Einigung Deutschlands zu verzögern, sondern darum, ihn in geordneten Bahnen verlaufen zu lassen. Simone Veil hat die Unausweichlichkeit der deutschen Vereinigung noch am Wahlabend erkannt und erklärt, es sei besser, sie schnell herbeizuführen als länger in einem »hybriden Zustand« zu verweilen.

Staatspräsident Mitterrand gab schließlich in einer Fernsehsendung am 25. März 1990 zu, was von den meisten schon vermutet worden war: daß es bei den »Begleitumständen« der deutschen Einheit zwischen Bonn und Paris Differenzen gegeben habe. Es war ein offenes Geheimnis, daß die französische Regierung und der Staatspräsident vor allem an der Eigenständigkeit von Bundeskanzler Kohl Anstoß genommen hatten, als dieser beispielsweise am 28. November 1989 ein Zehnpunkteprogramm im Bundestag vorgelegt hatte, das bereits als Ziel der Politik der Bundesregierung die staatliche Einheit in föderalen Strukturen nannte. Erst als Kohl in der Fernsehsendung »Die Stunde der Wahrheit« *(L'heure de vérité)* die deutsche und die europäische Einheit als »zwei Seiten derselben Medaille« hingestellt hatte, erkannte Außenminister Dumas darin das Ergebnis der Gespräche Kohls mit Mitterrand und ihm selbst. Die Sendung wurde in der französischen Öffentlichkeit als »überwältigender und beeindruckender Erfolg« Kohls angesehen und trug zu der Entspannung im deutsch-französischen Verhältnis während des Einigungsprozesses viel bei. Der französischen Staatsführung war die Entscheidung für die deutsche Einigung leichter gefallen, seitdem von deutscher Seite das Verbleiben des geeinten Landes in der NATO und im Prozeß der europäischen Integration als Bedingungen im Einigungsprozeß hervorgehoben worden waren. Ein in internationale Strukturen eingebundenes und nicht sich selbst überlassenes und gar neutralisiertes Deutschland machte der französische Staatsführung den Gedanken an die Wiedervereinigung erträglich, zumal dies auch Ziel der Bundesregierung war.

Geschickt, wie von ihm zu erwarten, setzte sich der so lange zögernde Mitterrand an die Spitze der Bewegung und erklärte, daß die Vereinigung Deutschlands »in der Logik der Geschichte« liege, daß es »vergeblich, am Ende dumm und schädlich für Europa« wäre, sich der deutschen Einheit entgegenzustellen. Zugleich kündigte er den Abzug der französischen Truppen aus Deutschland an (14. 7. 1990).

Es war für die französischen Politiker nicht immer leicht gewesen, die Entwicklungen in Deutschland ohne Sorgen zu verfolgen: Außenminister Dumas wehrte sich in einem Interview mit dem *Figaro* gegen den Vorwurf, Frankreich habe es nicht ernst gemeint mit der deutschen Einheit und versucht, Deutschland mit Hilfe Moskaus in die Zange zu nehmen und durch die EG zu kontrollieren. Vielleicht wird die Geschichtsforschung eines Tages Licht in die französische Politik zu Beginn des Vereinigungsprozesses bringen; das deutsch-französische Verhältnis erfuhr jedenfalls durch die Verdächtigungen, seien sie begründet oder nicht, keine dauerhafte Trübung. Entsprechend ihrer politischen Tradition opponierte das französische Volk in seiner Mehrheit nicht gegen den Gedanken an ein vereintes Deutschland, sondern sah in dem Geschehen in erster Linie einen Sieg der Freiheit.

Die Sozialisten verlieren an Ansehen

Das Ansehen der Sozialisten in der Bevölkerung sank vornehmlich durch zwei Affären, denen der Ruch der Korruption anhing: Die Parteispendenaffäre um den früheren sozialistischen Minister Christian Nucci, der über eine Gesellschaft *(Carrefour du développement)* finanzielle Transaktionen für die Partei abgewickelt hatte. Da die Nationalversammlung Ende 1989 eine Amnestie für politische Finanzdelikte beschlossen hatte, mußten die fünf Richter der Untersuchungskommission *(Haute cour de justice)* das Verfahren einstellen. Sie veröffentlichten zugleich eine Stellungnahme, in der sie darauf hinwiesen, daß diese Entscheidung entgegen ihrem Rechtsempfinden erfolgt sei. Aufsehen erregte ferner der Skandal um die Gesellschaft *Urba-technic*, die für die Finanzen der Sozialisten mit dem Mittel unrichtiger Rechnungen *(fausses factures)* gearbeitet hatte. Als der Untersuchungsrichter Jean-Pierre den Pariser Sitz der Gesellschaft durchsuchen ließ, kam es zur offenen Auseinandersetzung zwischen Justiz und Politik. Umfragen zeigten, wie verheerend der Eindruck der Affären in der Öffentlichkeit war: Im April 1990 befürworteten nur noch 35 Prozent der Befragten die Politik des Staatspräsidenten. Der Anteil seiner Gegner war auf 50 Prozent gestiegen.

Gegen die kritische Strömung im Land vermochte auch die Tatsache wenig auszurichten, daß sich die wirtschaftliche Lage positiv entwickelte. Frankreich begann, die Früchte seiner langen Stabilitätspolitik zu genießen. Wie Wirtschafts- und Finanzminister Bérégovoy (6.7.1989) zugab, war die Situation der Wirtschaft auch dank der Politik der Regierung Chirac »befriedigend«. Ab Sommer 1990 war Frankreich in die Spitzengruppe der Stabilitätsländer aufgerückt.

Frankreichs Rolle im Golfkrieg

Als irakische Truppen am 2. August 1990 Kuwait überfielen, verurteilten Außenminister Dumas und Staatspräsident Mitterrand die Aggression. Frankreich, das seit 1974 besonders enge Beziehungen zum Irak unterhalten und viel zu dessen Aufrüstung beigetragen hatte, sah sich gezwungen, seine Haltung zu ändern und sich der internationalen Koalition anzuschließen. Mitterrand bemühte sich jedoch, die Eigenständigkeit Frankreichs hervorzuheben und die in den Persischen Golf entsandten Kriegsschiffe, darunter den Flugzeugträger »Clemenceau«, nicht der vom amerikanischen Präsidenten Bush vorgeschlagenen internationalen Streitmacht zu unterstellen. An dieser Linie hielt er fest, bis es bei Ausbruch der Kämpfe (24.2.1991) doch erforderlich war, den amerikanischen Oberbefehl anzuerkennen. Daß hinter der Fassade der nationalen Einheit keine völlige Übereinstimmung herrschte, wurde deutlich, als Verteidigungsminister Jean-Pierre Chevènement während der Zeit der Vorbereitung für die Landoperation zurücktrat (29.1.1991). Bei deren Beginn (24.2.1991) stand die französische Division »Daguet« am linken Flügel der Alliierten mit dem Auftrag, die gegnerischen Streitkräfte durch die Wüste zu umgehen. Sie hatten bis zum Waffenstillstand am Morgen des 28. Februar nur zwei Tote und 27 Verwundete zu beklagen und

wurden bei der Rückkehr in ihre Garnisonen mit Erleichterung
und Freude empfangen.

Das Ende der Regierung Rocard und die Regierung Cresson

Premierminister Rocard hatte sich erfolgreich um die Schlich-
tung des Konflikts in Neukaledonien bemüht. Es gelang ihm
nicht, gleiches auf Korsika und dem im Indischen Ozean liegenden Réunion zu erreichen. Für Korsika hatte die sozialistische Regierung sehr weitgehende Konzessionen gemacht und
der Nationalversammlung im November 1990 eine neues Statut für die Insel vorgeschlagen. Der von der Opposition ange-
rufene Verfassungsrat verlangte einige Änderungen (9. 5. 1991),
von denen vor allem die Streichung des Begriffs »korsisches
Volk« *(peuple corse)* und die Möglichkeit eines obligatorischen
Schulfaches »korsische Sprache« auf der Insel Unwillen erregten. Das Statut wurde mit den vom Verfassungsrat geforderten
Änderungen am 14. Mai 1991 durch Veröffentlichung im Staats-
anzeiger *(Journal officiel)* verkündet, entsprach trotz der erweiterten Kompetenzen der Region aber nicht den mehrheitlichen Erwartungen der Korsen. Der größere Teil der auf der Insel
herrschenden Clans und nationalistischen Gruppen lehnte das
Statut ab; die »nationale korsische Befreiungsfront« *(FLNC)*
nahm den bewaffneten Kampf wieder auf. Das Fiasko der Kor-
sika-Politik der Sozialisten zeigte sich bei den Territorialwah-
len im März 1992 (22. und 29. 3.; diese Wahlen entsprachen den
Regionalwahlen im Mutterland, bekamen aber, da Korsika ein
eigenes Statut erhalten hatte, die neue Bezeichnung). Die sozialistische Partei war nicht mehr in der korsischen Versammlung
vertreten. Auch die anderen das neue Statut unterstützenden politischen Kräfte erhielten keine Mehrheit. Die Oberhand gewannen wiederum die Parteien der Inselclans, gegen deren
Macht das neue Statut ausgearbeitet worden war.

In den vier Überseedépartements Guayana, Martinique,
Guadeloupe und Réunion bestehen starke soziale Spannungen
nicht zuletzt wegen des Kontrastes zwischen der Armut der
meisten Bewohner und der guten Stellung der französischen

Beamten, die eine eigene Klasse bilden. Je nach Tradition ist auf den Inseln eine mehr oder weniger starke Unabhängigkeitsbewegung entstanden, die die Ursache des Elends gerade in dem seinerzeit zur Entwicklung und Gleichbehandlung eingeführten Status eines zu Frankreich gehörenden Départements zu erkennen glaubt. Auf Réunion schwelte der Konflikt zwischen Teilen der Bevölkerung und den Behörden schon länger; er hatte sich seit 1981 um den Piratensender Radio-Free-DOM kristallisiert, in dem die Interessen und Anliegen der Inselbewohner besser zum Ausdruck kamen als in den staatlichen, auf Frankreich ausgerichteten Sendungen. Der verantwortliche Leiter des Senders, Camille Sudre, wurde 1986 wegen illegaler Sendungen verurteilt, es kam zu Unruhen. Als im März 1991 Radio-Free-DOM verboten wurde, brach eine Welle der Gewalttätigkeiten mit Plünderung und Brandschatzung aus, wobei elf Tote zu beklagen waren. Premierminister Rocard reiste auf die Insel (17. 3. 1991), um durch Einleitung von Hilfsmaßnahmen die den Unruhen zugrunde liegenden Spannungen zu entschärfen. Das grundsätzliche Problem einer schematischen Gleichstellung der fernen Insel mit den französischen Départements beziehungsweise Regionen konnte auf diese Weise aber nicht gelöst werden. Bei den Regionalratswahlen (22. 3. 1992) erzielte die Liste von Camille Sudre 30,79 Prozent der abgegebenen Stimmen und wurde mit 17 Sitzen stärkste Fraktion im Regionalrat der Insel. Sudre verbündete sich mit den von dem Anwalt Vergès geführten Kommunisten der Insel und wurde mit 27 Stimmen im ersten Wahlgang zum Präsidenten des Regionalrats gewählt (27. 3. 92). Radio-Free-DOM sendete wieder.

Am 15. Mai 1991 entschloß sich Mitterrand, Premierminister Rocard abzulösen. Er ersetzte ihn durch Edith Cresson (geb. 1934), die schon mehrfach Ministerin gewesen war und nun die erste Premierministerin Frankreichs wurde. Die Wahl Mitterrands, der sich von der erstmaligen Ernennung einer Frau in dieser Stellung die Zustimmung der öffentlichen Meinung erhofft hatte, erwies sich bald als Fehler: Die sehr direkte, undiplomatische Sprache von Frau Cresson fand wenig Anklang in der Öffentlichkeit, die auf die Formulierungen ihrer Politiker achtet. Auch wenn der Staatspräsident die Ansprache zum

14. Juli benutzte, um den »Mut, die Entschlossenheit, den gesunden Menschenverstand« seiner Premierministerin lobend hervorzuheben, machte er damit nur deutlich, wie sehr diese schon nach kurzer Regierungszeit einer solcher Unterstützung bedurfte.

Zwei größere Skandale erschütterten das Ansehen der Regierungskreise zusätzlich: zunächst die Affäre um das aidsinfizierte Blut, das den französischen Bluterkranken 1984–85 auch dann noch nicht erhitzt übertragen worden war, als diese Methode der Virenabtötung bereits bekannt war. Die Bluterkranken und die gesamte Öffentlichkeit hatten kein Verständnis dafür, daß die verantwortlichen Politiker nicht vor dem »Obersten Gerichtshof« *(Haute cour de justice)* zur Rechenschaft gezogen wurden. Dieser Gerichtshof, eingerichtet für Hochverrat des Staatspräsidenten, der Minister und ihrer Helfer, war allerdings in der Fünften Republik noch nie zusammengetreten und tätig geworden.

Das Ansehen der Regierung wurde weiter geschädigt durch die Habasch-Affäre. Nach einem Gehirnschlag war der radikale Palästinenserführer Georges Habasch in ein Pariser Krankenhaus aufgenommen worden, ohne daß die Premierministerin, die zuständigen Minister oder der in Oman weilende Staatspräsident informiert worden wären. Als die Sache aufflog, mußten die Präsidentin des Französischen Roten Kreuzes Dufoix, die die Aufnahme in Paris vermittelt hatte, und einige hohe Beamte zurücktreten. Es trug nicht zum Ansehen der Politiker bei, daß diese Beamten bald wieder gute Posten erhielten.

Schweren Angriffen von der Opposition war der Staatspräsident ausgesetzt, als er am Tag nach dem Putsch in der Sowjetunion gegen Gorbatschow (18. 8. 1991) in einem Fernsehinterview nicht entschieden gegen die Putschisten Stellung nahm. Mitterrand versuchte am 21. August, nach dem Sieg Boris Jelzins, den Eindruck der Zurückhaltung auszuräumen, und lud am Tage nach dem Interview Jelzin nach Paris ein. Es blieb dennoch in breiten Kreisen der Bevölkerung der Eindruck erhalten, daß der Staatspräsident bei wichtigen politischen Entscheidungen wie der deutschen Vereinigung und den Veränderungen in Osteuropa, aber auch bei der Auswahl des politischen Personals, wie der Premierministerin und seiner engen Mitarbeiterin Dufoix, nicht die richtigen Reaktionen gezeigt und keine gute Hand bewiesen hätte. Gegen diesen Eindruck half auch der Glanz der Olympischen Winterspiele in Albertville (8.–23.2.1992) wenig.

Die Konferenz von Maastricht

Die zwölf EG-Staaten hatten für ihre Konferenz von Maastricht (9.–10.12.1991) die Schaffung einer politischen und einer Wirtschafts- und Währungsunion geplant. Die Widerstände gegen einen derartigen, die nationale Souveränität einschränkenden neuen Gemeinschaftsvertrag wuchsen, je näher das Datum des Treffens heranrückte, vor allem in Großbritannien, während Frankreich und Deutschland der Motor des Unternehmens waren. Die Außenminister der beiden Länder trafen sich mit ihrem spanischen Kollegen (11.10.1991), um eine gemeinsame Linie festzulegen. Widerstand machte sich in Frankreich vor allem bei der äußersten Rechten, aber auch bei den Gaullisten bemerkbar. Le Pen, Chef des *Front national*, bezeichnete die Pläne für Maastricht als ein »Verbrechen gegen die Nation«. Aber auch in den anderen Parteien war die Meinung nicht einhellig: Die Front zwischen Gegnern und Befürwortern verlief quer durch alle politischen Formationen.

In Maastricht wurde für die Wirtschafts- und Währungsunion ein »unumkehrbarer« Prozeß zur Schaffung einer gemeinsamen Währung *(ECU)* bis zum 1.Januar 1999 beschlossen, wobei Großbritannien allerdings Ausnahmeklauseln für sich durchsetzen konnte. Die damit verbundene – von der Politik angeblich unabhängige – Zentralbank war die Bedingung dafür, daß die deutsche Regierung bereit war, das die Nation vereinende Band der Deutschen Mark aufzugeben. Wie sich aus späteren Bemerkungen von Präsident Mitterrand ergab, die er beim Kampf um die Maastrichter Verträge im September 1992 machte, schien die politische Unabhängigkeit der geplanten europäischen Zentralbank keineswegs seinen Vorstellungen zu entsprechen.

Bundeskanzler Kohl seinerseits mußte bei der politischen Union Konzessionen machen, denn auch nach den Verträgen von Maastricht wurden die Kompetenzen des Europäischen Parlaments nicht in dem Maß erweitert, daß von einer wirksamen parlamentarischen Kontrolle der europäischen Exekutive gesprochen werden könnte. Großbritannien weigerte sich, an der sozialen Union teilzuhaben, für die sich insbesondere Präsident Mitterand eingesetzt hatte. Dieser betonte in einem Interview an dem der Konferenz folgenden Tag (11. 12. 1991), daß alle Punkte, die Frankreich besonders wichtig erschienen, berücksichtigt worden seien. Er setzte sich mit Energie für die Verträge ein und ließ wissen, daß diese entweder nur durch das Parlament oder auch durch das Volk in Abstimmung verabschiedet würden. Dies war der Beginn des Kampfes um die Verträge von Maastricht, der das Land 1992 in zwei Lager spalten sollte.

Kantonal- und Regionalwahlen 1992.
Die Regierung Bérégovoy

Die Wahlen im März 1992 spiegelten die Stimmung im Land wider. Während die Wahlen zu den Regionalräten am 22. März nach dem Verhältniswahlsystem durchgeführt wurden, galt für die Wahl der Départementsräte *(élections cantonales)* das Mehrheitswahlsystem mit zwei Wahlgängen (22. und 29. 3.). Je nach Wahlsystem fielen die Ergebnisse bei dem gleichen Wählerstamm verschieden aus: Das Mehrheitswahlsystem führte im Rat des Départements *(Conseil général)* zu eindeutigen Mehrheiten: Die verbündeten Oppositionsparteien RPR und UDF gewannen mit 53,8 Prozent der Stimmen fünf Départements hinzu und verloren nur eines (Martinique), so daß sie mit ihren Verbündeten 75 Départements kontrollierten. Dagegen beherrschten die Sozialisten, die auch ihre Hochburg, das Département Nord verloren, mit 24,7 Prozent der Stimmen nur noch 22 Départements, zwei gingen an die Kommunisten. Bei den Regionalwahlen gelangten nicht nur die großen Parteien über die Fünf-Prozent-Hürde, sondern auch noch die »Grünen« und die ebenfalls grüne Ökologiebewegung *Génération Ecolo-*

gie des Umweltministers Brice Lalonde. So kam es, daß die Mehrheitenbildung bei der Wahl des Regionalratspräsidenten häufig schwierig wurde und dieser nicht immer die stärkste Partei repräsentierte: In der Region Nord-Pas-de-Calais wurde eine Frau der Grünen, Marie-Christine Blandin, zur Präsidentin gewählt.

Obwohl in ihrem Wahlkreis knapp wiedergewählt, war das Ansehen der Premierministerin Cresson durch das schlechte Abschneiden bei den Wahlen so gesunken, daß Staatspräsident Mitterrand sie zum Rücktritt veranlaßte – eine Aufforderung, der sie nicht ohne Bitterkeit nachkam. An ihre Stelle trat der angesehene Wirtschafts- und Finanzminister Pierre Bérégovoy (1925–1993). Bérégovoy machte in seiner gut aufgenommenen Regierungserklärung deutlich, daß er an der Politik des harten Franken und der restriktiven Haushaltsführung festhalten wolle. Hauptziele seiner Regierung seien der Kampf gegen die Arbeitslosigkeit, gegen die Korruption und die Unsicherheit. Die Verträge von Maastricht blieben während des ganzen Sommers im Mittelpunkt der parlamentarischen Aktivitäten. Wenige Tage nach Amtsantritt der neuen Regierung entschied der Verfassungsrat, daß die Annahme der Verträge einer Änderung der Verfassung in drei Punkten bedürfe: bei der Erteilung des Wahlrechts bei Gemeindewahlen an die Bürger der anderen EG-Länder, bei der Übertragung von Souveränität an die Gemeinschaft durch die gemeinsame Währung und durch die Erteilung von Visa für die Nicht-EG-Bürger. Der Verfassungsrat schloß die Wahl von EG-Bürgern zu Bürgermeistern und deren Stellvertretern und zu Senatoren aus.

Eine Verfassungsänderung erfordert in Frankreich die Annahme des entsprechenden Gesetzes im gleichen Wortlaut durch die Nationalversammlung und den Senat. Danach muß die Verfassungsänderung entweder durch eine Volksabstimmung angenommen werden oder aber durch die als Kongreß *(Congrès)* versammelten beiden Kammern des Parlaments mit einer Mehrheit von drei Fünfteln der abgegebenen Stimmen. Obwohl von vielen Seiten gefordert wurde, eine so wichtige Entscheidung dem Volk vorzulegen, sprach sich Mitterrand zunächst für die Entscheidung durch das Parlament aus. Nachdem die Nationalversammlung dem Text bereits zugestimmt hatte (13. 5. 1992), nahm der Senat (17. 6. 1992) noch Veränderungen vor: Die EG-Bürger sollten die Möglichkeit, aber nicht das Recht zur Gemeindewahl erhalten, und das Französische sollte obligatorisch offizielle Sprache der Republik sein. Daraufhin mußte die Nationalversammlung nochmals entscheiden (19. 6. 1992) und den Text des Senates annehmen. Am 23. Juni versammelten sich beide Kammern als Kongreß in Versailles und entschieden mit 592 gegen 73 Stimmen für die Verfassungsänderung. Bezeichnend für die Zerrissenheit der Gaullisten war es, daß sie an der Abstimmung in der Nationalversammlung und im Kongreß nicht teilnahmen.

Das Gesetz wurde am 1. Juli im Gesetzblatt veröffentlicht. Der Staatspräsident hatte sich jedoch entschlossen, in der wichtigen Entscheidung das Volk zu befragen, und hatte den Termin für die Volksabstimmung auf den 20. September festgesetzt. Er tat dies im Vertrauen auf Meinungsumfragen, die eine Mehrheit von 60–70 Prozent für Maastricht erkennen ließen. Die rein zahlenmäßig geringe Minderheit der Gegner der Verträge unter den Politikern, wie sie das Abstimmungsergebnis im Kongreß anzeigte, erkannte in der langen Anlaufzeit bis zum Datum der Volksabstimmung im September die Möglichkeit, durch eine breite Propaganda im Land die Verträge doch noch zu Fall zu bringen. Sie erhielten zusätzliche Argumente dadurch, daß Anfang Juni 1992 die Dänen sich ebenfalls in einer Volksabstimmung gegen die Annahme der Verträge entschieden hatten. Letztlich bot die Volksabstimmung eine gute Gelegenheit, dem immer unpopuläreren Staatspräsidenten, der sich mit Energie für Maastricht einsetzte, einen Schlag zu versetzen.

Die Volksabstimmung über den Vertrag von Maastricht

Die Kampagne um den Vertrag von Maastricht im Sommer 1992 stürzte die Nation in eine größere Verwirrung, als die Befürworter einer Volksabstimmung erwartet hatten. Während die Befragungen der Wähler anfangs einen klaren Sieg der Proeuropäer erwarten ließen, sanken die Prozentzahlen der Befürworter im Juli und August schnell; schließlich lagen »Ja« und »Nein« fast gleichauf, nicht selten übertraf der Anteil der Gegner des Vertrages den der Befürworter. Die Europagegner hatten früher und energischer als die Anhänger Europas mit ihrem Feldzug begonnen und wurden durch das große Echo bei der Bevölkerung noch ermutigt. Sie setzten nicht nur auf Argumente, sondern auch auf Emotionen. Die Angst vor Deutschland, dem »häßlichen Deutschen« und der Macht der Bundesbank spielte keine geringe Rolle.

Mit Ausnahme der Kommunisten und der »Nationalen Front«, die sich in der geschlossenen Ablehnung von Maastricht trafen, gab es in keiner Partei eine einheitliche Meinung: Die Gaullisten Pasqua und Séguin stellten sich an die Spitze der Gegner, aber auch der erzkonservative Philippe de Villiers aus der UDF gehörte zu denen, die Maastricht ablehnten, ebenso wie der Sozialist Chevènement. Jacques Chirac trat der Mehrheit seiner Partei entgegen und entschied sich für Europa, für das die meisten Politiker der UDF, allen voran Giscard, Frau Veil, Raymond Barre, fast alle Sozialisten, Brice Lalonde von den Ökologen, aber nicht Antoine Waechter von den Grünen, eintraten. Manche Intellektuelle wie Max Gallo bezogen eindeutig Stellung gegen Europa und vor allem gegen Deutschland, aber die Mehrheit war für Maastricht: Allen voran der – nach Umfragen – angesehenste Franzose, der Abbé Pierre, der noch am Tag vor der Abstimmung in *Le Monde* einen Aufruf verfaßte mit dem Titel: »Frankreichs Ehre« *(L'honneur de la France)*. Mitterrand selbst trat über drei Stunden im Fernsehen auf, beantwortete Fragen der Bürger und bestand brillant eine Diskussion mit dem Vertragsgegner Séguin.

Erschwert wurde den Befürwortern von Maastricht ihre Überzeugungsarbeit durch die neonazistischen Ausschreitungen gegen Ausländer in Deutschland, die in den Wochen vor der Abstimmung besonders heftig waren, und durch die Währungsunruhen bis kurz vor dem 20. September. Die weltweite Spekulation hatte gerade in den Tagen vor der Entscheidung die englische und die italienische Währung zum Austritt aus dem Europäischen Währungssystem EWS und die spanische Peseta zur Abwertung gezwungen (16.9.1992). In England und Italien gab man der Hochzinspolitik der Bundesbank die Schuld, und es war abzusehen, daß der französische Franken als nächste Währung gefährdet war. Tatsächlich aber konnte er auch nach dem 20. September seine Stellung im Währungssystem halten, wenn auch nur mit großer Anstrengung und Unterstützung durch die Bundesbank. Die Turbulenzen in den europäischen Währungen gaben den Gegnern des Vertrags das Argument in die Hand, vor einer wirtschaftlichen Übermacht Deutschlands zu warnen.

Als sich am Abend des 20. Septembers 1992 der Pulverdampf lichtete und sich ergab, daß 51,05 Prozent der gültigen Stimmen für den Vertrag, 48,95 Prozent gegen ihn abgegeben worden waren, fühlten sich die Gegner bestätigt, während die Sieger wegen des knappen Sieges fast ratlos waren. Die Trennungslinie zwischen den Gegnern verlief nicht zwischen Rechts und Links, sondern quer durch die Parteien.

Geographisch gesehen, fand der Vertrag seine meisten Befürworter in den Städten, in Paris, der Bretagne und vor allem im Elsaß, wo Straßburg den absoluten Rekord mit 72 Prozent Ja-Stimmen erreichte. Von der sozialen Stellung her gehörten die besser gestellten Bürger eher zu den Befürwortern Europas, während Bauern und Arbeiter in der Mehrzahl dagegen stimmten.

Für die Parteien und die Politiker brachte die Volksabstimmung vom 20. September keine Klärung der politischen Zukunft. Vieles deutete darauf hin, daß mit ihr der Wahlkampf für die Parlamentswahlen 1993 begonnen hatte.

Die Parlamentswahlen 1993.
Eine neue Zeit der Kohabitation

In der Zeit bis zu den Wahlen zur Nationalversammlung gelang es der sozialistischen Partei und der Regierung von Pierre Bérégovoy nicht, einen Umschwung der immer kritischeren Stimmung im Land herbeizuführen. Der Regierungschef hatte bei seinem Amtsantritt am 8. Mai 1992 vor der Nationalversammlung erklärt, daß elf Monate zwar eine kurze Zeit seien, aber ausreichten, »um zu entscheiden, zu erklären und zu überzeugen« *(assez pour décider, expliquer et convaincre)*. Wenn seine Wirtschaftspolitik Erfolge aufweisen konnte, etwa bei der Stabilisierung des Franken und der Reduktion der Inflation auf zwei Prozent, so blieb sein Versprechen, allen Langzeitarbeitslosen innerhalb von sechs Monaten eine Anstellung, eine Weiterbildung oder eine »Tätigkeit im öffentlichen Interesse« *(une activité d'intéret général)* zu verschaffen, unerfüllt, weil es von vorneherein unerfüllbar war.

Die französischen Wähler zweifelten angesichts derartiger leerer Versprechungen an der Glaubwürdigkeit der Sozialisten, aber immer mehr auch an der des Regierungschefs, dessen offenes Auftreten zunächst Ehrlichkeit und Anstand in höherem Maße als bei der Mehrzahl der maßgebenden Politiker seiner Partei zu verbürgen schien. Immer neue Affären belasteten die Sozialisten: Die sozialistischen Abgeordneten hatten im Herbst 1992 beispielsweise ein strenges Parteienfinanzierungsgesetz Bérégovoys dadurch entwertet, daß sie die Teile, die jegliche Finanzierung der Parteien durch Unternehmen untersagten, nicht in das Gesetz aufnahmen. Sie versuchten auch, durch eine Amnestie die strafrechtliche Verfolgung des ehemaligen Premierministers Fabius, der Ministerin Dufoix und des Staatssekretärs Hervé zu verhindern, die die politische Verantwortung für den Aidsskandal der Bluterkranken trugen. Die »ruhige Reform« *(la réforme tranquille)*, die Bérégovoy vertreten wollte, wurde in Frage gestellt von den zum Teil sehr gewalttätigen Demonstrationen der Bauern gegen den Versuch einer neuen GATT-Regelung und der französischen Fischer gegen die Billigeinfuhr von Fisch aus Osteuropa über andere Länder der EG. Eine Warnung hätte der Regierung das Ergebnis einer Umfrage vom November 1992 sein sollen, nach dem den Franzosen als die schwersten Probleme erschienen: die Arbeitslosigkeit (86 Prozent), die Armut (64 Prozent), der Blutskandal (53 Prozent). Auf allen drei Gebieten hatten die Regierungen der Sozialisten versagt.

Als besonders verhängnisvoll erwies es sich, daß schließlich sogar die beiden höchsten Repräsentanten des Landes, der Staatspräsident und der Premierminister selbst in den Strudel der Verdächtigungen hineingezogen wurden. Entgegen allen früheren Behauptungen Mitterrands hatte die Antiterrorismusgruppe im Präsidentenpalast während der Jahre 1983 bis 1986 mehr als 140 Personen telefonisch überwachen lassen. Hierbei handelte es sich keineswegs um Terroristen, sondern um Kritiker des Regimes, darunter einen Journalisten von *Le Monde*, der in der Greenpeace-Affäre recherchiert hatte. Auch wenn die Enthüllung keine direkten Folgen hatte, wurde der Bevölkerung vor Augen geführt, welche Kluft zwischen dem moralischen Anspruch ihres höchsten Repräsentanten und der Realität bestand.

Schlimmer noch als der Vertrauensverlust des Präsidenten, von dem jedermann wußte, daß er ein mit allen Wassern gewaschener »Realpolitiker« war, traf das Regime der Sozialisten die unerwartete Verwicklung des gerade wegen seiner Ehrbarkeit geachteten Premierministers in die sich über die Jahre hinziehende Affäre *Péchiney-Triangle*. Es handelte sich um ein Insider-Geschäft, bei dem die Eingeweihten, zumeist schon Millionäre, weitere Millionen sozusagen über Nacht verdienten. Der Verdacht richtete sich gegen Roger-Patrice Pelat, einen undurchsichtigen Geschäftemacher, der aber den Vorzug genoß, im Elysée-Palast aus- und einzugehen. Er verstarb, bevor irgend etwas in den Ermittlungen geklärt worden wäre. Aber der Kabinettschef von Bérégovoy hatte offenbar so enge Kontakte zu ihm, daß er entlassen werden mußte. Wenige Wochen vor den Wahlen wurde obendrein in der Presse enthüllt, daß der Premierminister ausgerechnet von dem zwielichtigen Pelat einen unverzinslichen Kredit von einer Million Franken zum Kauf einer Eigentumswohnung erhalten hatte. Die Rechte im Parlament stürzte sich hämisch auf diese neue Affäre und verlangte eine Aufstellung der Kunstwerke und Möbelstücke, mit denen Bérégovoy die Hälfte des Betrags zurückgezahlt haben wollte. Auch wenn weder der Betrag an sich noch die Tatsache eines derartigen Kredits die Aufregung rechtfertigten, war die Glaubwürdigkeit des Premierministers, der sich bei seiner Ernennung gegen die Korruption sehr stark gemacht hatte, in den Augen der französischen Öffentlichkeit schwer erschüttert. Sie konnte auch durch verzweifelte und hilflose Hinweise Bérégovoys auf seine Integrität nicht wiederhergestellt werden. Neben der Wahlniederlage seiner Partei hat dieser persönliche Ehrverlust vermutlich dazu beigetragen, daß sich Bérégovoy, obwohl er selbst sein Mandat im zweiten Wahlgang erneut gewonnen hatte, kurz nach den Wahlen in Nevers, dessen geachteter Bürgermeister er war, das Leben nahm. Die Betroffenheit der Nation über diesen Ausgang war nicht zu übersehen, als sich zu seiner Trauerfeier in der Kathedrale von Nevers die gesamte politische Klasse einschließlich der Kommunisten versammelte, um den Mann zu ehren, der sich, ganz entgegen der üblichen Laufbahn der Elite des Landes, vom Schlosser zum Ministerpräsidenten emporgearbeitet hatte und bis zur Pelat-Affäre ein ungewöhnliches Ansehen genoß.

Das Ergebnis der Wahlen

Da alle Vorhersagen auf einen hohen Sieg der rechten Parteien RPR und UDF, die sich zum Wahlbündnis UPF *(Union pour la France)* zusammengeschlossen hatten, hindeuteten, war dem nur lustlos von den Parteien betriebenen Wahlkampf die Spannung genommen. Im ersten Wahlgang (21.3.1993), bei dem sich die tatsächlichen Kräfteverhältnisse im Land erkennen ließen, erlitten die Sozialisten mit 4,5 Millionen Stimmen = 17,59 Prozent schwere Verluste, die Kommunisten konnten sich mit 2,3 Millionen Stimmen = 9,18 Prozent halten. Unerwartet niedrig lag der Anteil der zusammen aufgetretenen Umweltschützer *(Génération Ecologie* und *Les Verts),* die entgegen Vorhersagen, nach denen sie lange Zeit über zehn Prozent lagen, zusammen nur 1,94 Millionen Stimmen = 7,63 Prozent erhielten. Von der demokratischen Rechten kamen RPR auf 5,2 Millionen Stimmen = 20,39 Prozent und UDF auf 4,85 Millionen Stimmen = 19,08 Prozent. Freie rechte Kandidaten *(divers droite)* holten zusätzlich 1,2 Millionen Stimmen = 4,71 Prozent. Jede einzelne der beiden rechten Formationen war also stärker geworden als die regierenden Sozialisten. Die extreme Rechte des *Front national* erzielte mit 3,16 Millionen Stimmen und 12,41 Prozent ein Ergebnis, das den noch höheren Erwartungen seiner Anführer nicht ganz entsprach.

Beim zweiten Wahlgang am 28. März 1993 verstärkte sich durch das Mehrheitswahlsystem die Überlegenheit der demokratischen Rechten weiter, die ihren höchsten Sieg seit den Wahlen von 1958 erzielte. Die Gaullisten *(RPR)* sandten statt 127 nicht weniger als 242 Abgeordnete in den Palais Bourbon, die Anhänger Giscards *(UDF)* statt 129 nunmehr 206. Hinzu kamen noch von den unabhängigen rechten Abgeordneten *(divers droite)* 36 Deputierte. Während die Kommunisten *(PCF)* sich mit 25 Sitzen (bisher 27) halten konnten, erlebten die Sozialisten mit ihren Anhängern einen verheerenden Einbruch: Von ihren 282 Sitzen retteten sie gerade 67! Den Umweltschützern gelang es ebensowenig wie dem *Front national,* einen Wahlkreis zu gewinnen. Die Enthaltungen stiegen von 31,08 Prozent im ersten auf 32,44 im zweiten Wahlgang, ein Indiz für die Politikverdrossenheit vieler Wahlberechtigter.

Entsprechend den Kräfteverhältnissen in der Nationalversammlung, die den Gaullisten einen klaren Vorsprung vor den Anhängern Giscards gaben, betraute der Staatspräsident denjenigen Politiker des RPR mit der Regierungsbildung, der sich auch im Vorfeld der Wahlen immer für eine erneute Kohabitation ausgesprochen hatte: Edouard Balladur. Innerhalb kürzester Zeit gelang es diesem, eine Regierungsmannschaft zusammenzustellen, die das Vertrauen der Nationalversammlung erhielt. Charles Pasqua übernahm das Innenministerium wie 1986, Simone Veil das Ministerium für Familie, Soziales und Stadtplanung. Zum Präsidenten der Nationalversammlung wurde Philippe Séguin, wie Pasqua ein Gegner der Verträge von Maastricht, gewählt. Trotz des Wahltriumphes war angesichts der Probleme, die die Sieger erwarteten, bei diesen keine überschwengliche Begeisterung zu erkennen. Der neue Premierminister betonte ganz im Gegenteil in seiner Regierungserklärung die Schwierigkeiten, die nicht in kurzer Zeit zu überwinden seien. Er wies ausdrücklich hin auf die wohl noch steigende Arbeitslosenrate und auf die Rezession, deren Ende nicht in Kürze abzusehen sei. Aber er gewann durch die Schonungslosigkeit, mit der er von der Nation Opfer verlangte, deren Vertrauen und bewies damit, daß die Bevölkerung zu Einschränkungen bereit war, gerade wenn ein Politiker ihr unbequeme Wahrheiten eröffnet.

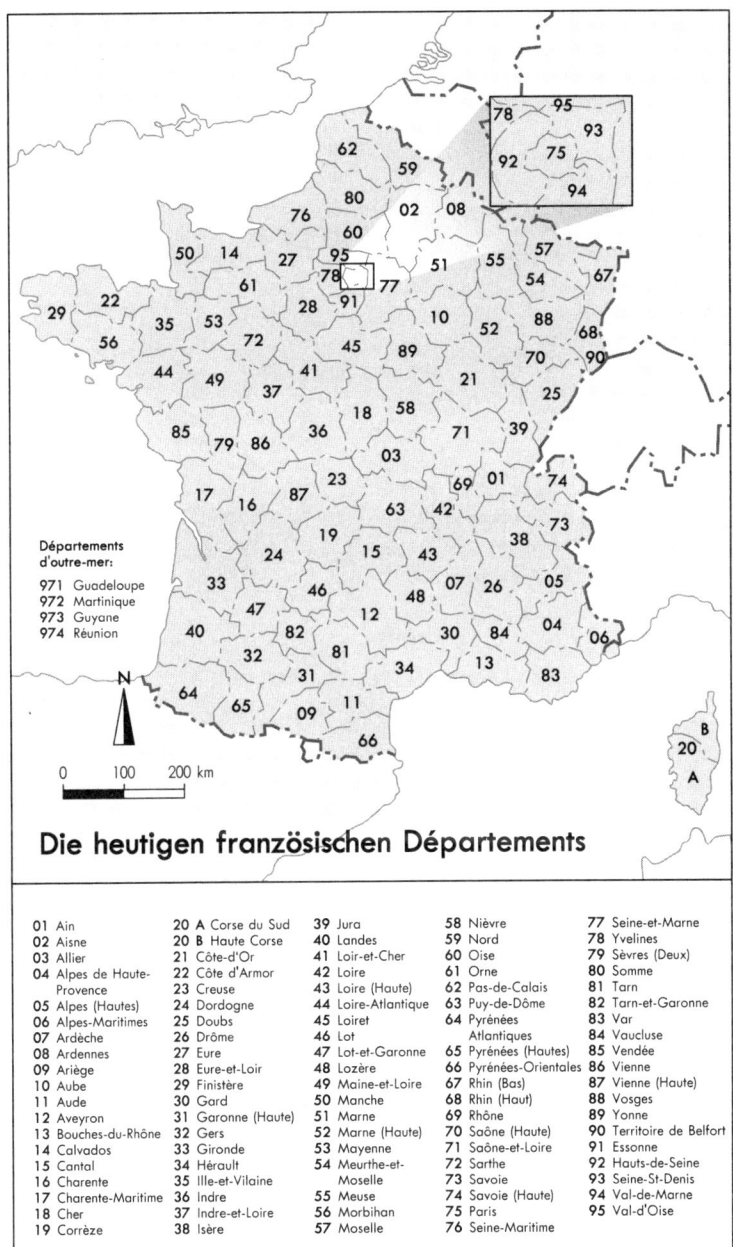

Die heutigen französischen Départements

Départements d'outre-mer:

971 Guadeloupe
972 Martinique
973 Guyane
974 Réunion

0   100   200 km

GROSSBRITANNIEN

NIEDERLANDE

BUNDESREPUBLIK
DEUTSCHLAND

Nord-Pas-
de-Calais

BELGIEN

Der Kanal

Lille

Haute-
Normandie

LUXEMBURG

Amiens

Picardie

Caen O

Rouen

Reims

Lorraine

Paris

Basse-
Normandie

Ile-de-
France

Cham-
pagne-
Ardenne

Nancy

Alsace

Bretagne

Rennes O

Pays de
la Loire

Orléans

Bourgogne

Besançon

SCHWEIZ

Nantes

Centre

Dijon

Franche-
Comté

*Atlantischer
Ozean*

Poitiers

Poitou-
Charentes

Limousin

Limoges

Clermont-
Ferrand

Lyon

Rhône
Alpes

ITALIEN

Auvergne

Bordeaux

Aquitaine

Midi-
Pyrénées

Provence-
Alpes-
Côte d'Azur

MONACO

Montpellier

Toulouse O

Languedoc-
Roussillon

Marseille

SPANIEN

ANDORRA

Ajaccio

Corse

N

Mittelmeer

0   100   200 km

Verwaltungsgliederung in Regionen,
Bevölkerungsdichte 1987

— · · — Staatsgrenze

— · — Grenze
der Region

◎ Hauptstadt

○ Hauptort
der Region

Einwohner je km²

unter 50

50 bis unter 60

60 bis unter 70

70 bis unter 80

80 bis unter 100

100 bis unter 200

317 Nord-Pas-de Calais
853 Île-de-France

Zeittafel

1498–1515	**Ludwig XII.**
1515–1547	**Franz I.**
1547–1559	**Heinrich II.,** verh. mit Katharina von Medici
1559–1560	**Franz II.**
1560–1574	**Karl IX.**
1562–1598	Religionskriege
1572	Bartholomäusnacht (23./24. 8.)
1574–1589	**Heinrich III.**
1589	Ermordung Heinrichs III. durch Jacques Clément
1589–1610	**HEINRICH IV.** aus dem Haus Bourbon, **geb. 1553**
1598	**Edikt von Nantes**
1608	Champlain gründet Québec
1610	Ermordung Heinrichs IV durch Ravaillac
1610–1643	**Ludwig XIII., geb. 1601**
1624–1642	**Richelieu,** Chef des königlichen Rates
1635	Gründung der Académie française
1643–1715	**LUDWIG XIV., geb. 1638**
1648–1653	Aufstand der Fronde
1659	Pyrenäenfrieden
1661–1715	**Direkte Herrschaft Ludwigs XIV.**
1667–1668	Devolutionskrieg gegen Spanien
1672–1678	Krieg gegen die Niederlande, Friede von Nimwegen
1680	Gründung der Comédie-Française
1681	Besetzung Straßburgs
1685	Widerruf des Edikts von Nantes
1688–1697	Pfälzischer Erbfolgekrieg, Friede von Rijswijk
1701–1714	Spanischer Erbfolgekrieg, Friede von Utrecht und Rastatt
1715–1774	**LUDWIG XV., Urenkel Ludwigs XIV., geb. 1710**
1715–1723	**Die Régence**
1726–1743	Kardinal Fleury, erster Minister
1733–1738	Polnischer Erbfolgekrieg
1740–1748	Österreichischer Erbfolgekrieg
1756	Wechsel der Allianzen
1756–1763	Siebenjähriger Krieg; Kampf in den Kolonien

1763	Friede von Paris
1766	Lothringen fällt an Frankreich
1768	Frankreich erwirbt von Genua die Insel Korsika
1774–1792	**LUDWIG XVI., Enkel Ludwigs XV., geb. 1754**
1789	
5. Mai	Die Generalstände treten zusammen
17. Juni	Der Dritte Stand erklärt sich zur Nationalversammlung
20. Juni	Der Schwur im Ballhaus
14. Juli	**Der Sturm auf die Bastille**
4.–5. Aug.	Abschaffung der Privilegien
26. Aug.	Erklärung der Menschenrechte
5.–6. Okt.	Zug des Volkes nach Versailles
1790	
12. Juli	Zivilverfassung des Klerus
14. Juli	Föderationsfest
1791	
20.–25. Juni	Flucht des Königs
1. Okt.	Eröffnung der Gesetzgebenden Versammlung. Frankreichs konstitutionelle Monarchie (bis 21. 9. 1792)
1792	
20. April	Frankreich erklärt Österreich den Krieg
1792–1797	Erster Koalitionskrieg
10. Aug.	Sturm auf die Tuilerien
2.–5. Sept.	Die Septembermorde
20. Sept.	Kanonade von Valmy
21. Sept.	Der Nationalkonvent tritt zusammen. Die Monarchie wird abgeschafft.
1792–1804	**DIE ERSTE REPUBLIK**
1793	
21. Jan.	Hinrichtung Ludwigs XVI.
März	Beginn des Aufstands in der Vendée
2. Juni	Sturz der Girondisten
1794	
5. April	Hinrichtung Dantons
27. Juli	9. Thermidor. Sturz Robespierres
1795	
5. April	Friede mit Preußen in Basel

1795–1799	**Direktorialverfassung:** Verfassung des Jahres III der Republik
1795	
5. Okt.	Royalistischer Aufstand in Paris
1796	
März	Bonaparte Oberbefehlshaber in Italien
10. Mai	Verhaftung von Babeuf
1797	
17. Okt.	Friede von Campoformio
1798	
19. Mai	Abfahrt der französischen Expedition nach Ägypten
21. Juli	Schlacht an den Pyramiden
1. Aug.	Seeschlacht bei Abukir
1799–1802	Zweiter Koalitionskrieg
1799	
Oktober	Bonaparte kehrt zurück
9. Nov.	Der Staatsstreich des 18. Brumaire
1799–1804	**Das Konsulat.** Napoléon Bonaparte Erster Konsul. Verfassung des Jahres VIII der Republik
1801	
9. Feb.	Friede von Lunéville
15. Juli	Unterzeichnung des Konkordats
1802	
25. März	Friede von Amiens
August	Verfassung des Jahres X der Republik
1803	
Mai	Bruch des Friedens von Amiens
1804	
21. März	Veröffentlichung des Code civil
2. Dez.	Krönung Napoleons zum Kaiser der Franzosen
1804–1814	**ERSTES KAISERREICH**
1805	Dritter Koalitionskrieg
21. Okt.	Seeschlacht von Trafalgar
2. Dez.	Schlacht von Austerlitz
26. Dez.	Friede von Preßburg
1806	Errichtung des Rheinbundes
1806–1807	Vierter Koalitionskrieg
14. Okt.	Schlacht bei Jena und Auerstedt

21. Nov.	Verkündung der Kontinentalsperre
1807	
Juli	Friede von Tilsit
1808	
1808–1814	Krieg Napoleons in Portugal und Spanien
Oktober	Erfurter Fürstentag
1809	Fünfter Koalitionskrieg
Oktober	Friede von Schönbrunn
1812–1814	Sechster Koalitionskrieg
1812	
November	Übergang über die Beresina
30. Dez.	Konvention von Tauroggen
1813	
16.–19. Okt.	Völkerschlacht von Leipzig
1814	
Jan.–März	Feldzug in Frankreich
6. April	Abdankung Napoleons
30. Mai	Erster Friedensvertrag von Paris
Herbst	Eröffnung des Wiener Kongresses
1815	
1. März	Napoleon landet in Golfe-Juan
18. Juni	Schlacht von Waterloo
22. Juni	Erneute Abdankung Napoleons
20. Nov.	Zweiter Friedensvertrag von Paris
1814–1824	**LUDWIG XVIII., Bruder Ludwigs XVI., geb. 1755**
1823	Französisches Eingreifen in Spanien
1824–1830	**KARL X., Bruder Ludwigs XVIII., geb. 1757**
1830	
5. Juli	Einnahme von Algier
27.–29. Juli	Julirevolution
2. Aug.	Abdankung Karls X.
1830–1848	**LOUIS-PHILIPPE, geb. 1773**
1840	Orient- und Rheinkrise
1848	
22.–24. Feb.	Februarrevolution
1848–1852	**DIE ZWEITE REPUBLIK**
1848	
23.–26. Juni	Arbeiteraufstand in Paris

10. Dez.	Louis Napoléon Präsident
1851	
2. Dez.	Staatsstreich Louis Napoléons
1852–1870	**ZWEITES KAISERREICH. NAPOLEON III.**
1854–1856	Krimkrieg
1859	Italienischer Einigungskrieg
1860	Nizza und Savoyen an Frankreich
1861–1867	Französisches Eingreifen in Mexiko
1869	Eröffnung des Sueskanals
1870	
13. Juli	Emser Depesche
2. Sept.	Sedan
1870–1940	**DIE DRITTE REPUBLIK**
1870	
4. Sept.	Ausrufung der Republik
19. Sept.	Beginn der Belagerung von Paris
27. Okt.	Kapitulation von Metz
1871	
28. Jan.	Waffenstillstand
12. Feb.	Die Nationalversammlung in Bordeaux
17. Feb.	Adolphe Thiers, Regierungschef
18. März	Aufstand in Paris. Beginn der **Kommune**
10. Mai	Friedensschluß von Frankfurt
21.–28. Mai	Rückeroberung von Paris. Die »Blutwoche«
1871–1873	**Thiers, Präsident der Republik**
1873–1879	**Mac-Mahon, Präsident der Republik**
1873	Räumung Frankreichs
1875	
Feb.–Juli	Verabschiedung der Verfassungsgesetze
1879	
30. Januar	Rücktritt Mac-Mahons
1879–1887	**Jules Grévy, Präsident der Republik**
1882	Einführung der Schulpflicht durch Jules Ferry
1887	
2. Dez.	Rücktritt Grévys. Wilson-Affäre
1887–1894	**Sadi Carnot, Präsident der Republik**
1889	Die Boulanger-Krise
1892	Französisch-russisches Militärabkommen

1894	
24. Juni	Ermordung des Präsidenten Carnot
1894–1895	**Jean Casimir-Perier, Präsident der Republik**
1894	Beginn der Dreyfus-Affäre
1895–1899	**Félix Faure, Präsident der Republik**
1898	
13. Jan.	Zola: »J'accuse«
Juli–Nov.	Faschoda-Krise
1899–1906	**Emile Loubet, Präsident der Republik**
1899–1902	Kabinett Waldeck-Rousseau
1904	Entente cordiale
1905	Erste Marokkokrise
23.–26. April	Vereinigung der sozialistischen Parteien zur SFIO
9. Dez.	Trennung von Staat und Kirche
1906–1913	**Armand Fallières, Präsident der Republik**
1906	
Oktober	Charta von Amiens
1911	Zweite Marokkokrise
1913–1920	**Raymond Poincaré, Präsident der Republik**
1914	
31. Juli	Ermordung von Jean Jaurès
3. Aug.	Deutschland erklärt Frankreich den Krieg
Anfang Sept.	Marne-Schlacht
1916	
Februar	Beginn der deutschen Angriffe vor **Verdun**
Juli	Beginn der alliierten Angriffe an der **Somme**
1917	
6. April	**Kriegseintritt der USA**
April–Mai	Nivelle-Offensive
19. Nov.	Kabinett Clemenceau
1918	
3. März	Friede von Brest-Litowsk
11. Nov.	Waffenstillstand
1919	
28. Juni	**Unterzeichnung des Friedensvertrages von Versailles**
16. Nov.	Parlamentswahlen. Erfolg des »Nationalen Blocks«
1920	**Paul Deschanel, Präsident der Republik**

1920–1924	**Alexandre Millerand, Präsident der Republik**
1920	
25.–31. Dez.	Kongreß von Tours; Spaltung der SFIO
1922	
Januar	Poincaré bildet die Regierung
1923	
11. Januar	Französische Truppen besetzen das Ruhrgebiet
1924	
11. Mai	Parlamentswahlen; Sieg des Linkskartells
1924–1931	**Gaston Doumergue, Präsident der Republik**
1925	
16. Okt.	**Vertrag von Locarno**
1926	
23. Juli	Regierung Poincaré
1928	
27. Aug.	Briand-Kellogg-Pakt
1930	
30. Juni	Räumung des Rheinlands
1931–1932	**Paul Doumer, Präsident der Republik**
1932–1940	**Albert Lebrun, Präsident der Republik**
1934	
6. Feb.	Blutige Unruhen in Paris
1935	
13. Jan.	Volksabstimmung im Saargebiet
2. Mai	Französisch-sowjetischer Beistandspakt
1936	
3. Mai	Sieg der **Volksfront**
1937	
21. Juni	Sturz der Regierung Blum
1938	
10. April	Daladier Regierungschef
30. Sept.	**Münchner Abkommen** unterzeichnet
1939	
1. Sept.	Allgemeine Mobilmachung
	Deutscher Einfall in Polen
3. Sept.	**England und Frankreich erklären Deutschland den Krieg**

1940

22. März	Regierung Paul Reynaud
10. Mai	Deutsche Offensive im Westen
14. Juni	Fall von Paris
18. Juni	**Appell de Gaulles**
25. Juni	Waffenstillstand
24. Okt.	Begegnung Hitlers mit Pétain in Montoire

1941

September	Gründung des Französischen Nationalkomitees CNF

1942

8. Nov.	Landung der Alliierten in Nordafrika
11. Nov.	Einmarsch deutscher Truppen in das unbesetzte Frankreich und in Tunesien

1943

Mai	Gründung des CNR in Paris
3. Juni	Gründung des CFLN in Algier

1944

30. Januar	Konferenz von Brazzaville
3. Juni	Provisorische Regierung der Republik Frankreich (GPRF)
6. Juni	**Landung in der Normandie**
15. Aug.	Landung in der Provence
19.–25. Aug.	Befreiung von Paris

1945

4.–11. Feb.	Konferenz von **Jalta**
8. Mai	**Deutsche Kapitulation**
17. Juli–2. Aug.	Konferenz von **Potsdam**
21. Okt.	Volksabstimmung und Wahlen zur Verfassunggebenden Versammlung

1946

20. Jan.	Rücktritt de Gaulles
5. Mai	Verfassungsentwurf abgelehnt
16. Juni	De Gaulles **Rede in Bayeux**
13. Okt.	Verfassung angenommen

1946–1958 DIE VIERTE REPUBLIK

1946

10. Nov.	Wahlen zur Nationalversammlung

1947–1954 **Vincent Auriol, Präsident der Republik**

1947	
7. April	Gründung des RPF
1948	
7. Juni	Londoner Abkommen über Deutschland
1949	
4. April	Unterzeichnung des Atlantikpaktes
1950	
9. Mai	Robert **Schuman** legt den Plan der **Montanunion** vor
26. Okt.	Projekt der EVG durch René Pleven
1952	**Regierung Pinay**
1954–1958	**René Coty, Präsident der Republik**
1954	
7. Mai	**Fall von Dien Bien Phu**
17. Juni–	
5. Feb. 1955	**Regierung Mendès France**
1. Nov.	Beginn des Aufstands in Algerien
1955	
23. Okt.	Volksabstimmung im Saargebiet
1956	
30. Jan.–	
21. Mai 1957	**Regierung Mollet**
März	Marokko und Tunesien unabhängig Rahmengesetz Defferre
Nov.	Angriff auf den Sueskanal
1957	
25. März	Unterzeichnung der **Römischen Verträge**
1958	
13. Mai	Aufstand in Algier
1. Juni	Regierung de Gaulle
14.–15. Sept.	De Gaulle empfängt Adenauer in **Colombey**
28. Sept.	Die Verfassung der V. Republik angenommen
1958–	**DIE FÜNFTE REPUBLIK**
23.–30. Nov.	Parlamentswahlen
21. Dez.	Das Wahlkollegium wählt de Gaulle zum Präsidenten
1959–1969	**Charles de Gaulle, Präsident der Republik** **Regierung Michel Debré**

1960

24. Jan.–1. Feb.	Woche der Barrikaden in Algier

1961

8. Jan.	Volksabstimmung über die Selbstbestimmung für Algerien
22.–25. April	Putsch der Generäle in Algier

1962

18. März	Abkommen von **Evian**
8. April	Volksabstimmung über das Abkommen von Evian
14. April	**Georges Pompidou bildet die Regierung**
2.–9. Juli	Staatsbesuch Adenauers in Frankreich
4.–9. Sept.	Staatsbesuch de Gaulles in der Bundesrepublik
28. Okt.	Volksabstimmung über die Direktwahl des Präsidenten
18.–25. Nov.	Parlamentswahlen

1963

22. Jan.	Unterzeichnung des **deutsch-französischen Vertrages**

1965

5.–19. Dez.	Präsidentschaftswahl

1966

März	Frankreich zieht sich aus der NATO zurück

1967

5.–12. März	Parlamentswahlen

1968

Jan.–Mai	Unruhen in der Universität Nanterre
10.–30. Mai	Unruhen und Barrikaden in Paris
30. Mai	Ansprache de Gaulles
23.–30. Juni	Parlamentswahlen
Juli	Regierung Maurice Couve de Murville

1969

27. April	Volksabstimmung über die Regionalisierung und den Senat
28. April	**Charles de Gaulle tritt zurück**

1969

1.–15. Juni	Präsidentschaftswahlen
1969–1974	**Georges Pompidou, Präsident der Republik**
1969–1972	**Regierung Chaban-Delmas**

1970	
9. Nov.	**Tod General de Gaulles**
1972	
23. April	Volksabstimmung über die Erweiterung des Gemeinsamen Marktes
1972–1974	**Regierung Pierre Messmer**
1973	
4.–11. März	Parlamentswahlen
1974	
2. April	Tod Präsident Pompidous
5.–19. Mai	Präsidentschaftswahlen
1974–1981	**Valéry Giscard d'Estaing, Präsident der Republik**
1974–1976	**Regierung Jacques Chirac**
1976–1981	**Regierung Raymond Barre**
1978	
12.–19. März	Parlamentswahlen
1979	
10. Juni	Erste Direktwahl zum Europäischen Parlament
1981	
26. April–10. Mai	Präsidentschaftswahlen
1981–1988	**Erste Präsidentschaft François Mitterrands**
21. Mai	Regierung Pierre Mauroy
14.–21. Juni	Parlamentswahlen
1984	
17. Juni	Europawahlen
18. Juli	**Regierung Laurent Fabius**
1986	
16. März	Parlamentswahlen
20. März	**Erste »Cohabitation«: Jacques Chirac bildet die Regierung**
1988	
24. April–8. Mai	Präsidentschaftswahlen
seit 1988	**Zweite Präsidentschaft Mitterrands**
10. Mai	**Regierung Michel Rocard**
5.–12. Juni	Parlamentswahlen
6. Nov.	Volksabstimmung über Neukaledonien

1989
18. Juni   Europawahlen
1991
16. Mai   **Regierung Edith Cresson**
1992
2. April   **Regierung Pierre Bérégovoy**
20. Sept.   Referendum über den Vertrag von Maastricht
1993
21.–28. März   Parlamentswahlen. Beginn der **zweiten Cohabitation.**
                Regierung Edouard Balladur

Weiterführende Literatur in Auswahl

Wenn keine Angabe erfolgt, ist Paris der Erscheinungsort. Angesichts des breiten Angebots an Literatur wurden neuere, noch zugängliche Werke bevorzugt aufgenommen, wenn vorhanden, in deutscher Übersetzung. Die Zahl vor dem Schrägstrich (/) zeigt die Auflage an, der Stern (*) gibt eine Empfehlung für den Leser.

Gesamtdarstellungen

Amouroux, H., *La grande histoire des Français sous l'Occupation (1939–1945)*, 10 vol., 1976–1991

Birnbaum, P. (Hg.), *Histoire politique des Juifs en France, entre universalisme et particularisme*, 1990

Bon, F., *Les élections en France, histoire et sociologie*, 1978

Braudel, F., *Frankreich*, 3 Bde., Stuttgart 1989–1990*

Braudel, F.; Labrousse, E., (Hgg.), *Wirtschaft und Gesellschaft in Frankreich im Zeitalter der Industrialisierung 1789–1880*, Frankfurt 1989

Burguière, A.; Revel, J. (Hgg.), *Histoire de la France*, 3 vol., 1989–1990

Burdeau, F., *Histoire de l'administration française. Du 18e au 20e siècle*, 1989

Chevallier, J.-J.; Conac, G., *Histoire des institutions et des régimes politiques de la France de 1789 à nos jours*, 1986

Corvisier, A.; Contamine, Ph.; Delmas, J.; (Hgg.), *Histoire militaire de la France*, 3 vol., 1991–1992

Debbasch, Ch.; Pontier, J.-M., *Les Constitutions de la France*, 2/1989

Dupeux, G., *La société française 1789–1970*, 6/1986

Duby, G. (Hg.), *Histoire de la France*, 3 vol., 1987

Duby, G. (Hg.), *Histoire de la France urbaine*, 4 vol., 1980–1985

Duby, G.; Mandrou, R., *Histoire de la civilisation française*, 1981–1982

Dupâquier, J. (Hg.), *Histoire de la population française*, 4 vol., 1988–1991

Favier, J. (Hg.), *Geschichte Frankreichs*, 6 Bde., Stuttgart 1989–1991*

Godechot, J. (Hg.), *Les constitutions de la France depuis 1789*, 1979

Grosse, E. U.; Lüger, H.-H., *Frankreich verstehen: Eine Einführung mit Vergleichen zur Bundesrepublik*, Darmstadt 3/1993*

Hartmann, P. C., *Französische Verfassungsgeschichte der Neuzeit 1450–1980: Ein Überblick*, Darmstadt 1985*

Haupt, H.-G., *Sozialgeschichte Frankreichs seit 1789*, Frankfurt 1989*

Hindrichs, E., *Ancien Régime und Revolution. Studien zur Verfassungsgeschichte Frankreichs zwischen 1589 und 1789*, Frankfurt 1989

Pluchon, P.; Bouche, D., *Histoire de la colonisation française*, 2 vol., 1991

Le Goff, J.; Rémond, René (Hgg.), *Histoire de la France religieuse*, 4 vol., 1988

Loth, W. u. a., *Frankreich Ploetz. Französische Geschichte zum Nachschlagen*, Freiburg, Würzburg 3/1993*

Mager, W., *Frankreich vom Ancien Régime zur Moderne. Wirtschafts-Gesellschafts- und politische Geschichte 1630–1830*, Stuttgart 1980*

Menyesch, D.; Uterwedde, H., *Frankreich–Deutschland. Der schwierige Weg zur Partnerschaft*, Berlin 4/1988*

Méthivier, H., *L'Ancien Régime en France. XVIe–XVIIe–XVIIIe siècles*, 1981

Münch, R., *Die Kultur der Moderne. Bd. 2: Ihre Entwicklung in Frankreich und Deutschland*, Frankfurt 1986

Nora, P. (Hg.), *Les lieux de mémoire*, 4 vol., 1984–1986 (dt. Kurzfassung: *Zwischen Geschichte und Gedächtnis*, Berlin 1989)

Nouvelle histoire de la France contemporaine, 17 vol., 1972–1989

Rémond, R., *Introduction à l'histoire de notre temps*, 2 vol., 1974

Rohden, P. R.; Sieburg, H.-O., *Politische Geschichte Frankreichs*, Mannheim 2/1959

Rosanvallon, P., *L'Etat en France: de 1789 à nos jours*, 1990

Schieder, Th. (Hg.), *Handbuch der europäischen Geschichte*, 7 Bde., Stuttgart 1971

Schwarz, H.-P., *Begegnungen an der Seine. Deutsche Kanzler in Paris*, Zürich 1993*

Sieburg, H.-O., *Geschichte Frankreichs*, Stuttgart 4/1989*

Sirinelli, J. F. (Hg.), *Histoire des droites en France*, 3 vol., 1992

Voß, J., *Geschichte Frankreichs 2. Von der frühneuzeitlichen Monarchie zur Ersten Republik. 1580–1800*, München 1980*

Yacono, X., *Histoire de la colonisation française*, 1969

Zeldin, Th., *Histoire des passions françaises 1848–1945*, 5 vol., 1978–1979

17. Jahrhundert

Burckhardt, C. J., *Richelieu*, München 2/1988*

Castelot, A., *Heinrich IV., Der Sieg der Toleranz*, 1987

Corvisier, A., *La France de Louis XIV (1643–1715). Ordre intérieur et place en Europe*, 3/1990

Elias, N., *Die höfische Gesellschaft. Untersuchungen zur Soziologie des Königtums und des Adels*, Darmstadt 4/1979*

Goubert, P., *Louis XIV et vingt millions de Français*, 1969

Hauser, H., *La pensée et l'action économiques du cardinal de Richelieu*, 1944

Julien, Ch.-A., *Les Français en Amérique au XVIIe siècle*, 1976

Labrousse, E., *La révocation de l'édit de Nantes: »Une foi, une loi, un roi?«*, 1985

Lebrun, F., *Le XVIIe siècle*, 8/1987

Mandrou, R., *La France au XVIIe et XVIIIe siècles*, 4/1988

Mandrou, R., *Louis XIV en son temps (1661–1715)*, 2/1978

Méthivier, H., *Le siècle de Louis XIV*, 10/1988

Méthivier, H., *La France de Louis XIV. Un grand règne?*, 1975

Méthivier, H., *La Fronde*, 1984

Mieck, I., *Die Entstehung des modernen Frankreich. 1450–1610. Strukturen, Institutionen, Entwicklungen*, Stuttgart 1982

Meyer, J., *Colbert*, 1981

Meyer, J., *Frankreich im Zeitalter des Absolutismus, 1515–1789*, Stuttgart 1990*

Olivier-Martin, F., *L'absolutisme français*, 1988

Parker, D., *The Making of French Absolutism*, London 1983

Tapié, V.-L., *La France de Louis XIII et de Richelieu*, 1980

18. Jahrhundert

Bluche, F., *Le despotisme éclairé*, 1985

Chiappe, J.-J., *Louis XVI*, 3 vol., 1987–1989

Faure, E., *La banqueroute de Law: 17 juillet 1720*, 1977

Julien, Ch.-A., *Les Français en Amérique, de 1713 à 1784*, 1977

Meyer, J., *Le Régent (1674–1723)*, 1985

Méthivier, H., *Le siècle de Louis XV*, 4/1977

Méthivier, H., *La fin de l'Ancien Régime*, 5/1989

Mousnier, R., *La société française de 1770 à 1789*, 1970

Mousnier, R.; Labrousse, E., *Le XVIIIe siècle. L'époque des Lumières (1715–1815)*, 6/1985

Reese, A.; *Europäische Hegemonie und France d'outremer: koloniale Fragen in der französischen Außenpolitik 1700–1763*, Stuttgart 1988

Tocqueville, A. de, *L'Ancien régime et la Révolution* (dt.: *Der alte Staat und die Revolution*), 1/1856

Revolution und Kaiserreich

Badinter, E.; Badinter, R.; *Condorcet: un intellectuel en politique*, 1989

Berding, H.; Etienne F.; Ullmann, H.-P., *Deutschland und Frankreich im Zeitalter der Französischen Revolution*, Frankfurt 1989

Boehncke, H.; Zimmermann, H. (Hgg.), *Reiseziel Revolution. Berichte deutscher Reisender aus Paris 1789–1805*, Reinbek 1988

Botsch, E., *Eigentum in der Französischen Revolution. Gesellschaftliche Konflikte und Wandel des sozialen Bewußtseins*. München 1992

Bredin, J.-D., *Sieyès, la clé de la révolution française*, 1988

Brunel, F., *1794 Thermidor: la chute de Robespierre*, 1989

Doyle, W., *The Oxford history of the French Revolution*, Oxford 1989

Eberle, F.; Stammen, T., (Hgg.), *Deutschland und die Französische Revolution, 1789–1806*, Stuttgart 1988*

Erbe, M. *Geschichte Frankreichs von der großen Revolution bis zur 3. Republik. 1789–1884*, Stuttgart 1982*

Fauré, Ch. (Hg.), *Les déclarations des droits de l'homme de 1789*, Textes réunis et présentés par Ch. Fauré, 1988

Furet, F.; Richet, D., *Die Französische Revolution*, Frankfurt 3/1989*

Furet, F., *La révolution, de Turgot à Jules Ferry: 1770–1880*, 1988

Furet, F., *Penser la Révolution française*, 1985

Furet, F.; Ozouf, M. (Hgg.), *Kritisches Wörterbuch der Französischen Revolution*, Frankfurt 1989

Gauchet, M., *Die Erklärung der Menschenrechte. Die Debatte um die bürgerlichen Freiheiten*, Reinbek 1991*

Geiss, I. (Hg.), *Tocqueville und das Zeitalter der Revolution*, München 1972

Gersmann, G.; Kohle, H. (Hgg.), *Frankreich 1800. Gesellschaft, Kultur, Mentalitäten*, Stuttgart 1990

Godechot, J., *Les Institutions de la France sous la Révolution et l'Empire*, 4/1989

Grab, W. (Hg.), *Die Debatte um die Französische Revolution*, München 1975

Grab, W. (Hg.), *Die französische Revolution. Aufbruch in die moderne Demokratie*, Eine Dokumentation, Stuttgart 1989

Greiling, W. (Hg.), *Napoleon Bonaparte und das französische Volk unter seinem Konsulate*, Leipzig 1993

Guerin, D., *Klassenkampf in Frankreich. Bourgeois et »bras nus« 1793–1795*, Frankfurt 1979

Jacobi, E., *Freiheit – Gleichheit – Brüderlichkeit, Bd. II: Das Schicksal der Französischen Revolution von 1789 nach dem Sturz Robespierres*, Frankfurt 1990

Lüsebrink, H.-J.; Reichardt, R., *Die »Bastille«. Zur Symbolgeschichte von Herrschaft und Freiheit*, Frankfurt 1990

Maier, H.; Schmitt, E. (Hgg.), *Wie eine Revolution entsteht. Die Französische Revolution als Kommunikationsereignis*. Paderborn 1988

Orieux, J., *Talleyrand. Die unverstandene Sphinx*, Frankfurt, 2/1991

Ozouf, M., *La fête révolutionnaire 1789–1799*, 1976

Poniatowski, M., *Talleyrand et le Directoire. 1796–1800*, 1982

Reichardt, R. (Hg.), *Die Französische Revolution*, Freiburg 1988*

Reinalter, H. (Hg.), *Die Französische Revolution. Forschung – Geschichte – Wirkung*, Frankfurt 1991

Ritter, J., *Hegel und die Französische Revolution*, Frankfurt 1989

Schmitt, E. (Hg.), *Die Französische Revolution*, Darmstadt 1976

Schnur, R., *Revolution und Weltbürgerkrieg. Studien zur Ouverture nach 1789*, Berlin 1983

Schulin, E., *Die Französische Revolution*, München 3/1990

Starobinski, J., *Die Embleme der Vernunft*, München 1988

Tulard, J.; Fayard, J.-F.; Fierro, A., *Histoire et dictionnaire de la Révolution française, 1789–1799*, 1987

Tulard, J., *Le Directoire et le Consulat*, 1991

Tulard, J., *Le Premier Empire*, 1992

Tulard, J., *Napoleon oder Der Mythos des Retters*, Frankfurt–Berlin–Wien 1982*

Tulard, J., *Frankreich im Zeitalter der Revolutionen 1789–1851*, Stuttgart 1989*

Vovelle, M., *Die Französische Revolution. Soziale Bewegungen und Umbruch der Mentalitäten*, München 1982

19. Jahrhundert

Agulhon, M., *Histoire de la France: La République*, 1990

Azéma, J.-P.: Winock, M., *Naissance et mort de la IIIe République*, 1986

Bloch, Ch., *Die dritte französische Republik. Entwicklung und Kampf einer Parlamentarischen Demokratie, (1870–1949)*, Stuttgart 1972

Caron, F., *Frankreich im Zeitalter des Imperialismus, 1851–1918*, Stuttgart 1991*

Caron, F., *Histoire économique de la France, XIXe–XXe siècles*, 1981

Charle, Ch., *Historie sociale de la France au XIXe siècle*, 1991

Chevalier, L., *Classes laborieuses et Classes dangereuses à Paris pendant la première moitié du XIXe siècle*, 1978

Gersmann, G.; Kohle, H. (Hgg.), *Frankreich 1815–1830. Trauma oder Utopie? Die Gesellschaft der Restauration und das Erbe der Revolution*, Stuttgart 1993

Giesselmann, W., *Die Manie der Revolte. Protest unter der Französischen Julimonarchie (1830–1848)*, München 1993

Girardet, R., *L'idée coloniale en France, de 1871 à 1962*, 1972

Haupt, H.-G., *Nationalismus und Demokratie. Zur Geschichte der Bourgeoisie im Frankreich der Restauration*, Frankfurt 1974

Haupt, H.-G., *Sozialgeschichte Frankreichs seit 1789*, Frankfurt 1989*

Haupt, H.-G., Hausen, K., *Die Pariser Kommune. Erfolg und Scheitern einer Revolution*, Frankfurt 1979

Kaelble, H., *Nachbarn am Rhein. Entstehung und Annäherung*

der französischen und deutschen Gesellschaft seit 1880, München 1991*

Knipping, E.; Weisenfeld, E., *Eine ungewöhnliche Geschichte. Deutschland–Frankreich seit 1870*, Bonn 1988*

Lequin, Y., *Histoire des Français, XIXe–XXe siècles*, 3 vol. 1983–1984

Lévêque, P., *Histoire des forces politiques en France, T. 1: 1789–1880*, 1992

Miquel, J.-P., *La Second Empire*, 1979

Perville, G., *De l'Empire français à la décolonisation*, 1991

Poidevin, R.; Bariéty, J., *Frankreich und Deutschland. Die Geschichte ihrer Beziehungen 1815–1975*, München 1982*

Prost, A., *L'enseignement en France, 1800–1967*, 6/1986

Rémond, R., *Les Droites en France*, 1982

Rémond, R., *La vie politique en France depuis 1789*, 1986

Stark, U., *Die nationalrevolutionäre Herausforderung der Dritten Republik 1880–1900. Auflösung des Rechts-Links-Schemas in Frankreich*, Berlin 1991

Shirer, W. L., *Der Zusammenbruch Frankreichs. Aufstieg und Fall der dritten Republik*, 2 Bde., München 1978

Thadden, R. von, *Restauration und napoleonisches Erbe. Der Verwaltungszentralismus als politisches Problem in Frankreich (1814 bis 1830)*, Wiesbaden 1972

Ziebura, G., *Wirtschaft und Gesellschaft in Frankreich seit 1789*, Köln 1975

Ziebura, G., *Frankreich 1789–1870. Geschichte einer nationalen Gesellschaftsformation*, Frankfurt–New York 1979*

20. Jahrhundert

Antonetti, G., *Histoire contemporaine politique et sociale*, 3/1991

Armengaud, A.; Fine, A., *La population française au XXe siècle*, 8/1992

Aron, R.; Lerner, D. (Hgg.), *La querelle de la C. E. D.*, 1965

Aron, R., *Histoire de l'épuration*, 2 vol., 1967–1969

Avril, P., Vincent, G., *La IVe République: les noms, les thèmes, les lieux*, 1988

Avril, P., *La Ve République: histoire politique et constitutionelle*, 1987

Azéma, J.-P., *La collaboration, 1940–1944*, 1975

Azéma, J.-P.; Bédarida, F., *Vichy et les Français*, 1992

Becker, J.-J., *Histoire politique de la France depuis 1945*, 2/1990

Bergounioux, A.; Grunberg, G., *Le long remords du pouvoir. Le Parti socialiste français (1905–1992)*, 1992

Berstein, S., *La France des années trente*, 1988

Bloch, M., *Die seltsame Niederlage: Frankreich 1940. Der Historiker als Zeuge.* Frankfurt 1992*

Blum, L., *Blick auf die Menschheit*, Zürich 1945

Bonnefous, G., *Histoire de la IIIe République*, 7 vol. 1965–1973

Bourgi, R., *Le général de Gaulle et l'Afrique noire, 1940–1969*, 1991

Brunet, J. P., *Histoire du Front Populaire*, 1991

Chapsal, J., *La vie politique en France de 1940 à 1958*, 2/1990

Chapsal, J., *La vie politique sous la Ve République*, 2 vol. 1990

Chebel d'Appolonia, A., *L'extrême droite en France de Maurras à Le Pen*, 1988

Cointet, J.-P., *Pierre Laval*, 1993

Cornevin, R., *Histoire de l'Afrique contemporaine, de la deuxième guerre mondiale à nos jours*, 1972

Couve de Murville, M., *Une politique étrangère 1958–1969*, 1971

Crozier, M., *La société bloquée*, 1970

Dalloz, J., *La guerre d'Indochine 1945–1954*, 1987

Dokumente/Documents (Hg.), *Deutschland–Frankreich. Ein neues Kapitel ihrer Geschichte. 1948–1963–1993. France–Allemagne. Un nouveau chapitre de leur histoire. Chronologie-Documentation*, Bonn 1993*

Dreyfus, F.-G., *Histoire de Vichy*, 1990

Duroselle, J.-B., *La décadence 1932–1939. Politique étrangère de la France*, 1979

Duroselle, J.-B., *Clemenceau*, 1988

Duroselle, J.-B., *L'abîme 1939–1945*, 1982

Eck, J. F., *Histoire de l'économie française depuis 1945*, 3/1992

Elgey, G., *Histoire de la IVe République, T. 1: La république des illusions (1945–1957) T. 2: La république des tourmentes (1954–1959)*, 1992

Elsenhans, H., *Der französische Algerienkrieg (1954–1962)*, München 1974

Ferro, M., *Pétain*, 1987

Gaulle, Ch. de, *La discorde chez l'ennemi*, 2/1972

Gaulle, Ch. de, *Vers l'armée de métier*, 2/1971

Gaulle, Ch. de, *Mémoires de guerre*, 3 vol. 1954–1959

Gaulle, Ch. de, *Memoiren der Hoffnung*, Wien, München, Zürich 1971*

Gaulle, Ch. de, *Discours et messages*, 5 vol. 1970

Gaulle, Ch. de, *Lettres, notes et carnets*, 12 vol. 1980–1988

Goguel, F., *La politique des partis sous la IIIe République*, 1958

Grimal, H., *La décolonisation: de 1919 à nos jours*, 1990

Grosser, A., *Frankreich und seine Außenpolitik 1944 bis heute*, München 1986*

Grosser, A., *La IVe République et sa politique extérieure*, 3/1972

Grosser, A., *Das Bündnis. Die westeuropäischen Länder und die USA seit dem Krieg*, München 1981*

Heimsoeth, H.-J., *Der Zusammenbruch der Dritten Französischen Republik: Frankreich während der »Drôle de guerre« 1939–1940*, Bonn 1990

Hirschfeld, G., Marsh, P. (Hgg.), *Kollaboration in Frankreich. Politik, Wirtschaft und Kultur während der nationalsozialistischen Besatzung 1940–1944*, Frankfurt 1991

Hoffmann, St., *Sur la France*, 1976

Institut Charles de Gaulle (Hg.), *De Gaulle a dit. L'essentiel de la pensée de Charles de Gaulle*, 1989

Jäckel, E., *Frankreich in Hitlers Europa. Die deutsche Frankreichpolitik im Zweiten Weltkrieg*, Stuttgart 1966*

Kessel, M., *Westeuropa und die deutsche Teilung. Englische und französische Deutschlandpolitik auf den Außenministerkonferenzen von 1945 bis 1947*, München 1989

Knipping, F., *Deutschland, Frankreich und das Ende der Locarno-Ära 1929–1931*, München 1987*

Köhler, H., *Novemberrevolution und Frankreich. Die französische Deutschlandpolitik 1918–19*, Düsseldorf 1980

Lacouture, J., *Pierre Mendès France*, 1981

Lacouture, J., *De Gaulle, le rebelle*, 1984; *De Gaulle, le politique*, 1985; *De Gaulle, le souverain*, 1986

Lévy, B. H., *Die abenteuerlichen Wege der Freiheit. Frankreichs Intellektuelle von der Dreyfus-Affäre bis zur Gegenwart*, München 1992

Lévy, C.; Tillard, P., *La grande rafle du Vel d'hiv*, 2/1992

Levy-Leboyer, M.; Casanova, J. C. (Hgg.), *Entre l'Etat et le marché. L'économie française des années 1880 à nos jours*, 1991

Loth, W., *Geschichte Frankreichs im 20. Jahrhundert*, Frankfurt 2/1992*

Loth, W., *Sozialismus und Internationalismus. Die französischen Sozialisten und die Nachkriegsordnung Europas 1940–1950*, Stuttgart 1977

Loth, W., *Der Weg nach Europa, Geschichte der europäischen Integration 1939–1957*, Göttingen 1990*

Loth, W.; Picht, R. (Hgg.), *De Gaulle, Deutschland und Europa*, Opladen 1991*

Maillard, P., *De Gaulle und Deutschland. Der unvollendete Traum*, Bonn 1991*

Mendès France, P., *Œuvres complètes*, 1984–1991

Mendras, H. (Hg.), *La sagesse et le désordre: France 1980*, 1980

Mendras, H., *La seconde révolution française 1965–1984*, 1988

Michel, H., *Der zweite Weltkrieg*, Berlin 1988

Miquel, P., *La Grande Guerre*, 1983

Moch, J., *Une si longue vie*, 1976

Monnet, J., *Erinnerungen eines Europäers*, München–Wien 1978

Muron, L., *Pompidou*, 1994

Noack, P., *Das Scheitern der Europäischen Verteidigungsmannschaft. Entscheidungsprozeß vor und nach dem 30. August 1954*, Düsseldorf 1977*

Noiriel, G., *Population, immigration et identité nationale en France. XIXe–XXe siècles*, 1992

Noguères, H., *Histoire de la Résistance en France*, 5 vol., 1967–1981

Ory, P., *Les collaborateurs, 1940–1945*, 1977

Ory, P., *La France allemande*, 1977

Ory, P.; Sirinelli, J.-F., *Les intellectuels en France: de l'affaire Dreyfus à nos jours*, 1992

Paxton, R., *La France de Vichy, 1940–1944*, 1974

Poidevin, R., *Les origines de la première guerre mondiale*, 1975

Portelli, H., *La Ve République*, 2/1994

Prost, A., *Education, société et politiques. Une histoire de l'enseignement en France, de 1945 à nos jours*, 1992

Rémond, R., *Notre siècle, 1918–1988*, 1988

Réau, E. du, *Edouard Daladier, 1884–1970*, 1993

Rousso, H., *The Vichy syndrome: history and memory in France since 1944*, Cambridge 1991

Sauvy, A., *Histoire économique de la France entre les deux guerres*, 1965–1967

Scharf, C.; Schröder, H.-J. (Hgg.), *Die Deutschlandpolitik Frankreichs und die französische Zone 1945–1949*, Wiesbaden 1983

Schwabe, K. (Hg.), *Die Anfänge des Schuman-Plans 1950–51*, Baden-Baden 1988

Schwarz, H.-P. (Hg.), *Adenauer und Frankreich. Die deutsch-französischen Beziehungen 1958 bis 1969*, Bonn 1985*

Seydoux, F., *Beiderseits des Rheins. Erinnerungen eines französischen Diplomaten*, Frankfurt 1975*

Seydoux, F., *Botschafter in Deutschland. Meine zweite Mission 1965 bis 1970*, Frankfurt 1978*

Siebert, F., *Aristide Briand 1862–1932. Ein Staatsmann zwischen Frankreich und Europa*, Erlenbach–Zürich–Stuttgart 1973

Sternhell, Z., *Ni droite, ni gauche: l'idéologie fasciste en France*, 1983

Tricot, B., *Les sentiers de la paix en Algérie*, 1965

Trotignon, Y., *La France au XXe siècle*, 2 vol., 5/1984

Vaillant, J. (Hg.), *Französische Kulturpolitik in Deutschland 1945–1949. Berichte und Dokumente*, Konstanz 1984

Weidenfeld, W., *Konrad Adenauer und Europa. Die geistigen Grund-*

lagen der westeuropäischen Integrationspolitik des ersten Bonner Bundeskanzlers, Bonn 1976

Weil, P., *La France et ses étrangers. L'aventure d'une politique de l'immigration 1938–1991*, 1991

Weisenfeld, E., *Frankreichs Geschichte seit dem Krieg. Von de Gaulle bis Mitterand*, 2/1982*

Weisenfeld, E., *Welches Deutschland soll es sein? Frankreich und die deutsche Einheit seit 1945*, München 1986

Weisenfeld, E., *Charles de Gaulle. Der Magier im Elysée*, München 1990*

Wormser, G., *Le septennat de Poincaré*, 1977

Woyke, W., *Französische Außenpolitik von de Gaulle bis Mitterrand*, Opladen 1987

Yacono, X., *Les étapes de la décolonisation française*, 4/1985

Young, J. W., *France, the Cold War and the Western Alliance. 1944–49: French foreign policy and postwar Europe*, London 1990

Ziebura, G., *Die deutsch-französischen Beziehungen seit 1945. Mythen und Realitäten*, Pfullingen 1970*

Personenregister

Nasser, Abdel 522, 582
Navarra, Heinrich v. 25, 28
Navarra, Marguerite v. 24
Necker, Jacques 120 f., 123, 125, 130 f.
Neipperg, Adam Adalbert v. 223
Nelson, Horatio 183
Ney, Edgar 202, 224, 227 f., 256
Niels, Marschall 279
Nightingale, Florence 265
Nikolaus I., Zar 264, 345
Nivelle, Georges Robert 342
Nixon, Richard 599
Noailles, Herzog v. 94
Noguès, General 425
Noir, Victor 275
Nucci, Christian 654

Offenbach, Jacques 261
Ollivier, Emile 272, 275 f., 278 f.
Orlando, Vittorio E. 351
Orsini, Felice 266, 271

Painlevé, Paul 344, 372, 376
Palmerston, Henry John 240
Paoli, Pascal 99, 111
Parodi, Alexandre 448
Pasha El Ghaoui 515
Pasqua, Charles 640, 662, 668
Paul-Boncour, Joseph 464
Pelat, Roger-Patrice 666
Pereire, Isaac 262
Perier, Casimir Pierre 237 f.
Perikles 92
Pétain, Henri-Philippe 338, 342, 346, 375, 387 f., 409–416, 419, 422 ff., 426, 429, 433 ff., 442 f., 448, 465, 475
Peter I. d. Große, Zar 108, 110
Pfalz, Carl Theodor v. d. 122
Pfalz, Liselotte v. d. 58, 61, 63, 86, 93, 97
Pfimlin, Pierre 514, 527 ff., 530, 532
Philipp Wilhelm v. Pfalz-Neuburg 86
Philipp II., Kg. 19, 21, 28, 30
Philipp IV., Kg. 39, 79

Philipp V., Kg. 89
Piaf, Edith 558
Picard, Maurice 540
Picasso, Pablo 496
Pichegru, Charles 174, 191
Pilsudski, Josef 389
Pinay, Antoine 502–505, 514, 529 f., 537 f., 541, 569, 617
Pisani, Edgar 590, 636
Pius VII. 112, 213
Pius IX. 292, 309
Pius X. 324
Pitt, William d. Ä. 110
Pitt, William d. J. 160, 166, 188, 206
Pleven, René 431, 455, 456, 499, 502, 527
Poher, Alain 598, 604 f.
Poincaré, Raymond 333 f., 337, 343 f., 357–360, 364, 367 f., 370, 375–379, 381, 387, 401
Pompidou, Georges 558, 563 ff., 567, 585 f., 589, 591, 593, 596, 598, 600–614
Pottier, Eugène 288
Poujade, Pierre 512, 515 f.
Proudhon, Pierre-Joseph 247
Puisaye 174

Quesnay, François 118

Racine, Kosta 72 f.
Ramadier, Paul 476, 491
Rathenau, Walter 365, 366
Raschid Al Gailani 427
Raspail 251
Ravaillac, François 37
Renaudot, Théophraste 49
Renault, Louis 454
Retz, Kardinal 54 ff.
Rey, Jean 572
Reynaud, Paul 401 f., 404, 407, 409 f., 423, 505, 532, 565
Ribot, Alexandre 343 f.
Richelieu, Armand-Jean 34, 37, 39–53, 74
Richelieu, Louis François 101, 228, 230, 484
Robespierre, Augustin 172